经 济 数 学

张　波　主　编
蒋　磊　副主编

中国财政经济出版社

图书在版编目（CIP）数据

经济数学/张波主编．—北京：中国财政经济出版社，2011.6
ISBN 978 -7 -5095 -2892 -1

Ⅰ.①经… Ⅱ.①张… Ⅲ.①经济数学-高等职业教育-教材 Ⅳ.①F224.0

中国版本图书馆 CIP 数据核字（2011）第 093063 号

责任编辑：张　军　　　　责任校对：徐艳丽
封面设计：汪俊宇　　　　版式设计：兰　波

中国财政经济出版社出版

URL：http：//www.cfeph.cn
E-mail：cfeph@cfeph.cn

社址：北京市海淀区阜成路甲 28 号　邮政编码：100142
发行处电话：88190406　财经书店电话：64033436
三河市宏图印务有限公司印刷　各地新华书店经销
787×1092 毫米　16 开　24.75 印张　605 000 字
2011 年 7 月第 1 版　2021 年 7 月河北第 5 次印刷
定价：43.00 元
ISBN 978 -7 -5095 -2892 -1/F·2455
（图书出现印装问题，本社负责调换）
本社质量投诉电话：010-88190744

前言

本教材是根据国家“十二五”规划纲要中关于加快教育改革发展的方针、配合教育部加快推进建设现代职业教育体系的最新精神编写而成，可作为高职高专经济、管理类各专业通用的经济应用数学教材。

本教材编写的基本原则是：面向社会经济发展的新形势，体现经济数学的现实意义；以学生发展为本，充分考虑高职高专学生的特点和需求，为他们积极搭建终身学习“立交桥”；体现课程改革特色，将数学与专业融合，强化经济应用，在内容“必需、够用”的基础上，构建与实际应用紧密结合的经济数学知识体系。

本教材力求突出以下特色：

1. 准确定位，突出应用。在内容上，既注重本学科的知识体系和特点，又联系经济、管理专业的实际需要。在结构上，各章分别划分为基础板块和应用板块，将数学的相关知识与经济领域中的实际应用有机结合，使教材紧扣专业、贴近生活。

2. 深入浅出，可读易懂。本教材采用以实例引入基本概念、以直观的几何说明代替理论证明的方法，强调数学思想和方法的引导，淡化系统的理论推导，突出理论方法的应用和相应数学模型的介绍。引导学生不断发现问题、分析问题、解决问题，在探索问题的过程中主动学习知识、掌握技巧，从而获得成就感，增强自信心。每章开头的“数学史话”栏目，在提高趣味性的同时，让学生了解数学的发展历程，丰富其数学史知识。章前的“学习目标”和节前的“本节提示”，帮助学生在学习具体知识之前明确学习内容和目标，做到心中有数、有的放矢。

3. 多点给力，保证衔接。为适应高职教育培养应用型人才的需要，教材降低了知识起点，较好地解决了初等数学与高等数学的过渡和衔接问题；专门设立了应用板块，使数学与专业课及实际问题相结合；注重教材各部分之间的内在联系，循序渐进，温故知新，在不同的知识层面上反复体现重要的知识点、经典的数学思想和方法，形成完整的知识体系。

4. 多层练习，充分实践。培养学生“数学素养”的关键在于使其具有解决数学问题的能力。教材基于高职高专学生的认知规律、思维特点，突出了运用知识的实践环节：每一节后设有由学生完成的学习小结，以及难易适中的习题；每章后设有复习思考题，并且分为 A 组基础题和 B 组提高题，形成了以点到面、从局部到整体的实践体系。丰富的习题为教师提供了充分的选择空间，也很好地满足了不同专业、不同层次的学生需求，有利于学生理解掌握所学内容，及时复习巩固知识，养成勤于思考、善于实践的职业素养。

5. 内容广泛，富有弹性。教材包括微积分、微分方程初步、线性代数、概率论初步、数学实验等内容，且各部分内容自成体系，基本上涵盖了经济、管理类专业数学必修课和选修课的内容。基于高职高专不同专业对数学能力的不同要求，以及学生个体发展的实际需求，教材在内容上分为必学和选学（带 * 号的内容）两部分，拓宽了选择范围，增加了教学弹性，同时可以满足分层教学的需要；与之对应，习题设置了必做和选做（带 * 号的部分）两类，复习思考题亦分为 A、B 组。其中，选学内容及相应的习题和复习思考题 B 组，可供对数学有较高要求的专业选用，有愿望进一步扩大知识面的学生亦可自学。

本教材由四川财经职业学院张波担任主编，四川商务职业学院蒋磊担任副主编。参编人员有黄欣（第 1 章 1.1 至 1.5）、张萍（第 2 章和第 1 章 1.7）、张波（第 3 章）、王继（第 4 章）、陈勤（第 5 章和第 1 章 1.8）、钟瑜（第 6 章和第 1 章 1.6）、江磊（第 7 章和第 8 章）。

在编写过程中，我们自始至终得到了中国财政经济出版社和相关学校的具体指导和大力支持。我们借鉴了许多专家、同行的科研成果，在此一并表示感谢。衷心希望同行和读者对本教材予以关心和支持。

限于编者水平和编写时间，不妥之处在所难免，恳请专家、同行和读者批评指正。

编者

2011 年 4 月

目录

第1章　函数、极限与连续

第2章　一元函数微分学

应用板块

第3章 一元函数积分学

基础板块

应用板块

第4章 二元函数微积分

基础板块

应用板块

第 5 章 微分方程初步

基础板块

应用板块

第 6 章 线性代数初步

基础板块

应用板块

第 7 章 概率论初步

基础板块

应用板块

第8章 数学实验

基础板块

附表

习题参考答案

经济数学

第1章

函数、极限与连续

学习目标

- □ 理解函数的概念和性质，掌握求函数定义域和值域的方法，会判断两个函数是否相同
- □ 理解复合函数、初等函数的概念，能熟练地把复合函数分解为简单函数
- □ 理解极限的概念和函数极限存在的充分必要条件，掌握极限的四则运算法则和两个重要极限公式
- □ 理解无穷小和无穷大的概念以及它们的性质、关系；了解无穷小的比较
- □ 理解函数连续的概念，会求函数的间断点和连续区间，会求函数的极限

数学史话

16、17世纪，欧洲资本主义国家先后兴起，为了争夺霸权，迫切需要发展航海和军火工业。为了发展航海事业，就需要确定船只在大海中的位置，在地球上的经纬度；要打仗，也需知道如何使炮弹打得准确无误等问题，从而促使人们对各种“运动”以及各种运动中的数量关系进行研究，这就为函数概念的产生提供了客观基础。

17世纪中叶，法国科学家笛卡儿（Descartes）引入**变数**（变量）的概念。1673年，德国科学家莱布尼兹（Leibniz）在一篇手稿里第一次使用“**函数**”这一名词，他用函数表示任何一个随着曲线上的点的变动而变动的量。后来，许多数学家分别给出以“**变量**”为基础的函数概念；19世纪70年代开始，德国数学家康托、美国数学家维布伦给出以“**集合**”为基础的函数概念；直到20世纪初，特别是在60年代以后，人们开始广泛采用只涉及“集合”这一概念的函数定义。

极限思想是近代数学的一种重要思想。刘徽的**割圆术**、古希腊人的**穷竭法**都蕴含了极限思想。16世纪，荷兰数学家斯泰文在考察三角形重心的过程中改进了古希腊人的穷竭法，在无意中“指出了把极限方法发展成为一个实用概念的方向”。极限思想的进一步发展是与**微积分**的建立紧密相联系的。16世纪的欧洲处于资本主义萌芽时期，生产力得到极大的发展，生产和技术中大量的问题，只用初等数学的方法已无法解决，要求数学突破只研究常量的传统范围，提供能够用以描述和研究运动、变化过程的新工具，这是促进极限

发展、建立微积分的社会背景。起初牛顿和莱布尼兹以**无穷小**概念为基础建立微积分，后来因遇到了逻辑困难，所以在他们的晚期都不同程度地接受了极限思想。之后，德国数学家维尔斯特拉斯用静态的定义刻划了变量的变化趋势。这种“静态—动态—静态”的螺旋式的演变，反映了数学发展的辩证规律。

连续思想的产生来源于客观世界的许多现象和事物运动变化连绵不断的过程，这些连绵不断发展变化的事物在量的方面的反映就是**连续函数**，连续函数就是刻画变量连续变化的数学模型。16—18 世纪的数学家，虽然已经大张旗鼓地研究了连续变化的量，即连续函数，但仍停留在几何直观上，他们将能一笔画成的曲线所对应的函数称为“连续函数”。直到 19 世纪，当法国数学家柯西以及维尔斯特拉斯等数学家建立起严格的极限理论之后，才对连续函数作出了纯数学的精确表述。

1.1 函　　数

【本节提示】 函数是高等数学中最重要的基本概念之一，也是微积分学研究的对象．本节将在初等数学有关函数知识的基础上进一步讨论函数．通过本节的学习，要求理解函数、基本初等函数、复合函数、初等函数、分段函数等概念；掌握函数的几个简单性质；能熟练地把复合函数分解为简单函数，为以后各章的学习打基础．

1.1.1 区间

1. 区间

如果变量的变化是连续的，则常用区间来表示其变化范围．**区间**就是实数轴上介于两个实数之间的全体实数的集合．从数轴上看，区间是指介于某两点之间的线段上的全体点．

设 $a,b\in R$，并且 $a<b$，则常见区间分为：

开区间：$(a,b)=\{x\mid a<x<b\}$

闭区间：$[a,b]=\{x\mid a\leqslant x\leqslant b\}$

半开半闭区间：$(a,b]=\{x\mid a<x\leqslant b\}$

$[a,b)=\{x\mid a\leqslant x<b\}$

无限区间：$(a,+\infty)=\{x \mid a<x<+\infty\}$

$[a,+\infty)=\{x \mid a\leqslant x<+\infty\}$

$(-\infty,b)=\{x \mid -\infty<x<b\}$

$(-\infty,b]=\{x \mid -\infty<x\leqslant b\}$

$(-\infty,+\infty)=\{x \mid -\infty<x<+\infty\}=\mathrm{R}$

注意： $-\infty$ 和 $+\infty$ 分别读作“负无穷大”和“正无穷大”，它们不是数，仅仅是记号.

2. 邻域

设 x_0 与 δ 是两个实数，且 $\delta>0$，则开区间 $(x_0-\delta,x_0+\delta)$ 就称为**点 x_0 的 δ 邻域**，记为 $U(x_0,\delta)$，即 $U(x_0,\delta)=\{x \mid |x-x_0|<\delta\}$，其中 x_0 称为该邻域的**中心**，δ 称为该邻域的**半径**.

若在点 x_0 的 δ 邻域中“挖去”点 x_0，则集合 $\{x \mid <|x-x_0|<\delta\}$ 称为**点 x_0 的去心邻域**.

1.1.2　函数的概念

1. 函数的定义

定义 1.1　设 D 是一个非空的实数集，f 是一个确定的对应法则．在某变化过程中有两个变量 x，y，如果对于每一个 $x\in D$，通过对应法则 f，变量 y 都有唯一确定的值与之对应，则称变量 y 是变量 x 的函数，记为

$$y=f(x),\ x\in D$$

其中，x 称为自变量，y 称为因变量．自变量 x 的取值范围称为函数的**定义域**，记为 $D(f)$. 对于 $x_0\in D(f)$ 所对应的值，记做 $f(x_0)$ 或 $y\big|_{x=x_0}$，称为当 $x=x_0$ 时，函数 $y=f(x)$ 的函数值．当 x 取遍 D 中的数值时，所得到的数集 $\{y \mid y=f(x),\ x\in D\}$ 称为函数 f 的**值域**，记作 $Z(f)$.

注意： 记号 $y=f(x)$、$y=F(x)$ 等等表示 y 是 x 的函数．这里的字母“f”、“F”表示 y 与 x 之间的对应法则，即函数关系，它们是可以任意采用不同的字母来表示的．

【例 1】　试确定函数 $y=\sqrt{1-x^2}+\dfrac{6}{\lg(1-x)}$ 的定义域．

解： 要使函数 y 有意义，则需 $\begin{cases}1-x^2\geqslant 0,\\ 1-x>0,\\ \lg(1-x)\neq 0,\end{cases}$ 即 $\begin{cases}-1\leqslant x\leqslant 1,\\ x<1,\\ x\neq 0.\end{cases}$

于是所求函数的定义域 $D=[-1,0)\cup(0,1)$.

【例 2】　已知函数 $f(x+1)=2e^x+x^2-1$，求函数 $f(x)$.

解： 令 $x+1=t$，则 $x=t-1$. 于是

$$f(t)=2e^{t-1}+(t-1)^2-1=2e^{t-1}+t^2-2t,$$

即

$$f(x)=2e^{x-1}+x^2-2x.$$

2. 函数相同

由函数的定义可知，定义域和对应法则是构成函数的两个基本要素．因此，当两个函数的定义域和对应法则完全一致时，我们就称两个**函数相同或相等**．

【例 3】 考察下列函数是否相同?

(1) $f(x)=1-x$，　　$p(x)=\dfrac{1-x^2}{1+x}$；

(2) $f(x)=|x|$，　　$p(x)=\sqrt{x^2}$；

(3) $f(x)=\ln\sqrt{x-2}$，　　$p(x)=\dfrac{1}{2}\ln(x-2)$．

解：(1) 因为$f(x)$的定义域为$(-\infty,+\infty)$，而$p(x)$的定义域为$(-\infty,-1)\cup(-1,+\infty)$，所以$f(x)$与$p(x)$不相同．

(2) 因为$f(x)$和$p(x)$定义域均为$(-\infty,+\infty)$，且对应法则相同，所以它们是相同的函数．

(3) 因为$f(x)$和$p(x)$定义域均为$(2,+\infty)$，且对应法则相同，所以它们是相同的函数．

3. 函数的表示方法

(1) 解析法．以上三个例题中的函数，其对应法则都是用数学式子给出的，这种表示函数的方法称为**解析法**（或**公式法**）．微积分中所涉及的函数大多数用解析法给出，优点是便于计算和作理论分析，但是比较抽象，而且有些函数并不一定都能用公式表示出来．

(2) 列表法．**列表法**是用表格形式来表示自变量和因变量的函数关系，优点是不必计算就能由图表得到函数值，使用方便、快捷，但是不能反映函数的全貌．

【例 4】 某商场销售的某种商品，其价格与年收益的函数关系见表 1－1．从表 1－1 中可以看出年收益 R 随价格 p 变动的对应值．

表 1－1

价格 p（元）	1	1.1	1.2	1.3	1.4	…
收益 R（万元）	2.85	3.05	3.25	3.35	3.38	…

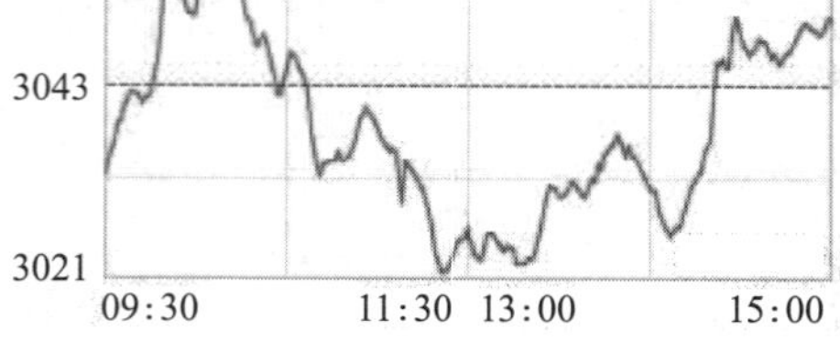

图 1－1

(3) 图像法．**图像法**是利用图像来表示函数关系的方法，其优点是直观、形象，容易表示出函数的全貌，但是精确性差．

【例 5】 2011 年 4 月 15 日 9:30－15:00 的上证指数分时走势图，由于时间的变化，指数也随之变化，其对应关系如图 1－1 中的曲线所示．

4. 函数的几种简单性质

(1) 奇偶性.

定义 1.2　一般地，对于函数 $y=f(x)$，

(1) 如果对于函数定义域内的任意一个 x，都有 $f(-x)=-f(x)$，那么就称函数 $f(x)$ 为**奇函数**. 奇函数的图像关于原点对称.

(2) 如果对于函数定义域内的任意一个 x，都有 $f(-x)=f(x)$，那么就称函数 $f(x)$ 为**偶函数**. 偶函数的图像关于 y 轴对称.

(3) 如果对于函数定义域内的任意一个 x，$f(-x)\neq f(x)$ 且 $f(-x)\neq -f(x)$，那么函数 $f(x)$ 既不是奇函数又不是偶函数，称为**非奇非偶函数**.

注意：(1) 奇、偶性是函数的整体性质，是对整个定义域而言的.

(2) 奇、偶函数的定义域一定关于原点对称，如果一个函数的定义域不关于原点对称，则这个函数一定不是奇（或偶）函数.

【例 6】　判断下列函数的奇偶性：

(1) $f(x)=x^2+2$;

(2) $f(x)=a^x-a^{-x}, a>1$;

(3) $f(x)=\dfrac{1}{x^3}+1$.

解：(1) 因为 $f(-x)=(-x)^2+2=x^2+2=f(x)$，所以 $f(x)$ 是偶函数.

(2) 因为 $f(-x)=a^{-x}-a^{-(-x)}=a^{-x}-a^x=-f(x)$，所以 $f(x)$ 是奇函数.

(3) $f(-x)=\dfrac{1}{(-x)^3}+1=-\dfrac{1}{x^3}+1$，它既不等于 $f(x)$，也不等于 $-f(x)$，因此 $f(x)$ 是非奇非偶函数.

(2) 单调性.

定义 1.3　设有函数 $y=f(x), x\in(a,b)$，对任意的 $x_1, x_2\in(a,b)$，若当 $x_1<x_2$ 时，总有 $f(x_1)<f(x_2)$ ($f(x_1)>f(x_2)$) 成立，则称函数 $f(x)$ 在 (a,b) 内单调增加（单调减少）. 单调增加和单调减少的函数统称为**单调函数**，其对应的区间称为**单调区间**.

注意：单调性是函数的一个局部性质，与讨论的范围有关.

例如 $y=x^2$ 在 $(0,+\infty)$ 上是单调增加的函数，在 $(-\infty,0)$ 上是单调减少的函数.

(3) 周期性.

定义 1.4　设函数 $f(x)$ 的定义域为 D，若存在数 $T\neq 0$，使对一切 $x\in D$ 总有 $f(x+T)=f(x)$ 成立 $(x+T\in D)$，则称函数 $f(x)$ 为**周期函数**，T 称为 $f(x)$ 的**周期**. 通常所说的周期是最小正周期.

例如 $y=\sin x$ 就是周期函数，它的周期是 2π. 在周期函数的定义域内，每隔一个周期，函数的图形会重复出现.

(4) 有界性.

定义 1.5　对于函数 $y=f(x), x\in D$，若存在常数 $M>0$，使对一切 $x\in D$，有 $|f(x)|\leq M$，则称 $f(x)$ 在 D 内是**有界**的，否则称 $f(x)$ 在 D 内是无界的.

例如：对于任何实数 x，恒有 $|\sin x|\leqslant 1$，所以函数 $y=\sin x$ 在 $(-\infty,+\infty)$ 上是有界的. 而函数 $y=\dfrac{1}{x}$ 在 $(0,1]$ 上是无界的，在 $[1,+\infty)$ 上是有界的. 由此可见，函数可以在某个区间内有界，在另一区间内无界. 因此有界性是函数的一个局部性质.

有界函数的几何特征：它的图像介于直线 $y=-M$ 和 $y=M$ 之间.

1.1.3　基本初等函数

常数函数 $y=C$；**幂函数** $y=x^{a}$（a 是常数）；**指数函数** $y=a^{x}$（$a>0,a\neq 1$）；**对数函数** $y=\log_{a}x$（$a>0,a\neq 1$）；**三角函数** $y=\sin x$、$y=\cos x$、$y=\tan x$、$y=\cot x$、$y=\sec x$、$y=\csc x$；**反三角函数** $y=\arcsin x$、$y=\arccos x$、$y=\arctan x$、$y=\operatorname{arccot} x$ 统称为**基本初等函数**.

基本初等函数是构成函数的基本元素. 为了便于后面的学习，我们将基本初等函数的图形和性质列表如下，见表 1－2.

表 1－2

名称	表达式	定义域与值域	图形	特性
常数函数	$y=C$	$x\in(-\infty,+\infty)$ $y\in\{C\}$	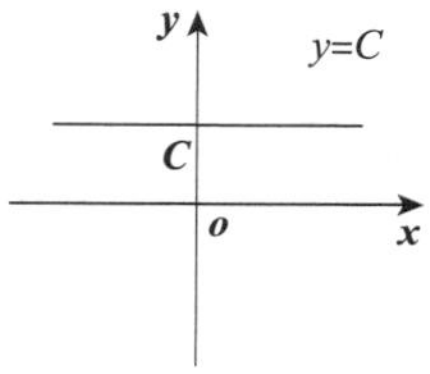	图形是平行于 x 轴截距为 c 的一条直线
幂函数	$y=x^{2}$	$x\in(-\infty,+\infty)$ $y\in[0,+\infty)$	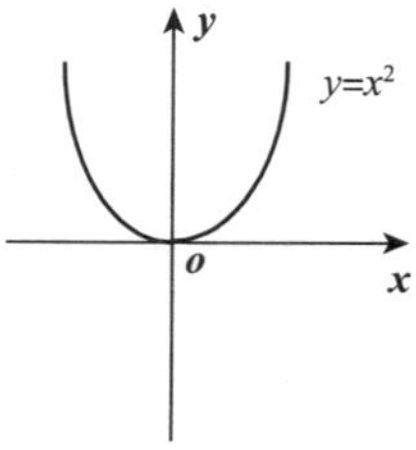	偶函数；在 $(-\infty,0)$ 内单调减少，在 $[0,+\infty)$ 内单调增加
	$y=x^{3}$	$x\in(-\infty,+\infty)$ $y\in(-\infty,+\infty)$	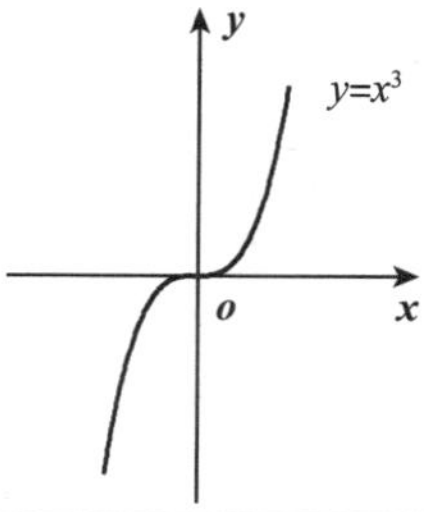	奇函数；单调增加
	$y=x^{-1}$	$x\in(-\infty,0)\cup(0,+\infty)$ $y\in(-\infty,0)\cup(0,+\infty)$	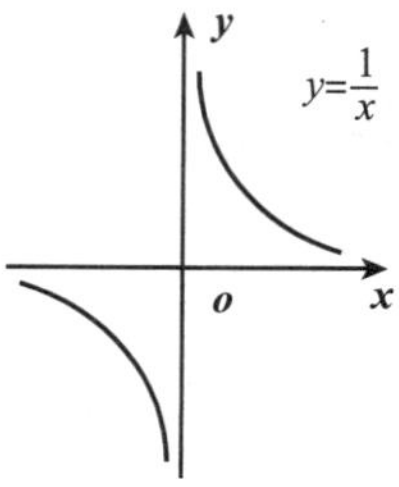	奇函数；在 $(-\infty,0)$ 内单调减少，在 $(0,+\infty)$ 内单调减少

续表

名称	表达式	定义域与值域	图形	特性
幂函数	$y=x^{\frac{1}{2}}$	$x\in[0,+\infty)$ $y\in[0,+\infty)$	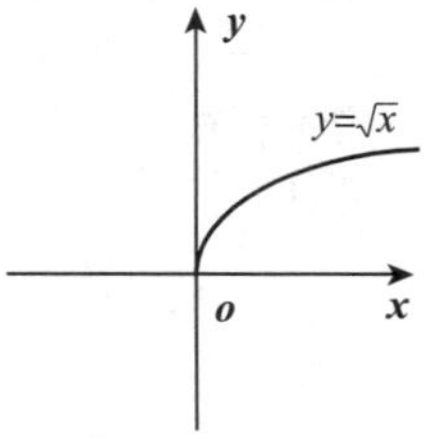	单调增加
指数函数	$y=a^x$ $(a>1)$	$x\in(-\infty,+\infty)$ $y\in(0,+\infty)$	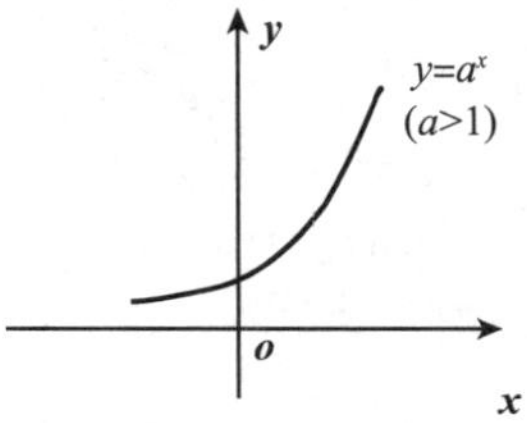	单调增加
	$y=a^x$ $(0<a<1)$	$x\in(-\infty,+\infty)$ $y\in(0,+\infty)$	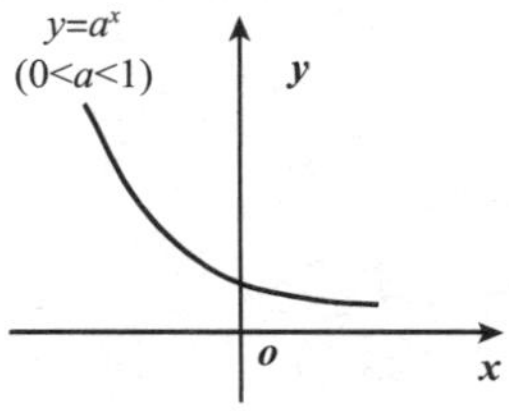	单调减少
对数函数	$y=\log_a x$ $(a>1,a\neq1)$	$x\in(0,+\infty)$ $y\in(-\infty,+\infty)$	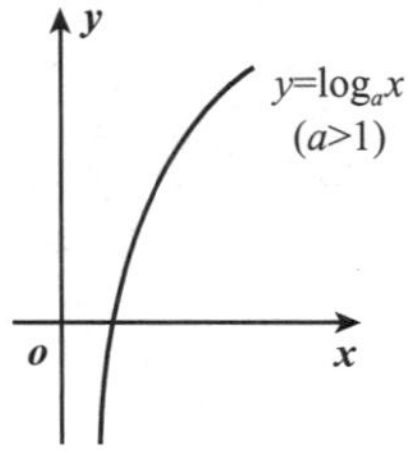	曲线过点(1,0)，当 $a>1$ 时，单调增加
	$y=\log_a x$ $(0<a<1)$	$x\in(0,+\infty)$ $y\in(-\infty,+\infty)$	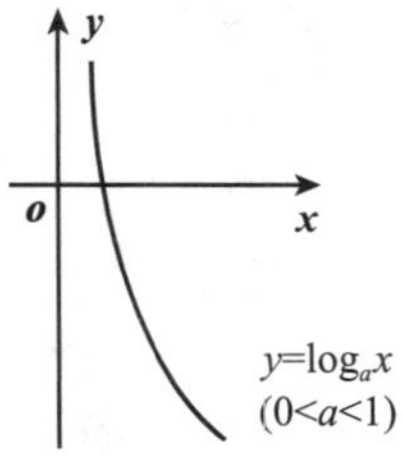	曲线过点(1,0)，当 $0<a<1$ 时，单调减少
三角函数	$y=\sin x$	$x\in(-\infty,+\infty)$ $y\in[-1,1]$	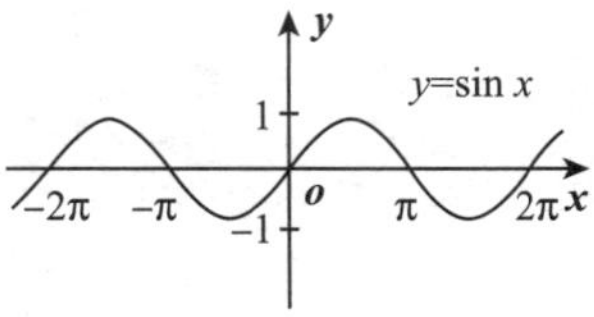	奇函数，周期 2π，有界

续表

名称	表达式	定义域与值域	图形	特性
三角函数	$y=\cos x$	$x\in(-\infty,+\infty)$ $y\in[-1,1]$	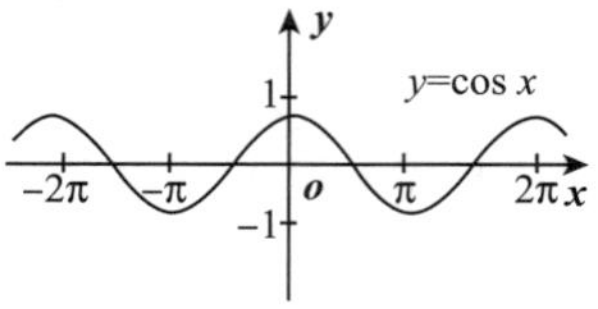	偶函数，周期 2π，有界
	$y=\tan x$	$x\neq k\pi+\frac{\pi}{2}(k\in Z)$ $y\in(-\infty,+\infty)$	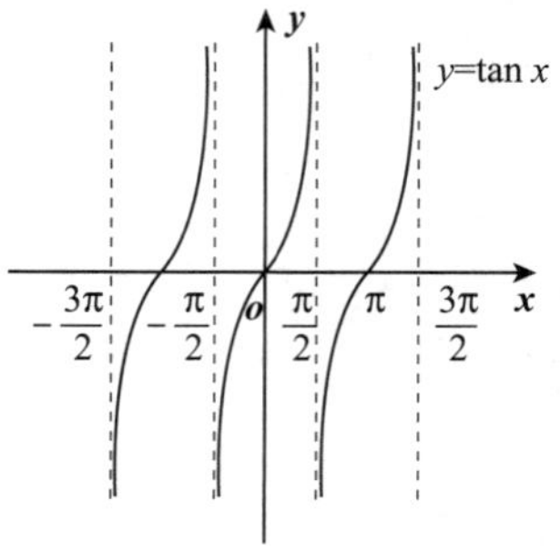	奇函数，周期 π
	$y=\cot x$	$x\neq k\pi(k\in Z)$ $y\in(-\infty,+\infty)$	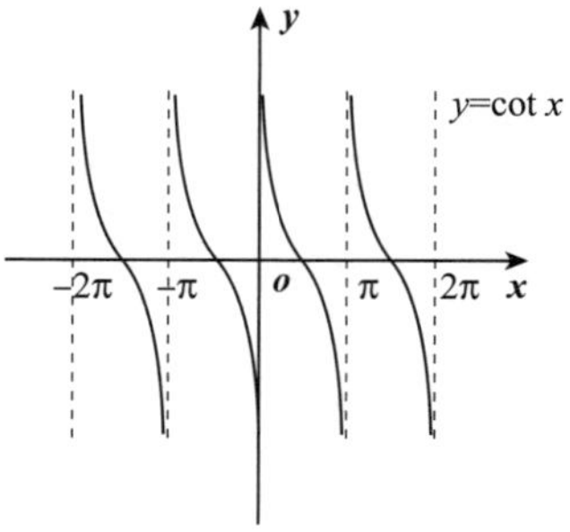	奇函数，周期 π
反三角函数	$y=\arcsin x$	$x\in[-1,1]$ $y\in[-\frac{\pi}{2},\frac{\pi}{2}]$	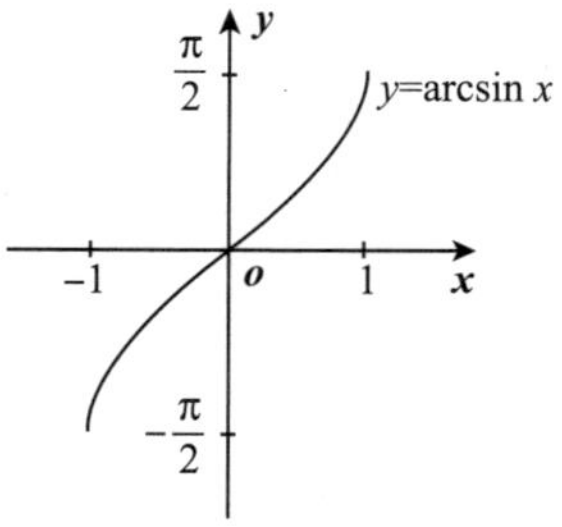	奇函数，单调增加，有界
	$y=\arccos x$	$x\in[-1,1]$ $y\in[0,\pi]$	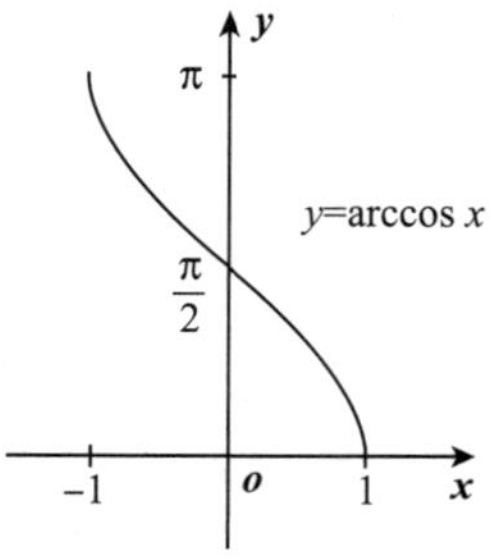	单调减少，有界

续表

名称	表达式	定义域与值域	图形	特性
反三角函数	$y=\arctan x$	$x\in(-\infty,+\infty)$ $y\in\left(-\dfrac{\pi}{2},\dfrac{\pi}{2}\right)$	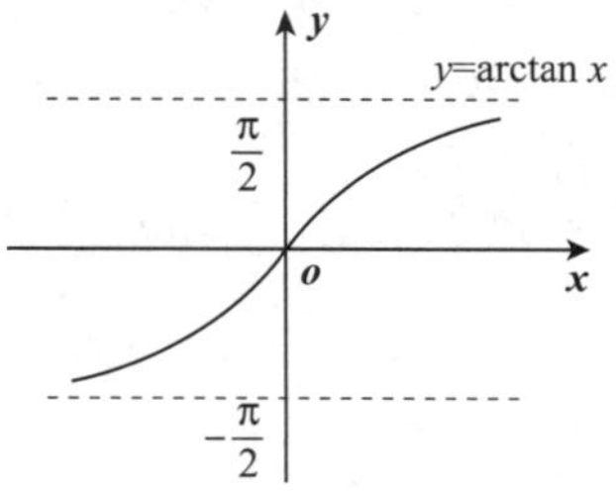	奇函数，单调增加，有界
	$y=\operatorname{arccot} x$	$x\in(-\infty,+\infty)$ $y\in(0,\pi)$	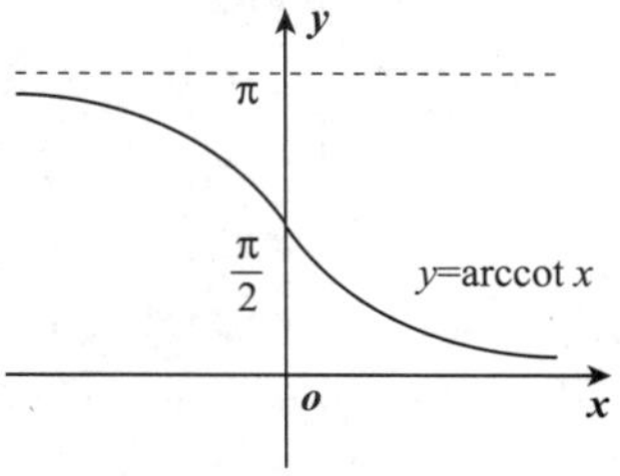	单调减少，有界

附：常用运算性质和恒等式

（1）幂函数：当 m、n 为有理数时，

①$a^0=1(a\neq 0)$　　②$\dfrac{1}{a^n}=a^{-n}(a\neq 0)$

③$a^m\cdot a^n=a^{m+n}$　　④$a^m\div a^n=a^{m-n}$

⑤$(ab)^n=a^nb^n$　　⑥$\left(\dfrac{a}{b}\right)^n=\dfrac{a^n}{b^n}(b\neq 0)$

⑦$(a^m)^n=a^{mn}$　　⑧$\sqrt[n]{a^m}=a^{\frac{m}{n}}$　$(m,\ n\in N)$

（2）对数函数：

①$\log_a(N_1N_2)=\log_a N_1+\log_a N_2$

②$\log_a\dfrac{N_1}{N_2}=\log_a N_1-\log_a N_2$

③$\log_a N^m=m\log_a N$

④ 对数恒等式 $y=a^{\log_a y}$

（3）三角函数：

①正弦函数 $y=\sin\alpha$，如图 1－2 所示，它的定义是：

$$\sin\alpha=\frac{\text{对边 }MN}{\text{斜边 }ON}=\frac{y}{1}$$

②余弦函数 $y=\cos\alpha$，它的定义是：

$$\cos\alpha=\frac{\text{邻边 }OM}{\text{斜边 }ON}=\frac{x}{1}$$

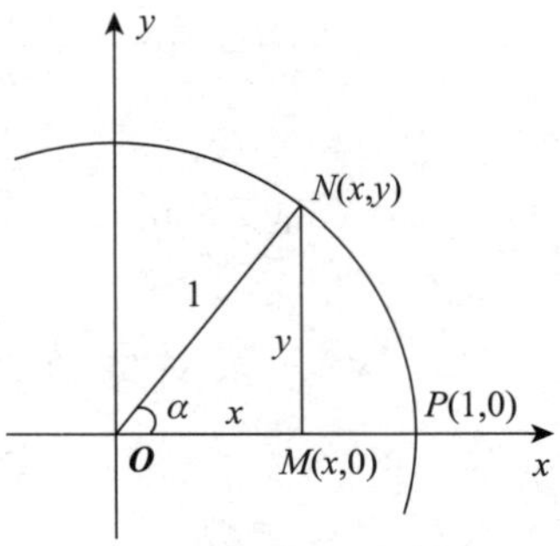

图 1－2

③正切函数 $y=\tan\alpha$，它的定义是：

$$\tan\alpha=\frac{\text{对边 }MN}{\text{邻边 }OM}=\frac{y}{x}=\frac{\sin\alpha}{\cos\alpha}$$

④余切函数 $y=\cot\alpha$，它的定义是：

$$\cot\alpha=\frac{\text{邻边 }OM}{\text{对边 }MN}=\frac{x}{y}=\frac{\cos\alpha}{\sin\alpha}$$

⑤正割函数 $y=\sec\alpha=\dfrac{1}{\cos\alpha}$

⑥余割函数 $y=\csc\alpha=\dfrac{1}{\sin\alpha}$

我们习惯用 x 表示自变量，用 x 换 α，则写成 $y=\sin x$，$y=\cos x$ 等．

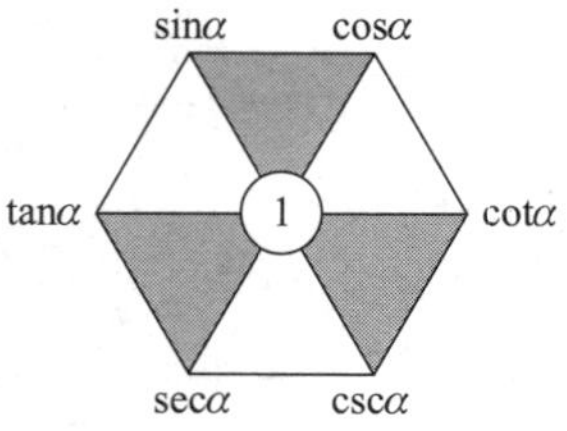

图 1－3

(4) 同角三角函数的基本关系式：

同角三角函数基本关系可概括为平方关系，商数关系和倒数关系，如考虑 $\sin\alpha$，$\cos\alpha$，$\tan\alpha$，$\cot\alpha$，$\sec\alpha$，$\csc\alpha$ 六个函数，还可借助图 1－3 进行形象记忆．

(a) 对角线上两个函数的积为 1（倒数关系）．

(b) 任一顶点的函数等于与其相邻两个顶点的函数的积（商数关系）．

(c) 阴影部分，顶角两个函数的平方和等于底角函数的平方（平方关系）．

由图 1－3 可得出公式的变形式或其他同角函数关系式：

①倍角公式：

$$\sin2\alpha=2\sin\alpha\cos\alpha$$

$$\cos2\alpha=\cos^2\alpha-\sin^2\alpha=2\cos^2\alpha-1=1-2\sin^2\alpha$$

$$\tan2\alpha=\frac{2\tan\alpha}{1-\tan^2\alpha}$$

②平方关系：

$$\sin^2\alpha+\cos^2\alpha=1$$

$$1+\tan^2\alpha=\sec^2\alpha$$

$$1+\cot^2\alpha=\csc^2\alpha$$

③商数关系：

$$\frac{\sin\alpha}{\cos\alpha}=\tan\alpha,\quad \frac{\cos\alpha}{\sin\alpha}=\cot\alpha$$

④倒数关系：

$$\tan\alpha\cdot\cot\alpha=1,\ \sin\alpha\cdot\csc\alpha=1,\ \cos\alpha\cdot\sec\alpha=1$$

1.1.4 复合函数、初等函数

1. 复合函数

定义 1.6 设 y 是 u 的函数 $y=f(u)$，u 又是 x 的函数 $u=\varphi(x)$，如果函数 $u=\varphi(x)$ 的

值域包含在函数 $y=f(u)$ 的定义域内，则通过变量 u，y 也是 x 的函数．我们称这样的函数 y 为 $y=f(u)$ 和 $u=\varphi(x)$ 的**复合函数**，记做 $y=f[\varphi(x)]$，其中 u 称为**中间变量**．

对于有些复合函数，中间变量不止一个．例如，$y=u^2$，$u=\ln v$，$v=\cos x+2$，则这三个函数可以构成复合函数 $y=\ln^2(\cos x+2)$，此复合函数的中间变量就有两个．

【例 7】 指出下列各函数的复合过程：

（1）$y=e^{\sqrt{2-x}}$；

（2）$y=\sin^2(2x+5)$．

解：（1）函数 $y=e^{\sqrt{2-x}}$ 是由 $y=e^u$，$u=\sqrt{v}$，$v=2-x$ 复合而成的；

（2）$y=\sin^2(2x+5)$ 是由 $y=u^2$，$u=\sin v$，$v=2x+5$ 复合而成的．

2. 初等函数

定义 1.7 由基本初等函数经过有限次四则运算和有限次复合运算所构成，并能用一个式子表示的函数，称为**初等函数**．

例如：$y=3^{\sin x}$，$y=\sqrt{x^3+4x+8}$，$y=(\ln\cos x)^2$.

多项式函数：

$$f(x)=a_nx^n+a_{n-1}x^{n-1}+\cdots+a_1x+a_0 \quad (a_i \text{ 为常数}, i=0,1,2,\cdots,n).$$

有理函数：

$$f(x)=\frac{a_nx^n+a_{n-1}x^{n-1}+\cdots+a_1x+a_0}{b_mx^m+b_{m-1}x^{m-1}+\cdots b_1x+b_0} \quad (a_i,b_j \text{ 为常数}, i=0,1,2,\cdots,n; j=0,1,2,\cdots,n).$$

等都是初等函数．

1.1.5　分段函数

定义 1.8 若函数 $y=f(x)$ 在它的定义域内的不同区间（或不同点）上有不同的表达式，则称它为**分段函数**．

例如，符号函数

$$y=\operatorname{sgn}x=\begin{cases}-1, & \text{当 } x<0\\ 0, & \text{当 } x=0,\\ 1, & \text{当 } x>0\end{cases}$$

就是一个分段函数，如图 1－4 所示．

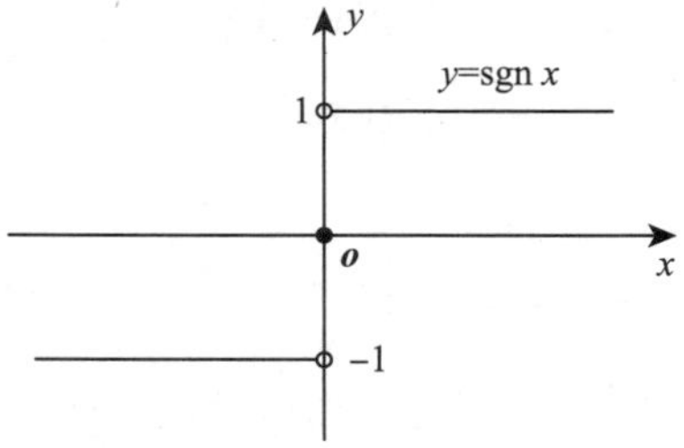

图 1－4

分段函数一般不是初等函数，但如果分段函数可以用一个解析式表示，那么它就是一个初等函数．

例如，$y=\begin{cases}1-x, & x\leqslant 0\\ 1+x, & x>0\end{cases}$，它能表示成 $y=1+\sqrt{x^2}=1+|x|$，所以这个分段函数是一个初等函数．

注意： 分段函数是用几个解析式合起来表示的一个函数，不能理解为几个函数．

学习小结

（1）两个函数的 ________ 和 ________ 完全一致时，我们就称两个函数相同．

（2）函数的表示方法有 ________________________________．

（3）偶函数的图像关于 ________ 对称，奇函数的图像关于 ________ 对称．

（4）复合函数是指 ________________________________．

（5）初等函数是指 ________________________________．

（6）分段函数是指 ________________________________．

【习题 1.1】

1. 用区间表示下列不等式的所有 x 的取值范围．

（1）$|x+1|>3$；　　（2）$|x-3|\leqslant 4$.

2. 求下列函数的定义域：

（1）$y=\sqrt{x^2-4}$；　　（2）$y=\dfrac{1}{x+3}$；

（3）$y=\lg(4x+1)$；　　（4）$y=\dfrac{2}{x^2+1}$；

（5）$y=\sqrt{\ln(2-x)}$；　　（6）$y=\arccos(x-5)$.

3. 设 $f(x)=x^2-6x+5$，求 $f(0)$，$f(-x)$，$f(x+1)$.

4. 设 $g(t^3+1)=t^3-9$，求 $g(t^2)$，$[g(t)]^2$.

5. 判断下列函数是否相等：

（1）$f(x)=\dfrac{x^2}{x}$，　　$g(x)=x$；

（2）$f(x)=\sqrt{x^2}$，　　$g(x)=x$；

（3）$f(x)=(\sqrt{x})^2$，　　$g(x)=x$；

（4）$f(x)=1$，　　$g(x)=\sin^2x+\cos^2x$；

（5）$f(x)=\dfrac{|x|}{x}$，　　$g(x)=1$.

6. 判定下列函数的奇偶性：

（1）$f(x)=\dfrac{e^x-e^{-x}}{2}$；　　（2）$f(x)=x^2+\cos x$；

（3）$f(x)=\dfrac{x^2+1}{x-1}$；　　（4）$f(x)=\dfrac{\sin x}{x}$.

7. 将下列复合函数分解成简单函数：

（1）$y=3^{\cos x}$；　　（2）$y=a\sqrt[3]{1-x}$；

(3) $y=\sqrt{\ln x^2}$;　(4) $y=\sin[\tan(x^2+1)]$;

(5) $y=(1-\ln x)^4$;　(6) $y=2^{\arcsin\sqrt{1-x^2}}$;

(7) $y=\lg^2(\sqrt{x-3})$;　(8) $y=e^{-\sin^2\frac{1}{x}}$.

1.2
极 限 的 概 念

【本节提示】 极限的理论和方法是学习微积分的概念和方法的工具，是整个微积分的理论基础．本节将首先给出数列极限的定义，然后介绍函数的极限．通过本节的学习，要求能够理解极限的概念，理解极限存在的充要条件，会用左、右极限讨论分段函数在分段点处的极限．

1.2.1　数列的极限

引例 1　在《庄子·天下篇》中，战国时期的公孙龙提出了一个很重要的命题："一尺之棰，日取其半，万世不竭．"也就是说一尺长的木棒，第一天取去一半，还剩$\frac{1}{2}$尺，第二天再在这$\frac{1}{2}$尺中取去一半，还剩下$\frac{1}{4}$尺……这样，把木棒每天所剩的长度列出来，就成为这样一列数：1，$\frac{1}{2}$，$\frac{1}{2^2}$，$\frac{1}{2^3}$，$\frac{1}{2^4}$，…，$\frac{1}{2^n}$，…显然，当 n 无限增大时，2^n 便无限增大，而$\frac{1}{2^n}$便无限缩小，但是不管 n 多么大，$\frac{1}{2^n}$却永远不会等于零，因此木棒"万世不竭"．

引例 2　公元 3 世纪的刘徽创造了"割圆术"，即圆的内接正多边形边数无限增加后，它的面积会无限接近圆的面积，并用这个方法来计算圆周率．他从圆的内接正六边形的面积算起，依次将边数加倍，一直算到圆内接正 3072 边形的面积，从而得出圆周率 π 的近似值：3927/1250 = 3.1416. 后来，祖冲之用这个方法把圆周率的值计算到小数点后七位．

以上例子都包含了朴素的极限思想．下面我们先来学习数列极限的概念．

我们将按照一定次序排列出的无穷多个数 $y_1,y_2,y_3,\cdots,y_n,\cdots$ 称为**无穷数列**，简称为**数列**，记为$\{y_n\}$．将数列中的每个数称作数列的项，称第 n 项 y_n 为数列的一般项或通项．

观察下面几个数列，当 $n\to\infty$ 时，y_n 的变化趋势：

(1) $\{y_n\}=\left\{1-\frac{1}{2^n}\right\}$: $1-\frac{1}{2}$, $1-\frac{1}{2^2}$, $1-\frac{1}{2^3}$, $\cdots$, $1-\frac{1}{2^n}$, $\cdots$;

(2) $\{y_n\}=\left\{\frac{(-1)^{n-1}}{n}\right\}$: 1, $-\frac{1}{2}$, $\frac{1}{3}$, $-\frac{1}{4}$, $\cdots$, $\frac{(-1)^{n-1}}{n}$, $\cdots$;

（3）$\{y_n\}=\left\{(-1)^{n-1}\right\}$：1，-1，1，-1，…，$(-1)^{n-1}$，…；

（4）$\{y_n\}=\{2^n\}$：2，4，8，16，…，2^n，….

不难看出，当 n 无限增大时，数列（1）、（2）分别无限趋近于常数 1、0，我们将常数 1 和 0 分别称为数列（1）、（2）的极限．而数列（3）、（4）则没有这样的性质．下面给出数列极限的概念．

定义 1.9　当 n 无限地增大时（记为 $n\to\infty$），如果 y_n 无限地接近于一个确定的常数 a，则称 a 为数列 $\{y_n\}$ 的**极限**．记为：

$$\lim_{n\to\infty}y_n=a\quad 或\ y_n\to a(n\to\infty)$$

此时也称数列 $\{y_n\}$ **收敛**，否则称数列 $\{y_n\}$ **发散**．

根据数列极限的定义，上面的数列（1）、（2）的极限可以分别记为：

$$\lim_{n\to\infty}\left(1-\frac{1}{2^n}\right)=1,\ \lim_{n\to\infty}\frac{(-1)^{n-1}}{n}=0.$$

【例 1】　观察下列数列当 $n\to\infty$ 时是否有极限？有极限时指出其极限值：

（1）$\{y_n\}=\left\{\frac{(-1)^n}{n^2}\right\}$；　　（2）$\{y_n\}=\left\{\frac{n}{n+1}\right\}$；

（3）$\{y_n\}=\{1\}$；　　（4）$\{y_n\}=\left\{\left(\frac{99}{100}\right)^n\right\}$．

解：通过观察，这几个数列当 $n\to\infty$ 时都有极限：

（1）$\lim\limits_{n\to\infty}y_n=\lim\limits_{n\to\infty}\frac{(-1)^n}{n^2}=0.$

（2）$\lim\limits_{n\to\infty}y_n=\lim\limits_{n\to\infty}\frac{n}{n+1}=\lim\limits_{n\to\infty}\left(1-\frac{1}{n+1}\right)=1.$

（3）$\lim\limits_{n\to\infty}y_n=\lim\limits_{n\to\infty}1=1.$

（4）由计算器可以算得：

$0.99^{1000}\approx 4.3\times10^{-5}$；　　$0.99^{5000}\approx 1.5\times10^{-22}$；

$0.99^{10000}\approx 2.2\times10^{-44}$；　　$0.99^{20000}\approx 5.1\times10^{-88}$.

由上面几个结果可以看出，0.99^n 随 n 的增大而减小，当 n 充分大时，0.99^n 是充分小的正数，由此可推测：

$$\lim_{n\to\infty}y_n=\lim_{n\to\infty}\left(\frac{99}{100}\right)^n=0.$$

规律总结

（1）如果 $\{y_n\}=\{C\}$，则 $\lim\limits_{n\to\infty}C=C$（$C$ 为常数）.

（2）如果 $|q|<1$，则 $\lim\limits_{n\to\infty}q^n=0$.

下面给出数列极限的相关性质：

定理 1.1　如果数列 $\{y_n\}$ 收敛，那么数列 $\{y_n\}$ 一定有界．

定理 1.2　数列$\{y_n\}$不能收敛于两个不同的极限，即数列的极限是唯一的．

定理 1.3　单调有界数列必有极限．

1.2.2　函数的极限

数列可看成是自变量依次取正整数的特殊函数，若自变量不再限于正整数的顺序，而是连续变化的，就成了一般的函数．下面我们来学习函数的极限．

1. 当 $x\to\infty$ 时，函数 $f(x)$ 的极限

在数列极限中，如果我们记 $y_n=f(n)$，则 $\lim\limits_{n\to\infty}y_n=a$ 即是 $\lim\limits_{n\to\infty}f(n)=a$. 如果用 x 替换 $\lim\limits_{n\to\infty}f(n)=a$ 中的 n，用 A 换 a，则得到 $\lim\limits_{x\to\infty}f(x)=A$. 即数列极限本质上是一个函数极限，即当自变量趋近于无穷大时，函数趋近于一个定值．因此，我们可以“类比”数列极限的定义，给出自变量趋近于无穷大时函数极限的定义：

定义 1.10　当自变量 x 的绝对值无限增大时（记作 $x\to\infty$），若 $f(x)$ 无限趋近于一个确定的常数 A，则称 A 为**当 $x\to\infty$ 时函数 $f(x)$ 的极限**，记为：

$$\lim_{x\to\infty}f(x)=A \text{ 或 } f(x)\to A\ (x\to\infty)$$

在定义 1.10 中，自变量 x 的绝对值无限增大（记作 $x\to\infty$），指的是 x 既可取正值无限增大（记做 $x\to+\infty$），同时也可取负值而绝对值无限增大（记做 $x\to-\infty$）．

如果只考虑 $x\to+\infty$ 时，则记作

$$\lim_{x\to+\infty}f(x)=A \text{ 或 } f(x)\to A\ (x\to+\infty)$$

如果只考虑 $x\to-\infty$ 时，则记作

$$\lim_{x\to-\infty}f(x)=A \text{ 或 } f(x)\to A\ (x\to-\infty)$$

定理 1.4　$\lim\limits_{x\to\infty}f(x)=A$ 的充要条件是 $\lim\limits_{x\to-\infty}f(x)=\lim\limits_{x\to+\infty}f(x)=A$.

【例 2】　求极限 $\lim\limits_{x\to\infty}\dfrac{1}{x}$.

解： 因为 $\lim\limits_{x\to-\infty}\dfrac{1}{x}=\lim\limits_{x\to+\infty}\dfrac{1}{x}=0$，所以 $\lim\limits_{x\to\infty}\dfrac{1}{x}=0$. 如图 1－5所示．

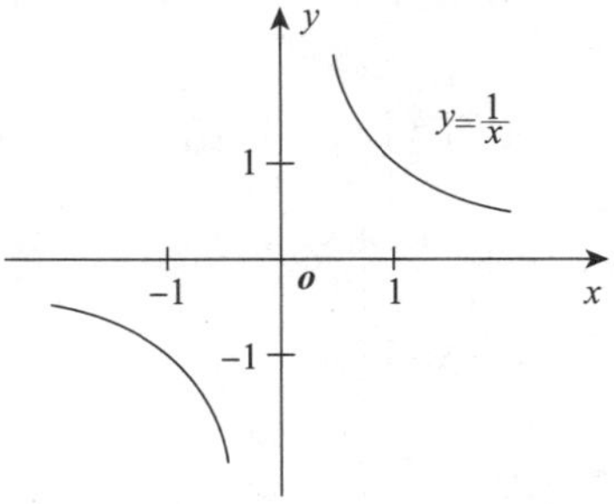

图 1－5

【例 3】　$\lim\limits_{x\to\infty}\arctan x$ 是否存在？

解： $\lim\limits_{x\to-\infty}\arctan x=-\dfrac{\pi}{2}$，　$\lim\limits_{x\to+\infty}\arctan x=\dfrac{\pi}{2}$.

因为 $\lim\limits_{x\to-\infty}\arctan x\neq\lim\limits_{x\to+\infty}\arctan x$，所以 $\lim\limits_{x\to\infty}\arctan x$ 不存在．

2. 当 $x\to a$ 时，函数 $f(x)$ 的极限

定义 1.11　设函数 $f(x)$ 在点 a 的某邻域有定义（点 a 可除外），当自变量 x 无限趋近于常数 a 时，若 $f(x)$ 无限趋近于一个确定的常数 A，则称 A 为**当 $x\to a$ 时函数 $f(x)$ 的极限**，

记作：

$$\lim_{x\to a}f(x)=A \text{ 或 } f(x)\to A \quad (x\to a)$$

【例 4】 讨论 $f(x)=\dfrac{x^2-1}{x-1}$ 当 $x\to 1$ 时是否有极限？

解： 虽然在 $x=1$ 时 $f(x)$ 无定义，但是现在要考察的是在 $x\to 1$ 的这个过程中，函数 $f(x)$ 的变化趋势．在该过程中，$x\neq 1$，于是在 $\dfrac{x^2-1}{x-1}=\dfrac{(x-1)(x+1)}{x-1}$ 中消去非零因子 $x-1$ 得 $f(x)=x+1$，因此，

$$\lim_{x\to 1}f(x)=\lim_{x\to 1}\frac{x^2-1}{x-1}=\lim_{x\to 1}(x+1)=2$$

注意： 函数在某点处的极限，与函数在该点是否有定义无关，当然与该点的函数值是多少更无关．

3. 左、右极限的概念

定义 1.12 如果 x 从左侧趋近于 x_0 时，$f(x)\to A$，则称 A 为 $x\to x_0^-$（或 $x\to x_0-0$）时 $f(x)$ 的**左极限**，记作：

$$\lim_{x\to x_0^-}f(x)=A \text{ 或 } f(x_0-0)=A$$

如果 x 从右侧趋近于 x_0 时，$f(x)\to A$，则称 A 为 $x\to x_0^+$（或 $x\to x_0+0$）时 $f(x)$ 的**右极限**，记作：

$$\lim_{x\to x_0^+}f(x)=A \text{ 或 } f(x_0+0)=A$$

将左、右极限统称为**单侧极限**．

定理 1.5 $\lim\limits_{x\to x_0}f(x)=A$ 的充分必要条件是 $f(x_0-0)=f(x_0+0)=A$.

【例 5】 讨论函数 $f(x)=\begin{cases}x^2+1, x<0\\ x-1, x\geqslant 0\end{cases}$ 当 $x\to 0$ 时是否有极限．

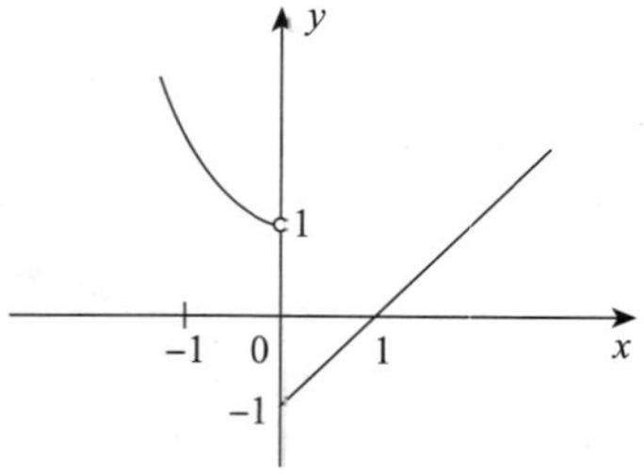

图 1－6

解： 由于函数 $f(x)$ 是分段函数，在分段点的两侧函数的表达式不同，故我们采用求左、右极限的方法来讨论在分段点处的极限．因为

$$f(0-0)=\lim_{x\to 0^-}(x^2+1)=1,\ f(0+0)=\lim_{x\to 0^+}(x-1)=-1.$$

$$f(0-0)\neq f(0+0).$$

所以 $\lim\limits_{x\to 0}f(x)$ 极限不存在．如图 1－6 所示．

规律总结

求分段函数在分段点处的极限，必须要考虑在分段点处的左右极限是否存在并且相等，只有当此条件满足时，才能称函数在该点处的极限存在．

学习小结

(1) 函数在某点处的极限值，与函数在该点处的____________无关.

(2) 数列 $\{y_n\}$________________，即数列的极限是唯一的.

(3) $\lim\limits_{n\to\infty} C =$__________；$\lim\limits_{x\to a} C =$______________.

(4) 若 $|q|<1$，则 $\lim\limits_{n\to\infty} q^n =$________________.

(5) $\lim\limits_{x\to\infty} f(x)=A$ 的充要条件是______，$\lim\limits_{x\to x_0} f(x)=A$ 的充要条件是________.

【习题 1.2】

1. 当 $n\to\infty$ 时，下列数列的极限：

(1) $x_n=\dfrac{1}{6^n}$；　　(2) $x_n=\dfrac{1-n}{n}$；

(3) $x_n=\dfrac{2n+1}{5n-1}$；　　(4) $x_n=2-\dfrac{1}{n}$；

(5) $x_n=(-1)^n$；　　(6) $x_n=1-\left(\dfrac{1}{3}\right)^n$.

2. 求下列函数的极限：

(1) $\lim\limits_{x\to\infty}\dfrac{1}{x^3}$；　　(2) $\lim\limits_{x\to\infty}\left(\dfrac{1}{2}\right)^x$；

(3) $\lim\limits_{x\to-\infty} 2^x$；　　(4) $\lim\limits_{x\to+\infty} e^x$；

(5) $\lim\limits_{x\to+\infty}\left(\dfrac{4}{3}\right)^{-x}$；　　(6) $\lim\limits_{x\to\infty}\left(2-\dfrac{1}{x}\right)$.

3. 分析函数变化趋势，写出下列函数的极限：

(1) $\lim\limits_{x\to3}(x^2+1)$；　　(2) $\lim\limits_{x\to1}\left(\dfrac{1}{x}\right)$；

(3) $\lim\limits_{x\to\frac{\pi}{6}}\sin x$；　　(4) $\lim\limits_{x\to0}\cos x$；

(5) $\lim\limits_{x\to2} 2^x$；　　(6) $\lim\limits_{x\to1}\ln x$.

4. 设 $f(x)=\begin{cases}\dfrac{1}{x+1}, & x\leqslant 0\\ 3^x, & x>0\end{cases}$，讨论 $\lim\limits_{x\to0} f(x)$ 是否存在.

5. 设 $f(x)=\begin{cases}3x+2, & x\leqslant 0\\ x^2+1, & 0<x\leqslant 1\\ \dfrac{2}{x}, & x>1\end{cases}$，分别讨论 $x\to0$ 及 $x\to1$ 时 $f(x)$ 的极限是否存在.

1.3 无穷小量与无穷大量

【本节提示】　在实际问题中，经常会遇到绝对值可以无限变小的量和绝对值可以无限变大的量，这就是我们将要学习的无穷小量和无穷大量．通过本节的学习，要求理解无穷小量、无穷大量的概念，掌握无穷小量的性质，知道无穷小量与无穷大量的关系．

1.3.1　无穷小量

引例1：用抽水机来抽水池里的水，水池中的水量将随着时间的增加越来越少并趋于0.

引例2：当关掉电源时，电扇的扇叶转速会逐渐慢下来，直至转速趋于0，扇叶停止转动．

对于引例中“趋于0”的变量，我们给出以下定义：

定义1.13　如果当 $x\to a$（或 $x\to\infty$）时，$f(x)\to 0$，则称函数 $f(x)$ 是当 $x\to a$（或 $x\to\infty$）时的**无穷小量**（简称“无穷小”）．

例如，因为 $\lim\limits_{x\to 0}\sin x=0$，所以称 $\sin x$ 是当 $x\to 0$ 时的无穷小量．又因为 $\lim\limits_{x\to\infty}\frac{1}{x}=0$，所以 $\frac{1}{x}$ 是当 $x\to\infty$ 时的无穷小量．

注意：(1) 要称一个函数 $f(x)$ 是无穷小，必须明确指出自变量的变化过程，因为对同一函数，在自变量不同的变化过程中，其极限是不同的．例如函数 $f(x)=\frac{1}{x}$，当 $x\to\infty$ 时是无穷小，而当 $x\to 2$ 时极限是 $\frac{1}{2}$，就不是无穷小．

(2) 无穷小不是很小的数，而是以0为极限的变量．0是唯一能视为无穷小量的常数（因为 $\lim\limits_{\substack{x\to a\\(x\to\infty)}}0=0$）．

当 $\lim\limits_{\substack{x\to a\\(x\to\infty)}}f(x)=A$ 时，$\alpha(x)=f(x)-A$ 就是当 $x\to a$（或 $x\to\infty$）时的无穷小量；反之，当 $x\to a$（或 $x\to\infty$）时，$f(x)-A$ 为无穷小量，则 $f(x)$ 就以 A 为极限．即有极限的函数与无穷小之间有以下的关系：

* **定理1.6**　$\lim\limits_{\substack{x\to a\\(x\to\infty)}}f(x)=A\Leftrightarrow f(x)=A+\alpha(x)$，其中 $\alpha(x)$ 是 $x\to a$（或 $x\to\infty$）时的无穷小量．

无穷小量具有下列性质：

定理1.7　在自变量同一变化过程中：

（1）有限个无穷小量的和仍是无穷小量；

（2）有界函数与无穷小量的乘积仍是无穷小量；

（3）有限个无穷小量的乘积仍是无穷小量．

【例 1】　求$\lim\limits_{x\to\infty}\frac{\cos x}{x}$.

解：当 $x\to\infty$ 时,$\cos x$ 无极限，即无论 $x\to-\infty$ 还是 $x\to+\infty$，$\cos x$ 的函数值都会在 -1 和 $+1$ 之间无限次地“振荡”下去．但我们知道 $|\cos x|\leqslant 1$，而$\lim\limits_{x\to\infty}\frac{1}{x}=0$，则由定理 1.7 可得：

$$\lim_{x\to\infty}\frac{\cos x}{x}=\lim_{x\to\infty}\frac{1}{x}\cdot\cos x=0$$

还有$\lim\limits_{x\to\infty}\frac{\sin x}{x^2}$，$\lim\limits_{x\to 0}x\sin\frac{1}{x}$，$\lim\limits_{x\to 0}x^2\cos\frac{1}{x}$等，从本质上说都是同一种类型的极限．

1.3.2　无穷大量

在实际问题中，我们还会遇到其绝对值无限变大的量．例如，由欧姆定律 $I=U/R$ 可知，当电压 U 恒定不变时,如果电阻短路,这时 $R\to 0$，从而电流 I 无限增大．

对于这种“无限增大”的变量,我们给出以下定义：

定义 1.14　当 $x\to a$（或 $x\to\infty$）时，若 $|f(x)|$ 无限增大,则称 $f(x)$ 是当 $x\to a$（或 $x\to\infty$）时的**无穷大量**（简称“无穷大”），记作 $\lim\limits_{\substack{x\to a\\(x\to\infty)}}f(x)=\infty$.

若 $|f(x)|$ 无限增大且只取正值或负值,就记作 $\lim\limits_{\substack{x\to a\\(x\to\infty)}}f(x)=+\infty$ 或 $\lim\limits_{\substack{x\to a\\(x\to\infty)}}f(x)=-\infty$.

例如：当 $x\to 1$ 时,函数 $f(x)=\frac{1}{x-1}$的绝对值 $|f(x)|=\left|\frac{1}{x-1}\right|$无限地增大，所以当 $x\to 1$时，$f(x)=\frac{1}{x-1}$是无穷大量．即　$\lim\limits_{x\to 1}\frac{1}{x-1}=\infty$.

又如$\lim\limits_{x\to\frac{\pi}{2}}\arctan x=+\infty$，$\lim\limits_{x\to-\frac{\pi}{2}}\operatorname{arccot}x=-\infty$.

注意：（1）要称一个函数 $f(x)$ 是无穷大，必须明确指出自变量的变化过程．例如函数 $f(x)=\frac{1}{x}$，当 $x\to 0$ 时是无穷大,而当 $x\to 1$ 时极限是 1，就不是无穷大．

（2）无穷大是变化的量，一个数无论多大都不能作为无穷大．

（3）如果函数 $f(x)$ 当 $x\to a$（或 $x\to\infty$）时为无穷大，那么，它的极限是不存在的，但是为了便于表述函数的这种变化趋势，我们也说“函数的极限是无穷大”．

1.3.3　无穷小与无穷大的关系

由无穷小和无穷大的定义，可以看出它们之间具有以下的倒数关系：

定理 1.8 在自变量同一变化过程中：

（1）如果函数 $f(x)$ 为无穷大，则 $\frac{1}{f(x)}$ 为无穷小；

（2）如果函数 $f(x)$ 为无穷小，且 $f(x)\neq 0$，则 $\frac{1}{f(x)}$ 为无穷大．

学习小结

（1）无穷小量是指________________．

（2）唯一能视为无穷小量的常数是________________．

（3）无穷小量的性质有________________．

（4）无穷大量是指________________．

（5）若 $f(x)\to\infty$，则 $\frac{1}{f(x)}\to$________________．

（6）若 $f(x)\to 0\,(f(x)\neq 0)$，则 $\frac{1}{f(x)}\to$________________．

【习题 1.3】

1. 判断下列函数在自变量怎样变化时是无穷大量？怎样变化时是无穷小量？

（1）$y=x+1$；（2）$y=\frac{1}{x-2}$；

（3）$y=\tan x$；（4）$y=\ln x$.

2. 求下列函数的极限：

（1）$\lim\limits_{x\to 1}\frac{1}{x-1}$；（2）$\lim\limits_{x\to 3}\frac{2}{(x-3)^2}$；

（3）$\lim\limits_{x\to\infty}\frac{\sin 3x}{x^2}$；（4）$\lim\limits_{x\to 0}x^2\cos\frac{1}{x}$；

（5）$\lim\limits_{x\to\infty}(x^3+3x^2+2)$；（6）$\lim\limits_{x\to a}(\sin x-\sin a)$.

1.4 极限的运算

【本节提示】 由极限的定义可以观察出一些简单函数的极限，但是更多的情形观察法是不奏效的．以下我们将学习极限的一些运算法则以及两个重要极限公式．通过本节的学习，要求熟练掌握运用极限的四则运算法则以及两个重要极限公式求极限的方法，了解无穷小量的比较．

1.4.1　极限的四则运算法则

1. 极限的四则运算

定理 1.9　在自变量的同一变化过程中，设 $\lim f(x)=A$，$\lim g(x)=B$，则有以下关系：

（1）$\lim[f(x)\pm g(x)]=\lim f(x)\pm\lim g(x)=A\pm B$

（2）$\lim[f(x)\cdot g(x)]=\lim f(x)\cdot\lim g(x)=AB$

（3）$\lim\dfrac{f(x)}{g(x)}=\dfrac{\lim f(x)}{\lim g(x)}=\dfrac{A}{B}$，$(B\neq 0)$

推论 1.1　若 $\lim[f(x)-A]=0$，则 $\lim f(x)=A$.

推论 1.2　若 $\lim f(x)=A$，C 是常数，则 $\lim Cf(x)=CA$.

推论 1.3　若 $\lim f(x)=A$，n 是正整数，则 $\lim[f(x)]^n=[\lim f(x)]^n=A^n$.

以上"lim"没有标明自变量的变化过程，实际上是指对 $x\to a$ 及 $x\to\infty$ 都成立,以后不再说明.

运用上述运算法则,对于多项式函数 $P(x)=a_0x^n+a_1x^{n-1}+\cdots+a_n$，有

$$\begin{aligned}\lim_{x\to a}P(x)&=\lim_{x\to a}(a_0x^n+a_1x^{n-1}+\cdots+a_n)\\&=a_0(\lim_{x\to a}x)^n+a_1(\lim_{x\to a}x)^{n-1}+\cdots+a_n\\&=P(a).\end{aligned}$$

设有多项式 $P(x)$及 $Q(x)$，则

$$\lim_{x\to a}P(x)=P(a)，\lim_{x\to a}Q(x)=Q(a)，$$

如果 $Q(a)\neq 0$，对于有理分式函数（即两个多项式之商）$\dfrac{P(x)}{Q(x)}$，则有以下结论：

$$\lim_{x\to a}\frac{P(x)}{Q(x)}=\frac{\lim\limits_{x\to a}P(x)}{\lim\limits_{x\to a}Q(x)}=\frac{P(a)}{Q(a)}，(Q(a)\neq 0).$$

2. 几种求极限的常用方法

（1）对于多项式函数及分母 $Q(a)\neq 0$ 的有理分式函数，求 $x\to a$ 的极限时直接用 a 代替函数中的 x 即可.

【例 1】　求极限 $\lim\limits_{x\to 2}\dfrac{x+2}{x^3-x+1}$.

解： $\lim\limits_{x\to 2}\dfrac{x+2}{x^3-x+1}=\dfrac{2+2}{2^3-2+1}=\dfrac{4}{7}$.

规律总结

此类型的极限式可简记做$\dfrac{A}{B}$**型**（$\mathbf{B\neq 0}$），用"**代值法**"解之.

（2）利用无穷大、无穷小的倒数关系求极限．

【例 2】 求极限 $\lim\limits_{x\to1}\dfrac{x^2+1}{x-1}$.

解： 因为 $\lim\limits_{x\to1}\dfrac{x-1}{x^2+1}=0$，所以 $\lim\limits_{x\to1}\dfrac{x^2+1}{x-1}=\infty$．

规律总结

此类型的极限式可简记做$\dfrac{A}{0}$**型（A≠0）**，用“**倒数法**”解之．

（3）利用消去零因子的方法求极限．

【例 3】 求极限 $\lim\limits_{x\to3}\dfrac{x^2-x-6}{x-3}$.

解： $\lim\limits_{x\to3}\dfrac{x^2-x-6}{x-3}=\lim\limits_{x\to3}\dfrac{(x-3)(x+2)}{x-3}=\lim\limits_{x\to3}(x+2)=3+2=5$

（4）对于无理分式可采用分子或分母有理化求极限．

【例 4】 求$\lim\limits_{x\to0}\dfrac{\sqrt{x+4}-2}{x}$.

解： $\lim\limits_{x\to0}\dfrac{\sqrt{x+4}-2}{x}=\lim\limits_{x\to0}\dfrac{(x+4)-4}{x(\sqrt{x+4}+2)}=\lim\limits_{x\to0}\dfrac{1}{\sqrt{x+4}+2}=\dfrac{1}{\sqrt{0+4}+2}=\dfrac{1}{4}$

规律总结

此类型极限式可简记做$\dfrac{0}{0}$**型**，用“**去零因式法**”解之．

（5）利用无穷小量的性质“有界函数与无穷小的乘积是无穷小”求极限．

【例 5】 求极限$\lim\limits_{x\to\infty}\dfrac{1}{x^2}\sin x$.

解： 显然$\lim\limits_{x\to\infty}\sin x$不存在，但 $\sin x$ 是有界函数：$|\sin x|\leqslant1$，且当 $x\to\infty$ 时，$\dfrac{1}{x^2}$是无穷小量，所以$\lim\limits_{x\to\infty}\dfrac{1}{x^2}\sin x=0$.

规律总结

此类型极限式可简记做 **$0\cdot M$ 型**，用“**无穷小性质法**”解之．

（6）对于有理分式函数在自变量趋于无穷大时求极限可用以下结论：当 $a_0\neq0, b_0\neq0$，m，n 为非负整数时，有

$$\lim_{x\to\infty}\frac{a_0x^m+a_1x^{m-1}+\cdots+a_m}{b_0x^n+b_1x^{n-1}+\cdots+b_n}=\begin{cases}\frac{a_0}{b_0}, & n=m\\ 0, & n>m\\ \infty & n<m\end{cases}$$

【例 6】 求极限 $\lim\limits_{x\to\infty}\frac{3x^2+4x-2}{5x^3+1}$.

解：$\lim\limits_{x\to\infty}\frac{3x^2+4x-2}{5x^3+1}=\lim\limits_{x\to\infty}\frac{\frac{3}{x}+\frac{4}{x^2}-\frac{2}{x^3}}{5+\frac{1}{x^3}}=\frac{0}{5}=0.$

规律总结

此类型极限式可简记做$\frac{\infty}{\infty}$型，计算时先用式子中 x 的最高次幂同除分子、分母，分出若干个无穷小量后，再求极限．此方法可称为“**无穷小分出法**”．

（7）利用数列前 n 项求和公式求极限．

【例 7】求极限$\lim\limits_{n\to\infty}\left(\frac{1}{n^2}+\frac{2}{n^2}+\frac{3}{n^2}+\cdots+\frac{n-1}{n^2}\right)$．

分析：对于此题，不能对每一项先求极限再相加，即

$$\lim_{n\to\infty}\left(\frac{1}{n^2}+\frac{2}{n^2}+\frac{3}{n^2}+\cdots+\frac{n-1}{n^2}\right)\neq\lim_{n\to\infty}\frac{1}{n^2}+\lim_{n\to\infty}\frac{2}{n^2}+\lim_{n\to\infty}\frac{3}{n^2}+\cdots+\lim_{n\to\infty}\frac{n-1}{n^2}=0$$

因为当 $n\to\infty$ 时，项数也将趋于无穷大，它不是有限项和的求极限问题．

解：原式 $=\lim\limits_{n\to\infty}\frac{1}{n^2}[1+2+\cdots+(n-1)]=\lim\limits_{n\to\infty}\frac{1}{n^2}\ \frac{(n-1)n}{2}=\frac{1}{2}$

【例 8】 求极限$\lim\limits_{n\to\infty}\left(\frac{1}{2}+\frac{1}{2^2}+\frac{1}{2^3}+\cdots+\frac{1}{2^n}\right)$．

解：利用等比数列的前 n 项求和公式 $S_n=\frac{a_1(1-q^n)}{1-q}$，有

$$\lim_{n\to\infty}\left(\frac{1}{2}+\frac{1}{2^2}+\frac{1}{2^3}+\cdots+\frac{1}{2^n}\right)=\lim_{n\to\infty}\frac{1}{2}\ \frac{1-\left(\frac{1}{2}\right)^n}{1-\frac{1}{2}}=1.$$

（8）对于某些有理分式之差为“$\infty-\infty$”型的极限，可以先通分，再求极限．

【例 9】 求极限$\lim\limits_{x\to1}\left(\frac{1}{1-x}-\frac{2}{1-x^2}\right)$．

解：$\lim\limits_{x\to1}\left(\frac{1}{1-x}-\frac{2}{1-x^2}\right)=\lim\limits_{x\to1}\frac{1+x-2}{1-x^2}=-\lim\limits_{x\to1}\frac{1}{1+x}=-\frac{1}{2}.$

注意：当自变量 $x\to x_0$（或者 $x\to\infty$）时，函数极限可能呈“$\frac{0}{0}$”、“$\frac{\infty}{\infty}$”、“$\infty-\infty$”、

“$0\cdot\infty$”、“1^{∞}”、“0^0”、“∞^0”等七种形式．对于不同的函数，这 7 种形式的极限或者存在，或者不存在，情况不定，因此称其为**未定式（或不定式）**.

1.4.2 两个重要极限

下面介绍极限存在的一个判别准则，并在此基础上介绍两个重要的极限．

* **定理 1.10**（夹逼定理） 假设数列$\{x_n\}$，$\{y_n\}$，$\{z_n\}$满足条件：

（1）$y_n\leqslant x_n\leqslant z_n$；

（2）$\lim\limits_{n\to\infty}y_n=a$，$\lim\limits_{n\to\infty}z_n=a$.

则数列$\{x_n\}$的极限也存在，且$\lim\limits_{n\to\infty}x_n=a$.

对函数极限类似地有以下定理：

* **定理 1.11** 若函数$f(x)$，$g(x)$，$h(x)$在点 a 的某**去心邻域**内满足条件：

（1）$g(x)\leqslant f(x)\leqslant h(x)$；

（2）$\lim\limits_{x\to a}g(x)=A$，$\lim\limits_{x\to a}h(x)=A$.

则$\lim\limits_{x\to a}f(x)$也存在，且$\lim\limits_{x\to a}f(x)=A$.

下面介绍两个重要极限：

1. $\lim\limits_{x\to0}\dfrac{\sin x}{x}=1$

* **证明：** 如图 1－7 所示，在直角三角形 OAB 中，设$\angle AOB=x$（先假定$0<x<\dfrac{\pi}{2}$）、底边长$|OA|=1$，以 OA 为半径作扇形 OAC，则$\triangle OAC$、扇形 OAC、$\triangle OAB$ 的面积的大小关系为：

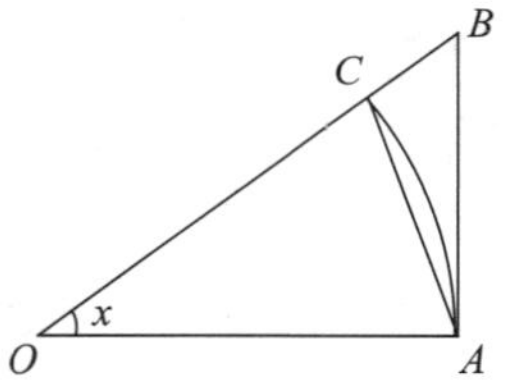

图 1－7

$$\frac{1}{2}\sin x<\frac{1}{2}x<\frac{1}{2}\tan x$$

因此$1<\dfrac{x}{\sin x}<\dfrac{1}{\cos x}$，即$\cos x<\dfrac{\sin x}{x}<1$.

用$-x$换 x，上式仍然成立，即对满足$-\dfrac{\pi}{2}<x<0$的 x 也成立.

因为$0<|\cos x-1|=1-\cos x=2\sin^2\dfrac{x}{2}<2\left(\dfrac{x}{2}\right)^2=\dfrac{x^2}{2}\to0\ (x\to0)$，故$\lim\limits_{x\to0}(\cos x-1)=0$，即$\lim\limits_{x\to0}\cos x=1$. 由定理 1.11 得公式：

$$\lim_{x\to0}\frac{\sin x}{x}=1$$

规律总结

此公式极限的类型为“$\dfrac{0}{0}$”型，其结构是“正弦弧度与分母为相同的无穷小量”，符合以上条件，其极限结果为 1.

【例 10】　求极限$\lim\limits_{x\to0}\dfrac{\sin3x^2}{3x^2}$.

解: 令 $u=3x^2$，则 $u\to0(x\to0)$，所以，

$$\lim_{x\to0}\frac{\sin3x^2}{3x^2}=\lim_{u\to0}\frac{\sin u}{u}=1.$$

【例 11】　求极限$\lim\limits_{x\to0}\dfrac{\tan x}{x}$.

解: $\lim\limits_{x\to0}\dfrac{\tan x}{x}=\lim\limits_{x\to0}\left(\dfrac{\sin x}{x}\cdot\dfrac{1}{\cos x}\right)=\lim\limits_{x\to0}\dfrac{\sin x}{x}\cdot\lim\limits_{x\to0}\dfrac{1}{\cos x}=1\times1=1.$

【例 12】　求极限$\lim\limits_{x\to0}\dfrac{1-\cos x}{2x^2}$.

$\cos2x=1-2\sin^2x$

解: $\lim\limits_{x\to0}\dfrac{1-\cos x}{2x^2}=\lim\limits_{x\to0}\dfrac{2\sin^2\dfrac{x}{2}}{2x^2}=\lim\limits_{x\to0}\dfrac{1}{4}\dfrac{\sin^2\dfrac{x}{2}}{\left(\dfrac{x}{2}\right)^2}=\dfrac{1}{4}\lim\limits_{x\to0}\left(\dfrac{\sin\dfrac{x}{2}}{\dfrac{x}{2}}\right)^2=\dfrac{1}{4}.$

2. $\lim\limits_{x\to\infty}\left(1+\dfrac{1}{x}\right)^x=\mathrm{e}$，$\left(\lim\limits_{x\to0}(1+x)^{\frac{1}{x}}=\mathrm{e}\right)$.

首先考察当 $x\to+\infty$ 及 $x\to-\infty$ 时，函数$\left(1+\dfrac{1}{x}\right)^x$的变化趋向，见表 1-3.

表 1-3

x	1	2	5	10	100	1000	10000	100000	$\cdots\to+\infty$
$\left(1+\frac{1}{x}\right)^x$	2	2.25	2.49	2.59	2.705	2.717	2.718	2.71827	…

x	-10	-100	-1000	-10000	-100000	$\cdots\to-\infty$
$\left(1+\frac{1}{x}\right)^x$	2.88	2.732	2.720	2.7183	2.71828	…

可以证明：当 $x\to\infty$ 时，$\left(1+\dfrac{1}{x}\right)^x$ 趋于一个常数 2.71828182845…它是一个无理数，我们用字母 e 来表示，即$\lim\limits_{x\to\infty}\left(1+\dfrac{1}{x}\right)^x=\mathrm{e}$.

在$\lim\limits_{x\to\infty}\left(1+\dfrac{1}{x}\right)^x=\mathrm{e}$ 中，令 $\dfrac{1}{x}=t$，则当 $x\to\infty$ 时，$t\to0$，于是有

$$\lim_{t\to0}(1+t)^{\frac{1}{t}}=\mathrm{e}$$

这样我们就得到了此重要极限的另一种形式：

$$\lim_{x\to0}(1+x)^{\frac{1}{x}}=\mathrm{e}$$

下面我们运用这个重要极限来求一些函数的极限.

【例 13】 求极限$\lim\limits_{x\to\infty}(1+\frac{3}{x})^{x}$.

解： $\lim\limits_{x\to\infty}(1+\frac{3}{x})^{x}=\lim\limits_{x\to\infty}(1+\frac{3}{x})^{\frac{x}{3}\cdot 3}$，

令 $\frac{3}{x}=t$，则当 $x\to\infty$ 时，$t\to 0$，于是，

$$\lim_{x\to\infty}(1+\frac{3}{x})^{x}=\lim_{t\to 0}(1+t)^{\frac{1}{t}\cdot 3}=[\lim_{t\to 0}(1+t)^{\frac{1}{t}}]^{3}=e^{3}.$$

【例 14】 求极限$\lim\limits_{x\to\infty}\left(1-\frac{2}{x}\right)^{5x+3}$.

解：$\lim\limits_{x\to\infty}\left(1-\frac{2}{x}\right)^{5x+3}=\lim\limits_{x\to\infty}\left[\left(1-\frac{2}{x}\right)^{5x}\cdot\left(1-\frac{2}{x}\right)^{3}\right]=\lim\limits_{x\to\infty}\left(1-\frac{2}{x}\right)^{5x}\cdot\lim\limits_{x\to\infty}\left(1-\frac{2}{x}\right)^{3}$

$$=\lim_{x\to\infty}\left(1+\frac{2}{-x}\right)^{\frac{-x}{2}\cdot(-10)}\cdot(1-0)^{3}=\left[\lim_{x\to\infty}\left(1+\frac{2}{-x}\right)^{\frac{-x}{2}}\right]^{-10}=e^{-10}$$

【例 15】 求极限$\lim\limits_{x\to\infty}\left(\frac{x+1}{x-1}\right)^{4x}$.

解：$\lim\limits_{x\to\infty}\left(\frac{x+1}{x-1}\right)^{4x}=\lim\limits_{x\to\infty}\left(\dfrac{1+\frac{1}{x}}{1-\frac{1}{x}}\right)^{4x}=\lim\limits_{x\to\infty}\dfrac{\left(1+\frac{1}{x}\right)^{4x}}{\left(1-\frac{1}{x}\right)^{4x}}=\dfrac{\left[\lim\limits_{x\to\infty}\left(1+\frac{1}{x}\right)^{x}\right]^{4}}{\left[\lim\limits_{x\to\infty}\left(1+\frac{1}{-x}\right)^{-x}\right]^{-4}}$

$$=\frac{e^{4}}{e^{-4}}=e^{8}.$$

规律总结

第二个重要极限有两种形式$\lim\limits_{x\to\infty}(1+\frac{1}{x})^{x}=e$ 或 $\lim\limits_{x\to 0}(1+x)^{\frac{1}{x}}=e$，此极限常用于计算幂指函数$f(x)^{g(x)}$中$1^{\infty}$型的部分极限.

*1.4.3 无穷小量的比较

在自变量的同一变化过程中，可能涉及几个无穷小量，尽管它们都趋向于零，但是趋向于零的速度一般来说是不一样的. 下面，我们通过无穷小量比值的极限来比较它们趋于零的快慢程度.

定义 1.15 设 α，β 都是 $x\to x_0$ 时的无穷小量，且 α 在 x_0 的去心邻域内不为零，

(1) 如果$\lim\limits_{x\to x_0}\frac{\beta}{\alpha}=0$，则称 β 是比 α 高阶的无穷小，记为 $\beta=o(\alpha)$；

(2) 如果$\lim\limits_{x\to x_0}\frac{\beta}{\alpha}=\infty$，则 β 是比 α 低阶的无穷小；

(3) 如果$\lim\limits_{x\to x_0}\frac{\beta}{\alpha}=c\neq 0$，则称 β 和 α 是同阶的无穷小；

（4）如果$\lim\limits_{x\to x_0}\dfrac{\beta}{\alpha}=1$，则称$\beta$和$\alpha$是等价的无穷小，记为：$\beta\sim\alpha$．显然此时$\alpha\sim\beta$.

例如：因为$\lim\limits_{x\to 0}\dfrac{x^2}{x}=0$，所以当$x\to 0$时，$x^2$是$x$的高阶无穷小；

因为$\lim\limits_{x\to 0}\dfrac{x}{2x}=\dfrac{1}{2}$，所以当$x\to 0$时，$x$与$2x$是同阶无穷小；

因为$\lim\limits_{x\to 0}\dfrac{\sin x}{x}=1$，所以当$x\to 0$时，$\sin x$与$x$是等价无穷小．

定理 1.12　设$\alpha\sim\alpha'$，$\beta\sim\beta'$且$\lim\dfrac{\alpha'}{\beta'}$存在，则$\lim\dfrac{\alpha}{\beta}=\lim\dfrac{\alpha'}{\beta'}$.

证明：因为$\alpha\sim\alpha'$，$\beta\sim\beta'$，所以$\lim\dfrac{\alpha}{\alpha'}=1$，$\lim\dfrac{\beta}{\beta'}=1$，

于是
$$\lim\frac{\alpha}{\beta}=\lim\left(\frac{\alpha}{\alpha'}\frac{\alpha'}{\beta'}\frac{\beta'}{\beta}\right)=\lim\frac{\alpha}{\alpha'}\lim\frac{\alpha'}{\beta'}\lim\frac{\beta'}{\beta}=\lim\frac{\alpha'}{\beta'}$$

注意：遇到求两个无穷小量之比的极限时，分子及分母都可以利用等价无穷小量代换，使其简化后求得极限．这也是求极限的一种方法，但用此方法时，必须是因式相乘的形式．

【例 16】　求极限$\lim\limits_{x\to 0}\dfrac{\sin 2x}{\arctan 3x}$.

解：因为$\sin 2x\sim 2x$，$\arctan 3x\sim 3x$

所以$\lim\limits_{x\to 0}\dfrac{\sin 2x}{\arctan 3x}=\lim\limits_{x\to 0}\dfrac{2x}{3x}=\dfrac{2}{3}$

【例 17】　求极限$\lim\limits_{x\to 0}\dfrac{\tan x-\sin x}{\sin^3 3x}$.

解：当$x\to 0$时$\sin 3x\sim 3x$，$\tan x-\sin x=\tan x(1-\cos x)$，

而
$$\tan x\sim x,\ 1-\cos x\sim 2\sin^2\frac{x}{2}\sim 2\left(\frac{x}{2}\right)^2\sim\frac{1}{2}x^2,$$

于是
$$\tan x-\sin x=\tan x(1-\cos x)\sim\frac{1}{2}x^3,$$

故
$$\lim_{x\to 0}\frac{\tan x-\sin x}{\sin^3 3x}=\lim_{x\to 0}\frac{\frac{1}{2}x^3}{(3x)^3}=\frac{1}{54}.$$

注意：错误解法：当$x\to 0$时$\sin x\sim x$，$\sin 3x\sim 3x$，$\tan x\sim x$，所以，

$$\lim_{x\to 0}\frac{\tan x-\sin x}{\sin^3 3x}=\lim_{x\to 0}\frac{x-x}{(3x)^3}=0$$

错误原因是作无穷小等价代换时，分别代换了分子中的两项．而定理 1.12 必须是因式相乘的形式才能对各因式作代换．

学习小结

(1) 在同一极限过程中，若 $\lim f(x)=A$，C 是常数，则 $\lim Cf(x)=$______.

(2) 在同一极限过程中，若 $\lim f(x)=A$，n 是正整数，则 $\lim[f(x)]^n=$______.

(3) $\lim\limits_{x\to 0}\dfrac{\sin x}{x}=$______.

(4) $\lim\limits_{x\to 0}(1+x)^{\frac{1}{x}}=$______ $\lim\limits_{x\to\infty}\left(1+\dfrac{1}{x}\right)^x=$______.

(5) 设 $\alpha\sim\alpha'$，$\beta\sim\beta'$ 且 $\lim\dfrac{\alpha'}{\beta'}$ 存在，则 $\lim\dfrac{\alpha}{\beta}=$______.

【习题 1.4】

1. 求下列函数的极限：

(1) $\lim\limits_{x\to 2}\dfrac{x^4-3x-8}{2x^3-x^2+1}$;

(2) $\lim\limits_{x\to 0}\left(1-\dfrac{2}{x-3}\right)$;

(3) $\lim\limits_{x\to 1}\dfrac{x^2+x}{x^2-1}$;

(4) $\lim\limits_{x\to 2}\dfrac{2x^3+3x}{x-2}$;

(5) $\lim\limits_{x\to 4}\dfrac{x^2-6x+8}{x^2-5x+4}$;

(6) $\lim\limits_{x\to 0}\dfrac{x}{\sqrt{1+x}-1}$;

(7) $\lim\limits_{x\to 3}\sqrt{\dfrac{x-3}{x^2-9}}$;

(8) $\lim\limits_{x\to 1}\dfrac{x^2-1}{2x^2-x-1}$;

(9) $\lim\limits_{x\to 0}\dfrac{(1+x)^2-1}{4x^2-x}$;

(10) $\lim\limits_{x\to\infty}\dfrac{x+\sin x}{x}$;

(11) $\lim\limits_{x\to\infty}\dfrac{1}{x}(\sin x+\cos x)$;

(12) $\lim\limits_{x\to\infty}\dfrac{2x^2-x}{x^3+3}$;

(13) $\lim\limits_{x\to\infty}\dfrac{4x^3+5x^2-2}{2x^3-6x+3}$;

(14) $\lim\limits_{n\to+\infty}\left(\dfrac{1}{n^2}+\dfrac{2}{n^2}+\cdots+\dfrac{n}{n^2}\right)$;

(15) $\lim\limits_{x\to 1}\left(\dfrac{1}{1-x}-\dfrac{2}{1-x^2}\right)$;

(16) $\lim\limits_{x\to 1}\left(\dfrac{1}{x-1}-\dfrac{3}{x^2-1}\right)$.

2. 求下列函数的极限：

(1) $\lim\limits_{x\to 0}\dfrac{\sin\dfrac{x}{3}}{x}$;

(2) $\lim\limits_{x\to 0}\dfrac{\sin mx}{\sin nx}(n\neq 0)$;

(3) $\lim\limits_{x\to 0}\dfrac{x}{2x+\sin x}$;

(4) $\lim\limits_{x\to\infty}x\sin\dfrac{5}{x}$;

(5) $\lim\limits_{x\to\infty}\dfrac{x^2-1}{2x^2-x-1}$;

(6) $\lim\limits_{x\to 0}(1+2x)^{\frac{2}{x}}$;

（7）$\lim\limits_{x\to\infty}(1-\dfrac{2}{x})^{\frac{x}{2}}$；　（8）$\lim\limits_{x\to\infty}\left(\dfrac{x-1}{x+1}\right)^{x}$；

（9）$\lim\limits_{x\to\infty}\left(1-\dfrac{3}{x}\right)^{\frac{x}{3}-2}$；　（10）$\lim\limits_{x\to+\infty}\left(1-\dfrac{1}{x}\right)^{\sqrt{x}}$.

*3. 求下列函数的极限：

（1）$\lim\limits_{x\to 0}\dfrac{\tan x}{\arctan x}$；　（2）$\lim\limits_{x\to 0}\dfrac{\sqrt{1+x^2}-1}{1-\cos x}$.

1.5 函数的连续性与间断点

【本节提示】 在自然界中有许多连续变化的现象，如人体体重的变化、气温的变化、植物的生长等．这些变化的特点是：当时间的变化很小时，体重、气温、植物的变化也很小．用数学的语言来描述就是：对于函数 $y=f(x)$，当自变量 x 变化很微小时，相应的函数值的变化也很微小．这就是本节将要介绍的函数的连续性．通过本节的学习，要求理解函数连续性的概念，会求函数的间断点，了解连续函数的性质．

1.5.1 函数连续性的定义

1. 函数的增量

定义 1.16 设变量 x 从它的一个初值 x_1 变到终值 x_2，终值与初值的差 x_2-x_1 就称为变量 x 的增量，记为 Δx，即：$\Delta x=x_2-x_1$，增量 Δx 可正可负．

定义 1.17 设函数 $y=f(x)$定义在区间(a,b)上，当 x 由 x_0 变到 $x(x_0,x\in(a,b))$时，称 $\Delta x=x-x_0$ 为自变量的增量．相应地，函数值由$f(x_0)$变到$f(x_0+\Delta x)$，称

$$\Delta y=f(x_0+\Delta x)-f(x_0)$$

为**函数的增量**．函数的增量可大于零，可小于零，也可等于零．

【例 1】 求函数 $y=x^2$ 在点 x_0 处产生一个增量 Δx 时，相应的函数增量 Δy 是多少？

解： $\Delta y=(x_0+\Delta x)^2-x_0{}^2=2x_0(\Delta x)+(\Delta x)^2$

2. 函数连续的定义

定义 1.18 设函数 $y=f(x)$在点 x_0 的某邻域内有定义，若 $\lim\limits_{\Delta x\to 0}\Delta y=0$，则称函数 $y=f(x)$在点 x_0 处**连续**．

若记 $x=x_0+\Delta x$，则 $\Delta x\to 0\Leftrightarrow x\to x_0$；$\Delta y\to 0\Leftrightarrow f(x)\to f(x_0)$，于是得函数连续性的等价描述：

定义 1.18' 设函数 $y=f(x)$ 在 x_0 的某邻域内有定义，若 $\lim\limits_{x\to x_0}f(x)=f(x_0)$，就称函数 $y=f(x)$ 在点 x_0 处**连续**.

函数 $y=f(x)$ 在点 x_0 处是否连续，是 $f(x)$ 在点 x_0 处的一种局部性质，称之为函数的**连续性**.

【例 2】 讨论函数 $f(x)=\begin{cases}2x+1, x\leqslant 1\\ x^2+2, x>1\end{cases}$ 在点 $x=1$ 处的连续性.

解：$f(x)$ 在点 $x=1$ 处有定义，即 $f(1)=3$.

$$\lim_{x\to 1^-}f(x)=\lim_{x\to 1^-}(2x+1)=3,\quad \lim_{x\to 1^+}f(x)=\lim_{x\to 1^+}(x^2+2)=3$$

即 $\lim\limits_{x\to 1}f(x)=3$. 因为 $\lim\limits_{x\to 1}f(x)=f(1)$，所以函数 $f(x)$ 在点 $x=1$ 处连续.

【例 3】 讨论函数 $f(x)=\begin{cases}x-1, & x<0\\ 0, & x=0\\ x+1, & x>0\end{cases}$ 在点 $x=0$ 处是否连续?

解：$f(x)$ 在点 $x=0$ 处有定义，即 $f(0)=0$.

因为 $\lim\limits_{x\to 0^+}f(x)=\lim\limits_{x\to 0^+}(x+1)=1$，$\lim\limits_{x\to 0^-}f(x)=\lim\limits_{x\to 0^-}(x-1)=-1$，

即 $\lim\limits_{x\to 0^-}f(x)\neq\lim\limits_{x\to 0^+}f(x)$，所以 $\lim\limits_{x\to 0}f(x)$ 不存在. 从而函数 $f(x)$ 在点 $x=0$ 处不连续.

规律总结

讨论 $f(x)$ 在点 x_0 处连续性的方法是：

一看：观察 $f(x_0)$ 是否存在.

二求：寻求 $\lim\limits_{x\to x_0}f(x)$ 是否存在? 等于多少?

三比较：比较 $\lim\limits_{x\to x_0}f(x)$ 与 $f(x_0)$ 是否相等.

如果函数 $f(x)$ 在开区间 (a,b) 内每一点都连续，则称函数 $f(x)$ 在开区间 (a,b) 内连续，或称 $f(x)$ 是开区间 (a,b) 内的连续函数.

如果函数 $f(x)$ 在开区间 (a,b) 内连续，并且在左端点 $x=a$ 处有 $\lim\limits_{x\to a^+}f(x)=f(a)$，在右端点 $x=b$ 处有 $\lim\limits_{x\to b^-}f(x)=f(b)$，则称函数在闭区间 $[a,b]$ 上连续.

从几何上看，连续函数的图形是一条连续而不间断的曲线.

1.5.2 函数的间断点

1. 间断点的定义

定义 1.19 设函数 $y=f(x)$ 在 x_0 的某去心邻域内有定义. 若满足下列条件之一：

(1) $f(x)$ 在点 x_0 无定义；

(2) $\lim\limits_{x\to x_0}f(x)$ 不存在；

(3) $\lim\limits_{x \to x_0} f(x) \neq f(x_0)$.

则称点 x_0 为 $f(x)$ 的**间断点**或不连续点.

*2. 间断点的分类

函数的间断点可分为两大类：

(1) 左、右极限都存在的间断点称为**第一类间断点**（包含可去间断点、跳跃间断点）；

(2) 不是第一类间断点的间断点就称为**第二类间断点**（包含振荡间断点、无穷间断点等）.

【例 4】 讨论函数 $f(x)=\begin{cases} x+2, & x \geqslant 0 \\ x-2, & x<0 \end{cases}$ 在 $x=0$ 处的连续性. 若是间断点，说明其类型.

解： $\lim\limits_{x \to 0^+} f(x)=\lim\limits_{x \to 0^+}(x+2)=2$，$\lim\limits_{x \to 0^-} f(x)=\lim\limits_{x \to 0^-}(x-2)=-2$，
故函数 $f(x)$ 在 $x=0$ 处极限不存在，所以不连续. $x=0$ 为第一类间断点，并且将此种情况（即左、右极限都存在，但不相等）的间断点称为**跳跃间断点**.

【例 5】 讨论函数 $f(x)=\begin{cases} 2\sqrt{x}, & 0 \leqslant x<1 \\ 1, & x=1 \\ 1+x, & x>1 \end{cases}$ 在 $x=1$ 处的连续性. 若是间断点，说明其类型.

解： 因为 $f(1)=1$，$f(1-0)=2$，$f(1+0)=2$，所以 $\lim\limits_{x \to 1} f(x)=2 \neq f(1)$，即函数 $f(x)$ 在 $x=1$ 处不连续. $x=1$ 为第一类间断点，并且将此种情况（即极限存在，但不等于函数值，或函数在此点无定义）的间断点称为**可去间断点**.

对可去间断点的情况，可以补充或改变定义，让函数连续. 如上例改变定义：令 $x=1$ 时，$f(1)=2$，则函数在 $x=1$ 处便是连续的.

【例 6】 讨论函数 $f(x)=\begin{cases} \dfrac{1}{x}, & x>0 \\ x, & x \leqslant 0 \end{cases}$ 在 $x=0$ 处的连续性. 若是间断点，说明其类型.

解： 因为 $f(0-0)=0$，$f(0+0)=+\infty$，所以 $x=0$ 为函数的第二类间断点，并且将此种情况（即左、右极限至少有一个是恒为无穷大）的间断点称为**无穷间断点**.

【例 7】 讨论函数 $f(x)=\sin \dfrac{1}{x}$ 在 $x=0$ 处的连续性. 若是间断点，说明其类型.

解： 因为在 $x=0$ 处没有定义，且 $x \to 0$ 时 $\sin \dfrac{1}{x}$ 振荡无极限，所以 $x=0$ 为第二类间断点中的振荡间断点.

1.5.3 连续函数的性质

1. 初等函数的连续性

利用连续性的定义和极限的运算法则不难证明连续函数具有下列性质：

定理 1.13 若 $f(x)$，$g(x)$ 在点 x_0 处连续，则

(1) $f(x)\pm g(x)$；

(2) $f(x)g(x)$；

(3) $\dfrac{f(x)}{g(x)}(g(x_0)\neq 0)$ 均在点 x_0 处连续．

定理 1.14 设 $y=f[\varphi(x)]$ 是由 $y=f(u)$，$u=\varphi(x)$ 复合而成的，若 $u=\varphi(x)$ 在点 x_0 处连续，$y=f(u)$ 在对应点 $u_0=\varphi(x_0)$ 处连续，则复合函数 $y=f[\varphi(x)]$ 在点 x_0 处连续．

规律总结

(1) **一切初等函数在其定义区间内都是连续的**．初等函数在其定义区间内某点处的极限值就等于该点的函数值．

(2) 求连续的复合函数的极限时，极限符号“lim”与函数符号“f”可交换顺序，即

$$\lim f[\varphi(x)]=f[\lim\varphi(x)]$$

【例 8】 求 $f(x)=\dfrac{x^2-3x-4}{x^2-10x+24}$ 的连续区间并求极限 $\lim\limits_{x\to4}f(x)$，$\lim\limits_{x\to5}f(x)$，$\lim\limits_{x\to6}f(x)$．

解：$f(x)=\dfrac{x^2-3x-4}{x^2-10x+24}=\dfrac{(x-4)(x+1)}{(x-4)(x-6)}$ 在 $x=4$，$x=6$ 无定义，它的连续区间为 $(-\infty,4)\cup(4,6)\cup(6,+\infty)$．

$$\lim_{x\to4}f(x)=\lim_{x\to4}\frac{x+1}{x-6}=-\frac{5}{2},$$

$$\lim_{x\to6}f(x)=\lim_{x\to6}\frac{x+1}{x-6}=\infty.$$

因为 $x=5$ 在 $f(x)$ 的定义域内，即是 $f(x)$ 的连续点，所以，

$$\lim_{x\to5}f(x)=f(5)=\frac{5^2-3\times5-4}{5^2-10\times5+24}=-6.$$

【例 9】 求 $\lim\limits_{x\to0}\dfrac{\ln(1+x)}{x}$.

解：因为 $\dfrac{\ln(1+x)}{x}=\ln(1+x)^{\frac{1}{x}}$，

令 $y=\ln u$，$u=(1+x)^{\frac{1}{x}}$，当 $x\to0$ 时，$u\to e$，且 $y=\ln u$ 在 $u=e$ 处连续，故极限符号可以与函数符号交换．

所以 $\lim\limits_{x\to0}\dfrac{\ln(1+x)}{x}=\lim\limits_{x\to0}\ln(1+x)^{\frac{1}{x}}=\ln[\lim\limits_{x\to0}(1+x)^{\frac{1}{x}}]=\ln e=1.$

*2. 闭区间上连续函数的性质

定理 1.15(有界性)　闭区间$[a,b]$上的连续函数一定是有界的，即存在$M>0$，对任意$x\in[a,b]$，有$|f(x)|\leqslant M$.

定理 1.16 (最值性)　闭区间$[a,b]$上的连续函数一定存在最大值和最小值.

例如$y=x^2$在闭区间$[0,3]$上连续且取得最大值 9 和最小值 0，而它在开区间$(0,3)$内连续却取不到最大值和最小值.

定理 1.17 (介值性)　设函数$f(x)$在闭区间$[a,b]$上连续，$f(a)\neq f(b)$且C是介于$f(a)$和$f(b)$之间的任一值，则至少存在一点$\xi\in(a,b)$使得$f(\xi)=C$.

推论 1 (零点定理)　设函数$f(x)$在闭区间$[a,b]$上连续，$f(a)f(b)<0$，则至少存在一点$\xi\in(a,b)$使得$f(\xi)=0$.

零点定理表明，若在区间的端点函数值异号，则连续曲线$y=f(x)$至少与x轴有一个交点.

【例 10】　证明方程$f(x)=x^3-2x^2-2x+2=0$在区间$(0,2)$内至少有一个根.

证明：因为$f(x)$在$[0,2]$上连续，且$f(0)=2>0,f(2)=-2<0$. 由零点定理知,在$(0,2)$内至少有一点ξ使得$f(\xi)=\xi^3-2\xi^2-2\xi+2=0$.

所以方程$x^3-2x^2-2x+2=0$在$(0,2)$内至少有一个根.

学习小结

(1) 函数$f(x)$在点x_0处连续必须同时满足条件①____________;
②__________; ③____________.

(2) 函数$f(x)$在点x_0处间断必须满足下列条件之一：①____________;
②__________; ③____________.

(3) 讨论$f(x)$在点x_0处连续性的方法是：一______; 二______; 三______.

(4) 一切初等函数在____________内都是连续的.

【习题 1.5】

1. 讨论函数$f(x)=\begin{cases}\dfrac{x^2-1}{x-1}, & x\neq 1\\ 1, & x=1\end{cases}$在$x=1$处的连续性.

2. 讨论函数$f(x)=\begin{cases}x^2, & 0\leqslant x\leqslant 3\\ 12-x, & 3<x\leqslant 5\end{cases}$在$x=3$处的连续性.

3. 求下列函数的间断点：

(1) $f(x)=\dfrac{x^2+1}{x+3}$;　(2) $f(x)=\dfrac{x+5}{x^2-1}$;　(3) $f(x)=\dfrac{x-2}{x^2-3x+2}$.

4. 求下列函数的极限：

(1) $\lim\limits_{x\to 5}(\sqrt{x^2-9}+\sqrt{6-x})$；　　(2) $\lim\limits_{x\to 4}\dfrac{2}{\sqrt{x-3}}$；

(3) $\lim\limits_{x\to 0}(\cos 2x)^3$；　　(4) $\lim\limits_{x\to 2}[\mathrm{e}^x+\ln(\dfrac{1}{2}x)]$.

*5. 讨论下列函数的连续性，若有间断点，说明其类型.

(1) $f(x)=\begin{cases}x^2, x<0\\ \dfrac{x}{2}, x\geqslant 0\end{cases}$；　　(2) $g(x)=\begin{cases}x^2-1, x\leqslant 0\\ x^2+1, x>0\end{cases}$.

*6. 已知 $f(x)=\sin x\cos\dfrac{1}{x}$，给 $f(0)$ 补充定义一个什么数值，能使 $f(x)$ 在点 $x=0$ 处连续？

*7. 证明方程 $x^3-4x^2+1=0$ 在 $(0,1)$ 内至少有一个根.

应 用 板 块

1.6 常用的经济函数

【本节提示】 本节将介绍常用的经济函数，为以后进一步讨论经济函数的相关问题作准备. 通过本节的学习，要求理解常用的经济函数的概念，能建立常用的经济函数关系式.

1.6.1 需求与供给函数

1. 需求的含义

需求：是指消费者在一定价格条件下对商品的需要量. 它包括两个条件，即消费者有购买意愿和有支付能力. 如果消费者没有支付能力，即使有获得某种使用价值的愿望，也不能形成有效需求.

设某商品的需求量为 Q，价格为 P，则 $Q=Q(P)$ 称为该商品的**需求函数**.

一般来说，价格越高，需求量越低；价格越低，需求量越大. 即需求量与价格呈反向变动关系，但也有例外. 如珠宝、项链等高档装饰品，是代表一定的社会地位与身份的，如果价格下降，它们不能再代表这种社会地位与身份，对它们的需求就只会减少. 又如，古董、名人字画、名贵邮票等珍品，往往是价格越高，越显示出它们的珍贵性，从而对它们的需求就越大．再如有价证券、黄金等商品，价格小幅度的波动，需求按正常情况变动；价格大幅度波动，人们就会采取观望的态度，需求将出现不规则的变化．

2. 供给的定义

供给：是指在某一特定时期内，经营者在一定价格条件下愿意并可能出售的产品量，其中包括新提供的商品和已有的存货．

设某商品的供给量为 Q，价格为 P，则 $Q=Q(P)$ 称为该商品的**供给函数**．

一般来说，价格越高，供给量越大；价格越低，供给量越小．

但也有例外，如劳工的供给最初会随工资的提高而增加，但当工资上升到足以维持其生活水平后，劳工对货币的需要将不那么迫切，而希望有较多的闲暇和较少的工作．因此，工资水平如再上升，劳工的供给也不会增加．又如古董、名人字画、名贵邮票等珍品价格上升到一定限度后，人们意识到这是值钱的东西，于是不再卖出，供给反而减少．再如黄金、有价证券等商品价格小幅度波动，供给按正常情况变动；如果大幅度波动，人们就会观望，待价而沽，供给将出现不规则变化．

均衡价格是市场上某种商品需求量与供给量相等时的价格，此价格对应的商品量称为**均衡商品量**．

1.6.2　总成本函数

成本是指生产一定数量的某种产品所需要的总费用．因此，成本函数也称费用函数，它包括固定成本和可变成本．**固定成本**是不随产量的变化而变化的成本．例如厂房费、机器折旧费、一般管理费及管理人员的工资等．**可变成本**（或称**变动成本**）是随产量的变化而变化的成本，例如，原材料、燃料、动力费和生产工人的工资等．

一般用 C 表示总成本，Q 表示产量，则总成本函数为：

$$C=C(Q)=C_1+C_2(Q)$$

式中，C_1 表示总固定成本，C_2 表示总变动成本．**平均成本函数**是生产每单位产品的成本，记作 $\overline{C}(Q)$，即：

$$\overline{C}=\frac{C(Q)}{Q}=\frac{C_1}{Q}+\frac{C_2(Q)}{Q}$$

【例 1】　某玩具厂生产某款玩具，每月最多生产 2000 件，它的月固定成本为 900 元，生产一件玩具的可变成本为 5 元，求该款玩具月总成本函数及平均单位成本函数．

解：设月总成本为 C，平均单位成本为 $\overline{C}$，月产量为 Q. 由于月总成本为固定成本与可变成本之和．根据题意，月总成本函数为：

$$C=C(Q)=900+5Q,\quad Q\in[0,2000]\text{且 }Q\in Z^+$$

平均单位成本函数为：

$$\overline{C}=\overline{C}(Q)=\frac{C(Q)}{Q}=\frac{900}{Q}+5,\quad Q\in(0,2000]\text{且 }Q\in Z^+$$

1.6.3　总收益（总收入）函数

总收益（总收入）是指企业销售一定数量的产品所获得的全部收入，它等于产品的销售价格与销售数量的乘积.

一般用 R 表示收益，P 表示价格，Q 表示销量，则总收益函数为：

$$R=R(Q)=P\cdot Q$$

由于商品在销售过程中，价格一般是波动的，因此上式中的价格一般指平均价格.

【例 2】　某品牌服装专柜开展国庆节打折促销活动，将原价 600 元的某款服装打 8.5 折出售，活动当日销售了 78 件，求当日销售该款服装的总收益.

解： 由题设知打 8.5 折时的总收益函数为：

$$R(Q)=0.85\times 600Q=510Q$$

所以销量为 78 件时的总收益为 $R(78)=39780$ 元.

1.6.4　总利润函数

总收益与总成本之差为总利润，记为 $L(Q)=R(Q)-C(Q)$，称之为**总利润函数**.

【例 3】　某校办工厂生产一款毕业纪念册，与产出无关的固定成本为 800 元，每本纪念册产出的可变成本为 6 元，售价为每本 10 元，求无盈亏产量.

解：　由题设知产量为 Q 本时的总成本和总收益函数分别为：

$$C(Q)=800+6Q,\quad R(Q)=10Q$$

设无盈亏产量为 Q_0 本，则 $L(Q_0)=0$，即 $C(Q_0)=R(Q_0)$，

$$800+6Q_0=10Q_0$$

解之得：$Q_0=200$（本）

故无盈亏产量为 200 本.

*1.6.5　库存管理总费用函数

工厂、商店预存的原料、货物、商品，称为库存. 合理的库存量必须达到三个标准：

（1）库存要少，以便降低库存费用和流动资金占有量；

（2）存货短缺的机会少，以便减少因停工待料造成的损失；

（3）订购的次数要少，以便降低订购费用.

我们讨论的库存问题只限于需求量（销售量）是确定的，不允许缺货的简单情形.

【例 4】　某厂生产某款铅笔，其年销售量为 100 万支，每批生产需增加订购费 1000 元，而每支铅笔库存费为 0.05 元/年，如果年销售率是均匀的（此时商品的年平均库存量为批量的一半）. 试将一年的订购费与库存费之和 y（元）表示为批量 x（万支）的函数，并求出使得总费用最低的批量以及最低的总费用.

解： 因为一年的总产量为 100 万件，所以一年生产的批数为$\dfrac{100}{x}$，于是，

$$一年的订购费 = 1000 \times \frac{100}{x} = \frac{10^5}{x}\ (元)$$

因为年销售率是均匀的，所以年平均库存量为$\frac{x}{2} \times 10000 = 5000x$ 支，于是一年库存费为 $0.05 \times 5000x = 250x$ 元．故一年的订购费与库存费之和 y（元）表示为批量 x（万支）的函数为：

$$y = \frac{10^5}{x} + 250x\ (元)\ (x \in \mathbf{Z}^+)$$

学习小结

（1）需求函数是________________.

（2）总成本函数是________________.

（3）总收益函数是________________.

（4）总利润函数是________________.

（5）均衡价格是指________________.

【习题 1.6】

1. 某种商品的需求函数为 $Q = 200 - 5P$，供给函数 $Q = 25P - 10$，求该商品的均衡价格和均衡商品量．

2. 某玩具厂生产一支电动玩具枪的可变成本为 15 元，每天的固定成本为 2000 元，如果每支玩具枪的出厂价为 20 元，为了不亏本，该厂每天至少应生产多少支玩具枪？

3. 已知某种商品的需求函数为 $Q = 200 - 5P$，试求该商品的总收益函数和平均收益函数，并求出销售 10 件该商品时的总收益和平均收益．

4. 设生产某商品的固定成本为 500 元，生产一件商品的成本为 4 元，需求函数 $Q = -20P + 100$，其中 P 为该商品的价格．试将生产该商品所获得的利润 L 表示为产量 Q 的函数．

*5. 某商店半年销售 2000 件小器皿，均匀销售，为节约库存费，分批进货，每批进货费用为 600 元，半年每件器皿的平均库存费为 1.6 元，试列出半年的进货费与库存费之和与批数之间的函数关系式．

1.7
分段函数在生活与经济中的应用举例

【本节提示】 本节将利用分段函数模型解决实际应用问题．通过本节的学习，要求能用数学知识分析和解决生产、生活中的一些问题.

1.7.1 用水用电问题

随着人民生活水平的提高，家庭电器已经基本普及. 为鼓励居民节约用电用水，节能降耗，有关部门采取了居民用电用水分段计价的办法进行收费. 解决此类问题的关键是把实际问题构建为分段函数的数学模型，并通过数学的方式把问题解决，下面举例说明.

【例 1】 为了鼓励节能降耗，某市规定如下用电收费标准：每户每月的用电量不超过 120 度时，电价为 a 元/度；超过 120 度时，不超过的部分仍然是 a 元/度，超过部分为 b 元/度. 已知某用户五月份用电 115 度，交电费 69 元，六月份用电 140 度，交电费 94 元.

（1）求限度内的电价和限度外的电价；

（2）求应付电费为 y（元）与每月用电量 x（度）之间的函数关系；

（3）若该用户计划七月份所付电费不超过 83 元，问该用户七月份最多可用电多少度？

解：

（1）根据题意，得 $\begin{cases}115a=69,\\120a+20b=94.\end{cases}$

解这个方程组，得 $\begin{cases}a=0.6,\\b=1.1.\end{cases}$

所以限度内的电价为 0.6 元/度，而限度外的电价为 1.1 元/度.

（2）依题意，当 $0\leqslant x\leqslant 120$ 时，$y=0.6x$；当 $x>120$ 时，$y=120\times0.6+1.1(x-120)$，即 $y=1.1x-60$. 所以应付电费为 y（元）与每月用电量 x（度）之间的函数关系为：

$$y=\begin{cases}0.6x,(0\leqslant x\leqslant 120),\\1.1x-60,(x>120).\end{cases}$$

（3）因为 $83>120\times0.6=72$，所以 y 与 x 之间的函数关系为 $y=1.1x-60$. 由题意，得 $1.1x-60\leqslant 83$，$x\leqslant 130$. 即该用户七月份最多可用电 130 度.

1.7.2 医疗保险问题

在新农村建设中，为增强农民抵御大病风险的能力，解决农民看不起病的实际问题，政府积极推行农村医疗保险制度，使农民也享受医保待遇.

【例 2】 某县根据本地的实际情况，制定了纳入医疗保险的农民住院医疗费用的报销规定：享受医保的农民可在定点医院住院治疗，由患者先垫付医疗费用，住院治疗结束后凭发票到县医保中心报销. 住院医疗费用的报销比例标准如表 1-4 所示.

表 1-4

费用范围	100 元以下（含 100 元）	100 元以上的部分
报销比例标准	不予报销	60%

（1）设某位享受医保的农民一次住院治疗的总医疗费用为 x 元，按规定报销的医疗费用为 y 元，试写出 y 与 x 的函数关系式；

（2）若该农民在这次住院治疗中的医疗费用为 1000 元，则他在这次住院治疗中报销的医疗费用和自付的医疗费用各为多少元？

解：

（1）依题意，当 $x>100$ 时，$y=(x-100)\times 60\%=0.6x-60$. 所以按规定报销的医疗费用 y 与该农民一次住院治疗的总医疗费用 x 之间的函数关系为：

$$y=\begin{cases}0,(0<x\leqslant 100),\\ 0.6x-60,(x>100).\end{cases}$$

（2）当 $x=1000$ 元时，

$$y=0.6\times 1000-60=600-60=540\ (元),$$

$$1000-540=460\ (元).$$

即该农民在这次住院治疗中报销的医疗费用和自付的医疗费用各为 540 元和 460 元.

1.7.3　出租车收费问题

出租车的收费常采用的是分段计费的方式，对不同里程要用数学上分段函数的方法加以计算.

【例 3】 在成都市区内，出租车的起步价为 8 元，起步里程为 2 公里；2 公里以后，每公里租价为 1.9 元，求乘出租车的价格 y（元）与行程 x（公里）的函数关系.

解： 依题意，当 $0<x\leqslant 2$ 时，$y=8$. 当 $x>2$ 时，

$$y=8+1.9(x-2)，即\ y=4.2+1.9x$$

因此，乘出租车的价格 y（元）与行程 x（千米）的函数关系为：

$$y=\begin{cases}8,\ (0<x\leqslant 2),\\ 4.2+1.9x,\ (x>2).\end{cases}$$

实际收费时，价格 y 四舍五入取整数.

1.7.4　网络通讯问题

为了鼓励消费者扩大消费，达到多盈利之目的，电信、移动、联通都推出各种名目的优惠套餐和促销活动. 人们在选择各类消费形式时，要对不同范围内的电话消费进行计算，得出有关数据，加以比较后，再作出选择.

【例 4】 某电信部门为了鼓励固定电话消费，推出新的优惠套餐：月租费 10 元；每月拨打市内电话在 120 分钟以内时，每分钟收费 0.2 元，超过 120 分钟收费 0.1 元；不足 1 分钟时按 1 分钟计费. 试求用户 1 个月的市内电话费用 y（元）与拨打时间 t（分钟）的函数关系.

解： 依题意，当 $0<t\leqslant 120$ 时，$y=10+0.2t$. 当 $t>120$ 时，

$$y=10+120\times 0.2+0.1(t-120)，即\ y=22+0.1t,$$

因此，电话费用 y（元）与拨打时间 t(分钟)的函数关系为：

$$y=\begin{cases}10+0.2t, & (0<t\leqslant 120, t\in z^{+}),\\ 22+0.1t, & (t>120, t\in z^{+}).\end{cases}$$

1.7.5 义务纳税问题

为了减轻中低收入者税收负担，有效发挥税收对收入分配的调节作用，《个人所得税法修正案草案》拟将个税起征点由2000元提高到3000元，扩大5%和10%两个低档税率的适用范围．下面以《个人所得税法修正案草案》为背景，通过建构分段函数的数学模型，对不同范围内的月工薪进行计算，得出有关数据．

【例5】《个人所得税法修正案草案》规定，公民全月工薪不超过3000元的部分不必纳税，超过3000元的部分为全月应纳税所得额，此项税款按表1－5分段累进计算．

表1－5

全月应纳税所得额	税率
不超过1500元部分	5%
超过1500元至4500元的部分	10%
超过4500元至9000元的部分	20%
……	……

（1）设月工薪为 x 元（$0<x\leqslant 12000$），应缴纳税金为 y 元，试写出 y 与 x 的函数关系式；

（2）冯先生3月份的工薪为4300元，他应缴纳税金多少元？

（3）若费先生3月份缴纳税金不少于160元，也不多于175元，试问费先生这个月的工薪在什么范围内？

解：（1）依题意，当 $0<x\leqslant 3000$ 时，$y=0$；

当 $3000<x\leqslant 4500$ 时，$y=(x-3000)\times 5\%=0.05x-150$；

当 $4500<x\leqslant 7500$ 时，$y=1500\times 5\%+(x-4500)\times 10\%=0.1x-375$；

当 $7500<x\leqslant 12000$ 时，$y=1500\times 5\%+3000\times 10\%+(x-7500)\times 20\%$

$=0.2x-1125.$

所以应缴纳税金 y 元与月工薪 x 元之间的函数关系式为：

$$y=\begin{cases}0, & (0<x\leqslant 3000),\\ 0.05x-150, & (3000<x\leqslant 4500),\\ 0.1x-375, & (4500<x\leqslant 7500),\\ 0.2x-1125, & (7500<x\leqslant 12000).\end{cases}$$

（2）当 $x=4300$ 时，$y=0.05\times 4300-150=65$ 元，即冯先生3月份应缴纳税金65元．

（3）依题意，$y\in[160,175]\subset[75,375]$，所以，

$160\leqslant 0.1x-375\leqslant 175$，

解之得　$5350\leqslant x\leqslant 5500$

即费先生这个月的工薪不少于 5350 元，也不多于 5500 元.

学习小结

利用分段函数解决应用问题的方法是____.

【习题 1.7】

1. 某商店卖西瓜，如果顾客购买量在 3 千克及以下，则销售价格为 2.2 元/千克；如果 3 千克以上，则销售价格为 2.0 元/千克. 请将西瓜的销售收入 y 元表示成重量 x 千克的函数.

2. 某化肥厂生产某产品 1000 吨，每吨定价为 200 元，销售量在 500 吨以内时，按原价出售，超过 500 吨时，超过的部分打九折出售，试求销售总收益与总销售量的函数关系.

3. 某市市内电话收费办法如下：每次通话在 3 分钟以内（含 3 分钟）共收费 0.2 元，不足 3 分钟时按 3 分钟计费，以后每分钟收 0.1 元，不足 1 分钟时按 1 分钟计费，求每次通话的电话费 y（元）与通话时间 t(分)之间的函数关系式.

4. 为加强公民的节水意识，某城市制定了以下用水收费标准：每户每月用水未超过 7 立方米时，每立方米收费 1.5 元并加收 0.2 元的城市污水处理费；超过 7 立方米的部分每立方米收费 1.7 元并加收 0.4 元的城市污水处理费. 求水费 y（元）与用水量 x（立方米）之间的函数关系.

5. 国家规定个人发表文章、出版著作所获稿费应纳税，其计算方法是：（1）稿费不高于 800 元，不纳税；（2）稿费高于 800 元，但不高于 4000 元应缴纳超过 800 元的那一部分的 14% 的税；（3）稿费高于 4000 元应缴纳全部稿费的 11% 的税. 试求：

（1）税款 y（元）与稿费 x（元）之间的函数关系；

（2）今知王教授出版一本著作获得一笔稿费，他缴纳了 550 元的税，王教授的这笔稿费是多少元?

* 1.8 单利、复利模型及应用

【本节提示】 向银行存款或者贷款都涉及利息的计算. 本节中，我们将介绍三种利息的计算方法，分别是单利制、复利制和连续复利. 通过本节的学习，要求了解三种计息方式，并能运用公式进行三种计息方式下资金的终值、现值、利率和计息期数等的计算.

1.8.1 计息制简介

在日常生活中，向银行存款或贷款是最常见的金融活动，而存贷款都涉及利息的计算．计算利息可分别按两种制度进行，一种是单利制，一种是复利制．

单利制是指当期利息不计入下期本金，从而不改变计息基础，各期利息额不变的计算制度．**复利制**是指未被支取的利息计入下期本金，改变计息基础，使每期利息额递增，利上生利的计息制度．

本金是指存入银行或从银行贷出的资金总额．**利息**是指投入本金所额外获得的资金．每期利息与本金之比为**利率**．

利率的表示方法有三种，即年利率、月利率和日利率．它们之间的关系为：

年利率 = 月利率 ×12(月) = 日利率 ×360（天）

月利率 = 年利率 ÷12(月) = 日利率 ×30（天）

日利率 = 年利率 ÷360(天) = 月利率 ÷30（天）

利率用百分数和千分数表示，习惯上分别称为“分”或“厘”．如年息五分即5%，就是1000元存款存1年，利息为50元；月息六厘写成6‰，表示1000元存1个月可得利息6元．

银行的利率都以年利率的形式给出．例如，2011年2月银行的存款利率，半年期整存整取年利率为2.8%，一年期整存整取年利率为3%，二年期整存整取年利率为3.9%，则半年期的期利率为2.8% ÷2 =1.40%，而二年期的期利率为3.9% ×2 =7.80%．

1.8.2 单利模型

单利制计算简单，操作容易，也便于理解，因此我国银行存款计息以及到期一次还本付息的国债都采取单利计息的方式．

以银行存款为例，用 P 表示本金，期利率用 r 表示，计息期数用 n 表示，以 I 表示利息，本利和叫做**终值**，用 F 表示．

由于单利制每期本金相同，因此每期利息为 $I=Pr$，n 期利息总共为 $In=Prn$，本利和为 $F=P+Prn$. 则单利制的终值公式为：

$$F=P(1+rn)$$

【例1】 小王年初将1000元存入银行，存款五年期，年利率为5%．计算到期时小王拿到的本利和．

解： 由题意知 $P=1000, r=5\%, n=5$. 根据单利终值公式得

$$F=P(1+rn)=1000(1+5\%\times 5)=1250\ (\text{元}).$$

所以到期时小王拿到本利和1250元．

由上例可知，按照年利率5%，用单利制计算，1000元本金在5年内的利息为250元．那么反过来，如果按照单利计算，5年后的1250元相当于现在的多少资金呢？这就是所谓的“贴现”问题．**现值**，是在给定的利率水平下，未来某一时点的资金折算到现在时

刻的价值．此时，利率 r 称为**贴现率**．单利制的现值公式为：

$$P=\frac{F}{1+rn}$$

【例 2】　某企业 3 年后想用 10900 元购买一专用设备，在年利率为 3% 的情况下，按单利制计算，企业现在应一次性存入多少资金？

解： 由题意知 $F=10900, r=3\%, n=3$. 根据单利现值公式得

$$P=\frac{F}{1+rn}=\frac{10900}{1+3\%\times 3}=10000 \text{（元）}.$$

即企业现在应一次性存入 10000 元．

【例 3】　亮亮的妈妈在亮亮刚上初一时存入了 8000 元以供亮亮 6 年后上大学之用，亮亮上大学时共取出本利和 9920 元．按单利制计算，年利率是多少？

解： 由题意可知 $P=8000, F=9920, n=6$. 由 $F=P(1+rn)$ 得

$$r=\frac{1}{n}\left(\frac{F}{P}-1\right)=\frac{1}{6}\left(\frac{9920}{8000}-1\right)=4\%.$$

即年利率为 4%.

【例 4】　小张将 2 万元存入银行，他预计到期后能得到本利和 22400 元．已知年利率为 3%，按单利制计算，小张的存款期为多少年？

解： 由题意可知 $P=20000, F=22400, r=3\%$. 由 $F=P(1+rn)$ 得

$$n=\frac{1}{r}\left(\frac{F}{P}-1\right)=\frac{1}{3\%}\left(\frac{22400}{20000}-1\right)=4.$$

即小张存款期为 4 年．

1.8.3　复利模型

虽然单利计息法简单，但是没有完全将资金利用起来，没有考虑利息还可以作为本金生出更多的利息．对于投资者而言，每一期收到的利息都是会进行再投资的．因此，复利法是更为科学的计算投资收益的方法．在财务管理中，一般也都用复利计息法进行计算．

以银行贷款为例，用 P 表示本金，r 表示期利率，计息期数用 n 表示，本利和即终值用 F 表示，则

第一个计息期末的本利和为：$F_1=P+Pr=P(1+r)$

第二个计息期末的本利和为：$F_2=F_1(1+r)=P(1+r)(1+r)=P(1+r)^2$

第三个计息期末的本利和为：$F_3=F_2(1+r)=P(1+r)^2(1+r)=P(1+r)^3$

……

第 n 个计息期末的本利和为：$F=F_n=P(1+r)^n$

因此，本金为 P，计息期的利率为 r，计息期数为 n 的本利和为：

$$F=P(1+r)^n$$

上式为复利终值公式，由此可得复利现值公式为：

$$P=\frac{F}{(1+r)^n}$$

【例 5】 某企业计划开发一项新产品，拟向银行贷款 100 万元，若年利率为 6%，贷期为 4 年，问 4 年后应一次性归还银行的本利和为多少？

解： 贷款计息用复利制．由题意知 $P=100, r=6\%, n=4$. 根据复利终值公式得

$$F=P(1+r)^n=100\times10^4\times(1+6\%)^4=1262476.96\ (元).$$

即 4 年后应一次性归还银行的本利和为 1262476.96 元．

【例 6】 刘先生将一笔资金存入银行，银行的一年期存款利率为 3%．一年到期不取款则由银行自动转存，即将上一年的本金和利息一起作为本金存入一年期的定期存款．刘先生在第 3 年末总共取得本利和 10927.27 元，问他最初存入的资金数额是多少？

解： 由题意可知应该以复利制计息．$F=10927.27, r=3\%, n=3$，所以

$$P=\frac{F}{(1+r)^n}=\frac{10927.27}{(1+3\%)^3}=10000\ (元).$$

即刘先生最初存入的资金是 1 万元．

【例 7】 某厂 2010 年的产值是 2000 年的 8 倍，那么从 2000 年到 2010 年产值的年增长率是多少？若按这样的增长率发展，哪一年的产值会是 2000 年的 15 倍？

解： 设 2000 年的产值为 A，则 2010 年的产值为 $8A$. 即 $P=A, F=8A, n=10$. 由 $F=P(1+r)^n$ 得

$$r=\left(\frac{F}{P}\right)^{\frac{1}{n}}-1=\left(\frac{8A}{A}\right)^{\frac{1}{10}}-1\approx23.1\%.$$

即从 2000 年到 2010 年产值的年增长率是 23.1%．

若 n 年后的产值是 2000 年的 15 倍，则 $15A=A(1+23.1\%)^n$，即 $15=1.231^n$. 两边取对数，得 $\lg15=\lg1.231^n$，即 $n\lg1.231=\lg15$，则

$$n=\frac{\lg15}{\lg1.231}\approx13.$$

所以，2013 年的产值大约为 2000 年的 15 倍．

1.8.4 连续复利

还有一种计息方法称为**连续复利**．这种方法将计息期缩短为一个瞬间，即此刻的利息在下一刻马上计入本金，产生利息．

我们已经知道，本金为 P，年利率为 r，n 年末的复利终值 $F=P(1+r)^n$.

若每年分 m 期计息，则每期的利率为 r/m，到 n 年末共 mn 期．按照复利制，容易推出 n 年末的本利和为：

$$F=P\left(1+\frac{r}{m}\right)^{mn}.$$

由于连续复利的计息期无限缩短，即每年的计息期数 $m\to\infty$，则 n 年末的本利和为：

$$F=\lim_{m\to\infty}P\left(1+\frac{r}{m}\right)^{mn}=P\left[\lim_{m\to\infty}\left(1+\frac{r}{m}\right)^{\frac{m}{r}}\right]^{rn}=Pe^{rn}.$$

上式为连续复利的终值公式．由此可得连续复利的现值公式：

$$P = Fe^{-rn}$$

【例 8】　银行按年利率 6% 的连续复利计算贷款利息，某企业贷款 4 万元，贷款期限为 8 个月，则贷款到期时该企业应还利息多少？

解： 8 个月即$\frac{2}{3}$年，则 $P=40000$，$r=6\%$，$n=\frac{2}{3}$. 由连续复利终值公式得

$$F = Pe^{rn} = 40000 \times e^{6\% \times \frac{2}{3}} \approx 41632.43\ （元）$$

所以贷款到期该企业应还利息 $I = 41632.43 - 40000 = 1632.43$（元）.

【例 9】　某企业计划发行公司债券，规定以年利率 6.5% 的连续复利计算利息，10 年后每份债券一次偿还本息 1000 元，问发行时每份债券的价格应定为多少元？

解： 由题意知 $F=1000$，$r=6.5\%$，$n=10$. 根据连续复利的现值公式得

$$P = Fe^{-rn} = 1000 \times e^{-6.5\% \times 10} \approx 522.05\ （元）.$$

即发行时每份债券的价格应定为 522.05 元.

学习小结

(1) 单利终值公式为＿＿＿＿＿＿＿＿，其中 P 为＿＿＿＿＿＿＿＿，r 表示＿＿＿＿＿＿＿＿，n 表示＿＿＿＿＿＿＿＿，F 为＿＿＿＿＿＿＿＿.

(2) 复利终值公式为＿＿＿＿＿＿＿＿.

(3) 连续复利终值公式为＿＿＿＿＿＿＿＿，其中 r 为＿＿＿＿＿＿＿＿，n 表示＿＿＿＿＿＿＿＿.

【习题 1.8】

1. 小陈将一笔资金存入银行，存款方式为三年定期，已知年利率为 4.5%，按照单利计息，到期他可以获得本利和 6810 元，求他最初存入银行的本金.

2. 某种外币一年期存款的年利率为 4.2%，半年期存款的年利率为 4%. 每笔存款到期后，银行自动将其本金及利息转存为同样期限的存款. 设将总数为 10000 元的该种外币存入银行，两年后取出，问存何种期限的存款能有较多的收益？多多少？

3. 一处房产价格为 48 万元，据预测该房产三年后的价格将上涨为 60 万元. 小李欲贷款 48 万元来进行此项房产投资. 若贷款的年利率为 7%，按复利计算，此项投资能否赢利？

4. 某企业现有 10 万元资金，欲投资某项目 10 年，在投资报酬率为多少的情况下，才能使本金翻一番？

5. 某企业现有 25 万元，拟投入报酬率为 8% 的投资项目，经过多少年后才能使现有资金增加 50%？

6. 将 1 万元资金存入银行，年利率为 3.2%，分别按单利制、复利制和连续复利分别计息，计算 10 年后的本利和.

【复习思考题】

A 组

一、填空题

1. 函数$f(x)=\dfrac{2}{4-x^2}+\sqrt{x-1}$的定义域为__________.

2. $f(x)=x^2-5x+4$，则函数$f(x+1)=$__________.

3. 已知$f(x-1)=x(x-1)$，则函数$f(x)=$__________.

4. 函数$f(x)=\dfrac{1-x^2}{\cos x}$的图象关于__________对称.

5. 复合函数$y=\ln(\sin x^3)$的复合过程是__________.

6. 已知$y=\sqrt{u},u=2+v^2,v=\cos x$，则$y=f(x)=$__________.

7. 设$f(x)=\begin{cases}x^2+1, & x\leqslant 1,\\ \dfrac{2}{x}, & x>1,\end{cases}$ 则$\lim\limits_{x\to 1}f(x)=$__________，$\lim\limits_{x\to 2}f(x)=$__________.

8. 已知$f(x)=\dfrac{1}{x^2-6x+9}$，当$x\to$__________时，$f(x)$为无穷大；当$x\to$__________时，$f(x)$为无穷小.

9. 如果$\lim\limits_{x\to -3}\dfrac{x^2+2x+k}{x+3}=-4$，则常数$k=$__________.

10. $\lim\limits_{x\to 0}\left(\dfrac{2-x}{2}\right)^{\frac{2}{x}}=$__________.

11. $\lim\limits_{x\to\infty}\dfrac{x^4+1}{2x^4+x^2-2}=$__________，$\lim\limits_{x\to\infty}\dfrac{x^3+3000}{3x^5-4x^2-x}=$__________.

12. $\lim\limits_{x\to\infty}\left(1+\dfrac{1}{x}\right)\left(2-\dfrac{1}{x^2}\right)=$__________.

13. 函数$y=\sqrt{9-x^2}-\dfrac{5}{x^2+4}$的连续区间是__________.

14. 函数$y=\dfrac{\ln(3-x)}{x^2-1}$的连续区间是__________.

15. 若函数$f(x)=\begin{cases}\dfrac{\sin 2x}{x}, & x<0,\\ 3x^2-2x+k, & x\geqslant 0\end{cases}$ 在$x=0$处连续，则$k=$__________.

16. 已知$f(x)=\begin{cases}1-2x, & x<0,\\ 2, & x=0,\\ 1+2x, & x>0,\end{cases}$ 则$\lim\limits_{x\to 0}f(x)=$________，$\lim\limits_{x\to 2}f(x)=$________.

17. 设$f(x)=\dfrac{x-2}{2+x}$，当$x\to$______时，$f(x)$为无穷大；当$x\to$______时，$f(x)$为无穷小.

18. 函数 $f(x)=\dfrac{1}{\ln(x-2)}$ 的连续区间是__________.

19. 如果 $\lim\limits_{x\to1}\dfrac{ax+b}{x-1}=2$，则 $a+b=$ __________.

20. 已知 $f(x)=\sin x\cos\dfrac{1}{x}$，给 $f(0)$ 补充定义一个数值__________，则 $f(x)$ 在点 $x=0$ 处连续.

21. 函数 $y=\dfrac{\sqrt{x-3}}{(x+1)(x+2)}$ 的连续区间是__________.

22. 函数 $y=\arccos\dfrac{x^2-4}{x-2}$ 的定义域__________.

23. 求函数 $f(x)=\dfrac{x^3+3x^2-x-3}{x^2+x-6}$ 的连续区间为__________.

24. 已知 $f(x)=\begin{cases}x^2, & x>1\\ ax+2, & x\leqslant 1\end{cases}$ 在 $x=1$ 处连续，则常数 $a=$ __________.

二、单项选择题

1. 函数 $y=\sqrt{9-x^2}-\dfrac{5}{x^2+4}$ 的定义域是（　　）.

A. $(-3,\ 3)$　　B. $[-3,-2)\cup(-2,2)\cup(2,3]$

C. $[-3,\ 3]$　　D. $(-\infty,-3]\cup[3,\ +\infty)$

2. 下列函数为增函数的是（　　）.

A. $y=\dfrac{1}{x}$　　B. $y=|x|$

C. $y=\mathrm{e}^{-x}$　　D. $y=x^3$

3. 下列函数为减函数的是（　　）.

A. $y=\left(\dfrac{1}{2}\right)^x$　　B. $y=\mathrm{e}^x$

C. $y=\ln x$　　D. $y=x^{\frac{1}{2}}$

4. 下列函数的图象关于坐标原点对称的是（　　）.

A. $y=\dfrac{1-x^2}{\cos x}$　　B. $y=\sin x-\cos x$

C. $y=\sin(x^2+1)$　　D. $y=\dfrac{10^x-10^{-x}}{2}$

5. 函数 $y=x^2\cos x$ 是（　　）.

A. 偶函数　　B. 奇函数

C. 周期函数　　D. 有界函数

6. 下列各组函数为同一函数的是（　　）.

A. $f(x)=\dfrac{x^2}{x}$ 与 $g(x)=x$　　B. $f(x)=x^0$ 与 $g(x)=1$

C. $f(x)=x$ 与 $g(x)=(\sqrt{x})^2$　　D. $f(x)=3x^2+1$ 与 $g(t)=3t^2+1$

7. 下列各组函数为同一函数的是（　　）.

A. $f(x)=\frac{x}{x}$与 $g(x)=1$

B. $f(x)=x$ 与 $g(x)=\sqrt{x^2}$

C. $f(x)=\lg x^4$ 与 $g(x)=4\lg x$

D. $f(x)=1$ 与 $g(x)=\sin^2 x+\cos^2 x$

8. 下列各组函数相同的是（　　）.

A. $y=\frac{x^2-16}{x+4}$ 与 $y=x-4$

B. $y=(\sqrt{x+1})^4$ 与 $y=(\sqrt{(x+1)^4})$

C. $y=4^{3x}$与 $y=8^{2x}$

D. $y=\ln x^4$ 与 $y=4\ln x$

9. 下列函数为基本初等函数的是（　　）.

A. $y=x^{e}+x$

B. $y=x^{\sqrt{e}}-1$

C. $y=x^{\sqrt{e}-1}$

D. $y=\ln 3x$

10. 下列函数为基本初等函数的是（　　）.

A. $y=x^{e}$

B. $y=x+1$

C. $y=2x^2$

D. $y=\arcsin\frac{1}{x}$

11. 下列函数不是基本初等函数的是（　　）.

A. $y=\sqrt[3]{x^2}$

B. $y=\frac{1}{x^2}$

C. $y=\cos\frac{1}{x}$

D. $y=\sqrt{2e}$

12. 若 $f(x-2)=x(3x-5)$，则 $f(x)=($　　$)$.

A. $(x+2)(3x+1)$

B. $(x+2)(3x-1)$

C. $(x-2)(3x+1)$

D. $(x-2)(3x-11)$

13. $\lim\limits_{x\to\infty}5^x$ 的值为（　　）.

A. 不存在

B. 0

C. 1

D. 5

14. $\lim\limits_{x\to\infty}2^{\frac{1}{x}}$的值为（　　）.

A. 不存在

B. 0

C. 1

D. 2

15. 下列函数有界的是(　　).

A. $y=\sin\frac{1}{x}$

B. $y=\frac{1}{x}$　$(x>0)$

C. $y=e^{x}$

D. $y=\ln x$

16. 下列函数为复合函数的是（　　）.

A. $y=\lg(-x^2)$

B. $y=\sqrt{-x}$ $(x\leqslant 0)$

C. $y=\left(\frac{1}{e}\right)^{x}$

D. $y=x^{\sqrt{2}-1}$

17. 下列函数是复合函数的为（　　）.

A. $y=x^{\sqrt{2}-1}$　　B. $y=\sqrt{\sin x-2}$

C. $y=(\frac{1}{3})^{x}$　　D. $y=\sqrt{-x}(x<0)$

18. 下列函数为复合函数的是（　　）.

A. $y=\left(\frac{1}{2}\right)^{x}$　　B. $y=\sqrt{1-\sin x}$

C. $y=x^3-2x^2+1$　　D. $y=x^{e-\frac{1}{2}}$

19. 下列函数是初等函数的是（　　）.

A. $y=\begin{cases}x+1, & x<1\\ x-1, & x>1\end{cases}$　　B. $y=\begin{cases}\frac{x^2-3}{2x-1}, & x\neq1\\ 2, & x=1\end{cases}$

C. $y=|x^2-2|$　　D. $y=\sqrt{-2-\cos x}$

20. 下列函数不是初等函数的为（　　）.

A. $y=\frac{x^2-4}{x-2}$　　B. $y=\arcsin(x^2-3)$

C. $y=\begin{cases}\frac{x^2-1}{x-1}, & x\neq1\\ 0, & x=1\end{cases}$　　D. $y=\begin{cases}1-x & x<1\\ x-1 & x>1\end{cases}$

21. 下列数列没有极限的是（　　）.

A. $-\frac{1}{2},\frac{2}{3},-\frac{3}{4},\frac{4}{5},-\frac{5}{6},\frac{6}{7},\cdots$　　B. $\frac{1}{2},0,\frac{1}{4},0,\frac{1}{8},0,\cdots$

C. $1,-\frac{1}{3},\frac{1}{2},-\frac{1}{5},\frac{1}{3},-\frac{1}{7},\frac{1}{4},-\frac{1}{9},\cdots$　　D. $\frac{3}{2},\frac{2}{3},\frac{5}{4},\frac{4}{5},\frac{7}{6},\frac{6}{7},\cdots$

22. 函数 $f(x)$ 在 $x=x_0$ 处有定义是 $f(x)$ 在点 $x=x_0$ 处有极限的（　　）.

A. 充分不必要条件　　B. 必要不充分条件

C. 充要条件　　D. 既非充分也非必要条件

23. 函数 $y=\frac{x^2-1}{x-1}$ 在点 $x=1$ 处（　　）.

A. 有定义且有极限　　B. 无定义且无极限

C. 无定义但有极限　　D. 有定义但无极限

24. 已知 $f(x)=\begin{cases}5-5x, & x<0\\ 3, & x=0\\ 5+5x, & x>0\end{cases}$ 则 $\lim\limits_{x\to0}f(x)$ 等于（　　）.

A. 0　　B. 3

C. 5　　D. 不存在

25. $f(x)=\frac{|x|}{x}$，则 $\lim\limits_{x\to0}f(x)=$（　　）.

A. 0　　B. 1

C. -1　　D. 不存在

26. 若$\lim\limits_{x\to a}f(x)=\infty$，$\lim\limits_{x\to a}g(x)=\infty$，下列式子成立的是（　　）.

A. $\lim\limits_{x\to a}[f(x)+g(x)]=\infty$　　B. $\lim\limits_{x\to a}[f(x)-g(x)]=0$

C. $\lim\limits_{x\to a}\dfrac{1}{f(x)+g(x)}=0$　　D. $\lim\limits_{x\to a}\dfrac{1}{f(x)}=0$

27. 当$x\to 1$时，下列变量中不是无穷小量的是(　　).

A. $2x^2-x-1$　　B. $\dfrac{x^2-x}{x-1}$

C. $\ln x$　　D. $\sin\dfrac{\pi}{2}-x$

28. 设$\lim\limits_{x\to 0}f(x)=\infty$，则当$x\to 0$时，下列变量中必为无穷大量的是(　　).

A. $xf(x)$　　B. $\dfrac{f(x)}{x}$

C. $\dfrac{x}{f(x)}$　　D. $f(x)-\dfrac{1}{x}$

29. $\lim\limits_{x\to\infty}x\sin\dfrac{3}{x}=$(　　).

A. 0　　B. $\dfrac{1}{3}$

C. 1　　D. 3

30. 函数$y=\dfrac{x^2-4}{x^2-5x+6}$的间断点为（　　）.

A. 仅有$x=3$　　B. $x=2$或$x=3$

C. $x=2$和$x=3$　　D. $x=2$和$x=3$和$x=-2$

31. 函数$y=\dfrac{\sin x}{x^2-1}$的间断点为（　　）.

A. 仅有$x=1$　　B. $x=1$和$x=-1$

C. $x=1$或$x=-1$　　D. $x=1$和$x=-1$和$x=0$

32. $\lim\limits_{x\to 0}\dfrac{\tan 2x}{x}=$(　　).

A. 0　　B. 1

C. $\dfrac{1}{2}$　　D. 2

33. 下列函数在$x=0$处连续的是（　　）.

A. $y=|x|$　　B. $y=\ln x$

C. $y=\dfrac{1}{x}$　　D. $y=\begin{cases}-1 & x<0\\ 1 & x\geqslant 0\end{cases}$

34. 函数$y=\dfrac{\ln(x-4)}{(x+2)(x+3)}$的连续区间是（　　）.

A. $(-\infty,-2)\cup(-3,-2)\cup(-2,+\infty)$　　B. $(4,+\infty)$

C. $(-\infty,-2)\cup(-2,+\infty)$　　D. $(-\infty,-3)\cup(-3,+\infty)$

35. 函数 $y=\sqrt{3-x}-\ln(x-1)$ 的连续区间是（　　）.

A. $(-\infty,3]$　　B. $(1,3]$

C. $[1,3]$　　D. $(1,+\infty)$

三、计算题

1. $\lim\limits_{x\to4}\dfrac{e^x+\cos(4-x)}{\sqrt{x}-3}$.　　2. $\lim\limits_{x\to\infty}\dfrac{x^4+1}{2x^4+x^2-2}$.

3. $\lim\limits_{x\to-3}\dfrac{x^2-9}{x^2+7x+12}$.　　4. $\lim\limits_{x\to0}\left(x\cos\dfrac{1}{2x}\right)$.

5. $\lim\limits_{x\to0}\dfrac{\sin3x}{\sin4x}$.　　6. $\lim\limits_{x\to\infty}\left(1-\dfrac{2}{x}\right)^{\frac{x}{2}-1}$.

7. $\lim\limits_{x\to+\infty}\dfrac{\sqrt[4]{1+x^3}}{1+x}$.　　8. $\lim\limits_{x\to\pi}\dfrac{\sin x}{x-\pi}$.

9. $\lim\limits_{x\to0}(\sin x)\sqrt{1+\sin\dfrac{1}{x}}$.　　10. $\lim\limits_{x\to\infty}\left(\dfrac{x-1}{x}\right)^x$.

11. $\lim\limits_{x\to1}\left(\dfrac{1}{1-x}-\dfrac{x^2-2x}{1-x^3}\right)$.　　12. $\lim\limits_{x\to1}\dfrac{\sin(x-1)}{x^2-1}$.

四、应用题

1. 设某商品的需求函数和供给函数分别为：$Q=b-ap(a、b>0)$ 和 $Q=cp-d(c、d>0)$，求均衡价格.

2. 某产品固定成本为 5 万元，每生产一台产品费用增加 2000 元，此产品的单价为 4000 元，求该产品达到损益平衡的产量.（提示：当收入 = 成本时，损益平衡）

3. 某汽车厂对其库存的某款汽车 30 辆清仓销售，其销售策略如下：购买 15 辆以下（包括 15 辆）部分，每辆价格为 6 万元；购买量小于等于 30 辆时，其中超过 15 辆的部分，每辆 5.6 万元，试写出汽车销售公司购买量为 x 辆的费用函数 $C(x)$.

4. 某运输公司规定货物的吨公里运价为：在 200 公里以内，每公里 2 元；超过 200 公里，超过部分每公里 1.6 元. 求运价 y 和里程 x 之间的函数关系.

5. 某商店购进塑料薄膜 2000 千米，每千米售价 15 元，当卖出 1500 千米后，商品滞销，故降价 25% 出售，试将销售收入 R 表示为销售量 q 的函数.

6. 某水果店销售的苹果，每千克售价 6 元. 某日搞促销活动：5 千克以上至 10 千克打 8 折，超过 10 千克的部分 7 折优惠.（1）请写出销售收入 R 与销售量 q 之间的函数关系；（2）某人用 75 元能买多少这种水果？

五、证明题

证明函数 $f(x)=\begin{cases}x^2+x, & x\leqslant1\\ 2x^2, & x>1\end{cases}$ 在 $x=1$ 处连续.

B 组

一、填空题

1. 函数 $f(x)=\begin{cases} e^x+2, & x\geqslant 1 \\ x^2-8, & 0<x<1 \end{cases}$ 的定义域为________.

2. 设 $f(x)=\ln(x^2+1)$，则 $f[f(x)]=$________.

3. 复合函数 $y=e^{\ln\arccos^2 x}$ 的复合过程是________.

4. 已知函数 $f(x)=\begin{cases} x-1, & x<0 \\ 1, & x=0 \\ \dfrac{x^3+1}{x^2+3x-1}, & x>0 \end{cases}$ 则 $\lim\limits_{x\to 0}f(x)=$______，则 $\lim\limits_{x\to 2}f(x)=$________，$\lim\limits_{x\to\infty}f(x)=$________.

5. 当 $x\to 0$ 时，$\tan x$ 是 x 的________无穷小，x^3 是 $3x$ 的________无穷小.

6. 如果 $\lim\limits_{x\to\infty}\dfrac{ax^2+bx+2}{2x-1}=3$，则 $a+b=$________.

7. 设 $f(x)=\begin{cases} \dfrac{x^2-3x+2}{x-2}, & x\neq 2 \\ a+1, & x=2 \end{cases}$ 在 $x=2$ 处连续,则 $a=$________.

8. 已知函数 $f(x)=\begin{cases} x\sin\dfrac{2}{x}, & x<0 \\ 2x+b, & x\geqslant 0 \end{cases}$ 在 $x=0$ 处连续，则 $b=$________.

9. 若 $\lim\limits_{x\to 1}\dfrac{x^2+ax+b}{1-x}=5$，则 $a=$______，$b=$________.

10. $\arcsin\left(-\dfrac{1}{2}\right)=$________，$\arccos\dfrac{\sqrt{3}}{2}=$________.

11. 函数 $f(x)=\dfrac{e^{-x}-1}{e^{-x}+1}$ 的图象关于________对称.

12. 设 $f(x)=\dfrac{x}{1-x}$，则 $f[f(x)]=$________，$f[f(x-3)]=$________.

13. $\lim\limits_{x\to 0^+}\dfrac{1}{\ln x}=$________，$\lim\limits_{x\to +\infty}\dfrac{1}{e^x}=$________.

二、单项选择题

1. 函数 $y=\lg(\lg x)$ 的定义域为（　　）.

A. $(0,+\infty)$　　B. $(1,+\infty)$

C. $(-\infty,+\infty)$　　D. $(0,1)$

2. 设 $f(x)=\sqrt{x\sqrt{x}}$，则 $\{f[f(x)]\}^2$ 等于（　　）.

A. $x^{\frac{9}{8}}$　　B. $x^{\frac{9}{4}}$

C. $x^{\frac{1}{2}}$　　D. $x^{\frac{3}{2}}$

3. 函数 $y=\lg(x+\sqrt{1+x^2})$ 是（　　）.

A. 偶函数　　B. 奇函数

C. 周期函数　　D. 非奇非偶函数

4. $\cos\frac{x}{2}+3\sin\frac{x}{3}$ 的周期为（　　）.

A. 2π　　B. 10π

C. 12π　　D. 24π

5. $\lim\limits_{n\to\infty}\frac{(-2)^n+3^n}{(-2)^{n+1}+3^{n+1}}$ 等于（　　）.

A. 0　　B. ∞

C. $\frac{1}{2}$　　D. $\frac{1}{3}$

6. 函数 $f(x)=\begin{cases} x\sin\frac{1}{x}, & -\infty<x<0 \\ \sin\frac{1}{x}, & 0<x<+\infty \end{cases}$，在 $x=0$ 处（　　）.

A. 左极限不存在　　B. 极限等于 0

C. 右极限不存在　　D. 右极限等于 0

7. $\lim\limits_{x\to\infty}\left(\frac{x+n}{x-n}\right)^x$ 等于（　　）.

A. ∞　　B. e^n

C. 1　　D. e^{2n}

8. $\lim\limits_{x\to\frac{\pi}{3}}\frac{8\cos^2x-2\cos x-1}{2\cos^2x+\cos x-1}$ 等于（　　）.

A. 2　　B. ∞

C. 1　　D. 0

三、计算题

1. $\lim\limits_{x\to\infty}\cos\left[\ln\left(1+\frac{2x-1}{x^2}\right)\right]$.

2. $\lim\limits_{x\to\infty}\frac{(2x-3)^{10}(3x+2)^{15}}{(5x+1)^{25}}$.

3. $\lim\limits_{x\to0}\frac{x+1}{2x}$.

4. $\lim\limits_{x\to0}\frac{x-\sin x}{x+\sin x}$.

5. $\lim\limits_{x\to0}x\cot 2x$.

6. $\lim\limits_{x\to1}\frac{\sqrt[3]{x}-1}{\sqrt{x}-1}$.

7. $\lim\limits_{x\to4}\frac{\sqrt{2x+1}-3}{\sqrt{x-2}-\sqrt{2}}$.

8. $\lim\limits_{x\to\infty}\frac{x^2+2}{x^3+x}(3+\cos x)$.

9. $\lim\limits_{x\to1}\frac{x-1}{\sqrt{x+3}-2}$.

10. $\lim\limits_{x\to+\infty}\left(\sqrt{(x+2)(x-1)}-x\right)$.

11. $\lim\limits_{x\to+\infty}\left(\sqrt{x+1}-\sqrt{x}\right)$.

12. $\lim\limits_{x\to1}\frac{\sqrt{3-x}-\sqrt{1+x}}{x^2-1}$.

13. $\lim\limits_{x\to+\infty}\left(\sqrt{(m+x)(n+x)}-\sqrt{(m-x)(n-x)}\right)$.

14. $\lim\limits_{x\to+\infty}\dfrac{x}{\sqrt{x^2-a^2}}$.

15. $\lim\limits_{x\to1}\dfrac{\sqrt{1+x}-\sqrt{1-x}}{\sqrt[3]{1+x}-\sqrt[3]{1-x}}$.

16. $\lim\limits_{x\to0}\dfrac{\sin^5 x}{(\arctan x)^2(1-\cos x)}$.

四、应用题

1. 某工厂生产某种产品，每台售价2500元．当年产量为600台以内时，可以全部按原价售出；当年产量超过600台时，超过部分每台降价200元，可以多售出200台；生产再多，本年就销售不出去了．试写出本年的销售收入 R 与年产量 Q 的函数关系．

2. 某商店一年销售某款玻璃器皿4000件,均匀销售,为节约库存费,分批进货．每批进货费用为500元,半年每件器皿的平均库存费为1.5元．试列出一年的进货费与库存费之和 y 与批量 x 之间的函数关系式．

3. 某企业拟在3年后购置一台新的分析仪器，估计费用为2万元．设银行一年期存款利率为5%，按复利计息，现在应存入银行多少元?

4. 设银行存款的年利率为3%，每年结算一次，所得本利和仍存入银行，那么一笔现金存入银行后，多少年才能翻一番?

5. 若贷款一年按年利率7.2%的连续复利计息，这相当于年利率为多少的单利计息?

五、证明题

证明方程 $x^3+x-1=0$ 在区间$[0,1]$内至少有一个根．

第2章

一元函数微分学

学习目标

- □ 理解导数概念及其几何意义，会求曲线上一点的切线方程
- □ 熟练掌握基本初等函数的求导公式、导数的四则运算法则及复合函数的求导法则
- □ 了解隐函数的求导法和对数求导法
- □ 会求函数的二阶导数和一些较简单的函数的 n 阶导数
- □ 理解微分的概念，掌握求函数微分的方法
- □ 了解中值定理的条件和结论
- □ 能熟练的运用洛必达法则计算各种未定式的极限
- □ 掌握用导数判断函数的单调性、极值的方法，了解函数的凹向、拐点和渐近线
- □ 会利用导数进行实际应用问题的分析

数学史话

“导数”是1797年拉格朗日在他的著作《解析函数论》中首次使用的。与此同时，在数学语言中也出现了“二阶导数”与“三阶导数”的名称。求变量的导数是微分学的核心问题。在微分学的早期发展中，还有罗尔、柯西、洛必达、达朗贝尔等也为微分学的发展作出了重要贡献。

拉格朗日（Lagrange，1736—1813，法国人）是18世纪的伟大科学家，柏林科学院院士。拉格朗日学习和研究所涉及的领域极其广泛，他在数学分析、代数方程理论、变分法、分析力学、数论、常微分方程和偏微分方程等领域均有建树，他在数学上最突出的贡献是使数学分析与几何力学脱离开来，使数学的独立性更为清楚，从此数学不再仅仅是其他学科的工具。为了纪念他，至今数学中有许多公式、定理都以“拉格朗日”命名。他去世后，拿破仑曾下令收集他的论著并保存在法国科学院，后经整理出版的拉格朗日的著作集共14卷。

罗尔（Rolle，1652—1719，法国人）他只受过初等教育，但他对数学非常有兴趣，利用业余时间刻苦自学代数与丢番图的著作，并很有心得。罗尔于1691年指出：在多项式方程的两个相邻的实根之间，方程至少有一个根。一百多年后，数学家将这一定理推广到

可微函数，并将此定理命名为“罗尔定理”。

洛必达（Marquis de l'Hôpital，1661—1704，法国人）法国科学院院士。洛必达的最大功绩是撰写了世界上第一本系统的微积分教程——《用于理解曲线的无穷小分析》。洛必达豁达大度，气宇不凡，他与当时欧洲各国的主要数学家都有交往，从而成为全欧洲传播微积分的著名人物。

2.1
导数的概念

【本节提示】 在实际问题中，除了要了解变量之间的函数关系以外，有时还需要研究变量变化快慢的程度．例如，物体运动的速度、城市人口及 GDP 增长的速度、产品总产量的变化率等等．只有在引进导数概念以后，才能更好地说明这些量的变化情况．本节将以几个实例作为背景来建立导数概念．通过本节的学习，要求理解导数的概念和导数的几何意义，了解可导与连续的关系．

2.2.1　引出导数概念的实例

1. 变速直线运动的速度

设有一辆汽车作变速直线运动，所经过的路程 S 是时间 t 的函数，即 $S=S(t)$．下面讨论当汽车行驶到时刻 t_0 时的瞬时速度：

当时间 t 由 t_0 改变为 $t_0+\Delta t$ 时，汽车在时间增量 Δt 内所经过的路程为 ΔS，即路程的增量为：

$$\Delta S=S(t_0+\Delta t)-S(t_0).$$

设汽车在 Δt 这段时间内的平均速度为 $\bar{v}$，那么，

平均速度　$\bar{v}=\dfrac{\Delta S}{\Delta t}=\dfrac{S(t_0+\Delta t)-S(t_0)}{\Delta t}.$

当 $|\Delta t|$ 充分小时，汽车在时刻 t_0 时的瞬时速度可以用平均速度 $\bar{v}$ 近似地表示；当 $\Delta t\to 0$ 时，如果极限 $\lim\limits_{\Delta t\to 0}\dfrac{\Delta S}{\Delta t}$ 存在，则称此极限值为汽车在时刻 t_0 时的瞬时速度 $v(t_0)$，即

瞬时速度　$v(t_0)=\lim\limits_{\Delta t\to 0}\dfrac{\Delta S}{\Delta t}=\lim\limits_{\Delta t\to 0}\dfrac{S(t_0+\Delta t)-S(t_0)}{\Delta t}.$

2. 平面曲线的切线斜率

设曲线 $y=f(x)$ 的图像如图 2－1 所示，求在给定点 $M(x_0,f(x_0))$ 处所做曲线 $y=f(x)$ 的切线斜率．在图 2－1 中，过点 $M(x_0,f(x_0))$ 及 $M_1(x_0+\Delta x,f(x_0+\Delta x))$ 做曲线的割线 MM_1，则割线 MM_1 的斜率为：

$$k_{割}=\tan\alpha=\tan\angle M_1MN=\frac{M_1N}{MN}=\frac{f(x_0+\Delta x)-f(x_0)}{\Delta x}$$

$$=\frac{\Delta y}{\Delta x}.$$

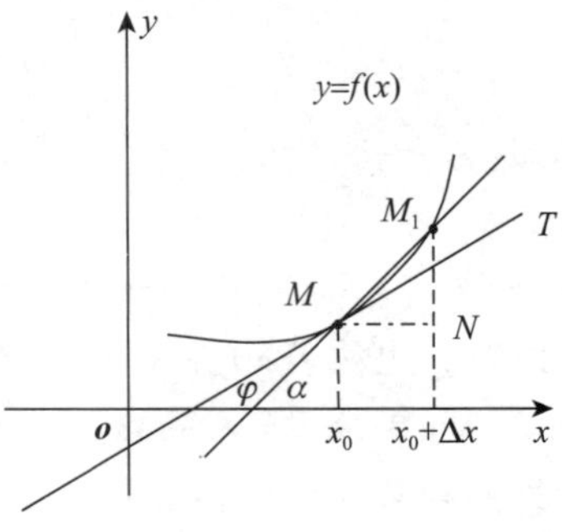

图 2－1

当点 M_1 沿曲线趋向于 M 时，割线 MM_1 的极限位置就是曲线在点 M 处的切线 MT. 此时切线 MT 的倾角为 φ，其斜率为：

$$k_{切}=\lim_{M_1\to M}k_{割}=\lim_{\Delta x\to 0}\frac{\Delta y}{\Delta x}=\lim_{\Delta x\to 0}\frac{f(x_0+\Delta x)-f(x_0)}{\Delta x}.$$

3. 产品总产量的变化率

在生产过程中，产品总产量 Q 是时间 t 的函数 $Q=Q(t)$，$t=t_0$ 的总产量 $Q(t_0)$，到时刻 $t=t_0+\Delta t$ 的总产量 $Q(t_0+\Delta t)$，产量改变量为 $\Delta Q=Q(t_0+\Delta t)-Q(t_0)$，产量平均变化率为：

$$\bar{r}=\frac{\Delta Q}{\Delta t}=\frac{Q(t_0+\Delta t)-Q(t_0)}{\Delta t}.$$

一般情况下，产量平均变化率 $\bar{r}$ 与时间间隔 Δt 有关．当时间间隔 Δt 很短时，可以用 $\bar{r}$ 近似表示总产量在时刻 $t=t_0$ 的变化情况，时间间隔 Δt 越短，近似程度就越高．当 $\Delta t\to 0$ 时，若产量平均变化率 $\bar{r}$ 的极限存在，则称此极限为总产量在时刻 $t=t_0$ 的变化率：

$$r=\lim_{\Delta t\to 0}\frac{\Delta Q}{\Delta t}=\lim_{\Delta t\to 0}\frac{Q(t_0+\Delta t)-Q(t_0)}{\Delta t}.$$

规律总结

在上面几个具体问题中，尽管实际背景不一样，但从抽象的数量关系来看却是一样的，都可归结为计算当自变量的增量趋于零时，函数增量与自变量增量之比的极限问题，这种特定结构的极限称为**函数的导数**．

2.1.2　导数的定义

1. 导数的定义

定义 2.1　设函数 $y=f(x)$ 在点 x_0 的某邻域内有定义，当自变量 x 在点 x_0 处取增量 $\Delta x(\neq 0)$ 时，相应可得函数增量 $\Delta y=f(x_0+\Delta x)-f(x_0)$，如果极限

$$\lim_{\Delta x \to 0}\frac{\Delta y}{\Delta x} = \lim_{\Delta x \to 0}\frac{f(x_0+\Delta x)-f(x_0)}{\Delta x}$$

存在，则称此极限值为函数 $f(x)$ 在点 x_0 处的**导数**，记作

$$f'(x_0) \text{或} y'\big|_{x=x_0},\ \frac{\mathrm{d}y}{\mathrm{d}x}\bigg|_{x=x_0},\ \frac{\mathrm{d}f(x)}{\mathrm{d}x}\bigg|_{x=x_0}.$$

即：

$$f'(x_0) = \lim_{\Delta x \to 0}\frac{\Delta y}{\Delta x} = \lim_{\Delta x \to 0}\frac{f(x_0+\Delta x)-f(x_0)}{\Delta x}. \tag{2-1}$$

此时，也称 $f(x)$ 在 x_0 处**可导**；若上述极限不存在，则称 $f(x)$ 在 x_0 处**不可导**.

如果令 $x=x_0+\Delta x$，则有 $\Delta x = x - x_0$，且当 $\Delta x \to 0$ 时，有 $x \to x_0$，于是函数 $f(x)$ 在 x_0 处的导数又可以写成：

$$f'(x_0) = \lim_{x \to x_0}\frac{f(x)-f(x_0)}{x-x_0}. \tag{2-2}$$

式（2－1）和式（2－2）是导数定义式的两种不同表示方法，使用时可根据实际情况进行选择.

有了导数概念，2.1.1 节中的三个问题可以重述为：

（1）物体在时刻 t_0 的瞬时速度 $v(t_0)$ 等于路程 $S(t)$ 对时间在 $t=t_0$ 时的导数，即

$$v(t_0) = \lim_{\Delta t \to 0}\frac{\Delta S}{\Delta t} = S'(t_0).$$

（2）函数 $f(x)$ 在点 x_0 处切线的斜率 k 等于函数 $f(x)$ 在点 x_0 处的导数，即

$$k = \lim_{\Delta x \to 0}\frac{\Delta y}{\Delta x} = f'(x_0).$$

（3）当时间 $t=t_0$ 时，总产量的变化率等于总产量 $Q(t)$ 对时间在 $t=t_0$ 时的导数，即

$$\lim_{\Delta t \to 0}\frac{\Delta Q}{\Delta t} = Q'(t_0).$$

规律总结

由函数 $f(x)$ 在点 x_0 处的导数概念可知以下几点：

（1）$\dfrac{\Delta y}{\Delta x} = \dfrac{f(x_0+\Delta x)-f(x_0)}{\Delta x}$ 反映的是自变量 x 从 x_0 改变到 $x_0+\Delta x$ 时，函数 $f(x)$ 的平均变化速度，即函数 $f(x)$ 在 Δx 范围内的平均变化的快慢程度，称为函数的**平均变化率**；而导数 $f'(x_0) = \lim\limits_{\Delta x \to 0}\dfrac{\Delta y}{\Delta x} = \lim\limits_{\Delta x \to 0}\dfrac{f(x_0+\Delta x)-f(x_0)}{\Delta x}$ 反映的是函数 $f(x)$ 在点 x_0 处的变化速度，即函数在点 x_0 处变化的快慢程度，称为函数在点 x_0 处的**变化率**.

（2）讨论函数 $f(x)$ 在点 x_0 处的导数是研究函数 $f(x)$ 在点 x_0 处的一种局部性质，这种性质称为函数 $f(x)$ 在点 x_0 处的可导性.

（3）研究函数 $f(x)$ 在点 x_0 处的可导性，实际上是研究极限 $\lim\limits_{\Delta x \to 0}\dfrac{\Delta y}{\Delta x}$ 是否存在的问题.

【例 1】　求函数 $y=x^2$ 在点 $x=2$ 处的导数．

解：方法一：当自变量 x 在 $x=2$ 处产生增量 Δx 时，函数增量为

$$\Delta y=(2+\Delta x)^2-2^2=4\Delta x+(\Delta x)^2.$$

因此，$\dfrac{\Delta y}{\Delta x}=4+\Delta x$，故

$$f'(2)=\lim_{\Delta x\to 0}(4+\Delta x)=4.$$

方法二：　$f'(2)=\lim\limits_{x\to 2}\dfrac{f(x)-f(2)}{x-2}=\lim\limits_{x\to 2}\dfrac{x^2-4}{x-2}=\lim\limits_{x\to 2}(x+2)=4.$

定义 2.2　如果函数 $f(x)$ 在区间 (a,b) 内的每一点处都可导，则称函数 $f(x)$ 在区间 (a,b) 内可导．

由于导数的值与点 x 有关，对于区间 (a,b) 内的每一个 x 的值，都有唯一确定的导数值与之对应，这样就定义了区间 (a,b) 内的一个函数 $f'(x)$，称之为函数 $f(x)$ 在区间 (a,b) 内的**导函数**，简称**导数**，记作

$$f'(x)\text{或 } y',\ \frac{\mathrm{d}y}{\mathrm{d}x},\ \frac{\mathrm{d}f(x)}{\mathrm{d}x}.$$

显然，函数 $f(x)$ 在点 x_0 处的导数值 $f'(x_0)$，就是导函数 $f'(x)$ 在点 x_0 处的函数值 $f'(x_0)$．

【例 2】　求函数 $y=C$（C 是常数）的导数．

解：（1）求增量：因为 $y=C$，即不论 x 取什么值，y 的值总等于 C，所以 $\Delta y=0$；

（2）作比值：$\dfrac{\Delta y}{\Delta x}=0$；

（3）取极限：$y'=\lim\limits_{\Delta x\to 0}\dfrac{\Delta y}{\Delta x}=\lim\limits_{\Delta x\to 0}0=0$，即常数的导数等于零．

规律总结

由导数的定义可将求函数的导数概括为如下步骤：

（1）求增量：$\Delta y=f(x+\Delta x)-f(x)$；

（2）作比值：$\dfrac{\Delta y}{\Delta x}=\dfrac{f(x+\Delta x)-f(x)}{\Delta x}$；

（3）取极限：$y'=f'(x)=\lim\limits_{\Delta x\to 0}\dfrac{\Delta y}{\Delta x}=\lim\limits_{\Delta x\to 0}\dfrac{f(x+\Delta x)-f(x)}{\Delta x}$.

【例 3】　求函数 $y=\sqrt{x}$ 的导数．

解：$\Delta y=\sqrt{x+\Delta x}-\sqrt{x}$，

$$\frac{\Delta y}{\Delta x}=\frac{\sqrt{x+\Delta x}-\sqrt{x}}{\Delta x}=\frac{\Delta x}{\Delta x(\sqrt{x+\Delta x}+\sqrt{x})}=\frac{1}{\sqrt{x+\Delta x}+\sqrt{x}},$$

$$y'=\lim_{\Delta x\to 0}\frac{\Delta y}{\Delta x}=\lim_{\Delta x\to 0}\frac{1}{\sqrt{x+\Delta x}+\sqrt{x}}=\frac{1}{2\sqrt{x}}.$$

【例 4】 设 $f(x)=x^3$，求 $f'(x)$，$f'(3)$.

解：因为 $\lim\limits_{\Delta x\to 0}\dfrac{\Delta y}{\Delta x}=\lim\limits_{\Delta x\to 0}\dfrac{(x+\Delta x)^3-x^3}{\Delta x}=\lim\limits_{\Delta x\to 0}[3x^2+3x\Delta x+(\Delta x)^2]=3x^2$，

所以 $f'(x)=3x^2$，$f'(3)=3x^2\big|_{x=3}=27$.

$\log_a\dfrac{m}{n}=\log_a m-\log_a n$

【例 5】求对数函数 $y=\ln x$ 的导数 .

解：$\Delta y=\ln(x+\Delta x)-\ln x=\ln\dfrac{x+\Delta x}{x}=\ln\left(1+\dfrac{\Delta x}{x}\right)$.

$m\log_a n=\log_a n^m$

$$\frac{\Delta y}{\Delta x}=\frac{\ln\left(1+\frac{\Delta x}{x}\right)}{\Delta x}=\frac{1}{x}\ln\left(1+\frac{\Delta x}{x}\right)^{\frac{x}{\Delta x}},$$

$$\frac{\mathrm{d}y}{\mathrm{d}x}=\lim_{\Delta x\to 0}\frac{\Delta y}{\Delta x}=\lim_{\Delta x\to 0}\frac{1}{x}\ln\left(1+\frac{\Delta x}{x}\right)^{\frac{x}{\Delta x}}=\frac{1}{x}\ln\left[\lim_{\Delta x\to 0}\left(1+\frac{\Delta x}{x}\right)^{\frac{x}{\Delta x}}\right]=\frac{1}{x}\ln \mathrm{e}=\frac{1}{x}.$$

即 $$(\ln x)'=\frac{1}{x}.$$

按照求导的三个步骤，还可以推出其他一些基本初等函数的公式，如：$(\sin x)'=\cos x$，$(\cos x)'=-\sin x$ 等 .

2. 左、右导数

类比于左、右极限的概念，如果 $\lim\limits_{\Delta x\to 0^-}\dfrac{\Delta y}{\Delta x}$存在，则称之为 $f(x)$ 在点 x_0 处的**左导数**，如果 $\lim\limits_{\Delta x\to 0^+}\dfrac{\Delta y}{\Delta x}$存在，则称之为 $f(x)$ 在点 x_0 处的**右导数**，分别记作 $f'_-(x_0)$ 和 $f'_+(x_0)$，即

$$f'_-(x_0)=\lim_{\Delta x\to 0^-}\frac{\Delta y}{\Delta x}=\lim_{\Delta x\to 0^-}\frac{f(x_0+\Delta x)-f(x_0)}{\Delta x},$$

$$f'_+(x_0)=\lim_{\Delta x\to 0^+}\frac{\Delta y}{\Delta x}=\lim_{\Delta x\to 0^+}\frac{f(x_0+\Delta x)-f(x_0)}{\Delta x}.$$

由导数定义可得左、右导数也可表示为：

$$f'_-(x_0)=\lim_{x\to x_0^-}\frac{f(x)-f(x_0)}{x-x_0},$$

$$f'_+(x_0)=\lim_{x\to x_0^+}\frac{f(x)-f(x_0)}{x-x_0}.$$

由函数 $y=f(x)$ 在 x_0 处的左、右极限与极限 $\lim\limits_{x\to x_0}f(x)$ 的关系，便可得到以下结论：

定理 2.1 函数 $y=f(x)$ 在点 x_0 的左、右导数存在且相等是 $f(x)$ 在点 x_0 处可导的充分必要条件 . 即

$$f'(x_0)=A\Leftrightarrow f'_-(x_0)=f'_+(x_0)=A.$$

【例 6】 讨论函数 $f(x)=\begin{cases}x^2, & x<1\\ 2x-1, & x\geqslant 1\end{cases}$ 在点 $x=1$ 处的连续性和可导性 .

解：当 $x=1$ 时，$f(1)=1$，

因为 $\lim\limits_{x\to 1^-}f(x)=\lim\limits_{x\to 1^-}x^2=1$，$\lim\limits_{x\to 1^+}f(x)=\lim\limits_{x\to 1^+}(2x-1)=1$，

所以$\lim\limits_{x\to1}f(x)=1$，$\lim\limits_{x\to1}f(x)=f(1)$.
即$f(x)$在点$x=1$处连续．又因为

$$f'_-(1)=\lim_{x\to1^-}\frac{f(x)-f(1)}{x-1}=\lim_{x\to1^-}\frac{x^2-1}{x-1}=\lim_{x\to1^-}(x+1)=2,$$

$$f'_+(1)=\lim_{x\to1^+}\frac{f(x)-f(1)}{x-1}=\lim_{x\to1^+}\frac{(2x-1)-1}{x-1}=\lim_{x\to1^+}\frac{2(x-1)}{x-1}=2,$$

即$f'_-(1)=f'_+(1)=2$，所以$f'(1)=2$，即函数$f(x)$在$x=1$处可导．

2.1.3 导数的几何意义

由 2.1.1 节中"曲线的切线斜率"问题及导数的定义可知，函数$y=f(x)$在点x_0处的导数$f'(x_0)$等于曲线$f(x)$在点$M(x_0,y_0)$处的切线MT的斜率,如图 2－1 所示．这就是导数的几何意义,即

$$f'(x_0)=k=\tan\alpha(\alpha\neq\frac{\pi}{2}).$$

于是曲线$y=f(x)$过点(x_0,y_0)处的切线方程为：

$$y-y_0=f'(x_0)(x-x_0).$$

特别地，如果$f'(x_0)=0$，则切线平行于x轴，其方程为$y=f(x_0)$；如果$f'(x_0)=\infty$，则切线垂直于x轴，其方程为$x=x_0$.

【例 7】 求曲线$y=x^3$在点$(1,1)$处的切线方程．

解：由例 3 可知$y'=3x^2$，由导数的几何意义可知，曲线$y=x^3$在$(1,1)$点处的切线斜率为$y'|_{x=1}=3x^2|_{x=1}=3$. 于是所求的切线方程为

$$y-1=3(x-1)$$

即 $$y=3x-2.$$

2.1.4 可导与连续的关系

定理 2.2 如果函数$y=f(x)$在点x_0处可导，则它在点x_0处一定连续．

证明：因为函数$f(x)$在点x_0处可导，所以$f'(x_0)=\lim\limits_{\Delta x\to0}\frac{\Delta y}{\Delta x}$存在．又因为

$$\lim_{\Delta x\to0}\Delta y=\lim_{\Delta x\to0}\frac{\Delta y}{\Delta x}\cdot\Delta x=\lim_{\Delta x\to0}\frac{\Delta y}{\Delta x}\cdot\lim_{\Delta x\to0}\Delta x=f'(x_0)\cdot0=0,$$

所以函数$f(x)$在点x_0处连续．

注意：这个定理的逆命题不成立，即函数$y=f(x)$在点x_0处连续，但在点x_0处不一定可导．

【例 8】 讨论函数$f(x)=|x|$在点$x=0$处的连续性和可导性．

解：由于$f(x)=|x|=\begin{cases}x, & x>0,\\ 0, & x=0,\\ -x, & x<0,\end{cases}$

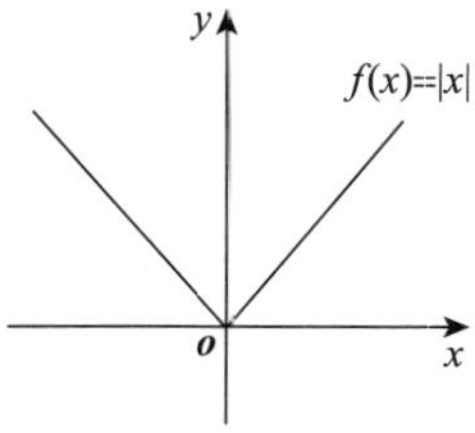

图 2－2

如图 2－2 所示，$f(0)=0$，

因为 $\lim\limits_{x\to 0^-}f(x)=\lim\limits_{x\to 0^-}(-x)=0$，$\lim\limits_{x\to 0^+}f(x)=\lim\limits_{x\to 0^+}x=0$

所以 $\lim\limits_{x\to 0}f(x)=0=f(0)$

函数 $f(x)=|x|$ 在点 $x=0$ 处连续．而

$$f'_-(0)=\lim_{x\to 0^-}\frac{f(x)-f(0)}{x-0}=\lim_{x\to 0^-}\frac{-x}{x}=-1,$$

$$f'_+(0)=\lim_{x\to 0^+}\frac{f(x)-f(0)}{x-0}=\lim_{x\to 0^+}\frac{x}{x}=1,$$

即 $f'_-(0)\neq f'_+(0)$，所以函数 $f(x)=|x|$ 在点 $x=0$ 处不可导．

学习小结

（1）曲线 $y=f(x)$ 在点 x_0 处切线的斜率是________________；
产品总产量 $Q=Q(t)$ 在时刻 $t=t_0$ 的变化率为________________．

（2）函数 $y=f(x)$ 在 x_0 处的导数定义式①为____________；定义式②为____________．

（3）由定义可将求导数的方法概括为：①________；②________；③________．

（4）函数 $y=f(x)$ 在点 x_0 处的导数值 $f'(x_0)$ 与 $y=f(x)$ 的导函数 $f'(x)$ 在 x_0 处的函数值之间的关系是______________．

（5）函数 $y=f(x)$ 在 x_0 处的左导数定义式：$f'_-(x_0)=$__________；右导数定义式：$f'_+(x_0)=$____________．

（6）函数 $y=f(x)$ 在 x_0 处的导数 $f'(x_0)$ 存在等价于它在该点处的左、右导数________．

（7）函数 $y=f(x)$ 在 x_0 处可导与 $y=f(x)$ 在 x_0 处连续的关系是__________．

【习题 2.1】

1. 判断是非题：

（1）导数值 $f'(x_0)=\lim\limits_{h\to 0}\dfrac{f(x_0+3h)-f(x_0)}{h}$．　（　　）

（2）导数值 $f'(0)=\lim\limits_{x\to 0}\dfrac{f(x)-f(0)}{x}$．　（　　）

（3）函数 $f(x)$ 在点 x_0 处可导是其在点 x_0 处连续的充分而非必要条件．　（　　）

（4）导数值 $f'(x_0)=[f(x_0)]'$．　（　　）

2. 设 $f(x)=x^2$，用定义计算 $f'(5)$，$f'(x)$．

3. 根据导数定义，求函数 $y=\dfrac{1}{x}$ 的导数.

4. 求 $y=\dfrac{1}{x}$ 在点(1,1)处的切线方程.

5. 讨论函数 $f(x)=\begin{cases}x^2+1, 0\leqslant x<1\\ 3x-1, x\geqslant 1\end{cases}$ 在点 $x=1$ 处的连续性及可导性.

2.2
导数的运算

【本节提示】 导数的定义已经给出了导数的实质以及求导数的具体方法，但是如果每个函数都用导数的定义去求导数，则运算量是非常大的，也是非常复杂和困难的，因此，本节将建立基本初等函数的求导公式、导数的四则运算法则、复合函数及隐函数求导法则等，以简化导数的运算. 通过本节的学习，希望掌握基本初等函数的求导公式、导数的四则运算法则、复合函数的求导法则，了解隐函数的求导法和对数求导法.

2.2.1 基本导数公式

对于常见基本初等函数的求导公式，在上一节中已经给出了少量的证明. 读者在学习过程中可以结合导数的相关知识去完善基本初等函数求导公式的证明.

(1) 常量函数的导数：$(c)'=0$（c 为常数）;

(2) 幂函数的导数：$(x^{\alpha})'=\alpha x^{\alpha-1}$（$\alpha$ 为任意实数）;

特别地，$(x)'=1$，$(\sqrt{x})'=\dfrac{1}{2\sqrt{x}}$，$\left(\dfrac{1}{x}\right)'=-\dfrac{1}{x^2}$;

(3) 指数函数的导数：$(a^x)'=a^x\ln a$　$(a>0, a\neq 1)$，
特别地，$(\mathrm{e}^x)'=\mathrm{e}^x$;

(4) 对数函数的导数：$(\log_a x)'=\dfrac{1}{x\ln a}$　$(a>0, a\neq 1)$，

特别地，$(\ln x)'=\dfrac{1}{x}$;

(5) 正弦函数的导数：$(\sin x)'=\cos x$;

(6) 余弦函数的导数：$(\cos x)'=-\sin x$;

(7) 正切函数的导数：$(\tan x)'=\sec^2 x=\dfrac{1}{\cos^2 x}$;

(8) 余切函数的导数：$(\cot x)'=-\csc^2 x=-\dfrac{1}{\sin^2 x}$;

(9) 正割函数的导数：$(\sec x)'=\sec x\tan x$;

（10）余割函数的导数：$(\csc x)' = -\csc x\cot x$；

（11）反正弦函数的导数：$(\arcsin x)' = \frac{1}{\sqrt{1-x^2}}(-1 < x < 1)$；

（12）反余弦函数的导数：$(\arccos x)' = -\frac{1}{\sqrt{1-x^2}}(-1 < x < 1)$；

（13）反正切函数的导数：$(\arctan x)' = \frac{1}{1+x^2}$；

（14）反余切函数的导数：$(\text{arccot}\, x)' = -\frac{1}{1+x^2}$.

2.2.2　导数的四则运算法则

定理 2.3　设函数 $u = u(x), v = v(x)$ 在点 x 处都可导，则 $u(x) \pm v(x), u(x)v(x), \frac{u(x)}{v(x)}$ $(v(x) \neq 0)$ 也在点 x 处可导，且有以下法则：

法则 1　$(u \pm v)' = u' \pm v'$.

推广：$(u_1 \pm u_2 \pm \cdots \pm u_n)' = u_1' \pm u_2' \pm \cdots \pm u_n' (n \in \mathbf{Z}^+)$.

法则 2　$(uv)' = u'v + uv'$.

特别地，$(Cu)' = Cu'$（C 为常数）.

推广：$(u_1 u_2 \cdots u_n)' = u_1' u_2 \cdots u_n + u_1 u_2' \cdots u_n + \cdots + u_1 u_2 \cdots u_n' (n \in \mathbf{Z}^+)$.

法则 3　$\left(\frac{u}{v}\right)' = \frac{u'v - uv'}{v^2}$ $(v \neq 0)$.

特别地，$\left(\frac{C}{v}\right)' = -\frac{Cv'}{v^2}$（$C$ 为常数）.

下面给出法则 3 的证明，法则 1 和法则 2 的证明读者可以自己完成.

* **证明**：当 x 取得增量 Δx 时，函数 u, v 分别取得增量 $\Delta u, \Delta v$，于是函数 y 取得增量

$$\Delta y = \frac{u+\Delta u}{v+\Delta v} - \frac{u}{v} = \frac{v\Delta u - u\Delta v}{v(v+\Delta v)},$$

得

$$\frac{\Delta y}{\Delta x} = \frac{v\frac{\Delta u}{\Delta x} - u\frac{\Delta v}{\Delta x}}{v(v+\Delta v)}.$$

因为当 $\Delta x \to 0$ 时，u 与 v 的值不变，而 $\Delta v \to 0$，所以，

$$\lim_{\Delta x \to 0}\frac{\Delta y}{\Delta x} = \frac{v\lim\limits_{\Delta x \to 0}\frac{\Delta u}{\Delta x} - u\lim\limits_{\Delta x \to 0}\frac{\Delta v}{\Delta x}}{v(v+\lim\limits_{\Delta x \to 0}\Delta v)} = \frac{u'v - uv'}{v^2},$$

即

$$\left(\frac{u}{v}\right)' = \frac{u'v - uv'}{v^2}.$$

【例 1】　求函数 $y = 3^x + \sqrt{2x} - \cos x + \ln 2$ 的导数.

解：　$y' = (3^x + \sqrt{2x} - \cos x + \ln 2)' = (3^x)' + (\sqrt{2x})' - (\cos x)' + (\ln 2)'$

$$= (3^x)' + \sqrt{2}(\sqrt{x})' - (\cos x)' + (\ln 2)' = 3^x \ln 3 + \frac{\sqrt{2}}{2\sqrt{x}} - (-\sin x) + 0$$

$$= 3^x \ln 3 + \frac{1}{\sqrt{2x}} + \sin x.$$

【例 2】　求 $y = x\sin x + \sqrt{x\sqrt{x}}$的导数．

解： $y' = x'\sin x + x(\sin x)' + (x^{\frac{3}{4}})' = \sin x + x\cos x + \frac{3}{4}x^{-\frac{1}{4}}$

【例 3】　证明$(\tan x)' = \sec^2 x$.

证明： $y' = (\tan x)' = \left(\frac{\sin x}{\cos x}\right)' = \frac{(\sin x)'\cos x - \sin x(\cos x)'}{\cos^2 x}$

$$= \frac{\cos^2 x + \sin^2 x}{\cos^2 x} = \frac{1}{\cos^2 x} = \sec^2 x$$

即　$$(\tan x)' = \frac{1}{\cos^2 x} = \sec^2 x$$

用类似的方法可以证明：

$$(\cot x)' = \left(\frac{\cos x}{\sin x}\right)' = -\frac{1}{\sin^2 x} = -\csc^2 x$$

$$(\sec x)' = \left(\frac{1}{\cos x}\right)' = \sec x \cdot \tan x$$

$$(\csc x)' = \left(\frac{1}{\sin x}\right)' = -\csc x \cdot \cot x$$

【例 4】　已知函数 $y = (x-1)(x+1) + \frac{e^x}{2^x} - 2x^2\ln x$，求$y'|_{x=1}$.

解： 因为 $y = x^2 - 1 + \left(\frac{e}{2}\right)^x - 2x^2\ln x$，

所以 $y' = \left[x^2 - 1 + \left(\frac{e}{2}\right)^x - 2x^2\ln x\right]'$

$$= (x^2)' - (1)' + \left[\left(\frac{e}{2}\right)^x\right]' - 2[(x^2)'\ln x + x^2(\ln x)']$$

$$= 2x + \left(\frac{e}{2}\right)^x \ln\frac{e}{2} - 2\left(2x\ln x + x^2 \cdot \frac{1}{x}\right)$$

$$= \left(\frac{e}{2}\right)^x \ln\frac{e}{2} - 4x\ln x.$$

于是　$$y'|_{x=1} = \left(\frac{e}{2}\right)\ln\frac{e}{2} - 4\ln 1 = \frac{e}{2}\ln\frac{e}{2}.$$

规律总结

对一般的幂函数求导时，先把它还原成 x^α 的形式，以便用公式，另外求导时应多采用和、差的导数公式，尽量避免采用乘、除的求导公式．

2.2.3 复合函数的导数

我们已经能够解决基本初等函数及其四则运算式的求导问题，但是构成初等函数的方式除了基本初等函数的四则运算以外，还有函数的复合运算，因此复合函数求导法则是求初等函数的导数所不可缺少的工具.

定理 2.4（复合函数求导法则） 设函数 $y=f[\varphi(x)]$ 是由 $y=f(u)$ 及 $u=\varphi(x)$ 复合而成，如果函数 $u=\varphi(x)$ 在点 x 处可导，而 $y=f(u)$ 在 $u=\varphi(x)$ 处可导，则复合函数 $y=f[\varphi(x)]$ 在点 x 处可导，且 $\frac{dy}{dx}=\frac{dy}{du}\cdot\frac{du}{dx}$，或记作 $y'(x)=f'(u)\varphi'(x)$，$y'_x=y'_u u'_x$. 其中 y'_x 表示 y 对 x 的导数，y'_u 表示 y 对 u 的导数，u'_x 表示 u 对 x 的导数.

【例 5】 求函数 $y=(1-x)^{100}$ 的导数.

解： 令 $y=u^{100}$，$u=1-x$，由复合函数的求导法则，得

$$y'=y'_u u'_x=(u^{100})'(1-x)'=100u^{99}(-1)=-100(1-x)^{99}.$$

【例 6】 求函数 $y=\ln\sin x$ 的导数.

解： 设 $y=\ln u$，$u=\sin x$，则

$$y'=y'_u u'_x=(\ln u)'(\sin x)'=\frac{1}{u}\cos x=\frac{\cos x}{\sin x}=\cot x.$$

熟练之后，计算时就不必将中间变量写出来.

【例 7】 求函数 $y=\frac{1}{\sqrt[3]{1-x^2}}$ 的导数.

解： 因为 $y=\frac{1}{\sqrt[3]{1-x^2}}=(1-x^2)^{-\frac{1}{3}}$

所以 $y'=-\frac{1}{3}(1-x^2)^{-\frac{4}{3}}(1-x^2)'=-\frac{1}{3}(1-x^2)^{-\frac{4}{3}}(-2x)=\frac{2}{3}x(1-x^2)^{-\frac{4}{3}}$

规律总结

复合函数求导法则还可以推广到多个中间变量的情形，以两个中间变量为例，设 $y=f(u)$，$u=\varphi(v)$，$v=\psi(x)$，则复合函数 $y=f\{\varphi[\psi(x)]\}$ 的导数为：

$$\frac{dy}{dx}=\frac{dy}{du}\cdot\frac{du}{dv}\cdot\frac{dv}{dx}.$$

【例 8】 函数 $y=\sin^2\frac{1}{x}$，求 $\frac{dy}{dx}$.

解： $\frac{dy}{dx}=(\sin^2\frac{1}{x})'=2\sin\frac{1}{x}(\sin\frac{1}{x})'=2\sin\frac{1}{x}\cdot\cos\frac{1}{x}\cdot(\frac{1}{x})'$

$$=2\sin\frac{1}{x}\cdot\cos\frac{1}{x}\cdot(-\frac{1}{x^2})=-\frac{1}{x^2}\sin\frac{2}{x}.$$

注意： 在计算复合函数的导数时，关键是**要分清楚复合函数的复合结构层，并由外向内逐层求导.**

*2.2.4　隐函数求导法及对数求导法

1. 隐函数的概念

函数 $y=f(x)$ 表示变量 y 与 x 之间的对应关系，例如，$y=\cos x$，$y=\sqrt{1+x^2}$等，其特点是，因变量 y 和含有自变量 x 的式子分别位于等号的两边，我们称此类函数为**显函数**．而有些函数的表达方式却不同，例如方程 $x+\sqrt{y}-xy=0$ 同样确定了变量 y 与 x 之间的函数关系．一般地，我们把由方程 $F(x,y)=0$ 所确定的变量 y 与 x 之间的函数关系称为**隐函数**．

2. 隐函数求导法

显函数很容易转化为隐函数，但有的隐函数很难甚至不能表示成显函数的形式．因此，隐函数也是函数的一种重要表达形式，下面介绍隐函数的求导方法．

【例 9】　由方程 $x^2+y^2=r^2$ 所确定的 y 是 x 的函数，求 y 的导数．

解： 方程中把 y^2 视为 y 的函数，而 y 又是 x 的函数（实事上 $y=\pm\sqrt{r^2-x^2}$），故对 y^2 求导，必须把 y 视为中间变量，运用复合函数的求导法则进行计算．方程两边对 x 求导：

$$(x^2)'+(y^2)'=(r^2)'.$$

即　$2x+2y\cdot y'=0$. 解出 y'得

$$y'=-\frac{x}{y}.$$

注意： 用上述方法得到的 y'中可允许含有 y.

【例 10】　由方程 $y=3+xe^y$ 所确定的 y 是 x 的函数，求$y'|_{x=0}$.

解： 方程两边对 x 求导 $y'=(3)'+(x)'e^y+x(e^y)'$，即 $y'=e^y+xe^yy'$. 将 $x=0$ 代入原方程得 $y=3$，再代入上式：

$$y'=e^3+0\cdot e^3\cdot y',$$

于是，$y'|_{x=0}=e^3$.

【例 11】　设 $x^2+xy+\ln y=4$，求 y'.

解： 两边求导得

$$2x+x'y+xy'+\frac{y'}{y}=0,$$

$$2x+y+xy'+\frac{y'}{y}=0,$$

解出 y',得

$$y'=-\frac{2xy+y^2}{1+xy}.$$

规律总结

由方程 $F(x,y)=0$ 所确定的隐函数 $y=y(x)$ 的求导方法：

（1）将方程 $F(x,y)=0$ 两边对 x 求导，在求导时注意 y 是 x 的函数，视 y 为中间变量；

（2）从求导后的关系式中解出 y'.

3. 对数求导法

将函数先取对数再求导的方法称为**对数求导法**，此法能使“幂指函数（$y=[f(x)]^{g(x)}$）”和“多个因式连乘积”等形式的函数求导运算得以简化.

【例 12】 求函数 $y=x^x$ 的导数.

解：将 $y=x^x$ 两边取对数，得 $\ln y=x\ln x$，方程两边对 x 求导，得

$$\frac{1}{y}\cdot y'=\ln x+x\cdot\frac{1}{x},$$

于是 $$y'=y(\ln x+1)=x^x(\ln x+1).$$

【例 13】 求函数 $y=\dfrac{(x^3-1)(4-x)}{\sqrt[5]{(x+2)^3}}$ 的导数.

解：对原式两边取对数，得

$$\ln y=\ln(x^3-1)+\ln(4-x)-\frac{3}{5}\ln(x+2),$$

方程两边对 x 求导，得

$$\frac{1}{y}\cdot y'=\frac{3x^2}{x^3-1}+\frac{-1}{4-x}-\frac{3}{5(x+2)},$$

于是 $$y'=\frac{(x^3-1)(4-x)}{\sqrt[5]{(x+2)^3}}\left[\frac{3x^2}{x^3-1}+\frac{1}{x-4}-\frac{3}{5(x+2)}\right].$$

2.2.5 高阶导数

定义 2.3 函数 $y=f(x)$ 的导数 $f'(x)$ 仍然是关于 x 的函数，如果导函数 $f'(x)$ 再对 x 求导，所得结果称为函数 $y=f(x)$ 的**二阶导数**，记作

$$y'' \text{或} f''(x) \text{或} \frac{d^2y}{dx^2} \text{或} \frac{d^2f(x)}{dx^2}.$$

而把 y' 称为函数 $y=f(x)$ 的**一阶导数**（通常一阶导数不指明它的阶数）.

类似地，二阶导数 y'' 的导数称为函数 $y=f(x)$ 的**三阶导数**，记做

$$y''' \text{或} f'''(x) \text{或} \frac{d^3y}{dx^3} \text{或} \frac{d^3f(x)}{dx^3}.$$

函数 $y=f(x)$ 的**四阶导数**，记做

$$y^{(4)} \text{或} f^{(4)}(x) \text{或} \frac{d^4y}{dx^4} \text{或} \frac{d^4f(x)}{dx^4}.$$

一般地，函数 $y=f(x)$ 的 $(n-1)$ 阶导数的导数称为 $f(x)$ 的 ***n* 阶导数**，记做

$$y^{(n)} \text{或} f^{(n)}(x) \text{或} \frac{d^ny}{dx^n} \text{或} \frac{d^nf(x)}{dx^n}.$$

即 $$y^{(n)}=[y^{(n-1)}]'.$$

我们将二阶和二阶以上的导数统称为**高阶导数**.

规律总结

由高阶导数的概念可知，求高阶导数就是对函数逐次接连求导．因此，前面所学的一系列求导方法对计算高阶导数仍然适用．

【例 14】　求函数 $y=\ln(1-x)$ 的二阶导数．

解：因为 $y'=[\ln(1-x)]'=\dfrac{(1-x)'}{1-x}=\dfrac{1}{x-1}$,

所以 $y''=(y')'=\left(\dfrac{1}{x-1}\right)'=-\dfrac{1}{(x-1)^2}$.

【例 15】　函数 $y=x\sin x$，求 $y''|_{x=0}$.

解：因为 $y'=(x\sin x)'=(x)'\sin x+x(\sin x)'=\sin x+x\cos x$,

$y''=(\sin x+x\cos x)'=(\sin x)'+(x\cos x)'$,

$=\cos x+\cos x-x\sin x=2\cos x-x\sin x$,

所以 $y''|_{x=0}=2\cos 0-0\cdot\sin 0=2$.

【例 16】　求指数函数 $y=a^x\,(a>0,\ a\neq 1)$ 的 n 阶导数．

解：因为 $y'=(a^x)'=a^x\ln a$,

$y''=(a^x\ln a)'=a^x\ln^2 a$,

$y'''=(a^x\ln^2 a)'=a^x\ln^3 a$,

…

所以 $y^{(n)}=(a^x\ln^{n-1}a)'=a^x\ln^n a$.

学习小结

（1）导数的四则运算法则：________________.

（2）复合函数求导法则：________________.

复合函数求导要注意的是________________.

（3）隐函数求导的方法是________________.

（4）对数求导法是指________________.

（5）$f(x)$ 的 n 阶导数是指________________.

【习题 2.2】

1. 填空题：

（1）$(e^x)'=$________，　$(x^e)'=$________，　$(e^e)'=$________；

（2）$(x)'=$________，　$\left(\dfrac{1}{x}\right)'=$________，　$(\sqrt{x})'=$________；

(3) $(\ln x)'=$________，　$(\ln 3x)'=$________，　$(\ln x^3)'=$________；

(4) 设函数 $y=\sin x\cdot\cos x$，则 $y'=$________；

(5) 设函数 $y=\dfrac{1-x}{1+x}$，则 $y'=$________；

(6) $f(x)=e^x+e^{-x}$，则 $f'(0)=$________，$f''(0)=$________；

(7) 设函数 $y=xe^x$，则 $y''|_{x=0}=$________；

(8) 设 $f(x)=x^3\ln x$，则 $f''(1)=$________；

(9) 设 $y^{(n-2)}=x^a+a^x+a^a(a>0$ 且 $a\neq 1)$，则 $y^{(n)}=$________.

2. 求下列函数的导数：

(1) $y=5x^2-\sqrt{x}+\dfrac{1}{x^3}+2$；　　(2) $y=\dfrac{x}{2}+\dfrac{2}{x}$；

(3) $y=\dfrac{1-x^3}{\sqrt{x}}$；　　(4) $y=e^x\cdot\ln x\cdot\sin x$；

(5) $y=xe^x$；　　(6) $y=\dfrac{x\sin x}{1+\tan x}$.

3. 求下列函数的导数：

(1) $y=\sqrt{1-x^2}$；　　(2) $y=\dfrac{1}{\sqrt{1-x^2}}$；

(3) $y=\ln\ln x$；　　(4) $y=\ln\cot x$；

(5) $y=2^{\sec x}$；　　(6) $y=e^{\sin 2x}$；

(7) $y=\sin^3(x^2+1)$；　　(8) $y=\arccos\sqrt{1-x}$.

4. 求下列函数的导数：

(1) $y=\arctan\dfrac{1}{x}$；　　(2) $y=\cos^2x-\cos x^2$；

(3) $y=\sqrt{\ln x}-\ln\sqrt{x}$；　　(4) $y=e^{-x}\sin 5x$；

(5) $y=2^{\frac{1}{x}}x^2$；　　(6) $y=x\operatorname{arccot}\dfrac{x}{6}$；

(7) $y=x\sqrt{1-x^2}+\arcsin x$；　　(8) $y=\dfrac{\arcsin x}{\sqrt{1-x^2}}$；

(9) $y=\dfrac{x}{\sqrt{1-x^2}}$；　　(10) $y=\ln\dfrac{x^2-1}{x^2+1}$.

*5. 下列各方程中 y 是 x 的函数，求 y'.

(1) $y=x+\ln y$；　　(2) $\dfrac{x^2}{a^2}+\dfrac{y^2}{b^2}=1$；

(3) $e^x+e^y-xy=1$；　　(4) $xe^y+\cos y=2$.

*6. 利用对数求导法求下列函数的导数：

(1) $y=(\ln x)^x$；　　(2) $y=x^\alpha$（α 是任意实数）；

(3) $y=\sqrt{\dfrac{(x-a)(b-x)}{x-c}}$；　　(4) $y=\dfrac{\sqrt{(x-3)^5}}{(x+3)(x^2-1)}$.

*7. 设函数 $y=f(x)$ 满足方程 $ye^{x}+\ln y=1$，求它在点（0，1）处的切线方程.

8. 求下列函数的二阶导数：

（1）$y=x^{4}-2x^{3}+3$；　　（2）$y=\ln\sin x$；

（3）$y=e^{x}\cos x$；　　（4）$y=(x^{2}+1)e^{-x}$.

2.3 函数的微分

【本节提示】　前面讲过函数的导数是表示函数在点 x 处的变化率，它描述了函数在点 x 处变化的快慢程度．而在实际问题中，有时还需要了解当自变量取得了一个微小的增量 Δx 时，函数相应的增量 Δy 的大小．如果函数表达式比较复杂，而又要计算 Δy 的精确值，那就会很困难，这就需要寻找一种简便的方法来近似计算 Δy，由此产生了微分学的另一个基本概念——微分．通过本节的学习，要求理解微分的概念，掌握函数微分的求法，了解导数与微分的区别和联系．

2.3.1　微分的定义

我们先看一个具体例子．

设有一个边长为 x 的正方形，如图 2－3，其面积用 S 表示，显然，$S=x^{2}$. 如果边长 x 取得增量 Δx，则面积 S 取得相应的增量

$$\Delta S=(x+\Delta x)^{2}-x^{2}=2x\Delta x+(\Delta x)^{2}.$$

上式包括两部分，第一部分 $2x\Delta x$ 是 Δx 的线性函数，即图 2－3中阴影部分的面积（两个矩形面积之和），而第二部分为 $(\Delta x)^{2}$. 显然，当 Δx 很小时，可以用第一部分 $2x\Delta x$ 近似地表示 ΔS，忽略掉第二部分 $(\Delta x)^{2}$. 我们把 $2x\Delta x$ 称为正方形面积 S 的**微分**，记作 $dS=2x\Delta x$.

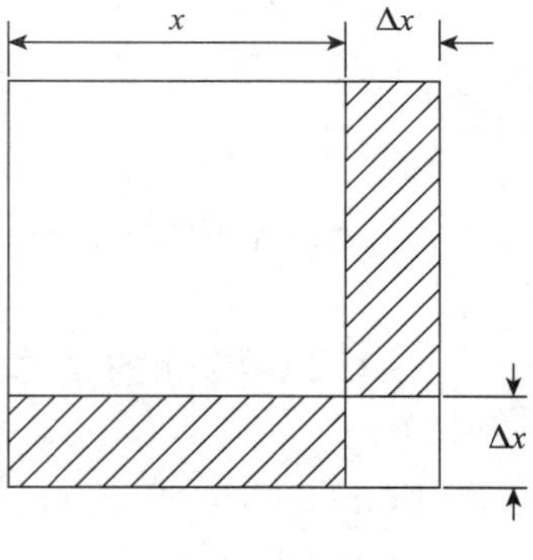

图 2－3

定义 2.4　设 $y=f(x)$ 在点 x_0 的某邻域内有定义，当自变量在 x_0 处给以增量 Δx，如果函数增量 Δy 可以表示为

$$\Delta y=A\Delta x+\alpha\Delta x,$$

其中 A 与 Δx 无关，而 α 是当 $\Delta x\to 0$ 时的无穷小，则称函数 $y=f(x)$ 在 x_0 处**可微**，并且把 $A\Delta x$ 称为函数 $y=f(x)$ 在 x_0 处相对于自变量增量 Δx 的微分，记作 dy，即

$$dy=df(x)=A\Delta x.$$

上例中 $dS=2x\Delta x$ 所对应的 $A=2x=(x^{2})'=S'$，一般地定义 2.4 中的 A 也等于 $f(x)$ 的导数．

事实上，设函数 $y=f(x)$ 在点 x_0 处可微，则 $\Delta y=A\Delta x+\alpha\Delta x$，$\Delta y/\Delta x=A+\alpha\Delta x/\Delta x$，当 $\Delta x\to 0$ 时，容易得到 $A=\lim\limits_{\Delta x\to 0}\Delta y/\Delta x=f'(x_0)$，即可微⇒可导，且 $A=f'(x_0)$. 同样可以证明：

函数 $y=f(x)$ 在点 x_0 处可导⇒在点 x_0 处可微，且 $\Delta y=f'(x_0)\Delta x+\alpha\Delta x$.

定理 2.5 函数 $y=f(x)$ 在点 x 处可微的充分必要条件是函数 $f(x)$ 在点 x 处可导，且有 $A=f'(x)$.

对于函数在任意可导点 x 处的微分，有

$$dy=f'(x)\Delta x.$$

当 $y=f(x)=x$ 时，代入上式可得 $dx=(x)'\Delta x=\Delta x$.

可见自变量的微分 dx 等于自变量的增量 Δx，于是得到函数 $y=f(x)$ **微分的基本形式**：

$$dy=f'(x)dx.$$

从而有

$$f'(x)=\frac{dy}{dx}.$$

即函数 $y=f(x)$ 的导数 $f'(x)=dy/dx$，正是函数的微分 dy 与自变量的微分 dx 之商，于是函数的导数也称**微商**. 函数 $f(x)$ 在点 x 处可导也称在点 x 处可微，即函数在某点处可导一定可微，可微也一定可导. 求导数和求微分的方法统称为**微分法**.

【例 1】 求函数 $y=x^2$ 在 $x=1,\Delta x=0.01$ 时的增量和微分.

解： 函数的增量

$$\Delta y=(x+\Delta x)^2-x^2=(1+0.01)^2-1^2=0.0201$$

而函数的微分

$$dy=y'\Delta x=2x\Delta x$$

于是 $$dy\big|_{\substack{x=1\\ \Delta x=0.01}}=2\times1\times0.01=0.02.$$

规律总结

当 $|\Delta x|$ 比较小时，$dy\approx\Delta y$.

2.3.2 微分的基本公式与四则运算法则

由 $dy=f'(x)dx$ 可知，要求函数 $y=f(x)$ 的微分 dy，只要先求出 $f'(x)$，再乘上 dx 即可，因此微分的基本公式、运算法则与导数的基本公式、运算法则是基本一致的，只是它们的表达形式不同而已. 为了便于后面的学习，我们将其整理如表 2-1 所示.

表 2-1

导数的基本公式	微分的基本公式
(1) $C'=0$ (2) $(x^\alpha)'=\alpha x^{\alpha-1}$ 特别地，$(\sqrt{x})'=\frac{1}{2\sqrt{x}}$ $\left(\frac{1}{x}\right)'=-\frac{1}{x^2}$ (3) $(a^x)'=a^x\ln a$	(1) $d(C)=0$ (2) $d(x^\alpha)=\alpha x^{\alpha-1}dx$ 特别地，$d(\sqrt{x})=\frac{1}{2\sqrt{x}}dx$ $d\left(\frac{1}{x}\right)=-\frac{1}{x^2}dx$ (3) $d(a^x)=a^x\ln a\,dx$

续表

导数的基本公式	微分的基本公式
(4) $(e^x)'=e^x$	(4) $d(e^x)=e^x dx$
(5) $(\log_a x)'=\frac{1}{x}\log_a e=\frac{1}{x\ln a}$	(5) $d(\log_a x)=\frac{1}{x}\log_a e dx=\frac{dx}{x\ln a}$
(6) $(\ln x)'=\frac{1}{x}$	(6) $d(\ln x)=\frac{1}{x}dx$
(7) $(\sin x)'=\cos x$	(7) $d(\sin x)=\cos x dx$
(8) $(\cos x)'=-\sin x$	(8) $d(\cos x)=-\sin x dx$
(9) $(\tan x)'=\frac{1}{\cos^2 x}=\sec^2 x$	(9) $d(\tan x)=\frac{dx}{\cos^2 x}=\sec^2 x dx$
(10) $(\cot x)'=-\frac{1}{\sin^2 x}=-\csc^2 x$	(10) $d(\cot x)'=-\frac{dx}{\sin^2 x}=-\csc^2 x dx$
(11) $(\sec x)'=\sec x\cdot\tan x$	(11) $d(\sec x)=\sec x\cdot\tan x dx$
(12) $(\csc x)'=-\csc x\cdot\cot x$	(12) $d(\csc x)=-\csc x\cdot\cot x dx$
(13) $(\arcsin x)'=\frac{1}{\sqrt{1-x^2}}$	(13) $d(\arcsin x)=\frac{dx}{\sqrt{1-x^2}}$
(14) $(\arccos x)'=-\frac{1}{\sqrt{1-x^2}}$	(14) $d(\arccos x)=-\frac{dx}{\sqrt{1-x^2}}$
(15) $(\arctan x)'=\frac{1}{1+x^2}$	(15) $d(\arctan x)=\frac{dx}{1+x^2}$
(16) $(\text{arccot} x)'=-\frac{1}{1+x^2}$	(16) $d(\text{arccot} x)=-\frac{dx}{1+x^2}$
导数的四则运算法则	**微分的四则运算法则**
(1) $(u\pm v)'=u'\pm v'$	(1) $d(u\pm v)=du\pm dv$
(2) $(uv)'=u'v+uv'$	(2) $d(uv)=vdu+udv$
(3) $(cu)'=cu'$	(3) $d(cu)=cdu$
(4) $\left(\frac{u}{v}\right)'=\frac{u'v-uv'}{v^2}\quad(v\neq 0)$	(4) $d\left(\frac{u}{v}\right)=\frac{vdu-udv}{v^2}\quad(v\neq 0)$

【例 2】 设 $y=x^3+3\tan x+e^2$，求 dy.

解： $dy=d(x^3+3\tan x+e^2)=d(x^3)+d(3\tan x)+d(e^2)$

$=3x^2dx+3\sec^2 x dx=3(x^2+\sec^2 x)dx.$

【例 3】 设 $y=e^x\cos x$，求 dy.

解： 因为 $y'=(e^x)'\cos x+e^x(\cos x)'=e^x\cos x-e^x\sin x=e^x(\cos x-\sin x)$，

所以 $dy=e^x(\cos x-\sin x)dx$.

【例 4】 设 $y=\frac{x}{\sqrt{x^2-1}}$，求 dy.

解： 因为 $y'=\left(\frac{x}{\sqrt{x^2-1}}\right)'=\frac{\sqrt{x^2-1}-\frac{2x^2}{2\sqrt{x^2-1}}}{x^2-1}=-(x^2-1)^{-\frac{3}{2}}$，

所以 $dy=-(x^2-1)^{-\frac{3}{2}}dx$.

【例 5】 在下列括号中填入适当的函数，使等式成立.

（1）$x^2dx = d(\quad)$；　　（2）$\cos3xdx = d(\quad)$.

解：（1）因为 $d\left(\frac{1}{3}x^3\right) = x^2dx$，

$$\text{所以 } x^2dx = \frac{1}{3}d(x^3) = d\left(\frac{x^3}{3}\right) = d\left(\frac{x^3}{3}+C\right),$$

即括号内填入 $\frac{x^3}{3}+C$　（C 为任意常数）.

（2）因为 $d(\sin3x) = (\sin3x)'dx = 3\cos3xdx$，

$$\text{所以 } \cos3xdx = \frac{1}{3}d(\sin3x) = d\left(\frac{\sin3x}{3}\right) = d\left(\frac{1}{3}\sin3x+C\right),$$

即括号内填入 $\frac{1}{3}\sin3x+C$　（C 为任意常数）.

*2.3.3 微分形式的不变性

设函数 $y=f(u)$，根据微分的定义，当 u 是自变量时，函数 $y=f(u)$ 的微分是

$$dy=f'(u)du.$$

如果 u 不是自变量，而是 x 的函数 $u=\varphi(x)$，则复合函数 $y=f[\varphi(x)]$ 的导数为 $y'=f'(u)\varphi'(x)$，于是函数 $y=f[\varphi(x)]$ 的微分为 $dy=f'(u)\varphi'(x)dx$，由于 $\varphi'(x)dx=du$，所以 $dy=f'(u)du$.

由此可见，对于 $y=f(u)$ 来说，无论 u 是自变量还是另一个变量的可微函数，都有 $dy=f'(u)du$ 这一微分形式成立,这种性质称为**微分形式的不变性**.

【例 6】设 $y=\sin(3x-1)$，求 dy.

解：设 $u=3x-1$，则 $y=\sin u$，

$$dy=(\sin u)'du=\cos udu=\cos(3x-1)d(3x-1)=3\cos(3x-1)dx.$$

【例 7】 函数 $y=\ln\sin2x$，求 dy.

解：$dy=d(\ln\sin2x)=\frac{d(\sin2x)}{\sin2x}=\frac{\cos2x}{\sin2x}d(2x)=2\cot2xdx.$

学习小结

（1）当 $|\Delta x|$ 比较小时，$dy\approx$ ________________.

（2）微分的基本形式是 ________________.

（3）可微与可导的关系是 ________________.

（4）微分形式的不变性是指 ________________.

【习题 2.3】

1. 填空题：

(1) $2dx = d(\quad)$；　　(2) $2xdx = d(\quad)$；

(3) $x^2dx = d(\quad)$；　　(4) $\sin x dx = d(\quad)$；

(5) $\frac{1}{\sqrt{x}}dx = d(\quad)$；　　(6) $e^{-x}dx = d(\quad)$.

2. 求函数 $y = x^2 - x$，当 $x = 2$，Δx 分别为 1，0.1，0.001 时的 Δy 和 dy.

3. 求下列各函数的微分：

(1) $y = \frac{\sqrt{x^3}+1}{x}$；　　(2) $y = \frac{x}{\sqrt{1-x^2}}$；

(3) $y = e^x \sin 3x$；　　(4) $y = (e^x - e^{-x})^2$；

(5) $y = [\ln(1-x)]^2$；　　(6) $y = \sqrt{1-x^2}$；

(7) $y = \frac{x}{1-x^2}$；　　(8) $y = e^{-x}\cos x$；

(9) $y = \arcsin\sqrt{x}$；　　(10) $y = \ln\sqrt{1-x^3}$.

*2.4 微分中值定理

【本节提示】 微分中值定理包括罗尔定理、拉格朗日定理和柯西定理，核心是拉格朗日定理．微分中值定理是导数应用的理论基础，通过本节的学习，要求掌握微分中值定理的条件与结论，以及三个中值定理之间的区别与联系．

2.4.1 罗尔定理

定理 2.6（罗尔定理） 设函数 $f(x)$ 适合条件：(1) 在闭区间 $[a,b]$ 上连续；(2) 在开区间 (a,b) 内可导；(3) $f(a)=f(b)$. 则在开区间 (a,b) 内至少存在一点 ξ，使 $f'(\xi)=0$.

证明从略，下面从几何意义上看它的正确性．见图 2－4，设函数 $y=f(x)$ 在 $[a,b]$ 上的图形为曲线 AB，则定理的条件表示：曲线 AB（除端点外）处处具有不与 x 轴垂直的切线，且端点连线 AB 平行于 x 轴．其结论说明：在曲线 AB 上至少有一点 C，该点的切线平行于 x 轴．由图 2－4 易知，函数在区间上取得最大值和最小值的点就是结论的点 ξ.

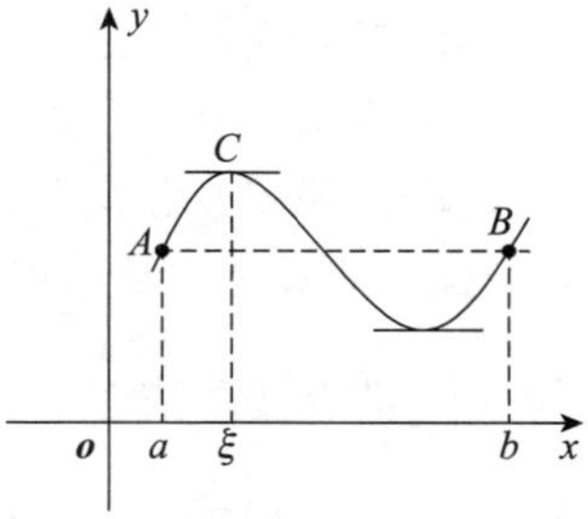

图 2－4

【例1】 验证函数$f(x)=x^2-2x+2$在区间$[-1,3]$上满足罗尔定理的条件，并求出满足罗尔定理的ξ值.

解: $f'(x)=2x-2$

显然，函数$f(x)$在闭区间$[-1,3]$上连续，在开区间$(-1,3)$内可导，且端点函数值$f(-1)=f(3)=5$，于是函数$f(x)$在区间$[-1,3]$上满足罗尔定理的三个条件.

罗尔定理结论中的$\xi(-1<\xi<3)$使得$f'(\xi)=0$，即$2\xi-2=0$. 得到根$\xi=1$，又根$\xi=1$在开区间$(-1,3)$内，所以罗尔定理结论中的$\xi=1$.

2.4.2 拉格朗日定理

在罗尔定理中，若去掉端点函数值$f(a)=f(b)$这个条件，就会得到如下结论.

定理 2.7（拉格朗日定理） 如果函数$f(x)$在闭区间$[a,b]$上连续，在开区间(a,b)内可导，则在(a,b)内至少存在一点ξ，使$f'(\xi)=\dfrac{f(b)-f(a)}{b-a}$.

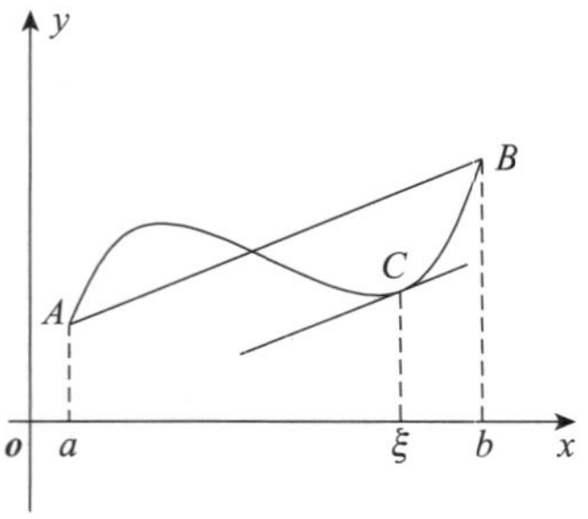

图 2-5

我们先看定理的几何意义，与罗尔定理相比，仅少了该函数在端点的值相等的条件. 在定理的结论中$\dfrac{f(b)-f(a)}{b-a}$正是弦AB的斜率，所以定理说明在(a,b)内至少有一点ξ，使曲线在相应点C的切线与弦AB平行（如图 2-5 所示）.

从图 2-5 上可以看出，弦AB的斜率为$\dfrac{f(b)-f(a)}{b-a}$，直线AB的方程为$y-f(a)=\dfrac{f(b)-f(a)}{b-a}(x-a)$，函数$y=f(x)$由于缺少条件$f(a)=f(b)$，显然不适合罗尔定理的条件，我们作一个新函数

$$\varphi(x)=f(x)-f(a)-\frac{f(b)-f(a)}{b-a}(x-a),$$

则$\varphi(x)$适合罗尔定理的条件，故在(a,b)内至少存在一点ξ使

$$\varphi'(\xi)=f'(\xi)-\frac{f(b)-f(a)}{b-a}=0，\text{即 } f'(\xi)-\frac{f(b)-f(a)}{b-a}=0.$$

这就说明了拉格朗日定理结论的正确性.

【例2】 判别函数$f(x)=x^3$在区间$[-2,2]$上是否满足拉格朗日中值定理的条件? 若满足，结论中的ξ又是什么?

解: $f'(x)=3x^2$

显然,函数$f(x)$在闭区间$[-2,2]$上连续，在开区间$(-2,2)$内可导，于是函数$f(x)$在区间$[-2,2]$上满足拉格朗日定理的两个条件.

拉格朗日定理结论中的$\xi(-2<\xi<2)$使得

$$f'(\xi)=\frac{f(2)-f(-2)}{2-(-2)}，\text{即 } 3\xi^2=\frac{8-(-8)}{2-(-2)}$$

得到根$\xi=\pm\dfrac{2\sqrt{3}}{3}$，且$\pm\dfrac{2\sqrt{3}}{3}\in(-2,2)$，故结论中的$\xi$有两个,分别是$\dfrac{2\sqrt{3}}{3}$和$-\dfrac{2\sqrt{3}}{3}$.

拉格朗日中值定理是微分学的一个基本定理，在理论上和应用上都有很重要的价值．它建立了函数在一个区间上的改变量和函数在该区间内某点处的导数之间的联系，从而使我们有可能利用导数去研究函数在区间上的性态．

拉格朗日定理在微分学中的应用非常广泛，下面介绍两个推论．

推论 1　若函数 $f(x)$ 在区间 (a,b) 内恒有 $f'(x)=0$，则 $f(x)$ 在区间 (a,b) 内是一个常数．

推论 2　若函数 $f(x)$ 和 $g(x)$ 在区间 (a,b) 内每一点的导数都相等，则这两个函数在区间内至多相差一个常数．

【例 3】　证明恒等式：$\arcsin x+\arccos x=\dfrac{\pi}{2}\quad(-1\leqslant x\leqslant 1)$

证明：　设 $f(x)=\arcsin x+\arccos x$，容易验证 $f(x)$ 在 $(-1,1)$ 内可导，且 $f'(x)=0$，应用推论 1 有

$$f(x)=C(\text{常数}),x\in(-1,1)$$

因为 $\dfrac{1}{2}\in(-1,1)$，$f\left(\dfrac{1}{2}\right)=\dfrac{\pi}{2}$，且 $f(-1)=f(1)=\dfrac{\pi}{2}$，所以当 $x\in[-1,1]$ 时，原等式恒成立．

2.4.3　柯西定理

定理 2.8　如果函数 $f(x)$、$g(x)$ 在闭区间 $[a,b]$ 上连续，在开区间 (a,b) 内可导，$g(x)\neq 0$，则在开区间 (a,b) 内至少存在一点 ξ，使

$$\frac{f(b)-f(a)}{g(b)-g(a)}=\frac{f'(\xi)}{g'(\xi)}.$$

注意： 当 $g(x)=x$ 时，上述结论即为拉格朗日定理的结论，由此可见三个中值定理之间的关系．

学习小结

(1) 罗尔定理的条件是____________________．
　其结论为____________________．

(2) 拉格朗日定理的条件是____________________．
　其结论为____________________．

(3) 若函数 $f(x)$ 在区间 (a,b) 内恒有 $f'(x)=0$，则 $f(x)$ 在区间 (a,b) 内是一个__________．

(4) 若函数 $f(x)$ 和 $g(x)$ 在区间 (a,b) 内每一点的导数都相等，则这两个函数在区间内至多相差一个__________．

(5) 拉格朗日定理的结论是____________________．

(6) 柯西定理的结论是____________________．

【习题 2.4】

1. 验证函数 $f(x)=x\sqrt{3-x}$ 在区间 $[0,3]$ 上满足罗尔定理的条件，并求出满足罗尔定理的 ξ 值.

2. 验证函数 $f(x)=\frac{x+1}{x}$ 在区间 $[1,2]$ 上满足拉格朗日定理的条件，并求出满足拉格朗日定理的 ξ 值.

2.5 洛必达法则

【本节提示】 前面我们已经掌握了一些求极限的方法和法则，但还有一些极限问题难于处理. 例如，极限 $\lim\limits_{x\to 0}\frac{e^x-e^{-x}}{x}$ 是 $\frac{0}{0}$ 型，但用前面的方法已不能奏效，需要寻求新的方法. 下面介绍的洛必达法则，是求 $\frac{0}{0}$ 型或 $\frac{\infty}{\infty}$ 型等未定式极限的一种非常重要而且有效的方法. 通过本节的学习，要求能够利用洛必达法则解决常见的未定式极限问题.

2.5.1 “$\frac{0}{0}$”型未定式的洛必达法则

定理 2.9 如果函数 $y=f(x)$ 和 $g(x)$ 满足条件:

(1) $\lim\limits_{x\to x_0}f(x)=\lim\limits_{x\to x_0}g(x)=0$;

(2) 在点 x_0 的某邻域（点 x_0 可以除外）可导，且 $g'(x)\neq 0$;

(3) $\lim\limits_{x\to x_0}\frac{f(x)}{g(x)}=A$ 或 ∞;

则有 $\lim\limits_{x\to x_0}\frac{f(x)}{g(x)}=\lim\limits_{x\to x_0}\frac{f'(x)}{g'(x)}=A$ 或 ∞.（证略）

以上定理即洛必达法则之一，此法则对于 $x\to\infty$ 时的 $\frac{0}{0}$ 型未定式仍然适用. 另外，洛必达法则可以连续用多次，即分子、分母分别求导后仍为 $\frac{0}{0}$ 型未定式，这时只要满足洛必达法则的条件，便可继续使用洛必达法则.

【例 1】 求极限 $\lim\limits_{x\to 0}\frac{e^x-e^{-x}}{x}$.

解: $\lim\limits_{x\to 0}\frac{e^x-e^{-x}}{x}=\lim\limits_{x\to 0}\frac{(e^x-e^{-x})'}{x'}=\lim\limits_{x\to 0}\frac{e^x+e^{-x}}{1}=2.$

【例 2】　求极限$\lim\limits_{x\to 0}\dfrac{x^2}{x-\sin x}$.

解：$\lim\limits_{x\to 0}\dfrac{x^2}{x-\sin x}=\lim\limits_{x\to 0}\dfrac{(x^2)'}{(x-\sin x)'}=\lim\limits_{x\to 0}\dfrac{2x}{1-\cos x}=\lim\limits_{x\to 0}\dfrac{2}{\sin x}=\infty$.

【例 3】　求极限$\lim\limits_{x\to -\infty}\dfrac{\ln(3e^x+1)}{e^x}$.

解：$\lim\limits_{x\to -\infty}\dfrac{\ln(3e^x+1)}{e^x}=\lim\limits_{x\to -\infty}\dfrac{[\ln(3e^x+1)]'}{(e^x)'}=\lim\limits_{x\to -\infty}\dfrac{\dfrac{3e^x}{3e^x+1}}{e^x}=\lim\limits_{x\to -\infty}\dfrac{3}{3e^x+1}=3.$

2.5.2　“$\dfrac{\infty}{\infty}$”型未定式的洛必达法则

定理 2.10　如果函数 $y=f(x)$ 和 $g(x)$ 满足条件：

（1）$\lim\limits_{x\to x_0}f(x)=\lim\limits_{x\to x_0}g(x)=\infty$；

（2）在点 x_0 的某邻域（点 x_0 可以除外）可导，且 $g'(x)\neq 0$；

（3）$\lim\limits_{x\to x_0}\dfrac{f'(x)}{g'(x)}=A$ 或∞；

则有$\lim\limits_{x\to x_0}\dfrac{f(x)}{g(x)}=\lim\limits_{x\to x_0}\dfrac{f'(x)}{g'(x)}=A$ 或∞.（证略）

以上定理即洛必达法则之二．对于 $x\to\infty$ 时的$\dfrac{\infty}{\infty}$型未定式，此法则同样适用．

【例 4】　求极限$\lim\limits_{x\to +\infty}\dfrac{x^\mu}{\ln x}$（$\mu>0$）．

解：$\lim\limits_{x\to +\infty}\dfrac{x^\mu}{\ln x}=\lim\limits_{x\to +\infty}\dfrac{(x^\mu)'}{(\ln x)'}=\lim\limits_{x\to +\infty}\dfrac{\mu x^{\mu-1}}{\dfrac{1}{x}}=\mu\lim\limits_{x\to +\infty}x^\mu=+\infty$.

【例 5】$\lim\limits_{x\to +\infty}\dfrac{x^3}{a^x}$（$a>1$）．

解：$\lim\limits_{x\to +\infty}\dfrac{x^3}{a^x}=\lim\limits_{x\to +\infty}\dfrac{(x^3)'}{(a^x)'}=\lim\limits_{x\to +\infty}\dfrac{3x^2}{a^x\ln a}=\dfrac{3}{\ln a}\lim\limits_{x\to +\infty}\dfrac{x^2}{a^x}=\dfrac{6}{(\ln a)^2}\lim\limits_{x\to +\infty}\dfrac{x}{a^x}=\dfrac{6}{(\ln a)^3}\lim\limits_{x\to +\infty}\dfrac{1}{a^x}=0.$

【例 6】　求极限$\lim\limits_{x\to 0^+}\dfrac{\ln\sin x}{\ln x}$.

解：$\lim\limits_{x\to 0^+}\dfrac{\ln\sin x}{\ln x}=\lim\limits_{x\to 0^+}\dfrac{(\ln\sin x)'}{(\ln x)'}=\lim\limits_{x\to 0^+}\dfrac{\dfrac{\cos x}{\sin x}}{\dfrac{1}{x}}=\lim\limits_{x\to 0^+}\dfrac{\cos x}{\dfrac{\sin x}{x}}=\dfrac{\cos 0}{1}=1.$

注意：如果无法断定$\dfrac{f'(x)}{g'(x)}$的极限状态，或能断定它振荡而无极限，则洛必达法则失效，此时需用别的办法判断未定式$\dfrac{f(x)}{g(x)}$的极限．

【例 7】　求极限$\lim\limits_{x\to\infty}\dfrac{x+\sin x}{x}$.

解：此极限是$\frac{\infty}{\infty}$型，但分子、分母分别求导后得$\lim\limits_{x\to\infty}\frac{1+\cos x}{1}$，此式振荡无极限，故洛必达法则失效．正确的解法是：

$$\lim_{x\to\infty}\frac{x+\sin x}{x}=\lim_{x\to\infty}\left(1+\frac{\sin x}{x}\right)=1+0=1.$$

2.5.3 其他类型未定式的洛必达法则

如前所述，除了$\frac{0}{0}$型或$\frac{\infty}{\infty}$型未定式外，还有$0\cdot\infty$、$\infty-\infty$以及1^{∞}、∞^{0}和0^{0}等类型的未定式,下面我们举例说明其中一些未定式的求解方法．

【例 8】求极限$\lim\limits_{x\to0}\left(\frac{1}{x}-\frac{1}{e^x-1}\right)$.

解：
$$\lim_{x\to0}\left(\frac{1}{x}-\frac{1}{e^x-1}\right)=\lim_{x\to0}\frac{e^x-x-1}{x(e^x-1)}=\lim_{x\to0}\frac{(e^x-x-1)'}{[x(e^x-1)]'}$$
$$=\lim_{x\to0}\frac{e^x-1}{e^x(x+1)-1}=\lim_{x\to0}\frac{e^x}{e^x(x+1)+e^x}=\lim_{x\to0}\frac{1}{x+2}=\frac{1}{2}.$$

【例 9】 求$\lim\limits_{x\to+\infty}x\left(\frac{\pi}{2}-\arctan x\right)$.

解：当$x\to+\infty$时,这是$0\cdot\infty$型未定式．

$$\lim_{x\to+\infty}x\left(\frac{\pi}{2}-\arctan x\right)=\lim_{x\to+\infty}\frac{\frac{\pi}{2}-\arctan x}{\frac{1}{x}}=\lim_{x\to+\infty}\frac{\left(\frac{\pi}{2}-\arctan x\right)'}{\left(\frac{1}{x}\right)'}$$
$$=\lim_{x\to+\infty}\frac{-\frac{1}{1+x^2}}{-\frac{1}{x^2}}=\lim_{x\to+\infty}\frac{x^2}{1+x^2}=\lim_{x\to+\infty}\frac{(x^2)'}{(1+x^2)'}$$
$$=\lim_{x\to+\infty}\frac{2x}{2x}=1.$$

【*例 10】 求极限$\lim\limits_{x\to0^+}x^x$.

解：$\lim\limits_{x\to0^+}x^x=\lim\limits_{x\to0^+}e^{\ln x^x}=\lim\limits_{x\to0^+}e^{x\ln x}=e^{\lim\limits_{x\to0^+}x\ln x}$,

而 $$\lim_{x\to0^+}x\ln x=\lim_{x\to0^+}\frac{\ln x}{\frac{1}{x}}=\lim_{x\to0^+}\frac{(\ln x)'}{\left(\frac{1}{x}\right)'}=\lim_{x\to0^+}\frac{\frac{1}{x}}{-\frac{1}{x^2}}=\lim_{x\to0^+}(-x)=0,$$

所以， $$\lim_{x\to0^+}x^x=e^0=1.$$

规律总结

求其他类型未定式的关键是通过恒等变形把它们化成$\frac{0}{0}$型或$\frac{\infty}{\infty}$型未定式，然后再使用洛必达法则.

学习小结

(1) 未定式有________________________等七种形式.

(2) 只有__________型和________型未定式才能直接使用洛必达法则.

(3) 用洛必达法则求除$\frac{0}{0}$型和$\frac{\infty}{\infty}$型以外的未定式的极限关键是__________.

(4) 洛必达法则失效的情况有________________________.

【习题 2.5】

1. 填空题:

(1) $\lim\limits_{x\to1}\frac{\ln x}{(x-1)^2}=$________;　(2) $\lim\limits_{x\to0}\frac{\sin2x}{\tan3x}=$________;

(3) $\lim\limits_{x\to\pi^+}\frac{\ln(x-\pi)}{\cot x}=$________;　(4) $\lim\limits_{x\to\infty}\frac{\ln(1+x^2)}{x}=$________;

(5) $\lim\limits_{x\to+\infty}\frac{\sqrt{x^2+1}}{x}=$________;　(6) $\lim\limits_{x\to0}x^2e^{\frac{1}{x^2}}=$________.

2. 用洛必达法则求下列各极限:

(1) $\lim\limits_{x\to2}\frac{x^3-8}{x-2}$;　(2) $\lim\limits_{x\to0}\frac{(1+x)^\mu-1}{x}$;

(3) $\lim\limits_{x\to0}\frac{x-\sin x}{x^3}$;　(4) $\lim\limits_{x\to+\infty}\frac{e^x}{x^3}$;

(5) $\lim\limits_{x\to a}\frac{\sin x-\sin a}{x-a}$;　(6) $\lim\limits_{x\to0}\frac{e^x-e^{-x}}{\sin x}$;

(7) $\lim\limits_{x\to0}\frac{\arcsin x}{x+\sin2x}$;　(8) $\lim\limits_{x\to+\infty}\frac{\ln x}{x^3}$.

3. 用洛必达法则求下列极限:

(1) $\lim\limits_{x\to0^+}x\ln x$;　(2) $\lim\limits_{x\to1}\left(\frac{2}{x^2-1}-\frac{1}{x-1}\right)$;

*(3) $\lim\limits_{x\to1}x^{\frac{1}{x-1}}$;　*(4) $\lim\limits_{x\to+\infty}(x+e^x)^{\frac{1}{x}}$.

2.6 函数的单调性与极值

【本节提示】 函数的单调性是函数的重要特性．极值则是函数的一种局部性态，它能帮助我们进一步把握函数的变化状况．而根据定义确定函数的单调区间与极值是比较困难的，下面将应用函数的导数解决这个问题．通过本节的学习，要求能够利用导数知识判断函数的单调区间与极值．

2.6.1 函数的单调性判别法

如果函数 $y=f(x)$ 在 $[a,b]$ 上单调增加（或单调减少），则该函数的图形在 $[a,b]$ 上应是一条沿 x 轴正向上升（或下降）的曲线（见图 2－6、图 2－7）．

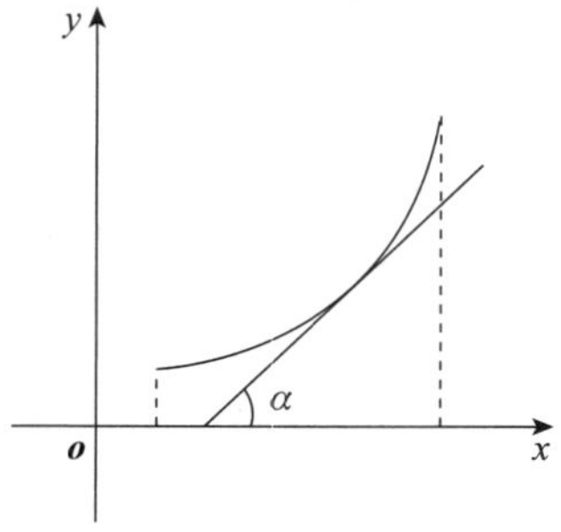

图 2－6

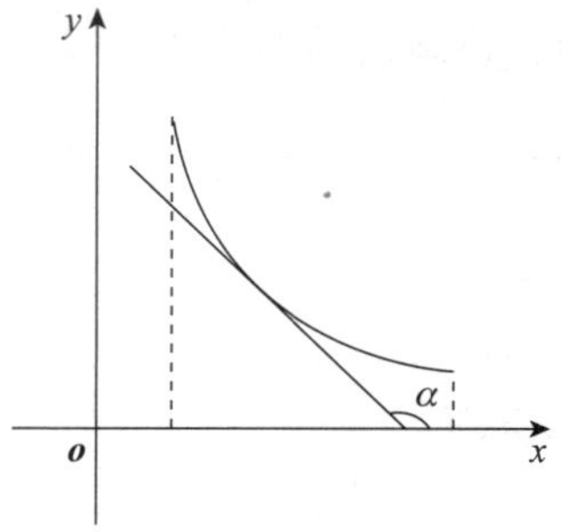

图 2－7

此时曲线上各点处的切线斜率为非负（或非正），即 $y'=f'(x)\geqslant 0$（或 $y'=f'(x)\leqslant 0$）．可见，函数的单调性与它的导数的符号有着密切联系．

反过来，我们也可以利用函数的导数符号来判定函数的单调性．

定理 2.11 设函数 $y=f(x)$ 在区间 $[a,b]$ 内连续，在 (a,b) 内可导，那么，

（1）若 $x\in(a,b)$ 时，恒有 $f'(x)>0$，则 $f(x)$ 在 $[a,b]$ 内**单调增加**，记做↗；

（2）若 $x\in(a,b)$ 时，恒有 $f'(x)<0$，则 $f(x)$ 在 $[a,b]$ 内**单调减少**，记做↘．

注意：（1）此定理中的区间可以为任意区间（开或闭，有限或无限区间）．

（2）连续函数在给定区间内个别点处导数等于零并不影响其整体的单调性，此时判定定理仍然成立．

【例 1】 讨论函数 $y=e^{-x}$ 的单调性．

解： 因为 $y'=(e^{-x})'=-e^{-x}<0$，$x\in(-\infty,+\infty)$，

所以 $y=e^{-x}$ 在 $(-\infty,+\infty)$ 上单调减少．

【例 2】 求函数 $y=x^3$ 的单调区间．

解： 函数定义域 $D=(-\infty,+\infty)$

$y'=3x^2\geqslant 0$，$x\in(-\infty,+\infty)$ 且等号只在 $x=0$ 处成立，

所以 $y=x^3$ 在区间 $(-\infty,+\infty)$ 内单调增加，即 $y=x^3$ 的单调增加区间是 $(-\infty,+\infty)$．

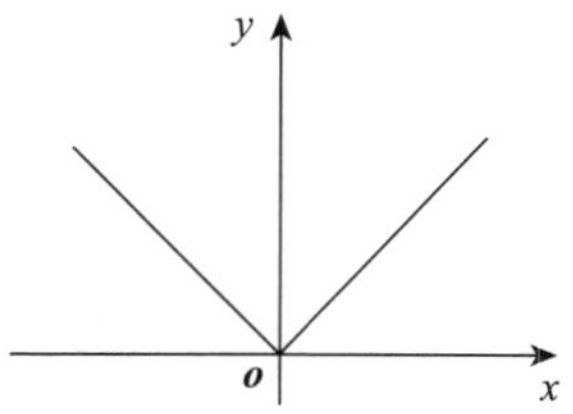

图 2－8

由定理 2.11 可知，导数等于零的点可能是单调区间的分界点．比如函数 $f(x)=x^2$，显然 $x=0$ 为函数 $f(x)=x^2$ 的单调区间的分界点，此分界点正是导数为零的点．使函数 $f(x)$ 的导数值 $f'(x)=0$ 的点 x_0，称为**函数的驻点**，即驻点可能是函数单调增减区间的分界点．

前面我们讨论过函数 $f(x)=|x|$（如图 2－8），$f(x)$ 在 $x=0$ 处连续但不可导，即 $f'(0)$ 不存在．但从图形可知，$x=0$ 是 $f(x)=|x|$ 的单调增减区间的分界点．可见函数 $f(x)$ 的不

可导点也有可能是函数单调增减区间的分界点.

规律总结

鉴于函数 $y=f(x)$ 的驻点及不可导点都可能是函数单调增减区间的分界点，因此我们可以给出判定函数单调性的一般步骤：

（1）确定 $f(x)$ 的定义区间；

（2）求导，找驻点和不可导点；

（3）列表，用驻点和不可导点分割定义区间，讨论各子区间上 $f'(x)$ 的符号，从而判定函数的单调性.

【例 3】 求下列函数的单调区间：

（1）$f(x)=e^x-x-1$；（2）$f(x)=(x+4)\sqrt[3]{(x-1)^2}$.

解：（1）函数的定义域为 $(-\infty,+\infty)$，

$$f'(x)=e^x-1$$

令 $\quad f'(x)=0$，得驻点 $x=0$.

用 $x=0$ 将定义域 $(-\infty,+\infty)$ 分成 $(-\infty,0)$ 和 $(0,+\infty)$ 两个子区间，并列表讨论，如表 2－2 所示.

表 2－2

x	$(-\infty,0)$	0	$(0,+\infty)$
$f'(x)$	$-$	0	$+$
$f(x)$	↘		↗

从表 2－2 可以看出，函数 $f(x)$ 在区间 $(-\infty,0)$ 内单调减少，在区间 $(0,+\infty)$ 内单调增加.

（2）$f(x)$ 的定义域 $D(f)=(-\infty,+\infty)$，

$(uv)'=u'v+uv'$

$$f'(x)=\sqrt[3]{(x-1)^2}+(x+4)\frac{2}{3\sqrt[3]{x-1}}$$

$$=\frac{3(x-1)+2(x+4)}{3\sqrt[3]{x-1}}=\frac{5(x+1)}{3\sqrt[3]{x-1}}$$

令 $\quad f'(x)=0$，得驻点 $x_1=-1$；另有不可导点 $x_2=1$.

用以上两个点将定义域分成三个子区间，并列表讨论，见表 2－3.

表 2－3

x	$(-\infty,-1)$	-1	$(-1,1)$	1	$(1,+\infty)$
$f'(x)$	$+$	0	$-$	不存在	$+$
$f(x)$	↗		↘		↗

由表 2－3 可知，函数 $f(x)$ 在 $(-\infty,-1)$ 和 $(1,+\infty)$ 内单调增加，在 $(-1,1)$ 内单调减少．

2.6.2 函数的极值

函数的极值，是指函数的“局部最值”，在经济分析和其他问题中，我们经常需要讨论函数的这一特性．为此，首先给出极值的一般定义．

1. 极值的定义

定义 2.5 设函数 $f(x)$ 在点 x_0 的某邻域内有定义，若对该邻域内任意一点 x $(x\neq x_0)$，恒有：

(1) $f(x_0)>f(x)$，则称 $f(x_0)$ 为函数 $f(x)$ 的**极大值**，称点 x_0 为 $f(x)$ 的**极大值点**；

(2) $f(x_0)<f(x)$，则称 $f(x_0)$ 为函数 $f(x)$ 的**极小值**，称点 x_0 为 $f(x)$ 的**极小值点**．

函数的极大值与极小值统称为**极值**，极大值点与极小值点统称为**极值点**．

注意： 极值是一个局部性的概念，它只是与极值点邻近的所有点的函数值相比较而言，并不意味着它在函数的整个定义区间内最大或最小．

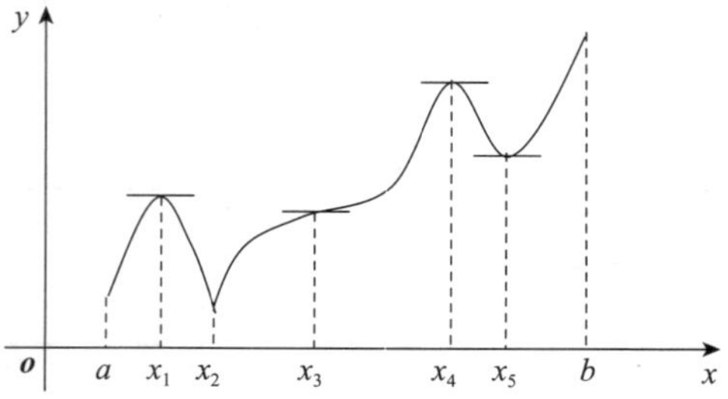

图 2－9

如图 2－9 所示，函数 $f(x)$ 在点 x_1、x_4 处取得极大值 $f(x_1)$ 和 $f(x_4)$，在点 x_2、x_5 处取得极小值 $f(x_2)$ 和 $f(x_5)$．显然，$f(x_1)<f(x_5)$．而且极大值 $f(x_4)$ 并非 $[a,b]$ 上的最大值，极小值 $f(x_5)$ 也并非 $[a,b]$ 上的最小值．

由图 2－9 可见，在函数的极值点处，曲线或者有水平切线，如 $f'(x_1)=0$，$f'(x_4)=0$，$f'(x_5)=0$，或者切线不存在，如在点 x_2 处．

2. 极值的判别法

定理 2.12 如果函数 $f(x)$ 在点 x_0 处有极值 $f(x_0)$，且 $f'(x_0)$ 存在，则 $f'(x_0)=0$.

注意： (1) 此定理只说明可导的极值点必为驻点，但驻点不一定是极值点．例如 $x=0$ 是函数 $f(x)=x^3$ 的驻点，但 $f(x)=x^3$ 在 $(-\infty,+\infty)$ 内单调增加，故在驻点 $x=0$ 处该函数并不能取得极值．

(2) 不可导点也可能为极值点．

例如 $f(x)=|x|$ 在点 $x=0$ 处不可导，但在该点处取得极小值．

综上所述，极值可能在**驻点**或**不可导点**处取得．那么，如何判断一个函数的驻点或导数不存在的点是不是极值点呢？

定理 2.13（第一判定定理） 设函数 $f(x)$ 在点 x_0 的某邻域内连续且可导（在点 x_0 处可以不可导），那么

(1) 如果当 $x<x_0$ 时，$f'(x)>0$，而当 $x>x_0$ 时，$f'(x)<0$，则 x_0 是 $f(x_0)$ 的**极大值点**，且 $f(x_0)$ 是 $f(x)$ 的**极大值**；

(2) 如果当 $x<x_0$ 时，$f'(x)<0$，而当 $x>x_0$ 时，$f'(x)>0$，则 x_0 是 $f(x_0)$ 的**极小值点**，且 $f(x_0)$ 是 $f(x)$ 的**极小值**；

(3) 如果在 x_0 的左、右邻近，$f'(x)$ 不变号，即 $f'(x)$ 恒为正或恒为负，则 $f(x)$ 在点 x_0 处**无极值**.

【例 4】 求函数 $f(x)=\frac{1}{3}x^3-x^2-3x-3$ 的极值.

解： 函数 $f(x)$ 的定义域为 $(-\infty,+\infty)$，

$$f'(x)=x^2-2x-3=(x+1)(x-3)$$

令　$f'(x)=0$，得驻点 $x_1=-1, x_2=3$.

为方便考察函数在点 $x_1=-1$，$x_2=3$ 左、右两侧的导数符号，列表讨论，如表2－4所示.

表 2－4

x	$(-\infty,-1)$	-1	$(-1,3)$	3	$(3,+\infty)$
$f'(x)$	+	0	−	0	+
$f(x)$	↗	极大值	↘	极小值	↗

由表 2－4 可知，极大值点为 $x=-1$，极大值为 $f(-1)=-\frac{4}{3}$；极小值点为 $x=3$，极小值为 $f(3)=-12$.

【例 5】 求函数 $f(x)=x-\frac{3}{2}\sqrt[3]{x^2}$ 的单调区间和极值.

解： 函数的定义域为 $(-\infty,+\infty)$，

$$f'(x)=1-\frac{1}{\sqrt[3]{x}}=\frac{\sqrt[3]{x}-1}{\sqrt[3]{x}}$$

令　$f'(x)=0$，得驻点 $x_1=1$；另有不可导点 $x_2=0$.

现列表讨论，见表 2－5.

表 2－5

x	$(-\infty,0)$	0	$(0,1)$	1	$(1,+\infty)$
$f'(x)$	+	不存在	−	0	+
$f(x)$	↗	极大值	↘	极小值	↗

由表 2－5 可知，$f(x)$ 在 $(-\infty,0)$ 和 $(1,+\infty)$ 上单调增加，在 $(0,1)$ 上单调减少；$f(x)$ 在 $x=0$ 处取极大值 $f(0)=0$，在 $x=1$ 处取极小值 $f(1)=-\frac{1}{2}$.

规律总结

根据以上讨论，可归纳用第一判定定理求极值的步骤如下：

(1) 确定 $f(x)$ 的定义区间；

（2）求导，找驻点和不可导点；

（3）列表，用驻点和不可导点分割定义区间，考察各子区间导数符号，根据定理 2.13 确定极值；

（4）求出函数的极值点和极值．

定理 2.14（第二判定定理）　设 $f'(x_0)=0$，$f''(x_0)$存在且不等于零，那么，

（1）如果 $f''(x_0)>0$，则 $f(x)$在点 x_0 处有**极小值** $f(x_0)$；

（2）如果 $f''(x_0)<0$，则 $f(x)$在点 x_0 处有**极大值** $f(x_0)$．

【例 6】　求函数 $f(x)=\frac{1}{3}x^3-x$ 的极值．

解： $f(x)$的定义域为$(-\infty,+\infty)$，

$f'(x)=x^2-1$

令　$f'(x)=0$，得驻点 $x=\pm1$（定义域内无不可导点）

又　$f''(x)=2x$

因为 $f''(-1)=-2<0$，所以 $f(x)$在 $x=-1$ 处取得极大值 $f(-1)=\frac{2}{3}$.

因为 $f''(1)=2>0$，所以 $f(x)$在 $x=1$ 处取得极小值 $f(1)=-\frac{2}{3}$.

规律总结

用第二判定定理求极值的步骤如下：

（1）确定 $f(x)$的定义区间；

（2）求导，找驻点并确定定义域内没有不可导点；

（3）判断驻点处二阶导数的正负，根据定理 2.14 确定其是极大值点还是极小值点；

（4）求出函数的极值点和极值．

注意： 第二判定定理所要满足的条件较苛刻，仅限于判断二阶导数不为零的驻点是否为极值点，故不能适用于任何函数．

例如对函数 $f(x)=x^4$，$f'(0)=0$，$f''(0)=0$，显然对第二判定定理已失效．

2.6.3　函数的最值

1. 最值的定义

定义 2.6　设函数 $y=f(x)$在$[a,b]$上连续，如果存在 $x_0\in[a,b]$，对于任意 $x\in[a,b]$ $(x\neq x_0)$，恒有：

（1）$f(x_0)\geq f(x)$，则称 $f(x_0)$为 $f(x)$在$[a,b]$上的**最大值**，称点 x_0 为 $f(x)$在$[a,b]$上的**最大值点**；

（2）$f(x_0)\leq f(x)$，则称 $f(x_0)$为 $f(x)$在$[a,b]$上的**最小值**，称点 x_0 为 $f(x)$在$[a,b]$上的**最小值点**．最大值与最小值统称为**最值**．

注意：根据定义可知，函数的最值与极值是不同的，“极值”是一个局部性概念，而“最值”是一个整体性概念．也就是说，极值只是一个点的左右邻近的点的函数值进行比较，而最值是整个定义域内所有点的函数值进行比较．根据极值的定义，极值点不可能是区间的端点，而最大值或最小值却可以在区间的任意一点上取得．但如果最值在区间内部取得，则它一定是某个极大值或极小值．

2. 最值的求法

规律总结

一般来说，连续函数在$[a,b]$上的最大值与最小值，可以由区间端点函数值$f(a)$、$f(b)$与区间内使$f'(x)=0$的点（驻点）以及$f'(x)$不存在的点的函数值相比较，其中最大的就是函数$f(x)$在区间$[a,b]$上的最大值，最小的就是函数$[a,b]$上的最小值．

显然，若函数$f(x)$在$[a,b]$上连续且为单调函数，则最值应在两端点处取得；若函数$f(x)$在$[a,b]$上连续，且在(a,b)内有唯一极大（小）值而无极小（大）值，则此极大（小）值就是函数$f(x)$在$[a,b]$上的最大（小）值．

【例 7】　求$f(x)=x^3+3x^2-9x+5$在$[-4,4]$上的最值．

解：　$f'(x)=3x^2-6x-9=3(x+1)(x-3)$

令　$f'(x)=0$，得驻点$x_1=-1$，$x_2=3$. 计算$f(x)$在区间两端点及驻点处的函数值，得

$f(-4)=25$，$f(4)=81$，$f(-1)=16$，$f(3)=32$

比较以上各值可知，$f(x)$在区间$[-4,4]$上的最大值为$f(4)=81$，最小值为$f(-1)=16$.

【例 8】　求$f(x)=x+2\sqrt{x}$在$[0,1]$上的最值．

解：$f'(x)=1+\dfrac{1}{\sqrt{x}}>0$，　$x\in(0,1)$

因此$f(x)$在$(0,1)$内单调增加．又$f(x)$在区间$[0,1]$连续，所以$f(x)$在$[0,1]$上的最大值为$f(1)=3$，最小值为$f(0)=0$.

学习小结

(1) 若$x\in(a,b)$时，恒有__________，则在(a,b)内，$f(x)$单调增加．

(2) 若$x\in(a,b)$时，恒有__________，则在(a,b)内，$f(x)$单调减少．

(3) 极值具有__________性；最值具有__________性．

(4) 用极值的第一判定定理求极值的步骤是__________．
__________．
__________．

(5) 用极值的第二判定定理求极值的步骤是__________．
__________．
__________．

(6) 求最值的一般步骤是__________．
__________．

【习题 2.6】

1. 填空题：

（1）$f(x)=\sqrt{2x-x^2}$在区间(1,2)内单调__________；

（2）$f(x)=x+\cos x$ 在区间$[0,2\pi]$内单调__________；

（3）$f(x)=\dfrac{e^x-e^{-x}}{2}$在区间$(-1,1)$内单调________；

（4）函数$f(x)=x^3-3x^2$ 在区间____________内单调增加；

（5）函数$f(x)=2x^2-\ln x$ 在区间____________内单调减少；

（6）$f(x)=x-e^x$ 的驻点为______________；

（7）$f(x)=(x^2-1)^2-1$ 在区间________上单调增加，在区间__________上单调减少，极大值为__________，极小值为________；

（8）$f(x)=5-2\sqrt[3]{(x+1)^2}$在区间______上单调增加，在区间______上单调减少；

（9）$f(x)=-3x^4+6x^2-1$ 在区间$[-2,2]$上的最大值为_____，最小值为______；

（10）$f(x)=\sqrt{x}$在$[1,4]$上的最大值为________，最小值为______.

2. 证明函数$f(x)=\arctan x$ 在其定义域内是单调增加的.

3. 确定下列函数的单调区间：

（1）$f(x)=x^2-5x+6$；

（2）$f(x)=x^3-9x^2+27x-27$；

（3）$f(x)=\ln(1+x^2)$；

（4）$f(x)=\dfrac{\ln x}{x}$；

（5）$f(x)=x^2-\dfrac{54}{x}$；

（6）$f(x)=x-e^x$.

4. 求下列各函数的单调区间与极值：

（1）$y=4x^3-3x^2-6x+2$；

（2）$y=\dfrac{x^2}{e^x}$；

（3）$y=\dfrac{(x-2)(x-3)}{x^2}$；

（4）$y=\sqrt[3]{2+x-x^2}$.

5. 求下列函数的极值：

（1）$f(x)=2x^3-3x^2$；

（2）$f(x)=2e^x+e^{-x}$；

（3）$f(x)=3-\sqrt[3]{(x-2)^2}$；

（4）$f(x)=x+\sqrt{1-x}$.

6. 求下列函数在给定区间上的最值：

（1）$f(x)=\ln(x^2+1)$，$x\in[-1,2]$；

（2）$f(x)=x-2\sqrt{x}$，$x\in[0,4]$.

* 2.7 函数曲线的凹向、拐点和渐近线

【本节提示】 前面讨论的函数单调性和极值反映了函数的部分特征，但仅仅依靠这些还不能完全反映函数的性态．例如，函数 $y=x^2$ 和 $y=\sqrt{x}$ 在 $(0,+\infty)$ 内都是单调增加的，但它们的图形却有相当大的差别，这就需要讨论曲线弯曲方向、渐近线等问题．通过本节的学习，要求能够判定函数的凹向和拐点，并会求函数的水平渐近线和铅垂渐近线．

2.7.1 曲线的凹向

如图 2－10 所示，从左向右，曲线 $y=f(x)$ 先是向下弯曲的，通过点 M 后，转而向上弯曲．

曲线的这种弯曲性又称为曲线的**凹向**．其描述性定义如下：

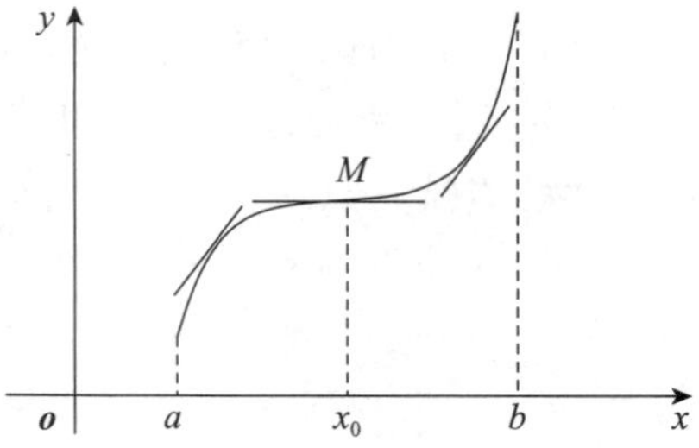

图 2－10

定义 2.7 设曲线 $f(x)$ 在 (a,b) 内每一点都有切线，那么，

(1) 若曲线弧总位于其上任意一点切线的上方，则称曲线在 (a,b) 内上凹（记作∪），区间 (a,b) 为**上凹区间**；

(2) 若曲线弧总位于其上任意一点切线的下方，则称曲线在 (a,b) 内下凹（记作∩），区间 (a,b) 为**下凹区间**．

对于较为复杂的曲线，其图形本身难以描绘，所以用定义 2.7 判断凹向不太方便，甚至无法解决．因此我们给出下面的判定定理：

定理 2.15 设函数 $f(x)$ 在 (a,b) 内有二阶导数 $f''(x)$，那么，

(1) 如果 $f''(x)>0$，则曲线 $y=f(x)$ 在 (a,b) 内**上凹**；

(2) 如果 $f''(x)<0$，则曲线 $y=f(x)$ 在 (a,b) 内**下凹**．

【例 1】 验证曲线 $f(x)=\ln x$ 在其定义域 $(0,+\infty)$ 内是下凹的．

解： 因为 $f'(x)=\dfrac{1}{x}$，$f''(x)=-\dfrac{1}{x^2}<0$

故曲线 $f(x)=\ln x$ 在 $(0,+\infty)$ 内是下凹的．

【例 2】 判定曲线 $f(x)=x^3$ 的凹向．

解： 因为 $f(x)=x^3$ 的定义域为 $(-\infty,+\infty)$，

$$f'(x)=3x^2,\quad f''(x)=6x$$

显然，当 $x>0$ 时，有 $f''(x)>0$；当 $x<0$ 时，$f''(x)<0$. 所以 $f(x)=x^3$ 在 $(0,+\infty)$ 上凹，在 $(-\infty,0)$ 下凹．

由于一条曲线在定义域内往往既有上凹又有下凹，这就需要找出上凹和下凹的分界点，即拐点．

2.7.2 曲线的拐点

定义 2.8 连续曲线 $y=f(x)$ 下凹与上凹的分界点（x_0，$f(x_0)$）称为**曲线的拐点**．

例如，图 2-10 中的点 M（x_0，$f(x_0)$）就是曲线 $y=f(x)$ 的拐点，拐点两侧的 $f''(x)$ 必然**异号**．因此，在拐点处应有 $f''(x_0)=0$ 或 $f''(x_0)$ 不存在．

一般地，我们可按下列步骤来确定曲线 $y=f(x)$ 的凹向及拐点．

规律总结

（1）确定函数的定义区间；

（2）求函数 $f(x)$ 的二阶导数 $f''(x)$，找出使 $f''(x)=0$ 及 $f''(x)$ 不存在的点；

（3）用这些点将定义区间分为若干子区间，在每个子区间内确定 $f''(x)$ 的符号；

（4）由定理 2.15 确定 $f(x)$ 在各子区间内的凹向，最后确定曲线的拐点．

【例 3】 求曲线 $y=x^3-3x^2-9x+4$ 的拐点及凹向区间．

解： $D(y)=(-\infty,+\infty)$，

$$y'=3x^2-6x-9$$

$$y''=6x-6=6(x-1)$$

令 $y''=0$，得 $x=1$．列表讨论，见表 2-6．

表 2-6

x	$(-\infty,1)$	1	$(1,+\infty)$
y''	-	0	+
y	∩	-7	∪

由表 2-6 可知，曲线的下凹区间是 $(-\infty,1)$，上凹区间是 $(1,+\infty)$；拐点为 $(1,-7)$．

【例 4】 求曲线 $f(x)=(x-1)\sqrt[3]{x^2}$ 的拐点．

解： 函数的定义域为 $(-\infty,+\infty)$，

$$f(x)=x^{\frac{5}{3}}-x^{\frac{2}{3}}$$

$$f'(x)=\frac{5}{3}x^{\frac{2}{3}}-\frac{2}{3}x^{-\frac{1}{3}}$$

$$f''(x)=\frac{10}{9}x^{-\frac{1}{3}}+\frac{2}{9}x^{-\frac{4}{3}}=\frac{10x+2}{9\sqrt[3]{x^4}}$$

令 $f''(x)=0$，得 $x=-\dfrac{1}{5}$，另有 $f''(x)$ 不存在的点 $x=0$．

列表讨论，见表 2-7．

表 2－7

x	$(-\infty, -\frac{1}{5})$	$-\frac{1}{5}$	$(-\frac{1}{5}, 0)$	0	$(0, +\infty)$
$f''(x)$	－	0	＋	不存在	＋
$f(x)$	∩	$-\frac{6}{25}\sqrt[3]{5}$	∪	0	∪

由表 2－7 可知,曲线的下凹区间为$(-\infty, -\frac{1}{5})$，上凹区间为$(-\frac{1}{5}, 0)$和$(0, +\infty)$；拐点为$(-\frac{1}{5}, -\frac{6}{25}\sqrt[3]{5})$．

注意：使$f''(x)=0$的点或$f''(x)$不存在的点不一定都是拐点．

例如$f(x)=x^4$，$f''(x)=12x^2\geqslant 0$，曲线上凹．虽然$f''(0)=0$，但$x=0$不是拐点．

2.7.3　曲线的渐近线

有些函数的定义域与值域都是有限区间，此时函数的图形局限于一定的范围之内，比如圆、椭圆等；而有些函数的定义域或值域是无限区间，此时函数的图形向无穷远处延伸，比如双曲线、抛物线等．有些向无穷远处延伸的曲线，呈现出越来越接近某一直线的趋势，对这种直线有以下定义：

定义 2.9　如果一条曲线在它无限延伸的过程中，无限接近于某一条直线，则称这条直线为该曲线的**渐近线**．

一般地，渐近线可分为水平渐近线、铅垂渐近线和斜渐近线三种，我们这里仅介绍水平渐近线和铅垂渐近线．

1. 水平渐近线

定义 2.10　如果曲线$y=f(x)$的定义域是无限区间，且有$\lim\limits_{x\to-\infty}f(x)=b$或$\lim\limits_{x\to+\infty}f(x)=b$，则称直线$y=b$为曲线$y=f(x)$的**水平渐近线**．如图 2－11 所示．

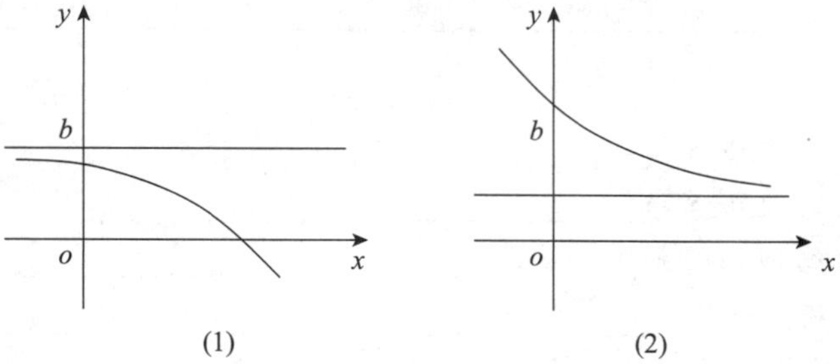

图 2－11

【例 5】　求曲线$y=\frac{1}{x+1}$的水平渐近线．

解：因为$\lim\limits_{x\to\infty}\frac{1}{x+1}=0$

所以直线 $y=0$ 是曲线的水平渐近线.

2. 铅垂渐近线

定义 2.11 如果曲线 $y=f(x)$ 在点 c 处有 $\lim\limits_{x\to c^-}f(x)=\infty$ 或 $\lim\limits_{x\to c^+}f(x)=\infty$，则称直线 $x=c$ 为曲线 $y=f(x)$ 的**铅垂渐近线**. 如图 2-12 所示.

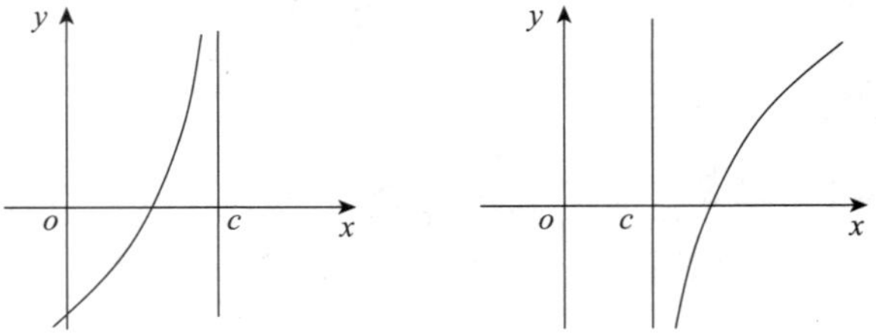

(1) (2)

图 2-12

注意： 若 $x=c$ 是曲线 $y=f(x)$ 的铅垂渐近线，则点 $x=c$ 显然不可能是函数 $y=f(x)$ 的连续点，换言之，曲线的铅垂渐近线只可能在函数的间断点或定义域的端点处产生.

【例 6】 求 $y=\dfrac{3}{x+5}$ 的铅垂渐近线.

解： 因为函数 $y=\dfrac{3}{x+5}$ 有间断点 $x=-5$，且有 $\lim\limits_{x\to -5}\dfrac{3}{x+5}=\infty$，

所以直线 $x=-5$ 是曲线 $y=\dfrac{3}{x+5}$ 的一条铅垂渐近线.

【例 7】 求曲线 $y=e^{\frac{1}{x-1}}$ 的铅垂渐近线.

解： 因为 $\lim\limits_{x\to 1^+}e^{\frac{1}{x-1}}=+\infty$

所以 $y=e^{\frac{1}{x-1}}$ 的铅垂渐近线为 $x=1$.

学习小结

(1) 函数 $f(x)$ 上凹是指________________.

(2) 函数 $f(x)$ 下凹是指________________.

(3) 函数 $f(x)$ 凹向的判定定理是________________.

(4) 函数的拐点是指________________.

(5) 函数凹向与拐点的判定方法是________________

____

________________________________.

(6) 函数 $f(x)$ 的水平渐近线是指________________.

(7) 函数 $f(x)$ 的铅垂渐近线是指________________.

【习题 2.7】

1. 填空题：

(1) $f(x)=x^3$ 的上凹区间为________________，下凹区间为________________；

(2) $f(x)=x+\dfrac{1}{x}$ 的上凹区间为______________，下凹区间为________________；

(3) $y=2x^3+3x^2+x+2$ 的上凹区间为____，下凹区间为______，拐点为______；

(4) $y=xe^{-x}$ 的上凹区间为______，下凹区间为________，拐点为____________.

(5) $y=\arctan x$ 的水平渐近线为______________；

(6) $y=e^x$ 有________渐近线__________，无__________渐近线；

(7) $y=\ln x$ 有______渐近线__________，无__________渐近线；

(8) $y=e^{-\frac{1}{x}}$ 的水平渐近线为____________，铅垂渐近线为____________.

2. 验证曲线 $f(x)=e^x$ 在其定义域内是上凹的.

3. 讨论下列函数的凹向：

(1) $y=\dfrac{1}{x}$；　(2) $y=\dfrac{e^x+e^{-x}}{2}$；

(3) $y=e^{-x^2}$；　(4) $y=3x^4-4x^3+1$.

4. 求下列函数的凹向及拐点：

(1) $y=x^3-3x+1$；　(2) $y=\ln(x^2+1)$；

(3) $y=\ln x+x^2$；　(4) $y=3x^5-5x^3$.

5. 求下列曲线的渐近线：

(1) $y=e^{-x^2}$；　(2) $y=\dfrac{(x-1)^2}{(x+1)^3}$；

(3) $y=x\sin\dfrac{1}{x}$；　(4) $y=\dfrac{e^x}{x+1}$.

应用板块

2.8 最优化分析

【本节提示】　在生产实践中，常常会遇到这样一类问题，在一定条件下，怎样使“材料最省”，“成本最低”，“利润最大”，“库存管理费用最低”等. 这类问题在数学上往往归结为求某个函数的最大或者最小值问题，也统称为**最优化问题**．本节将介绍常见的最优化问题，通过本节的学习，要求能够利用数学知识解决实践中常见的最值问题．

2.8.1 用料最省问题

函数极值问题是经典的最优化问题，也是导数应用的具体表现．把导数的应用建立在数学模型的基础上讨论和解决问题，能够使我们更熟练地掌握导数的应用．用数学模型来讨论和分析实际问题，体现了数学与现实世界的相互作用．接下来，我们将以例题来阐明最经典的两种类型的最优化问题，即用料最省问题和体积最大问题，这两种问题的实质是相同的．

【例 1】 要做一个容积为 V 的圆柱形罐头筒，怎样设计才能使得所用材料最省？

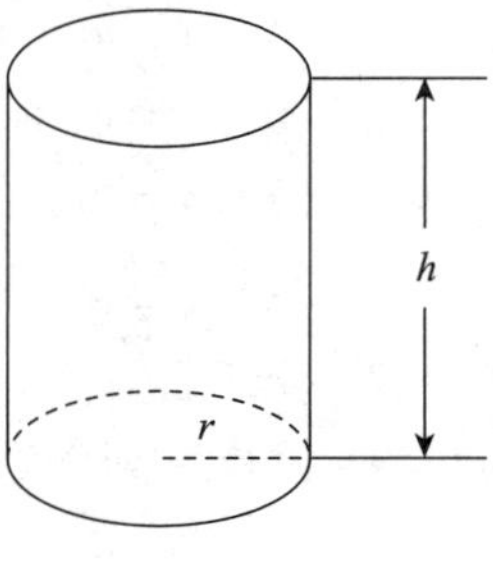

图 2－13

解：显然，要材料最省就是要罐头筒的表面积最小．设罐头筒的底半径为 r，高为 h（见图 2－13），则它的侧面积为 $2\pi rh$，底面积为 πr^2，因此总表面积为

$$S=2\pi r^2+2\pi rh.$$

由体积公式 $V=\pi r^2h$ 有 $h=\dfrac{V}{\pi r^2}$，

所以 $S=2\pi r^2+\dfrac{2V}{r}$，$r\in(0,+\infty)$，

$$S'=4\pi r-\frac{2V}{r^2}=\frac{2(2\pi r^3-V)}{r^2},$$

令 $S'=0$，得 $r=\sqrt[3]{\dfrac{V}{2\pi}}$，

$$S''=4\pi+\frac{4V}{r^3},$$

因为 π、V 都是正数，$r>0$，所以 $S''>0$. 因此，S 在点 $r=\sqrt[3]{\dfrac{V}{2\pi}}$ 处有极小值，也就是最小值．这时相应的高为

$$h=\frac{V}{\pi r^2}=\frac{V}{\pi\left(\sqrt[3]{\dfrac{V}{2\pi}}\right)^2}=2\sqrt[3]{\frac{V}{2\pi}}=2r.$$

于是得出结论：当所做罐头筒的高和底直径相等时，所用材料最省．

【例 2】 一块正方形纸板边长为 a，将其四角各截去一个大小相同的小正方形，再将四边折起做成一个无盖方盒，问所截小正方形边长 x 为多少时，才能使得无盖方盒容积 V 最大？

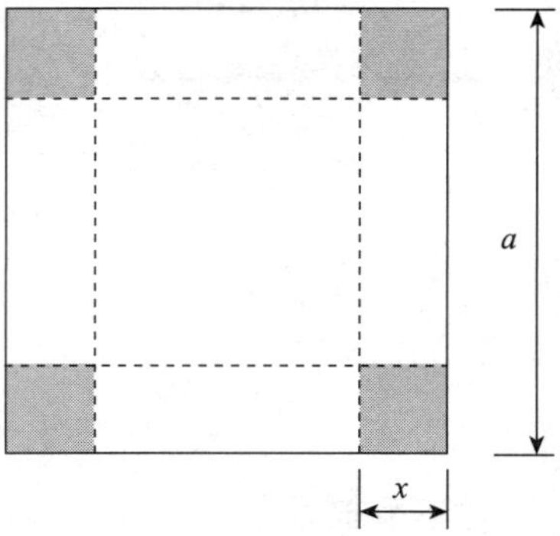

图 2－14

解：已设所截小正方形边长为 x，从而盒底边长为 $a-2x$，如图 2－14 所示．

自变量为所截小正方形边长 x，因变量为无盖方盒容积 V. 由于盒底面积为 $(a-2x)^2$，盒高为 x，于是无盖方盒容积为

$$V=V(x)=x(a-2x)^2$$

由于高 $x>0$，且底边长 $a-2x>0$，得到 $0<x<\frac{a}{2}$，因而函数定义域为 $0<x<\frac{a}{2}$.

$$V'(x)=(a-2x)^2+x\cdot 2(a-2x)(a-2x)'$$
$$=(a-2x)^2-4x(a-2x)=(a-2x)(a-6x)$$

令 $V'(x)=0$，有根 $x=\frac{a}{2}$ 与 $x=\frac{a}{6}$，但由于根 $x=\frac{a}{2}$ 不在函数定义域内，应舍掉，因而得到唯一驻点 $x=\frac{a}{6}$.

$$V''(x)=-2(a-6x)+(a-2x)(-6)=24x-8a$$

从而在驻点 $x=\frac{a}{6}$ 处的二阶导数值 $V''\left(\frac{a}{6}\right)=-4a<0$，于是驻点 $x=\frac{a}{6}$ 为唯一极大值点，也是最大值点.

即所截小正方形边长 x 为 $\frac{a}{6}$ 时，才能使得无盖方盒容积 V 最大.

2.8.2　最低成本问题

任何企业或经营单位开展经济活动时都要考虑其生产（经营）成本最优化的问题. 那么，如何组织生产使成本最低？下面我们通过具体例子进行讨论.

【例 3】 某企业生产的某款水杯总成本函数为 $C(Q)=9000+40Q+0.001Q^2$，其中 Q 为产量. 问生产这款水杯多少个时，平均成本最低？

解： 由已知成本函数　$C(Q)=9000+40Q+0.001Q^2$，可得

平均成本函数　$\overline{C}(Q)=\frac{9000}{Q}+40+0.001Q$，$(Q\in Z^+)$.

所以，边际平均成本函数为

$$\overline{C}'(Q)=-\frac{9000}{Q^2}+0.001$$

令　$\overline{C}'(Q)=0$，得驻点 $Q=3000$（$Q=-3000$ 舍去）

又　$\overline{C}''(Q)=\frac{18000}{Q^3}$，$\overline{C}''(3000)>0$

所以 $Q=3000$ 是 $\overline{C}(Q)$ 在 $(0,+\infty)$ 内的唯一极值点，而且是极小值点，也就是最小值点.

因此，生产这款水杯 3000 个时平均成本最低.

2.8.3　最大利润问题

利润最大化与成本最小化一样，是每一个生产企业孜孜以求的最高目标. 要实现这一目标，首先要合理确定产品的产量. 除了考虑市场的需求外，还要考虑到产品的市场价格

等因素．这就需要研究成本、收益、利润与产量之间的依赖变化关系，从而确定使得利润最大化的产量．

【例 4】 某款电风扇产量 Q(单位:万台)与价格 P(单位:万元)之间的函数关系为 $P=75-\frac{3}{2}Q$，总成本函数关系为 $C(Q)=Q^3-\frac{81}{2}Q^2+150Q+125$，求：产量 Q 为何值时，利润达到最大？最大利润为多少？

解： $R(Q)=Q\cdot P=Q(75-\frac{3}{2}Q)=75Q-\frac{3}{2}Q^2$

于是，
$$\begin{aligned}L(Q)&=R(Q)-C(Q)\\&=(75Q-\frac{3}{2}Q^2)-(Q^3-\frac{81}{2}Q^2+150Q+125)\\&=-Q^3+39Q^2-75Q-125,\ (Q\in Z^+).\end{aligned}$$

令
$$\begin{aligned}L'(Q)&=-3Q^2+78Q-75\\&=-3(Q-1)(Q-25)=0,\end{aligned}$$

得驻点 $Q=1$ 和 $Q=25$. 又
$$L''(Q)=-6Q+78,$$

显然　$L''(1)=72>0$, $L''(25)=-72<0$.

于是 $Q=1$ 是极小值点不合实际意义，舍去；$Q=25$ 是极大值点,也是最大值点,所以当产量 Q 为 25 万台时利润最大．此时，最大利润 $L(25)=6750$（万元）．

*2.8.4　库存管理费用最低问题

库存问题就是寻求使总费用（存储费用与订购费用之和）最小的订货批量（亦称为经济批量）．

【例 5】 某厂生产某款铅笔，其年销售量为 100 万支，每批生产需增加订购费 1000 元，而每支铅笔库存费为 0.05 元/年，如果年销售率是均匀的（此时商品的年平均库存量为批量的一半），试将一年的订购费与库存费之和 y（元）表示为批量 x（万支）的函数．并求出使得总费用最低的批量以及最低的总费用．

解： 在 1.6.5 节的例 4 中已列出总费用函数
$$y=\frac{10^5}{x}+250x(x\in Z^+).$$

$$y'=250-\frac{10^5}{x^2}，令 y'=0，得 x=-20（舍去），x=20（万支）.$$

又
$$y''=\frac{2\times10^5}{x^3}，故 y''(20)=\frac{2\times10^5}{20^3}=25>0.$$

所以，$x=20$ 是唯一的极值点，而且是极小值点，也就是最小值点．因此当批量 x 为 20 万支时，总费用即生产准备费与库存费之和最小，最小值为：$y=\frac{10^5}{20}+250\times20=10000$（元）．

规律总结

一般解决实际工作中最优化问题的步骤是：

（1）建立函数关系式并写出定义域；

（2）求出驻点（舍去不符合实际意义的驻点），判断驻点处二阶导数的正负号，求出极值，从而得到所求最值．

学习小结

（1）常见的最优化问题有______________________________．

（2）解决最优化问题的一般步骤是______________________________

____

____．

【习题 2.8】

1. 欲用围墙围成面积为 216m^2 的一块矩形土地，并在正中用一堵墙将其隔成两块，问这块土地的长和宽选取多大的尺寸，才能使得所用建筑材料最省？

2. 欲做一个容积为 300m^3 的无盖圆柱形蓄水池，已知池底单位造价为周围单位造价的两倍，问蓄水池的尺寸应怎样设计才能使总造价最低？

3. 某工厂生产水泥，每批产量为 Q（单位：吨），总成本为 C（单位：万元），产品价格为 P（单位：万元）．已知该产品需求函数为 $P(Q)=10-0.01Q$，总成本函数为 $C(Q)=100+4Q$，求每批生产多少吨时，利润达到最大？最大利润为多少？

4. 已知某款钢笔的总收益函数和总成本函数分别为 $R(Q)=40Q-4Q^2$，$C(Q)=2Q^2+4Q+10$. 其中，产量 Q 的单位为万支，成本、收益、利润的单位为万元．求利润最大时的产量及最大利润值．

5. 已知生产某玩具手枪的固定成本为 2000 元，每支该玩具手枪的成本为 10 元，市场的需求规律是：当价格为 p 时的需求量为 $q=100.5-0.05p$（百支）．试求：

（1）利润函数；

（2）获得最大利润时的产量；

（3）获得最大利润时的价格．

6. 已知生产 q 件电脑配件的成本为 $C(q)=9000+40q+0.001q^2$（元），试求：

（1）平均成本函数；

（2）当产量 $q=1000$ 件时的平均成本；

（3）平均成本最低时的产量．

*7. 某厂平均每年需要某种零件 8000 个，零件单价为 20 元/个，每个零件每年的保管费为零件单价的 20%．为减少库存费用，分期分批进货，每次进货手续费为 40 元，试

求使总费用最省的批量和批次（假设该零件的平均库存量为批量的一半）.

2.9 函数的变化率——边际分析

【本节提示】 在经济学中，习惯上用平均和边际这两个概念来描述一个经济变量 y 对另一个经济变量 x 的变化. 平均概念表示 y 在自变量 x 的某一个范围内的平均值，它随 x 的取值范围的不同而不同. 边际概念表示 y 在 x 的某一给定值处的瞬时变化率，它就是 y 对 x 的导数 $\mathrm{d}y/\mathrm{d}x$. 利用导数研究经济变量的边际变化的方法，就是边际分析法，它是经济理论中的一种重要方法.

2.9.1 导数的具体意义

设函数 $y=f(x)$ 可导，$f'(x)$ 也称为 $f(x)$ 的**边际函数**，$f'(x_0)$ 称为 $f(x)$ 在 x_0 处的**边际值**.

在 $x=x_0$ 处，x 从 x_0 改变一个单位，y 相应的改变量为 $\Delta y\Big|_{\substack{x=x_0\\ \Delta x=1}}$. 当 x 改变的“单位”很小时，则有：

$$\Delta y\Big|_{\substack{x=x_0\\ \Delta x=1}}\approx \mathrm{d}y\Big|_{\substack{x=x_0\\ \mathrm{d}x=1}}=f'(x)\mathrm{d}x\Big|_{\substack{x=x_0\\ \mathrm{d}x=1}}=f'(x_0).$$

规律总结

这说明 $f'(x_0)$ 的具体含义是：$f(x)$ 在点 $x=x_0$ 处，当自变量 x 产生一个单位的改变时，函数 y 近似改变 $f'(x_0)$ 个单位，在应用问题中解释边际函数值的具体意义时我们略去“近似”二字.

【例 1】 函数 $y=x^2$，$y'=2x$，在 $x=10$ 处的边际函数值 $y'(10)=20$，它表示当 $x=10$ 时，x 改变一个单位，y（近似）改变 20 个单位.

2.9.2 边际成本及其经济意义

若总成本函数 $C(Q)$ 可导，则**边际成本函数**为 $C'(Q)$. 当产量 $Q=Q_0$ 时，边际成本为 $C'(Q_0)$，其**经济意义**是：当产量在 Q_0 的基础上再增加 1 个单位时，总成本相应增加 $C'(Q_0)$ 个单位.

【例 2】 生产某品牌的洗衣粉 Q 袋时的总成本函数为：$C(Q)=800+0.02Q^2$. 求：生产 100 袋时的平均成本及边际成本，并说明经济意义.

解：平均成本函数为 $\overline{C}(Q)=\frac{C(Q)}{Q}=\frac{800}{Q}+0.02Q$.

生产 100 袋时的平均成本为 $\overline{C}(100)=\frac{800}{100}+0.02\times100=10$.

边际成本函数为：$C'(Q)=0.04Q$.

生产 100 袋时的边际成本为 $C'(100)=4$(元),其经济意义是:当产量在 100 袋的基础上再增加 1 袋时,总成本相应增加 4 元．由于此时边际成本远远低于平均成本,所以应该大力提高产量．

一般情况下,平均成本 $\overline{C}(Q)=\frac{C(Q)}{Q}$，若要使得平均成本最小，应有$\overline{C}'(Q)=0$，即

$$\overline{C}'(Q)=\left(\frac{C(Q)}{Q}\right)'=\frac{QC'(Q)-C(Q)}{Q^2}=0,$$

所以有 $QC'(Q)-C(Q)=0\Rightarrow C'(Q)=\frac{C(Q)}{Q}=\overline{C}(Q)$.

规律总结

使边际成本等于平均成本的产量 Q_0 所对应的平均成本最低．如例 2 中，当 $C'(Q)=\overline{C}(Q)$，即$800/Q+0.02Q=0.04Q$ 时,解得 $Q=200$（袋），即为平均成本最低时的产量．

2.9.3　边际收益及其经济意义

若总收益函数 $R(Q)$可导，**边际收益函数**为 $R'(Q)$．当销量 $Q=Q_0$ 时，边际收益为 $R'(Q_0)$，其**经济意义**是：当销量在 Q_0 的基础上再增加一个单位时，总收益相应增加 $R'(Q_0)$个单位．

【例 3】 设某种家具的需求函数为 $Q=800-2P$，其中 P（单位：元）为家具的销售价格，Q(单位:件)为需求量．求边际收益函数以及当销售量为 $Q=200$ 和 400 件时的边际收益,并说明经济意义．

解：由需求函数 $Q=800-2P$，得 $P=\frac{1}{2}(800-Q)$，总收益函数为

$$R(Q)=P\cdot Q=\frac{1}{2}(800-Q)\cdot Q=400Q-\frac{1}{2}Q^2$$

故边际收益函数为

$$R'(Q)=\left(400Q-\frac{1}{2}Q^2\right)'=400-Q$$

且
$$R'(200)=400-200=200$$
$$R'(400)=400-400=0.$$

因此，当家具的销售量为 200 件时，$R'(200)=200$，其经济意义是：当销量在 200 件的基础上再增加 1 件时，总收益相应增加 200 元；当家具的销售量为 400 件时，$R'(400)=0$，

其经济意义是：当销量在 400 件的基础上再增加 1 件时，总收益将不会增加，说明总收益函数 $R(Q)$ 达到最大值 .

2.9.4 边际利润及其经济意义

若总利润函数 $L(Q)$ 可导，**边际利润函数**为 $L'(Q)$. 当销量 $Q=Q_0$ 时，边际利润为 $L'(Q_0)$，其**经济意义**是：当销量在 Q_0 的基础上再增加 1 个单位时，总利润相应增加 $L'(Q_0)$ 个单位 .

由于总利润为总收入与总成本之差，即 $L(Q)=R(Q)-C(Q)$.

上式两边求导，得 $L'(Q)=R'(Q)-C'(Q)$.

即边际利润等于边际收入与边际成本之差 .

【例 4】 某款女包的利润函数为 $L=L(Q)=200Q-0.01Q^2$（元），试求：

（1）边际收益函数 $L'(Q)$；

（2）当销量 $Q=9000$、10000 和 11000 时的边际利润，并说明其经济意义 .

解：（1）因为 $L(Q)=200Q-0.01Q^2$，

所以 $L'(Q)=(200Q-0.01Q^2)'=200-0.02Q$.

（2）$L'(9000)=200-0.02(9000)=20$（元）；

$L'(10000)=200-0.02(10000)=0$（元）；

$L'(11000)=200-0.02(11000)=-20$（元）.

其经济意义分别为：

当该款女包的销量在 9000 件的基础上再增加 1 件时，总利润相应增加 20 元；

当该款女包的销量在 10000 件的基础上再增加 1 件时，总利润不变；

当该款女包的销量在 11000 件的基础上再增加 1 件时，总利润相应减少 20 元 .

2.9.5 边际需求及其经济意义

在经济学中，边际需求定义为价格改变 1 个单位时需求的增量，即需求对价格的变化率 .

设产品的需求函数为 $Q(P)$，当 $Q(P)$ 可导时，**边际需求函数为** $Q'(P)$. 当价格 $P=P_0$ 时，边际需求为 $Q'(P_0)$，**经济意义**是：当价格为 P_0 时，如果价格上涨（下降）1 个单位，需求将减少（增加）$|Q'(P_0)|$ 个单位 .

【例 5】 某超市的鸡蛋需求函数为 $Q=Q(P)=75-P^2$(千克)，求 $P=4$(元)时的边际需求，并说明其经济意义 .

解：边际需求 $Q'(P)=\frac{dQ}{dP}=-2P$，当 $P=4$(元)时的边际需求为 $Q'(P)|_{P=4}=-8$.

经济意义：当价格为 4 元时，如果价格上涨（下降）1 元，则需求量将减少（增加）8 千克 .

学习小结

(1) 边际函数值 $f'(x_0)$ 的含义是________________________.

(2) 边际成本函数是________的导数，$C'(Q_0)$ 的经济意义是____.

(3) 边际收益函数是________的导数，$R'(Q_0)$ 的经济意义是____.

(4) 边际利润函数是________的导数，$L'(Q_0)$ 的经济意义是____.

(5) 边际需求函数是________的导数，$Q'(P_0)$ 的经济意义是____.

【习题 2.9】

1. 某畅销书的总成本 C(单位:百万元)是产量 Q(单位:万册)的函数 $C(Q)=200+4Q+0.05Q^2$，试求：

(1) 边际成本函数及产量为 200 万册时的边际成本，并说明其经济意义；

(2) 使平均成本最低的产量.

2. 已知生产某化妆品 x 瓶的总成本函数 $C(x)=0.01x^3-0.3x^2+40x+1000$（元），试求：

(1) 该化妆品的边际成本函数；

(2) 生产该化妆品 50 瓶时的平均单位成本和边际成本值，并解释后者的经济意义.

3. 已知某款文具盒的需求函数为：

$$p=20-x/5$$

其中 p（单位：元）为价格，x（单位：个）为销售量. 求销量为 15 个时的总收益、平均收益与边际收益，并解释后者的经济意义.

4. 已知某款豆浆机的利润函数为：

$$L(q)=250q-5q^2-1000 \text{（元）}$$

试求：

(1) 试求该款豆浆机的边际利润函数；

(2) 求产量分别为 20、25、30 台时的边际利润，并说明其经济意义.

5. 面粉的需求函数为 $Q=e^{-\frac{P}{4}}$（单位：千克），求当 $P=4$ 元时的边际需求的值，并说明其经济意义.

2.10 函数的相对变化率——弹性分析

【本节提示】 边际刻画了总量的绝对变化率. 但在经济问题中, 仅用绝对增量和绝对变化率来分析问题是不够的. 例如, 甲商品单价100元, 涨价10元; 乙商品单价1000元, 涨价20元. 虽然甲商品涨价的绝对量只有乙商品的一半, 但甲商品的涨价百分比为10%, 乙商品涨价百分比为2%, 显然甲商品的涨价幅度比乙商品的涨价幅度要大. 因此我们有必要研究函数的相对改变量与相对变化率. 这就需要引入弹性这个概念, 通过本节的学习, 要求读者会求需求价格弹性并理解其经济意义.

2.10.1 弹性函数及其具体意义

在1.6节中, 我们学习了需求函数, $Q=Q(P)$, 其中 P 表示价格, Q 表示需求量,并且知道价格与需求量是反向变动的关系,但是价格变动对需求量的影响程度究竟有多大呢?比如,逢年过节的时候,很多衣服都会打折促销,这时买衣服的人要比平时多得多,这说明衣服的需求量对价格的变动非常敏感;又比如,现在大米涨价了,但我们不会因为它涨价就吃得比以前少,这说明大米的需求量对价格的变动就不太敏感. 要准确反映一件商品的需求量对价格变动的敏感程度,就需要用下面的弹性知识来进行分析.

定义 2.12 设函数 $y=f(x)$ 在点 $x=x_0$ 处可导, 函数的相对改变量 $\frac{\Delta y}{y_0}=\frac{f(x_0+\Delta x)-f(x_0)}{f(x_0)}$ 与自变量的相对改变量 $\frac{\Delta x}{x_0}$ 之比, 即 $\frac{\Delta y/y_0}{\Delta x/x_0}$, 称为**函数** $y=f(x)$ 从 $x=x_0$ 到 $x=x_0+\Delta x$ **两点间的相对变化率**, 或称**两点间的弹性**. 当 $\Delta x\to 0$ 时, $\frac{\Delta y/y_0}{\Delta x/x_0}$ 的极限称为 $y=f(x)$ 在 $x=x_0$ **处的相对变化率或弹性**, 记作 $\left.\frac{Ey}{Ex}\right|_{x=x_0}$. 即

$$\left.\frac{Ey}{Ex}\right|_{x=x_0}=\lim_{\Delta x\to 0}\frac{\Delta y/y_0}{\Delta x/x_0}=\lim_{\Delta x\to 0}\frac{\Delta y}{\Delta x}\cdot\frac{x_0}{y_0}=f'(x_0)\frac{x_0}{f(x_0)}.$$

对于一般的 x, 若 $y=f(x)$ 可导,则有

$$\frac{Ey}{Ex}=\lim_{\Delta x\to 0}\frac{\Delta y/y}{\Delta x/x}=\lim_{\Delta x\to 0}\frac{\Delta y}{\Delta x}\cdot\frac{x}{y}=y'\cdot\frac{x}{y}.$$

上式称为 $y=f(x)$ 的**弹性函数**.

函数 $y=f(x)$ 在点 x 的弹性 $\frac{Ey}{Ex}$, 反映了函数 $y=f(x)$ 对自变量 x 变化反应的强烈程度或灵敏度. 其具体含义如下:

$\left.\frac{Ey}{Ex}\right|_{x=x_0}=A$ 表示在点 $x=x_0$ 处, 当自变量 x 产生1%的改变时, 函数 $f(x)$ 近似地改变

$A\%$. 在实际工作中解释弹性的具体意义时，往往略去“近似”二字.

【例 1】 求函数 $y=x\ln x$ 在 $x=\mathrm{e}$ 处的弹性.

解： $y'=1+\ln x$

因为 $\dfrac{Ey}{Ex}=y'\cdot\dfrac{x}{y}=(1+\ln x)\dfrac{x}{x\ln x}=\dfrac{1+\ln x}{\ln x}$

所以 $\left.\dfrac{Ey}{Ex}\right|_{x=\mathrm{e}}=\dfrac{1+\ln \mathrm{e}}{\ln \mathrm{e}}=2$

它表明当 $x=\mathrm{e}$ 时,自变量 x 改变 1%,函数 y 就改变 2%.

2.10.2 需求弹性及其经济意义

弹性分析也是经济分析中常用的一种方法，由弹性定义易知，需求函数 $Q=Q(p)$ 的弹性为

$$\frac{EQ}{Ep}=\eta(p)=Q'\frac{p}{Q}.$$

称为需求价格弹性，简称为**需求弹性**. 当 $P=P_0$ 时，需求价格弹性为定值 $\left.\dfrac{EQ}{EP}\right|_{P=P_0}$.

$\left.\dfrac{EQ}{EP}\right|_{P=P_0}=A$ 的经济意义是:当价格为 P_0 时，如果价格上涨（或下降）1%，则需求量减少（或增加）$|A|\%$.

【例 2】 某种绿豆的需求函数为 $Q=\mathrm{e}^{-\frac{P}{8}}$，试求：

(1) 需求弹性函数 $\eta(p)$；

(2) 价格 $P=4$、8、10（元/千克）时的需求弹性，并说明其经济意义.

解： (1) $Q=\mathrm{e}^{-\frac{P}{8}}$，$Q'=-\dfrac{1}{8}\mathrm{e}^{-\frac{P}{8}}$，

$$\eta(p)=\left(-\frac{1}{8}\mathrm{e}^{-\frac{P}{8}}\right)\cdot\frac{P}{\mathrm{e}^{-\frac{P}{8}}}=-\frac{P}{8}.$$

(2) $\eta(4)=-\dfrac{4}{8}=-\dfrac{1}{2}=-0.5$；

$$\eta(8)=-\frac{8}{8}=-1;$$

$$\eta(10)=-\frac{10}{8}=-\frac{5}{4}=-1.25.$$

经济意义:由 $\eta(4)=-0.5$ 知，当绿豆单价为 4 元时，若价格上涨 1%，绿豆的需求量将下降 0.5%；由 $\eta(8)=-1$ 知，当绿豆单价为 8 元时，若价格上涨 1%，绿豆的需求量将下降 1%；由 $\eta(10)=-1.25$ 知，当绿豆单价为 10 元时，若价格上涨 1%，绿豆的需求量将下降 1.25%.

需求价格弹性的经济意义，是厂家商家进行定价决策的重要依据. 现在回到本节开始提到的衣服和大米的问题，来看下面的实例.

【例 3】 已知某款高级时装的需求函数为 $Q=3000-4P$，价格 $P=500$（元/件）；大米的需求函数为 $Q=600-100P$，价格 $P=2$（元/斤）．分别求时装和大米的需求价格弹性，并说明其经济意义．

解： 时装：$\left.\frac{EQ}{EP}\right|_{P=500}=(-4)\frac{500}{3000-4\times 500}=-2$；

大米：$\left.\frac{EQ}{EP}\right|_{P=2}=(-100)\frac{2}{600-100\times 2}=-0.5.$

时装的需求价格弹性值为 -2，表明当时装单价为 500 元时，如果降价（涨价）1% 销售，则需求量就增加（减少）2%；大米的需求价格弹性为 -0.5，是指当大米价格为 2 元时，如果降价（涨价）1% 销售，那么需求量就增加（减少）0.5%．衣服和大米的需求价格弹性不同，导致了同样是价格变动 1%，对衣服和大米需求量的影响程度却大不相同．这就是衣服的需求量对价格变动非常敏感，而大米的需求量对价格变动则不太敏感的原因所在．

规律总结

一般而言，如果商品的需求价格弹性值 $\left|\frac{EQ}{EP}\right|>1$，表示商品的需求量对价格变动比较敏感，此时称为**需求富有弹性**；而如果商品的需求价格弹性值 $\left|\frac{EQ}{EP}\right|<1$，表示商品的需求量对价格变动不太敏感，此时称为**需求缺乏弹性**．基于需求是富有弹性还是缺乏弹性，经营者可以制定不同的营销策略．

我们知道厂家/商家非常关心增加收益的问题，而收益 R 是价格 P 与需求量 Q 的乘积，即 $R=P\cdot Q$. 上例中的衣服，当降价 1% 的时候，需求量却增加 2%，可见需求量增加的幅度弥补了降价带来的损失，所以将衣服适当降价会带来总收入的增加；而对厂家/商家而言，如果大米涨价 1%，需求量仅仅减少 0.5%，总的来说总收入还是会有所增加，因此大米可以适当涨价．

规律总结

营销策略：商品的需求富有弹性（即 $\left|\frac{EQ}{EP}\right|>1$），则采取降价策略；商品的需求缺乏弹性（即 $\left|\frac{EQ}{EP}\right|<1$），则采取涨价策略．

学习小结

（1）函数 $y=f(x)$ 的弹性函数 $\frac{Ey}{Ex}=$ ______________________.

（2）x_0 处的弹性值 $\left.\frac{Ey}{Ex}\right|_{x=x_0}=$ ______________________.

（3）$\left.\frac{Ey}{Ex}\right|_{x=x_0}=A$ 表示在 $x=x_0$ 处，当自变量改变 1% 时，______________.

（4）需求价格弹性 $\frac{EQ}{EP}=$ ______________________.

（5）$P=P_0$ 处的需求价格弹性值 $\eta(p_0)$ 的经济意义是______________.

（6）需求价格弹性值大于 1，称为______________，小于 1 称为______________.

（7）需求价格弹性值大于 1，采取______________的营销策略，小于 1 采取______________的营销策略.

【习题 2.10】

1. 求下列函数的弹性：

（1）$y=x^3$；　　　　（2）$y=3e^x$.

2. 已知某种蛋糕的需求函数为 $Q=e^{-\frac{P}{4}}$（单位：个），求：

（1）求这种蛋糕的需求弹性函数；

（2）求价格为 4 元时的需求弹性，并说明其经济意义.

3. 设 P 为某产品的价格，Q 为该产品的需求量，且有 $P+0.2Q=80$，问 P 为何值时需求富有弹性？

4. 已知某种水果售价为 P（单位：元）的需求函数为 $Q=f(p)=30-p$（单位：千克），$0<p<30$. 试求：

（1）这种水果的收入 R 对价格 P 的弹性；

（2）价格为 10 元时的收入价格弹性，并解释其经济意义.

【复习思考题】

A　组

一、填空题

1. 函数 $f(x)=x(x-1)(x-2)$，则 $f'(0)=$ ______________.

2. 曲线 $y=x^2-x+1$ 上点 M 处的切线斜率为 1，则点 M 的坐标为____________.

3. 函数 $y=x^2+2^x-e^{\sqrt{2}}$，则 $y'=$____________________.

4. 函数 $f(x)=x^2e^{-x}$，则 $dy=$____________________.

5. 函数 $f(x)=x^2+\ln x$，则 $f''(1)=$____________________.

6. $\lim\limits_{x\to\infty}\dfrac{\ln x}{x}=$____________.

7. $\lim\limits_{x\to\infty}\dfrac{2x-1}{x}=$____________.

8. $f(x)=4x^3-3x^2-6x+2$ 的极大值为______，极小值为______.

9. $f(x)=\dfrac{x^2}{1+x}$在$\left[-\dfrac{1}{2},1\right]$上的最大值为________，最小值为______.

10. 已知函数 $f(x)$ 在点 $x=2$ 处可导，若极限 $\lim\limits_{x\to 2}f(x)=-1$，则函数值 $f(2)=$______.

11. 导数$\left(\dfrac{1}{\lg x}\right)'=$______.

12. 已知函数 $y=x(x-1)(x-2)(x-3)$，则导数值$\left.\dfrac{dy}{dx}\right|_{x=3}=$______.

13. 已知函数 $f(x)=\sin x-x\cos x$，则二阶导数值 $f''(\pi)=$______.

14. 函数 $y=\sqrt{1+x}$在点 $x=0$ 处、当自变量改变量 $\Delta x=0.04$ 时的微分值为______.

15. 函数曲线 $y=\dfrac{4+x}{4-x}$上点(2,3)处的切线方程为______.

16. 设函数曲线 $y=2x^2+3x-26$ 上点 $M_0(x_0,y_0)$处的切线斜率为 15，则点 M_0 的纵坐标 $y_0=$______.

17. 已知函数 $f(x)=k\sin x+\dfrac{1}{3}\sin 3x$，若点 $x=\dfrac{\pi}{3}$是其驻点，则常数 $k=$______.

18. 函数 $f(x)=\ln(1+x^2)$在闭区间[1,3]上的最小值等于______.

19. 某商品需求量 Q 为销售价格 P 的函数 $Q=Q(p)=75-p^2$，则在销售价格为 5 水平上的需求弹性值 $\eta(5)=$______.

二、选择题

1. 函数 $f(0)=0$，且极限 $\lim\limits_{x\to 0}\dfrac{f(x)}{x}$存在，则 $\lim\limits_{x\to 0}\dfrac{f(x)}{2x}=$(　　).

A. $f'(x)$　　B. $f'(0)$

C. $\dfrac{1}{2}f'(0)$　　D. $2f'(0)$

2. 函数 $f(x)$在点 x_0 处不连续，则（　　）.

A. $\lim\limits_{x\to x_0}f(x)$必存在　　B. $\lim\limits_{x\to x_0}f(x)$必不存在

C. $f'(x_0)$必存在　　D. $f'(x_0)$必不存在

3. 设函数 $f(x)$的导数 $f'(x)=1$，则 $\lim\limits_{x\to 1}\dfrac{f(x)-f(1)}{x^2-1}=$(　　).

A. 2　　B. 1

C. $\frac{1}{2}$　　D. $\frac{1}{4}$

4. 下列结论正确的是（　　）.

A. $f'(x)=f'(x_0)$

B. $f'(x_0)=[f(x_0)]'$

C. 若导数 $f'(x_0)$ 不存在，则函数 $f(x)$ 在 x_0 处无切线

D. 若导数 $f'(x_0)=0$，则函数 $f(x)$ 在 x_0 处切线平行于 x 轴

5. 下列式子中正确的是（　　）.

A. $(3^x)'=x\cdot 3^{x-1}$　　B. $(x\sin x)'=x'(\sin x)'=\cos x$

C. $(\log_3 x)'=\frac{1}{x}\ln 3$　　D. $(\log_3 x)'=\frac{1}{x\ln 3}$

6. 下列函数在点 $x=0$ 处不可导的是（　　）.

A. $y=x^2$　　B. $y=2^x$

C. $y=\cos x$　　D. $y=\sqrt{x}$

7. 下列函数在点 $x=0$ 处可导的是（　　）.

A. $y=\begin{cases}x+1, & x\leqslant 0\\ x-1, & x>0\end{cases}$　　B. $y=|x|$

C. $y=x^{\frac{5}{3}}$　　D. $y=x^{\frac{2}{3}}$

8. 过曲线 $y=x^2$ 上点(1,1)的切线方程是(　　).

A. $x-y-1=0$　　B. $2x-y-1=0$

C. $x-y+1=0$　　D. $2x-y+1=0$

9. 函数 $f(x)=a_0x^n+a_1x^{n-1}+\cdots+a_{n-1}x+a_n$，则 $[f(0)]'=$(　　).

A. a_0　　B. a_n

C. a_{n-1}　　D. 0

10. $\mathrm{d}(\cos x^2)=$(　　).

A. $2x\sin x^2\mathrm{d}x$　　B. $\sin x^2\mathrm{d}x$

C. $-2x\sin x^2\mathrm{d}x$　　D. $-\sin x^2\mathrm{d}x$

11. 下列各式中,可用洛比达法则求极限的是(　　).

A. $\lim\limits_{x\to\infty}\frac{x-\sin x}{x+\sin x}$　　B. $\lim\limits_{x\to+\infty}\frac{x^3}{\mathrm{e}^x}$

C. $\lim\limits_{x\to\infty}\frac{1}{x}\sin\frac{1}{x}$　　D. $\lim\limits_{x\to 1}\frac{x^2-x+2}{x-1}$

12. $\lim\limits_{x\to 1}\frac{\ln x}{x-1}=$(　　).

A. 0　　B. 1

C. 无穷大　　D. -1

13. 函数 $f(x)=x-\arctan x$ 在区间（　　）内单调减少.

A. $(-\infty,0)$　　B. $(0,+\infty)$

C. $(-\infty,+\infty)$　　D. 无单调减区间

14. $f(x)=\dfrac{x^2}{1+x}$的驻点有（　　）个．

A. 0　　B. 1

C. 2　　D. 3

15. 函数 $y=f(x)$在点 $x=x_0$处取得极大值，则必有（　　）．

A. $f(x_0)=0$　　B. $f''(x_0)<0$

C. $f'(x_0)=0$ 且 $f''(x_0)<0$　　D. $f(x_0)=0$ 或不存在

16. 已知函数 $u(x),v(x)$都是可导函数，则下列等式中（　　）不成立．

A. $(u(x)+v(x))'=u'(x)+v'(x)$　　B. $(u(x)v(x))'=u'(x)v(x)+u(x)v'(x)$

C. $\left(\dfrac{u(x)}{v(x)}\right)'=\dfrac{u'(x)v(x)+u(x)v'(x)}{v^2(x)}$　　D. $\left(\dfrac{1}{v(x)}\right)'=-\dfrac{v'(x)}{v^2(x)}$

17. 若函数 $y=2^x$，则导数 $y'=($　　$)$．

A. $x2^{x-1}$　　B. 2^x

C. $2^x\ln 2$　　D. $\dfrac{2^x}{\ln 2}$

18. 下列导数运算中（　　）是正确的．

A. $(x^2+e^2)'=2x+2e$　　B. $(x^2\sin x)'=2x\cos x$

C. $(e^{2x})'=e^{2x}$　　D. $(\arcsin 2x)'=\dfrac{2}{\sqrt{1-4x^2}}$

19. 下列函数中（　　）在点 $x=0$ 处连续但不可导．

A. $y=\dfrac{1}{x}$　　B. $y=|x|$

C. $y=e^{-x}$　　D. $y=\ln x$

20. 函数 $f(x)=x^3-12x$ 在闭区间$[-3,3]$上的最大值在点（　　）处取得．

A. $x=-3$　　B. $x=3$

C. $x=-2$　　D. $x=2$

21. 某产品总成本 C 为产量 x 的函数．

$C=C(x)=a+bx^2(a>0,b>0)$

则在产量为 m 水平上的边际成本值为(　　)．

A. $a+bm^2$　　B. bm^2

C. $\dfrac{a}{m}+bm$　　D. $2bm$

22. 某商品需求量 Q 为销售价格 P 的函数，$Q=Q(p)=15-p/4$. 则销售价格 $p=$(　　)时，才能使得商品全部销售后获得的总收益 R 最高．

A. 15　　B. 30

C. 45　　D. 60

23. 下列函数中(　　)的驻点有 $x=0$.

A. $y=x+2x^2$　　B. $y=x-\arctan x$

C. $y=xe^x$　　D. $y=\dfrac{x}{\cos x}$

24. 下列极限中（　　）不能应用洛必达法则求解．

A. $\lim\limits_{x\to 0}\dfrac{x^2\sin\dfrac{1}{x}}{\sin x}$　　　　B. $\lim\limits_{x\to 0}\dfrac{\sin x}{x^2}$

C. $\lim\limits_{x\to 0}\dfrac{1-\cos x}{\sin x}$　　　　D. $\lim\limits_{x\to 0}\dfrac{\tan x}{x}$

三、计算题

1. 求下列函数的导数：

（1）$y=\sin x^2+\ln x-\dfrac{1}{\sqrt{x}}+1$；　　（2）$y=(a+\sqrt{x})(a-\sqrt{b})(a-\sqrt{x})$；

（3）$y=\dfrac{2\sin x}{1+\cos x}$；　　（4）$y=(1-x)^{20}$；

（5）$y=\ln(1+x^2)$；　　（6）$y=\arcsin\sqrt{x}$；

（7）$y=(\arcsin x)^2$；　　（8）$y=\ln\sqrt{\dfrac{(x+2)(x+3)}{x+1}}$；

（9）$y=\left(\dfrac{x}{2x+1}\right)^n$；　　（10）$y=\dfrac{1}{\sqrt{2\pi}}e^{-\frac{x^2}{2}}$；

（11）$y=\sqrt{x\sqrt{x\sqrt{x}}}$；　　（12）$y=10^{2x+1}+x^{10}$；

（13）$y=\ln(x+\sqrt{a^2+x^2})$；　　（14）$y=\cos^3x-\cos 3x$.

2. 求曲线 $y=\sqrt{x}$ 上点(4,2)处的切线方程．

3. 求下列函数的高阶导数：

（1）$y=x\ln x$，求 y''；　　（2）$y=e^{-x^2}$，求 y'''.

4. 求下列各函数的微分：

（1）$y=x\ln x-x$；　　（2）$y=(x^3-1)^3$；

（3）$y=\sqrt{x}+\ln x-\dfrac{1}{\sqrt{x}}$；　　（4）$y=x+5\sqrt{x}-\dfrac{4}{x^3}$；

（5）$y=10^x\cos x$；　　（6）$y=\arcsin\sqrt{1-x^2}$；

（7）$y=\arccos(1+3x)$；　　（8）$y=x\cos x+3x^2$；

（9）$y=e^x\sin x-7\cos x+5x^2$；　　（10）$y=\sin^2\ln(1-x^2)$；

（11）$y=\dfrac{1}{1+x+x^2}$；　　（12）$y=\dfrac{x}{\sqrt{a^2-x^2}}$.

5. 利用洛必达法则求下列极限：

（1）$\lim\limits_{x\to 0}\dfrac{e^x-e^{-x}}{x}$；　　（2）$\lim\limits_{x\to 1}\dfrac{\ln x}{x-1}$；

（3）$\lim\limits_{x\to 0}\dfrac{1-\cos x}{x^2}$；　　（4）$\lim\limits_{x\to\frac{\pi}{2}}\dfrac{\cos x}{x-\dfrac{\pi}{2}}$；

(5) $\lim\limits_{x\to+\infty}\frac{x^n}{e^x}$ $(n\in N)$；

(6) $\lim\limits_{x\to\frac{\pi}{2}^+}\frac{\ln(x-\frac{\pi}{2})}{\tan x}$；

(7) $\lim\limits_{x\to\frac{\pi}{2}}\frac{\tan 6x}{\sin 2x}$；

(8) $\lim\limits_{x\to a}\frac{x^m-a^m}{x^n-a^n}$；

(9) $\lim\limits_{x\to0^+}\frac{\ln\sin 3x}{\ln\sin 5x}$；

(10) $\lim\limits_{x\to+\infty}\frac{\ln x}{x^\alpha}$ $(\alpha>0)$.

四、应用题

1. 欲做一个底为正方形、容积为 108m^3 的长方体开口容器，怎样做所用材料最省？

2. 欲做一个容积为 300m^3 的无盖圆柱形蓄水池，已知池底单位造价为周围单位造价的 2 倍，问蓄水池的尺寸应该怎样设计才能使总造价最低？

3. 已知某商品的总收益 R 关于销售量 Q 的函数为 $R(Q)=104Q-0.4Q^2$. 试求：

(1) 销售量为 Q 时的边际收入；

(2) 销售量 $Q=50$ 个单位时的边际收入；

(3) 销售量 $Q=100$ 个单位时总收入对 Q 的弹性.

4. 某化工厂日产能力最高为 1000 吨，每日产品的总成本 C(单位:元)是日产量 x(单位:吨)的函数 $C(x)=1000+7x+50\sqrt{x}, x\in[0,1000]$. 试求：

(1) 当日产量为 100 吨时的边际成本，并说明经济意义；

(2) 当日产量为 100 吨时的平均成本.

5. 生产 x 单位某产品的总成本 C 为 x 的函数：

$$C=C(x)=1100+\frac{1}{1200}x^2$$

求：(1) 生产 900 单位时的总成本和平均单位成本；

(2) 生产 900 单位到 1000 单位时总成本的平均变化率；

(3) 生产 900 和 1000 单位时的边际成本，并说明经济意义.

6. 已知生产 x 单位某产品，总收益 R 为 x 的函数：

$$R=R(x)=200x-0.01x^2$$

求：生产 50 单位产品时的总收益、平均收益和边际收益.

7. 生产 x 单位某商品的利润是 x 的函数：

$$L(x)=5000+x-0.00001x^2$$

问：生产多少单位时获得的利润最大？

8. 某工厂生产某产品，日总成本为 C 元，其中固定成本为 200 元，每多生产 1 单位产品，成本增加 10 元. 该商品的需求函数为 $Q=50-2p$，求 Q 为多少时，工厂日总利润 L 最大？

9. 已知某商品需求量 Q 对价格 P 的函数关系为：

$$Q=f(P)=1600\left(\frac{1}{4}\right)^P$$

求需求 Q 对于价格 P 的弹性函数.

10. 已知某商品的总成本函数为 $C(Q)=125+3Q+\frac{1}{25}Q^2$，需求函数为 $Q(P)=60-2P$，其中 P 为商品的单价．试求：

(1) 平均成本、边际成本、边际收益和边际利润；

(2) 最大利润．

11. 某商品需求函数为：

$$Q=Q(P)=75-P^2$$

(1) 求 $P=4$ 时的边际需求，并说明其经济意义；

(2) 当 $P=4$ 时的需求弹性，并说明其经济意义；

(3) 当 $P=4$ 时，若价格 P 上涨 1%，总收益将变化百分之几？

(4) 当 $P=6$ 时，若价格 P 上涨 1%，总收益将变化百分之几？

(5) P 为多少时，总收益最大？

五、证明题

1. 证明：当平均成本等于边际成本时，平均成本达到最小．

2. 证明：设需求函数为 $q=q(p)$，则当需求弹性 $\eta(p)=-1$ 时，收益最大．

B　组

一、填空题

1. 方程 $\frac{x^2}{a^2}-\frac{y^2}{b^2}=1$，则 $\frac{\mathrm{d}y}{\mathrm{d}x}=$ __________________.

2. 若极限 $\lim\limits_{\Delta x\to 0}\frac{f(x_0+2\Delta x)-f(x_0)}{\Delta x}=\frac{1}{2}$，则导数值 $f'(x_0)=$ ______．

3. 设函数 $f(x)$ 满足关系式

$$f(x)=f(0)+2x+\alpha(x)$$

且极限 $\lim\limits_{x\to 0}\frac{\alpha(x)}{x}=0$，则到数值 $f'(0)=$ ______．

4. 方程式 $\mathrm{e}^y+xy=\mathrm{e}$ 确定变量 y 为 x 的函数，则导数值 $y'|_{x=0}=$ ______．

5. 若函数 $f(x)$ 在点 x_0 处及其左右可导，且函数值 $f(x_0)$ 为极小值，则极限 $\lim\limits_{h\to 0}\frac{f(x_0+h)-f(x_0)}{h}=$ ______．

6. 函数曲线 $y=(x-1)^6$ 的上凹区间为______．

7. 已知复合函数 $f(\sqrt{x})=\arctan x$，则导数 $f'(x)=$ ______．

8. 已知函数 $f(x)=x\sqrt{3-x}$ 在区间 $[0,3]$ 上满足罗尔定理的条件，则罗尔定理中的 $\xi=$ ______．

9. 已知函数 $f(x)=\frac{x+1}{x}$ 在区间 $[1,2]$ 上满足拉格朗日定理的条件，则拉格朗日定理结论中的 $\xi=$ ______．

二、单项选择题

1. 已知函数 $f(x)$ 在点 x_0 处可导，则下列极限中（　　）等于导数值 $f'(x_0)$.

A. $\lim\limits_{h\to 0}\dfrac{f(x_0+2h)-f(x_0)}{h}$　　B. $\lim\limits_{h\to 0}\dfrac{f(x_0-3h)-f(x_0)}{h}$

C. $\lim\limits_{h\to 0}\dfrac{f(x_0)-f(x_0-h)}{h}$　　D. $\lim\limits_{h\to 0}\dfrac{f(x_0)-f(x_0+h)}{h}$

2. 已知函数值$f(0)=0$，若极限$\lim\limits_{x\to 0}\dfrac{f\left(\frac{1}{2}x\right)}{x}=2$，则导数值$f'(0)=($　　$)$.

A. $\dfrac{1}{4}$　　B. 4

C. $\dfrac{1}{2}$　　D. 2

3. 方程式$\dfrac{x^2}{a^2}+\dfrac{y^2}{b^2}=1(a>0,b>0)$确定$y$为$x$的函数，则导数$\dfrac{\mathrm{d}y}{\mathrm{d}x}=($　　$)$.

A. $-\dfrac{a^2y}{b^2x}$　　B. $-\dfrac{b^2x}{a^2y}$

C. $-\dfrac{a^2x}{b^2y}$　　D. $-\dfrac{b^2y}{a^2x}$

4. 已知函数$f(x)$二阶可导，若函数$y=f(2x)$，则二阶导数$y''=($　　$)$.

A. $f''(2x)$　　B. $2f''(2x)$

C. $4f''(2x)$　　D. $8f''(2x)$

5. 已知函数$y=f(\mathrm{e}^x)$可微，则下列微分表达式中（　　）不成立.

A. $\mathrm{d}y=(f(\mathrm{e}^x))'\mathrm{d}x$　　B. $\mathrm{d}y=f'(\mathrm{e}^x)\mathrm{e}^x\mathrm{d}x$

C. $\mathrm{d}y=(f(\mathrm{e}^x))'\mathrm{d}(\mathrm{e}^x)$　　D. $\mathrm{d}y=f'(\mathrm{e}^x)\mathrm{d}(\mathrm{e}^x)$

6. 方程式$\sin y+x\mathrm{e}^y=0$确定变量y为x的函数$y=y(x)$，则函数曲线$y=y(x)$上原点处的切线斜率为（　　）.

A. -1　　B. 1

C. $-\dfrac{1}{2}$　　D. $\dfrac{1}{2}$

7. 已知函数$f(x)$在开区间(a,b)内二阶可导，若在开区间(a,b)内恒有一阶导数$f'(x)>0$，且二阶导数$f''(x)<0$，则函数曲线$y=f(x)$在开区间(a,b)内（　　）.

A. 上升且上凹　　B. 上升且下凹

C. 下降且上凹　　D. 下降且下凹

8. 函数曲线$y=\mathrm{e}^x-\mathrm{e}^{-x}$在定义域内（　　）.

A. 有极值有拐点　　B. 有极值无拐点

C. 无极值有拐点　　D. 无极值无拐点

9. 若点$(1,4)$为函数曲线$y=ax^3+bx^2$的拐点，则常数a,b的值为(　　).

A. $a=-6,b=2$　　B. $a=6,b=-2$

C. $a=-2,b=6$　　D. $a=2,b=-6$

10. $f(x)=x-\dfrac{3}{2}\sqrt[3]{x^2}$的拐点有（　　）个.

A. 0　　　　B. 1

C. 2　　　　D. 3

11. 下列函数中（　　）在区间[-1,1]上满足罗尔定理的条件.

A. $f(x)=\frac{1}{x^2}$　　　　B. $g(x)=|x|$

C. $h(x)=x^3$　　　　D. $l(x)=x^2-2$

12. 设函数$f(x)$在$[a,b]$上连续，在(a,b)内可导，则（　　）.

A. 至少存在一点$\xi\in(a,b)$，使$f'(\xi)=0$

B. 当$\xi\in(a,b)$时，必有$f'(\xi)=0$

C. 至少存在一点$\xi\in(a,b)$，使得$f(b)-f(a)=f'(\xi)(b-a)$

D. 当$\xi\in(a,b)$时，必有$f(b)-f(a)=f'(\xi)(b-a)$

13. 下列函数在指定区间上满足罗尔中值定理条件是（　　）.

A. $f(x)=\frac{1}{x},x\in[-2,0]$　　　　B. $f(x)=(x-4)^2,x\in[-2,4]$

C. $f(x)=\sin x,x\in[-\frac{3\pi}{2},\frac{\pi}{2}]$　　　　D. $f(x)=|x|,\quad x\in[-1,1]$

14. 下列函数在给定区间满足罗尔定理的有（　　）.

A. $y=x^2-5x+6\quad x\in[2,\ 3]$　　　　B. $y=\frac{1}{\sqrt[3]{(x-1)^2}}\quad x\in[0,\ 2]$

C. $y=xe^{-x}\quad x\in[0,\ 1]$　　　　D. $y=\begin{cases}x+1 & x<5\\ 1 & x\geqslant 5\end{cases}\quad x\in[0,\ 5]$

15. 下列函数在$[1,e]$上满足拉格朗日中值定理条件的是（　　）.

A. $\ln\ln x$　　　　B. $\ln x$

C. $\frac{1}{\ln x}$　　　　D. $\ln(2-x)$

三、计算题

1. 求下列函数的导数：

（1）$y=\frac{\cos x}{e^x}-3(1+x^2)\arctan x$；　　　　（2）$y=\frac{x\arcsin x}{\sqrt{1-x^2}}$；

（3）$y=(1+ax^b)(1+bx^a)$；　　　　（4）$y=\sqrt{\frac{1+x}{1-x}}$；

（5）$y=x^{\ln x}$；　　　　（6）$y=\frac{x(1-x)^2}{(1+x)^3}$；

（7）$y=\frac{1}{1+\sqrt{x}}-\frac{1}{1-\sqrt{x}}$；　　　　（8）$y=\frac{x\sin x+\cos x}{x\sin x-\cos x}$；

（9）$y=(\frac{a}{b})^x(\frac{b}{x})^a(\frac{x}{a})^b\ (a,b>0)$；　　　　（10）$y=\ln(\arccos\frac{1}{\sqrt{x}})$.

2. 求下列隐函数的导数：

（1）$y^2=2px$（p 为常数）；　　　　（2）$x^3+y^3-xy=0$；

(3) $y=1-\ln(x+y)+e^{y}$；　　(4) $xy=e^{x+y}$.

3. 已知函数 $y=\sin x$，求 $y^{(n)}$.

4. 求下列函数的微分：

(1) $y=(e^{x}+e^{-x})^{2}$；　　(2) $y=a^{\sin x}(a>0)$；

(3) $y=\ln(\arctan\frac{1}{x})$；　　(4) $y=x\sqrt{a^{2}-x^{2}}+\frac{x}{\sqrt{a^{2}-x^{2}}}$.

5. 求下列极限：

(1) $\lim\limits_{x\to 1}x^{\frac{1}{1-x}}$；　　(2) $\lim\limits_{x\to\frac{\pi}{2}}(\sec x)^{\cos x}$；

(3) $\lim\limits_{x\to 1}(1+\sin x)^{\frac{1}{x}}$；　　(4) $\lim\limits_{x\to 0}\frac{\tan x-x}{x-\sin x}$；

(5) $\lim\limits_{x\to 0}\frac{\cos x-\sqrt{1+x}}{x^{3}}$；　　(6) $\lim\limits_{x\to 0}\frac{a^{x}-b^{x}}{x}\quad(a,b>0)$.

6. 求下列各函数的单调区间与极值：

(1) $f(x)=x^{2}e^{-x^{2}}$；　　(2) $f(x)=\frac{x}{\ln x}$；

(3) $f(x)=x-\ln(1+x)$.

7. 求下列函数在给定区间上的最大值、最小值：

(1) $f(x)=\sqrt{100-x^{2}}$，$x\in[-6,8]$；

(2) $f(x)=\sin 2x-x$，$x\in\left[-\frac{\pi}{2},\frac{\pi}{2}\right]$.

8. 求下列各曲线的凹向及拐点：

(1) $y=(x-2)^{\frac{1}{3}}+4$；　　(2) $y=\sqrt[3]{x-1}$；

(3) $y=(x+2)^{4}+2x+1$；　　(4) $y=e^{\arctan x}$.

9. 求曲线 $y=1+\frac{36x}{(x+3)^{2}}$的渐近线.

10. 已知函数 $f(x)=px^{2}+qx+r$(p,q,r 皆为常数，且 $p\neq 0$)在区间$[a,b]$上满足拉格朗日定理的条件，求出拉格朗日定理结论中的 ξ 值.

四、应用题

1. 欲围一个面积为 150m^2 的矩形场地，沿矩形场地四周建造高度相同的围墙，已知围墙正面材料价格为 60 元/m^2，其余三面材料价格为 30 元/m^2，问：矩形场地正面长 x 与宽 u 各为多少时，才能使得所用材料费用 T 最省？

2. 一工厂 A 与铁路的垂直距离为 a 千米，它的垂足 B 到火车站 C 的铁路长度为 b 千米，工厂的产品必须经火车站 C 才能转销外地，现已知汽车运费为 m 元/(吨・千米)，火车运费为 n 元/(吨・千米)($m>n$). 为使运费最省，准备在铁路的 B、C 之间另修一小站 M 作为转运站，问：转运站应修在离火车站 C 多少千米处，才能使运费最省？

3. 某商店每年销售某种商品 a 件，每次购进的手续费为 b 元，而每件库存费用为 c 元/年. 若该商品均匀销售，且上批销完立即进下一批货，问商店分几批购进此种商品，能使所用的手续费及库存费总和最少？

4. 某厂生产摄影机，年产量 1000 台，每台成本 800 元，每季度每台摄影机库存费是成本的 5%，分批生产，每批生产准备费为 5000 元，市场对产品一致需求，不许缺货，试确定一年最小费用开支时的生产批量及最小费用.

五、证明题

1. 利用函数的单调性判定定理证明下列不等式：

（1） $e^x > ex$，$x \in (1, +\infty)$　　　　（2） $e^x > 1 + x$，$x \in (0, +\infty)$

2. 某公司生产成本的一个合理而实际的模型由 $C(Q) = KQ^{\frac{1}{a}} + F$ 给出，其中 a 是正常数，F 是固定成本，K 是公司在获取技术方面的支出.

证明：当 $a > 1$ 时，曲线 $C(Q)$ 是下凹的.

3. 证明：函数 $f(x) = px^2 + qx + r$ 应用拉格朗日定理时所求得的点 ξ 总是位于区间的正中间.

4. 证明：函数 $f(x) = x^2 + 2x - 1$ 在区间 $[0,1]$ 上满足拉格朗日定理的条件.

5. 证明：方程 $x^3 - 3x^2 + a = 0$ 在区间 $[0,1]$ 内不存在两个不同的实根.

第3章

一元函数积分学

学习目标

- □ 理解原函数、不定积分和定积分的概念，掌握不定积分和定积分的性质
- □ 熟练掌握不定积分的基本公式和直接积分法、换元积分法、分部积分法
- □ 熟练掌握牛顿—莱布尼兹公式，掌握定积分的换元法和分部积分法
- □ 会求无穷区间上的广义积分
- □ 能解决由边际函数求出总需求、总成本、总利润等经济应用问题

数学史话

正如加法与减法、乘方与开方互为逆运算一样，导数（微分）也具有逆运算——积分。中国魏晋时期的数学家刘徽在《九章算术注》里，对面积、体积的多处注文中就有了积分思想的萌芽。从14世纪到17世纪，法国数学家奥尔斯姆、费马、意大利数学家卡瓦列里等成为积分思想的先导者。到17世纪后半叶，牛顿和莱布尼兹分别独立地创立了微积分学。牛顿是从物理学的角度，为了解决运动问题，创立了称之为“流数术”的理论。1666年，牛顿完成了他在微积分学方面的开创性论文《流数简论》，在这篇短文中，牛顿讨论了如何借助反微分来解决积分问题。而莱布尼兹是经过研究曲线的切线和曲线包围的面积，运用分析学方法引进积分的。1686年莱布尼兹发表了第一篇论文《深奥的几何与不可分量及无限的分析》，这篇论文初步论述了积分或求积问题与微分或切线问题的互逆关系，其中的积分符号沿用至今。就微积分的创立而言，尽管牛顿和莱布尼兹在背景、方法和形式上存在差异、各有特色，但后来人们认定二者的功绩是相当的。

牛顿（I. Newton，1643—1727，英国人），伟大的数学家、物理学家、天文学家和自然哲学家。其研究领域包括物理学、数学、天文学、神学、自然哲学和炼金术。他在科学上最卓越的贡献是创建了微积分和经典力学。牛顿少年时资质平常，成绩一般，但他喜欢读书，经常自己动手制作些奇奇怪怪的小玩意。19岁的牛顿以减费生的身份进入剑桥大学，靠为学院做杂务的收入和奖学金支付学费和生活费。1665年获学士学位，随后两年在家乡躲避瘟疫。这两年里，他制定了一生大多数重要科学创造的蓝图。微积分的创立、万

有引力以及颜色理论的发现等都是牛顿在这两年完成的。牛顿1668年获得硕士学位，26岁成为剑桥大学数学教授，1703年任英国皇家学会会长。他晚年潜心研究自然哲学与神学。1727年3月31日在伦敦病逝。

莱布尼兹（G. W. Leibniz，1646—1716，德国人），杰出的自然科学家、数学家、物理学家、历史学家和哲学家。莱布尼兹21岁获得法学博士学位，当过外交官，担任图书馆馆长近40年。1700年被选为德国国家科学院院士，同年创建了柏林科学院，并担任院长。莱布尼兹被誉为“德国的百科全书式的天才”。他的著作包括数学、历史、语言、生物、地质、机械、物理、法律、外交等各个方面，研究成果遍及力学、逻辑学、化学、地理学、解剖学、动物学、植物学、气体学、航海学、地质学、语言学、法学、哲学、历史、外交等41个领域，他还是最早研究中国文化和中国哲学的德国人，对丰富人类的科学知识宝库作出了不可磨灭的贡献。

3.1 不定积分的概念与性质

【本节提示】 本节将首先介绍原函数的概念，在此基础上引入不定积分的定义，然后介绍不定积分的几何意义，最后给出不定积分的性质．通过本节的学习，要求理解原函数与不定积分的概念；了解不定积分的几何意义；掌握不定积分的性质．

3.1.1 原函数的概念

在许多实际问题中，常常会遇到以下情况：已知某个函数的导数（或微分），需要求这个函数本身．例如，已知某产品的边际成本函数 $C'(x)$，要求该产品的总成本函数 $C(x)$．这是求导数（或微分）的逆运算，是积分学中需要解决的基本问题之一．为了研究这类问题，我们首先给出原函数的概念．

定义 3.1 设 $f(x)$ 是定义在某区间上的已知函数，如果存在一个函数 $F(x)$，使得对该区间上的每一个点都满足 $F'(x)=f(x)$ 或 $dF(x)=f(x)\,\mathrm{d}x$，则称函数 $F(x)$ 是 $f(x)$ 在该区间上的一个原函数．

【例1】 找出下列各函数在指定区间上的一个原函数：

（1）$f(x)=2x$，$x\in(-\infty,+\infty)$；

(2) $f(x)=\dfrac{1}{\sqrt{1-x^2}}$, $x\in(-1,1)$

解：(1) 因为$(x^2)'=2x, x\in(-\infty,+\infty)$，所以 $F(x)=x^2$ 是 $f(x)=2x$ 在区间$(-\infty,+\infty)$内的一个原函数.

显然，$x^2-1, x^2+\ln2, \cdots$都是 $f(x)=2x$ 在区间$(-\infty,+\infty)$内的原函数.

(2)因为$(\arcsin x)'=\dfrac{1}{\sqrt{1-x^2}}, x\in(-1,1)$，所以 $F(x)=\arcsin x$ 是 $f(x)=\dfrac{1}{\sqrt{1-x^2}}$在区间$(-1,1)$内的一个原函数.

显然，$\arcsin x+\dfrac{2}{3}, \arcsin x-\sqrt{2}, \arcsin x+C$($C$ 为任意常数)都是在区间$(-1,1)$内 $f(x)=\dfrac{1}{\sqrt{1-x^2}}$的原函数.

一般地，有以下结论：

定理 3.1 如果 $F(x)$是函数 $f(x)$在某区间上的一个原函数，则 $F(x)+C$（C 为任意常数）就是 $f(x)$在该区间上的全体原函数.

* **证明：**设 $G(x)$也是 $f(x)$在该区间上的一个原函数，则 $G'(x)=F'(x)=f(x)$，由拉格朗日中值定理的推论可知：$G(x)-F(x)=C$（C 为任意常数），即 $G(x)=F(x)+C$. 故 $F(x)+C$（C 为任意常数）就是 $f(x)$在该区间上的全体原函数.

以上定理表明，同一函数的原函数之间只相差一个常数.

3.1.2 不定积分的概念

定义 3.2 函数 $f(x)$的全体原函数，称为 $f(x)$的不定积分，记作 $\int f(x)\mathrm{d}x$.

如果 $F(x)$是 $f(x)$的一个原函数，则有 $\int f(x)\mathrm{d}x=F(x)+C$($C$ 为任意常数).

其中“$\int$”称为**积分号**，$f(x)$称为**被积函数**，$f(x)\mathrm{d}x$ 称为**被积表达式**，x 称为**积分变量**，C 称为**积分常数**.

规律总结

由定义 3.2 可知，求给定函数的不定积分，就是先求出它的一个原函数，再加上任意常数 C.

【**例 2**】 求下列不定积分：

(1) $\int \sin x\mathrm{d}x$；　　(2) $\int \dfrac{1}{x}\mathrm{d}x$.

解：（1）因为$(-\cos x)'=\sin x$，所以$\int \sin x\mathrm{d}x=-\cos x+C$.

（2）当 $x>0$ 时，因为$(\ln x)'=\frac{1}{x}$，所以$\int \frac{1}{x}\mathrm{d}x=\ln x+C$；当 $x<0$ 时，因为$[\ln(-x)]'=\frac{1}{-x}(-x)'=\frac{1}{x}$，所以$\int \frac{1}{x}\mathrm{d}x=\ln(-x)+C$；

综上可得：$\int \frac{1}{x}\mathrm{d}x=\ln|x|+C\quad(x\neq 0)$.

3.1.3　不定积分的几何意义

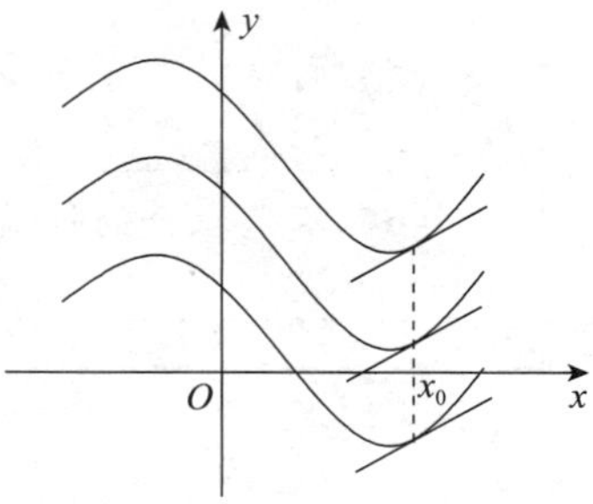

图 3－1

设 $F(x)$是函数 $f(x)$的一个原函数，从几何的角度看，$y=F(x)$表示平面上的一条曲线，我们将它称为$f(x)$的一条**积分曲线**，将这条积分曲线 $F(x)$沿 y 轴上下平移，就得到$f(x)$的积分曲线簇 $y=F(x)+C$. 这簇积分曲线的特点是：当横坐标相同时，各条曲线的切线斜率相等，即切线互相平行，如图 3－1 所示.

【例 3】　已知曲线经过点$(0,1)$，且其上每一点(x,y)处切线斜率为横坐标的两倍，求此曲线方程.

解：设所求的曲线方程为 $y=f(x)$，由题意知 $y'=2x$，所以 $y=\int 2x\mathrm{d}x=x^2+C$ 又因为曲线过点$(0,1)$，有 $1=0^2+C$,所以 $C=1$. 故所求曲线方程为 $y=x^2+1$.

3.1.4　不定积分的性质

由不定积分的定义以及导数与不定积分的关系，可以得到不定积分的性质.

性质 1　被积函数中非零的常数因子可以移到积分号前面，即

$$\int kf(x)\mathrm{d}x=k\int f(x)\mathrm{d}x\quad(k\neq 0).$$

性质 2　两个函数代数和的不定积分，等于它们不定积分的代数和，即

$$\int [f(x)\pm g(x)]\mathrm{d}x=\int f(x)\mathrm{d}x\pm\int g(x)\mathrm{d}x.$$

此性质可推广到有限个函数的代数和的情况.

性质 3　不定积分与导数（或微分）互为逆运算，即

$$\left[\int f(x)\mathrm{d}x\right]'=f(x) \text{ 或 } d\int f(x)\mathrm{d}x=f(x)\mathrm{d}x,$$

$$\int F'(x)\mathrm{d}x=F(x)+C \text{ 或} \int dF(x)=F(x)+C.$$

学习小结

(1) 函数 $F(x)$ 是 $f(x)$ 的一个原函数⇔[   ]′=[   ].

(2) 同一函数的原函数只相差________________.

(3) 函数 $f(x)$ 的不定积分是指________________.

(4) $\int f(x)\mathrm{d}x = F(x) + C$⇔[   ]′ = [   ].

(5) 同一簇积分曲线的特点是:____.

(6) 不定积分的性质有____.

【习题 3.1】

1. 填空题:

(1) 设 x^3 是函数 $f(x)$ 的一个原函数，则 $f(x)=$________;

(2) 设 $F(x)$ 是 $f(x)$ 的一个原函数，则 $\int f(x)\mathrm{d}x=$________;

(3) 若 $\int f(x)\mathrm{d}x=\arctan x+C$，则 $f(x)=$________;

(4) 设 $F(x)$ 是 $\sqrt{1-2x}$ 的一个原函数，则 $dF(x)=$________;

(5) 若 $\int f(x)\mathrm{d}x=\mathrm{e}^{-2x}+C$，则 $f'(x)=$________.

2. 下列各函数是不是 $f(x)=\mathrm{e}^{2x}$ 的原函数？为什么？

(1) e^{2x};　(2) $\frac{1}{2}\mathrm{e}^{2x}$;　(3) $\frac{1}{2}\mathrm{e}^{2x}-\sqrt{3}$;　(4) $\frac{1}{3}e^{2x}$.

3. 求下列各函数的一个原函数:

(1) $f(x)=0$;　(2) $f(x)=C$;

(3) $f(x)=x^3$;　(4) $f(x)=3^x$;

(5) $f(x)=\mathrm{e}^{-x}$;　(6) $f(x)=3x^2-x$;

(7) $f(x)=\sin x$;　(8) $f(x)=\cos x$.

4. 求下列各不定积分:

(1) $\int 2\mathrm{d}x$;　(2) $\int 2x\mathrm{d}x$;　(3) $\int x^2\mathrm{d}x$;　(4) $\int 2^x\mathrm{d}x$.

5. 求经过点(1,1)，且切线斜率为 x^2 的曲线方程.

6. 证明函数 $x(\ln x-1)$ 是函数 $\ln x$ 的一个原函数.

3.2 不定积分基本公式与直接积分法

【本节提示】 本节将首先给出与基本导数公式表相对应的基本积分公式表，然后介绍用直接积分法求不定积分．直接积分法是最基本的积分方法，其他各种方法最终都要归结到用直接积分法求出不定积分．因此通过本节的学习，要求熟记基本积分公式，掌握直接积分法中的一些具体方法和技巧．

3.2.1 基本积分公式

由于求不定积分与求导互为逆运算，所以由导数的基本公式可以得到基本积分公式（见表 3－1），牢记基本积分公式是计算不定积分的前提条件．

表 3－1

基本导数公式	基本积分公式
（1） $C'=0$（C 为常数）	（1） $\int 0\mathrm{d}x = C$（C 为常数）
（2） $(x^{\alpha})'=\alpha x^{\alpha-1}$（$\alpha$ 为任意实数）	（2） $\int x^{\alpha}\mathrm{d}x = \frac{1}{\alpha+1}x^{\alpha+1}+C\ (\alpha\neq -1)$
特别地：（3） $(\sqrt{x})'=\frac{1}{2\sqrt{x}}$	特别地：（3） $\int \frac{1}{\sqrt{x}}\mathrm{d}x = 2\sqrt{x}+C$
（4） $\left(\frac{1}{x}\right)'=-\frac{1}{x^2}$	（4） $\int \frac{1}{x^2}\mathrm{d}x = -\frac{1}{x}+C$
（5） $(a^x)'=a^x\ln a\ (a>0,a\neq 1)$	（5） $\int a^x\mathrm{d}x = \frac{1}{\ln a}a^x+C\ (a>0,a\neq 1)$
特别地：（6） $(\mathrm{e}^x)'=\mathrm{e}^x$	特别地：（6） $\int \mathrm{e}^x\mathrm{d}x = \mathrm{e}^x+C$
（7） $(\ln x)'=\frac{1}{x}$	（7） $\int \frac{1}{x}\mathrm{d}x = \ln\lvert x\rvert+C$
（8） $(\sin x)'=\cos x$	（8） $\int \cos x\mathrm{d}x = \sin x+C$
（9） $(\cos x)'=-\sin x$	（9） $\int \sin x\mathrm{d}x = -\cos x+C$
（10） $(\tan x)'=\frac{1}{\cos^2 x}=\sec^2 x$	*（10） $\int \sec^2 x\mathrm{d}x = \tan x+C$
（11） $(\cot x)'=-\frac{1}{\sin^2 x}=-\csc^2 x$	*（11） $\int \csc^2 x\mathrm{d}x = -\cot x+C$
（12） $(\sec x)'=\sec x\cdot\tan x$	*（12） $\int \sec x\cdot\tan x\mathrm{d}x = \sec x+C$
（13） $(\csc x)'=-\csc x\cdot\cot x$	*（13） $\int \csc x\cdot\cot x\mathrm{d}x = -\csc x+C$
（14） $(\arcsin x)'=\frac{1}{\sqrt{1-x^2}}\ (-1<x<1)$	（14） $\int \frac{1}{\sqrt{1-x^2}}\mathrm{d}x = \arcsin x+C$
（15） $(\arctan x)'=\frac{1}{1+x^2}$	（15） $\int \frac{1}{1+x^2}\mathrm{d}x = \arctan x+C$

3.2.2 直接积分法

由已知函数求出全体原函数的方法称为**积分法**. 将被积函数（经恒等变形后）直接运用不定积分的性质和基本积分公式求出不定积分的方法称为**直接积分法**.

【例 1】 求不定积分 $\int\left(3x^2-\frac{1}{2x}+2^x\mathrm{e}^x-2\right)\mathrm{d}x$.

$(ab)^x=a^xb^x$

解：

$$\begin{aligned}&\int\left(3x^2-\frac{1}{2x}+2^x\mathrm{e}^x-2\right)\mathrm{d}x\\&=3\int x^2\mathrm{d}x-\frac{1}{2}\int\frac{1}{x}\mathrm{d}x+\int(2\mathrm{e})^x\mathrm{d}x-2\int\mathrm{d}x\\&=3\cdot\frac{1}{3}x^3-\frac{1}{2}\ln|x|+\frac{1}{\ln 2\mathrm{e}}(2\mathrm{e})^x-2x+C\\&=x^3-\frac{1}{2}\ln|x|+\frac{1}{\ln 2\mathrm{e}}2^x\mathrm{e}^x-2x+C.\end{aligned}$$

【例 2】 求下列不定积分：

(1) $\int x\sqrt{x}\mathrm{d}x$； (2) $\int\frac{1}{\sqrt[3]{x^2}}\mathrm{d}x$.

解： (1) $\int x\sqrt{x}\mathrm{d}x=\int x^{\frac{3}{2}}\mathrm{d}x=\frac{2}{5}x^{\frac{5}{2}}+C$.

(2) $\int\frac{1}{\sqrt[3]{x^2}}\mathrm{d}x=\int x^{-\frac{2}{3}}\mathrm{d}x=3x^{\frac{1}{3}}+C$.

$\sqrt[n]{x^m}=x^{\frac{m}{n}}$

$\frac{1}{x^a}=x^{-a}$

提示： 当被积函数中含有 $\sqrt[n]{x^m}$、$\frac{1}{x^\alpha}(\alpha\neq-1)$ 等式子时，一般应把它化成幂的形式，再代幂函数的积分公式，此方法可简述为“化 x^α 型”. 对于常见的几个幂函数的不定积分 $\int\frac{1}{\sqrt{x}}\mathrm{d}x,\int\frac{1}{x^2}\mathrm{d}x$ 等的结论可以作为基本公式直接记忆和运用.

【例 3】 求 $\int(1-\sqrt{x})^2\mathrm{d}x$.

解：

$$\begin{aligned}\int(1-\sqrt{x})^2\mathrm{d}x&=\int(1-2\sqrt{x}+x)\mathrm{d}x=\int\mathrm{d}x-2\int x^{\frac{1}{2}}\mathrm{d}x+\int x\mathrm{d}x\\&=x-2\cdot\frac{2}{3}x^{\frac{3}{2}}+\frac{1}{2}x^2+C=x-\frac{4}{3}x^{\frac{3}{2}}+\frac{1}{2}x^2+C\end{aligned}$$

提示： 以上方法可简述为“**先展**（开）**后积**（分）”.

【例 4】 求 $\int\frac{\mathrm{e}^{2t}-1}{\mathrm{e}^t-1}\mathrm{d}t$.

解： $\int\frac{\mathrm{e}^{2t}-1}{\mathrm{e}^t-1}\mathrm{d}t=\int\frac{(\mathrm{e}^t-1)(\mathrm{e}^t+1)}{\mathrm{e}^t-1}\mathrm{d}t=\int(\mathrm{e}^t+1)\mathrm{d}t$

$$= \int e^t dt + \int dt = e^t + t + C$$

提示：以上方法可简述为“**先约**（分）**后积**（分）”.

【例 5】 求 $\int \sin^2 \frac{x}{2} dx$.

$\cos 2x = 1 - 2\sin^2 x$

解：$\int \sin^2 \frac{x}{2} dx = \int \frac{1 - \cos x}{2} dx = \frac{1}{2}\int (1 - \cos x) dx$

$$= \frac{1}{2}\left(\int dx - \int \cos x dx\right) = \frac{1}{2}(x - \sin x) + C$$

提示：当被积函数含三角函数时，常常要利用三角函数公式进行恒等变形，使其可用基本积分公式计算.

【例 6】 求 $\int \frac{x^4}{1 + x^2} dx$.

解：$\int \frac{x^4}{1 + x^2} dx = \int \frac{(x^4 - 1) + 1}{1 + x^2} dx = \int \frac{(x^2 + 1)(x^2 - 1) + 1}{1 + x^2} dx$

$$= \int (x^2 - 1) dx + \int \frac{1}{1 + x^2} dx = \frac{1}{3}x^3 - x + \arctan x + C$$

【例 7】 求 $\int \frac{1}{x^2(1 + x^2)} dx$.

解：$\int \frac{1}{x^2(1 + x^2)} dx = \int \left(\frac{1}{x^2} - \frac{1}{x^2 + 1}\right) dx = -\frac{1}{x} - \arctan x + C$

提示：以上两例采用了“拆项”的技巧：

（1）当被积函数为假分式时，先进行恒等变形：假分式 = 整式 + 真分式；

（2）（把分母分解因式后）按分母的因式拆项.

学习小结

（1）积分法是指______________________________.

（2）直接积分法的常用技巧有：

①____；

②____；

③____；

④____；

⑤____.

【习题 3.2】

1. 选择题

（1）下列式子正确的是（　　）.

A. $\int 2^x dx = 2^x + C$

B. $\int 2^x e^x dx = (\int 2^x dx)(\int e^x dx)$

C. $\int xf(x)dx = x\int f(x)dx$

D. $\int 3f(x)dx = 3\int f(x)dx$

（2）下列运算正确的是（　　）.

A. $\int x\sqrt{x}dx = \int x^{\frac{3}{2}}dx = \frac{3}{2}x^{\frac{1}{2}} + C$

B. $\int \sqrt{x}dx = \int x^{\frac{1}{2}}dx = \frac{3}{2}x^{\frac{3}{2}} + C$

C. $\int \frac{dx}{\sqrt{x}} = \int x^{-\frac{1}{2}}dx = -2x^{\frac{1}{2}} + C$

D. $\int \sqrt{x\sqrt{x}}dx = \int x^{\frac{3}{4}}dx = \frac{4}{7}x^{\frac{7}{4}} + C$

2. 求下列不定积分

（1）$\int (x^2 - 2^x + e^2)dx$；

（2）$\int (3^x e^x - 3\sin x + 1)dx$；

（3）$\int (x-1)\sqrt{x}\,dx$；

（4）$\int (\sqrt{x} - \sqrt{a})^2 dx$；

（5）$\int \frac{x-4}{\sqrt{x}+2}dx$；

（6）$\int \frac{x^3 + \sqrt{x^3} + 3}{\sqrt{x}}dx$；

（7）$\int \frac{\sin 2x}{\cos x}dx$；

（8）$\int \cos^2 \frac{x}{2}dx$；

（9）$\int e^{x-2}dx$；

（10）$\int \frac{x^2 + 5x + 6}{x+2}dx$；

（11）$\int \frac{x^2}{x^2+1}dx$；

（12）$\int \frac{dx}{\sin^2 x\cos^2 x}$.

3. 已知$\frac{dy}{dx} = x + 2$，且 $y|_{x=2} = 5$，求函数 y.

4. 已知某曲线在任一点的切线斜率等于该点横坐标的倒数，且曲线经过点$(e,3)$，求该曲线方程.

5. 生产某产品 Q 个的总成本 C 是产量 Q 的函数，已知生产 10000 个产品的总成本是 1200 元，边际函数 $C'(Q) = \frac{1}{\sqrt{Q}} + \frac{1}{2000}$（元/个），试求总成本函数 $C(Q)$.

3.3 不定积分的换元积分法

【本节提示】 本节将首先通过例子归纳出第一类换元积分法的一般思路，然后按凑微分的常见类型分别举例，最后简单介绍第二类换元积分法. 由于被积函数的多样性和复杂性，使换元方式也具有多样性和较大的灵活性. 通过本节的学习，要求熟练掌握不定积分的凑微分法，了解第二类换元积分法.

3.3.1　第一类换元积分法（凑微分法）

正如复合函数求导时不能简单套用基本导数公式一样，当被积函数为复合函数时，也不能简单地套用基本积分公式求积分，如 $\int \sin 2x\mathrm{d}x \neq -\cos 2x + C$. 根据复合函数的求导法则，可推出下面的积分法则：

定理 3.2　如果 $\int f(x)\mathrm{d}x = F(x) + C$，则 $\int f(u)\mathrm{d}u = F(u) + C$，其中 u 是可微函数.

即对于基本积分公式应正确理解. 如公式

$$\int x^{\alpha}\mathrm{d}x = \frac{1}{\alpha+1}x^{\alpha+1} + C\ (\alpha \neq -1)$$

也可以写为：

$$\int u^{\alpha}\mathrm{d}u = \frac{1}{\alpha+1}u^{\alpha+1} + C\ (\alpha \neq -1)$$

其中 u 可以是自变量，也可以是 x 的可微函数 $u = u(x)$.

例如，$\int (\ln x)^2\mathrm{d}(\ln x) = \frac{1}{3}(\ln x)^3 + C$；$\int \frac{1}{(\cos x)^2}\mathrm{d}(\cos x) = -\frac{1}{\cos x} + C$.

注意： 当被积函数是复合函数时，只有**积分变量等于**复合函数的**中间变量**时，才能直接套用基本积分公式.

【例 1】　求 $\int \sin 2x\mathrm{d}x$.

解： $\int \sin 2x\mathrm{d}x = \frac{1}{2}\int 2\sin 2x\mathrm{d}x \xlongequal{凑微分} \frac{1}{2}\int \sin 2x\mathrm{d}(2x)$

$$\xlongequal[令\ 2x = u]{换元} \frac{1}{2}\int \sin u\mathrm{d}u \xlongequal{代公式} -\frac{1}{2}\cos u + C \xlongequal[u = 2x]{变量还原} -\frac{1}{2}\cos 2x + C$$

上例是先将积分变量“凑”成被积函数中复合函数的中间变量，然后作变量代换，化为基本积分公式中的形式再求积分，最后变量还原得出结果. 其一般过程表示如下.

规律总结

$$\int g(x)\mathrm{d}x \xlongequal{恒等变形} \int f[\varphi(x)]\varphi'(x)\mathrm{d}x \xlongequal{凑微分} \int f[\varphi(x)]\mathrm{d}[\varphi(x)]$$

$$\xlongequal[令\ \varphi(x) = u]{换元} \int f(u)\mathrm{d}u \xlongequal{由已知公式} F(u) + C \xlongequal[u = \varphi(x)]{变量还原} F[\varphi(x)] + C$$

以上积分方法称为**第一类换元积分法**，其主要过程是将被积表达式 $f[\varphi(x)]\varphi'(x)\mathrm{d}x$ 中的 $\varphi'(x)$ 放到微分号 d(　) 里面去，变成微分式 $\mathrm{d}[\varphi(x)]$（此过程称为对函数 $\varphi'(x)$ **凑微分**），再作变量代换 $\varphi(x) = u$，使积分式变成 $\int f(u)\mathrm{d}u$，即化为基本积分公式表里的形式，从而求出该不定积分. 由于第一类换元积分法的关键步骤是凑微分，因此又将它称为

"凑微分法".

【例 2】 求 $\int (1-2x)^{99}\mathrm{d}x$.

解：$\int (1-2x)^{99}\mathrm{d}x \underline{\underline{\text{恒等变形}}} -\frac{1}{2}\int (1-2x)^{99}(1-2x)'\mathrm{d}x$

$\underline{\underline{\text{凑微分}}} -\frac{1}{2}\int (1-2x)^{99}\mathrm{d}(1-2x)$

$\overset{\text{换元}}{\underset{\text{令}1-2x=u}{=\!=\!=\!=}} -\frac{1}{2}\int u^{99}\mathrm{d}u \underline{\underline{\text{由已知公式}}} -\frac{1}{200}u^{100}+C$

$\overset{\text{变量还原}}{\underset{u=1-2x}{=\!=\!=\!=}} -\frac{1}{200}(1-2x)^{100}+C.$

运算熟练之后，对凑微分法中变量代换的步骤可以省略不写.

【例 3】 求 $\int \frac{\mathrm{d}x}{\sqrt{a^2-x^2}}(a>0)$.

解：$\int \frac{\mathrm{d}x}{\sqrt{a^2-x^2}} = \frac{1}{a}\int \frac{\mathrm{d}x}{\sqrt{1-(\frac{x}{a})^2}} = \int \frac{\mathrm{d}(\frac{x}{a})}{\sqrt{1-(\frac{x}{a})^2}} = \arcsin\frac{x}{a}+C$

【例 4】 求 $\int \frac{\mathrm{d}x}{a^2-x^2}\quad(a\neq 0)$.

解：$\int \frac{\mathrm{d}x}{a^2-x^2} = \int \frac{\mathrm{d}x}{(a+x)(a-x)} = \frac{1}{2a}\int\left(\frac{1}{a+x}+\frac{1}{a-x}\right)\mathrm{d}x$

$= \frac{1}{2a}\left[\int \frac{\mathrm{d}(a+x)}{a+x} - \int \frac{\mathrm{d}(a-x)}{(a-x)}\right] = \frac{1}{2a}(\ln|a+x| - \ln|a-x|)+C$

$= \frac{1}{2a}\ln\left|\frac{a+x}{a-x}\right|+C.$

规律总结

常用凑微分：$\int f(ax+b)\mathrm{d}x = \frac{1}{a}\int f(ax+b)\mathrm{d}(ax+b)\ (a\neq 0)$.

想：$\int x\mathrm{d}x=?$

【例 5】 求 $\int x\sqrt{x^2-1}\mathrm{d}x$.

解：$\int x\sqrt{x^2-1}\mathrm{d}x = \frac{1}{2}\int\sqrt{x^2-1}\mathrm{d}(x^2) = \frac{1}{2}\int (x^2-1)^{\frac{1}{2}}\mathrm{d}(x^2-1)$

$\underline{\underline{\text{令}\ x^2-1=u}}\ \frac{1}{2}\int u^{\frac{1}{2}}\mathrm{d}u = \frac{1}{3}u^{\frac{3}{2}}+C$

$$\underline{\underline{u=x^2-1}}\ \frac{1}{3}(x^2-1)^{\frac{3}{2}}+C.$$

【例 6】 求 $\int\frac{\sin\sqrt{x}}{\sqrt{x}}\mathrm{d}x$.

想：
$\int\frac{1}{\sqrt{x}}\mathrm{d}x=?$

解：$\int\frac{\sin\sqrt{x}}{\sqrt{x}}\mathrm{d}x=2\int\sin\sqrt{x}\,\mathrm{d}(\sqrt{x})=-2\cos\sqrt{x}+C$.

规律总结

常用凑微分：

$$\int f(x^2)x\mathrm{d}x=\frac{1}{2}\int f(x^2)\mathrm{d}(x^2);$$

$$\int f(\sqrt{x})\frac{1}{\sqrt{x}}\mathrm{d}x=2\int f(\sqrt{x})\mathrm{d}(\sqrt{x});$$

$$\int f\left(\frac{1}{x}\right)\frac{1}{x^2}\mathrm{d}x=-\int f\left(\frac{1}{x}\right)\mathrm{d}\left(\frac{1}{x}\right);$$

$$\int f(ax^n+b)x^{n-1}\mathrm{d}x=\frac{1}{an}\int f(ax^n+b)\mathrm{d}(ax^n+b).$$

【例 7】 求 $\int\frac{(\ln x)^2}{x}\mathrm{d}x$.

想：
$\int\frac{1}{x}\mathrm{d}x=?$

解：$\int\frac{(\ln x)^2}{x}\mathrm{d}x=\int(\ln x)^2\mathrm{d}(\ln x)=\frac{1}{3}(\ln x)^3+C$.

规律总结

常用凑微分：$\int f(\ln x)\frac{1}{x}\mathrm{d}x=\int f(\ln x)\mathrm{d}(\ln x)$.

【例 8】 求 $\int\tan x\mathrm{d}x$.

解：$\int\tan x\mathrm{d}x=\int\frac{\sin x}{\cos x}\mathrm{d}x=-\int\frac{1}{\cos x}\mathrm{d}(\cos x)=-\ln|\cos x|+C$.

*【例 9】 求 $\int\csc x\mathrm{d}x$.

解：
$$\begin{aligned}\int\csc x\mathrm{d}x&=\int\frac{1}{\sin x}\mathrm{d}x=\int\frac{\sin x}{\sin^2 x}\mathrm{d}x\\&=-\int\frac{\mathrm{d}(\cos x)}{1-\cos^2 x}\ \underline{\underline{\text{由例 4}}}\ -\frac{1}{2}\ln\left|\frac{1+\cos x}{1-\cos x}\right|+C\\&=\frac{1}{2}\ln\left|\frac{1-\cos x}{1+\cos x}\right|+C=\frac{1}{2}\ln\left|\frac{(1-\cos x)^2}{1-\cos^2 x}\right|+C\\&=\frac{1}{2}\ln\left|\frac{(1-\cos x)^2}{\sin^2 x}\right|+C=\ln\left|\frac{1-\cos x}{\sin x}\right|+C\\&=\ln|\csc x-\cot x|+C.\end{aligned}$$

同理可得：$\int \sec x\mathrm{d}x = \ln|\sec x + \tan x| + C$.

规律总结

常用凑微分：

$$\int f(\sin x)\cos x\mathrm{d}x = \int f(\sin x)\mathrm{d}(\sin x);$$

$$\int f(\cos x)\sin x\mathrm{d}x = -\int f(\cos x)\mathrm{d}(\cos x);$$

$$^{*}\int f(\tan x)\sec^2\mathrm{d}x = \int f(\tan x)\mathrm{d}(\tan x);$$

$$^{*}\int f(\cot x)\csc^2 x\mathrm{d}x = -\int f(\cot x)\mathrm{d}(\cot x).$$

凑微分的形式还有很多，因为“凑微分”是微分的逆运算，所以**对某个函数凑微分就相当于对这个函数积分**.

例如，$\frac{1}{x^2}\mathrm{d}x = \mathrm{d}(?)$，因为 $\int \frac{1}{x^2}\mathrm{d}x = -\frac{1}{x} + c = \int \mathrm{d}\left(-\frac{1}{x}\right)$，所以$\frac{1}{x^2}\mathrm{d}x = \mathrm{d}\left(-\frac{1}{x}\right)$. 只要多做练习，就会熟能生巧.

3.3.2 第二类换元积分法

当被积函数中含有根式，而且不能用直接积分或凑微分法求其不定积分时，常常可以考虑用简单根式代换或三角代换等方法，将根号去掉后再进行计算，其要点是“见根号，去根号”. 先来看一个例子.

【例 10】 求 $\int \frac{1}{\sqrt{x}+1}\mathrm{d}x$.

解： 令$\sqrt{x} = t$，则 $x = t^2$，$\mathrm{d}x = 2t\mathrm{d}t$.

$$\int \frac{1}{\sqrt{x}+1}\mathrm{d}x = \int \frac{2t}{t+1}\mathrm{d}t = 2\int \frac{(t+1)-1}{t+1}\mathrm{d}t = 2\int \left(1-\frac{1}{t+1}\right)\mathrm{d}t$$

$$= 2t - 2\ln|t+1| + C = 2\sqrt{x} - 2\ln|\sqrt{x}+1| + C$$

上例先引入新变量 t，将 x 表示为 t 的一个连续函数 $x = \varphi(t)$，再针对新变量 t 进行积分，最后变量还原得出结果. 其一般过程表示如下.

规律总结

$$\int f(x)\mathrm{d}x \overset{\text{令 } x = \varphi(t)}{=\!=\!=} \int f[\varphi(t)]\mathrm{d}[\varphi(t)] = \int f[\varphi(t)]\varphi'(t)\mathrm{d}t$$

$$\overset{\text{对变量 } t \text{ 积分}}{=\!=\!=} F(t) + C \xrightarrow[t=\varphi^{-1}(x)]{\text{变量还原}} F[\varphi^{-1}(x)] + C.$$

以上积分方法称为**第二类换元积分法**.

【例 11】　求 $\int \frac{\mathrm{d}x}{\sqrt{x}+\sqrt[3]{x}}$.

解: 令 $t=\sqrt[6]{x}$，则 $x=t^6$，$\mathrm{d}x=6t^5\mathrm{d}t$. 于是，

$$\begin{aligned}\int \frac{1}{\sqrt{x}+\sqrt[3]{x}}\mathrm{d}x &= \int \frac{6t^5}{t^3+t^2}\mathrm{d}t = 6\int \frac{t^3}{t+1}\mathrm{d}t = 6\int \frac{(t^3+1)-1}{t+1}\mathrm{d}t \\ &= 6\int \left(t^2-t+1-\frac{1}{t+1}\right)\mathrm{d}t \\ &= 6\left(\frac{1}{3}t^3-\frac{1}{2}t^2+t-\ln|t+1|\right)+C \\ &= 2\sqrt{x}-3\sqrt[3]{x}+6\sqrt[6]{x}-6\ln|\sqrt[6]{x}+1|+C.\end{aligned}$$

规律总结

上例中的变换称为**简单根式代换**. 常用的简单根式代换有:

(1) 在 $\int f(\sqrt{ax+b})\mathrm{d}x$ 中,令 $\sqrt{ax+b}=t$；

(2) 在 $\int f(\sqrt[m]{ax+b},\sqrt[n]{ax+b})\mathrm{d}x$ 中,令 $\sqrt[k]{ax+b}=t$，其中 k 是 m，n 的最小公倍数.

*【**例 12**】　求 $\int \sqrt{a^2-x^2}\mathrm{d}x\ (a>0)$.

解:（利用三角代换 $x=a\sin t$ 以及三角公式 $1-\sin^2 t=\cos^2 t$ 消去被积函数中的根号，再积分.）设 $x=a\sin t$，$\left(0<t<\frac{\pi}{2}\right)$，则 $\mathrm{d}x=a\cos t\mathrm{d}t$.

$$\begin{aligned}\int \sqrt{a^2-x^2}\mathrm{d}x &= \int \sqrt{a^2-a^2\sin^2 t}(a\cos t)\mathrm{d}t = a^2\int \cos^2 t\mathrm{d}t \\ &= a^2\int \frac{1+\cos 2t}{2}\mathrm{d}t = \frac{a^2}{2}\left(t+\frac{1}{2}\sin 2t\right)+C \\ &= \frac{a^2}{2}(t+\sin t\cos t)+C = \frac{a^2}{2}(t+\sin t\sqrt{1-\sin^2 t})+C \\ &= \frac{a^2}{2}\left[\arcsin\frac{x}{a}+\frac{x}{a}\sqrt{1-\left(\frac{x}{a}\right)^2}\right]+C \\ &= \frac{a^2}{2}\arcsin\frac{x}{a}+\frac{x}{2}\sqrt{a^2-x^2}+C\end{aligned}$$

$\cos 2t=2\cos^2 t-1$

因为 $\sin t=\frac{x}{a}$，所以 $t=\arcsin\frac{x}{a}$.

*【**例 13**】　求不定积分 $\int \frac{\mathrm{d}x}{x^2\sqrt{1+x^2}}$.

解:（利用三角代换 $x=\tan t$ 以及三角公式 $1+\tan^2 t=\sec^2 t$ 消去被积函数中的根号,再积分,最后利用直角三角形法(见图 3－2)变量还原.）

令 $x=\tan t$,则 $\mathrm{d}x=\sec^2 t\mathrm{d}t$，$\sqrt{1+x^2}=\sqrt{1+\tan^2 t}=\sec t$. 故

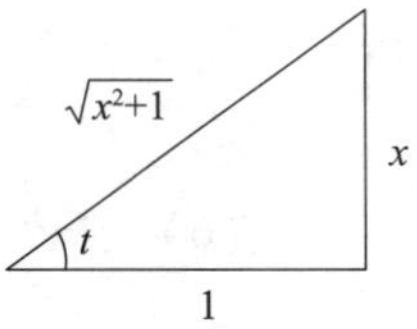

图 3－2

$$\int \frac{\mathrm{d}x}{x^2\sqrt{1+x^2}} = \int \frac{\sec^2 t\mathrm{d}t}{\tan^2 t \cdot \sec t} = \int \frac{\frac{1}{\cos t}}{\frac{\sin^2 t}{\cos^2 t}}\mathrm{d}t$$

$$= \int \frac{\cos t}{\sin^2 t}\mathrm{d}t = \int \frac{\mathrm{d}(\sin t)}{\sin^2 t}$$

$$= -\frac{1}{\sin t} + C = -\frac{\sqrt{1+x^2}}{x} + C$$

规律总结

用三角代换进行积分时，变量还原可借助直角三角形直接得出结果．这样较简便．常用三角代换以及所对应的辅助三角形如下表：

积分类型	变量代换式	辅助三角形（用于变量还原）
$\int f(\sqrt{a^2-x^2})\mathrm{d}x$	$x = a\sin t$	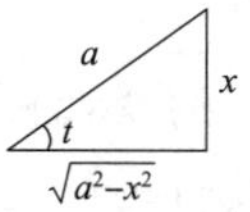
$\int f(\sqrt{a^2+x^2})\mathrm{d}x$	$x = a\tan t$	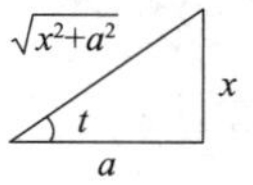
$\int f(\sqrt{x^2-a^2})\mathrm{d}x$	$x = a\sec t$	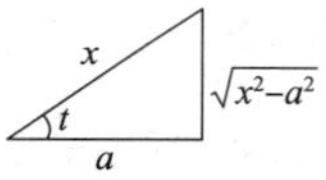

学习小结

（1）第一类换元积分法的核心是______，因此又将第一类换元积分法称为______法．

（2）如果 $\int f(x)\mathrm{d}x = F(x) + C$，则 $\int f(u)\mathrm{d}u =$ ________ $+ C$．其中 u 是可微函数．

（3）当被积函数是复合函数时，必须将积分变量"凑成"____________，才能直接套用基本积分公式．

（4）因为"凑微分"是微分的__________运算，所以对某个函数凑微分就相当于对这个函数__________．

（5）常见的凑微分有：____

____

____

____

____．

（6）当被积函数中含有根式时，常常可以考虑用____________代换或________代换，将其________去掉后再进行计算．

【习题 3.3】

1. 填空题：

(1) $\int \cos(e^x)\mathrm{d}(e^x) =$ ________；　(2) $\int \sin(2x+1)\mathrm{d}(2x+1) =$ ________；

(3) $\int \frac{1}{1+e^{2x}}\mathrm{d}(e^x) =$ ________；　(4) $\int (\sin^2 x+2)\mathrm{d}(\sin x) =$ ________；

(5) $\int \frac{1}{1+x^2}\mathrm{d}(1+x^2) =$ ________；　(6) $\int \frac{1}{\ln^2 x}\mathrm{d}(\ln x) =$ ________.

2. 凑出适当的微分：(例如 $\int x\cos(1-x^2)\mathrm{d}x = \underline{-\frac{1}{2}}\int \cos(1-x^2)\mathrm{d}\,\underline{(1-x^2)}$)

(1) $\int \sin(6x-2)\mathrm{d}x =$ ________ $\int \sin(6x-2)\mathrm{d}$ ________；

(2) $\int x\sqrt{3x^2-1}\mathrm{d}x =$ ________ $\int \sqrt{3x^2-1}\mathrm{d}$ ________；

(3) $\int e^{2x+3}\mathrm{d}x =$ ________ $\int e^{2x+3}\mathrm{d}$ ________；

(4) $\int \frac{1}{x\ln x}\mathrm{d}x = \int \frac{1}{\ln x}\mathrm{d}$ ________；

(5) $\int e^{2x+3}\cos e^{2x+3}\mathrm{d}x =$ ________ $\int \cos e^{2x+3}\mathrm{d}$ ________；

(6) $\int x^2 e^{4x^3}\mathrm{d}x =$ ________ $\int e^{4x^3}\mathrm{d}$ ________；

(7) $\int \frac{1}{x^2}\cos\frac{1}{x}\mathrm{d}x =$ ________ $\int \cos\frac{1}{x}\mathrm{d}$ ________；

(8) $\int \sin^3 x\mathrm{d}x =$ ________ $\int (1-\cos^2 x)\mathrm{d}$ ________.

3. 求下列不定积分：

(1) $\int (2-x)^{20}\mathrm{d}x$；　(2) $\int \sqrt{2x-1}\mathrm{d}x$；

(3) $\int \cos\frac{x}{6}\mathrm{d}x$；　(4) $\int \sin(1-3x)\mathrm{d}x$；

(5) $\int \frac{\mathrm{d}x}{(3-2x)^3}$；　(6) $\int \frac{\mathrm{d}x}{\sqrt{2-3x}}$；

(7) $\int \frac{\mathrm{d}x}{1-x^2}$；　(8) $\int \frac{\mathrm{d}x}{9+x^2}$；

(9) $\int \frac{\mathrm{d}x}{\sqrt{9-x^2}}$；　(10) $\int \frac{x}{1+x^2}\mathrm{d}x$；

(11) $\int \frac{e^{\frac{1}{x}}}{x^2}\mathrm{d}x$；　(12) $\int x^2\sin 3x^3\mathrm{d}x$；

(13) $\int x^3 a^{x^4} \mathrm{d}x$；

(14) $\int x\sqrt{3x^2-1}\mathrm{d}x$；

(15) $\int x\cos(a+bx^2)\mathrm{d}x(b\neq 0)$；

(16) $\int \frac{x}{\sqrt{9-x^2}}\mathrm{d}x$；

(17) $\int \frac{\mathrm{d}x}{\sqrt{x}(1+x)}$;

(18) $\int \frac{\ln x}{x}\mathrm{d}x$；

(19) $\int \frac{\mathrm{e}^x}{\mathrm{e}^x+1}\mathrm{d}x$;

(20) $\int \mathrm{e}^{\sin x}\cos x\mathrm{d}x$；

(21) $\int \frac{\arctan x}{1+x^2}\mathrm{d}x$;

(22) $\int \frac{\sin x}{2\sqrt{\cos x}}\mathrm{d}x$.

*4. 求下列不定积分：

(1) $\int \frac{x}{\sqrt{x-2}}\mathrm{d}x$;

(2) $\int x\sqrt{1-x}\mathrm{d}x$；

(3) $\int \frac{\mathrm{d}x}{x\sqrt{1+x}}$;

(4) $\int \frac{\mathrm{d}x}{\sqrt{x^2-1}}$;

(5) $\int \sqrt{1-x^2}\mathrm{d}x$;

(6) $\int \frac{1}{\sqrt{x^2+4}}\mathrm{d}x$.

3.4 不定积分的分部积分法

【本节提示】 虽然换元积分法应用很广，但是当被积函数是两种不同类型的函数相乘时（如$\int x\mathrm{e}^x\mathrm{d}x$,$\int \mathrm{e}^x\cos x\mathrm{d}x$ 等），用换元法已不能奏效．为此我们将从两个函数乘积的微分公式，推导出另一种常用的积分方法——分部积分法．通过本节的学习，要求掌握分部积分公式，熟练地“选 u，凑 v”．

设函数 $u=u(x)$，$v=v(x)$都有连续的导数，则

$$(uv)'=uv'+u'v,\ uv'=(uv)'-vu'$$

两边积分得 $\int uv'\mathrm{d}x=uv-\int vu'\mathrm{d}x$，即

$$\int u\mathrm{d}v=uv-\int v\mathrm{d}u$$

上式称为不定积分的**分部积分公式**．当积分 $\int u\mathrm{d}v$ 不易计算，而积分 $\int v\mathrm{d}u$ 较易计算时，就可以用这个公式将两者进行转换．应用分部积分公式求积分的方法，称为**分部积分法**．

【例 1】 求 $\int x\cos x\mathrm{d}x$．

解： 令 $u=x$，$\mathrm{d}v=\cos x\mathrm{d}x=\mathrm{d}(\sin x)$，则 $\mathrm{d}u=\mathrm{d}x$，$v=\sin x$．于是，

$$\int x\cos x\mathrm{d}x = \int x\mathrm{d}(\sin x) = x\sin x - \int \sin x\mathrm{d}x = x\sin x + \cos x + C$$

此题若令 $u=\cos x$，$\mathrm{d}v=x\mathrm{d}x$，则运用分部积分公式后会更复杂，根本得不出答案．

可见，适当地选择 u 和 $\mathrm{d}v$ 是运用分部积分公式的关键．选择 u 和 $\mathrm{d}v$ 的原则：**一是 $\int v\mathrm{d}u$ 要比 $\int u\mathrm{d}v$ 容易计算，二是 v 要容易求出．**根据此原则和解题经验，我们有以下结论：

规律总结

分部积分法的步骤是：“选 u、凑 v、代公式”．**选择 u 的口诀：**反、对、幂、三、指，谁在前面谁设 u.

例如，$\int x\ln x\mathrm{d}x$ 中，被积函数是幂函数 x 与对数函数 $\ln x$ 相乘，按口诀中的顺序，对数函数排在幂函数的前面，因此设 $\ln x=u$，其余的 $x\mathrm{d}x=\mathrm{d}v$.

【例 2】　求 $\int x\mathrm{e}^x\mathrm{d}x$．

解：　令 $u=x$，$\mathrm{d}v=\mathrm{e}^x\mathrm{d}x=\mathrm{d}(\mathrm{e}^x)$，则 $\mathrm{d}u=\mathrm{d}x, v=\mathrm{e}^x$. 所以，

$$\int x\mathrm{e}^x\mathrm{d}x = \int x\mathrm{d}\mathrm{e}^x = x\mathrm{e}^x - \int \mathrm{e}^x\mathrm{d}x = x\mathrm{e}^x - \mathrm{e}^x + C.$$

解题熟练后，在分部积分公式的使用过程中，不必每次都具体写出 u 和 $\mathrm{d}v$，只要根据公式直接运算就可以了．

【例 3】　求 $\int x^2\mathrm{e}^x\mathrm{d}x$．

解：

$$\begin{aligned}\int x^2\mathrm{e}^x\mathrm{d}x &= \int x^2\mathrm{d}(\mathrm{e}^x) = x^2\mathrm{e}^x - \int \mathrm{e}^x\mathrm{d}(x^2) = x^2\mathrm{e}^x - 2\int x\mathrm{e}^x\mathrm{d}x \\ &= x^2\mathrm{e}^x - 2\int x\mathrm{d}(\mathrm{e}^x) = x^2\mathrm{e}^x - 2(x\mathrm{e}^x - \int \mathrm{e}^x\mathrm{d}x) \\ &= x^2\mathrm{e}^x - 2x\mathrm{e}^x + 2\mathrm{e}^x + C = (x^2-2x+2)\mathrm{e}^x + C.\end{aligned}$$

【例 4】　求 $\int \arctan x\mathrm{d}x$．

解：

$$\begin{aligned}\int \arctan x\mathrm{d}x &= x\arctan x - \int x\mathrm{d}(\arctan x) = \arctan x - \int \frac{x}{1+x^2}\mathrm{d}x \\ &= x\arctan x - \frac{1}{2}\int \frac{1}{1+x^2}\mathrm{d}(1+x^2) = x\arctan x - \frac{1}{2}\ln(1+x^2) + C.\end{aligned}$$

规律总结

如果被积函数只有一个函数，有时可以直接把这个函数作为公式中的 u（此时 $\mathrm{d}v=\mathrm{d}x$），利用分部积分公式求出积分．

【例 5】　求 $\int \mathrm{e}^x\sin x\mathrm{d}x$．

解： $\int e^x\sin x dx = \int \sin x d(e^x) = e^x\sin x - \int e^x d(\sin x) = e^x\sin x - \int e^x\cos x dx$

$= e^x\sin x - \int \cos x d(e^x) = e^x\sin x - [e^x\cos x - \int e^x d(\cos x)]$

$= e^x(\sin x - \cos x) - \int e^x\sin x dx.$

移项得：$2\int e^x\sin x dx = e^x(\sin x - \cos x) + C_1$，

故 $\int e^x\sin x dx = \frac{1}{2}e^x(\sin x - \cos x) + C.$

规律总结

对有些不定积分，反复运用分部积分公式后，会再次出现原来要求的积分，此时可把原式作为未知量解方程求出来．在连续多次使用分部积分公式时，应始终保持选取同类函数作为 u.

【例 6】 求 $\int e^{\sqrt{x}}dx$.

解： 令 $\sqrt{x}=t$，则 $x=t^2$，$dx=2tdt$，

$\int e^{\sqrt{x}}dx = \int e^t\cdot 2tdt = 2\int tde^t = 2(te^t - \int e^t dt)$

$=2(te^t - e^t) + C = 2e^{\sqrt{x}}(\sqrt{x}-1) + C.$

提示： 在求一个不定积分的过程中，有时需要同时用到几种积分方法．

学习小结

（1）当被积函数是两种不同类型的函数相乘时，常用的一种积分方法是______．
（2）分部积分公式是____________________．
（3）分部积分法的步骤是____．
（4）选择 u 的口诀：____________________．
（5）如果被积函数只有一个函数，有时也可以用________________法求出积分．
（6）常用的积分方法有：____
____．

【习题 3.4】

1. 填空题：

（1）$\int x\sin x dx$ 中，$u=$__________，$v=$__________；

(2) $\int \ln x dx$ 中，$u=$__________，$v=$__________；

(3) $\int x^2 \ln x dx$ 中，$u=$__________，$v=$__________；

(4) $\int \frac{\ln x}{x^2} dx$ 中，$u=$__________，$v=$__________；

(5) $\int x^2 e^{-x} dx$ 中，$u=$__________，$v=$__________；

(6) $\int x\arcsin x dx$ 中，$u=$__________，$v=$__________.

2. 求下列不定积分：

(1) $\int xe^{-x} dx$；　(2) $\int x^2 e^{-x} dx$；　(3) $\int x^2 \ln x dx$；

(4) $\int x\sin 2x dx$；　(5) $\int x\arctan x dx$；　(6) $\int \arcsin x dx$；

(7) $\int \ln x dx$；　(8) $\int x^2 \cos x dx$；　(9) $\int \frac{\ln x}{x^2} dx$；

(10) $\int \cos\sqrt{x} dx$；　(11) $\int \arctan\sqrt{x} dx$；　(12) $\int e^x \cos x dx$.

3.5 定积分的概念与性质

【本节提示】 本节将从求曲边梯形的面积和求非均匀变化的收益总量两个实例，引入定积分的概念及其几何意义，然后介绍定积分的性质．通过本节的学习，要求理解定积分的概念和几何意义，从而领会“化整为零”、“以直代曲，以不变代万变”、“积零为整”、“取极限引起质变”等辩证思想．

3.5.1 定积分的概念

1. 引出定积分概念的例题

【例 1】 求曲边梯形的面积．

在直角坐标系中，由连续曲线 $y=f(x)$，直线 $x=a$、$x=b$ 及 x 轴所围成的图形，称为**曲边梯形**．如图 3－3 所示，$AabB$ 就是一个曲边梯形，其中 x 轴上的区间 $[a,b]$ 称为曲边梯形的底，$y=f(x)$ 称为曲边梯形的曲边．

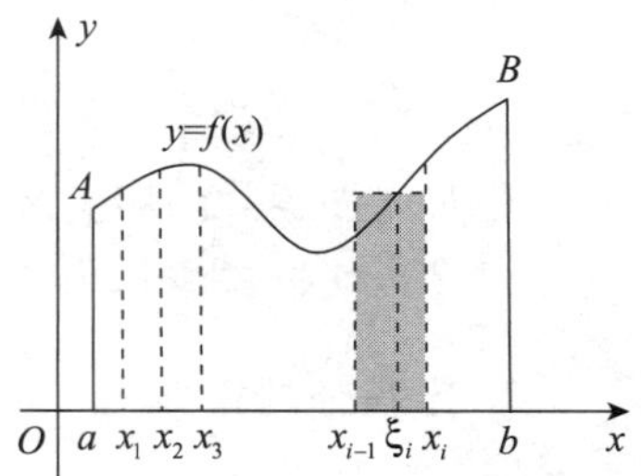

图 3－3

下面我们来计算图 3－3 中的曲边梯形 $AabB$ 的面积 S.

解：第一步：**分割**．用分点 $a=x_0<x_1<x_2<\cdots<x_{n-1}<x_n=b$，将区间$[a,b]$分成 n 个小区间$[x_{i-1},x_i](i=1,2,\cdots,n)$，其中第 i 个小区间的长度记为 $\Delta x_i=x_i-x_{i-1}$ $(i=1,2,\cdots,n)$．过分点作 x 轴的垂线,将整个曲边梯形分成 n 个小曲边梯形．

第二步：**代替**．在每一个小区间$[x_{i-1},x_i]$上任取一点 ξ_i $(i=1,2,\cdots,n)$，用$f(\xi_i)$为高，Δx_i 为底的小矩形面积$f(\xi_i)\Delta x_i$ 来近似代替同底的小曲边梯形的面积 ΔS_i，即

$$\Delta S_i\approx f(\xi_i)\Delta x_i \qquad (i=1,2,\cdots,n)$$

第三步：**求和**．用 n 个小矩形面积之和近似代替整个曲边梯形的面积 S，即

$$S=\sum_{i=1}^{n}\Delta S_i\approx\sum_{i=1}^{n}f(\xi_i)\Delta x_i$$

第四步：**取极限**．用 $\Delta x=\max\limits_{1\leqslant i\leqslant n}\{\Delta x_i\}$ 表示所有小区间中最大区间的长度，当 $\Delta x\to 0$（此时 $n\to+\infty$）时，和式 S_n 的极限就是所求曲边梯形的面积 S. 即

$$S=\lim_{\Delta x\to 0}\sum_{i=1}^{n}f(\xi_i)\Delta x_i$$

【例 2】 求非均匀变化的收益总量．

一般企业的收入是随时流入的，设收入的变化率（即边际收益）是时间 t 的连续函数 $f(t)$，求从时刻 a 到时刻 b 的总收益．

解：第一步：**分割**．用分点 $a=t_0<t_1<t_2<\cdots<t_{n-1}<t_n=b$，把时间段$[a,b]$分成 n 个小区间$[t_{i-1},t_i](i=1,2,\cdots,n)$，其中第 i 个小区间的长度记为 $\Delta t_i=t_i-t_{i-1}(i=1,2,\cdots,n)$.

第二步：**代替**．在每一个小区间$[t_{i-1},t_i]$上任取一点 $\xi_i(i=1,2,\cdots,n)$．其对应的收益的变化率为 $f(\xi_i)$，我们将时间段$[t_{i-1},t_i]$上的收益看着是均匀的，于是得到时间段$[t_{i-1},t_i]$上的收益 ΔR_i 的近似值，即

$$\Delta R_i\approx f(\xi_i)\Delta t_i \qquad (i=1,2,\cdots,n)$$

第三步：**求和**．将 n 段时间上的收益的近似值相加,就得到在时间段$[a,b]$上的总收益的近似值，即

$$R=\sum_{i=1}^{n}\Delta R_i\approx\sum_{i=1}^{n}f(\xi_i)\Delta t_i$$

第四步：**取极限**．用 $\Delta t=\max\limits_{1\leqslant i\leqslant n}\{\Delta t_i\}$ 表示所有小区间中最大区间的长度，当 $\Delta t\to 0$ 时（此时 $n\to+\infty$），和式 $\sum\limits_{i=1}^{n}f(\xi_i)\Delta t_i$ 的极限就是所求非均匀变化的总收益，即

$$R=\lim_{\Delta t\to 0}\sum_{i=1}^{n}f(\xi_i)\Delta t_i$$

还有许多实际问题，最后都是归结为求结构相同的某一和式的极限．撇开各种问题的具体意义，就抽象概括出了定积分的概念．

2. 定积分的定义

定义 3.3 如果函数$f(x)$在区间$[a,b]$上有定义，用点 $a=x_0<x_1<x_2<\cdots<x_{n-1}<x_n=b$ 将区间$[a,b]$任意分成 n 个小区间$[x_{i-1},x_i]$ $(i=1,2,\cdots,n)$，其长度为 $\Delta x_i=x_i-x_{i-1}$，

在每个小区间$[x_{i-1},x_i]$上任取一点$\xi_i(x_{i-1}\leqslant\xi_i\leqslant x_i)$，作和$S_n=\sum_{i=1}^{n}f(\xi_i)\Delta x_i$. 如果当$n$无限增大,且$\Delta x\to 0(\Delta x=\max_{1\leqslant i\leqslant n}\{\Delta x_i\})$时，$S_n$的极限存在，则称此极限为函数$f(x)$在区间$[a,b]$上的定积分，记作$\int_a^b f(x)\mathrm{d}x$. 即

$$\int_a^b f(x)\mathrm{d}x=\lim_{\Delta x\to 0}\sum_{i=1}^{n}f(\xi_i)\Delta x_i$$

其中$f(x)$称为**被积函数**，$f(x)\mathrm{d}x$称为**被积表达式**，x称为**积分变量**，a称为**积分下限**，b称为**积分上限**，$[a,b]$称为**积分区间**. $\int_a^b f(x)\mathrm{d}x$读作“$f(x)$从a到b的定积分”.

按定积分的定义，前面两个实例可以分别表示为：

曲边梯形的面积$S=\int_a^b f(x)\mathrm{d}x\quad(f(x)>0)$. 其中$f(x)$为曲边梯形的曲边.

非均匀变化的总收益$R=\int_a^b f(t)\mathrm{d}t$，其中$f(t)$为边际收益.

注意：关于定积分的概念，有下列几点说明：

(1) $\int_a^b f(x)\mathrm{d}x$是一个特定结构的和式极限. 若此极限存在，则称$f(x)$在区间$[a,b]$上**可积**，当$f(x)$在区间$[a,b]$上可积时，$\int_a^b f(x)\mathrm{d}x$是一个确定的值，即为常量.

(2) 决定定积分值的要素是被积函数$f(x)$和积分区间$[a,b]$，而与积分变量用什么字母表示无关，即

$$\int_a^b f(x)\mathrm{d}x=\int_a^b f(t)\mathrm{d}t=\int_a^b f(u)\mathrm{d}u=\cdots$$

(3) 规定：当$a>b$时，$\int_a^b f(x)\mathrm{d}x=-\int_b^a f(x)\mathrm{d}x$，特别地，当$a=b$时，$\int_a^a f(x)\mathrm{d}x=0$.

(4) 函数$f(x)$在区间$[a,b]$上可积，其必要条件是$f(x)$在$[a,b]$上有界；充分条件是$f(x)$在$[a,b]$上连续.

3.5.2 定积分的几何意义

(1) 若在区间$[a,b]$上函数$f(x)\geqslant 0$，则$\int_a^b f(x)\mathrm{d}x$等于以$f(x)$为曲边，$[a,b]$为底的曲边梯形面积S，如图 3－4 所示.

(2) 若在区间$[a,b]$上函数$f(x)\leqslant 0$，则$\int_a^b f(x)\mathrm{d}x$等于以$f(x)$为曲边，$[a,b]$为底的曲边梯形面积S的相反数，如图 3－5 所示.

(3) 若在区间$[a,b]$上函数$f(x)$的值有正也有负，则$\int_a^b |f(x)|\mathrm{d}x$的值等于以曲线$f(x)$与直线$x=a$，$x=b$及$x$轴围成的几个小曲边梯形面积的和，如图 3－6 所示.

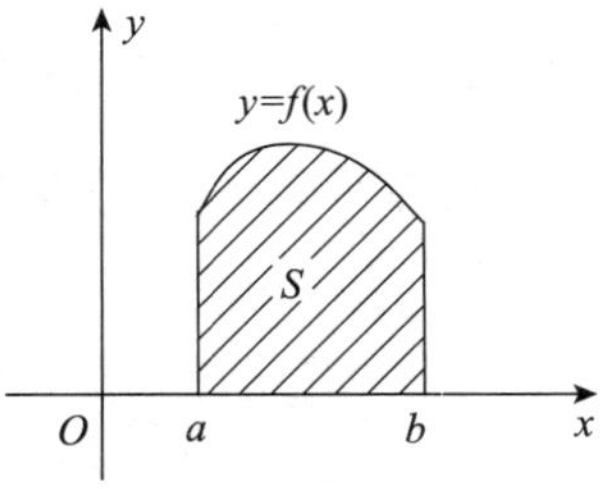

图 3 - 4

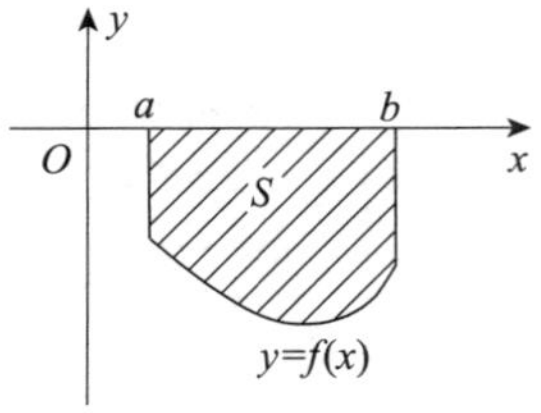

图 3 - 5

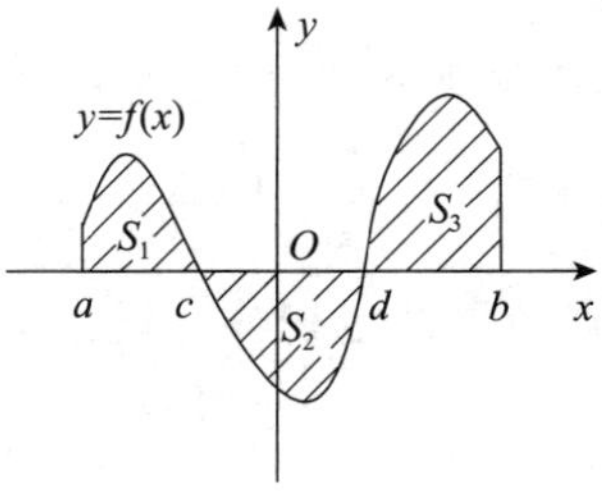

图 3 - 6

【例 1】 利用定积分的几何意义计算下列积分：

(1) $\int_0^1 3x\mathrm{d}x$　　　　　　(2) $\int_{-\pi}^{\pi} \sin x\mathrm{d}x$

解：

(1) 如图 3 - 7 (1) 所示，$\int_0^1 3x\mathrm{d}x$ 表示直线 $y=3x$ 与 x 轴及直线 $x=1$ 所围成三角形的面积，其面积等于$\frac{3}{2}$，所以 $\int_0^1 3x\mathrm{d}x = \frac{3}{2}$.

(2) 如图 3 - 7 (2) 所示，$\int_{-\pi}^{\pi} \sin x\mathrm{d}x = -S_1 + S_2$，显然面积 S_1、S_2 相等，所以 $\int_{-\pi}^{\pi} \sin x\mathrm{d}x = 0$.

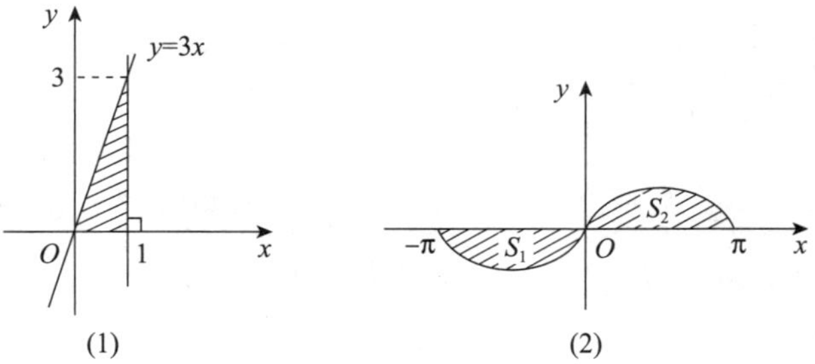

图 3 - 7

3.5.3 定积分的性质

设下面的函数在所讨论的区间上都可积，根据定积分的定义或定积分的几何意义可以得到以下性质.

性质 1 若被积函数 $f(x)=1$，则 $\int_a^b \mathrm{d}x = b-a$.

性质 2 $\int_a^b kf(x)\mathrm{d}x = k\int_a^b f(x)\mathrm{d}x$（$k$ 为常数）.

性质 3 $\int_a^b [f(x) \pm g(x)]\mathrm{d}x = \int_a^b f(x)\mathrm{d}x \pm \int_a^b g(x)\mathrm{d}x$

此性质可推广到有限个函数的代数和的情况.

性质 4　（积分区间的可加性）对任意三个实数 a，b，c，均有

$$\int_a^b f(x)\,dx = \int_a^c f(x)\,dx + \int_c^b f(x)\,dx$$

性质 5　若在 $[a,b]$ 上 $f(x) \leqslant g(x)$，则 $\int_a^b f(x)\,dx \leqslant \int_a^b g(x)\,dx$.

例如，在区间 $[0,1]$ 上，因为 $x \geqslant x^2$，所以 $\int_0^1 x\,dx \geqslant \int_0^1 x^2\,dx$.

* **性质 6**　（估值定理）若 $f(x)$ 在 $[a,b]$ 上有最大值 M，最小值 m，则

$$m(b-a) \leqslant \int_a^b f(x)\,dx \leqslant M(b-a)$$

***【例 2】**　估计定积分 $\int_{-1}^1 e^{-x^2}\,dx$ 的值.

解： 先求 e^{-x^2} 在 $[-1,1]$ 上的最大值与最小值：设 $f(x)=e^{-x^2}$，则 $f'(x)=(e^{-x^2})'=-2xe^{-x^2}$，令 $f'(x)=0$，解得 $x=0$.

因为 $f(0)=1, f(-1)=f(1)=\frac{1}{e}$，所以 $f(x)$ 在 $[-1,1]$ 上的最大值为 1，最小值为 $\frac{1}{e}$.

由性质 6 知，

$$\frac{1}{e}[1-(-1)] \leqslant \int_{-1}^1 e^{-x^2}\,dx \leqslant 1 \times [1-(-1)],$$

即

$$\frac{2}{e} \leqslant \int_{-1}^1 e^{-x^2}\,dx \leqslant 2$$

* **性质 7**　（积分中值定理）如果函数 $f(x)$ 在闭区间 $[a,b]$ 上连续，则在 (a,b) 内至少存在一点 ξ，使得 $\int_a^b f(x)\,dx = f(\xi)(b-a)$.

通常称 $\frac{1}{b-a}\int_a^b f(x)\,dx$ 为函数 $f(x)$ 在区间 $[a,b]$ 上的平均值.

学习小结

（1）当 $f(x)$ 在区间 [a,b] 上可积时，$\int_a^b f(x)\,dx$ 是一个__________量.

（2）决定定积分值的要素是________________，而与________________无关.

（3）$\int_a^b f(x)\,dx =$ ______ $\int_b^a f(x)\,dx$，$\int_a^a f(x)\,dx =$ __________.

（4）以曲线 $f(x)$ 与直线 $x=a$，$x=b$ 及 x 轴围成的曲边梯形面积等于定积分________________________的值.

（5）若在 $[a,b]$ 上 $f(x) \leqslant g(x)$，则 $\int_a^b f(x)\,dx$ __________ $\int_a^b g(x)\,dx$.

【习题 3.5】

1. 利用定积分的几何意义填空：

(1) $\int_0^1 2\mathrm{d}x =$ ________；　(2) $\int_0^1 2x\mathrm{d}x =$ ________；

(3) $\int_{-2}^0 (x-1)\mathrm{d}x$ ________；　(4) $\int_{-1}^1 |x|\mathrm{d}x$ ________；

(5) $\int_{-1}^1 \sqrt{1-x^2}\mathrm{d}x =$ ________；　(6) $\int_0^{2\pi} \sin x\mathrm{d}x =$ ________.

2. 利用定积分的性质，比较下列定积分值的大小：

(1) $\int_1^2 x^2\mathrm{d}x$ 与 $\int_1^2 x^3\mathrm{d}x$；　(2) $\int_0^1 \mathrm{e}^x\mathrm{d}x$ 与 $\int_0^1 \mathrm{e}^{x^2}\mathrm{d}x$；

(3) $\int_1^2 \ln x\mathrm{d}x$ 与 $\int_1^2 (\ln x)^2\mathrm{d}x$；　(4) $\int_3^4 \ln x\mathrm{d}x$ 与 $\int_3^4 (\ln x)^2\mathrm{d}x$；

(5) $\int_{-\frac{\pi}{2}}^0 \sin x\mathrm{d}x$ 与 $\int_0^{\frac{\pi}{2}} \sin x\mathrm{d}x$；　(6) $\int_0^{\frac{\pi}{2}} \sin x\mathrm{d}x$ 与 $\int_0^{\frac{\pi}{2}} \sin^2 x\mathrm{d}x$.

*3. 估计下列各定积分值：

(1) $\int_1^4 (\sqrt{x}+2)\mathrm{d}x$；　(2) $\int_1^2 (1-x^3)\mathrm{d}x$；

(3) $\int_{\mathrm{e}}^{\mathrm{e}^2} \ln x\mathrm{d}x$；　(4) $\int_0^2 \mathrm{e}^{x^2-x}\mathrm{d}x$.

3.6 微积分基本定理

【本节提示】 用定积分的定义计算定积分相当困难，到 17 世纪末，牛顿和莱布尼兹分别从不同的角度找到了定积分与不定积分的联系，建立了微积分基本定理，其核心是牛顿—莱布尼兹公式，使定积分的计算从繁琐的求和式极限中解脱出来，从而使众多研究领域得到飞速发展．通过本节的学习，应了解原函数存在定理，掌握牛顿—莱布尼兹公式．

*3.6.1 原函数存在定理

1. 变上限的定积分

设函数 $f(x)$ 在区间 $[a,b]$ 上连续，且 x 为 $[a,b]$ 上任意一点，则函数 $f(x)$ 在 $[a,x]$ 上也连续，因此 $\int_a^x f(t)\mathrm{d}t$ 存在，并且它的值随 x 的变化而变化，对于 x 在 $[a,b]$ 上每一个确定

的值，定积分 $\int_a^x f(t)\,\mathrm{d}t$ 都有唯一确定的值与之对应，因此定积分 $\int_a^x f(t)\,\mathrm{d}t$ 是上限 x 的函数，记作

$$P(x)=\int_a^x f(t)\,\mathrm{d}t, x\in[a,b]$$

称这个函数为**变上限的定积分**或**积分上限函数**.

2. 原函数存在定理

定理 3.3　如果函数 $f(x)$ 在区间 $[a,b]$ 上连续，则 $P(x)=\int_a^x f(t)\,\mathrm{d}t, x\in[a,b]$ 是 $f(x)$ 在 $[a,b]$ 上的一个原函数，即

$$P'(x)=\left[\int_a^x f(t)\,\mathrm{d}t\right]'=f(x)$$

***证明**：在上限 x 处取改变量 Δx，则

$$P(x+\Delta x)=\int_a^{x+\Delta x} f(t)\,\mathrm{d}t$$

$$\Delta P=P(x+\Delta x)-P(x)=\int_a^{x+\Delta x} f(t)\,d-\int_a^x f(t)\,\mathrm{d}t$$

$$=\int_a^x f(t)\,\mathrm{d}t+\int_x^{x+\Delta x} f(t)\,\mathrm{d}t-\int_a^x f(t)\,\mathrm{d}t=\int_x^{x+\Delta x} f(t)\,\mathrm{d}t.$$

由积分中值定理得

$$\Delta P=\int_x^{x+\Delta x} f(t)\,\mathrm{d}t=f(\xi)\Delta x\ (\xi \text{ 介于 } x \text{ 和 } x+\Delta x \text{ 之间}),$$

即

$$\frac{\Delta P}{\Delta x}=f(\xi),$$

当 $\Delta x\to 0$ 时，$\xi\to x$，且已知 $f(x)$ 在 $[a,b]$ 上连续，因此，

$$P'(x)=\lim_{\Delta x\to 0}\frac{\Delta P}{\Delta x}=\lim_{\xi\to x}f(\xi)=f(x).$$

提示：此定理表明连续函数 $f(x)$ 一定存在原函数 $P(x)=\int_a^x f(t)\,\mathrm{d}t$.

【例 1】　求下列函数的导数：

（1）$f(x)=\int_0^x \sqrt{t^2+1}\,\mathrm{d}t$；　　（2）$f(x)=\int_x^2 \sqrt{t^2+1}\,\mathrm{d}t$；

（3）$f(x)=\int_1^{x^2} \sqrt{t^2+1}\,\mathrm{d}t$；　　（4）$f(x)=\int_{-x}^{x^2} \mathrm{e}^t\,\mathrm{d}t$.

解：（1）$f'(x)=\left[\int_0^x \sqrt{t^2+1}\,\mathrm{d}t\right]'=\sqrt{x^2+1}$；

（2）$f'(x)=-\left[\int_2^x \sqrt{t^2+1}\,\mathrm{d}t\right]'=-\sqrt{x^2+1}$；

（3）由于 $\int_1^{x^2} \sqrt{t^2+1}\,\mathrm{d}t$ 是 x 的复合函数，所以

$$\left[\int_1^{x^2} \sqrt{t^2+1}\,\mathrm{d}t\right]'=\sqrt{x^4+1}\,(x^2)'=2x\sqrt{x^4+1}.$$

(4) $f'(x) = (\int_{-x}^{0} e^t dt + \int_{0}^{x^2} e^t dt)' = -(\int_{0}^{-x} e^t dt)' + (\int_{0}^{x^2} e^t dt)'$

$= -e^{-x}(-x)' + e^{x^2}(x^2)' = e^{-x} + 2xe^{x^2}.$

规律总结

$$[\int_a^{\varphi(x)} f(t)dt]' = f[\varphi(x)]\varphi'(x)$$

【例 2】 求极限 $\lim\limits_{x\to 0}\dfrac{\int_0^{2x}\sin t dt}{x^2}$.

解：$\lim\limits_{x\to 0}\dfrac{\int_0^{2x}\sin t dt}{x^2} = \lim\limits_{x\to 0}\dfrac{(\int_0^{2x}\sin t dt)'}{(x^2)'} = \lim\limits_{x\to 0}\dfrac{2\sin 2x}{2x} = 2\lim\limits_{x\to 0}\dfrac{\sin 2x}{2x} = 2.$

3.6.2 牛顿—莱布尼兹公式

定理 3.4 设函数 $f(x)$ 在区间 $[a,b]$ 上连续，$F(x)$ 是 $f(x)$ 的任一原函数，则

$$\int_a^b f(x)dx = F(b) - F(a)$$

* **证明**：因为函数 $f(x)$ 在 $[a,b]$ 上连续，由原函数存在定理知：$\int_a^x f(t)dt$ 是 $f(x)$ 的一个原函数．又因为 $F(x)$ 也是 $f(x)$ 的一个原函数，所以，

$$\int_a^x f(t)dt = F(x) + C.$$

令 $x = a$，则 $\int_a^a f(t)dt = F(a) + C = 0$，所以 $C = -F(a)$，即

$$\int_a^x f(t)dt = F(x) - F(a)$$

再令 $x = b$，则 $\int_a^b f(t)dt = F(b) - F(a)$，即

$$\int_a^b f(x)dx = F(b) - F(a)$$

通常用 $F(x)\big|_a^b$ 表示 $F(b) - F(a)$，于是

$$\int_a^b f(x)dx = F(x)\big|_a^b = F(b) - F(a)$$

规律总结

以上公式称为**牛顿—莱布尼兹公式**，它将定积分与不定积分紧密地联系在一起，如果要求函数 $f(x)$ 在区间 $[a,b]$ 上的定积分，只需求出函数 $f(x)$ 的某个原函数 $F(x)$，然后计

算 $F(x)$ 在 $[a,b]$ 上的改变量 $F(b)-F(a)$ 即可 .

【例 3】 求下列定积分：

(1) $\int_0^1 (x^2-2x+3)\mathrm{d}x$；(2) $\int_0^1 \frac{x^2}{1+x^2}\mathrm{d}x$；(3) $\int_{-1}^3 |2-x|\mathrm{d}x$.

解： (1) $\int_0^1 (x^2-2x+3)\mathrm{d}x = \left(\frac{1}{3}x^3-x^2+3x\right)\Big|_0^1 = 2\frac{1}{3}$.

(2) $$\int_0^1 \frac{x^2}{1+x^2}\mathrm{d}x = \int_0^1 \frac{(x^2+1)-1}{1+x^2}\mathrm{d}x = \int_0^1\left(1-\frac{1}{1+x^2}\right)\mathrm{d}x$$
$$= \int_0^1 \mathrm{d}x - \int_0^1 \frac{1}{1+x^2}\mathrm{d}x = x\Big|_0^1 - (\arctan x)\Big|_0^1$$
$$= 1-(\arctan 1-\arctan 0) = 1-\frac{\pi}{4}.$$

(3) 因为 $|2-x| = \begin{cases} 2-x, x\leqslant 2 \\ x-2, x>2 \end{cases}$,

所以 $$\int_{-1}^3 |2-x|\mathrm{d}x = \int_{-1}^2 (2-x)\mathrm{d}x + \int_2^3 (x-2)\mathrm{d}x$$
$$= -\int_{-1}^2 (2-x)\mathrm{d}(2-x) + \int_2^3 (x-2)\mathrm{d}(x-2)$$
$$= -\frac{1}{2}(2-x)^2\Big|_{-1}^2 + \frac{1}{2}(x-2)^2\Big|_2^3$$
$$= -\frac{1}{2}(0-9)+\frac{1}{2}(1-0) = 5.$$

学习小结

(1) 如果函数 $f(x)$ 在区间 $[a, b]$ 上__________，则 $f(x)$ 在 $[a, b]$ 上必存在原函数 .

(2) 如果函数 $f(x)$ 在区间 $[a, b]$ 上连续，则 $[\int_a^x f(t)\mathrm{d}t]' =$ __________，$x\in[a, b]$.

(3) 设函数 $f(x)$ 在区间 $[a, b]$ 上__________，$F(x)$ 是 $f(x)$ 的__________，则有牛顿—莱布尼兹公式：_______________ .

【习题 3.6】

*1. 求下列函数的导数：

(1) $\int_1^x \mathrm{e}^t\mathrm{d}t$；　　(2) $\int_x^1 \mathrm{e}^{-t^2}\mathrm{d}t$；

(3) $\int_0^{x^2} \sqrt{1+t}\mathrm{d}t$；　　(4) $\int_{x^2}^x \cos^2 t\mathrm{d}t$.

*2. 求下列极限：

(1) $\lim\limits_{x\to 0}\dfrac{\int_0^x \ln(1+t)\mathrm{d}x}{x^2}$； (2) $\lim\limits_{x\to 0}\dfrac{\int_0^x t^2\mathrm{d}x}{\int_0^x (1-\cos t)\mathrm{d}x}$.

3. 求下列定积分：

(1) $\int_1^2 (3x^2+\dfrac{1}{x}-\dfrac{1}{x^2})\mathrm{d}x$； (2) $\int_4^9 \sqrt{x}(1+\sqrt{x})\mathrm{d}x$；

(3) $\int_{-\frac{1}{2}}^0 (2x+1)^{99}\mathrm{d}x$； (4) $\int_0^4 |x-2|\mathrm{d}x$；

(5) $\int_0^1 x\mathrm{e}^{x^2}\mathrm{d}x$； (6) $\int_1^2 \dfrac{\mathrm{e}^{\frac{1}{x}}}{x^2}\mathrm{d}x$；

(7) $\int_0^1 \dfrac{x}{1+x^2}\mathrm{d}x$； (8) $\int_{-1}^1 \dfrac{x\mathrm{d}x}{(x^2+1)^2}$；

(9) $\int_1^{\mathrm{e}} \dfrac{\mathrm{d}x}{x(1+\ln x)}$； (10) $\int_{-\frac{1}{2}}^{\frac{1}{2}} \dfrac{x\mathrm{d}x}{\sqrt{1-x^2}}$；

(11) $\int_0^{\frac{\pi}{2}} \cos^2\dfrac{x}{2}\mathrm{d}x$； (12) $\int_0^{2\pi} |\sin x|\mathrm{d}x$.

3.7 定积分的换元积分法和分部积分法

【本节提示】 除了直接利用牛顿—莱布尼兹公式计算定积分之外，计算定积分也常用到换元积分法和分部积分法．通过本节的学习，要求掌握定积分的换元积分法和分部积分法；会利用对称区间上奇（偶）函数积分的性质简化某些定积分的计算．

3.7.1 定积分的换元积分法

定理 3.5 设 $f(x)$ 在区间 $[a,b]$ 上连续，令 $x=\varphi(t)$，且 $\varphi(t)$ 在 $[\alpha,\beta]$ 上单调并有连续导数 $\varphi'(t)$，$\varphi(\alpha)=a$，$\varphi(\beta)=b$，则有

$$\int_a^b f(x)\mathrm{d}x=\int_\alpha^\beta f[\varphi(t)]\varphi'(t)\mathrm{d}t$$

注意： 上式称为定积分的**换元积分公式**．运用此公式求积分时应注意：**换元又换限，变量不还原**．

定积分的换元法也分为第一类换元法和第二类换元法，定积分的换元积分公式主要用于第二类换元积分，它能使运算简化．第一类换元法如果不明确写出新变量 u，就不必变换积分上、下限．

【例 1】　求定积分 $\int_0^1 x\mathrm{e}^{-\frac{x^2}{2}}\mathrm{d}x$.

解法 1：$\int_0^1 x\mathrm{e}^{-\frac{x^2}{2}}\mathrm{d}x = -\int_0^1 \mathrm{e}^{-\frac{x^2}{2}}\mathrm{d}(-\frac{x^2}{2}) = -\mathrm{e}^{-\frac{x^2}{2}}\Big|_0^1 = 1-\mathrm{e}^{-\frac{1}{2}}$

* **解法 2**：$\int_0^1 x\mathrm{e}^{-\frac{x^2}{2}}\mathrm{d}x = -\int_0^1 \mathrm{e}^{-\frac{x^2}{2}}\mathrm{d}\left(-\frac{x^2}{2}\right)$，

令 $-\frac{x^2}{2}=u$，则 $\mathrm{d}(-\frac{x^2}{2})=\mathrm{d}u$，且当 $x=0$ 时，$u=0$；$x=1$ 时，$u=-\frac{1}{2}$. 所以

$$\int_0^1 x\mathrm{e}^{-\frac{x^2}{2}}\mathrm{d}x = -\int_0^{-\frac{1}{2}} \mathrm{e}^u\mathrm{d}u = \int_{-\frac{1}{2}}^0 \mathrm{e}^u\mathrm{d}u = \mathrm{e}^u\Big|_{-\frac{1}{2}}^0 = 1-\mathrm{e}^{-\frac{1}{2}}.$$

【例 2】　求定积分 $\int_0^4 \frac{\mathrm{d}x}{1+\sqrt{x}}$.

解：令 $\sqrt{x}=t$，则 $x=t^2$，$\mathrm{d}x=2t\mathrm{d}t$，且 $x=0$ 时，$t=0$；$x=4$ 时，$t=2$. 所以

$$\int_0^4 \frac{\mathrm{d}x}{1+\sqrt{x}} = \int_0^2 \frac{2t}{1+t}\mathrm{d}t = 2\int_0^2 \frac{t}{1+t}\mathrm{d}t = 2\int_0^2\left(1-\frac{1}{1+t}\right)\mathrm{d}t$$

$$= 2\int_0^2 \mathrm{d}t - 2\int_0^2 \frac{1}{1+t}\mathrm{d}t = [2t-2\ln(1+t)]_0^2 = 4-2\ln 3.$$

【例 3】　设函数 $f(x)$ 在 $[-a,a]$ 上连续，试证：

（1）若 $f(x)$ 为偶函数，则 $\int_{-a}^a f(x)\mathrm{d}x = 2\int_0^a f(x)\mathrm{d}x$；

（2）若 $f(x)$ 为奇函数，则 $\int_{-a}^a f(x)\mathrm{d}x = 0$.

证明：（1）因为 $f(x)$ 为偶函数，所以 $f(-x)=f(x)$. 则

$$\int_{-a}^a f(x)\mathrm{d}x = \int_{-a}^0 f(x)\mathrm{d}x + \int_0^a f(x)\mathrm{d}x$$

对于 $\int_{-a}^0 f(x)\mathrm{d}x$ 作变量代换：$x=-t$，则 $\mathrm{d}x=-\mathrm{d}t$，且当 $x=-a$ 时，$t=a$；当 $x=0$ 时，$t=0$. 于是，

$$\int_{-a}^0 f(x)\mathrm{d}x = \int_a^0 f(-t)\mathrm{d}(-t) = -\int_a^0 f(t)\mathrm{d}t = \int_0^a f(t)\mathrm{d}t = \int_0^a f(x)\mathrm{d}x.$$

所以 $\int_{-a}^a f(x)\mathrm{d}x = \int_0^a f(x)\mathrm{d}x + \int_0^a f(x)\mathrm{d}x = 2\int_0^a f(x)\mathrm{d}x.$

（2）证明过程与（1）类似，留给读者自己完成.

上例的结论以后可以直接使用. 例如，

$$\int_{-\pi}^{\pi}(x^2+\sin^5 x)\mathrm{d}x = \int_{-\pi}^{\pi}x^2\mathrm{d}x + \int_{-\pi}^{\pi}\sin^5 x\mathrm{d}x = 2\int_0^{\pi}x^2\mathrm{d}x + 0 = \frac{2}{3}x^3\Big|_0^{\pi} = \frac{2}{3}\pi^3.$$

3.7.2　定积分的分部积分法

定理 3.6　若 $u=u(x)$，$v=v(x)$ 在区间 $[a,b]$ 上有连续导数，则有

$$\int_a^b u\mathrm{d}v = uv\Big|_a^b - \int_a^b v\mathrm{d}u$$

上式称为定积分的**分部积分公式**.

【例 4】 求下列定积分：

(1) $\int_0^1 xe^x dx$； (2) $\int_0^{e-1} \ln(1+x)dx$.

解： (1) $\int_0^1 xe^x dx = \int_0^1 xde^x = xe^x \big|_0^1 - \int_0^1 e^x dx = e - e^x \big|_0^1 = 1.$

(2) $\int_0^{e-1} \ln(1+x)dx = x\ln(1+x) \big|_0^{e-1} - \int_0^{e-1} xd[\ln(1+x)]$

$= e - 1 - \int_0^{e-1} \frac{x}{1+x}dx = e - 1 - \int_0^{e-1} \left(1 - \frac{1}{1+x}\right)dx$

$= e - 1 - \int_0^{e-1} dx + \int_0^{e-1} \frac{1}{1+x}dx = e - 1 - (e-1) + \ln(1+x) \Big|_0^{e-1}$

$= \ln(1 + e - 1) - \ln 1 = 1.$

学习小结

(1) 定积分的换元积分公式主要用于第________类换元积分.

(2) 运用定积分的换元积分公式时应注意：________________________.

(3) 设函数 $f(x)$ 在 $[-a,a]$ 上连续，

①若 $f(x)$ 为偶函数，则 $\int_{-a}^{a} f(x)dx =$ ________________________；

②若 $f(x)$ 为奇函数，则 $\int_{-a}^{a} f(x)dx =$ ________________________.

(4) 定积分的分部积分公式为________________________________.

【习题 3.7】

1. 计算下列定积分：

(1) $\int_0^1 \frac{x^2}{1+x^3}dx$； (2) $\int_0^2 \frac{dt}{4+t^2}$； (3) $\int_1^4 \frac{dx}{\sqrt{x}(1+x)}$；

(4) $\int_1^2 \frac{\sqrt{x-1}}{x}dx$； (5) $\int_1^8 \frac{dx}{x+\sqrt[3]{x}}$； (6) $\int_{-1}^1 \frac{dx}{\sqrt{5-4x}}$.

2. 计算下列定积分：

(1) $\int_0^{\pi} x\cos x dx$； (2) $\int_0^1 xe^{-x}dx$；

(3) $\int_0^1 x\arctan x dx$； (4) $\int_0^{\frac{1}{2}} \arcsin x dx$；

(5) $\int_1^5 \ln x dx$； (6) $\int_0^1 x^2 e^x dx$.

3. 证明：$\int_{\frac{1}{2}}^{1}\frac{dx}{1+x^2}=\int_{1}^{2}\frac{dx}{1+x^2}$.

*4. 设 $f(x)$ 为连续函数，证明：

（1）如果 $f(x)$ 为偶函数，则 $\int_0^x f(u)\,du$ 为奇函数；

（2）如果 $f(x)$ 为奇函数，则 $\int_0^x f(u)\,du$ 为偶函数.

* 3.8 广义积分

【本节提示】 前面所讨论的定积分，其积分区间是有限的，并且被积函数是有界的.然而在处理实际问题时，往往会遇到无穷区间上的积分和被积函数在积分区间上无界的情形，我们把这两类积分称为广义积分.相对于广义积分，前面所讨论的定积分称为常义积分.通过本节的学习，要求了解广义积分敛散性的概念，会求一些较简单的广义积分.

3.8.1 无限区间上的广义积分

定义 3.4 设函数 $f(x)$ 在区间 $[a,+\infty)$ 上连续，任取 $b>a$，则称 $\lim\limits_{b\to+\infty}\int_a^b f(x)\,dx$ 为 $f(x)$ 在 $[a,+\infty)$ 上的广义积分.记作 $\int_a^{+\infty} f(x)\,dx$，即

$$\int_a^{+\infty} f(x)\,dx=\lim_{b\to+\infty}\int_a^b f(x)\,dx.$$

当 $\lim\limits_{b\to+\infty}\int_a^b f(x)\,dx$ 存在时，称广义积分 $\int_a^{+\infty} f(x)\,dx$ **收敛**；否则称广义积分 $\int_a^{+\infty} f(x)\,dx$ **发散**.

类似地可定义：

函数 $f(x)$ 在区间 $(-\infty,b]$ 上的广义积分为

$$\int_{-\infty}^{b} f(x)\,dx=\lim_{a\to-\infty}\int_a^b f(x)\,dx.$$

函数 $f(x)$ 在区间 $(-\infty,+\infty)$ 上的广义积分为

$$\int_{-\infty}^{+\infty} f(x)\,dx=\int_{-\infty}^{c} f(x)\,dx+\int_{c}^{+\infty} f(x)\,dx.$$

其中 c 为任意常数，当 $\int_{-\infty}^{c} f(x)\,dx$ 和 $\int_{c}^{+\infty} f(x)\,dx$ 都收敛时，称广义积分 $\int_{-\infty}^{+\infty} f(x)\,dx$ 收敛；否则称 $\int_{-\infty}^{+\infty} f(x)\,dx$ 发散.

【例 1】 求下列广义积分：

(1) $\int_0^{+\infty} e^{-2x}dx$；　　(2) $\int_{-\infty}^{0} \sin x dx$.

解： (1) $\int_0^{+\infty} e^{-2x}dx = \lim\limits_{b\to+\infty}\int_0^b e^{-2x}dx = -\frac{1}{2}\lim\limits_{b\to+\infty}\int_0^b e^{-2x}d(-2x)$

$$= -\frac{1}{2}\lim_{b\to+\infty} e^{-2x}\Big|_0^b = -\frac{1}{2}\lim_{b\to+\infty}(e^{-2b} - e^0) = \frac{1}{2}.$$

(2) $\int_{-\infty}^{0}\sin x dx = \lim\limits_{a\to-\infty}\int_a^0 \sin x dx = \lim\limits_{a\to-\infty}(-\cos x)\Big|_0^a = \lim\limits_{a\to-\infty}(-1+\cos a)$.

因为 $\lim\limits_{a\to-\infty}\cos a$ 不存在，所以广义积分 $\int_{-\infty}^{0}\sin x dx$ 发散 .

有时为了方便，可将极限直接写成定积分的上、下限形式 . 例如：

$$\int_0^{+\infty} e^{-2x}dx = -\frac{1}{2}e^{-2x}\Big|_0^{+\infty} = -\frac{1}{2}(0-1) = \frac{1}{2}.$$

其中，$-\frac{1}{2}e^{-2x}\Big|_0^{+\infty}$ 应理解为 $-\frac{1}{2}\lim\limits_{b\to+\infty} e^{-2x}\Big|_0^b = -\frac{1}{2}\lim\limits_{b\to+\infty}(e^{-2b} - e^0)$.

【例 2】 求广义积分 $\int_{-\infty}^{+\infty}\frac{1}{1+x^2}dx$.

解： $\int_{-\infty}^{+\infty}\frac{1}{1+x^2}dx = \int_{-\infty}^{0}\frac{1}{1+x^2}dx + \int_0^{+\infty}\frac{1}{1+x^2}dx$

$$= (\arctan x)\Big|_{-\infty}^{0} + (\arctan x)\Big|_0^{+\infty} = -\left(-\frac{\pi}{2}\right) + \frac{\pi}{2} = \pi.$$

【例 3】 判断广义积分 $\int_1^{+\infty}\frac{1}{x^p}dx$ 的敛散性 .

解： 当 $p=1$ 时，$\int_1^{+\infty}\frac{1}{x^p}dx = \int_1^{+\infty}\frac{1}{x}dx = \ln x\Big|_1^{+\infty} = +\infty$.

当 $p\neq1$ 时，$\int_1^{+\infty}\frac{1}{x^p}dx = \frac{x^{1-p}}{1-p}\Big|_1^{+\infty} = \begin{cases}\frac{1}{p+1}, p>1\\ +\infty, p<1\end{cases}$.

所以当 $p>1$ 时，$\int_1^{+\infty}\frac{1}{x^p}dx$ 收敛；当 $p\leqslant1$ 时 $\int_1^{+\infty}\frac{1}{x^p}dx$ 发散 .

规律总结

一般地，对于 $\int_a^{+\infty}\frac{1}{x^p}dx\,(a>0)$，当 $p>1$ 时收敛，当 $p\leqslant1$ 时发散 .

3.8.2 无界函数的广义积分

定义 3.5 设函数 $f(x)$ 在区间 $(a, b]$ 上连续，当 $x\to a^+$ 时，$f(x)\to\infty$，则称

$\lim\limits_{\varepsilon\to 0}\int_{a+\varepsilon}^{b} f(x)\,dx\ (\varepsilon>0)$ 为无界函数 $f(x)$ 在区间 $[a,b]$ 上的广义积分．记作

$$\int_a^b f(x)\,dx = \lim_{\varepsilon\to 0}\int_{a+\varepsilon}^{b} f(x)\,dx(\varepsilon>0)$$

如果 $\lim\limits_{\varepsilon\to 0}\int_{a+\varepsilon}^{b} f(x)\,dx(\varepsilon>0)$ 存在，则称广义积分 $\int_a^b f(x)\,dx$ 收敛，否则称广义积 $\int_a^b f(x)\,dx$ 发散．

类似地可定义：

函数 $f(x)$ 在区间 $[a,b)$ 上连续，当 $x\to b^-$ 时，$f(x)\to\infty$，则 $f(x)$ 在区间 $[a,b]$ 上的广义积分为：$\int_a^b f(x)\,dx = \lim\limits_{\varepsilon\to 0}\int_a^{b-\varepsilon} f(x)\,dx(\varepsilon>0)$．

函数 $f(x)$ 在区间 $[a,b]$ 上除 c 点外都连续，当 $x\to c$ 时，$f(x)\to\infty$，则 $f(x)$ 在区间 $[a,b]$ 上的广义积分为：$\int_a^b f(x)\,dx = \int_a^c f(x)\,dx + \int_c^b f(x)\,dx$．

当 $\int_a^c f(x)\,dx$ 和 $\int_c^b f(x)\,dx$ 都收敛时，称广义积分 $\int_a^b f(x)\,dx$ 收敛，否则称广义积分 $\int_a^b f(x)\,dx$ 发散．

【例 4】 求积分 $\int_0^1 \frac{dx}{\sqrt{x}}$.

解： 当 $x\to 0$ 时，$\frac{1}{\sqrt{x}}\to\infty$，由定义可知

$$\int_0^1 \frac{dx}{\sqrt{x}} = \lim_{\varepsilon\to 0}\int_\varepsilon^1 \frac{1}{\sqrt{x}}dx = \lim_{\varepsilon\to 0}(2\sqrt{x})\Big|_\varepsilon^1 = \lim_{\varepsilon\to 0}(2-2\sqrt{\varepsilon}) = 2.$$

所以 $\int_0^1 \frac{dx}{x}$ 收敛．

【例 5】 求积分 $\int_{-1}^1 \frac{dx}{x^2}$.

解： 被积函数 $\frac{1}{x^2}$ 在 $x\to 0$ 时无界，由定义可知

$$\int_{-1}^1 \frac{dx}{x^2} = \int_{-1}^0 \frac{dx}{x^2} + \int_0^1 \frac{dx}{x^2}.$$

因为 $$\int_{-1}^0 \frac{dx}{x^2} = \lim_{\varepsilon\to 0}\int_{-1}^{-\varepsilon} \frac{dx}{x^2} = \lim_{\varepsilon\to 0}\left(-\frac{1}{x}\right)\Bigg|_{-1}^{-\varepsilon} = +\infty,$$

所以 $\int_{-1}^0 \frac{dx}{x^2}$ 发散，从而广义积分 $\int_{-1}^1 \frac{dx}{x^2}$ 发散．

规律总结

求广义积分的步骤：(1) 判断积分类型；(2) 按定义将广义积分转化为常义积分取极限；(3) 先求常义积分，再计算极限，确定敛散性．

学习小结

(1) 广义积分分为____________________两类.

(2) 求广义积分的步骤：①____________________；

②____________________；

③____________________.

(3) 广义积分 $\int_a^{+\infty}\frac{1}{x^p}\mathrm{d}x\ (a>0)$，当 $p>1$ 时__________，当 $p\leqslant 1$ 时__________.

【习题 3.8】

计算下列广义积分：

(1) $\int_{-\infty}^{0}\mathrm{e}^x\mathrm{d}x$；　(2) $\int_1^{+\infty}\frac{\mathrm{d}x}{\sqrt[3]{x}}$；　(3) $\int_{\mathrm{e}}^{+\infty}\frac{\mathrm{d}x}{x\ln^2 x}$；

(4) $\int_1^{+\infty}\frac{x}{(1+x^2)^2}\mathrm{d}x$；　(5) $\int_1^{2}\frac{\mathrm{d}x}{(x-1)^2}$；　(6) $\int_{-1}^{1}\frac{1}{\sqrt{1-x^2}}\mathrm{d}x$.

应用板块

3.9 由边际函数求总经济函数

【本节提示】 在微分学中，如果对总函数（总成本、总收益、总利润等）求导，就得到其边际函数（边际成本、边际收益、边际利润等），由于积分与微分互为逆运算，所以对边际经济函数积分便可以得到总经济函数．通过本节的学习，要求能应用不定积分求总经济函数．

【例 1】 已知某产品总产量在时刻 t 时的变化率为 $f(t)=30+12\sqrt{t}$，求该产品的总产量 Q 与时间 t 的函数关系 $Q(t)$.

解： 因为 $Q'(t)=f(t)=30+12\sqrt{t}$，所以该产品的总产量 Q 与时间 t 的函数关系为：

$$Q(t)=\int Q'(t)\mathrm{d}t=\int(30+12\sqrt{t})\mathrm{d}t=30t+12\times\frac{2}{3}t^{\frac{3}{2}}+C=30t+8\sqrt{t^3}+C.$$

由于 $t=0$ 时，$Q(0)=0$，代入上式得 $C=0$，所以该产品的总产量函数为：

$Q(t)=30t+8\sqrt{t^3},(t>0)$

【例 2】　设某产品的边际成本函数 $C'(Q)=600+2Q$（元/件），且生产 100 件产品的成本为 8 万元，求总成本函数和固定成本．

解：总成本函数 $C(Q)$ 是边际成本函数的原函数，因此总成本函数为

$$C(Q)=\int C'(Q)\mathrm{d}Q=\int(600+2Q)\mathrm{d}Q=600Q+Q^2+C.$$

因为 $C(100)=80000$，代入上式得 $C=10000$，所以

总成本函数为 $C(Q)=Q^2+600Q+10000,(Q\in Z^+)$．

固定成本为 $C(0)=10000$（元）．

【例 3】　已知某产品的边际收益函数 $R'(Q)=200-\frac{2}{3}Q$，求总收益函数及需求函数．

解：总收益函数

$$R(Q)=\int R'(Q)\mathrm{d}Q=\int(200-\frac{2}{3}Q)\mathrm{d}Q=200Q-\frac{1}{3}Q^2+C$$

因为 $R(0)=0$，代入上式得 $C=0$，所以总收益函数为：

$R(Q)=200Q-\frac{1}{3}Q^2,(Q>0)$

因为 $R(Q)=P\cdot Q=200Q-\frac{1}{3}Q^2=(200-\frac{1}{3}Q)Q$，

所以 $P=200-\frac{1}{3}Q$

于是需求函数为 $Q(P)=600-3P,(0<P<200)$．

【例 4】　设某商品的需求量是价格的函数，即 $Q=Q(P)$，该商品的最大需求量为 2000（即 $P=0$ 时，$Q=2000$），已知边际需求函数 $Q'(P)=-2000\ln3\cdot\left(\frac{1}{3}\right)^P$，求该商品的需求函数.

解：$Q(P)=\int Q'(P)\mathrm{d}P=\int\left[-2000\ln3\cdot\left(\frac{1}{3}\right)^P\right]\mathrm{d}P$

$$=-2000\ln3\cdot\frac{1}{\ln\frac{1}{3}}\left(\frac{1}{3}\right)^P+C=2000\left(\frac{1}{3}\right)^P+C.$$

因为 $P=0$ 时，$Q=2000$，代入上式得 $C=0$，所以该商品的需求函数为：

$Q(P)=2000\left(\frac{1}{3}\right)^P,(P\geqslant0)$．

【例 5】　某工厂生产某款电视机的边际成本为 $C'(Q)=0.02Q+10$（万元/百台），边际收益为 $R'(Q)=30-0.02Q$（万元/百台），固定成本为 100 万元，试求该款电视机的利润函数 $L(Q)$，并讨论最大利润问题．

解：总成本函数 $C(Q)=\int C'(Q)\mathrm{d}Q=\int(0.02Q+10)\mathrm{d}Q=0.01Q^2+10Q+C$

因为 $C(0)=100$，代入上式得 $C=100$，所以总成本函数为：$C(Q)=0.01Q^2+10Q+100$.

总收益函数 $R(Q)=\int R'(Q)\mathrm{d}Q=\int(30-0.02Q)\mathrm{d}Q=30Q-0.01Q^2+C$.

因为 $R(0)=0$，代入上式得 $C=0$，所以总收益函数为：$R(Q)=30Q-0.01Q^2$.
于是该款电视机的总利润函数为：

$$L(Q)=R(Q)-C(Q)=30Q-0.01Q^2-(0.01Q^2+10Q+100)$$
$$=-0.02Q^2+20Q-100,(Q\in Z^+).$$

令 $L'(Q)=-0.04Q+20=0$，解得 $Q=500$（百台）. 因为 $L''(Q)=-0.04<0$，所以 $Q=500$ 时，利润最大，其值为：

$$L(500)=-0.02\times500^2+20\times500-100=4900\text{（万元）},$$

即该款电视机的产量为 5 万台时，能获得最大利润 4900 万元.

学习小结

已知边际经济函数 $f'(x)$，要求经济函数 $f(x)$，就是对边际经济函数求__________，即 $f(x)=$__________. 求出上式后，再由已知的初始条件，确定出__________的值，从而得到所要求的经济函数.

【习题 3.9】

1. 已知某产品产量为 x 件时总费用 $F(x)$ 的变化率为 $f(x)=0.6x-5$（万元/件），且 $F(0)=85$（万元），求总费用函数 $F(x)$.

2. 已知某产品的边际成本为 $180Q^{-\frac{1}{3}}$ 元/件，且生产 1000 件的成本为 2.9 万元，求该产品的成本函数 $C(Q)$ 和固定成本.

3. 已知某产品的平均单位收益变化率为 -0.01，且生产 100 件时，平均收益为 199 元，求总收益函数 $R(Q)$.

4. 已知销售某种医疗设备的边际收益函数为 $60Q-Q^2$（万元/台），其中 Q 为销售量，试求该设备的总收益函数和收益最大时的销售量和最大收益.

5. 已知某商品的边际收益函数为 $5-Q$，其中 Q 为销售量，试求该商品的总收益函数 $R(Q)$、平均收益函数 $\overline{R}(Q)$ 以及需求函数 $Q(P)$.

6. 某商场销售某款手机，其边际收益 $R'(Q)=800-Q$（元/部），边际成本 $C'(Q)=\frac{1}{2}Q+200$（元/部），固定成本为 2 万元. 求：

（1）总成本函数 $C(Q)$；

（2）总收益函数 $R(Q)$；

（3）总利润函数 $L(Q)$；

（4）该款手机销量为多少时利润最大；

（5）获得最大利润时的手机价格是多少？

3.10
由边际函数求经济总量及其改变量

【本节提示】 如果已知某经济量的变化率（即边际经济函数），需要求该经济函数在某一条件下的经济总量或某一时期、某一区间内的经济改变量，则用定积分来解决较方便．通过本节的学习，要求能应用定积分求经济总量及其改变量．

【例 1】 已知某玩具厂生产的某款遥控车，其总产量的变化率 $Q'(t)=-\frac{3}{5}t^2+2t+80$（万辆/年），求前 5 年的总产量．

解： 总产量 $Q(t)$ 是变化率 $Q'(t)$ 的原函数，因此，从开始到第 5 年末的总产量

$$Q(5)-Q(0)=\int_0^5 Q'(t)\,\mathrm{d}t=\int_0^5\left(-\frac{3}{5}t^2+2t+80\right)\mathrm{d}t$$

$$=\left(-\frac{1}{5}t^3+t^2+80t\right)\Big|_0^5=400(\text{万辆}).$$

即前 5 年的总产量为 400 万辆．

【例 2】 已知生产某款服装的边际成本函数 $C'(Q)=600-2Q$（元/件），且固定成本为 1 万元，求该款服装产量为 100 件时的总成本；并求产量从 100 件再增加 100 件时，需要追加多少投资？

解： 固定成本 $C(0)=1$ 万元，由公式 $\int_0^{100}C'(Q)\,\mathrm{d}Q=C(100)-C(0)$，得到

$$C(100)=\int_0^{100}C'(Q)\,\mathrm{d}Q+C(0)=\int_0^{100}(600-2Q)\,\mathrm{d}Q+C(0)$$

$$=(600Q-Q^2)\Big|_0^{100}+10000=60000(\text{元}).$$

即该款服装产量为 100 件时的总成本是 6 万元．因为

$$C(200)-C(100)=\int_{100}^{200}C'(Q)\,\mathrm{d}Q=\int_{100}^{200}(600-2Q)\,\mathrm{d}Q$$

$$=(600Q-Q^2)\Big|_{100}^{200}=20000(\text{元}).$$

所以该款服装产量从 100 件再增加 100 件时,需要追加投资 2 万元．

【例 3】 已知生产某款游戏机 x 台时的边际收益 $R'(x)=50-x$（元/台），求：

（1）生产 10 台游戏机时的总收益及平均收益；

（2）游戏机从 10 台增加到 20 台时，总收益及平均收益的变化．

解：（1）$R(10)=\int_0^{10}R'(x)\,\mathrm{d}x+R(0)=\int_0^{10}(50-x)\,\mathrm{d}x+0$

$$=\left(50x-\frac{1}{2}x^2\right)\Big|_0^{10}=450\ (\text{元}).$$

$$\overline{R}(10)=\frac{R(50)}{10}=45\ (\text{元/台}).$$

即生产 10 台游戏机时的总收益为 450 元，平均收益为每台 45 元.

（2）游戏机从 10 台增加到 20 台时，

$$R(20)-R(10)=\int_{10}^{20}R'(x)\,\mathrm{d}x=\int_{10}^{20}(50-x)\,\mathrm{d}x=\left(50x-\frac{1}{2}x^2\right)\Big|_{10}^{20}=350\ (\text{元}).$$

$$\overline{\Delta R}=\frac{\Delta R}{20-10}=\frac{350}{10}=35\ (\text{元/台}).$$

即该款游戏机从 10 台增加到 20 台时，总收益增加 350 元，平均收益为每台 35 元.

学习小结

（1）已知边际经济函数 $f'(x)$，要求经济函数 $f(x)$，则用__________来解决较方便.

（2）已知边际经济函数，要求该经济函数在某一条件下的__________或某一时期、某一区间内的__________，则用__________来解决较方便.

【习题 3.10】

1. 某厂生产的某款一次性水杯，其总产量的变化率 $Q'(t)=6t+10$（万个/年），求该款水杯从第 5 年末到第 10 年末的总产量.

2. 已知销售某款豆浆机的边际收入 $R'(Q)=300-\frac{2}{5}Q$（元/件），求该款豆浆机的销量从 100 件增加到 300 件时所得的销售收入.

3. 已知某厂生产某种化肥的边际成本为 $C'(Q)=100+\frac{50}{\sqrt{Q}}$（元/吨），求当化肥产量从 1 吨增加到 4 吨时，需要增加多少成本？并求此时平均每吨要增加多少成本？

4. 已知某产品的边际成本 $C'(Q)=3+Q$（万元/百台），边际收益 $R'(Q)=15-Q$（万元/百台），试求：

（1）产量 Q 从 200 台增加到 300 台时，总成本和总收益各增加多少？

（2）产量为多少时可获得最大利润？

（3）在最大利润产量基础上再生产 100 台，总利润会发生什么变化？

*3.11 资本现值与投资问题

【本节提示】 本节将介绍投资期内总收入的现值及投资纯收入的贴现值等问题. 通过

本节的学习，要求会应用定积分对某些投资问题作出分析．

如果已知现有本金 P_0 元，以年利率 r 的连续复利计算，则 t 年末的本利和 $P_t=P_0e^{rt}$．反之，如果已知某项货币资金 t 年后的本利和为 A 元，按年利率 r 的连续复利计算，则现在应有资金 $P_0=Ae^{-rt}$，称 P_0 为**资本现值**，即在一定的利率水平下，未来某一时点的一笔资金折合成现在时刻的价值．

设在时间区间 $[0,T]$ 内，时刻 t 的收益率或收益流量（即单位时间内的收入）为 $f(t)$，按年利率 r 的连续复利计算，则在时间区间 $[t,t+\mathrm{d}t]\,(\subset[0,T])$ 内的收益现值为 $[f(t)\mathrm{d}t]e^{-rt}=f(t)e^{-rt}\mathrm{d}t$，从而时间 $[0,T]$ 内得到的总收益现值为：

$$R=\int_0^T f(t)e^{-rt}\mathrm{d}t$$

特别地，当收益流量为常数 a（称为均匀收益流量）时，总收益现值为：

$$R=\int_0^T ae^{-rt}\mathrm{d}t=\frac{a}{r}(1-e^{-rT})$$

进行某项投资后，我们将投资期内总收益的现值与总投资的差额称为该项**投资纯收益的（贴）现值**，即

纯收益的（贴）现值 L = 总收益的现值 R − 总投资 C

当总收益的现值 R 与总投资额 C 相等时，正好收回投资．此时对均匀收益率的投资项目，有 $\frac{a}{r}(1-e^{-rT})=C$，由此解得收回投资的时间为：

$$T=\frac{1}{r}\ln\frac{a}{a-Cr}$$

【例 1】　设某项投资连续 3 年内保持收益率为 10000（元/年），且连续复利的年利率稳定在 6.5%，问其收益现值是多少？

解： 由题设知 $a=10000$，$r=0.065$，$T=3$，代入现值公式：

$$R=\frac{a}{r}(1-e^{-rT})=\frac{10000}{0.065}(1-e^{-0.065\times3})\approx27255\text{（元）}.$$

即该项投资的收益现值为 27255 元．

【例 2】　已知某企业计划购置一批设备，现在需要投入 200 万元，在 10 年中每年收益为 50 万元（设该批设备 10 年后完全失去价值）．如果连续年利率为 10%，求 10 年期间：

（1）总收益的现值；

（2）纯收益的（贴）现值；

（3）投资回收期．

解： 已知条件：$C=200$，$a=50$，$r=0.1$，$T=10$. 由已知公式可得：

（1）该项投资总收益的现值为：

$$R=\frac{a}{r}(1-e^{-rT})=\frac{50}{0.1}(1-e^{-0.1\times10})\approx316.06\text{（万元）}.$$

（2）纯收益的（贴）现值为：

$$L=R-C=316.06-200=116.06\text{（万元）}.$$

(3) 投资回收期为:

$$T=\frac{1}{r}\ln\frac{a}{a-Cr}=\frac{1}{0.1}\ln\frac{50}{50-200\times0.1}\approx5.1\ (\text{年})$$

*【例 3】 某投资公司做一笔投资，如果投资成本为 1 亿元，每年均匀收益 1000 万元，投资年利率为 5%，试求该投资为无限期时的纯收益的（贴）现值.

解: 已知 $C=10000$ 万元，$a=1000$ 万元，$r=0.05$，$T=+\infty$，于是无限期的总收益现值为:

$$R=\int_0^{+\infty}a\mathrm{e}^{-rt}\mathrm{d}t=\int_0^{+\infty}1000\mathrm{e}^{-0.05t}\mathrm{d}t=\lim_{b\to+\infty}\int_0^{b}1000\mathrm{e}^{-0.05t}\mathrm{d}t$$

$$=\lim_{b\to+\infty}\frac{1000}{0.05}\left[1-\mathrm{e}^{-0.05b}\right]=\frac{1000}{0.05}=20000\ (\text{万元}).$$

纯收益的（贴）现值为:

$$L=R-C=20000-10000=10000\ (\text{万元}).$$

即该投资为无限期时的纯收益的（贴）现值是 1 亿元.

学习小结

(1) 对于均匀收益流量的投资，其总收益现值 $R=$____________. 其中，a 表示__________，r 表示__________，T 表示__________.

(2) 对于均匀收益流量的投资，其回收期 $T=$____________. 其中，C 表示____________.

(3) 纯收益的（贴）现值 $L=$____________________.

【习题 3.11】

1. 已知某项投资总额为 100 万元，在 10 年中每年可获收益 20 万元，年利率为 5%，试求:

(1) 该投资的纯收益的（贴）现值;

(2) 回收该项投资的时间.

2. 小王购买一套价值 60 万元的住房，向银行申请贷款 40 万元，分 20 年等额付清，年利率为 5%，按连续复利计算，他每年应向银行付款多少元?

3. 已知某企业按年利率 10%（连续复利）贷款 100 万元购买某设备，该设备 10 年后完全失去价值，在 10 年中公司每年可收入为 b 万元，试求:

(1) b 为何值时，公司不会亏本?

(2) $b=20$ 万元时，纯收益的（贴）现值.

*4. 某投资公司做一笔投资，如果投资成本为 2 亿元，每年均匀收益 2 千万元，投资年利率为 4%，试求该投资为无限期时的纯收益的（贴）现值.

*3.12 平面图形的面积问题

【本节提示】 由定积分的几何意义可知，平面图形的面积可以转化为定积分来计算．通过本节的学习，要求能应用定积分求出各种平面图形的面积．

3.12.1　X—型区域的面积

如图 3－8 所示，由连续曲线 $y=f(x)$、$y=g(x)$ 与直线 $x=a$、$x=b$ 所围成的图形（称为 **X—型区域**），当 $f(x)\geqslant g(x)$ 时，其面积为 $S=\int_a^b f(x)\mathrm{d}x-\int_a^b g(x)\mathrm{d}x$，于是得到 **X—型区域的面积公式**：

$$S=\int_a^b[f(x)-g(x)]\mathrm{d}x.$$

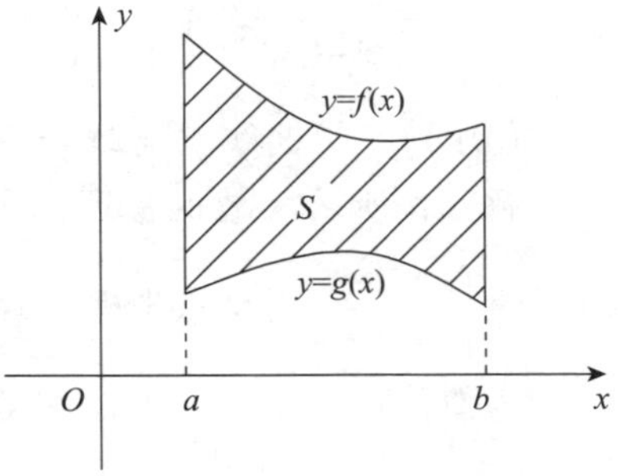

图 3－8　（X—型区域）

3.12.2　Y—型区域的面积

如图 3－9 所示，由连续曲线 $x=\varphi(y)$、$x=\psi(y)$ 与直线 $y=c$、$y=d$ 所围成的图形（称为 **Y—型区域**），当 $\varphi(y)\geqslant\psi(y)$ 时，其面积为 $S=\int_c^d\varphi(y)\mathrm{d}y-\int_c^d\psi(y)\mathrm{d}y$，于是得到 **Y—型区域的面积公式**：

$$S=\int_c^d[\varphi(y)-\psi(y)]\mathrm{d}y.$$

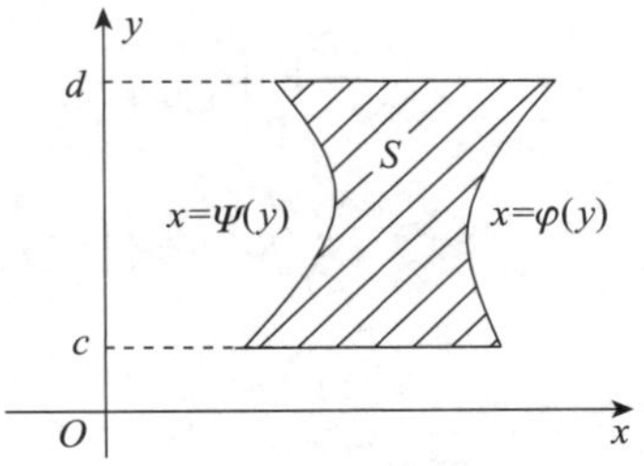

图 3－9　（Y—型区域）

3.12.3　应用举例

【例 1】 求抛物线 $y=x^2-1$ 与直线 $x=-2$ 及 $y=0$ 所围成的平面图形的面积．

解：作出所求区域的图形（见图 3－10），由 $\begin{cases}y=x^2-1\\y=0\end{cases}$ 解得抛物线 $y=x^2-1$ 与 x 轴的交点坐标：$(-1,0)$，$(1,0)$．所求图形的面积为：

$$S=S_1+S_2=\int_{-2}^{-1}[(x^2-1)]\mathrm{d}x-\int_{-1}^{1}(x^2-1)\mathrm{d}x$$
$$=\left(\frac{1}{3}x^3-x\right)\Big|_{-2}^{-1}+\left(x-\frac{1}{3}x^3\right)\Big|_{-1}^{1}=\frac{8}{3}.$$

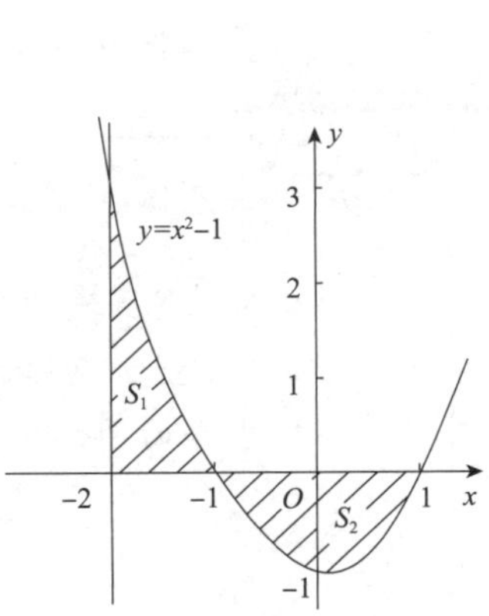

图 3－10

【例 2】 求曲线 $y=x^3$ 与直线 $y=x$ 所围成的平面图形的面积.

解：作所求区域的平面图形（见图 3－11）. 求解方程组 $\begin{cases} y=x^3, \\ y=x, \end{cases}$ 得交点坐标：$(-1,-1),(0,0),(1,1)$. 由图形的对称性得所求面积：

$$S=2\int_0^1(x-x^3)\,dx=2\left(\frac{1}{2}x^2-\frac{1}{4}x^4\right)\Big|_0^1$$

$$=2\left(\frac{1}{2}-\frac{1}{4}\right)=\frac{1}{2}.$$

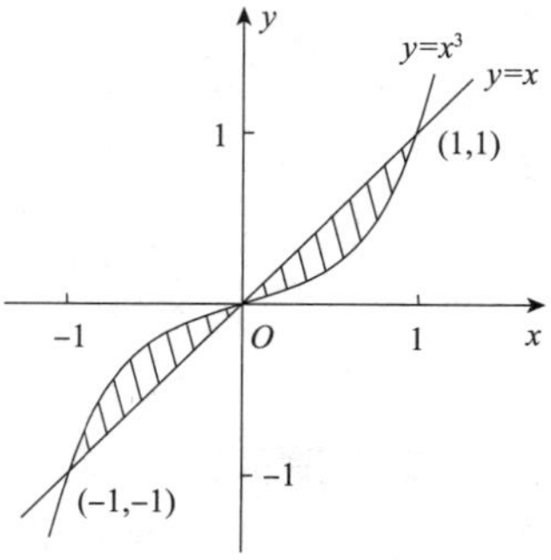

图 3－11

【例 3】 求曲线 $y^2=2x$ 与直线 $y=x-4$ 所围成的平面图形的面积.

解：作所求区域的平面图形（见图 3－12）. 解方程组 $\begin{cases} y^2=2x \\ y=x-4 \end{cases}$ 得交点坐标：$A(2,-2),B(8,4)$.

为使计算简便，所求面积的图形可视为 Y—型区域，即视为由曲线 $x=\frac{y^2}{2}$ 与直线 $x=y+4$ 所围成的平面图形面积，于是有：

$$S=\int_{-2}^4\left[(y+4)-\frac{y^2}{2}\right]dy$$

$$=\left(\frac{1}{2}y^2+4y-\frac{1}{6}y^3\right)\Big|_{-2}^4=18.$$

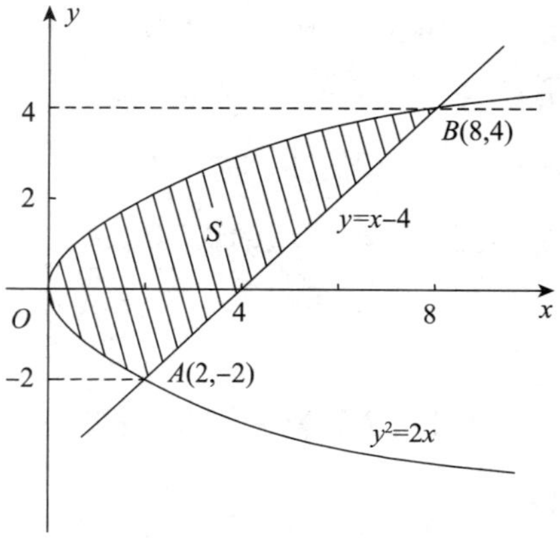

图 3－12

规律总结

求平面图形面积的基本步骤：

(1) 求交点、画草图（选择积分变量，确定积分上、下限）；

(2) 写出面积表达式（用定积分表示）；

(3) 计算面积（求定积分）.

学习小结

(1) X—型区域的面积公式：____________________.

(2) Y—型区域的面积公式：____________________.

(3) 求平面图形面积的基本步骤：

① ______________________________;

② ______________________________;

③ ______________________________.

【习题 3.12】

求由下列曲线所围成的平面图形的面积：

(1) $y=x^2$，$y=x+2$；

(2) $y=\frac{1}{x}(x>0)$，$y=x,x=2$；

(3) $y=e^x$，$x=1$ 及 x 轴、y 轴；

(4) $y=x^2$，$y^2=x$；

(5) $y=\frac{x^2}{2}$，$x-y+4=0$；

(6) $x=2y^2$，$x-2y-4=0$.

【复习思考题】

A 组

一、填空题

1. 若 $\sin x^2$ 是 $f(x)$ 的一个原函数，则 $f(x)=$____________________.

2. 若 $\int f(x)\mathrm{d}x = x^2e^{-x}+C$，则 $f(x)=$____________________.

3. 若 $\int f(x)\mathrm{d}x = \ln x + C$，则 $f'(x)=$____________________.

4. $(\int \ln x\mathrm{d}x)' =$____________________.

5. $(\int_2^e \ln x\mathrm{d}x)' =$____________________.

6. 若 $F(x)$ 是 $\cos 2x$ 的一个原函数，则 $dF(x)=$____________________.

7. 设 x^2 是函数 $f(x)$ 的一个原函数，则 $\int f'(x)\mathrm{d}x =$____________________.

8. 经过点(1,0)且切线斜率为 $3x^2$ 的曲线方程是____________________.

9. 若 $\int f(x)\mathrm{d}x = x^2+C$，则 $\int xf(1-x^2)\mathrm{d}x =$____________________.

10. $\int 2^x\cdot 3^x\mathrm{d}x =$____________________.

11. $\int_a^a e^{x^2}\mathrm{d}x =$____________________.

12. $\int_a^b \mathrm{d}x =$____________________.

13. $\int_{-\pi}^{\pi} x\cos x\mathrm{d}x =$____________________.

14. 如果$f(x)$有连续导数，$f(b)=5$，$f(a)=2$，则$\int_a^b f'(x)\mathrm{d}x=$______________.

15. $\int_1^{-1} f(x)\mathrm{d}x=$________$\int_{-1}^{1} f(x)\mathrm{d}x$

16. 若函数$f(x)=x^3$的积分曲线过点$(-2,1)$，则这条积分曲线为____________.

17. 比较下列定积分的大小：

(1) $\int_0^1 x\mathrm{d}x$________$\int_0^1 x^2\mathrm{d}x$；　　(2) $\int_1^2 x\mathrm{d}x$________$\int_1^2 x^2\mathrm{d}x$；

(3) $\int_1^2 \mathrm{e}^x\mathrm{d}x$________$\int_1^2 \mathrm{e}^{x^2}\mathrm{d}x$；　　(4) $\int_1^2 \ln x\mathrm{d}x$________$\int_1^2 \ln^2 x\mathrm{d}x$.

18. 若$\int_0^1 (2x+k)\mathrm{d}x=3$，则$k=$______________.

19. 已知某曲线在任意一点处的切线斜率等于该点横坐标的倒数，且曲线过点$(\mathrm{e}^2,3)$，则该曲线的方程为______________.

20. 由定积分的几何意义得$\int_0^1 x\mathrm{d}x=$________；$\int_0^1 \sqrt{1-x^2}\mathrm{d}x=$________.

二、单项选择题

1. 如果$\int \mathrm{d}f(x)=\int \mathrm{d}g(x)$，则下列各式不一定成立的是（　　）.

A. $f'(x)=g'(x)$　　B. $f(x)=g(x)$

C. $\mathrm{d}f(x)=\mathrm{d}g(x)$　　D. $d\int f'(x)\mathrm{d}x=d\int g'(x)\mathrm{d}x$

2. 下列函数中，不是$\mathrm{e}^{2x}-\mathrm{e}^{-2x}$的原函数的是（　　）.

A. $\frac{1}{2}(\mathrm{e}^x+\mathrm{e}^{-x})^2$　　B. $\frac{1}{2}(\mathrm{e}^x-\mathrm{e}^{-x})^2$

C. $\frac{1}{2}(\mathrm{e}^{2x}+\mathrm{e}^{-2x})$　　D. $\frac{1}{2}(\mathrm{e}^{2x}-\mathrm{e}^{-2x})$

3. 下列各组函数为同一函数的原函数的是（　　）.

A. $\ln x$与$\ln 3x$　　B. $\arcsin x$与$\arccos x$

C. $\ln x$与$3\ln x$　　D. $\mathrm{e}^x+\mathrm{e}^{-x}$与$\mathrm{e}^x-\mathrm{e}^{-x}$

4. 函数$f(x)=\mathrm{e}^{-x}$的一个原函数是（　　）.

A. e^{-x}　　B. e^x

C. $-\mathrm{e}^{-x}$　　D. $-\mathrm{e}^x$

5. 下列式子正确的是（　　）.

A. $\int 2^x\mathrm{d}x=\frac{2^{x+1}}{x+1}+C$　　B. $\int x\sin x\mathrm{d}x=x\int \sin x\mathrm{d}x$

C. $\int x\sin x\mathrm{d}x=(\int x\mathrm{d}x)(\int \sin x\mathrm{d}x)$　　D. $\int \sin x\mathrm{d}x=-\cos x+C$

6. 下列运算正确的是（　　）.

A. $\int \sin^2 x\mathrm{d}x=\frac{1}{3}\sin^3 x+C$　　B. $\int \sqrt[3]{x^2}\mathrm{d}x=\int x^{\frac{2}{3}}\mathrm{d}x=\frac{2}{3}x^{-\frac{1}{3}}+C$

C. $\int \frac{1}{\sqrt{x}}\mathrm{d}x = 2\sqrt{x} + C$

D. $\int \sqrt{x}\mathrm{d}x = \int x^{\frac{1}{2}}\mathrm{d}x = \frac{3}{2}x^{\frac{3}{2}} + C$

7. 设$f'(x)$存在，则下列式子正确的是（　　）.

A. $\int f'(x)\mathrm{d}x = f(x)$

B. $\int f'(2x)\mathrm{d}x = f(2x) + C$

C. $\frac{d}{\mathrm{d}x}[\int f(x)\mathrm{d}x] = f(x)$

D. $\frac{d}{\mathrm{d}x}[\int f(2x)\mathrm{d}x] = \frac{1}{2}f(2x)$

8. 若$f(x) = \mathrm{e}^{-x}$，则$\int \frac{f'(\ln x)}{x}\mathrm{d}x =$（　　）.

A. $\frac{1}{x} + C$

B. $-\frac{1}{x} + C$

C. $\ln x + C$

D. $-\ln x + C$

9. 若$\int f(x)\mathrm{d}x = F(x) + C$，则$\int \cos x f(\sin x)\mathrm{d}x =$（　　）.

A. $F(\sin x) + C$

B. $-F(\sin x) + C$

C. $F(\cos x) + C$

D. $-F(\cos x) + C$

10. 若$\int f(x)\mathrm{d}x = F(x) + C$，则下列不正确的式子是（　　）.

A. $\int f(\mathrm{e}^x)\mathrm{e}^x\mathrm{d}x = F(\mathrm{e}^x) + C$

B. $\int f(\ln x)\frac{1}{x}\mathrm{d}x = F(\ln x) + C$

C. $\int f(ax + b)\mathrm{d}x = \frac{1}{a}F(ax + b) + C \quad (a \neq 0)$

D. $\int f(x^n)x^{n-1}\mathrm{d}x = F(x^n) + C \quad (n \neq 0)$

11. 下列凑微分正确的是（　　）.

A. $\sin 2x\mathrm{d}x = -\mathrm{d}(\cos 2x)$

B. $\frac{\mathrm{d}x}{1 + x^2} = \mathrm{d}(\tan x)$

C. $\frac{1}{2\sqrt{x}}\mathrm{d}x = \mathrm{d}(\sqrt{x})$

D. $\ln x\mathrm{d}x = \mathrm{d}(\frac{1}{x})$

12. 若函数$f(x)$在区间$[a,b]$上连续，则$\int_a^b f(x)\mathrm{d}x$是（　　）.

A. $f(x)$的一个原函数

B. $f(x)$的全体原函数

C. 一个常数

D. 任意常数

13. $\frac{d}{\mathrm{d}x}\int_0^{\frac{1}{2}} \arcsin x\mathrm{d}x =$（　　）

A. 0

B. $\frac{\pi}{6}$

C. $\frac{1}{\sqrt{1 - x^2}}$

D. $\arcsin x$

14. $\int_1^e \ln x dx - \int_1^e \ln u du$ 的值(　　).

A. 小于0　　B. 等于0

C. 大于0　　D. 不确定

15. $\int_1^e \ln x dx \neq$ (　　).

A. $\int_1^2 \ln x dx + \int_2^e \ln x dx$　　B. $\int_1^3 \ln x dx + \int_3^e \ln x dx$

C. $\int_1^2 \ln x dx - \int_e^2 \ln x dx$　　D. $\int_1^2 \ln x dx + \int_e^2 \ln x dx$

16. $\int_{-3}^3 (x^3 + \sqrt[3]{x}) dx$ 等于(　　).

A. 0　　B. 8

C. $\int_0^3 (x^3 + \sqrt[3]{x}) dx$　　D. $2\int_0^3 (x^3 + \sqrt[3]{x}) dx$

17. 下列运算正确的是 (　　) .

A. $\int_{-1}^1 \frac{dx}{x^2} = \left[-\frac{1}{x} \right]_{-1}^1 = -2$

B. $\int_{-\frac{\pi}{2}}^{\frac{\pi}{2}} \sin x dx = 2\int_0^{\frac{\pi}{2}} \sin x dx = 2$

C. $\int_{-\frac{\pi}{2}}^{\frac{\pi}{2}} \cos x dx = 2\int_0^{\frac{\pi}{2}} \cos x dx = 2$

D. $\int_{-1}^1 \sqrt{1-x} dx = 2\int_0^1 \sqrt{1-x} dx = 2$

18. $\int_{-\pi}^{\pi} \frac{x^2 \sin x}{1+x^4} dx =$ (　　).

A. 2π　　B. π

C. 0　　D. 1

19. $\int_3^6 f'\left(\frac{x}{3}\right) dx =$ (　　).

A. $f(2) - f(1)$　　B. $3\ [f(2) - f(1)]$

C. $\frac{1}{3}[f(2) - f(1)]$　　D. $\frac{1}{3}[f''(2) - f''(1)]$

20. 设函数 $f(x)$ 在 $[0,1]$ 上连续,令 $t = 4x$,则 $\int_0^1 f(4x) dx$ 等于(　　).

A. $\frac{1}{4}\int_0^1 f(t) dt$　　B. $\frac{1}{4}\int_0^4 f(t) dt$

C. $\int_0^4 f(t) dt$　　D. $4\int_0^4 f(t) dt$

三、计算题

1. 求下列不定积分:

(1) $\int\left(\frac{1}{2\sqrt{x}}-3x^2+\ln 2\right)\mathrm{d}x$;

(2) $\int\left(\frac{1}{x^2}+\sqrt{x\sqrt{x}}\right)\mathrm{d}x$;

(3) $\int(\sqrt{u}-1)(\sqrt{u}+1)\mathrm{d}u$;

(4) $\int(2^x-3^x)^2\mathrm{d}x$;

(5) $\int\frac{\mathrm{e}^{2t}-1}{\mathrm{e}^t+1}\mathrm{d}t$;

(6) $\int\frac{1-\sqrt{x}}{x\sqrt{x}}\mathrm{d}x$;

(7) $\int\frac{x^2-x-6}{x-3}\mathrm{d}x$;

(8) $\int\frac{1}{x^2-2x+1}\mathrm{d}x$;

(9) $\int\frac{2x^2}{1+x^2}\mathrm{d}x$;

(10) $\int\frac{1-x^2}{1+x^2}\mathrm{d}x$;

(11) $\int(3-2x)^5\mathrm{d}x$;

(12) $\int\sqrt{2+3x}\,\mathrm{d}x$;

(13) $\int\frac{\sin\frac{1}{x}}{x^2}\mathrm{d}x$;

(14) $\int\frac{\mathrm{e}^x}{1+\mathrm{e}^{2x}}\mathrm{d}x$;

(15) $\int\frac{1}{x\sqrt{\ln x}}\mathrm{d}x$;

(16) $\int\frac{x}{x^2+5}\mathrm{d}x$;

(17) $\int x\sqrt{1-x^2}\,\mathrm{d}x$;

(18) $\int x^2\sqrt[5]{x^3+2}\,\mathrm{d}x$;

(19) $\int\sin^3x\cos x\,\mathrm{d}x$;

(20) $\int\sin^3x\,\mathrm{d}x$;

(21) $\int\frac{\mathrm{d}x}{4+9x^2}$;

(22) $\int\frac{\mathrm{d}x}{\sqrt{4-9x^2}}$;

(23) $\int\frac{\mathrm{d}x}{4-9x^2}$;

(24) $\int\frac{2x+1}{x^2+x}\mathrm{d}x$;

(25) $\int x\sqrt{1+x}\,\mathrm{d}x$;

(26) $\int\frac{\mathrm{d}x}{\sqrt{2x-3}+1}$;

(27) $\int x\mathrm{e}^{-2x}\mathrm{d}x$;

(28) $\int x^2\sin x\,\mathrm{d}x$;

(29) $\int\operatorname{arccot}x\,\mathrm{d}x$;

(30) $\int\frac{x^n}{nx}\mathrm{d}x$.

2. 求下列定积分:

(1) $\int_0^1 t(t-1)\mathrm{d}t$;

(2) $\int_{-1}^1\frac{t}{1+t^2}\mathrm{d}t$;

(3) $\int_{-1}^1|1-4x|\mathrm{d}x$;

(4) $\int_0^2 f(x)\mathrm{d}x$,其中$f(x)=\begin{cases}x^3, & 0\leqslant x<1,\\ x, & 1\leqslant x\leqslant 2;\end{cases}$

(5) $\int_1^4\frac{\sqrt{x-1}}{x}\mathrm{d}x$;

(6) $\int_0^8\frac{\mathrm{d}x}{1+\sqrt[3]{x}}$;

(7) $\int_0^1\frac{\sqrt{x}}{1+x}\mathrm{d}x$;

(8) $\int_0^9\frac{\mathrm{d}x}{1+\sqrt{x}}$;

(9) $\int_0^{\pi} x\sin x\mathrm{d}x$;

(10) $\int_1^{e} x\ln x\mathrm{d}x$;

(11) $\int_0^{\frac{\pi}{2}} e^{\sin x}\cos x\mathrm{d}x$;

(12) $\int_1^{e} \ln x\mathrm{d}x$.

四、应用题

1. 设某商品的需求量是价格的函数，即 $Q=Q(P)$，该商品的最大需求量为 3000（即 $P=0$ 时，$Q=3000$），已知边际需求函数 $Q'(P)=-3000\ln2\cdot\left(\frac{1}{2}\right)^P$，求该商品的需求函数.

2. 已知某产品总产量的变化率 $Q'(t)=80+2t-\frac{3}{5}t^2$（台/小时），求从第 5 小时末到第 10 小时末的总产量.

3. 已知某地区当消费者个人收入为 r 元时，消费支出 $f(r)$ 的变化率 $f'(r)=\frac{18}{\sqrt{r}}$，试求当个人收入从 900 元增加到 1600 元时，消费支出会增加多少？

4. 设生产某产品当产量为 q 百台时，边际成本 $C'(q)=3+q$（万元/百台），边际收益 $R'(q)=9-q$（万元/百台），试求：

(1) 总利润最大时的产量？

(2) 要使产量从 100 台增加到利润最大时的产量，需要追加多少资金？

(3) 当产量从 100 台增加到利润最大的产量时，所获得的利润是多少？

(4) 当利润最大时再生产 100 台，利润将变化多少？

五、证明题

1. 证明：$\int_0^1 x^m(1-x)^n\mathrm{d}x=\int_0^1 x^n(1-x)^m\mathrm{d}x$.

2. 证明：$\int_0^{\frac{\pi}{2}}\sin^n x\mathrm{d}x=\int_0^{\frac{\pi}{2}}\cos^n x\mathrm{d}x\ (n\in N)$.

3. 设 $f(x)$ 在区间 $[a,b]$ 上连续，证明：$\int_0^{\frac{\pi}{2}}f(\sin x)\mathrm{d}x=\int_0^{\frac{\pi}{2}}f(\cos x)\mathrm{d}x$.

B 组

1. 单项选择题

(1) 设 $\ln f(x)=\cos x$，则 $\int\frac{xf'(x)}{f(x)}\mathrm{d}x=$（　　）.

A. $x\cos x-\sin x+C$

B. $x\sin x-\cos x+C$

C. $x(\sin x+\cos x)+C$

D. $x\sin x+C$

(2) 设函数 $f(x)$ 在区间 $[a,b]$ 上连续，则下列结论不正确的是（　　）.

A. $\int_a^x f(t)\mathrm{d}t$ 是 $f(x)$ 的一个原函数

B. $f(x)$ 在 $[a,b]$ 上可积

C. $\int_x^b f(t)\mathrm{d}t$ 不是 $-f(x)$ 的一个原函数

D. $\int_a^b f(x)\mathrm{d}x$ 是 $f(x)$ 的一个原函数

(3) 极限 $\lim\limits_{x\to 0}\dfrac{\int_0^x t\sin t\mathrm{d}t}{\int_0^{-x} t^2\mathrm{d}t}$ 等于（ ）．

A. -1　　B. 0

C. 1　　D. 2

(4) 设 $f(x)=\int_0^x \sin t\mathrm{d}t$，则 $f'\left(\dfrac{\pi}{2}\right)$ 等于（ ）．

A. $\sin t$　　B. $\sin x$

C. 0　　D. 1

(5) $\dfrac{d}{\mathrm{d}x}\int_x^{x^2} f(t)\mathrm{d}t=$（ ）．

A. $2xf(x^2)$　　B. $2xf(x^2)-f(x)$

C. $f(x^2)$　　D. $f(x)$

(6) 计算下列定积分时，使用正确换元的是（ ）．

A. $\int_{-1}^{2}\dfrac{x\ln(1+x^2)}{1+x^2}\mathrm{d}x$，令 $1+x^2=t$　　B. $\int_0^{\pi}\dfrac{1}{1+\sin^2 x}\mathrm{d}x$，令 $x=\arcsin t$

C. $\int_{-1}^{1}\sqrt{1-x^2}\mathrm{d}x$，令 $x=t$　　D. $\int_0^1 x^3\sqrt{1-x^2}\mathrm{d}x$，令 $x=\cos t$

(7) 设 $\int_0^x f(t)\mathrm{d}t=\dfrac{1}{2}f(x)-\dfrac{1}{2}$，且 $f(0)=1$，则 $f(x)=$（ ）．

A. $\mathrm{e}^{\frac{x}{2}}$　　B. $\dfrac{1}{2}\mathrm{e}^{x}$

C. $\dfrac{1}{2}\mathrm{e}^{2x}$　　D. e^{2x}

(8) 下列广义积分收敛的是（ ）．

A. $\int_1^{+\infty}\sin x\mathrm{d}x$　　B. $\int_1^{+\infty}\mathrm{e}^{2x}\mathrm{d}x$

C. $\int_1^{+\infty}\dfrac{1}{x^3}\mathrm{d}x$　　D. $\int_1^{+\infty}\ln x\mathrm{d}x$

(9) 下列广义积分发散的是（ ）．

A. $\int_1^{+\infty}\dfrac{1}{\sqrt{x^3}}\mathrm{d}x$　　B. $\int_{\mathrm{e}}^{+\infty}\dfrac{1}{x\ln x}\mathrm{d}x$

C. $\int_{\mathrm{e}}^{+\infty}\dfrac{1}{x\ln^2 x}\mathrm{d}x$　　D. $\int_{-\infty}^{0}\mathrm{e}^{x}\mathrm{d}x$

(10) 设 $y=\sin x, x\in\left[-\dfrac{\pi}{2},\dfrac{\pi}{2}\right]$，与 x 轴所围成的平面图形的面积为 S，下列选项中不正确的是（ ）．

A. $S=2\int_0^{\frac{\pi}{2}}\sin x\mathrm{d}x$　　B. $S=\int_{-\frac{\pi}{2}}^{\frac{\pi}{2}}|\sin x|\mathrm{d}x$

C. $S=\int_{-\frac{\pi}{2}}^{\frac{\pi}{2}}\sin x\mathrm{d}x$　　D. $S=\int_{0}^{\frac{\pi}{2}}\sin x\mathrm{d}x-\int_{-\frac{\pi}{2}}^{0}\sin x\mathrm{d}x$

2. 求下列不定积分

(1) $\int\frac{\mathrm{d}x}{x^2\sqrt{x^2-9}}$;　　(2) $\int\frac{\mathrm{d}x}{x^2\sqrt{1+x^2}}$;

(3) $\int\frac{1}{x^2\sqrt{1-x^2}}\mathrm{d}x$;　　(4) $\int\frac{1}{\sqrt{(4+x^2)^3}}\mathrm{d}x$;

(5) $\int xf''(x)\mathrm{d}x$;　　(6) $\int[f(x)+xf'(x)]\mathrm{d}x$;

(7) $\int\sin^2x\cos^2x\mathrm{d}x$;　　(8) $\int\sin3x\sin5x\mathrm{d}x$.

3. 求下列定积分

(1) $\int_0^1\frac{\mathrm{d}x}{(1+x^2)^{\frac{3}{2}}}$;　　(2) $\int_1^2\frac{\sqrt{x^2-1}}{x}\mathrm{d}x$;

(3) $\int_0^1\arctan\sqrt{x}\mathrm{d}x$;　　(4) $\int_0^3\mathrm{e}^{\sqrt{x+1}}\mathrm{d}x$.

(5) 已知连续函数$f(x)$满足$\int_0^{2x}f\left(\frac{t}{2}\right)\mathrm{d}t=\mathrm{e}^{-x}-1$,求$\int_0^1f(x)\mathrm{d}x$.

4. 求下列广义积分:

(1) $\int_{-\infty}^0\frac{\mathrm{e}^x}{1+\mathrm{e}^x}\mathrm{d}x$;　　(2) $\int_0^{+\infty}x\mathrm{e}^{-x}\mathrm{d}x$;

(3) $\int_0^1\frac{x}{\sqrt{1-x^2}}\mathrm{d}x$;　　(4) $\int_0^{\pi^2}\frac{\cos\sqrt{x}}{\sqrt{x}}\mathrm{d}x$.

5. 求由下列曲线所围成的平面图形的面积:

(1) $y=x^2$, $y=2-x^2$;

(2) $y=x^3$, $y=\sqrt[3]{x}$;

(3) $y=\mathrm{e}^x$, $y=\mathrm{e}$, $x=0$;

(4) $y=x^2-8$, $2x+y+8=0$, $y=-4$.

6. 已知某工厂需要购置一批设备，现在计划投入500万元，在10年中每年收益为100万元（设该批设备10年后完全失去价值）. 如果连续年利率为6%，求10年期间:

(1) 总收益的现值;

(2) 纯收益的（贴）现值;

(3) 投资回收期.

7. 某企业做一笔投资，如果投资成本为2亿元，每年均匀收益2千万元，投资年利率为4%，试求该投资为无限期时的纯收益的（贴）现值.

第4章

二元函数微积分

学习目标

□ 理解二元函数的概念，了解二元函数的几何意义
□ 熟练求出二元函数的定义域，并能用平面点集表示出来
□ 了解二元函数的极限及连续性的概念
□ 理解偏导数概念，能熟练计算一、二阶偏导数，了解全微分概念
□ 掌握二元复合函数及隐函数的微分方法
□ 掌握二元函数的极值概念和极值求法
□ 了解二重积分的概念，会计算直角坐标系下和极坐标系下的二重积分
□ 会根据二元函数极值解决经济中的最优化问题

数学史话

多元函数微积分学是在一元函数微积分学的基础上发展起来的。在发展过程中，基本概念都被推广到多元的情形，而计算方法则被划归到一元的情形。因此多元微积分学的基本任务就是以一元微积分学为基础，来阐述其中的基本概念和计算方法对于多个变量的函数仍然有效，同时分析由于变量个数的增多而带来的特点。

历史上，在微分与积分的基本思想的应用中，多元微积分学的基本概念都是与一元函数合为一体，为适应描述和分析物理现象和规律的需要而产生的。1687 年牛顿提出的偏导数、重积分的朴素思想，1769 年欧拉提出的二重积分及其累次积分与换元计算方法，以及 1773 年拉格朗日提出的三重积分及其累次积分与换元计算方法，都是出现在力学研究的著作中，并不是有意识地要建立相关的数学理论。在相当长的一段时期，牛顿—莱布尼兹公式的两种形式都作为物理定理来理解的。变量替换中的**雅可比行列式**也延迟到微积分的理论分析开展起来以后，才获得明确的概念和系统的研究，而变量替换中隐含着的曲线坐标，则在实际的物理问题研究中才获得明确的概念和系统的研究。只有斯托克斯公式是作为格林公式的理论应用来叙述的。与此同时多元微积分学已由其理论分析发展成一门独立的学科。

格林（1793—1841）：英国数学家、物理学家。1833 年自费入剑桥大学学习，1837

年获学士学位，1839 年任剑桥大学教授。1828 年，他写成重要著作《数学分析在电磁理论中的应用》，书中他引入了**位势**概念，提出了著名的**格林函数**与**格林定理**，发展了电磁理论，他在晶体中光的反射和折射等方面有较大的贡献。他还发展了能量守恒定律，得出了弹性理论的基本方程。变分法中的狄利克雷原理、超球面函数的概念等最初都是由他提出来的。他的名字经常出现在大学数学、物理教科书或当代文献中，以他的名字命名的术语有格林定理、格林公式、格林函数、格林曲线、格林算子、格林测度、格林空间等。

欧拉（1707—1783）：瑞士数学家、力学家、天文学家、物理学家，变分法的奠基人，复变函数论的先驱者，理论流体力学的创始人。欧拉曾任彼得堡科学院教授，柏林科学院的创始人之一。他是刚体力学和流体力学的奠基者，弹性系统稳定性理论的开创人。欧拉奠定了理想流体的理论基础，给出了反映质量守恒的连续方程和反映动量变化规律的流体动力学方程。欧拉在固体力学方面的著述也很多，诸如弹性压杆失稳后的形状，上端悬挂重链的振动问题等等。

4.1 二元函数的基本概念

【**本节提示**】 本节将介绍平面上点集和区域的概念，在此基础上引入二元函数的定义，然后介绍二元函数的几何意义，并且给出二元函数极限与连续的定义，最后给出闭区间上二元连续函数的性质．通过本节的学习，要求理解二元函数的概念及其极限与连续的定义；了解二元函数几何意义和闭区间上二元函数的性质．

4.1.1 平面上的点集和区域

1. 平面点集的概念

平面点集是指平面上满足某个条件的一切点构成的集合．

【**例 1**】 平面上直角坐标系中第一象限的所有点构成一个平面点集，它可以写成：

$$E=\{(x,y)\mid x>0,y>0\}.$$

【**例 2**】 平面直角坐标系中第一、三象限的角平分线上所有点的坐标是一个平面点集，它可以写成：

$$E=\{(x,y)\mid y=x\}.$$

2. 平面区域的概念

由平面上一条或几条曲线所围成的部分平面点集称为**平面区域**，通常记作 D. 围成平面区域的曲线称为该区域的边界，边界上的点称为边界点，包括边界在内的区域称为**闭区域**，不包括边界在内的区域称为**开区域**. 如果一个区域延伸到无穷远处，则称该区域为无界区域，否则称为有界区域.

平面上的区域均可用含该区域内的点的坐标(x,y)的二元不等式或不等式组来表示(称为平面区域的解析式).

【例 3】 平面点集 $E_1=\{(x,y)\mid 1\leqslant x^2+y^2\leqslant 4\}$ 是有界区域，而平面点集 $E_2=\{(x,y)\mid x>0,y>0\}$ 是无界区域. 而且同一个区域可以有不同的表示形式.

【例 4】 由直线 $y=x,x=0,y=1$ 所围成的平面区域可表示为：

$$D=\{(x,y)\mid 0\leqslant x\leqslant 1,x\leqslant y\leqslant 1\} \text{或} D=\{(x,y)\mid 0\leqslant y\leqslant 1,0\leqslant x\leqslant y\},$$

如图 4－1 中的阴影部分即为平面区域 D.

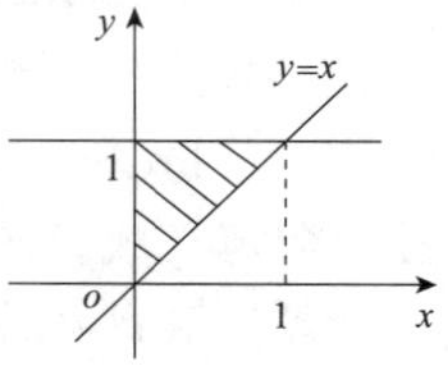

图 4－1

4.1.2　二元函数的定义

在很多实际问题中，经常会遇到多个变量之间的依赖关系，举例如下：

【例 5】 圆柱体的体积 V 和它的底半径 r、高 h 之间具有关系：

$$V=\pi r^2 h$$

这里，当 r、h 在一定范围$(r>0,h>0)$内取定一对数值(r,h)时，V 就有唯一确定的值与之对应.

【例 6】 设 z 表示居民人均消费额，x 表示国民收入总额，y 表示总人口数，则有

$$z=k_1k_2\frac{x}{y}$$

其中，k_1 是消费率（国民收入总额中用于消费所占的比例），k_2 是居民消费率（消费总额中用于居民消费所占的比例），当变量 $x,y(x>0,y>0)$ 每取定一对数值时，z 都有唯一确定的值与之对应. 变量 z 的变化依赖于变量 x 和变量 y.

上面两个例子的具体意义虽各不相同，但它们却有共同的性质，我们抽出这些共性就可得出以下二元函数的概念.

定义 4.1 设有变量 x，y 和 z. 如果当变量 x、y 在某个范围内任意取定一对值(x,y)时，按某一对应法则 f，总有唯一确定的 z 值与(x,y)对应，则称 z 是 x、y 的**二元函数**，记为 $z=f(x,y)$ 或 $z=z(x,y)$，称 x，y 为**自变量**，z 为**因变量或函数**，自变量 x、y 的取值范围称为函数的**定义域**.

当$(x,y)=(x_0,y_0)$时，对应的 z 值，记作 $f(x_0,y_0)$，称为二元函数 $z=f(x,y)$ 在(x_0,y_0)点处的函数值.

如果对于点 $P(x,y)$，函数 $z=f(x,y)$ 有确定的值和它对应，就称函数 $z=f(x,y)$ 在点 $P(x,y)$处有定义. 函数的定义域也就是使函数有定义的点的全体所构成的点集. 因此，二元函数

$z=f(x,y)$ 的定义域是 xOy 平面上的点集．

规律总结

关于二元函数的定义域，与一元函数类似，在讨论用解析式表达的多元函数时，其定义域就是使这个式子有意义的自变量的变化范围所确定的点集．

【例 7】 求函数 $z=\sqrt{4-x^2-y^2}+\ln(y^2-2x+1)$ 的定义域．

解： 要使原函数有定义，则需满足

$$\begin{cases}4-x^2-y^2\geqslant 0\\ y^2-2x+1>0\end{cases}.$$

故函数定义域 D（如图 4－2 阴影部分）在圆 $x^2+y^2\leqslant 2^2$ 的内部（包括边界）和抛物线 $y^2+1=2x$ 的左侧（不包括抛物线上的点）．

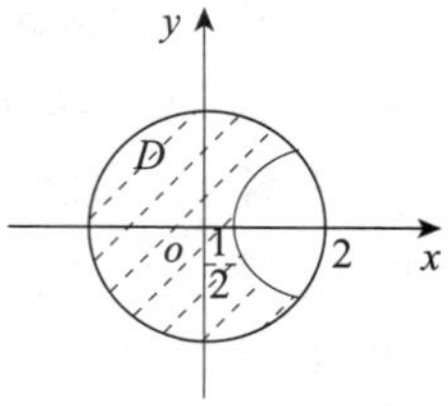

图 4－2

4.1.3 二元函数的几何意义

一元函数 $y=f(x)$ 通常表示 xoy 平面上的一条曲线，对于二元函数 $z=f(x,y),(x,y)\in D$，其定义域 D 是 xoy 平面上的一个区域．那么对于 D 中任意一点 $M(x,y)$，必有唯一的数 z 与其对应，从而三元有序数组 (x,y,z)，就确定了空间的一个点 $P(x,y,z)$，所有这样确定的点的集合就是函数 $z=f(x,y)$ 的图形．因此二元函数 $z=f(x,y)$ 的图像一般为空间直角坐标系中的一个曲面，而其定义域 D 恰好就是这个曲面在 xOy 坐标平面上的投影（见图 4－3）．

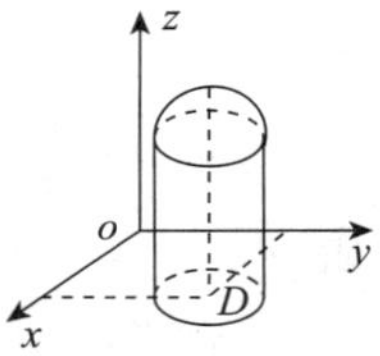

图 4－3

常见的二元函数：球面 $(x-x_0)^2+(y-y_0)^2+(z-z_0)^2=R^2$（如图 4－4（a）），柱面 $x^2+y^2=R^2$（如图 4－4（b）），$x^2+z^2=R^2$，$y^2+z^2=R^2$，抛物面 $x=z^2+y^2$，$y=z^2+x^2$，$z=x^2+y^2$（如图 4－4(c)）．

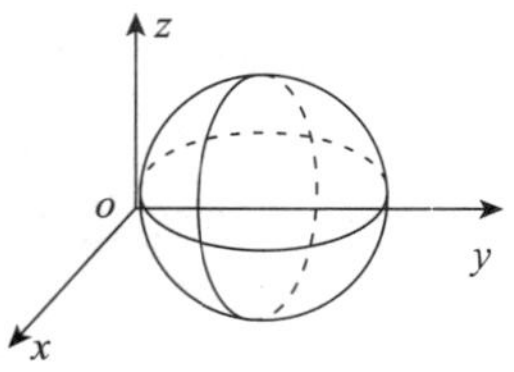

图 4－4(a)

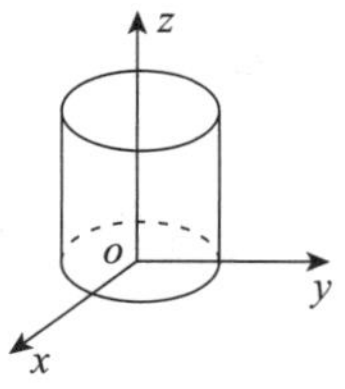

图 4－4(b)

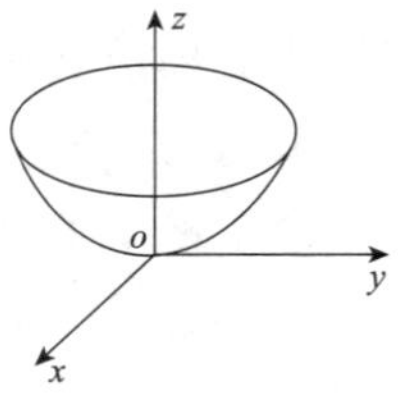

图 4－4(c)

4.1.4 二元函数的极限与连续

1. 二元函数的极限

与一元函数的极限概念类似，如果在 $P(x,y)\to P_0(x_0,y_0)$ 的过程中，对应的函数值

$f(x,y)$无限接近于一个确定的常数 A，就称 A 是函数$f(x,y)$当$(x,y)\to(x_0,y_0)$时的极限.

定义 4.2　设函数 $z=f(x,y)$在点 $P_0(x_0,y_0)$的某个邻域内有定义［点 $P_0(x_0,y_0)$可以除外］，$P(x,y)$是该邻域内异于 $P_0(x_0,y_0)$的任意一点，若当 $P(x,y)$以任意方式无限趋近于点 $P_0(x_0,y_0)$时，对应的函数值$f(x,y)$都无限趋于一个确定的常数 A，则称常数 A 为函数$f(x,y)$当$(x,y)\to(x_0,y_0)$时的极限，记作

$$\lim_{\substack{x\to x_0\\ y\to y_0}} f(x,y)=A \text{ 或 } f(x,y)\to A(x\to x_0,y\to y_0)$$

为了区别于一元函数的极限，我们把二元函数的极限称为**二重极限**.

注意：所谓二重极限存在，是指 $P(x,y)$以任何方式趋向 $P_0(x_0,y_0)$时，函数值都趋近同一个值 A.

因此，如果 $P(x,y)$以某一特殊方式趋向 $P_0(x_0,y_0)$时，即使函数无限接近于某一确定值，我们还不能由此断定函数的极限存在．但是，如果当 $P(x,y)$以不同方式趋近于 $P_0(x_0,y_0)$时，函数趋近于不同的值，则可以肯定此函数当 $P\to P_0$ 时的极限不存在.

【例 8】　设函数 $f(x,y)=\begin{cases}\dfrac{xy}{x^2+y^2}, & x^2+y^2\neq 0\\ 0, & x^2+y^2=0\end{cases}$　求$\lim\limits_{\substack{x\to 0\\ y\to 0}} f(x,y)$.

解：当 $P(x,y)$沿直线 $y=kx$ 趋近于$(0,0)$点时，

$$\lim_{\substack{x\to 0\\ y\to 0}} f(x,y)=\lim_{\substack{x\to 0\\ y\to 0}}\frac{xy}{x^2+y^2}=\lim_{\substack{x\to 0\\ y=kx\to 0}}\frac{kx^2}{x^2+(kx)^2}=\frac{k}{1+k^2}.$$

显然，其值随着 k 的取值不同而不同，因此，$\lim\limits_{\substack{x\to 0\\ y\to 0}} f(x,y)$不存在.

【例 9】　求$\lim\limits_{\substack{x\to 0\\ y\to 2}}\dfrac{\sin(xy)}{x}$.

解：$\lim\limits_{\substack{x\to 0\\ y\to 2}}\dfrac{\sin(xy)}{x}=\lim\limits_{\substack{x\to 0\\ y\to 2}}\left(\dfrac{\sin(xy)}{xy}\cdot y\right)=\lim\limits_{\substack{x\to 0\\ y\to 2}}\dfrac{\sin(xy)}{xy}\cdot\lim\limits_{\substack{x\to 0\\ y\to 2}} y=1\times 2=2.$

规律总结

关于多元函数的极限的运算，与一元函数有类似的运算法则.

2. 二元函数的连续性

类似于一元函数在一点处连续的概念，可以得到多元函数在一点处连续的概念.

定义 4.3　设二元函数 $z=f(x,y)$在点 $P_0(x_0,y_0)$有定义，如果

$$\lim_{\substack{x\to x_0\\ y\to y_0}} f(x,y)=f(x_0,y_0)$$

则称函数 $z=f(x,y)$在点 $P_0(x_0,y_0)$处**连续**.

对例 8 来讲，因为$\lim\limits_{\substack{x\to 0\\ y\to 0}} f(x,y)$不存在，所以函数 $z=f(x,y)$在点$(0,0)$不连续．函数 $z=f(x,y)$的不连续点称为函数 $z=f(x,y)$的**间断点**.

如果函数 $f(x,y)$ 在区域 D 内的每一点都连续，则称 $f(x,y)$ 在区域 D 内连续．

以上关于二元函数的连续性的概念，可相应地推广到 n 元函数中去．

一元函数中关于连续的定理，对于多元函数依然适用．可以证明多元连续函数的和、差、积均为连续函数；在分母不为零处，连续函数的商也是连续函数；多元连续函数的复合函数也是连续函数．

与一元初等函数相似，多元初等函数是指可用一个式子表示的多元函数，这个式子是由常数及具有不同自变量的一元基本初等函数经过有限次的四则运算和复合运算所构成的．例如，$3x^2yz^4+5y^3z^2-8xz$，$\sin(3x^2+y)$，$\ln(xy)+\cos^2(x+y)$ 等都是多元初等函数．

根据上面指出的连续函数的和、差、积、商的连续性以及连续函数的复合函数的连续性，以及基本初等函数的连续性，我们进一步可以得出以下结论：**一切多元初等函数在其定义区域内都是连续的**．

【例 10】 求 $\lim\limits_{\substack{x\to 0\\ y\to 0}}\dfrac{\sqrt{xy+1}-1}{xy}$.

解： $\lim\limits_{\substack{x\to 0\\ y\to 0}}\dfrac{\sqrt{xy+1}-1}{xy}=\lim\limits_{\substack{x\to 0\\ y\to 0}}\dfrac{xy+1-1}{xy(\sqrt{xy+1}+1)}=\lim\limits_{\substack{x\to 0\\ y\to 0}}\dfrac{1}{\sqrt{xy+1}+1}=\dfrac{1}{\sqrt{0\cdot 0+1}+1}=\dfrac{1}{2}$.

上述运算的最后一步用到了二元函数 $\dfrac{1}{\sqrt{xy+1}+1}$ 在点 $(0,0)$ 处的连续性．

与闭区间上一元连续函数的性质相类似，在有界闭区域上多元函数也有以下性质：

性质 1（有界性）　设 $z=f(P)$ 在有界闭区域 D 上连续，则 z 在 D 上必有界．

性质 2（最大值和最小值定理）　设 $z=f(P)$ 在有界闭区域 D 上连续，则 z 在 D 上必有最大值和最小值，即在 D 上至少有一点 P_1 及一点 P_2，使得 $f(P_1)$ 为最小值而 $f(P_2)$ 为最大值，即

$$f(P_1)\leqslant f(P)\leqslant f(P_2)\ (P\in D)$$

性质 3（介值定理）　设 $z=f(P)$ 在有界闭区域 D 上连续，则 z 必取到介于最小值和最大值之间的任何值．

学习小结

（1）平面区域是指＿＿＿＿＿＿＿＿＿＿＿＿＿＿＿＿＿＿．

（2）二元函数的几何意义是＿＿＿＿＿＿＿＿＿＿＿＿＿＿＿＿＿＿．

（3）二元函数在点 (x_0,y_0) 连续，则要满足等式＿＿＿＿＿＿＿＿＿＿＿＿．

（4）二元函数在区域 D 内连续是指＿＿＿＿＿＿＿＿＿＿．

（5）在取极限中，点 $P(x,y)$ 是以＿＿＿＿＿＿＿＿＿＿方式趋于点 $P(x_0,y_0)$．

【习题 4.1】

1. 求下列函数的定义域：

（1）$z=ln(x+y)$；　　（2）$z=\sqrt{4-x^2-y^2}+\sqrt{x^2+y^2-1}$；

(3) $z=\arcsin\frac{x^2+y^2}{4}$;　　(4) $z=\sqrt{x-\sqrt{y}}$;

(5) $z=\sqrt{4-x^2}+\sqrt{y^2-4}$;　　(6) $z=\frac{1}{\sqrt{x^2+y^2}}$.

2. 讨论下列函数的连续范围:

(1) $z=\frac{1}{\sqrt{x^2+y^2-9}}$;　　(2) $z=\ln(1-x^2-y^2)$.

3. 确定下列函数的定义域并在平面坐标系中绘出:

(1) $z=\sqrt{x}-\sqrt{1-y}$;　　(2) $z=\sqrt{x-y+1}$.

4. 求下列极限:

(1) $\lim\limits_{\substack{x\to 0\\ y\to 0}}\frac{x^2-y^2}{x-y}$;　　(2) $\lim\limits_{\substack{x\to 0\\ y\to 0}}\frac{x^2+y^2}{\sqrt{x^2+y^2+1}-1}$.

4.2 偏导数与全微分

【本节提示】 本节将首先给出二元函数偏导数的概念及偏导数的求法，然后介绍二元函数偏导数的几何意义及偏导数与连续的关系，最后介绍高阶导数和全微分的概念及其求法．通过本节的学习，要求能掌握偏导数与全微分的求法．

4.2.1 偏导数的概念

1. 偏导数的定义

定义 4.4 设函数 $z=f(x,y)$ 在点 (x_0,y_0) 的某邻域内有定义，固定自变量 $y=y_0$，而自变量 x 在 x_0 处有改变量 Δx，相应地函数有增量

$$f(x_0+\Delta x,y_0)-f(x_0,y_0),$$

如果极限

$$\lim_{\Delta x\to 0}\frac{f(x_0+\Delta x,y)-f(x_0,y_0)}{\Delta x},$$

存在，则称此极限值为函数 $z=f(x,y)$ 在点 (x_0,y_0) 处关于 x 的**偏导数**，记作

$$\left.\frac{\partial z}{\partial x}\right|_{\substack{x=x_0\\ y=y_0}},\left.\frac{\partial f}{\partial x}\right|_{\substack{x=x_0\\ y=y_0}},z_x'(x_0,y_0)\text{或}f_x'(x_0,y_0),$$

即　$$f_x'(x_0,y_0)=\lim_{\Delta x\to 0}\frac{f(x_0+\Delta x,y)-f(x_0,y_0)}{\Delta x},$$

类似地，函数 $z=f(x,y)$ 在点 (x_0,y_0) 处关于 y 的偏导数 $f_y'(x_0,y_0)$ 定义为:

$$f_y'(x_0,y_0)=\lim_{\Delta y\to 0}\frac{f(x_0,y_0+\Delta y)-f(x_0,y_0)}{\Delta y}$$

记作

$$\left.\frac{\partial z}{\partial y}\right|_{\substack{x=x_0\\y=y_0}},\left.\frac{\partial f}{\partial y}\right|_{\substack{x=x_0\\y=y_0}},z_y'(x_0,y_0)\text{或}f_y'(x_0,y_0)$$

如果函数 $z=f(x,y)$ 在区域 D 内每一点 (x,y) 处，对 x 的偏导数 $f_x'(x,y)$ 都存在，则对于区域 D 内每一点 (x,y)，都有一个偏导数的值与之对应，这样就得到了一个新的二元函数，称为函数 $z=f(x,y)$ 在区域 D 内关于变量 x 的偏导函数，记作

$$\frac{\partial z}{\partial x},\frac{\partial f}{\partial x},z'_x,f_x'\text{ 或 }f_x'(x,y),$$

该偏导函数的定义式：

$$f_x'(x,y)=\lim_{\Delta x\to 0}\frac{f(x+\Delta x,y)-f(x,y)}{\Delta x},$$

类似地，函数 $z=f(x,y)$ 在区域 D 内关于自变量 y 的偏导函数，记作

$$\frac{\partial z}{\partial y},\frac{\partial f}{\partial y},z_y',f_y'\text{ 或 }f_y'(x,y),$$

该偏导函数的定义式：

$$f_y'(x,y)=\lim_{\Delta y\to 0}\frac{f(x,y+\Delta y)-f(x,y)}{\Delta y},$$

由偏导数的概念可知，函数 $z=f(x,y)$ 在点 (x_0,y_0) 处关于 x 的偏导数 $f_x'(x_0,y_0)$ 就是偏导函数 $f_x'(x,y)$ 在点 (x_0,y_0) 的函数值，而 $f_y'(x_0,y_0)$ 就是偏导函数 $f_y'(x,y)$ 在点 (x_0,y_0) 处的函数值．以后在不至于混淆的情况下，也将偏导函数简称为偏导数．

2. 偏导数的求法

从偏导数的定义可知，求 $z=f(x,y)$ 的偏导数并不需要用新方法，因为这里只有一个自变量在变动，另一个自变量被看做是固定的，所以仍旧可用一元函数的微分法．

规律总结

求 $\frac{\partial f}{\partial x}$ 时，只要把 y 暂时看做常量而对 x 求导数；求 $\frac{\partial f}{\partial y}$ 时，只要把 x 暂时看做常量而对 y 求导数．

【例 1】 求 $z=x^2+3xy+y^2$ 在点 $(1,2)$ 处的偏导数．

解：

把 y 看做常量，得：$\frac{\partial z}{\partial x}=2x+3y$；

把 x 看做常量，得：$\frac{\partial z}{\partial y}=3x+2y$；

将 $x=1$，$y=2$ 代入上面结果，得到：

$$\left.\frac{\partial z}{\partial x}\right|_{\substack{x=1\\y=2}}=2\times1+3\times2=8,\left.\frac{\partial z}{\partial y}\right|_{\substack{x=1\\y=2}}=3\times1+2\times2=7.$$

【例 2】　求 $z=x^2\cos(3y)$ 的偏导数．

解： $\frac{\partial z}{\partial x}=2x\cos(3y)$，$\frac{\partial z}{\partial y}=-3x^2\sin(3y)$．

【例 3】　设 $z=x^y(x>0,x\neq1)$，求证 $\frac{x}{y}\frac{\partial z}{\partial x}+\frac{1}{\ln x}\frac{\partial z}{\partial y}=2z.$

证明： 因为 $\frac{\partial z}{\partial x}=yx^{y-1}$，$\frac{\partial z}{\partial y}=x^y\ln x.$

所以 $\frac{x}{y}\frac{\partial z}{\partial x}+\frac{1}{\ln x}\frac{\partial z}{\partial y}=\frac{x}{y}yx^{y-1}+\frac{1}{\ln x}x^y\ln x=x^y+x^y=2z.$

推广到多元函数情况，将 $f(x_1,x_2,\cdots,x_n)$ 中所有 $x_j(j\neq k)$ 看做常量而对 x_k 求导可得 $\frac{\partial f}{\partial x_k}$.

* **【例 4】**　求 $r=\sqrt{x^2+y^2+z^2}$ 的偏导数．

解： $\frac{\partial r}{\partial x}=\frac{2x}{2\sqrt{x^2+y^2+z^2}}=\frac{x}{r}$，

$$\frac{\partial r}{\partial y}=\frac{2y}{2\sqrt{x^2+y^2+z^2}}=\frac{y}{r},\quad \frac{\partial r}{\partial z}=\frac{2z}{2\sqrt{x^2+y^2+z^2}}=\frac{z}{r}.$$

注意： 对于一元函数来说，$\frac{\mathrm{d}y}{\mathrm{d}x}$ 可以看做函数的微分 $\mathrm{d}y$ 与自变量的微分 $\mathrm{d}x$ 之商．而偏导数的记号是一个整体，其中的横线没有相除的意义．

3. 二元函数偏导数的几何意义（见图 4－5）

偏导数 $f'_x(x_0,y_0)$ 就是曲面被平面 $y=y_0$ 所截得的曲线在点 M_0 处的切线 M_0T_x 对 x 轴的斜率．

偏导数 $f'_y(x_0,y_0)$ 就是曲面被平面 $x=x_0$ 所截得的曲线在点 M_0 处的切线 M_0T_y 对 y 轴的斜率．

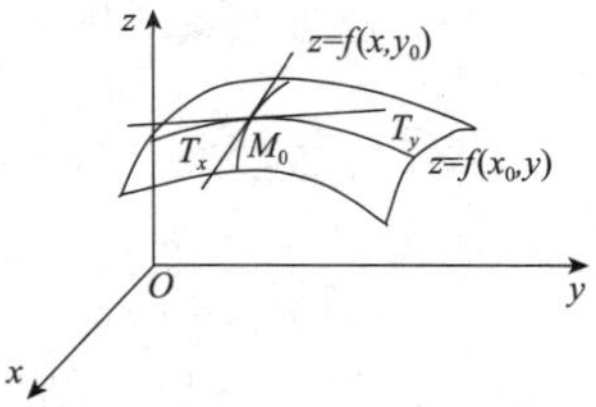

图 4－5

4. 偏导数与连续的关系

我们知道，如果一元函数在某点可导，则它在该点必定连续．

但是，**多元函数即使在某点的各个偏导数都存在，也不能保证它在该点连续**．例如，函数

$$f(x,y)=\begin{cases}\dfrac{xy}{x^2+y^2}, & x^2+y^2\neq0,\\ 0\quad, & x^2+y^2=0,\end{cases}$$

由于　$\left.\frac{\partial f}{\partial x}\right|_{\substack{x=0\\y=0}}=\lim\limits_{\Delta x\to0}\frac{f(0+\Delta x,0)-f(0,0)}{\Delta x}=\lim\limits_{\Delta x\to0}\frac{0-0}{\Delta x}=0,$

$$\left.\frac{\partial f}{\partial y}\right|_{\substack{x=0\\y=0}}=\lim_{\Delta y\to0}\frac{f(0,0+\Delta y)-f(0,0)}{\Delta y}=\lim_{\Delta y\to0}\frac{0-0}{\Delta y}=0,$$

即 $f(x,y)$ 在 $(0,0)$ 点两个偏导数都存在，但由 4.1 节例 8 可知，该函数在 $(0,0)$ 点极限不存在，故 $f(x,y)$ 在 $(0,0)$ 点不连续．

4.2.2 高阶偏导数

定义 4.5 设函数 $z=f(x,y)$ 在区域 D 内存在偏导数 $\frac{\partial z}{\partial x}$，$\frac{\partial z}{\partial y}$，这两个偏导数在 D 内都是 x,y 的函数．如果这两个函数的偏导数也存在，则称这两个函数的偏导数为 $z=f(x,y)$ 的二阶偏导数．按照对变量求导的次序不同而有下列四个二阶偏导数：

$$\frac{\partial}{\partial x}\left(\frac{\partial z}{\partial x}\right)=\frac{\partial^2 z}{\partial x^2}=f''_{xx}(x,y)=z''_{xx},\frac{\partial}{\partial y}\left(\frac{\partial z}{\partial x}\right)=\frac{\partial^2 z}{\partial x\partial y}=f''_{xy}(x,y)=z''_{xy}$$

$$\frac{\partial}{\partial x}\left(\frac{\partial z}{\partial y}\right)=\frac{\partial^2 z}{\partial y\partial x}=f''_{yx}(x,y)=z''_{yx},\frac{\partial}{\partial y}\left(\frac{\partial z}{\partial y}\right)=\frac{\partial^2 z}{\partial y^2}=f''_{yy}(x,y)=z''_{yy}$$

如果二阶偏导数也具有偏导数，则所得偏导数称为原函数的三阶偏导数，比如：

$\frac{\partial^3 z}{\partial x^3}=\frac{\partial}{\partial x}\left(\frac{\partial^2 z}{\partial x^2}\right)$，$\frac{\partial^3 z}{\partial x^2\partial y}=\frac{\partial}{\partial y}\left(\frac{\partial^2 z}{\partial x^2}\right)$ 等等，二阶及二阶以上的偏导数统称为**高阶偏导数**．

【例 5】 设 $z=x^3y^2-3xy^3-xy+1$，求 $\frac{\partial^2 z}{\partial x^2}$，$\frac{\partial^2 z}{\partial x\partial y}$，$\frac{\partial^2 z}{\partial y\partial x}$，$\frac{\partial^2 z}{\partial y^2}$

解： $\frac{\partial z}{\partial x}=3x^2y^2-3y^3-y,\frac{\partial z}{\partial y}=2x^3y-9xy^2-x$

$$\frac{\partial^2 z}{\partial x^2}=6xy^2,\frac{\partial^2 z}{\partial y^2}=2x^3-18xy$$

$$\frac{\partial^2 z}{\partial x\partial y}=6x^2y-9y^2-1,\quad \frac{\partial^2 z}{\partial y\partial x}=6x^2y-9y^2-1$$

我们看到本例中两个二阶混合偏导数相等，即

$$\frac{\partial^2 z}{\partial x\partial y}=\frac{\partial^2 z}{\partial y\partial x}$$

一般地，有以下结论：

定理 4.1 如果函数 $z=f(x,y)$ 的两个二阶混合偏导数 $f''_{xy}(x,y)$，$f''_{yx}(x,y)$ 在区域 D 内连续，则在该区域内必有 $f''_{xy}(x,y)=f''_{yx}(x,y)$

即两个二阶混合偏导数必相等．换言之，二阶混合偏导数在连续条件下与求偏导数的次序无关．

上述定理还可推广到更高阶的混合偏导数的情形，这里就不再一一叙述了．

*【例 6】 证明函数 $u=\frac{1}{r}$ 满足方程 $\frac{\partial^2 u}{\partial x^2}+\frac{\partial^2 u}{\partial y^2}+\frac{\partial^2 u}{\partial z^2}=0$，其中 $r=\sqrt{x^2+y^2+z^2}$.

证明： $\frac{\partial u}{\partial x}=-\frac{1}{r^2}\frac{\partial r}{\partial x}=-\frac{1}{r^2}\frac{x}{r}=-\frac{x}{r^3}$，　$\frac{\partial^2 u}{\partial x^2}=-\frac{1}{r^3}+\frac{3}{r^4}\frac{\partial r}{\partial x}=-\frac{1}{r^3}+\frac{3x^2}{r^5}$，

同理　$\frac{\partial^2 u}{\partial y^2}=-\frac{1}{r^3}+\frac{3y^2}{r^5}$，$\frac{\partial^2 u}{\partial z^2}=-\frac{1}{r^3}+\frac{3z^2}{r^5}$，

所以，　$\frac{\partial^2 u}{\partial x^2}+\frac{\partial^2 u}{\partial y^2}+\frac{\partial^2 u}{\partial z^2}=-\frac{3}{r^3}+\frac{3(x^2+y^2+z^2)}{r^5}=-\frac{3}{r^3}+\frac{3}{r^3}=0.$

4.2.3　全微分

对于多元函数，每一个自变量产生一定的增量，相应地得到因变量的增量，由于这个增量是由所有自变量的变化而产生的，因此称为全增量．

设二元函数 $z=f(x,y)$ 在区域 D 内有定义，点 $P(x,y)\in D$. 当自变量 x 取得增量 Δx，自变量 y 取得增量 Δy 时，得到点 $P'(x+\Delta x,y+\Delta y)$，如果点 P' 属于区域 D，则函数值之差 $f(x+\Delta x,y+\Delta y)-f(x,y)$ 称为函数在点 P 对应于自变量增量 Δx、Δy 的全增量，记作 Δz，即：

$$\Delta z=f(x+\Delta x,y+\Delta y)-f(x,y) \tag{4-1}$$

一般地，计算全增量 Δz 比较复杂，与一元函数的情形一样，我们希望用自变量的增量 Δx、Δy 的线性函数来近似地代替函数的全增量 Δz，为此引入以下定义．

定义 4.6　设函数 $z=f(x,y)$ 在 $P(x,y)$ 点的某邻域内有定义，如果函数 $z=f(x,y)$ 在点 (x,y) 的全增量

$$\Delta z=f(x+\Delta x,y+\Delta y)-f(x,y)$$

可以表示为：

$$\Delta z=A\Delta x+B\Delta y+o(\rho)，\ \rho=\sqrt{(\Delta x)^2+(\Delta y)^2} \tag{4-2}$$

其中，A,B 不依赖于 $\Delta x,\Delta y$ 而仅与 x,y 有关，则称函数 $z=f(x,y)$ 在点 (x,y) 可微，$A\Delta x+B\Delta y$ 称为函数 $z=f(x,y)$ 在点 (x,y) 的**全微分**，记作 $\mathrm{d}z$，即：

$$\mathrm{d}z=A\Delta x+B\Delta y$$

如果函数 $z=f(x,y)$ 在某区域 D 内各点处都可微，则称函数在 D 内可微．

与一元函数类似，可以证明定义 4.6 中的 $A=\frac{\partial z}{\partial x}$，$B=\frac{\partial z}{\partial y}$. 分别令 $z=x$ 或 $z=y$，则 $\Delta x=\mathrm{d}x,\Delta y=\mathrm{d}y$，我们便可得出函数 $z=f(x,y)$ 的全微分公式：

$$\mathrm{d}z=\frac{\partial z}{\partial x}\mathrm{d}x+\frac{\partial z}{\partial y}\mathrm{d}y$$

此公式可以完全类似地推广到三元及三元以上的多元函数．例如，如果函数

$$u=f(x,y,z)$$

的全微分存在，那么就有：

$$\mathrm{d}u=\frac{\partial u}{\partial x}\mathrm{d}x+\frac{\partial u}{\partial y}\mathrm{d}y+\frac{\partial u}{\partial z}\mathrm{d}z$$

【例 7】　计算函数 $z=x^2y+y^2$ 的全微分．

解： 因为 $\frac{\partial z}{\partial x}=2xy$，$\frac{\partial z}{\partial y}=x^2+2y$

所以 $\mathrm{d}z=2xy\mathrm{d}x+(x^2+2y)\mathrm{d}y$

【例 8】　计算函数 $z=\mathrm{e}^{xy}$ 在点 $(2,1)$ 处的全微分．

解： 因为 $\frac{\partial z}{\partial x}=y\mathrm{e}^{xy}$，$\frac{\partial z}{\partial y}=x\mathrm{e}^{xy}$，$\left.\frac{\partial z}{\partial x}\right|_{\substack{x=2\\y=1}}=\mathrm{e}^2$，$\left.\frac{\partial z}{\partial y}\right|_{\substack{x=2\\y=1}}=2\mathrm{e}^2$，

所以 $\mathrm{d}z\Big|_{\substack{x=2\\y=1}}=\mathrm{e}^2\mathrm{d}x+2\mathrm{e}^2\mathrm{d}y.$

【例 9】 计算函数 $u=x+\sin\dfrac{y}{2}+\mathrm{e}^{yz}$ 的全微分 .

解： 因为 $\dfrac{\partial u}{\partial x}=1$，$\dfrac{\partial u}{\partial y}=\dfrac{1}{2}\cos\dfrac{y}{2}+z\mathrm{e}^{yz}$，$\dfrac{\partial u}{\partial z}=y\mathrm{e}^{yz}$，

所以 $\mathrm{d}u=\mathrm{d}x+\left(\dfrac{1}{2}\cos\dfrac{y}{2}+z\mathrm{e}^{yz}\right)\mathrm{d}y+y\mathrm{e}^{yz}\mathrm{d}z.$

如前所述，多元函数在某点偏导数存在，并不能保证函数在该点连续 . 但是，由定义 4.6 可知，如果函数 $z=f(x,y)$ 在点 (x,y) 可微，则函数在该点必定连续 .

事实上由式（4－2）可知：$\Delta z\to 0$（$\rho\to 0$），从而

$$\lim_{(\Delta x,\Delta y)\to(0,0)}f(x+\Delta x,y+\Delta y)=\lim_{\rho\to 0}[f(x,y)+\Delta z]=f(x,y),$$

因此函数 $z=f(x,y)$ 在点 (x,y) 处连续 .

我们知道，一元函数在某点的导数存在是微分存在的充分必要条件，但对于多元函数而言，情形就不同了 . 例如，函数

$$f(x,y)=\begin{cases}\dfrac{xy}{x^2+y^2}, & x^2+y^2\neq 0,\\ 0, & x^2+y^2=0.\end{cases}$$

在点 $(0,0)$ 的两个偏导数都存在且 $f'_x(0,0)=0$，$f'_y(0,0)=0$，但是函数在点 $(0,0)$ 处不连续，因此是不可微分的，全微分也不存在 . 因此，**偏导数的存在只是全微分存在的必要条件而不是充分条件 . 但是，如果各个偏导数存在且连续，则可以证明其函数是可微的 .**

学习小结

（1）对于二元函数 $z=f(x,y)$，求 $\dfrac{\partial z}{\partial x}$ 时，把__________看做常量，求 $\dfrac{\partial z}{\partial y}$ 时，把__________看做常量 .

（2）$z=f(x,y)$ 的二阶偏导数包括________________四个 .

（3）可微的必要条件：________________________ .

（4）可微的充分条件：________________________ .

（5）偏导数与连续的关系：________________________ .

（6）$z=f(x,y)$ 的全微分公式是________________________ .

【习题 4.2】

1. 求下列函数的偏导数：

（1）$z=x^2\ln(1+y^2)$；　　（2）$z=xy$；

（3）$z=\dfrac{y}{x}$；　　（4）$z=\mathrm{e}^{-\frac{x}{y}}$.

2. 求下列函数给定点处的偏导数：

(1) $f(x,y)=e^{x^2+y^2+xy}$，点(1，－1)；　(2) $z=(1+x)e^y$，点(1,1).

3. 求下列函数二阶偏导数：

(1) $z=x^4+y^4-4x^2y^2$；　(2) $f(x,y)=\arctan xy$.

4. 求下列函数的全微分：

(1) $z=\sin(x+y)$；　(2) $z=\ln(x^2+y)$.

5. 求下列函数在给定点处的全微分：

(1) $z=x\sin(x+y)$，点(0,0)，$\left(\frac{\pi}{4},\frac{\pi}{4}\right)$；

(2) $z=\ln(x+y^2)$，点(0,1)，(1,1).

4.3 二元复合函数与隐函数求导法

【本节提示】 本节将以一元复合函数求导方法为基础，介绍二元复合函数求导方法，并介绍隐函数求导方法．通过本节的学习，要求掌握好二元复合函数求导法及隐函数求导法．

4.3.1　二元复合函数求导法

多元复合函数的求导法则在多元函数微分学中起着重要作用．下面按照二元复合函数不同的复合情形，分别进行讨论．

1. 复合函数的中间变量均为一元函数

定理 4.2 如果函数 $u=\varphi(x)$ 及 $v=\psi(x)$ 都在点 x 可导，函数 $z=f(u,v)$ 在对应点 (u,v) 具有连续偏导数，则复合函数 $z=f[\varphi(x),\psi(x)]$ 在点 x 可导，且有

$$\frac{dz}{dx}=\frac{\partial z}{\partial u}\frac{du}{dx}+\frac{\partial z}{\partial v}\frac{dv}{dx} \tag{4-3}$$

式 (4－3) 中，复合函数只是一个自变量 x 的函数，对 x 的导数 $\frac{dz}{dx}$ 称为**全导数**．

规律总结

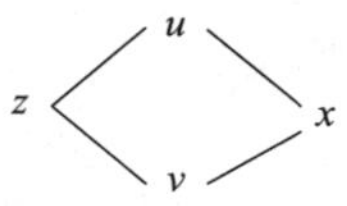

图 4－6

在这里，z 对 x 求导，我们可以近似的看做 z 不能直接到达 x，可以先通过 u，再由 u 到达 x 和先通过 v，再由 v 到达 x 两条路径，然后相加．可以用图 4－6 表示．

【例 1】 设 $z=uv$，而 $u=\mathrm{e}^x$，$v=\cos x$，求全导数$\dfrac{\mathrm{d}z}{\mathrm{d}x}$.

解：$\dfrac{\mathrm{d}z}{\mathrm{d}x}=\dfrac{\partial z}{\partial u}\dfrac{\mathrm{d}u}{\mathrm{d}x}+\dfrac{\partial z}{\partial v}\dfrac{\mathrm{d}v}{\mathrm{d}x}=v\mathrm{e}^x-u\sin x$

$=\mathrm{e}^x\cos x-\mathrm{e}^x\sin x=\mathrm{e}^x(\cos x-\sin x)$

【例 2】 设函数 $z=\dfrac{y}{x}$，而 $y=\sqrt{1-x^2}$，求$\dfrac{\mathrm{d}z}{\mathrm{d}x}$.

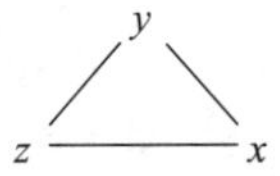

解：$\dfrac{\mathrm{d}z}{\mathrm{d}x}=\dfrac{\partial z}{\partial x}+\dfrac{\partial z}{\partial y}\dfrac{\mathrm{d}y}{\mathrm{d}x}$

$=-\dfrac{y}{x^2}+\dfrac{1}{x}\cdot\dfrac{-2x}{2\sqrt{1-x^2}}=-\dfrac{y}{x^2}-\dfrac{1}{\sqrt{1-x^2}}$

$=-\dfrac{y}{x^2}-\dfrac{1}{y}=-\dfrac{x^2+y^2}{x^2y}.$

2. 复合函数的中间变量均为多元函数

定理 4.3 如果函数 $u=\varphi(x,y)$、$v=\psi(x,y)$都在点(x,y)具有对 x 及对 y 的偏导数，而函数 $z=f(u,v)$在对应点(u,v)具有连续偏导数，则复合函数 $z=f[\varphi(x,y),\psi(x,y)]$在对应点$(x,y)$的两个偏导数都存在，且有

$$\frac{\partial z}{\partial x}=\frac{\partial z}{\partial u}\frac{\partial u}{\partial x}+\frac{\partial z}{\partial v}\frac{\partial v}{\partial x},\qquad(4-4)$$

$$\frac{\partial z}{\partial y}=\frac{\partial z}{\partial u}\frac{\partial u}{\partial y}+\frac{\partial z}{\partial v}\frac{\partial v}{\partial y},\qquad(4-5)$$

事实上，这里求$\dfrac{\partial z}{\partial x}$时，$y$ 看做常量，因此中间变量 u 及 v 仍可看做一元函数而运用式(4-3).但由于复合函数 $z=f[\varphi(x,y),\psi(x,y)]$以及 $u=\varphi(x,y)$和 $v=\psi(x,y)$都是 x,y 的二元函数，所以应把式（4-3）中的记号 d 改写成记号∂，这样就得到了式（4-4），同理也可由式（4-3）得到式（4-5）.

【例 3】 求 $z=\mathrm{e}^u\sin v$，$u=xy$，$v=x+y$，求$\dfrac{\partial z}{\partial x}$，$\dfrac{\partial z}{\partial y}$.

解：由式（4-4）、式（4-5）得：

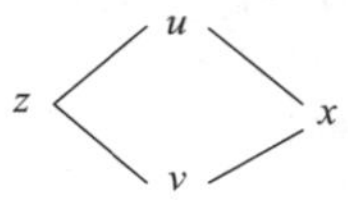

$\dfrac{\partial z}{\partial x}=\dfrac{\partial z}{\partial u}\dfrac{\partial u}{\partial x}+\dfrac{\partial z}{\partial v}\dfrac{\partial v}{\partial x}$

$=\mathrm{e}^u\sin v\cdot y+\mathrm{e}^u\cos v$

$=\mathrm{e}^{xy}[y\sin(x+y)+\cos(x+y)]$；

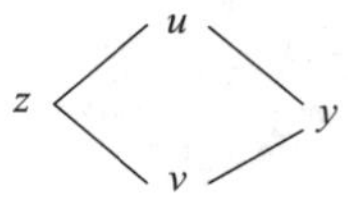

$\dfrac{\partial z}{\partial y}=\dfrac{\partial z}{\partial u}\dfrac{\partial u}{\partial y}+\dfrac{\partial z}{\partial v}\dfrac{\partial v}{\partial y}$

$=\mathrm{e}^u\sin v\cdot x+\mathrm{e}^u\cos v$

$=\mathrm{e}^{xy}[x\sin(x+y)+\cos(x+y)]$.

*【例 4】 设 $z=f(x+y,xy)$，f 具有连续偏导数，求$\dfrac{\partial z}{\partial x}$，$\dfrac{\partial z}{\partial y}$.

解：此题为抽象函数，所以只能用多元函数求导法则．

令 $u=x+y$，$v=xy$，则 $z=f(u,v)$，于是

$$\frac{\partial z}{\partial x}=\frac{\partial f}{\partial u}\cdot\frac{\partial u}{\partial x}+\frac{\partial f}{\partial v}\cdot\frac{\partial v}{\partial x}$$

$$=\frac{\partial f}{\partial u}\cdot(x+y)'_x+\frac{\partial f}{\partial v}\cdot(xy)'_x=\frac{\partial f}{\partial u}+y\frac{\partial f}{\partial v},$$

$$\frac{\partial z}{\partial y}=\frac{\partial f}{\partial u}\cdot\frac{\partial u}{\partial y}+\frac{\partial f}{\partial v}\cdot\frac{\partial v}{\partial y}$$

$$=\frac{\partial f}{\partial u}\cdot(x+y)'_y+\frac{\partial f}{\partial v}\cdot(xy)'_y=\frac{\partial f}{\partial u}+x\frac{\partial f}{\partial v}.$$

3. 复合函数的中间变量既含一元函数，也含多元函数

设 $z=f(u,v)$，$u=\varphi(x,y)$，$v=\psi(y)$复合而成二元函数 $z=f[\varphi(x,y),\psi(y)]$，那么在与情形 2 相同的条件下，$z$ 关于 x 及 y 的偏导数都存在，且有

$$\frac{\partial z}{\partial x}=\frac{\partial z}{\partial u}\cdot\frac{\partial u}{\partial x},\frac{\partial z}{\partial y}=\frac{\partial z}{\partial u}\cdot\frac{\partial u}{\partial y}+\frac{\partial z}{\partial v}\cdot\frac{\mathrm{d}v}{\mathrm{d}y}$$

注意：这里的 v 与 x 无关，在一元函数求导时，将记号∂改写成记号 d 即可．

【例 5】　设 $u=f(x,y,z)=e^{x^2+y^2+z^2}$，$z=x^2\sin y$，求$\frac{\partial u}{\partial x}$和$\frac{\partial u}{\partial y}$．

解：
$$\frac{\partial u}{\partial x}=\frac{\partial u}{\partial x}\cdot\frac{\mathrm{d}x}{\mathrm{d}x}+\frac{\partial u}{\partial z}\cdot\frac{\partial z}{\partial x}$$

$$=f'_x+f'_x\cdot\frac{\partial z}{\partial x}=2xu+2zu\cdot 2x\sin y$$

$$=2x(1+2x^2\sin^2y)e^{x^2+y^2+x^4\sin^2y};$$

$$\frac{\partial u}{\partial y}=\frac{\partial u}{\partial y}+\frac{\partial u}{\partial z}\cdot\frac{\partial z}{\partial y}=f'_y+f'_x\cdot\frac{\partial z}{\partial y}$$

$$=2yu+2zu\cdot x^2\cos y=2(y+x^4\sin y\cos y)e^{x^2+y^2+x^4\sin^2y}.$$

注意：等式两端的$\frac{\partial u}{\partial x}$与 f'_x 是不同的，左端的$\frac{\partial u}{\partial x}$是把复合函数 $u=f(x,y,x^2\sin y)^2$ 中的 y 看做常数而对 x 求偏导数，而 f'_x 是在未经复合的函数 $u=f(x,y,z)$ 中，把 y 和 z 看做常数而对 x 求偏导数．

我们再来看一个求多元复合函数的高阶偏导数的例子，其中有些记号值得大家注意．

* **【例 6】**　设 $w=f(x+y+z,xyz)$，f 具有二阶连续偏导数，求$\frac{\partial w}{\partial x}$和$\frac{\partial^2 w}{\partial x\partial z}$．

解：令 $u=x+y+z$，$v=xyz$. 则 $w=f(u,v)$为使表达简便起见，我们引入以下记号：

$$f'_1=\frac{\partial f(u,v)}{\partial u}=f'_u(u,v)，f''_{12}=\frac{\partial^2 f(u,v)}{\partial u\partial v}=f''_{uv}(u,v)$$

同理有 f'_2，f''_{11}，f''_{22}. 这里下标 1 表示对第一个变量 u 求偏导数，下标 2 表示对第二个变量 v 求偏导数．

$$\frac{\partial w}{\partial x}=\frac{\partial f}{\partial u}\cdot\frac{\partial u}{\partial x}+\frac{\partial f}{\partial v}\cdot\frac{\partial v}{\partial x}=f'_1+yzf'_2$$

应该注意的是f_1'与f_2'仍然是复合函数，里面含有 u,v，其中 $u=x+y+z, v=xyz$，所以，

$$\frac{\partial^2 w}{\partial x\partial z}=\frac{\partial}{\partial z}(f_1'+yzf_2')=\frac{\partial f_1'}{\partial z}+yf_2'+yz\frac{\partial f_2'}{\partial z}$$

而
$$\frac{\partial f_1'}{\partial z}=\frac{\partial f_1'}{\partial u}\cdot\frac{\partial u}{\partial z}+\frac{\partial f_1'}{\partial v}\cdot\frac{\partial v}{\partial z}=f_{11}''+xyf_{12}''$$

$$\frac{\partial f_2'}{\partial z}=\frac{\partial f_2'}{\partial u}\cdot\frac{\partial u}{\partial z}+\frac{\partial f_2'}{\partial v}\cdot\frac{\partial v}{\partial z}=f_{21}''+xyf_{22}''$$

所以，
$$\frac{\partial^2 w}{\partial x\partial z}=f_{11}''+xyf_{12}''+yf_2'+yz(f_{21}''+xyf_{22}'')$$

$$=f_{11}''+y(x+z)f_{12}''+xy^2zf_{22}''+yf_2'$$

最后结果中我们利用了$f_{12}''=f_{21}''$，因为f具有二阶连续偏导数，故两者相等．

4.3.2 隐函数的求导法

前面我们已经提出了隐函数的概念，并且指出了不经过显化，直接由方程

$$F(x,y)=0 \tag{4-6}$$

求出它所确定的隐函数导数的方法．若式（4－6）确定了 y 与 x 的函数关系 $y=f(x)$，则我们可以对方程 $F(x,y)=0$ 两端对 x 求导，在求导过程中应视 y 为 x 的函数，然后利用二元复合函数的求导法则求导，就可以得到式（4－6）所确定的隐函数求导公式：

$$\frac{\mathrm{d}y}{\mathrm{d}x}=-\frac{F_x'}{F_y'} \tag{4-7}$$

【例7】 方程 $x^2+y^2-1=0$ 确定了隐函数 $y=f(x)$，求$\left.\frac{\mathrm{d}y}{\mathrm{d}x}\right|_{x=0}$.

解： 令 $F(x,y)=x^2+y^2-1$，则

$$\frac{\mathrm{d}y}{\mathrm{d}x}=-\frac{F_x}{F_y}=-\frac{x}{y}，于是\left.\frac{\mathrm{d}y}{\mathrm{d}x}\right|_{x=0}=0,$$

方程（4－6）可以确定一个一元隐函数，那么一个三元方程：

$$F(x,y,z)=0 \tag{4-8}$$

就可能确定一个二元隐函数．

与前面一样，若式（4－8）确定了 z 与 x 和 y 的函数关系 $z=f(x,y)$，则方程 $F(x,y,z)=0$ 两端分别对 x 和 y 求偏导，在求导过程中应视 z 为 x 和 y 的函数，然后利用复合函数的求导法则求导，就可以得到式（4－8）所确定的隐函数偏导公式：

$$\frac{\partial z}{\partial x}=-\frac{F_x'}{F_z'},\ \frac{\partial z}{\partial y}=-\frac{F_y'}{F_z'} \tag{4-9}$$

【例8】 设 $\mathrm{e}^{-xy}-2z+\mathrm{e}^{-z}=0$，求$\frac{\partial z}{\partial x}$，$\frac{\partial z}{\partial y}$.

解： 设 $F(x,y,z)=\mathrm{e}^{-xy}-2z+\mathrm{e}^{-z}=0$，则

$F'_x = -ye^{-xy}$，$F'_y = -xe^{-xy}$，$F'_z = -2-e^{-z}$

$$\frac{\partial z}{\partial x} = -\frac{F'_x}{F'_z} = -\frac{-ye^{-xy}}{-2-e^{-z}} = -\frac{ye^{-xy}}{2+e^{-z}},$$

$$\frac{\partial z}{\partial y} = -\frac{F'_y}{F'_z} = -\frac{-xe^{-xy}}{-2-e^{-z}} = -\frac{xe^{-xy}}{2+e^{-z}}.$$

学习小结

(1) 全导数是指____________________.

(2) 函数 $u=\varphi(x,y)$、$v=\psi(x,y)$ 都在点 (x,y) 具有对 x 及对 y 的偏导数，而函数 $z=f(u,v)$ 在对应点 (u,v) 具有连续偏导数，则函数 $f(u,v)$ 对 x 和 y 的偏导数分别为____________________.

(3) 一元隐函数 $F(x,y)=0$ 的求导公式 $\frac{dy}{dx}=$________________.

(4) 二元隐函数 $F(x,y,z)=0$ 的偏导数公式 $\frac{\partial z}{\partial x}=$__________，$\frac{\partial z}{\partial y}=$__________.

【习题 4.3】

1. 求下列函数的偏导数：

(1) $z=u^2v$，$u=x+1$，$v=e^x$；

(2) $z=\ln u+e^v$，$u=x^2+1$，$v=\cos x$；

(3) $z=x^2\cos y$，$y=\ln x$.

2. 求下列函数的偏导数：

(1) $f(u,v)=e^{u+v}$，$u=x+1$，$v=xy$；

(2) $z=f(x^2+y,\cos xy)$.

3. 求下列隐函数的偏导数：

(1) $x^4+y^4-4x^2y^2=0$；　　(2) $\arctan xy+\cos z=0$.

4.4 二元函数的极值

【本节提示】 本节将介绍二元函数无条件极值及条件极值的概念和常用求法．通过本节的学习，要求掌握二阶连续偏导数函数无条件极值的求法和拉格朗日乘数法．

4.4.1 无条件极值

定义 4.7 设函数 $z=f(x,y)$在点 $P_0(x_0,y_0)$的某邻域内有定义，如果对在此邻域内除点 $P_0(x_0,y_0)$外的任意点 $P(x,y)$，均有$f(x,y)<f(x_0,y_0)$（或$f(x,y)>f(x_0,y_0)$），则称点 $P_0(x_0,y_0)$为函数 $z=f(x,y)$的**极大值点（或极小值点）**，$f(x_0,y_0)$称为**极大值（或极小值）**，极大值点和极小值点统称为**极值点**，极大值和极小值统称为**极值**.

例如函数 $z=3x^2+4y^2$ 在点$(0,0)$有极小值 0，函数 $z=-\sqrt{x^2+y^2}$在点$(0,0)$有极大值 0，函数 $z=xy$ 在点$(0,0)$没有极值.

多元函数的极值问题，一般可以利用偏导数来解决. 下面两个定理是关于二元函数极值问题的结论.

定理 4.4 设函数 $z=f(x,y)$在 $P_0(x_0,y_0)$有极值且存在偏导数，则 $f_x'(x_0,y_0)=0$，$f_y'(x_0,y_0)=0$.

与一元函数类似，使得$f_x'(x,y)=0$，$f_y'(x,y)=0$ 同时成立的点(x_0,y_0)，称为函数 $z=f(x,y)$的**驻点**. 定理 4.4 说明**具有偏导数的函数的极值点必是驻点，但驻点却不一定是极值点**. 例如，点$(0,0)$是函数 $z=x^2-y^2$ 的驻点，但不是极值点，因为在原点$(0,0)$附近，当 $x>y$ 的点(x,y)处，$f(x,y)>0$，而 $x<y$ 的点(x,y)处，$f(x,y)<0$. 所以点$(0,0)$不是极值点.

那么，如何判定一个驻点是否为极值点呢？其判定定理如下：

定理 4.5 设函数 $z=f(x,y)$在点 $P_0(x_0,y_0)$的某邻域内具有一阶及二阶连续偏导数，且 $P_0(x_0,y_0)$是驻点. 记作

$$A=f_{xx}''(x_0,y_0),B=f_{xy}''(x_0,y_0),C=f_{yy}''(x_0,y_0),$$

则

(1) 当 $B^2-AC<0$ 时，点 $P_0(x_0,y_0)$是极值点，且当 $A<0$ 时，点 $P_0(x_0,y_0)$是极大值点；当 $A>0$ 时，点 $P_0(x_0,y_0)$是极小值点；

(2) 当 $B^2-AC>0$ 时，点 $P_0(x_0,y_0)$不是极值点；

(3) 当 $B^2-AC=0$ 时，点 $P_0(x_0,y_0)$有可能是极值点也可能不是极值点，需另作讨论.

现利用定理 4.4 和定理 4.5，我们把具有二阶连续偏导数的函数 $z=f(x,y)$的极值的求法步骤总结如下：

第一步：求偏导数，解方程组

$$\begin{cases} f_x'(x,y)=0 \\ f_y'(x,y)=0 \end{cases}$$

求出一切驻点.

第二步：求出二阶偏导数，将每个驻点代入求出 A、B 和 C.

第三步：确定 B^2-AC 的符号，按照定理 4.5 的结论判定极值存在与否，是极大值还是极小值.

【例 1】 求函数$f(x,y)=e^{x-y}(x^2-2y^2)$的极值．

解：（1）求驻点：

$$由\begin{cases} f_x(x,y)=e^{x-y}(x^2-2y^2)+2xe^{x-y}=0 \\ f_y(x,y)=-e^{x-y}(x^2-2y^2)-4ye^{x-y}=0 \end{cases}$$

得两个驻点$(0,0)$，$(-4,-2)$．

（2）求$f(x,y)$的二阶偏导数：

$$f''_{xx}(x,y)=e^{x-y}(x^2-2y^2+4x+2),\ f''_{xy}(x,y)=e^{x-y}(2y^2-x^2-2x-4y),$$

$$f''_{yy}(x,y)=e^{x-y}(x^2-2y^2+8y-4)$$

（3）讨论驻点是否为极值点：

在点$(0,0)$处，有$A=2$，$B=0$，$C=-4$，$B^2-AC=8>0$，由极值的充分条件知点$(0,0)$不是极值点；

在点$(-4,-2)$处，有$A=-6e^{-2}$，$B=8e^{-2}$，$C=-12e^{-2}$，$B^2-AC=-8e^{-4}<0$，而$A<0$，由极值的充分条件知点$(-4,-2)$为极大值点，$f(-4,-2)=8e^{-2}$是函数的极大值．

与一元函数类似，我们可以利用函数的极值来求函数的最大值和最小值．在有界闭区域D上连续的函数$f(x,y)$在D上必有最大值和最小值，使函数取得最值的点可能在D的内部，也可能在D的边界上．我们假定函数在D内可微且只有有限个驻点，此时如果函数在D的内部取得最大值（最小值），则这个最大值（最小值）也是函数的极大值（极小值）．因此，在上述假定下，**求最值的方法是：**将$f(x,y)$在D内所有驻点处的函数值及在D的边界上的值进行比较，其中最大的就是最大值，最小的就是最小值．对于实际问题，若根据问题的性质，知道$f(x,y)$的最值一定在D的内部取得，且函数在D内只有一个驻点，则可以肯定在该驻点处的函数值就是$f(x,y)$在D上的最值．

【例 2】 有盖长方体水箱长、宽、高分别为x,y,z. 若$xyz=V=2$，怎样用料最省？

解：用料$S=2(xy+yz+zx)=2\left(xy+\dfrac{2}{x}+\dfrac{2}{y}\right)$，$x,y>0$

$$令\begin{cases} S'_x=2\left(x-\dfrac{2}{x^2}\right)=0, \\ S'_y=2\left(x-\dfrac{2}{y^2}\right)=0. \end{cases} \Rightarrow \begin{cases} x=\sqrt[3]{2}, \\ y=\sqrt[3]{2}. \end{cases} \quad z=\frac{2}{xy}=\sqrt[3]{2},$$

据实际情况可知，长、宽、高均为$\sqrt[3]{2}$时，用料最省．

4.4.2　条件极值与拉格朗日乘数法

上面所讨论的极值问题，其函数的自变量只要限制在函数的定义域内即可，并无其他条件，所以有时候称为**无条件极值**．但在实际问题中，有时会遇到对函数的自变量还有附加条件的极值问题，这类极值问题称为**条件极值**．对于有些实际问题，可以把条件极值化为无条件极值，但在许多情形下，将条件极值化为无条件极值并不容易，下面介绍另一种直接寻求条件极值的方法——拉格朗日乘数法．

拉格朗日乘数法　要求函数 $z=f(x,y)$ 在约束条件 $\varphi(x,y)=0$ 下的可能极值点，可以先作拉格朗日函数 $F(x,y)=f(x,y)+\lambda\varphi(x,y)$，其中 λ 为待定常数，求其对 x 与 y 的一阶偏导数，并使之为零，然后与 $\varphi(x,y)=0$ 联立起来，即：

$$\begin{cases} f'_x(x,y)+\lambda\varphi'_x(x,y)=0, \\ f'_y(x,y)+\lambda\varphi'_y(x,y)=0, \\ \varphi(x,y)=0. \end{cases}$$

由这方程组解出 x,y 及 λ，这样得到的 (x,y) 就是函数 $z=f(x,y)$ 在约束条件 $\varphi(x,y)=0$ 下的可能极值点.

至于如何确定所求的点是否是极值点，在实际问题中往往可根据问题本身的性质来确定.

拉格朗日乘数法也可以推广到自变量多于一个约束条件的情形. 例如，可求函数 $u=f(x,y,z)$，在附加条件 $\varphi(x,y,z)=0$，$\psi(x,y,z)=0$ 下的极值. 可以先作拉格朗日函数 $L(x,y,z,\lambda)=f(x,y,z)+\lambda\varphi(x,y,z)+\mu\psi(x,y,z)$，其中 λ,μ 均为待定常数，求其对变量 x,y,z的一阶偏导数，并令其为零，然后结合约束条件 $\varphi(x,y,z)=0$，$\psi(x,y,z)=0$. 解联立方程组得出的 (x,y,z) 即是函数 $u=f(x,y,z)$ 在附加条件 $\varphi(x,y,z)=0$，$\psi(x,y,z)=0$ 下的可能极值点.

【例 3】　求表面积为 a^2 而体积为最大的长方体的体积.

解： 设 x,y,z 分别为长方体三棱长，本题即要求在约束条件

$$\varphi(x,y,z)=2xy+2yz+2zx-a^2=0$$

下，函数 $V=xyz$ 的最大值，$x,y,z>0$.

令 $F(x,y,z)=xyz+\lambda(2xy+2yz+2zx-a^2)$，解方程组：

$$\begin{cases} F_x'=yz+\lambda 2(y+z)=0, \\ F_y'=xz+\lambda 2(x+z)=0, \\ F_z'=xy+\lambda 2(y+x)=0, \\ F_\lambda'=2xy+2yz+2xz-a^2=0. \end{cases}$$

得：$x=y=z=\dfrac{\sqrt{6}}{6}a$，此时 $V=\dfrac{\sqrt{6}}{36}a^3$. 由题意知，$V$ 最大值存在且在区域内取得，故 V 的最大值为$\dfrac{\sqrt{6}}{36}a^3$.

学习小结

(1) 若 (x_0, y_0) 是函数 $f(x,y)$ 的极大值点，则在 (x_0,y_0) 的邻域内满足________________，若 (x_0,y_0) 是函数 $f(x,y)$ 的极小值点，则在 (x_0,y_0) 的邻域内满足________________.

(2) (x_0,y_0) 是函数 $f(x,y)$ 的驻点，则满足________________.

(3) 设函数 $z=f(x,y)$ 在 $P_0(x_0,y_0)$ 有极值且存在偏导数，则__________.

【习题 4.4】

1. 求下列函数的驻点：

(1) $f(x,y)=x^2-(y-1)^2$；

(2) $f(x,y)=(x-y+1)^2$；

(3) $f(x,y)=3axy-x^3-y^3$.

2. 求下列函数的极值：

(1) $f(x,y)=2xy-3x^2-2y^2+10$；

(2) $f(x,y)=x^2+xy+y^2+x-y+1$；

(3) $f(x,y)=x^3-3xy+3y$.

(4) $f(x,y)=xy(a-x-y)\qquad a\neq 0$.

*3. 求下列函数在所给条件下的极值：

(1) $f(x,y)=x+y$，$x^2+y^2=1$；

(2) $f(x,y)=0.05x^2y$，$x+2y=150$.

4.5 二重积分

【本节提示】 将一元函数的积分推广到二元函数，便得到二重积分. 通过本节的学习，应该理解二重积分的概念及其性质，掌握直角坐标系下二重积分的计算方法，了解极坐标下二重积分的计算方法.

4.5.1 二重积分的概念与性质

1. 曲顶柱体的体积与二重积分

设有一立体，它的底是 xOy 面上的闭区域 D，它的侧面是以 D 的边界曲线为准线而母线平行于 z 轴的柱面，它的顶是曲面 $z=f(x,y)$，这里 $f(x,y)\geqslant 0$ 且在 D 上连续，这种立体称为**曲顶柱体**（见图 4-6）. 下面来讨论如何计算曲顶柱体的体积.

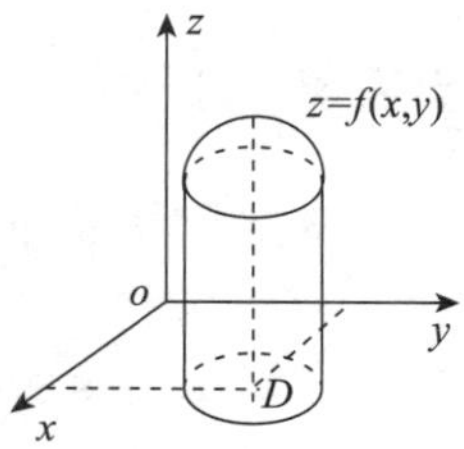

图 4-6

我们知道，平顶柱体的高是不变的，它的体积满足公式：

体积 = 底面积 × 高

但曲顶柱体高度 $f(x,y)$ 是个变量，因此它的体积不能直接用上式来定义和计算的. 但如果我们回忆到前面求曲边梯形面积的问题时，就不难想到在那里所采用的方法可以用来解决目前的问题.

首先，用一组曲线网把 D 分成 n 个小区域：

$$\Delta\sigma_1, \Delta\sigma_2, \cdots, \Delta\sigma_n$$

其中，$\Delta\sigma_i$ 表示第 i 个小闭区域，也表示它的面积．分别以这些小闭区域的边界曲线为准线，作母线平行于 z 轴的柱面，这些柱面把原来的曲顶柱体分为 n 个细条状的曲顶柱体．在每个 $\Delta\sigma_i$ 中任取一点 (ξ_i, η_i)，当小闭区域 $\Delta\sigma_i$ 很小时，$f(x,y) \approx f(\xi_i, \eta_i)$，这时以 $\Delta\sigma_i$ 为底的细条曲顶柱体可近似地看作以 $f(\xi_i, \eta_i)$ 为高的平顶柱体，于是作乘积

$$f(\xi_i, \eta_i)\Delta\sigma_i \quad (i = 1, 2, \cdots, n)$$

并求和

$$V \approx \sum_{i=1}^{n} f(\xi_i, \eta_i)\Delta\sigma_i$$

可以认为是整个曲顶柱体体积的近似值．为求得曲顶柱体体积的精确值，将分割加密，只需取极限，即：

$$V = \lim_{\lambda \to 0} \sum_{i=1}^{n} f(\xi_i, \eta_i)\Delta\sigma_i$$

其中 λ 是 n 个小闭区域中的最大值．

抛开上述问题中的几何特性，一般地研究这种特定结构的和式极限，便得到以下定义：

定义 4.8 设 $f(x,y)$ 是有界闭区域 D 上的有界函数．将闭区域 D 任意分成 n 个小闭区域 $\Delta\sigma_1, \Delta\sigma_2, \cdots, \Delta\sigma_n$，其中 $\Delta\sigma_i$ 表示第 i 个小闭区域，也表示它的面积，在每个 $\Delta\sigma_i$ 上任取一点 (ξ_i, η_i)，作乘积 $f(\xi_i, \eta_i)\Delta\sigma_i \quad (i = 1, 2, \cdots, n)$ 并求和

$$\sum_{i=1}^{n} f(\xi_i, \eta_i)\Delta\sigma_i$$

如果当 n 无限增大且各小闭区域的直径中的最大值 λ 趋近于零时，该和式的极限存在，则称此极限为函数 $f(x,y)$ 在闭区域 D 上的**二重积分**，记作 $\iint\limits_D f(x,y)\,\mathrm{d}\sigma$，即：

$$\iint\limits_D f(x,y)\,\mathrm{d}\sigma = \lim_{\lambda \to 0} \sum_{i=1}^{n} f(\xi_i, \eta_i)\Delta\sigma_i$$

其中 $f(x,y)$ 称为**被积函数**，$f(x,y)\,\mathrm{d}\sigma$ 称为**被积表达式**，$\mathrm{d}\sigma$ 称为**面积微元**，x 和 y 称为**积分变量**，D 称为**积分区域**，并称 $\sum\limits_{i=1}^{n} f(\xi_i, \eta_i)\Delta\sigma_i$ 为**积分和**．

二重积分 $\iint\limits_D |f(x,y)|\,\mathrm{d}\sigma$ 表示以 $f(x,y)$ 为曲顶的曲顶柱体体积．

在二重积分记号 $\iint\limits_D f(x,y)\,\mathrm{d}\sigma$ 中的面积微元 $\mathrm{d}\sigma$ 象征和式中的 $\Delta\sigma_i$．根据定义可知二重积分的值与积分区域的分割方法无关．因此，在直角坐标系中，常用平行于 x 轴和 y 轴的直线网来分割积分区域 D，则除了包含边界点的一些小闭区域外，其余的小闭区域都是矩形闭区域．设矩形闭区域 $\Delta\sigma_i$ 的边长为 Δx_i 和 Δy_j，于是 $\Delta\sigma_i = \Delta x_i \Delta y_j$．故在直角坐标系中，面积微元 $\mathrm{d}\sigma$ 可记作 $\mathrm{d}x\mathrm{d}y$，即 $\mathrm{d}\sigma = \mathrm{d}x\mathrm{d}y$．

进而把二重积分记作 $\iint\limits_D f(x,y)\,\mathrm{d}x\mathrm{d}y$，这里我们把 **$\mathrm{d}x\mathrm{d}y$ 称为直角坐标系下的面积微元**．

如果二重积分 $\iint\limits_D f(x,y)\mathrm{d}\sigma$ 存在，则称函数 $f(x,y)$ 在区域 D 上**可积**．可以证明，如果函数 $f(x,y)$ 区域 D 上连续，则 $f(x,y)$ 在区域 D 上是可积的．以后我们都假设被积函数 $f(x,y)$ 在积分区域 D 上是连续的，所以 $f(x,y)$ 在区域 D 上的二重积分总存在．

2. 二重积分的性质

二重积分具有与定积分类似的性质，且其证明也与定积分性质的证明相似．

性质 1　设 c_1，c_2 为常数，则

$$\iint\limits_D [c_1 f(x,y) + c_2 g(x,y)]\mathrm{d}\sigma = c_1\iint\limits_D f(x,y)\mathrm{d}\sigma + c_2\iint\limits_D g(x,y)\mathrm{d}\sigma$$

性质 2　如果闭区域 D 被有限条曲线分为有限个部分闭区域，则在 D 上的二重积分等于在各部分闭区域上的二重积分的和．例如 D 分为两个闭区域 D_1 与 D_2，则

$$\iint\limits_D f(x,y)\mathrm{d}\sigma = \iint\limits_{D_1} f(x,y)\mathrm{d}\sigma + \iint\limits_{D_2} f(x,y)\mathrm{d}\sigma$$

性质 3　$\iint\limits_D 1\cdot\mathrm{d}\sigma = \iint\limits_D \mathrm{d}\sigma = \sigma$（$\sigma$ 为 D 的面积）．

性质 4　如果在 D 上，$f(x,y)\leqslant g(x,y)$，则有不等式

$$\iint\limits_D f(x,y)\mathrm{d}\sigma \leqslant \iint\limits_D g(x,y)\mathrm{d}\sigma,$$

特别地，有

$$\left|\iint\limits_D f(x,y)\mathrm{d}\sigma\right| \leqslant \iint\limits_D \left|f(x,y)\right|\mathrm{d}\sigma.$$

性质 5　设 M、m 分别是 $f(x,y)$ 在闭区域 D 上的最大值和最小值，σ 为 D 的面积，则有

$$m\sigma \leqslant \iint\limits_D f(x,y)\mathrm{d}\sigma \leqslant M\sigma.$$

性质 6（二重积分的中值定理）　设函数 $f(x,y)$ 在闭区域 D 上连续，σ 为 D 的面积，则在 D 上至少存在一点 (ξ,η) 使得

$$\iint\limits_D f(x,y)\mathrm{d}\sigma = f(\xi,\eta)\cdot\sigma.$$

4.5.2　二重积分的计算方法

利用二重积分的定义来计算二重积分显然是不实际的．下面介绍二重积分的计算方法，这种方法是通过两个定积分（即**二次积分**）的计算来实现的．

1. 利用直角坐标计算二重积分

我们从几何直观来说明二重积分 $\iint\limits_D f(x,y)\mathrm{d}\sigma$ 的计算方法，在讨论中假设 $f(x,y)\geqslant 0$，

设积分区域 D 可以用不等式

$$\varphi_1(x)\leqslant y\leqslant\varphi_2(x),a\leqslant x\leqslant b,$$

来表示（图 4 - 7（a）），其中函数 $\varphi_1(x)$、$\varphi_2(x)$ 在区间 $[a,b]$ 上连续．

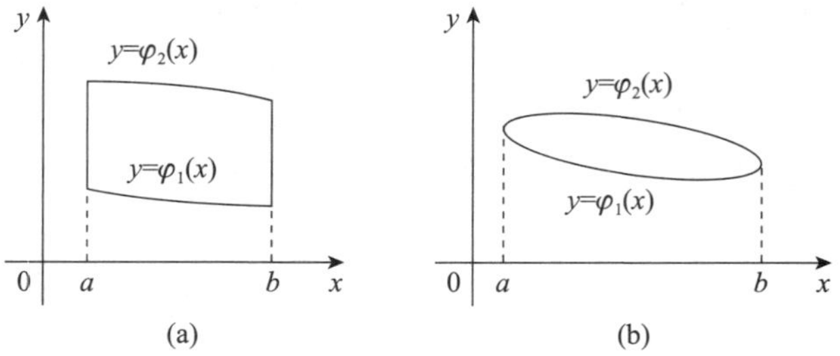

图 4 - 7

根据二重积分的几何意义可知，$\iint\limits_D f(x,y)\mathrm{d}\sigma$ 的值等于以 D 为底，以曲面 $z=f(x,y)$ 为顶的**曲顶柱体**的体积．

在区间 $[a,b]$ 上任意取定一个点 x_0，作平行于 yOz 面的平面 $x=x_0$，这平面截曲顶柱体所得截面是一个以区间 $[\varphi_1(x_0),\varphi_2(x_0)]$ 为底，曲线 $z=f(x_0,y)$ 为曲边的曲边梯形，其面积为：

$$A(x_0)=\int_{\varphi_1(x_0)}^{\varphi_2(x_0)}f(x_0,y)\mathrm{d}y,$$

一般地，过区间 $[a,b]$ 上任一点 x 且平行于 yOz 面的平面截曲顶柱体（见图 4 - 8）所得截面的面积为：

$$A(x)=\int_{\varphi_1(x)}^{\varphi_2(x)}f(x,y)\mathrm{d}y,$$

利用**计算平行截面面积为已知的立体之体积的方法**，该曲顶柱体的体积为：

$$V=\int_a^b A(x)\mathrm{d}x=\int_a^b\left[\int_{\varphi_1(x)}^{\varphi_2(x)}f(x,y)\mathrm{d}y\right]\mathrm{d}x,$$

即：

$$\iint\limits_D f(x,y)\mathrm{d}\sigma=\int_a^b\left[\int_{\varphi_1(x)}^{\varphi_2(x)}f(x,y)\mathrm{d}y\right]\mathrm{d}x,$$

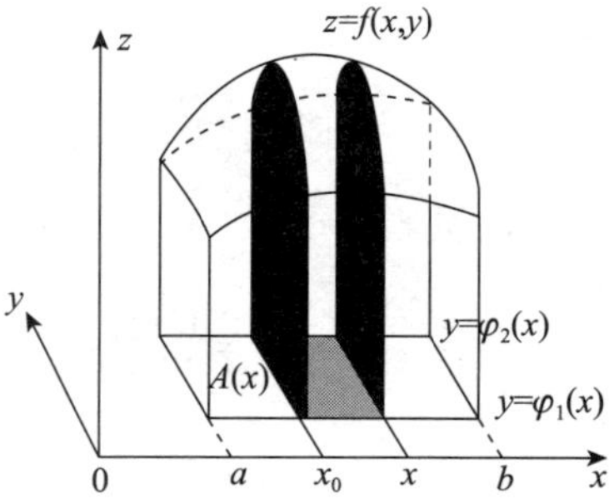

图 4 - 8

上述积分是一个先对 y、后对 x 的二次积分，即先把 x 看做常数，$f(x,y)$ 只看做 y 的函数，对 $f(x,y)$ 计算从 $\varphi_1(x)$ 到 $\varphi_2(x)$ 的定积分，然后把所得的结果（是 x 的函数）再对 x 从 a 到 b 计算定积分．

这个先对 y、后对 x 的二次积分也常记作

$$\iint\limits_D f(x,y)\mathrm{d}\sigma=\int_a^b\mathrm{d}x\int_{\varphi_1(x)}^{\varphi_2(x)}f(x,y)\mathrm{d}y,\qquad(4-10)$$

在上述讨论中，我们假定 $f(x,y)\geqslant 0$，但实际上式（4 - 10）的成立并不受到这条件的限制．

类似地，如果积分区域 D 可以用不等式

$$\varphi_1(y)\leqslant x\leqslant\varphi_2(y),c\leqslant y\leqslant d,$$

来表示（见图 4－9（a）），其中函数 $\varphi_1(y)$、$\varphi_2(y)$ 在区间 $[c,d]$ 上连续．

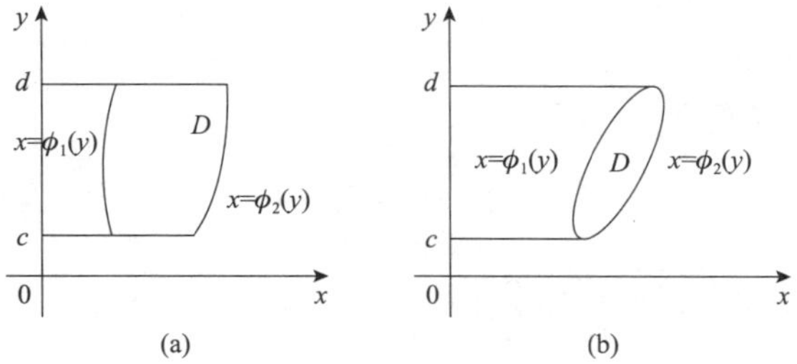

图 4－9

$$\iint_D f(x,y)\mathrm{d}\sigma = \int_c^d \mathrm{d}y \int_{\varphi_1(y)}^{\varphi_2(y)} f(x,y)\mathrm{d}x, \tag{4-11}$$

式（4－11）就是一个先对 x，后对 y 的二次积分．

如果积分区域 D 可以用不等式 $\varphi_1(x)\leqslant y\leqslant\varphi_2(x)$，$a\leqslant x\leqslant b$ 来表示，也可以用不等式 $\varphi_1(y)\leqslant x\leqslant\varphi_2(y)$，$c\leqslant y\leqslant d$ 来表示，那么就有

$$\int_a^b \mathrm{d}x \int_{\varphi_1(x)}^{\varphi_2(x)} f(x,y)\mathrm{d}y = \int_c^d \mathrm{d}y \int_{\varphi_1(y)}^{\varphi_2(y)} f(x,y)\mathrm{d}x ,$$

也就是说某些二重积分是可以交换积分次序的，应用式（4－10）（或式（4－11））时，积分区域 D 必须满足下列条件：穿过区域 D 内部且平行于 y 轴（或 x 轴）的直线与 D 的边界交点不多于两个．如果不具备上述条件，我们可以将区域 D 进行划分，使得划分后的小的区域满足该条件．

二重积分化为二次积分时，确定积分限是关键．积分限是根据区域 D 确定的，通常先画出 D 的图形，然后根据图形的特性选择运用式（4－10）或式（4－11）．

【例 1】 计算 $\iint_D (x^3+3x^2y+y^3)\mathrm{d}x\mathrm{d}y$，其中 D 是矩形闭区域 $0\leqslant x\leqslant 1, 0\leqslant y\leqslant 1$.

解： 先画出积分区域 D 的图形（见图 4－10）．

$$\begin{aligned}\iint_D (x^3+3x^2y+y^3)\mathrm{d}x\mathrm{d}y &= \int_0^1 \mathrm{d}x \int_0^1 (x^3+3x^3y+y^3)\mathrm{d}y \\ &= \int_0^1 \left(x^3y+\frac{3}{2}x^2y^2+\frac{1}{4}y^4\right)\Big|_0^1 \mathrm{d}x \\ &= \int_0^1 \left(x^3+\frac{3}{2}x^2+\frac{1}{4}\right)\mathrm{d}x \\ &= \left(\frac{1}{4}x^4+\frac{1}{2}x^3+\frac{1}{4}x\right)\Big|_0^1 = 1\end{aligned}$$

在把重积分化为二次积分时，可以先对 y 积分，再对 x 积分，也可以先对 x 积分，再对 y 积分．当积分区域为矩形区域时，由于两次积分限均为常量，所以先对 y 积分还是先对 x 积分在计算时都很方便．但当积分区域为其他形状时，选择积分次序是否恰当将直接影响计算的难易程度．

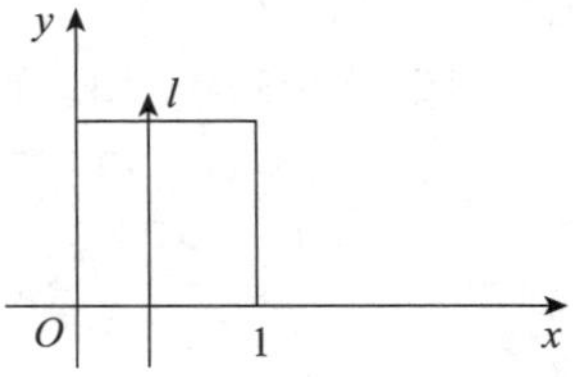

图 4－10

【例 2】 计算 $\iint\limits_D (x^2+y^2-x)\mathrm{d}x\mathrm{d}y$,其中 D 是由三条直线 $y=2$，$y=x$，$y=2x$ 所围成的区域．

解： 画出积分区域（见图 4－11）

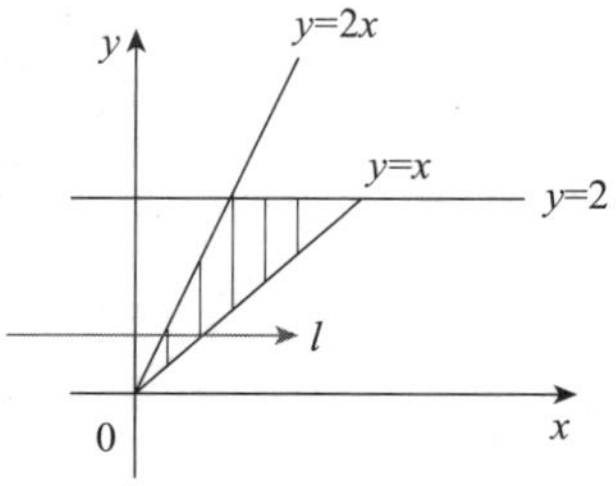

图 4－11

区域 D 可表示为 $\frac{y}{2}\leqslant x\leqslant y$，$0\leqslant y\leqslant 2$. 利用式（4－11）

$$\begin{aligned}\iint\limits_D (x^2+y^2-x)\mathrm{d}x\mathrm{d}y &= \int_0^2 \mathrm{d}y\int_{\frac{y}{2}}^{y}(x^2+y^2-x)\mathrm{d}x \\ &= \int_0^2\left(\frac{1}{3}x^3+y^2x-\frac{1}{2}x^2\right)\Big|_{\frac{y}{2}}^{y}\mathrm{d}y \\ &= \int_0^2\left(\frac{19}{24}y^3-\frac{3}{8}y^2\right)\mathrm{d}y \\ &= \left(\frac{19}{96}y^4-\frac{1}{8}y^3\right)\Big|_0^2=\frac{13}{6}.\end{aligned}$$

【例 3】 计算二重积分 $\iint\limits_D xy\mathrm{d}\sigma$ ，其中 D 是有抛物线 $y^2=x$ 及 $y=x-2$ 所围成的有界闭区域．

解： 如图 4－12，区域 D 可以看成是 y－型区域，它表示为：

$D=\{(x,y)\mid -1\leqslant y\leqslant 2, y^2\leqslant x\leqslant y+2\}$

$\therefore \iint\limits_D xy\mathrm{d}\sigma = \int_{-1}^{2}\mathrm{d}y\int_{y^2}^{y+2}xy\mathrm{d}x = \int_{-1}^{2}y\cdot\frac{1}{2}x^2\Big|_{y^2}^{y+2}\mathrm{d}y=\frac{45}{8}.$

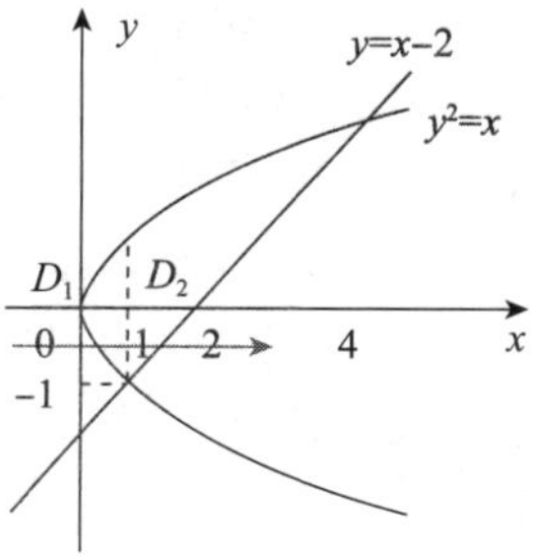

图 4－12

我们也可以将 D 看成是两个 x－型区域 D_1, D_2 的并集，如图 4－12,其中：

$D_1=\{(x,y)\mid 0\leqslant x\leqslant 1, -\sqrt{x}\leqslant y\leqslant\sqrt{x}\}$,

$D_2=\{(x,y)\mid 1\leqslant x\leqslant 4, x-2\leqslant y\leqslant\sqrt{x}\}$,

所以积分可以写为两个二次积分的和．即：

$$\iint\limits_D xy\mathrm{d}\sigma = \int_0^1\mathrm{d}x\int_{-\sqrt{x}}^{\sqrt{x}}xy\mathrm{d}y+\int_2^4\mathrm{d}x\int_{x-2}^{\sqrt{x}}xy\mathrm{d}y.$$

最后可以算出同样的结果，显然这样的计算方法要麻烦一些．

【例 4】 计算二重积分 $\int_0^1\mathrm{d}y\int_y^1\frac{\sin x}{x}\mathrm{d}x$.

【分析】 因为 $\frac{\sin x}{x}$ 的原函数不是初等函数，因而积分 $\int_y^1\frac{\sin x}{x}\mathrm{d}x$ 无法用牛顿—莱布尼兹公式算出，所以我们必须交换积分次序，把先对 x 的积分换为先对 y 积分．

解： 如图 4－13，此时积分区域 D 为 $0\leqslant y\leqslant 1$，$y\leqslant x\leqslant 1$.

现换为先对 y 积分，则区域 D 表示为：$0\leqslant x\leqslant 1$，$0\leqslant y\leqslant x$，于是，

$$\begin{aligned}\int_0^1\mathrm{d}y\int_y^1\frac{\sin x}{x}\mathrm{d}x &= \int_0^1\mathrm{d}x\int_0^x\frac{\sin x}{x}\mathrm{d}y \\ &= \int_0^1\frac{\sin x}{x}y\Big|_0^x\mathrm{d}x\end{aligned}$$

$$= \int_0^1 \sin x \mathrm{d}x = (-\cos x)\Big|_0^1 = 1 - \cos 1.$$

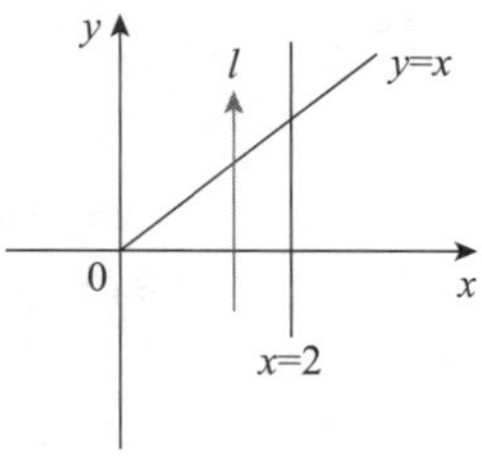

图 4 - 13

规律总结

计算二重积分时恰当地选择积分次序将简化运算．**不管用哪种次序积分，必须能求出二次积分的被积函数的原函数**．有些二重积分的求解不光要考虑到区域 D，还要兼顾被积函数．

*2. 利用极坐标计算二重积分

有些二重积分，积分区域 D 的边界曲线用极坐标方程来表示比较方便，且被积函数用极坐标变量 r、θ 表达比较简单．这时我们就可以考虑利用极坐标来计算二重积分 $\iint\limits_D f(x,y)\mathrm{d}\sigma$，按二重积分的定义

$$\iint\limits_D f(x,y)\mathrm{d}\sigma = \lim_{\lambda\to 0}\sum_{i=1}^{n} f(\xi_i,\eta_i)\Delta\sigma_i,$$

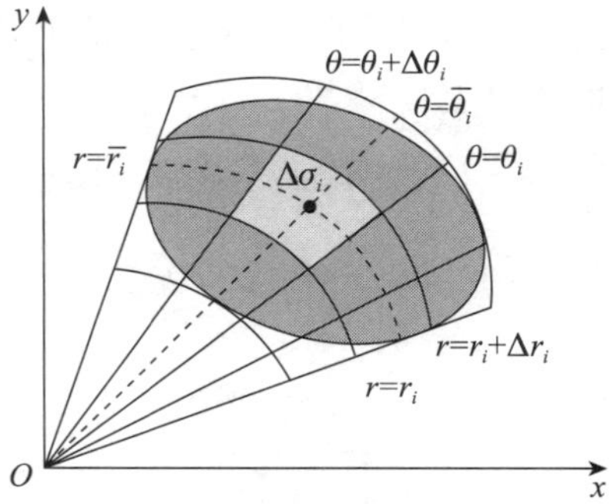

图 4 - 14

下面我们来研究这个和的极限在极坐标系中的形式．

以从极点 O 出发的一族射线及以极点为中心的一族同心圆构成的网将区域 D 分为 n 个小闭区域，小闭区域的面积为图 4 - 14.

$$\Delta\sigma_i = \frac{1}{2}(r_i + \Delta r_i)^2 \cdot \Delta\theta_i - \frac{1}{2}\cdot r_i^2 \cdot \Delta\theta_i$$

$$= \frac{1}{2}(2r_i + \Delta r_i)\Delta r_i \cdot \Delta\theta_i$$

$$= \frac{r_i + (r_i + \Delta r_i)}{2}\cdot \Delta r_i \cdot \Delta\theta_i = \bar{r}_i \Delta r_i \Delta\theta_i,$$

其中 $\bar{r}_i = r_i + \frac{1}{2}\Delta r_i$ 表示相邻两圆弧的半径的平均值．

在 $\Delta\sigma_i$ 内取一点 $(\bar{r}_i,\bar{\theta}_i)$，设其直角坐标为 (ξ_i,η_i)，则有 $\xi_i = \bar{r}_i\cos\bar{\theta}_i$，$\eta_i = \bar{r}_i\sin\bar{\theta}_i$. 于是

$$\lim_{\lambda\to 0}\sum_{i=1}^{n} f(\xi_i,\eta_i)\Delta\sigma_i = \lim_{\lambda\to 0}\sum_{i=1}^{n} f(\bar{r}_i\cos\bar{\theta}_i,\bar{r}_i\sin\bar{\theta}_i)\bar{r}_i\Delta r_i\Delta\theta_i,$$

可以证明：包含边界点的那些小闭区域所对应项之和的极限为零，因此，这样的一些小区域可以略去不计．即：

$$\iint\limits_D f(x,y)\mathrm{d}\sigma = \iint\limits_D f(r\cos\theta, r\sin\theta)r\mathrm{d}r\mathrm{d}\theta.$$

该式称为**二重积分由直角坐标变量变换成极坐标变量的变换公式**，其中，$r\mathrm{d}r\mathrm{d}\theta$ 就是极坐标中的**面积元素**．

极坐标系中的二重积分，同样可以化归为二次积分来计算．根据区域 D 的不同，我们

讨论以下三种情形：

（1）积分区域 D 可表示成下述形式：

$$\varphi_1(\theta)\leqslant r\leqslant\varphi_2(\theta),\ \alpha\leqslant\theta\leqslant\beta,$$

其中函数 $\varphi_1(\theta)$，$\varphi_2(\theta)$在$[\alpha,\beta]$上连续（见图 4-15）.

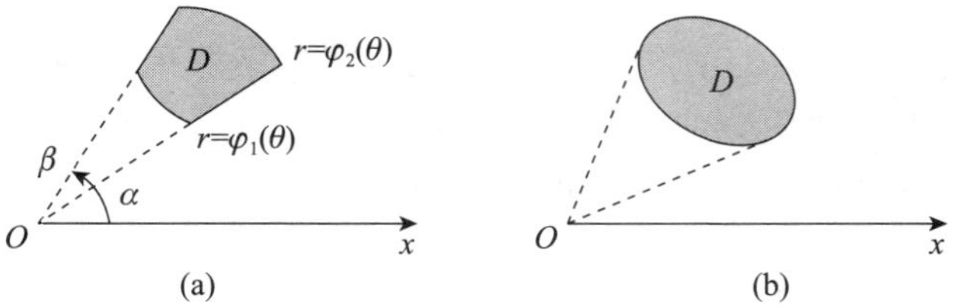

图 4-15

则 $\iint\limits_D f(r\cos\theta,r\sin\theta)r\mathrm{d}r\mathrm{d}\theta=\int_\alpha^\beta\mathrm{d}\theta\int_{\varphi_2(x)}^{\varphi_1(x)}f(r\cos\theta,r\sin\theta)r\mathrm{d}r$,

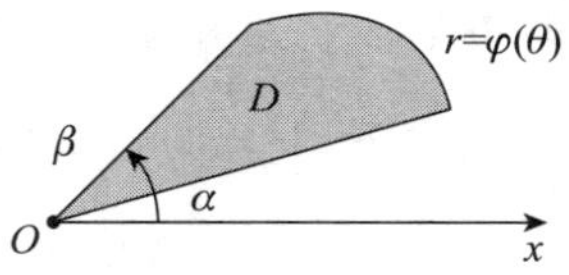

图 4-16

（2）积分区域 D 可表示成下述形式（见图 4-16）：
显然，这只是情形(1)的特殊形式 $\varphi_1(\theta)\equiv0$（即极点在积分区域的边界上）. 故

$$\iint\limits_D f(r\cos\theta,r\sin\theta)r\mathrm{d}r\mathrm{d}\theta=\int_\alpha^\beta\mathrm{d}\theta\int_0^{\varphi(\theta)}f(r\cos\theta,r\sin\theta)r\mathrm{d}r,$$

（3）积分区域 D 为三种形式，如图 4-17 所示.

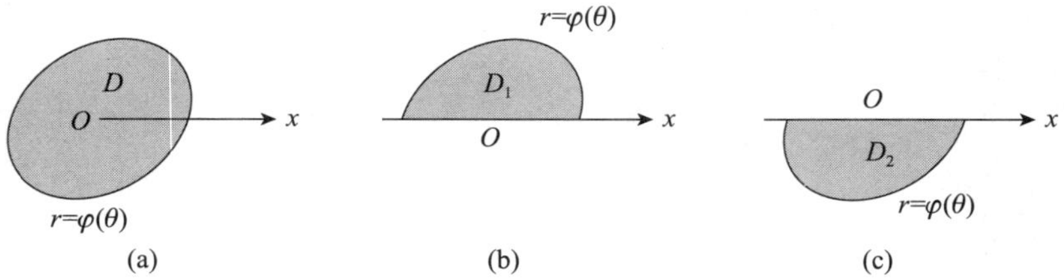

图 4-17

显然，这类区域又是情形(2)的一种变形（极点包围在积分区域 D 的内部），D 可剖分成 D_1 和 D_2，而

$$D_1:\ 0\leqslant\theta\leqslant\pi,\ 0\leqslant r\leqslant\varphi(\theta),\ D_2:\ \pi\leqslant\theta\leqslant2\pi,\ 0\leqslant r\leqslant\varphi(\theta),$$

有以下结果

$$\begin{aligned}\iint\limits_D f(r\cos\theta,r\sin\theta)r\mathrm{d}r\mathrm{d}\theta&=\int_0^\pi\mathrm{d}\theta\int_0^{\varphi(\theta)}f(r\cos\theta,r\sin\theta)r\mathrm{d}r+\int_\pi^{2\pi}\mathrm{d}\theta\int_0^{\varphi(\theta)}f(r\cos\theta,r\sin\theta)r\mathrm{d}r\\&=\int_0^{2\pi}\mathrm{d}\theta\int_0^{\varphi(\theta)}f(r\cos\theta,r\sin\theta)r\mathrm{d}r.\end{aligned}$$

【例 5】 求 $I=\iint\limits_D\sqrt{a^2-x^2-y^2}\mathrm{d}\sigma$，其中 D 是圆域 $x^2+y^2\leqslant ax(a>0)$.

解：化为极坐标，以 $x=r\cos\theta$，$y=r\sin\theta$，$\mathrm{d}\sigma=r\mathrm{d}r\mathrm{d}\theta$，代入 D 的边界方程 $r=a\cos\theta$. 因此表示为：$-\dfrac{\pi}{2}\leqslant\theta\leqslant\dfrac{\pi}{2},0\leqslant r\leqslant a\cos\theta$(见图 4-18).

$$I=\iint\limits_D \sqrt{a^2-r^2}\,r\mathrm{d}r\mathrm{d}\theta=\int_{-\frac{\pi}{2}}^{\frac{\pi}{2}}\mathrm{d}\theta\int_0^{a\cos\theta}\sqrt{a^2-r^2}\,r\mathrm{d}r$$

$$=\int_{-\frac{\pi}{2}}^{\frac{\pi}{2}}\left[-\frac{1}{3}(a^2-r^2)^{\frac{3}{2}}\right]_0^{a\cos\theta}\mathrm{d}\theta=\frac{2}{3}\int_0^{\frac{\pi}{2}}(a^3-a^3\sin^3\theta)\mathrm{d}\theta$$

$$=\frac{1}{9}a^3(3\pi-4),$$

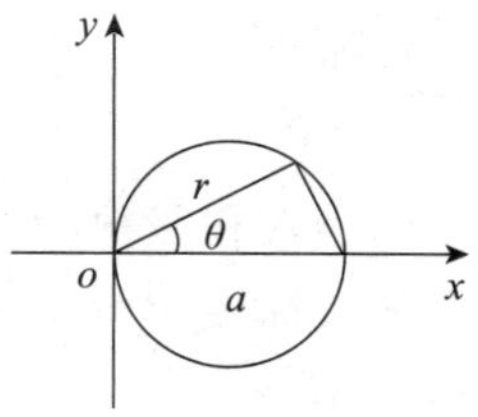

图 4－18

本题如果用直角坐标计算就非常困难．

【例 6】 求 $I=\iint\limits_D(x^2+y^2)\mathrm{d}\sigma$，其中 D 是 $a^2\leqslant x^2+y^2\leqslant b^2$（见图 4－19）．

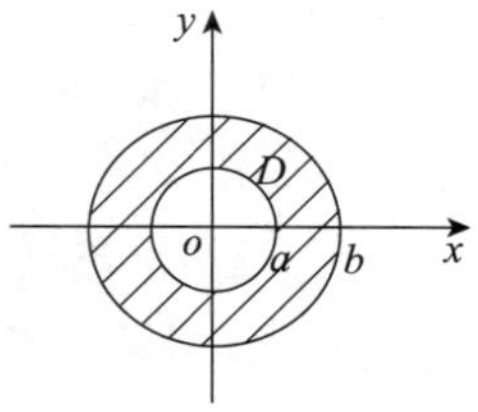

图 4－19

解： 在极坐标下区域 D 可表示为：

$$D:\begin{cases}0\leqslant\theta\leqslant 2\pi,\\ a\leqslant r\leqslant b.\end{cases}$$

故

$$I=\iint\limits_D r^3\mathrm{d}r\mathrm{d}\theta=\int_0^{2\pi}\mathrm{d}\theta\int_a^b r^3\mathrm{d}r$$

$$=\int_0^{2\pi}\frac{r^4}{4}\Big|_a^b\mathrm{d}\theta=\frac{\pi}{2}(b^4-a^4).$$

【例 7】 计算二重积分 $\iint\limits_D\sqrt{x^2+y^2}\mathrm{d}x\mathrm{d}y$，其中 D 是第一象限中同时满足 $x^2+y^2\leqslant 1$ 和 $x^2+(y-1)^2\leqslant 1$ 的点所组成的区域．

解： 积分区域 D 如图 4－20 所示，两圆

$x^2+y^2=1$ 和 $x^2+(y-1)^2=1$，

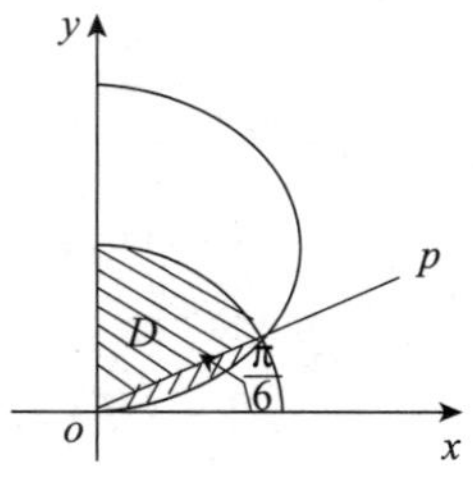

图 4－20

在第一象限的交点为 $P\left(\frac{\sqrt{3}}{2},\frac{1}{2}\right)$，而点 P 的极坐标为 $\left(1,\frac{\pi}{6}\right)$，于是极径 OP 可将 D 分成 D_1 和 D_2 两部分，它们在极坐标系下表示为：

$$D_1=\left\{(r,\theta)\mid 0\leqslant r\leqslant 2\sin\theta,0\leqslant\theta\leqslant\frac{\pi}{6}\right\},$$

$$D_2=\left\{(r,\theta)\mid 0\leqslant r\leqslant 1,\frac{\pi}{6}\leqslant\theta\leqslant\frac{\pi}{2}\right\},$$

所以得：

$$\iint\limits_D\sqrt{x^2+y^2}\mathrm{d}x\mathrm{d}y=\iint\limits_{D_1}r^2\mathrm{d}r\mathrm{d}\theta+\iint\limits_{D_2}r^2\mathrm{d}r\mathrm{d}\theta=\int_0^{\frac{\pi}{6}}\mathrm{d}\theta\int_0^{2\sin\theta}r^2\mathrm{d}r+\int_{\frac{\pi}{6}}^{\frac{\pi}{2}}\mathrm{d}\theta\int_0^1 r^2\mathrm{d}r$$

$$=\frac{1}{3}\int_0^{\frac{\pi}{6}}\left(r^3\Big|_0^{2\sin\theta}\right)\mathrm{d}\theta+\frac{\pi}{9}=\frac{8}{3}\int_0^{\frac{\pi}{6}}\sin^3\theta\mathrm{d}\theta+\frac{\pi}{9}$$

$$=\frac{\pi+16-9\sqrt{3}}{9}.$$

规律总结

当被积函数为$f(x^2,y^2)$或积分区域为圆域、环域、扇形等情形，利用极坐标计算二重积分较简便.

学习小结

(1) 根据二重积分的几何意义可知，$\iint\limits_D f(x,y)\mathrm{d}\sigma(f(x,y)>0)$的值为____________________.

(2) 在二重积分的计算中，如果先对x积分再对y积分，则$\iint\limits_D f(x,y)\mathrm{d}\sigma=$________________,且在积分过程中将________视为常量;如果先对y积分再对x积分,则$\iint\limits_D f(x,y)\mathrm{d}\sigma=$____________________,且在积分过程中将________视为常量.

【习题 4.5】

1. 化下列二重积分为二次积分:

(1) $\iint\limits_D f(x,y)\mathrm{d}\sigma$，其中$D$由$y^2=x$，$y=x-2$围成;

(2) $\iint\limits_D f(x,y)\mathrm{d}\sigma$，其中$D$由$y=1$，$x=2$，$y=x$围成;

(3) $\iint\limits_D f(x,y)\mathrm{d}\sigma$，其中$D$由$y=x$，$x=2$，$y=\dfrac{1}{x}(x>0)$围成.

2. 计算下列二重积分:

(1) $\iint\limits_D (x^2+y^2)\mathrm{d}x\mathrm{d}y$，其中$D$由$y=x^2$，$x=1$，$y=0$围成;

(2) $\iint\limits_D xy\mathrm{d}\sigma$，其中$D$由$y^2=x$及$y=x$围成.

*3. 利用极坐标计算下列二重积分:

(1) $\iint\limits_D x^2y\mathrm{d}\sigma$，其中$D$是圆环$1\leqslant x^2+y^2\leqslant 4$的第一象限部分;

(2) $\iint\limits_D \mathrm{e}^{-(x^2+y^2)}\mathrm{d}\sigma$，其中$D$是圆$x^2+y^2\leqslant 4$.

应用板块

4.6
二元函数的极值在经济中的应用

【本节提示】 在经济分析过程中，我们经常用微分学的方法去求经济变量在定义区间上的最值，从而使经济问题达到最优化．而对于一个经济问题，往往会受到多个因素的影响，这就需要用多元函数的极值问题来解决．通过本节的学习，要求解决一些二元经济函数的最优化问题．

【例 1】 某工厂生产两种产品，其产量分别为 x 和 y（单位：件），总成本函数 $C(x,y)=x^2+2xy+y^2+5$（单位：元），两种产品的需求函数分别是 $x=2600-p$ 及 $y=1000-\frac{1}{4}q$，其中 p 和 q 分别是两种产品的单价（单位：元/件），求生产两种产品各多少件时，可获得最大利润，最大利润是多少？

解： 由于 $x=2600-p$，$y=1000-\frac{1}{4}q$，从而两种产品的单价分别为 $p=2600-x$，$q=4000-4y$，所以总收益函数为：

$$R(x,y)=xp+yq=x(2600-x)+y(4000-4y)=2600x+400y-x^2-4y^2,$$

则总利润函数为：

$$\begin{aligned}L(x,y)&=R(x,y)-C(x,y)\\&=2600x+4000y-x^2-4y^2-(x^2+2xy+y^2+5)\\&=2600x+4000y-2x^2-5y^2-5.\end{aligned}$$

对利润函数求一阶偏导数，并令偏导数为零，得方程组：

$$\begin{cases}L'_x(x,y)=2600-4x-2y=0,\\L'_y(x,y)=400-2x-10y=0.\end{cases}$$

解得 $x=500$，$y=300$，即驻点为 $(500,300)$．

由于总利润的最大值必定存在，且利润函数在其定义域 $D=\{(x,y)\mid x\geqslant 0,y\geqslant 0\}$ 内只有一个驻点，所以驻点处的函数值就是它的最大值，即生产甲产品 500 件，乙产品 300 件时，可获得最大利润；最大利润为 $L(500,300)=169995$ 元．

【例 2】 某厂家生产的一种产品同时在两个市场销售，销售价格分别为 x 和 y；销售量分别为 q_1 和 q_2，已知需求函数分别为 $q_1=24-0.2x$，$q_2=10-0.05y$，总成本函数 $C=35+40(q_1+q_2)$，试问厂家如何确定两市场的销售价格，所获得的利润才能最大？最大利润是多少？

解：该厂家在两个市场以价格 x 和 y 销售产品获得的总收益为：

$$R(x,y)=x(24-0.2x)+y(10-0.05y)=24x+10y-0.2x^2-0.05y^2,$$

总成本关于价格 x 和 y 的函数为：

$$C=35+40(24-0.2x+10-0.05y)=1395-0.2x-0.05y,$$

则总利润为：

$$\begin{aligned}L(x,y)&=R(x,y)-C(x,y)\\&=24.2x+10.05y-0.2x^2-0.05y^2+1395,\end{aligned}$$

对利润函数求一阶偏导数，并令偏导数为零，得方程组：

$$\begin{cases}L'_x(x,y)=24.2-0.4x=0,\\L'_y(x,y)=10.05-0.1y=0.\end{cases}$$

解得 $x=60.5$，$y=100.5$，即驻点为 $(60.5,100.5)$.

由于总利润的最大值必定存在，且利润函数在其定义域 $D=\{(x,y)\mid x\geqslant0,y\geqslant0\}$ 内只有一个驻点，所以驻点处的函数值就是它的最大值，即两市场的定价分别为 $x=60.5$，$y=100.5$ 时，可获得最大利润；最大利润为 $L(60.5,100.5)=2632.0625$.

【例 3】 设生产某种产品的数量 Q 与所用原料 A，B，C 的数量 x，y，z 的构成函数关系式为 $Q=\frac{1}{4}x^2y+6z$，已知 A，B，C 原料的单价分别为 100 元、200 元、300 元，现有 1500 元购料款．问三种原料各购进多少时方可使生产该产品的数量最多？

【分析】 由题意可知，这是求三元函数 $Q=\frac{1}{4}x^2y+6z$ 的最大值问题．此时自变量 x，y，z 除了均为正数之外，还需满足 $100x+200y+300z=1500$，所以该问题为条件极值问题．

规律总结

由 4.4.2 可知，对于条件极值的求解有两种思路：一是化条件极值为无条件极值，即从约束条件中将一个变量解出，代入目标函数中，得到新的目标函数表达式，从而转化为无条件极值；二是利用拉格朗日乘数法．

解法一：由 $100x+200y+300z=1500$，解出 $z=5-\frac{1}{3}x-\frac{2}{3}y$，代入 $Q=\frac{1}{4}x^2y+6z$ 中，得二元函数 $Q=\frac{1}{4}x^2y+30-2x-4y$.

对利润函数求一阶偏导数，并令偏导数为零，得方程组：

$$\begin{cases}Q'_x(x,y)=\frac{1}{2}xy-2=0,\\Q'_y(x,y)=\frac{1}{4}x^2-4=0.\end{cases}$$

得 $x=\pm4$，$y=\pm1$，即四个驻点．根据实际意义，x，y 只能取正值，所以得唯一的驻点 $(4,1)$，此时 Q 取得最大值，$z=5-\frac{4}{3}-\frac{2}{3}=3$. 因此，当购进的原料 A，B，C 的数量分别

为 4，1，3 个单位时，产品生产数量最多 .

解法二：（拉格朗日乘数法）

因为目标函数 $Q=f(x,y,z)=\frac{1}{4}x^2y+6z$，约束条件为：

$$\varphi(x,y,z)=100x+200y+300z-1500=0.$$

故有拉格朗日函数 $L(x,y,z,\lambda)=\frac{1}{4}x^2y+6z+\lambda(100x+200y+300z-1500)$

建立方程组 $\begin{cases}\frac{\partial L}{\partial x}=\frac{1}{2}xy+100\lambda=0,\\ \frac{\partial L}{\partial y}=\frac{1}{4}x^2+200\lambda=0,\\ \frac{\partial L}{\partial z}=6+300\lambda=0,\\ \frac{\partial L}{\partial \lambda}=100x+200y+300z-1500=0.\end{cases}$

由于 x，y，z 均为正值，故解方程组得 $\begin{cases}x=4\\ y=1\\ z=3\\ \lambda=-\frac{1}{50}\end{cases}$ 所以得(4,1,3)是函数 $Q=\frac{1}{4}x^2y+6z$ 的唯一可能的极值点 . 由实际意义可知，此时产品数量 Q 取得最大值，因此(4,1,3)为 Q 的最大值点，这与解法一得到的结果完全一致的 .

学习小结

（1）经济问题达到最优化是指________________________ .

（2）一个经济问题，往往会受到多个因素的影响，要使这个经济问题达到最优化，一般利用__________________________________来解决 .

【习题 4.6】

1. 某工厂要建造一座长方体形状的厂房，其体积为 150 万 m^3，已知前墙和屋顶的每单位面积造价分别是其他墙身造价的 3 倍和 1.5 倍，问厂房前墙的长度和厂房的高度为多少时，厂房的造价最小？

2. 某工厂生产甲、乙两种产品，单位产品的销售价格分别为 $p_1=10$ 元，$p_2=9$ 元，总费用 C 关于两种产品产量 x 和 y 的函数为 $C(x,y)=x^2+xy+x+y^2+2$，问两种产品各生产多少单位时能获得最大利润？最大利润是多少？

3. 销售某产品需做两种方式的广告宣传，当宣传费分别为 x 和 y（单位：万元）时，

销售量 S（单位：件）是 x 和 y 的函数 $S=\frac{200x}{5+x}+\frac{100y}{10+y}$，若销售产品所得利润是销售量的 $\frac{1}{5}$ 减去广告费，两种方式广告费共 25（单位：万元）时，应怎样分配两种方式的广告费，能使利润最大？最大利润是多少？

4. 某厂家生产的一种产品同时在两个市场销售，售价分别为 p_1 和 p_2，销售量分别为 q_1 和 q_2，需求函数分别为 $q_1=24-0.2p_1$ 和 $q_2=10-0.5p_2$，总成本函数为 $C=35+40(q_1+q_2)$，试问：厂家如何确定两个市场的售价，能使其获得的总利润最大？最大总利润为多少？

【复习思考题】

A　组

一、填空题

1. 函数 $z=\ln(4-x^2-y^2)$ 的定义域是____________________.

2. 函数 $z=\arcsin\sqrt{x+y}$ 的连续范围为____________________.

3. 设 $z=e^x\cos y$，则 $\frac{\partial^2 z}{\partial x\partial y}=$ ____________________.

4. 设 $D=\{(x,y)\mid r\leqslant x^2+y^2\leqslant R^2\}$，则 $\iint_D \mathrm{d}x\mathrm{d}y=$ ____________________.

5. 设积分区域 D 是由 $|x|\leqslant 1$，$|y+1|\leqslant 1$ 围成的矩形区域，则将二重积分 $\iint_D f(x,y)\mathrm{d}\sigma$ 化为二次积分得____________________.

6. 函数 $f(x,y)=2xy-3x^2-2y^2+10$ 的驻点为____________________.

7. 设 $z=e^{xy}$，则 $\frac{\partial z}{\partial x}=$ ____________.

8. $z=u^2\ln v$，而 $u=\frac{x}{y}$，$v=3x-2y$，则 $\frac{\partial z}{\partial x}=$ ____________________.

二、单项选择题

1. 设 $z=xe^y$，则 $\frac{\partial z}{\partial x}=$（　　）.

A. 1　　B. e^y　　C. ye^x　　D. y

2. 设 $z=2x^2+3xy-y^2$，则 $\frac{\partial^2 z}{\partial x\partial y}=$（　　）.

A. 6　　B. -2　　C. 3　　D. 2

3. $\int_0^1 x\mathrm{d}x\int_0^x y\mathrm{d}y=$（　　）.

A. $\frac{1}{2}$　　B. 2　　C. 3　　D. $\frac{1}{8}$

4. 设 $z=\sin(xy^2)$，则 $\frac{\partial z}{\partial x}=$（　　）.

A. $xy\cos(xy^2)$　　B. $-xy\cos(xy^2)$　　C. $-y^2\cos(xy^2)$　　D. $y^2\cos(xy^2)$

5. 设 $z=3^{xy}$，则 $\frac{\partial z}{\partial x}=$（　　）.

A. $y3^{xy}\ln 3$　　B. $3^{xy}\ln 3$　　C. $xy3^{xy-1}$　　D. $y3^{xy}$

6. 设 $f(x,y)=\ln\left(x+\frac{y}{2x}\right)$，则 $f_y'(1,0)=$（　　）.

A. $\frac{1}{3}$　　B. $\frac{1}{2}$　　C. $-\frac{1}{2}$　　D. $-\frac{1}{3}$

7. 若 $f(x+y,y)=x^2-y^2$，则 $f(x,y)=$（　　）.

A. x^2-2xy　　B. $x-2x^2y$

C. $x-2xy$　　D. $x^2-2x^2y^2$

8. 设 $z=x^y$，则 $\left.\frac{\partial z}{\partial y}\right|_{\substack{x=e\\y=1}}=$（　　）.

A. 1　　B. $\frac{1}{e}$　　C. e　　D. 0

9. 二重积分 $\int_0^1 dy\int_0^y f(x,y)dx$ 交换积分次序后为（　　）.

A. $\int_0^1 dx\int_x^1 f(x,y)dy$　　B. $\int_0^1 dx\int_1^x f(x,y)dy$

C. $\int_{-1}^0 dx\int_x^1 f(x,y)dy$　　D. $\int_{-1}^0 dx\int_1^x f(x,y)dy$

10. 二元函数 $z=\ln(1-x-y)$ 的定义域是（　　）.

A. $0<x+y<1$　　B. $0\leqslant x+y<1$　　C. $x+y<1$　　D. $x+y\leqslant 1$

11. 设函数 $z=f(x,y)$ 在点 (x_0,y_0) 处的两个偏导数都存在，则 $z=f(x,y)$ 在点 (x_0,y_0) 处（　　）.

A. 连续　　B. 可微　　C. 不一定连续　　D. 一定不连续

12. $\lim\limits_{\substack{x\to 4\\y\to 1}}\frac{\sqrt{x}-2\sqrt{y}}{x-4y}=$（　　）.

A. $\frac{1}{4}$　　B. $\frac{1}{2}$　　C. $-\frac{1}{3}$　　D. 不存在

13. 曲线 $y=x^2$ 与 $y=x+2$ 围成的面积为（　　）.

A. 3　　B. 2　　C. $\frac{5}{2}$　　D. $\frac{9}{2}$

14. 设 $f(x,y)=\frac{x+y}{xy}$，则 $f(x+y,x-y)=$（　　）.

A. $\frac{2x}{y^2-x^2}$　　B. $\frac{x}{x^2-y^2}$　　C. $\frac{2y}{x^2-y^2}$　　D. $\frac{2x}{x^2-y^2}$

三、计算题

1. 求下列函数的定义域：

(1) $z=\ln(1+x-y)$；　　(2) $z=\sqrt{x+y-1}$；

(3) $z=\sqrt{x-1}-\frac{1}{\sqrt{-y}}$；　　(4) $z=\sqrt{x^2+y^2-4}+\ln(9-x^2-y^2)$；

(5) $z=\arcsin\frac{1}{x^2+y^2}$;　　(6) $z=\ln\frac{x+1}{y}$.

2. 求下列极限：

(1) $\lim\limits_{\substack{x\to 0\\ y\to 0}}\frac{x-y}{x^3-y^3}$;　　(2) $\lim\limits_{\substack{x\to 0\\ y\to 0}}\frac{\sqrt{x+y+4}-2}{x+y}$;

(3) $\lim\limits_{\substack{x\to 1\\ y\to 1}}\frac{\sin(x-y)}{x^2-y^2}$;　　(4) $\lim\limits_{\substack{x\to 0\\ y\to 0}}\frac{\sqrt{1+x+y}-\sqrt{1-x-y}}{\sin 3(x+y)}$.

3. 求下列函数的偏导数：

(1) $z=x^2+y^2+xy$;　　(2) $z=\frac{\ln xy}{2}$;

(3) $z=e^{x^2+y^2}\sin(x+y)$;　　(4) $z=x^2\sin(2+y^2)$;

(5) $z=x^3\ln y$, $y=\sin x$;　　(6) $z=e^u v$, $u=x+1$, $v=e^x$;

(7) $z=\sin u+\ln v$, $u=x^2+1$, $v=\cos x$;

(8) $z=e^{u+v}$, $u=x^2+1$, $v=xy^2$.

4. 求下列函数的二阶偏导数：

(1) $z=x^3+y^5+2xy^2$;　　(2) $z=\arctan(x+y)$;

(3) $z=e^{x+y}\ln xy$;　　(4) $z=\arcsin\frac{x}{y}$.

5. 求下列函数的全微分：

(1) $z=e^{xy}$;　　(2) $z=\sin(x^2+y)$;

(3) $z=\sqrt{x^2+y^2}$;　　(4) $z=x^m y^n$.

6. 计算下列二重积分：

(1) $\iint\limits_D (x+y)\mathrm{d}\sigma$，其中 D 由 $y^2=x$，$y=x-2$ 围成.

(2) $\iint\limits_D xy\mathrm{d}\sigma$，其中 D 由 $y=x^2$ 及 $y=x$ 围成.

(3) $\iint\limits_D (x^2+y^2)\mathrm{d}x\mathrm{d}y$，其中 D 由 $y=x^2$，$x=1$，$y=0$ 围成.

(4) $\iint\limits_D \frac{y}{x}\mathrm{d}\sigma$，其中 D 由 $y=2x$，$y=x$，$x=4$ 及 $x=2$ 围成.

(5) $\iint\limits_D \sin(x+y)\mathrm{d}\sigma$，其中 D 由 $x=0$，$x=\pi$，$y=0$ 与 $y=\frac{\pi}{2}$ 围成.

(6) $\iint\limits_D (y+x^2)\mathrm{d}\sigma$，其中 D 由 $y=x$，$x=2$，$y=\frac{1}{x}(x>0)$ 围成.

(7) $\iint\limits_D \frac{y^2}{x^2}\mathrm{d}\sigma$，其中 D 是圆环 $1\leqslant x^2+y^2\leqslant 4$ 所围成的区域.

(8) $\iint\limits_D \sqrt{x^2+y^2}\mathrm{d}\sigma$，其中 D 是圆 $x^2+y^2=2x$，且 $y\geqslant 0$ 围成的区域.

四、应用题

1. 某企业准备生产两种型号的机器，起产量分别为 x 台和 y 台．已知总成本函数 $C(x,y)=6x^2+3y^2$（万元），现根据市场预测，这两种机器共需 18 台．问这两种机器各生产多少台时，才能使总成本最小？

2. 要制造一个容积为 4 m^3 的无盖长方体容器，问如何设计它的长、宽、高，才能使所用材料最省．

3. 某厂生产甲、乙两种产品，当产量分别为 x,y 时，利润函数 $L(x,y)=-x^2-4y^2+8x+24y-15$，如果现有原料 15000 吨（不要求用完），生产两种产品每个单位都要消耗原料 2000 吨，求：

(1) 获得最大利润时的产量 x,y 和最大利润；

(2) 如果原料降至 12000 吨，求这时的最大利润及获得最大利润时的产量．

五、证明题

证明函数 $u=\frac{1}{r}\left(r=\sqrt{x^2+y^2+z^2}\right)$满足方程$\frac{\partial^2 u}{\partial x^2}+\frac{\partial^2 u}{\partial y^2}+\frac{\partial^2 u}{\partial z^2}=0$.

B　组

1. 求函数 $z=\ln(y-x)+\frac{\sqrt{x}}{\sqrt{1-x^2-y^2}}$的定义域．

2. 讨论函数 $z=f(x,y)=\sqrt{|xy|}$在点$(0,0)$的连续性．

3. 求函数 $z=x\ln\sqrt{x^2+y^2}$的偏导数．

4. 求函数 $z=(1+xy)^x$ 的偏导数．

5. 设 $z=\mathrm{e}^{x^2y}$，求$\frac{\partial^2 z}{\partial x^2}$，$\frac{\partial^2 z}{\partial x\partial y}$，$\frac{\partial^2 z}{\partial y^2}$.

6. 设 $y=\mathrm{e}^{-kn^2t}\sin nx$，验证 y 满足方程$\frac{\partial y}{\partial t}=k\frac{\partial^2 y}{\partial x^2}$.

7. 设 $z=f(u,v)$可微，且 $u=\sin(xy)$，$v=\arctan y$，求 $\mathrm{d}z$.

8. 求 $\iint\limits_D\sqrt{1-\sin^2(x+y)}\,\mathrm{d}x\mathrm{d}y$，其中 D 是由 $y=0$，$y=x$，$x=\frac{\pi}{2}$围成的区域．

9. 计算 $\iint\limits_D(x+y)\,\mathrm{d}x\mathrm{d}y$，其中 D 是 $x^2+y^2=x+y$ 围成的区域．

10. 假设某企业在两个相互分割的市场上出售同一种产品，两个市场的需求函数分别是 $p_1=18-2Q_1$，$p_2=12-Q_2$，其中，p_1 和 p_2 分别表示该产品在两个市场上的价格（单位：万元/吨）；Q_1 和 Q_2 分别表示该产品在两个市场的销售量（即需求量，单位：吨）；该企业生产这种产品的总成本函数是 $C=2Q+5$，Q 表示该产品在两个市场上的销售总量，即 $Q=Q_1+Q_2$.（1）如果该企业实行价格差别策略，试确定两个市场上该产品的销量和价格，使该企业获得最大利润；（2）如果该企业实行价格无差别策略，试确定两个市场上该产品的销售量及其统一的价格，使该企业的总利润最大化；并比较两种价格策略下的总利润大小．

第5章

微分方程初步

学习目标

□ 理解微分方程及其阶、线性、解、通解、特解等概念
□ 掌握可分离变量的微分方程及一阶线性微分方程的解法
□ 了解二阶常系数线性微分方程的解的结构和通解形式
□ 会用常微分方程求解一些简单的经济应用问题

数学史话

微分方程差不多是和微积分同时产生的。就像微积分在17世纪后期与18世纪前期的著作一样，常微分方程最早的著作出现在数学家们彼此的通信中，而且通信中所提到的解法可能仅仅是对某个特例的说明。所以现在很难确切地说是谁首先得到某些概念或结论的。1676年，莱布尼兹在给牛顿的信中第一次提出“微分方程”这个数学名词。

常微分方程是由人类生产实践的需要而产生的，其雏形的出现甚至比微积分的发明还早。纳皮尔发明对数，伽利略研究自由落体运动，笛卡儿在光学问题中由切线性质定出镜面的形状等等，实际上都需要建立和求解微分方程。牛顿和莱布尼兹在建立微积分学时就指出了微分与积分运算的互逆性，实际上是解决了最简单的微分方程 $y'=f(x)$ 的求解问题。

运动是服从一定的客观规律的，而这种规律用数学语言表述出来，即抽象为某种数学结构，其结果往往形成一个微分方程。一旦求出其解或研究清楚其动力学行为，运动规律就一目了然了。牛顿研究天体力学和机械力学的时候，利用了微分方程这个工具，从理论上得到了行星运动规律。后来，英国天文学家亚当斯和法国天文学家勒维烈使用微分方程各自计算出那时还未发现的海王星的位置。这些都使人们更加深信微分方程在认识自然、改造自然方面的巨大力量。

海王星的发现是人类智慧的结晶，也是微分方程巨大作用的体现。1781年发现天王星后，人们注意到它所在的位置总是和万有引力定律计算出来的结果不符。于是有人怀疑万有引力定律的正确性；但也有人认为，这可能是受另外一颗尚未发现的行星吸引所致。当时虽有不少人相信后一种假设，但却缺乏去寻找这颗未知行星的办法和勇气。23岁的英国

剑桥大学的学生亚当斯承担了这项任务。他利用万有引力定律和对天王星的观测资料建立起微分方程，来求解和推算这颗未知行星的轨道。1843 年 10 月 21 日，他把计算结果寄给格林威治天文台台长艾利，但艾利不相信“小人物”的成果，置之不理。两年后，法国青年勒维烈也开始从事这项研究。1846 年 9 月 18 日，他把计算结果告诉了柏林天文台助理员卡勒。23 日晚，卡勒果然在勒维烈预言的位置上发现了海王星。

微分方程的理论逐步完善的时候，只要列出相应的微分方程，有了解方程的方法，利用它就可以精确地表述事物变化所遵循的基本规律。微分方程也就成了最有生命力的数学分支。

现在，常微分方程在很多学科领域内有着重要的应用，经济分析、营销决策、自动控制、各种电子学装置的设计、弹道的计算、飞机和导弹飞行的稳定性的研究、化学反应过程稳定性的研究等，这些问题都可以化为求常微分方程的解，或者化为研究解的性质的问题。应该说，应用常微分方程理论已经取得了很大的成就，但是，它的现有理论还远远不能满足需要，还有待于进一步的发展，使这门学科的理论更加完善。

5.1
微分方程的一般概念

【本节提示】 在许多复杂的实际问题中，往往需要寻找与问题有关的各个变量之间的函数关系，从而分析某些现象的变化过程，这些变量间的函数关系式也就构成了方程．在实际问题中，往往只能列出含有未知函数及其导数或微分的关系式，也就是所谓的微分方程．在本节中，我们首先从两个例子中认识微分方程，进而了解微分方程的阶、线性微分方程、微分方程的通解和特解等概念．通过本节的学习，要求理解微分方程的相关概念，并能判断函数是否是微分方程的解，能够解一些形式较简单的微分方程．

我们先来看两个例子：

【例 1】 已知曲线上任一点处的切线斜率为 $x-1$，且该曲线过点$(2,1)$，求此曲线方程．

解： 设所求曲线方程为 $y=f(x)$，根据导数的几何意义，有

$$y'=x-1. \tag{5-1}$$

又由于曲线过点$(2,1)$，因此曲线方程还满足条件

$$y\big|_{x=2}=1. \tag{5-2}$$

所以所求曲线方程满足下面的关系：

$$\begin{cases} y' = x - 1, \\ y\big|_{x=2} = 1. \end{cases} \tag{5-3}$$

我们知道，已知导数求原函数是积分的过程，将方程（5－1）两边积分，可得

$$y = \frac{1}{2}x^2 - x + C(C\text{为任意常数}). \tag{5-4}$$

又由于方程还满足条件 $y\big|_{x=2} = 1$，故 $\frac{1}{2} \times 2^2 - 2 + C = 1$，解得 $C = 1$. 所以所求曲线方程为

$$y = \frac{1}{2}x^2 - x + 1. \tag{5-5}$$

【例 2】 已知某产品在产量为 Q 时的边际成本为 $(60 - 2Q)$ 万元/年，固定成本为 100 万元，求总成本函数．

解： 设总成本函数为 $C = C(Q)$，由边际成本的定义可知

$$C'(Q) = 60 - 2Q. \tag{5-6}$$

又由于固定成本为 100 万元，于是有条件

$$C(0) = 100. \tag{5-7}$$

因此，函数 $C(Q)$ 满足下列关系：

$$\begin{cases} C'(Q) = 60 - 2Q, \\ C(0) = 100. \end{cases} \tag{5-8}$$

微分方程（5－6）两边积分，得

$$C(Q) = 60Q - Q^2 + c(c\text{为任意常数}). \tag{5-9}$$

由于方程还满足条件 $C(0) = 100$，代入求得 $c = 100$. 故所求总成本函数为

$$C(Q) = 60Q - Q^2 + 100. \tag{5-10}$$

上面的两个例子中，方程（5－1）、(5－6）都是含有未知函数的导数的方程．

定义 5.1 含有未知函数的导数或微分的方程，称为**微分方程**．未知函数是一元函数的微分方程，称为**常微分方程**．未知函数是多元函数的微分方程，称为**偏微分方程**．

如方程（5－1）、(5－6）均为常微分方程．又如：

$$\frac{d^2y}{dx^2} - 5(x + y)\frac{dy}{dx} = y, \tag{5-11}$$

$$2y''' + 7(y')^3 - 9 = 0, \tag{5-12}$$

$$\left(\frac{\partial u}{\partial x}\right)^2 - 2\frac{\partial u}{\partial y} = 0, \tag{5-13}$$

其中，方程（5－11）、(5－12）为常微分方程，方程（5－13）为偏微分方程．

定义 5.2 微分方程中出现的未知函数的导数或微分的最高阶数，称为微分方程的**阶**．

如方程（5－1）、(5－6）和（5－13）为一阶微分方程；方程（5－11）为二阶微分方程；方程（5－12）为三阶微分方程．

本章只讨论常微分方程问题，为方便起见，将常微分方程简称为“微分方程”或“方程”．

定义 5.3 在微分方程中，若含有未知函数及其各阶导数的项都是关于它们的一次项，

则称之为**线性微分方程**，否则称之为**非线性微分方程**．

如方程（5－1）和（5－6）为一阶线性微分方程，方程（5－11）和（5－12）均为非线性微分方程．

注意：这里是指“未知函数及其各阶导数”都是一次的，不包括自变量及自变量表示的函数．在线性微分方程中，除了未知函数及其各阶导数都是一次的，也不含未知函数及其各阶导数之间的乘积．如方程（5－11）中，若去掉括号，其中 $5x\frac{dy}{dx}$ 的部分为线性的，而 $5y\frac{dy}{dx}$ 的部分为非线性的，所以方程（5－11）为非线性微分方程．

定义 5.4 若将一个函数代入微分方程中，能使得该微分方程成为恒等式，则此函数称为该微分方程的**解**．求微分方程的解的过程，称为解微分方程．

如：例 1 中，显然式（5－4）和式（5－5）都是方程（5－1）的解．但是，式（5－4）中含有任意常数 C，它表示的是一组函数，而不是一个函数，$y=\frac{1}{2}x^2-x+5$，$y=\frac{1}{2}x^2-x-\sqrt{2}$ 等等都是方程（5－1）的解．要确定原问题的解，还必须利用问题中给出的附加条件，将任意常数 C 确定为一个定值．

定义 5.5 若微分方程的解中含有相互独立的任意常数（即它们不能合并而使得任意常数的个数减少），且所含有的任意常数的个数与微分方程的阶数相同，则称这样的解为微分方程的**通解**．在通解中，利用附加条件确定出所含常数的取值，使得解中不含任意常数，就得到微分方程的**特解**．而确定特解的条件，称为**定解条件**．常见的定解条件是由系统在某一瞬间所处的状态给出的，称为**初始条件**．求微分方程满足初始条件的特解的问题，称为**初值问题**．

如式（5－4）是方程（5－1）的通解，而式（5－5）是方程（5－1）满足初始条件（5－2）的特解，这个初值问题可以表示为式（5－3）．

例 2 是方程（5－6）满足初始条件（5－7）的初值问题，表示为式（5－8）．式（5－9）是方程（5－6）的通解，而式（5－10）是初值问题（5－8）的解，是方程（5－6）的一个特解．

【例 3】 验证下列给定的函数是否为所给微分方程的解．若是解，指出是通解还是特解（其中 C,C_1,C_2 为任意常数）．

（1）$y''+2y'+y=3x$，　$y=2e^{-x}+3x-6$；

（2）$y'=xy''+(y'')^2$，　$y=\frac{C_1}{2}x^2+C_1^2x+C_2$；

（3）$\frac{d^2y}{dx^2}+4y-4\cos2x=0$，　$y=x\sin2x-C\cos2x$；

（4）$y''+(y')^2-2y'=-1$，　$y=\ln x-x$.

解：（1）由于 $y'=-2e^{-x}+3$，$y''=2e^{-x}$，代入方程左端，得

$$y''+2y'+y=2e^{-x}+2(-2e^{-x}+3)+(2e^{-x}+3x-6)=3x,$$

方程成为一个恒等式，所以 $y=2e^{-x}+3x-6$ 是方程 $y''+2y'+y=3x$ 的解．

由于所给函数中不含任意常数，所以它是方程的特解．

（2）因为 $y' = C_1x + C_1^{\ 2}, y'' = C_1$，代入方程右端，得

$$xy'' + (y'')^2 = x \cdot C_1 + C_1^{\ 2} = y',$$

方程成为一个恒等式，所以 $y = \frac{C_1}{2}x^2 + C_1^2x + C_2$ 是方程 $y' = xy'' + (y'')^2$ 的解．

由于所给函数中含有两个相互独立的任意常数，且方程是二阶微分方程，所以该函数是方程的通解．

（3）由于 $\frac{dy}{dx} = \sin 2x + 2x\cos 2x + 2C\sin 2x$，

$$\frac{d^2y}{dx^2} = 4\cos 2x - 4x\sin 2x + 4C\cos 2x,$$

代入方程左端，得

$$\begin{aligned}&\frac{d^2y}{dx^2} + 4y - 4\cos 2x\\&= (4\cos 2x - 4x\sin 2x + 4C\cos 2x) + 4(x\sin 2x - C\cos 2x) - 4\cos 2x\\&= 0,\end{aligned}$$

方程成为一个恒等式，所以 $y = x\sin 2x - C\cos 2x$ 是方程 $\frac{d^2y}{dx^2} + 4y - 4\cos 2x = 0$ 的解．

由于所给函数中只含有一个任意常数，而方程是二阶微分方程，所以该函数既不是方程的通解，也不是方程的特解．

（4）因为 $y' = \frac{1}{x} - 1, y'' = -\frac{1}{x^2}$，代入方程左端，得

$$y'' + (y')^2 - 2y' = -\frac{1}{x^2} + \left(\frac{1}{x} - 1\right)^2 - 2\left(\frac{1}{x} - 1\right) = -\frac{4}{x} + 3 \neq -1,$$

方程不能成为恒等式，所以 $y = \ln x - x$ 不是方程 $y'' + (y')^2 - 2y' = -1$ 的解．

一般来说，求微分方程的解是比较困难的，但是形如

$$y^{(n)} = f(x)$$

的微分方程，右端是仅含有自变量 x 的已知函数，此方程可以经过 n 次积分得到通解．

【例 4】 求微分方程 $y''' = \cos x + 6x + 1$ 的通解．

解： 这是一个三阶微分方程，经过三次积分可以得到通解．

$$y'' = \sin x + 3x^2 + x + 2C_1\ (C_1\text{为任意常数}),$$

$$y' = -\cos x + x^3 + \frac{x^2}{2} + 2C_1x + C_2\ (C_2\text{为任意常数}),$$

$$y = -\sin x + \frac{x^4}{4} + \frac{x^3}{6} + C_1x^2 + C_2x + C_3\ (C_3\text{为任意常数}),$$

即微分方程 $y''' = \cos x + 6x + 1$ 的通解为：

$$y = -\sin x + \frac{x^4}{4} + \frac{x^3}{6} + C_1x^2 + C_2x + C_3\ (C_1, C_2, C_3\text{为任意常数}).$$

学习小结

（1）含有________________________的方程，称为“微分方程”.

（2）________________________的微分方程，称为“常微分方程”.

（3）________________________称为“微分方程的阶”.

（4）在微分方程中，若________________________，则称之为“线性微分方程”.

（5）若________________________，则称这样的解为微分方程的通解.

（6）微分方程的特解是指________________________.

【习题 5.1】

1. 指出下列微分方程的阶数，并说明它们是线性的还是非线性的：

（1）$xy-\dfrac{y'}{2x}+2=0$；

（2）$\dfrac{d^2x}{dt^2}+t\left(\dfrac{dx}{dt}\right)^3+tx=0$；

（3）$\dfrac{d^5y}{dx^5}-4\dfrac{d^3y}{dx^3}+7\dfrac{dy}{dx}=\sin x+2$；

（4）$yy''+3(x-y')y'''=0$.

2. 验证下列给定的函数是否为所给微分方程的解，若是解，指出是通解还是特解（其中 C,C_1,C_2 为任意常数）.

（1）$y''-2y'-3y=2x+1,y=-\dfrac{2}{3}x+\dfrac{1}{9}$；

（2）$\dfrac{dy}{dx}=y^2\cos x,y=-\dfrac{1}{\sin x+C}$；

（3）$y''+y=x,y=C_1\cos x+C_2\sin x+x$；

（4）$y'-\dfrac{y}{x+1}=e^x(x+1),y=(x+1)(e^x+4)$.

3. 验证 $y=C_1e^{3x}+C_2e^{4x}$ 是微分方程 $y''-7y'+12y=0$ 的通解，并求微分方程满足初始条件 $y|_{x=0}=1,y'|_{x=0}=2$ 的特解.

4. 已知二阶微分方程 $y''=2x+3$，求：

（1）该微分方程的通解；

（2）该微分方程满足初始条件 $y|_{x=1}=3,y'|_{x=1}=5$ 的特解.

5. 已知某产品的需求量对价格的弹性为 $\dfrac{EQ}{EP}=-\dfrac{5P^2}{Q}$，并且当价格 $P=2$ 时，需求量 $Q=290$，试求需求函数.

5.2
一阶微分方程

【本节提示】 从微分方程诞生之日起，人们就试图寻找所遇到的一些类型的微分方程的解法，最基本的想法就是将微分方程的求解问题转化为积分问题．但是，一般的微分方程未必能使用这种方法求解．在本节中，我们只讨论一些特殊的一阶微分方程及其解法．通过本节的学习，要求掌握可分离变量的微分方程的解法，并能将一些特殊形式的微分方程转化为可分离变量的微分方程求解；能够正确求解一阶齐次线性微分方程，了解用常数变易法求一阶非齐次线性微分方程的方法，并会用通解公式法求解一阶非齐次线性微分方程．

5.2.1 可分离变量的微分方程

一阶微分方程的一般形式是

$$F(x,y,y')=0,$$

解出 y' 的形式是

$$y'=f(x,y).$$

一阶微分方程的通解含有一个任意常数，为了确定该常数值，必须给出一个初始条件．通常都是给出当 $x=x_0$ 时未知函数的对应值 $y=y_0$，这样构成初值问题：

$$\begin{cases} y'=f(x,y), \\ y\big|_{x=x_0}=y_0. \end{cases}$$

【例 1】 已知某产品的需求价格弹性值恒为 -1，并且当价格 $P=2$ 时，需求量 $Q=300$，试求需求函数．

解： 由需求价格弹性的定义可知

$$\frac{EQ}{EP}=\frac{P}{Q}\cdot\frac{\mathrm{d}Q}{\mathrm{d}P}.$$

因为产品的需求价格弹性值恒为 -1，所以需求函数 $Q(P)$ 满足

$$\frac{P}{Q}\cdot\frac{\mathrm{d}Q}{\mathrm{d}P}=-1. \tag{5-14}$$

此外，由于当价格 $P=2$ 时，需求量 $Q=300$，所以还有条件

$$Q(2)=300. \tag{5-15}$$

因此，函数 $Q(P)$ 满足下列关系：

$$\begin{cases} \dfrac{P}{Q}\cdot\dfrac{\mathrm{d}Q}{\mathrm{d}P}=-1, \\ Q(2)=300. \end{cases} \tag{5-16}$$

这个例子中，方程（5－14）是一阶非线性微分方程，该例是方程（5－14）满足初

始条件（5 - 15）的初值问题，表示为式（5 - 16）.

对于方程（5 - 14），我们可以将它变形为

$$\frac{\mathrm{d}Q}{Q}=-\frac{\mathrm{d}P}{P} \tag{5-17}$$

然后方程两端分别求不定积分，得

$\ln Q=-\ln P+C_1$（这里 P,Q 均大于 0，C_1为任意常数）.

化简，得

$$Q=\mathrm{e}^{-\ln P+C_1}=\mathrm{e}^{C_1}\cdot P^{-1}$$

令 $\mathrm{e}^{C_1}=C$，则

$$Q=\frac{C}{P}(C\text{ 为任意正常数}). \tag{5-18}$$

再由 $Q(2)=300$，求得 $C=600$. 于是所求需求函数为

$$Q=\frac{600}{P}.$$

例 1 中，方程（5 - 14）通过变形为方程（5 - 17），使得等式两边分别只含有变量 Q 和 P，这样就可以两边分别积分，求得方程的通解（5 - 18）. 一般地，我们有：

定义 5.6　形如

$$\frac{\mathrm{d}y}{\mathrm{d}x}=g(x)h(y) \tag{5-19}$$

或

$$g_1(x)h_1(y)\mathrm{d}x=g_2(x)h_2(y)\mathrm{d}y \tag{5-20}$$

的微分方程称为**可分离变量的微分方程**.

这类方程的特点是：方程经过适当变形，可以将含有同一变量的函数与微分分离到等式的同一端，之后便可以两端分别积分，得到微分方程的通解. 方程（5 - 14）就是可分离变量的微分方程，方程（5 - 19）和（5 - 20）可分别分离变量为：

$$\frac{\mathrm{d}y}{h(y)}=g(x)\mathrm{d}x$$

和

$$\frac{g_1(x)}{g_2(x)}\mathrm{d}x=\frac{h_2(y)}{h_1(y)}\mathrm{d}y.$$

规律总结

解这类方程的方法称为**分离变量法**：

（1）分离变量，将方程变形为 $u(y)\mathrm{d}y=v(x)\mathrm{d}x$ 的形式；

（2）两边积分，得 $\int u(y)\mathrm{d}y=\int v(x)\mathrm{d}x$；

（3）求出积分，得通解 $U(y)=V(x)+C$.

其中，$U(y)$ 和 $V(x)$ 分别是 $u(y)$ 和 $v(x)$ 的一个原函数，C 为任意常数.

【例 2】　求微分方程 $\frac{\mathrm{d}y}{\mathrm{d}x}=3x^2y$ 的通解.

解：这是可分离变量的微分方程．

分离变量，得$\frac{dy}{y}=3x^2dx$，

两边积分，得$\int\frac{dy}{y}=\int 3x^2dx$，

即 $\ln|y|=x^3+C_1$（C_1为任意常数），

所以 $y=\pm e^{x^3+C_1}=\pm e^{C_1}e^{x^3}$.

因为$\pm e^{C_1}$是不为零的任意常数，把它记做 C，便得到方程的通解 $y=Ce^{x^3}$.

由于当 $C=0$ 时，$y=0$ 也是原方程的解，所以原微分方程的通解是 $y=Ce^{x^3}$（C 为任意常数）．

注意：以后对任意常数我们不再像例 2 这样详细讨论．为了运算方便，可以将积分常数用 $\ln|C|$ 等形式表示．

【例 3】 求解初值问题$\begin{cases}\sin x\cdot\cos y dx=\cos x\cdot\sin y dy\\ y|_{x=0}=\frac{\pi}{3}\end{cases}$

解：分离变量，得$\frac{\sin x}{\cos x}dx=\frac{\sin y}{\cos y}dy$，

两边积分，得$\int\frac{\sin x}{\cos x}dx=\int\frac{\sin y}{\cos y}dy$，

即 $\ln|\cos x|=\ln|\cos y|+\ln|C|$.

这里我们将积分常数写成 $\ln|C|$ 是为了以后运算方便．

化简，得通解 $\cos x=C\cos y$. 将 $x=0, y=\frac{\pi}{3}$代入，得 $C=2$.

所以，原初值问题的解为 $\cos x=2\cos y$.

有的微分方程不是可分离变量的，但是我们可以通过适当的变换，将所给方程化为可分离变量的微分方程．

*【例 4】 求微分方程$\frac{dy}{dx}=x+y+1$ 的通解．

解：令 $u=x+y$，则$\frac{du}{dx}=1+\frac{dy}{dx}$，所以$\frac{dy}{dx}=\frac{du}{dx}-1$.

将之代入原方程，得$\frac{du}{dx}-1=u+1$，即$\frac{du}{dx}=u+2$.

分离变量，得$\frac{du}{u+2}=dx$.

两边积分，得

$$\int\frac{du}{u+2}=\int dx\text{，即 }\ln|u+2|=x+\ln|C|.$$

化简得 $u+2=Ce^x$.

将 $u=x+y$ 代入，得原方程的通解为：

$$y=Ce^x-x-2.$$

下面再介绍一类可以化为可分离变量的微分方程的一阶微分方程，叫做“齐次方程”.

定义 5.7 形如

$$\frac{dy}{dx}=f\left(\frac{y}{x}\right) \tag{5-21}$$

的微分方程称为**齐次方程**.

如：方程$\frac{dy}{dx}=\frac{x+y}{x-y}$可化为$\frac{dy}{dx}=\dfrac{1+\frac{y}{x}}{1-\frac{y}{x}}$，方程$(y^2+xy)dx+(x^2-xy)dy=0$可化为$\frac{dy}{dx}=\dfrac{\left(\frac{y}{x}\right)^2+\frac{y}{x}}{\frac{y}{x}-1}$，所以它们都是齐次方程.

规律总结

解齐次方程（5-21）的一般方法是：

（1）令 $u=\frac{y}{x}$，则 $y=ux,\frac{dy}{dx}=u+x\frac{du}{dx}$；

（2）代入原齐次方程，便得到方程 $u+x\frac{du}{dx}=f(u)$；

（3）分离变量，得$\frac{du}{f(u)-u}=\frac{dx}{x}$；

（4）两边分别积分，然后用$\frac{y}{x}$代替 u，便得到原齐次方程的通解.

【例 5】 求微分方程 $xy^2dy=(x^3+y^3)dx$ 满足初始条件 $y|_{x=1}=1$ 的特解.

解：原方程可变形为$\frac{dy}{dx}=\dfrac{1+\left(\frac{y}{x}\right)^3}{\left(\frac{y}{x}\right)^2}$,它是齐次方程.

令 $u=\frac{y}{x}$,得 $u+x\frac{du}{dx}=\frac{1+u^3}{u^2}$,

分离变量，得 $u^2du=\frac{dx}{x}$,

两边积分，得$\frac{1}{3}u^3=\ln|x|+C$.

将 $u=\frac{y}{x}$代入上式，得原方程的通解 $y^3=3x^3(\ln|x|+C)$.

当 $x=1$ 时 $y=1$，所以 $C=\frac{1}{3}$，故所求特解为 $y^3=3x^3\left(\ln|x|+\frac{1}{3}\right)$.

5.2.2 一阶线性微分方程

定义 5.8 形如

$$\frac{dy}{dx}+p(x)y=q(x) \tag{5-22}$$

的方程，称为**一阶线性微分方程**，其中 $p(x)$,$q(x)$为已知函数．若 $q(x)\equiv 0$，则方程

$$\frac{dy}{dx}+p(x)y=0 \tag{5-23}$$

称为**一阶齐次线性微分方程**．若 $q(x)$不恒等于0,则方程(5－22)称为**一阶非齐次线性微分方程**．

注意：(1) 所谓线性，是指在方程中含有未知函数 y 和它的导数 y'的项都是关于 y,y'的一次项，$q(x)$称为自由项．

(2) 不要混淆这里的“齐次线性方程”与前面介绍的齐次方程．

1. 一阶齐次线性微分方程的通解

方程（5－23）是可分离变量的微分方程，分离变量，得$\frac{dy}{y}=-p(x)dx$.

两边积分，得 $\ln|y|=-\int p(x)dx+\ln|C|$，

即

$$y=Ce^{-\int p(x)dx}\quad (C\text{ 为任意常数}), \tag{5-24}$$

这就是一阶齐次线性微分方程（5－23）的通解．

注意：这里不定积分 $\int p(x)dx$ 只表示 $p(x)$的**一个**原函数．

【例 6】 求一阶齐次线性微分方程$\frac{dy}{dx}+\frac{xy}{\sqrt{1-x^2}}=0$ 满足初始条件 $y|_{x=-1}=2$ 的特解．

解：分离变量，得$\frac{dy}{y}=-\frac{x}{\sqrt{1-x^2}}dx$，

两边积分，得 $\ln|y|=\sqrt{1-x^2}+\ln|C|$，

于是得通解 $y=Ce^{\sqrt{1-x^2}}$.

因为当 $x=-1$ 时 $y=2$，所以 $C=2$，故所求特解为 $y=2e^{\sqrt{1-x^2}}$.

2. 一阶非齐次线性微分方程的通解

一阶非齐次线性微分方程（5－22）的通解可以利用“常数变易法”得到．

首先求得方程（5－22）所对应的一阶齐次线性微分方程（5－23）的通解（5－24），然后将其中的任意常数 C 换成 x 的未知函数 $u(x)$，即设 $y=u(x)e^{-\int p(x)dx}$，令 $y=u(x)e^{-\int p(x)dx}$ 为一阶非齐次线性微分方程（5－22）的解．

因为 $y' = u'(x)e^{-\int p(x)dx} - u(x)p(x)e^{-\int p(x)dx}$，

将 y 和 y' 代入方程（5 - 22），得

$$u'(x)e^{-\int p(x)dx} - u(x)p(x)e^{-\int p(x)dx} + p(x)u(x)e^{-\int p(x)dx} = q(x).$$

整理，得 $u'(x) = q(x)e^{\int p(x)dx}$，

两边积分，得 $u(x) = \int q(x)e^{\int p(x)dx}dx + C$ （C 为任意常数）.

代入 $y = u(x)e^{-\int p(x)dx}$ 中，得方程（5 - 22）的通解 .

$$y = e^{-\int p(x)dx}\left(\int q(x)e^{\int p(x)dx}dx + C\right). \tag{5-25}$$

注意：通解（5 - 25）中，不定积分 $\int p(x)dx$ 和 $\int q(x)e^{\int p(x)dx}dx$ 分别只表示**一个**原函数 .

将式（5 - 25）写成两项之和：

$$y = e^{-\int p(x)dx}\int q(x)e^{\int p(x)dx}dx + Ce^{-\int p(x)dx}.$$

上式右端第一项是一阶非齐次线性微分方程（5 - 22）的一个特解（$C = 0$ 时的解）；第二项是它对应的一阶齐次线性微分方程（5 - 23）的通解 . 由此可知，一阶非齐次线性微分方程的通解等于对应的一阶齐次线性微分方程的通解与该非齐次方程的一个特解的和 .

对一阶非齐次线性微分方程既可以直接使用通解公式（5 - 25）求解，也可以运用常数变易法求解 .

规律总结

常数变易法的求解步骤是：

（1）求一阶非齐次线性微分方程（5 - 22）所对应的一阶齐次线性微分方程（5 - 23）的通解 $y = Ce^{-\int p(x)dx}$ （C 为任意常数）；

（2）设 $y = u(x)e^{-\int p(x)dx}$，并求出 y'；

（3）将步骤（2）中的 y 和 y' 代入方程（5 - 22），解出

$$u(x) = \int q(x)e^{\int p(x)dx}dx + C;$$

（4）将步骤（3）中求出的 $u(x)$ 代入步骤（2）中 y 的表达式，得

$$y = e^{-\int p(x)dx}\left(\int q(x)e^{\int p(x)dx}dx + C\right),$$

即为所求方程（5 - 22）的通解 .

【例 7】 求微分方程 $x^2y' + 2xy = x - 1$ 的通解 .

解：方法一：常数变易法 .

原方程变形为$\frac{dy}{dx}+\frac{2}{x}y=\frac{x-1}{x^2}$，这是一个一阶非齐次线性微分方程．先求对应的一阶齐次线性微分方程$\frac{dy}{dx}+\frac{2}{x}y=0$的通解．

分离变量，得$\frac{dy}{y}=-\frac{2}{x}dx$，

两边积分，得 $\ln|y|=-2\ln|x|+\ln|C|$，即 $y=\frac{C}{x^2}$ （C为任意常数）．

令 $y=\frac{u(x)}{x^2}$，则 $y'=\frac{u'(x)}{x^2}-\frac{2u(x)}{x^3}$.

将它们代入原方程，并化简得 $u'(x)=x-1$.

两边积分，得 $u(x)=\frac{1}{2}x^2-x+C$，

代入 $y=\frac{u(x)}{x^2}$，所以原方程的通解为

$$y=\frac{1}{2}-\frac{1}{x}+\frac{C}{x^2} \quad （C\text{为任意常数}）.$$

方法二：通解公式法．

原方程变形为$\frac{dy}{dx}+\frac{2}{x}y=\frac{x-1}{x^2}$，则 $p(x)=\frac{2}{x}$，$q(x)=\frac{x-1}{x^2}$. 将它们代入通解公式（5－25），得

$$\begin{aligned} y &= e^{-\int\frac{2}{x}dx}\left(\int\frac{x-1}{x^2}e^{\int\frac{2}{x}dx}dx+C\right)=e^{-2\ln|x|}\left(\int\frac{x-1}{x^2}e^{2\ln|x|}dx+C\right) \\ &= \frac{1}{x^2}\left[\int(x-1)dx+C\right]=\frac{1}{x^2}\left(\frac{1}{2}x^2-x+C\right) \\ &= \frac{1}{2}-\frac{1}{x}+\frac{C}{x^2}, \end{aligned}$$

即原方程的通解为

$$y=\frac{1}{2}-\frac{1}{x}+\frac{C}{x^2} \quad （C\text{为任意常数}）.$$

注意：在使用通解公式（5－25）时，必须先把方程化为（5－22）的标准形式，以正确找出 $p(x)$和 $q(x)$.

*【**例 8**】 求微分方程 $ydx=(e^y-x)dy$ 满足初始条件 $y|_{x=0}=1$ 的特解．

解：原方程可变形为$\frac{dy}{dx}=\frac{y}{e^y-x}$，它不是一阶线性微分方程．但如果我们把 y 看做自变量，把 $x=x(y)$看做未知函数，则原方程变形为$\frac{dx}{dy}+\frac{1}{y}x=\frac{e^y}{y}$. 此方程是关于 x,x'的一阶线性微分方程，其中 $p(y)=\frac{1}{y}$，$q(y)=\frac{e^y}{y}$.

将它们代入相应的通解公式，得

$$x = e^{-\int\frac{1}{y}dy}\left(\int \frac{e^y}{y}e^{\int\frac{1}{y}dy}dy + C_1\right) = e^{-\ln|y|}\left(\int \frac{e^y}{y}e^{\ln|y|}dy + C_1\right)$$

$$= \frac{1}{y}\left(\int e^y dy + C\right) = \frac{e^y + C}{y}.$$

当 $x=0$ 时 $y=1$，由此得 $C=-e$，故所求特解为 $xy=e^y-e$.

【例 9】 已知曲线 $y=f(x)$ 上每一点的切线斜率为 $x-2y$，且曲线过点(0,0)，求该曲线方程.

解： 由导数的几何意义可得 $\frac{dy}{dx}=x-2y$，且 $y|_{x=0}=0$.

上式变形为 $\frac{dy}{dx}+2y=x$，这是一个一阶非齐次线性微分方程，其中 $p(x)=2, q(x)=x$，所以

$$y = e^{-\int 2dx}\left(\int xe^{\int 2dx}dx + C\right) = e^{-2x}\left(\int xe^{2x}dx + C\right)$$

$$= e^{-2x}\left(\frac{1}{2}\int x de^{2x} + C\right) = e^{-2x}\left(\frac{1}{2}xe^{2x} - \frac{1}{2}\int e^{2x}dx + C\right)$$

$$= e^{-2x}\left(\frac{1}{2}xe^{2x} - \frac{1}{4}e^{2x} + C\right) = \frac{1}{2}x - \frac{1}{4} + Ce^{-2x}.$$

将初始条件 $y|_{x=0}=0$ 代入上式，得 $C=\frac{1}{4}$. 故所求曲线方程为

$$y=\frac{1}{2}x-\frac{1}{4}+\frac{1}{4}e^{-2x}.$$

学习小结

(1) 可变形为________________的微分方程，称为可分离变量的微分方程.

(2) 分离变量法的步骤是____

____.

(3) 形如________________________的方程，称为一阶线性微分方程.

(4) 一阶齐次线性微分方程 $\frac{dy}{dx}+p(x)y=0$ 的通解是________________.

(5) 一阶非齐次线性微分方程 $\frac{dy}{dx}+p(x)y=q(x)$ 的通解是________________.

【习题 5.2】

1. 求下列微分方程的通解：

(1) $3x^2+6x-5yy'=0$；　　(2) $(1+y)dx-(1-x)dy=0$；

(3) $y'=x\sqrt{1-y^2}$；　　(4) $\frac{dy}{dx}=xe^{2y+x^2}$；

* (5) $\frac{dy}{dx}=\frac{1}{x-y}+1$; (6) $y'=\frac{y}{x}+e^{\frac{y}{x}}$.

2. 求下列初值问题的解：

(1) $\begin{cases}\frac{x}{1+y}dx-\frac{y}{1+x}dy=0,\\ y|_{x=0}=1;\end{cases}$ (2) $\begin{cases}\sin x dy=2y\cos x dx,\\ y|_{x=\frac{\pi}{2}}=2;\end{cases}$

(3) $\begin{cases}e^y(1+x^2)dy=2x(1+e^y)dx,\\ y|_{x=1}=0;\end{cases}$ (4) $\begin{cases}\frac{dy}{dx}=2\sqrt{y}\ln x,\\ y|_{x=e}=1.\end{cases}$

3. 求下列微分方程的通解：

(1) $y'+\frac{x}{x+1}y=0$; (2) $y'+2y=4x$;

(3) $y'+\frac{y}{x}=\frac{\sin x}{x}$; (4) $\frac{dy}{dx}=\frac{2y}{x+1}+(x+1)^{\frac{5}{2}}$;

(5) $(x^2-1)y'+2xy-\cos x=0$; *(6) $y\ln y dx+(x-\ln y)dy=0$.

4. 求下列微分方程满足所给初始条件的特解：

(1) $y'+2xy=xe^{-x^2}, y|_{x=0}=1$;

(2) $x\frac{dy}{dx}-2y=x^3e^x, y|_{x=1}=0$;

(3) $y'-y\tan x=\sec x, y|_{x=0}=0$;

*(4) $(y^2-6x)\frac{dy}{dx}+2y=0, y|_{x=0}=1$.

5. 已知某商品的需求量 Q（万件）对价格 P（元）的弹性为$\frac{EQ}{EP}=-4P^2$，而市场对该商品的最大需求量为 2 万件（即 $P=0$ 时，$Q=2$），求需求函数.

6. 设曲线上任意一点的切线斜率与该切点的横坐标的平方成正比，而与其纵坐标成反比，比例系数 $a>0$，且曲线过点$(0,2)$，求该曲线的方程.

*5.3 二阶常系数线性微分方程

【本节提示】 在实际中应用较多的一类高阶微分方程是二阶常系数线性微分方程. 对于这类微分方程，我们只不加证明地给出它们的解的结论，大家利用这些结论进行求解即可. 通过本节的学习，要求了解二阶常系数线性微分方程解的结构，能写出二阶常系数齐次线性微分方程的特征方程，并求其特征根，会根据所给解的结论计算二阶常系数线性微分方程的解.

5.3.1　二阶常系数线性微分方程的概念

我们先来看下面这个例子.

【例 1】 设某商品的价格 P 是时间 t 的函数 $P(t)$，该商品的需求函数与供给函数分别为 $Q_D=42-4P-4P'+P''$, $Q_S=-6+8P$，初始条件为 $P(0)=6, P'(0)=4$，若在每一时刻市场供需都平衡，求价格函数 $P(t)$.

分析： 在每一时刻市场供需都平衡，即总有 $Q_D=Q_S$成立，于是有

$$42-4P-4P'+P''=-6+8P$$

即

$$P''-4P'-12P=-48$$

这是一个二阶线性微分方程，由于 P, P', P''的系数均为常数，所以称为二阶常系数线性微分方程. 求价格函数 $P(t)$ 即求初值问题$\begin{cases}P''-4P'-12P=-48\\P(0)=6, P'(0)=4\end{cases}$,的解.

这类方程有怎样的分类？应当怎样求解？这些都是我们在这一节要讨论的问题.

定义 5.9 形如

$$y''+py'+qy=f(x) \tag{5-26}$$

的微分方程称为**二阶常系数线性微分方程**，其中 p, q 为常数，$f(x)$为已知函数. 当 $f(x)\equiv 0$ 时，方程

$$y''+py'+qy=0 \tag{5-27}$$

称为**二阶常系数齐次线性微分方程**. 当 $f(x)$不恒为零时，方程（5-26）称为**二阶常系数非齐次线性微分方程**.

5.3.2　二阶常系数齐次线性微分方程

我们先来讨论二阶常系数齐次线性微分方程（5-27）的通解.

定理 5.1 若 y_1, y_2是二阶常系数齐次线性微分方程（5-27）的两个解，则

$$y=C_1y_1+C_2y_2$$

也是方程（5-27）的解，其中 C_1, C_2为任意常数.

定理 5.1 可利用导数运算的线性性质得证. 例如，$y_1=e^x$和 $y_2=e^{-x}$都是方程 $y''-y=0$ 的解，不难验证，$y=C_1y_1+C_2y_2=C_1e^x+C_2e^{-x}$（$C_1, C_2$为任意常数）也是方程 $y''-y=0$ 的解. 而 $y_1=e^x, y_3=2e^x$也都是方程 $y''-y=0$ 的解，于是 $\bar{y}=C_1y_1+C_3y_3=C_1e^x+2C_3e^x$（$C_1$, C_3为任意常数）也是方程 $y''-y=0$ 的解. 虽然从形式上看，$y=C_1e^x+C_2e^{-x}$和 $\bar{y}=C_1e^x+2C_3e^x$ 都含有两个任意常数，但由于 $\bar{y}=C_1e^x+2C_3e^x=(C_1+2C_3)e^x=Ce^x$，其中 $C=C_1+2C_3$, $\bar{y}$ 只含有一个任意常数，显然不是方程 $y''-y=0$ 的通解.

那么，在什么样的情况下 $y=C_1y_1+C_2y_2$才是方程（5-27）的通解呢？我们不加证明地给出如下定理：

定理 5.2 若 y_1, y_2是二阶常系数齐次线性微分方程（5-27）的两个特解，且$\dfrac{y_1}{y_2}$不恒

为常数，则

$$y=C_1y_1+C_2y_2$$

是方程（5－27）的通解，其中 C_1,C_2 为任意常数．

注意：$\frac{y_1}{y_2}$不恒为常数这个条件是非常重要的．一般地，对于任意两个函数 y_1,y_2，若它们的比$\frac{y_1}{y_2}$恒为常数，则称它们是**线性相关**的，否则称它们是**线性无关**的．于是我们知道，若 y_1,y_2 是方程（5－27）的两个线性无关的特解，则 $y=C_1y_1+C_2y_2$（C_1,C_2 为任意常数）是方程（5－27）的通解．

如上面例子中，$y_1=e^x$ 和 $y_2=e^{-x}$ 都是方程 $y''-y=0$ 的特解，因为$\frac{y_1}{y_2}=\frac{e^x}{e^{-x}}=e^{2x}\neq$常数，即 y_1,y_2 是方程 $y''-y=0$ 的两个线性无关的特解，所以 $y=C_1e^x+C_2e^{-x}$（C_1,C_2 为任意常数）是方程 $y''-y=0$ 的通解．

由定理 5.2 可知，要求二阶常系数齐次线性微分方程的通解，只需求出方程的两个线性无关的特解．为此，我们给出特征方程和特征根的概念．

定义 5.10 方程 $r^2+pr+q=0$ 称为二阶常系数齐次线性微分方程 $y''+py'+qy=0$ 的**特征方程**，特征方程的根 r_1,r_2 称为**特征根**．

由特征方程 $r^2+pr+q=0$ 可以求得特征根，而根据特征根分别是两个相异实根、重实根、一对共轭复根，二阶常系数齐次线性微分方程 $y''+py'+qy=0$ 的特解有不同的形式，从而它的通解也对应不同的形式．我们略去各种情况下对于特解形式的讨论，而直接给出如下结论．

规律总结

求二阶常系数齐次线性微分方程 $y''+py'+qy=0$ 的通解的步骤：

（1）写出微分方程的特征方程 $r^2+pr+q=0$；

（2）求出特征根 r_1,r_2；

（3）根据特征根的不同情况，按照表 5－1 写出微分方程的通解（其中 C_1,C_2 为任意常数）．

表 5－1

特征根 r_1,r_2	微分方程 $y''+py'+qy=0$ 的通解
相异实根 $r_1=\frac{-p+\sqrt{p^2-4q}}{2}$，$r_2=\frac{-p-\sqrt{p^2-4q}}{2}$	$y=C_1e^{r_1x}+C_2e^{r_2x}$
重实根 $r_1=r_2=-\frac{p}{2}$	$y=(C_1+C_2x)e^{r_1x}$
共轭复根 $r_{1,2}=\alpha\pm i\beta$	$y=e^{\alpha x}(C_1\cos\beta x+C_2\sin\beta x)$

【例 2】　求微分方程 $y''-2y'-3y=0$ 的通解．

解： 所给微分方程的特征方程为 $r^2-2r-3=0$，它的根为 $r_1=-1, r_2=3$，为两个相异实根，故所求微分方程的通解为

$$y=C_1e^{-x}+C_2e^{3x}\ (C_1, C_2\text{为任意常数}).$$

【例 3】　求微分方程 $\dfrac{d^2x}{dt^2}-6\dfrac{dx}{dt}+9x=0$ 满足初始条件 $x|_{t=0}=2, x'|_{t=0}=9$ 的特解．

解： 所给微分方程的特征方程为 $r^2-6r+9=0$，它的根为 $r_1=r_2=3$，为两个相等的实根，故所求微分方程的通解为

$$x=(C_1+C_2t)e^{3t}\ (C_1, C_2\text{为任意常数})$$

由 $x|_{t=0}=(C_1+C_2\cdot 0)e^0=C_1=2$，得 $C_1=2$.

则 $x'=(C_2+6+3C_2t)e^{3t}$，

于是　　$x'|_{t=0}=(C_2+6+3C_2\cdot 0)e^0=C_2+6=9.$

得 $C_2=3$. 故所求微分方程的特解为

$$x=(2+3t)e^{3t}.$$

【例 4】　求微分方程 $y''+8y'+17y=0$ 的通解．

解： 所给微分方程的特征方程为 $r^2+8r+17=0$，它的根为

$$r_{1,2}=\frac{-8\pm\sqrt{8^2-4\times 17}}{2}=-4\pm i,$$

为一对共轭复根，故所求微分方程的通解为

$$y=e^{-4x}(C_1\cos x+C_2\sin x)\ (C_1, C_2\text{为任意常数}).$$

5.3.3　二阶常系数非齐次线性微分方程

二阶常系数非齐次线性微分方程（5－26）的通解的结构满足下面定理．

定理 5.3　若 y^* 是二阶常系数非齐次线性微分方程（5－26）的一个特解，Y 是与方程（5－26）对应的二阶常系数齐次线性微分方程（5－27）的通解，则

$$y=Y+y^*$$

是方程（5－26）的通解．

我们已经知道二阶常系数齐次线性微分方程（5－27）的通解的求法，于是求二阶常系数非齐次线性微分方程（5－26）的通解就归结为求它的一个特解的问题．下面仅就方程（5－26）右端的函数 $f(x)$ 的两种常见形式，给出用待定系数法求特解的方法．

1. $f(x)=P_m(x)e^{\lambda x}$（$P_m(x)$ 为 x 的 m 次多项式，λ 为常数）

在实际应用中，二阶常系数非齐次线性微分方程（5－26）的右端函数 $f(x)$ 的一种常见形式为 $f(x)=P_m(x)e^{\lambda x}$，其中 $P_m(x)$ 为 x 的 m 次多项式，λ 为常数．我们不加证明地给出如下结论，见表 5－2.

表 5-2

$f(x)$的形式	条件	特解 y^* 的形式
$f(x)=P_m(x)e^{\lambda x}$	λ 不是特征方程的根	$y^*=Q_m(x)e^{\lambda x}$
	λ 是特征方程的单根	$y^*=xQ_m(x)e^{\lambda x}$
	λ 是特征方程的重根	$y^*=x^2Q_m(x)e^{\lambda x}$

其中，$Q_m(x)$也是 x 的 m 次多项式．

规律总结

求二阶常系数非齐次线性微分方程 $y''+py'+qy=P_m(x)e^{\lambda x}$的通解的步骤：

（1）求其对应的二阶常系数齐次线性微分方程 $y''+py'+qy=0$ 的通解 Y；

（2）根据表 5-2 中的结论设出原方程的特解 y^*，代入原方程，利用待定系数法求出特解；

（3）得到所求方程的通解 $y=Y+y^*$．

【例 5】 求微分方程 $y''+y=2x^2-3$ 的通解．

解：所给微分方程为二阶常系数非齐次线性微分方程，先求它对应的二阶常系数齐次线性微分方程 $y''+y=0$ 的通解．特征方程 $r^2+1=0$ 的根为 $r_{1,2}=\pm i$，所以 $y''+y=0$ 的通解为

$$Y=C_1\cos x+C_2\sin x\ (C_1,C_2\text{为任意常数}).$$

再求微分方程 $y''+y=2x^2-3$ 的一个特解．右端 $f(x)=2x^2-3$ 是 $P_m(x)e^{\lambda x}$型函数，其中$m=2,\lambda=0$. 因为 $\lambda=0$ 不是特征方程的根，所以，设

$$y^*=Q_2(x)e^0=Ax^2+Bx+C,$$

则 $$y^{*\prime}=2Ax+B,\quad y^{*\prime\prime}=2A.$$

将 $y^*,y^{*\prime\prime}$代入原方程，得

$$2A+Ax^2+Bx+C=2x^2-3.$$

比较两端 x 同次幂的系数，得

$$\begin{cases}A=2,\\B=0,\\2A+C=-3.\end{cases}$$

解得 $A=2,B=0,C=-7$，于是 $y^*=2x^2-7$.

于是可得原方程的通解为

$$y=Y+y^*=C_1\cos x+C_2\sin x+2x^2-7\ (C_1,C_2\text{为任意常数}).$$

【例 6】 求解初值问题$\begin{cases}y''-4y'+4y=e^{2x}\\y|_{x=0}=2,y'|_{x=0}=5\end{cases}$

解：所给微分方程为二阶常系数非齐次线性微分方程，先求它对应的二阶常系数齐次

线性微分方程 $y''-4y'+4y=0$ 的通解. 特征方程 $r^2-4r+4=0$ 的根为 $r_1=r_2=2$，所以 $y''-4y'+4y=0$ 的通解为

$$Y=(C_1+C_2x)e^{2x}(C_1,C_2\text{为任意常数}).$$

再求微分方程 $y''-4y'+4y=e^{2x}$ 的一个特解. 右端 $f(x)=e^{2x}$ 是 $P_m(x)e^{\lambda x}$ 型函数，其中 $m=0,\lambda=2$. 因为 $\lambda=2$ 是特征方程的重根，所以设 $y^*=x^2Q_0(x)e^{2x}=Ax^2e^{2x}$，则

$$y^{*\prime}=A(2x+2x^2)e^{2x},y^{*\prime\prime}=A(2+8x+4x^2)e^{2x}.$$

将 $y^*,y^{*\prime},y^{*\prime\prime}$ 代入原方程，整理得 $2Ae^{2x}=e^{2x}$，所以 $A=\frac{1}{2}$，于是 $y^*=\frac{1}{2}x^2e^{2x}$.

于是可得原方程的通解为

$$y=Y+y^*=\left(C_1+C_2x+\frac{1}{2}x^2\right)e^{2x}(C_1,C_2\text{为任意常数}).$$

由 $y|_{x=0}=2$ 得 $C_1=2$，于是，

$$y'=[C_2+4+(2C_2+1)x+x^2]e^{2x}.$$

由 $y'|_{x=0}=5$ 得 $C_2=1$，因此所求初值问题的解为

$$y=\left(2+x+\frac{1}{2}x^2\right)e^{2x}.$$

注意：$Q_0(x)$ 表示 x 的 0 次多项式，即一个常数.

【例 7】 求微分方程 $y''-4y'+3y=xe^x$ 的通解.

解：所给方程为二阶常系数非齐次线性微分方程，它对应的齐次线性微分方程为 $y''-4y'+3y=0$. 其特征方程 $r^2-4r+3=0$ 的根为 $r_1=1,r_2=3$，所以 $y''-4y'+3y=0$ 的通解为

$$Y=C_1e^x+C_2e^{3x}(C_1,C_2\text{为任意常数}).$$

微分方程 $y''-4y'+3y=xe^x$ 中，右端 $f(x)=xe^x$ 是 $P_m(x)e^{\lambda x}$ 型函数，其中 $m=1,\lambda=1$. 因为 $\lambda=1$ 是特征方程的单根，所以设 $y^*=xQ_1(x)e^x=x(Ax+B)e^x$，则

$$y^{*\prime}=(Ax^2+2Ax+Bx+B)e^x,y^{*\prime\prime}=(Ax^2+4Ax+Bx+2A+2B)e^x.$$

将 $y^*,y^{*\prime},y^{*\prime\prime}$ 代入原方程，整理得

$$(-4Ax+2A-2B)e^x=xe^x.$$

比较两端同类项的系数，得

$$\begin{cases}-4A=1,\\2A-2B=0.\end{cases}$$

解得 $A=-\frac{1}{4},B=-\frac{1}{4}$，于是

$$y^*=x\left(-\frac{1}{4}x-\frac{1}{4}\right)e^x=-\frac{1}{4}x(x+1)e^x.$$

于是可得原方程的通解为

$$y=Y+y^*=C_1e^x+C_2e^{3x}-\frac{1}{4}x(x+1)e^x\qquad(C_1,C_2\text{为任意常数})$$

下面我们来解本节例 1 中的初值问题 $\begin{cases}P''-4P'-12P=-48,\\P(0)=6,P'(0)=4.\end{cases}$

方程 $P''-4P'-12P=-48$ 是二阶常系数非齐次线性微分方程，它对应的齐次微分方

程为 $P''-4P'-12P=0$. 特征方程为 $r^2-4r-12=0$，特征根为 $r_1=6, r_2=-2$，所以 $P''-4P'-12P=0$ 的通解为 $\bar{P}=C_1e^{6t}+C_2e^{-2t}$ （C_1, C_2为任意常数）.

微分方程 $P''-4P'-12P=-48$ 中，右端 $f(t)=-48$ 是 $P_m(t)e^{\lambda t}$型函数，其中 $m=0$，$\lambda=0$.

因为 $\lambda=0$ 不是特征方程的根，所以设 $P^*=Q_0(t)e^0=A$，则 $P^{*\prime}=0, P^{*\prime\prime}=0$.

将 $P^*, P^{*\prime}, P^{*\prime\prime}$代入原方程，得 $-12A=-48$，所以 $A=4$，于是 $P^*=4$.

由此可得方程 $P''-4P'-12P=-48$ 的通解为

$$P=\bar{P}+P^*=C_1e^{6t}+C_2e^{-2t}+4(C_1, C_2\text{为任意常数}).$$

所以 $\quad P'=6C_1e^{6t}-2C_2e^{-2t}$.

又由 $P(0)=6, P'(0)=4$，得

$$\begin{cases}C_1+C_2+4=6,\\6C_1-2C_2=4,\end{cases}$$

解得 $C_1=1, C_2=1$. 故所求价格函数

$$P(t)=e^{6t}+e^{-2t}+4.$$

注意：方程 $P''-4P'-12P=-48$ 的右端为常数，也可以将方程改写为 $P''-4P'-12(P-4)=0$，进而写成 $(P-4)''-4(P-4)'-12(P-4)=0$. 这样，令 $P-4=y(t)$，则原二阶常系数非齐次线性微分方程转化为一个齐次微分方程 $y''-4y'-12y=0$，更易于求出其通解 $y(t)$. 求出 $y(t)$后，由 $P=y(t)+4$ 得到 P 的通解，再由两个初始条件得特解.

2. $f(x)=e^{\lambda x}(a\cos\omega x+b\sin\omega x)$ (λ, a, b, ω 为常数)

当二阶常系数非齐次线性微分方程(5－26)的右端函数为 $f(x)=e^{\lambda x}(a\cos\omega x+b\sin\omega x)$，其中 λ, a, b, ω 为常数时，方程（5－26）的特解为表 5－3 中的形式. 其中，A, B 是待定系数.

表 5－3

$f(x)$的形式	条件	特解 y^* 的形式
$f(x)=e^{\lambda x}(a\cos\omega x+b\sin\omega x)$	$\lambda\pm\omega i$ 不是特征根	$y^*=e^{\lambda x}(A\cos\omega x+B\sin\omega x)$
	$\lambda\pm\omega i$ 是特征根	$y^*=xe^{\lambda x}(A\cos\omega x+B\sin\omega x)$

规律总结

求二阶常系数非齐次线性微分方程 $y''+py'+qy=e^{\lambda x}(a\cos\omega x+b\sin\omega x)$的通解的步骤，与求方程 $y''+py'+qy=P_m(x)e^{\lambda x}$的通解的步骤相同，只不过在设原方程的特解 y^* 时，要根据表5－3 有不同的设法.

【例 8】 求微分方程 $y''+4y=\sin 2x$ 的特解.

解：所给微分方程为二阶常系数非齐次线性微分方程，它的右端 $f(x)=\sin 2x$ 是 $e^{\lambda x}(a\cos\omega x+b\sin\omega x)$型函数，其中 $\lambda=0, a=0, b=1, \omega=2$.

因为特征方程 $r^2+4=0$ 的根为 $r_{1,2}=\pm 2\mathrm{i}$，而 $\lambda\pm\omega\mathrm{i}=\pm 2\mathrm{i}$ 正好是特征根，所以设特解 $y^*=x\mathrm{e}^0(A\cos 2x+B\sin 2x)=x(A\cos 2x+B\sin 2x)$.

则
$$y^{*\prime}=(A+2Bx)\cos 2x+(B-2Ax)\sin 2x,$$
$$y^{*\prime\prime}=4(B-Ax)\cos 2x-4(A+Bx)\sin 2x,$$

将 y^*, $y^{*\prime\prime}$代入原方程，整理得
$$4B\cos 2x-4A\sin 2x=\sin 2x,$$
比较两端同类项的系数，得 $A=-\dfrac{1}{4}$, $B=0$. 所以所求特解为
$$y^*=-\frac{1}{4}x\cos 2x.$$

【例 9】 求微分方程 $y''+2y'=\mathrm{e}^{-x}\cos x$ 的通解.

解：所给微分方程为二阶常系数非齐次线性微分方程，其对应的齐次微分方程为 $y''+2y'=0$. 特征方程 $r^2+2r=0$ 的根为 $r_1=0$, $r_2=-2$，所以 $y''+2y'=0$ 的通解为
$$Y=C_1\mathrm{e}^0+C_2\mathrm{e}^{-2x}=C_1+C_2\mathrm{e}^{-2x}\ (C_1,C_2\text{为任意常数}).$$

原方程右端函数 $f(x)=\mathrm{e}^{-x}\cos x$ 是 $\mathrm{e}^{\lambda x}(a\cos\omega x+b\sin\omega x)$ 型函数，其中 $\lambda=-1$，$a=1$，$b=0$, $\omega=1$. 因为 $\lambda\pm\omega\mathrm{i}=-1\pm\mathrm{i}$ 不是特征根，所以设特解 $y^*=\mathrm{e}^{-x}(A\cos x+B\sin x)$. 则
$$y^{*\prime}=\mathrm{e}^{-x}[(-A+B)\cos x+(-A-B)\sin x]$$
$$y^{*\prime\prime}=\mathrm{e}^{-x}(-2B\cos x+2A\sin x)$$
将 $y^{*\prime}$, $y^{*\prime\prime}$代入原方程，整理得
$$\mathrm{e}^{-x}(-2A\cos x-2B\sin x)=\mathrm{e}^{-x}\cos x,$$

比较两端同类项的系数，得 $A=-\dfrac{1}{2}$, $B=0$.

于是 $y^*=-\dfrac{1}{2}\mathrm{e}^{-x}\cos x$. 则所求微分方程的通解为
$$y=Y+y^*=C_1+C_2\mathrm{e}^{-2x}-\frac{1}{2}\mathrm{e}^{-x}\cos x\ (C_1,C_2\text{为任意常数}).$$

学习小结

(1) ________________ 称为二阶常系数齐次线性微分方程，________________ 称为二阶常系数非齐次线性微分方程.

(2) 微分方程 $y''+py'+qy=0$ 的特征方程是________________.

(3) 对于二阶常系数齐次线性微分方程 $y''+py'+qy=0$，当特征方程有两个相异实根 r_1, r_2 时，方程的通解为________________；当 $r_1=r_2$ 时，方程的通解为________________；当特征根 $r_{1,2}=\alpha\pm\mathrm{i}\beta$ 时，方程的通解为________________.

(4) 若 $y''+py'+qy=f(x)$ 的一个特解是 y^*，$y''+py'+qy=0$ 的通解是 Y，则 $y''+py'+qy=f(x)$ 的通解是________________.

【习题 5.3】

1. 求下列微分方程的通解：

(1) $y''-2y'+y=0$；

(2) $3y''-2y'-8y=0$；

(3) $4\frac{d^2y}{dx^2}+4\frac{dy}{dx}+y=0$；

(4) $y''+2y'+5y=0$.

2. 求下列初值问题的解：

(1) $\begin{cases}y''-4y'=0;\\ y|_{x=0}=-1, y'|_{x=0}=2;\end{cases}$

(2) $\begin{cases}y''+4y'+29y=0;\\ y|_{x=0}=0, y'|_{x=0}=15.\end{cases}$

3. 求下列微分方程的通解：

(1) $y''+4y=8$；

(2) $y''+3y'+2y=3xe^{-x}$；

(3) $y''-8y'+16y=e^{4x}$；

(4) $y''-2y'+5y=e^x\sin 2x$.

4. 求下列微分方程满足所给初始条件的特解：

(1) $y''-y'-2y=4x^2, y|_{x=0}=0, y'|_{x=0}=2$；

(2) $y''-2y'+2y=\sin x, y|_{x=0}=\frac{4}{5}, y'|_{x=0}=\frac{4}{5}$.

5. 由方程 $y''+9y=0$ 确定的一条曲线 $y=f(x)$ 通过点 $(\pi,-1)$，且在该点和直线 $y+1=x-\pi$ 相切，求这条曲线.

应用板块

5.4 常微分方程在经济问题中的应用

【本节提示】 常微分方程被应用于经济领域的各个方面，以解决一些实际问题. 本节中我们将看到一些用常微分方程解决经济问题的例子. 通过本节的学习，要求能将经济应用问题转化为微分方程的问题，并通过正确求解微分方程来解决实际问题.

【例 1】 某商品的需求量 Q 对价格 P 的弹性为 $-\frac{4P+2P^2}{Q}$，已知当 $P=10$ 时，需求量 $Q=460$，求需求量 Q 与价格 P 的函数关系.

解： 由题意得：

$$\frac{EQ}{EP}=\frac{P}{Q}\cdot\frac{dQ}{dP}=-\frac{4P+2P^2}{Q},$$

即　$\dfrac{dQ}{dP}=-4-2P.$

两边积分，得 $Q=-4P-P^2+C$　（C 为任意常数）.

当 $P=10$ 时，$Q=460$，即 $460=-4\times10-10^2+C$，所以 $C=600$.

故需求量 Q 与价格 P 的函数关系为 $Q=600-4P-P^2$.

【例 2】　假设某人以本金 p_0 元进行一项投资，投资的年利率为 r，若以连续复利计，试用常微分方程的方法写出 t 年末的资金总额 $p(t)$.

分析：　由第 1 章连续复利问题的讨论我们知道，t 年末的资金总额 $p(t)=p_0e^{rt}$. 但是本题要求用常微分方程的方法写出资金总额 $p=p(t)$，而 t 时刻资金总额的变化率等于 t 时刻资金总额获取的利息，即 $\dfrac{dp}{dt}=rp$. 由此我们可以写出微分方程及其初值问题.

解： 因为 t 时刻资金总额的变化率 $=t$ 时刻资金总额获取的利息，而 t 时刻资金总额的变化率 $=\dfrac{dp}{dt}$, t 时刻资金总额获取的利息 $=rp$，所以 $\dfrac{dp}{dt}=rp$.

又因为当 $t=0$ 时，$p(0)=p_0$，所以即求初值问题 $\begin{cases}\dfrac{dp}{dt}=rp\\ p(0)=p_0\end{cases}$ 的解.

对微分方程 $\dfrac{dp}{dt}=rp$，运用分离变量法可得 $p=Ce^{rt}$（C 为任意常数）.

又 $p(0)=C=p_0$，所以 $p(t)=p_0e^{rt}$.

【例 3】　假设某产品的销售量 $x(t)$ 是时间 t 的可导函数，如果商品的销售量对时间的增长速率 $\dfrac{dx(t)}{dt}$ 正比于销售量 $x(t)$ 与销售量接近饱和水平的程度 $N-x(t)$ 的乘积（N 为饱和水平，比例常数 $k>0$），且当 $t=0$ 时，$x(0)=\dfrac{1}{4}N$. 求销售量函数 $x(t)$.

解： 由题意可知，销售量 $x=x(t)$ 满足 $\dfrac{dx}{dt}=kx(N-x)$.

分离变量得 $\dfrac{dx}{x(N-x)}=k\,dt$，变形得 $\left(\dfrac{1}{x}+\dfrac{1}{N-x}\right)dx=Nk\,dt$，两边积分，得

$$\ln\frac{x}{N-x}=Nkt+\ln C_1\ (C_1 \text{为任意正常数}),$$

即　$\dfrac{x}{N-x}=C_1e^{Nkt}$.

于是可得通解

$$x(t)=\frac{NC_1e^{Nkt}}{C_1e^{Nkt}+1}=\frac{N}{1+Ce^{-Nkt}}\ \left(\text{其中 } C=\frac{1}{C_1}\right).$$

由 $x(0)=\dfrac{1}{4}N$ 得 $C=3$，故 $x(t)=\dfrac{N}{1+3e^{-Nkt}}$.

注意： 微分方程 $\dfrac{dx}{dt}=kx(N-x)$ 称为**逻辑斯谛方程**，其解曲线 $x(t)=\dfrac{N}{1+Ce^{-Nkt}}$ 称为**逻辑斯谛曲线**. 在经济学中，常会遇到这样的量 $x(t)$，其增长率与 $x(t)$ 及 $N-x(t)$ 之积成正

比（N 为饱和水平），也就是说它的变化规律遵循逻辑斯谛方程，而它本身也就是逻辑斯谛曲线的方程.

【例 4】 设某商品的需求函数与供给函数分别为 $Q_D = a - bP, Q_S = -c + \mathrm{d}P$，其中 a,b,c,d 为正常数. 假设商品价格 P 为时间 t 的函数，已知 $P(0) = P_0$，且在任一时刻 t，价格 $P(t)$ 的变化率与这时的过剩需求量 $Q_D - Q_S$成正比，比例常数 $k>0$.

（1）求市场均衡价格 $\bar{P}$；

（2）试写出价格 $P(t)$的表达式.

解：（1）当该商品的需求量与供给量相等即 $Q_D = Q_S$时，得市场均衡价格 $\bar{P} = \frac{a+c}{b+d}$.

（2）价格 $P(t)$的变化率与这时的过剩需求量 $Q_D - Q_S$成正比，即$\frac{\mathrm{d}P}{\mathrm{d}t} = k(Q_D - Q_S)$.
将 Q_D, Q_S代入上式，得

$$\frac{\mathrm{d}P}{\mathrm{d}t} = k(a - bP + c - \mathrm{d}P),$$

即

$$\frac{\mathrm{d}P}{\mathrm{d}t} + k(b+d)P = k(a+c).$$

解一阶非齐次线性微分方程，得通解

$$P(t) = C\mathrm{e}^{-k(b+d)t} + \frac{a+c}{b+d}.$$

由 $P(0) = P_0$得

$$C = P_0 - \frac{a+c}{b+d},$$

又因为 $\bar{P} = \frac{a+c}{b+d}$，所以 $P(t) = (P_0 - \bar{P})\mathrm{e}^{-k(b+d)t} + \bar{P}$.

注意： 微分方程$\frac{\mathrm{d}P}{\mathrm{d}t} = k(a - bP + c - \mathrm{d}P)$也可以看做可分离变量的微分方程，将之变形为$\frac{\mathrm{d}P}{a+c-(b+d)P} = k\mathrm{d}t$，再两边积分求解.

规律总结

用常微分方程解经济应用问题的步骤：

（1）根据题意写出常微分方程；

（2）分析方程类型，运用对应的解法求解微分方程，得到应用问题的解.

学习小结

用常微分方程解经济应用问题的步骤：

(1) ____;

(2) ____.

【习题 5.4】

1. 已知某地区在一个确定的时期内，国民收入 y（亿元）和国民债务 z（亿元）都是时间 t 的函数. 国民收入的增长率为$\frac{1}{8}$，国民债务的增长率为国民收入的$\frac{1}{25}$. 若 $t=0$ 时，国民收入为 5 亿元，国民债务为 0.2 亿元，试分别求出国民收入及国民债务与时间 t 的函数关系.

2. 某商品的需求量 Q 对价格 P 的弹性为 $-P\ln 2$，若该商品的最大需求量为 900（即 $P=0$时，$Q=900$），求需求函数.

3. 某商品的需求量 Q 是价格 P 的函数，如果要使该商品的销售收入在价格变化的情况下保持不变，则需求量 Q 关于价格 P 的函数关系满足怎样的微分方程？在这种情况下，该商品的需求量 Q 相对于价格 P 的弹性是多少？

4. 根据经验可知，某产品的纯利润 L 与广告支出 x 有关系$\frac{\mathrm{d}L}{\mathrm{d}x}=k(A-L)$，其中 k,A 为常数，且 $k>0,A>0$. 若不做广告，即 $x=0$ 时，纯利润为 L_0，试求纯利润 L 与广告支出 x 之间的函数关系.

5. 已知生产某种产品的总成本 C 由可变成本与固定成本两部分构成. 假设可变成本 y 是产量 x 的函数，且 y 关于 x 的变化率是$\frac{x^2+y^2}{2xy}$，固定成本为 2. 已知当产量为 1 个单位时，可变成本为 5，求总成本函数 $C(x)$.

【复习思考题】

A　组

一、填空题

1. 微分方程$\left(\frac{\mathrm{d}y}{\mathrm{d}x}\right)^4+\frac{\mathrm{d}^2y}{\mathrm{d}x^2}+5y^3+2x^5=0$ 为__________阶微分方程.

2. 微分方程 $y'''=8\sin 2x+6$ 的通解是__________.

3. 微分方程 $\mathrm{e}^x(\mathrm{e}^y-1)\mathrm{d}x+\mathrm{e}^y(\mathrm{e}^x+1)\mathrm{d}y=0$ 满足初始条件$y|_{x=0}=1$ 的特解是__________.

4. 微分方程 $y'=\frac{y}{x}+\frac{x}{y}$的通解是__________.

5. 一阶线性微分方程 $xy'=y+x^3$的通解是__________，满足初始条件$y|_{x=1}=-\frac{1}{2}$的特解是__________.

二、单项选择题

1. 下列方程中是线性微分方程的是（　　）.

A. $(y'')^2+5y'+4xy=0$　　　　B. $3y''+y'y=7x^3$

C. $\frac{2y'''}{x^2}-5xy''+4x^3y=7$

D. $\frac{y''}{y}-4y'+\frac{1}{2}x^3=0$

2. 函数 $y=e^{-x}+x-1$ 是微分方程$\frac{dy}{dx}+y=x$ 的（　　）.

A. 特解

B. 通解

C. 是解，但既非通解也非特解

D. 不是解

3. 微分方程$(x+1)dy-[(x+1)^3+2y]dx=0$ 是（　　）.

A. 可分离变量的微分方程

B. 一阶齐次线性微分方程

C. 一阶非齐次线性微分方程

D. 一阶非线性微分方程

4. 微分方程 $3y^{(4)}-2(y'')^3+5x^2y=4$ 的通解中，含有相互独立的任意常数的个数是（　　）.

A. 3　　B. 4　　C. 5　　D. 6

5. 下列函数不是微分方程 $y''+y'-2y=0$ 的解的是（　　）.

A. $3e^{-2x}$

B. $5e^x$

C. $\frac{3}{2}e^{-2x}-\frac{1}{4}e^x$

D. $2e^x+4$

6. 已知 $y^*=xe^{-x}$是一阶非齐次线性微分方程$\frac{dy}{dx}+y=e^{-x}$的一个特解，则该微分方程的通解是（　　）.

A. $y=e^{-x}(x+C)$

B. $y=Cxe^{-x}$

C. $y=e^{-x}(C-x)$

D. $y=e^x(x+C)$

三、计算题

1. 求下列微分方程的通解：

（1）$y''=e^{-x}+\cos x$;

（2）$(xy^2+x)dx+(y-x^2y)dy=0$;

（3）$x^2\frac{dy}{dx}=xy\frac{dy}{dx}-y^2$;

（4）$y'\cos x+y\sin x=2$.

2. 求下列初值问题的解：

（1）$\begin{cases}x^2e^{2y}dy=(x^3+1)dx\\ y|_{x=1}=0\end{cases}$

（2）$\begin{cases}y'-\frac{y}{x+2}=x^2+2x\\ y|_{x=-1}=\frac{3}{2}\end{cases}$

四、应用题

1. 某商场的销售成本 y 和贮存费用 z 均是时间 t 的函数．随着时间 t 的增长，销售成本的变化率等于贮存费用的倒数与常数 4 的和，而贮存费用的变化率为贮存费用的 $-\frac{1}{2}$ 倍．若当 $t=0$ 时，销售成本 $y=0$，贮存费用 $z=8$，试分别求出销售成本及贮存费用与时间 t 的函数关系．

2. 求一曲线的方程，使这条曲线通过原点，并且它在(x,y)处的切线斜率等于 $2x+y$.

五、证明题

证明：一阶非齐次线性微分方程$\frac{dy}{dx}+p(x)y=q(x)$的通解等于对应的一阶齐次线性微

分方程$\frac{dy}{dx}+p(x)y=0$的通解 Y 与该非齐次方程的一个特解 y^* 的和．

B　组

1. 方程 $y''-2y'-y=0$ 的特征根是__________.

2. 二阶常系数齐次线性微分方程 $4y''+12y'+9y=0$ 的通解是__________.

3. 若二阶常系数齐次线性微分方程的通解是 $y=C_1e^{-\frac{1}{2}x}+C_2e^{\frac{3}{2}x}$，那么该方程是________.

4. 已知二阶常系数齐次线性微分方程的两个特征根为 $r_1=5+3i, r_2=5-3i$，则此方程的通解为__________.

5. 求二阶常系数非齐次线性微分方程 $y''-6y'+9y=xe^{3x}$ 的一个特解，可设 $y^*=$ __________.

6. 求二阶常系数非齐次线性微分方程 $y''+2y'+2=2e^{-x}\cos x$ 的一个特解，可设 $y^*=$ __________.

7. 求下列微分方程的通解：

（1）$\frac{dx}{dy}+x\cos y=\frac{1}{2}\sin 2y$；　　（2）$y''+9y=\cos 2x$；

（3）$y''-5y'+6y=2e^{2x}$；　　（4）$y''+y'-12y=6x^2-\frac{1}{12}$.

第6章

线性代数初步

学习目标

- □ 掌握二、三阶及 n 阶行列式定义，行列式的性质，能用定义计算简单的行列式的值。
- □ 学会利用克莱姆法则求线性方程组的解。
- □ 理解矩阵的概念，熟练掌握矩阵的运算。
- □ 了解逆矩阵与矩阵的秩的定义，并会求逆矩阵与矩阵的秩。
- □ 熟练掌握矩阵的初等变换。
- □ 会对线性方程组进行求解。
- □ 熟悉矩阵运算在经济中的应用。

数学史话

历史上线性代数的第一个问题是关于解线性方程组的问题。大约4000年以前，巴比伦人知道如何解含有两个未知数的线性方程组（一个 2×2 的线性方程组）；在著名的《九章算术》（大约公元前200年）中，中国人独立地利用线性方程组的（数值）系数解出了 3×3 的线性方程组。这是矩阵方法的原型，并不和高斯及其他人2000年后提出的“消元法”相同。而线性方程组理论的发展又促成了作为工具的矩阵论和行列式理论的创立与发展，这些内容已成为我们线性代数教材的主要部分。

行列式出现于线性方程组的求解，它最早是一种速记的表达式，现在已经是数学中一种非常有用的工具。

1750年，瑞士数学家克莱姆在其著作《线性代数分析导引》中，对行列式的定义和展开法则给出了比较完整、明确的阐述，并给出了现在我们所称的解线性方程组的克莱姆法则。而范德蒙德是第一个对行列式理论作出连贯的逻辑阐述的人。

范德蒙德，法国数学家（1735—1796），1771年成为巴黎科学院院士。范德蒙德在高等代数方面做出了重要贡献。他在1771年发表的论文中证明了多项式方程根的任何对称式都能用方程的系数表示出来。他不仅把行列式应用于解线性方程组，而且对行列式理论本身进行了开创性研究，是行列式的奠基者。他给出了用二阶子式和它的余子式来展开行列式的法则，还提出了专门的行列式符号，首次构造了对称函数表。他具有拉格朗日的预解式、置换理论等思想，为群的观念的产生做了一些准备工作。

柯西（1789—1857），法国数学家。1815 年，柯西在一篇论文中给出了行列式的第一个系统的、几乎是近代的处理。其中主要结果之一是行列式的乘法定理。另外，他第一个把行列式的元素排成方阵，采用双足标记法，引进了行列式特征方程的术语，给出了相似行列式概念，改进了拉普拉斯的行列式展开定理并给出了一个证明等。

6.1 行列式的定义及性质

【本节提示】 本节将要介绍二阶行列式的定义，在此基础上引入三阶以及 n 阶行列式的定义，然后介绍行列式的性质，最后利用行列式性质求解行列式．通过本节的学习，应该理解行列式的定义；掌握行列式的性质以及求法．

6.1.1 行列式的定义

1. 二阶行列式

引例 用消元法解二元线性方程组：

$$\begin{cases} a_{11}x_1 + a_{12}x_2 = b_1 & \text{①} \\ a_{21}x_1 + a_{22}x_2 = b_2 & \text{②} \end{cases} \tag{6-1}$$

$$\text{①} \times a_{22}: a_{11}a_{22}x_1 + a_{12}a_{22}x_2 = b_1a_{22}$$

$$\text{②} \times a_{12}: a_{12}a_{21}x_1 + a_{12}a_{22}x_2 = b_2a_{12}$$

两式相减消去 x_2，得：

$$(a_{11}a_{22} - a_{12}a_{21})x_1 = b_1a_{22} - a_{12}b_2$$

类似地，消去 x_1，得：

$$(a_{11}a_{22} - a_{12}a_{21})x_2 = a_{11}b_2 - b_1a_{21}$$

当 $a_{11}a_{22} - a_{12}a_{21} \neq 0$ 时，方程组（1）的解为：

$$x_1 = \frac{b_1a_{22} - a_{12}b_2}{a_{11}a_{22} - a_{12}a_{21}},\quad x_2 = \frac{a_{11}b_2 - b_1a_{21}}{a_{11}a_{22} - a_{12}a_{21}} \tag{6-2}$$

其中 $a_{11}a_{22} - a_{12}a_{21}$ 由方程组的四个系数确定．

定义 6.1 由 4 个数排成正方形，在两边各加一条竖线所得的数学符号 $\begin{vmatrix} a_{11} & a_{12} \\ a_{21} & a_{22} \end{vmatrix}$ 称为一个**二阶行列式**，它表示数 $a_{11}a_{22}-a_{12}a_{21}$，即：

$$\begin{vmatrix} a_{11} & a_{12} \\ a_{21} & a_{22} \end{vmatrix} = a_{11}a_{22}-a_{12}a_{21} \tag{6-3}$$

数 $a_{ij}(i=1,2;j=1,2)$ 称为行列式 $\begin{vmatrix} a_{11} & a_{12} \\ a_{21} & a_{22} \end{vmatrix}$ 的**元素**或**元**，元素 a_{ij} 的第一个下标 i 称为行标，表明该元素位于第 i 行，第二个下标 j 称为列标，表明该元素位于第 j 列．

二阶行列式的计算方法——**对角线法则**：主对角线上的两元素之积减副对角线上两元素之积所得的差．

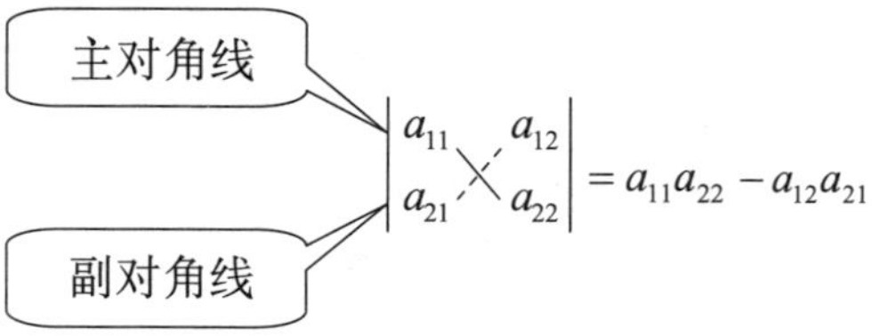

利用二阶行列式的概念，（6－2）式中 x_1,x_2 的分子也可写成二阶行列式，即

$$b_1a_{22}-a_{12}b_2=\begin{vmatrix} b_1 & a_{12} \\ b_2 & a_{22} \end{vmatrix}, a_{11}b_2-b_1a_{21}=\begin{vmatrix} a_{11} & b_1 \\ a_{21} & b_2 \end{vmatrix}$$

若记 $D=\begin{vmatrix} a_{11} & a_{12} \\ a_{21} & a_{22} \end{vmatrix}, D_1=\begin{vmatrix} b_1 & a_{12} \\ b_2 & a_{22} \end{vmatrix}, D_2=\begin{vmatrix} a_{11} & b_1 \\ a_{21} & b_2 \end{vmatrix}$

那么式（6－2）可写成：

$$x_1=\frac{D_1}{D}=\frac{\begin{vmatrix} b_1 & a_{12} \\ b_2 & a_{22} \end{vmatrix}}{\begin{vmatrix} a_{11} & a_{12} \\ a_{21} & a_{22} \end{vmatrix}}, x_2=\frac{D_2}{D}=\frac{\begin{vmatrix} a_{11} & b_1 \\ a_{21} & b_2 \end{vmatrix}}{\begin{vmatrix} a_{11} & a_{12} \\ a_{21} & a_{22} \end{vmatrix}}$$

注意：这里的分母 D 是由方程组（6－1）的系数所确定的二阶行列式（称系数行列式），x_1 的分子 D_1 是用常数项 b_1,b_2 替换 D 中 x_1 的系数 a_{11},a_{21} 所得的二阶行列式，x_2 的分子 D_2 是用常数项 b_1,b_2 替换 D 中 x_2 的系数 a_{12},a_{22} 所得的二阶行列式．

2. 三阶行列式

定义 6.2 由 9 个数排成正方形，在两边各加一条竖线所得的数学符号 $\begin{vmatrix} a_{11} & a_{12} & a_{13} \\ a_{21} & a_{22} & a_{23} \\ a_{31} & a_{32} & a_{33} \end{vmatrix}$ 称为一个**三阶行列式**，它表示数 $a_{11}a_{22}a_{33}+a_{12}a_{23}a_{31}+a_{13}a_{21}a_{32}-a_{13}a_{22}a_{31}-a_{12}a_{21}a_{33}-a_{11}a_{23}a_{32}$，即：

$$\begin{vmatrix} a_{11} & a_{12} & a_{13} \\ a_{21} & a_{22} & a_{23} \\ a_{31} & a_{32} & a_{33} \end{vmatrix} = a_{11}a_{22}a_{33} + a_{12}a_{23}a_{31} + a_{13}a_{21}a_{32} - a_{13}a_{22}a_{31} - a_{12}a_{21}a_{33} - a_{11}a_{23}a_{32}$$

例如：$\begin{vmatrix} 1 & -2 & 0 \\ 3 & 1 & -1 \\ 0 & 2 & 1 \end{vmatrix} = 1 + 0 + 0 - 0 - (-6) - (-2) = 9$

三阶行列式的计算方法——对角线法则：

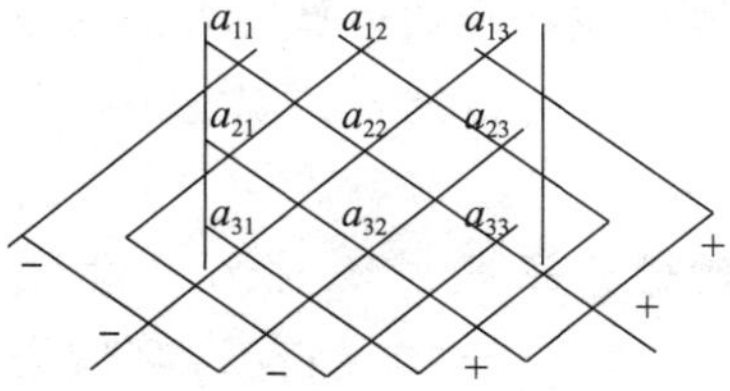

$$= a_{11}a_{22}a_{33} + a_{12}a_{23}a_{31} + a_{13}a_{21}a_{32} - a_{13}a_{22}a_{31} - a_{12}a_{21}a_{33} - a_{11}a_{32}a_{23}$$

注意：

（1）对角线法则仅适用于二、三阶行列式．

（2）三阶行列式包括3！项，每一项都是位于不同行，不同列的三个元素的乘积，其中三项为正，三项为负．

【例 1】 计算三阶行列式$\begin{vmatrix} -1 & 3 & 2 \\ 3 & 0 & -2 \\ -2 & 1 & 3 \end{vmatrix}$.

解：

$$\begin{aligned} \begin{vmatrix} -1 & 3 & 2 \\ 3 & 0 & -2 \\ -2 & 1 & 3 \end{vmatrix} &= -1 \times 0 \times 3 + 3 \times (-2) \times (-2) + 2 \times 3 \times 1 - 2 \times 0 \times (-2) \\ &\quad - (-1) \times 1 \times (-2) - 3 \times 3 \times 3 \\ &= -11. \end{aligned}$$

【例 2】 求解方程$\begin{vmatrix} 1 & 1 & 1 \\ 2 & 3 & x \\ 4 & 9 & x^2 \end{vmatrix} = 0.$

解： 方程左端

$$D = 3x^2 + 4x + 18 - 9x - 2x^2 - 12 = x^2 - 5x + 6$$

由 $x^2 - 5x + 6 = 0$，得 $x_1 = 2$ 或 $x_2 = 3$.

【例 3】 求解二元方程组$\begin{cases} 3x_1 - 2x_2 = 12 \\ 2x_1 + x_2 = 1 \end{cases}$

解： 因为 $D = \begin{vmatrix} 3 & -2 \\ 2 & 1 \end{vmatrix} = 7 \neq 0$，$D_1 = \begin{vmatrix} 12 & -2 \\ 1 & 1 \end{vmatrix} = 14$，$D_2 = \begin{vmatrix} 3 & 12 \\ 2 & 1 \end{vmatrix} = -21$，

所以，$x_1 = \dfrac{D_1}{D} = \dfrac{14}{7} = 2$，$x_2 = \dfrac{D_2}{D} = \dfrac{-21}{7} = -3$.

3. *n* 阶行列式

定义 6.3　由 n^2 个数排成 n 行 n 列的式

$$\begin{vmatrix} a_{11} & a_{12} & \cdots & a_{1n} \\ a_{21} & a_{22} & \cdots & a_{2n} \\ \cdots & \cdots & \cdots & \cdots \\ a_{n1} & a_{n2} & \cdots & a_{nn} \end{vmatrix} = \sum_{k=1}^{n} a_{1k}A_{1k} \tag{6-4}$$

左端称为 ***n* 阶行列式**（n - th determinant），它等于其右端展开式运算所得到的数．

n 阶行列式一般可用 D 或 D_n 表示．当 $n=1$ 时称为一阶行列式，规定一阶行列式 $|a|$ 的值等于 a.

定义 6.4　把 $A_{ij}=(-1)^{i+j}M_{ij}$ 称为元素 a_{ij} 的**代数余子式**，M_{ij} 称为元素 a_{ij} 的**余子式**（$i,j=1,2,\cdots,n$），它是 n 阶行列式（6-4）中划去元素 a_{ij} 所在第 i 行第 j 列后余下的 $n-1$ 阶行列式，即：

$$M_{ij}=\begin{vmatrix} a_{11} & \cdots & a_{1j-1} & a_{1j+1} & \cdots & a_{1n} \\ \cdots & \cdots & \cdots & \cdots & \cdots & \cdots \\ a_{i-11} & \cdots & a_{i-1j-1} & a_{i-1j+1} & \cdots & a_{i-1n} \\ a_{i+11} & \cdots & a_{i+1j-1} & a_{i+1j+1} & \cdots & a_{i+1n} \\ \cdots & \cdots & \cdots & \cdots & \cdots & \cdots \\ a_{n1} & \cdots & a_{nj-1} & a_{nj+1} & \cdots & a_{nn} \end{vmatrix} \tag{6-5}$$

定理 6.1　（拉普拉斯定理）行列式等于它的任意一行（列）的各个元素与其代数余子式的乘积之和；

行列式的某一行（列）的各个元素与另一行（列）对应的其代数余子式的乘积之和等于零．

【例 4】　计算四阶行列式 $D=\begin{vmatrix} 3 & 0 & 0 & -5 \\ -4 & 1 & 0 & 2 \\ 6 & 5 & 7 & 0 \\ -3 & 4 & -2 & -1 \end{vmatrix}$.

解：由定义有：

$$D=\begin{vmatrix} 3 & 0 & 0 & -5 \\ -4 & 1 & 0 & 2 \\ 6 & 5 & 7 & 0 \\ -3 & 4 & -2 & -1 \end{vmatrix}=3(-1)^{1+1}\begin{vmatrix} 1 & 0 & 2 \\ 5 & 7 & 0 \\ 4 & -2 & -1 \end{vmatrix}+(-5)(-1)^{1+4}\begin{vmatrix} -4 & 1 & 0 \\ 6 & 5 & 7 \\ -3 & 4 & -2 \end{vmatrix}$$

$$=3\left[1\cdot(-1)^{1+1}\begin{vmatrix} 7 & 0 \\ -2 & -1 \end{vmatrix}+2\cdot(-1)^{1+3}\begin{vmatrix} 5 & 7 \\ 4 & -2 \end{vmatrix}\right]+5\left[(-4)\cdot(-1)^{1+1}\begin{vmatrix} 5 & 7 \\ 4 & -2 \end{vmatrix}\right.$$

$$\left.+1\cdot(-1)^{1+2}\begin{vmatrix} 6 & 7 \\ -3 & -2 \end{vmatrix}\right]$$

$$=3(-7-76)+5(152-9)=466.$$

【例 5】 计算 $D=\begin{vmatrix}16&0&-2&7\\2&0&1&-1\\3&1&-1&2\\1&0&4&-3\end{vmatrix}$

解： $D=\begin{vmatrix}16&0&-2&7\\2&0&1&-1\\3&1&-1&2\\1&0&4&-3\end{vmatrix}=(-1)^{3+2}\begin{vmatrix}16&-2&7\\2&1&-1\\1&4&-3\end{vmatrix}$

$$=(-1)\begin{vmatrix}20&0&5\\2&1&-1\\-7&0&1\end{vmatrix}=(-1)(-1)^{2+2}\begin{vmatrix}20&5\\-7&1\end{vmatrix}=-55.$$

4. 特殊行列式

（1）上三角行列式，如：$\begin{vmatrix}a_{11}&a_{12}&a_{13}&a_{14}\\0&a_{22}&a_{23}&a_{24}\\0&0&a_{33}&a_{34}\\0&0&0&a_{44}\end{vmatrix}$

（2）下三角行列式，如：$\begin{vmatrix}a_{11}&0&0&0\\a_{21}&a_{22}&0&0\\a_{31}&a_{32}&a_{33}&0\\a_{41}&a_{42}&a_{43}&a_{44}\end{vmatrix}$

（3）对角形行列式，如：$\begin{vmatrix}a_{11}&0&0&0\\0&a_{22}&0&0\\0&0&a_{33}&0\\0&0&0&a_{44}\end{vmatrix}$

6.1.2　行列式的性质

1. 性质

（1）行列式与其转置行列式相等．把行列式 D 的各行变为相应的列（就是第 i 行变为第 i 列，$i=1,2,3,\cdots$），记做 D^T，称为行列式 D 的**转置行列式**．即：

$$D=\begin{vmatrix}a_{11}&\cdots&a_{1n}\\\vdots&&\vdots\\a_{n1}&\cdots&a_{nn}\end{vmatrix},\ D^T=\begin{vmatrix}a_{11}&\cdots&a_{n1}\\\vdots&&\vdots\\a_{1n}&\cdots&a_{nn}\end{vmatrix}$$

（2）互换行列的某两行（列）得到新行列式，则新行列式应反号．

特别地：若行式列式中有两行（列）对应元素相等，则行列式等于零．

（3）行列式中某一行（列）的所有元素的公因数可以提到行列式的外面．即以数 K 乘以行列式等于用数 K 乘以行列式的某一行或某一列．

特别地：若行列式中有一行（列）的元素全为零，则行列式等于零．

（4）行列式中如果有某两行（列）对应元素成比例，则行列式的值为零．

（5）若行列式的某一行（列）的元素都是两数之和，如：

$$D=\begin{vmatrix} a_{11} & a_{12} & \cdots & (a_{1i}+a'_{1i}) & \cdots & a_{1n} \\ a_{21} & a_{22} & \cdots & (a_{2i}+a'_{2i}) & \cdots & a_{2n} \\ \vdots & \vdots & & \vdots & & \vdots \\ a_{n1} & a_{n2} & \cdots & (a_{ni}+a'_{ni}) & \cdots & a_{nn} \end{vmatrix}$$

则 D 等于下列两个行列式之和：

$$D=\begin{vmatrix} a_{11} & \cdots & a_{1i} & \cdots & a_{1n} \\ a_{21} & \cdots & a_{2i} & \cdots & a_{2n} \\ \cdots & \cdots & \cdots & \cdots & \\ a_{n1} & \cdots & a_{ni} & \cdots & a_{nn} \end{vmatrix}+\begin{vmatrix} a_{11} & \cdots & a'_{1i} & \cdots & a_{1n} \\ a_{21} & \cdots & a'_{2i} & \cdots & a_{2n} \\ \cdots & \cdots & \cdots & \cdots & \\ a_{n1} & \cdots & a'_{ni} & \cdots & a_{nn} \end{vmatrix}$$

（6）把行列式的某一行（列）的各元素的 K 倍加到另一行（列）的对应元素上，行列式的值不变．

$$\begin{vmatrix} \cdots & \cdots & \cdots \\ a_{i1} & \cdots & a_{in} \\ \cdots & \cdots & \cdots \\ a_{j1} & \cdots & a_{jn} \\ \cdots & \cdots & \cdots \end{vmatrix} \overset{r_i+kr_j}{=} \begin{vmatrix} \cdots & \cdots & \cdots \\ a_{i1}+ka_{j1} & \cdots & a_{in}+ka_{jn} \\ \cdots & \cdots & \cdots \\ a_{j1} & \cdots & a_{jn} \\ \cdots & \cdots & \cdots \end{vmatrix} \quad (i\neq j)$$

注意： 性质（2）、（3）、（6）是关于行列式对于行和列的三种变换．行列式中行变换一般用 r，列变换一般用 c.

2. 行列式的计算

【例 1】 计算行列式 $D=\begin{vmatrix} 3 & 1 & -1 & 2 \\ -5 & 1 & 3 & -4 \\ 2 & 0 & 1 & -1 \\ 1 & -5 & 3 & -3 \end{vmatrix}$.

解： $D \overset{r_1-r_3}{=} \begin{vmatrix} 1 & 1 & -2 & 3 \\ -5 & 1 & 3 & -4 \\ 2 & 0 & 1 & -1 \\ 1 & -5 & 3 & -3 \end{vmatrix} \overset{\substack{r_2+5r_1 \\ r_3-2r_1 \\ r_4-r_1}}{=} \begin{vmatrix} 1 & 1 & -2 & 3 \\ 0 & 6 & -7 & 11 \\ 0 & -2 & 5 & -7 \\ 0 & -6 & 5 & -6 \end{vmatrix}$

$$=\begin{vmatrix} 6 & -7 & 11 \\ -2 & 5 & -7 \\ -6 & 5 & -6 \end{vmatrix} \overset{\substack{-r_2 \\ -r_3}}{=} (-1)^2 2\begin{vmatrix} 3 & -7 & 11 \\ 1 & -5 & 7 \\ 3 & -5 & 6 \end{vmatrix} \overset{r_1\leftrightarrow r_2}{=} -2\begin{vmatrix} 1 & -5 & 7 \\ 3 & -7 & 11 \\ 3 & -5 & 6 \end{vmatrix}$$

$$\xlongequal[r_2-3r_1]{r_3-r_2}-2\begin{vmatrix}1&-5&7\\0&8&-10\\0&2&-5\end{vmatrix}=-2\begin{vmatrix}8&-10\\2&-5\end{vmatrix}=40.$$

【例 2】 计算行列式 $D=\begin{vmatrix}1&2&3&4&5\\2&1&2&3&4\\3&2&1&2&3\\4&3&2&1&2\\5&4&3&2&1\end{vmatrix}$.

解： $$D=\begin{vmatrix}1&2&3&4&5\\2&1&2&3&4\\3&2&1&2&3\\4&3&2&1&2\\5&4&3&2&1\end{vmatrix}\xlongequal[i=4,3,2,1]{r_{i+1}-r_i}\begin{vmatrix}1&2&3&4&5\\1&-1&-1&-1&-1\\1&1&-1&-1&-1\\1&1&1&-1&-1\\1&1&1&1&-1\end{vmatrix}$$

$$\xlongequal[i=1,2,3,4]{r_i-r_5}\begin{vmatrix}0&1&2&3&6\\0&-2&-2&-2&0\\0&0&-2&-2&0\\0&0&0&-2&0\\1&1&1&1&-1\end{vmatrix}=1\cdot(-1)^{5+1}\begin{vmatrix}1&2&3&6\\-2&-2&-2&0\\0&-2&-2&0\\0&0&-2&0\end{vmatrix}$$

$$=\begin{vmatrix}1&2&3&6\\-2&-2&-2&0\\0&-2&-2&0\\0&0&-2&0\end{vmatrix}=6.(-1)^{1+4}\begin{vmatrix}-2&-2&-2\\0&-2&-2\\0&0&-2\end{vmatrix}=48.$$

【例 3】 计算 $D=\begin{vmatrix}a&1&0&0\\-1&b&1&0\\0&-1&c&1\\0&0&-1&d\end{vmatrix}$.

解： $$D\xlongequal{r_1+ar_2}\begin{vmatrix}0&ab+1&a&0\\-1&b&1&0\\0&-1&c&1\\0&0&-1&d\end{vmatrix}=\begin{vmatrix}ab+1&a&0\\-1&c&1\\0&-1&d\end{vmatrix}\xlongequal{c_3+dc_2}\begin{vmatrix}ab+1&a&ad\\-1&c&cd+1\\0&-1&0\end{vmatrix}$$

$$=\begin{vmatrix}ab+1&ad\\-1&cd+1\end{vmatrix}=(ab+1)(cd+1)+ad$$

$$=abcd+ab+ad+cd+1.$$

【例 4】 计算 $D=\begin{vmatrix}1&1&1&1\\a&b&c&d\\a^2&b^2&c^2&d^2\\a^4&b^4&c^4&d^4\end{vmatrix}$.

解： $$D\xlongequal[r_4-a^4r_1]{r_2-ar_1,\ r_3-a^2r_1}\begin{vmatrix}1&1&1&1\\0&b-a&c-a&d-a\\0&b^2-a^2&c^2-a^2&d^2-a^2\\0&b^4-a^4&c^4-a^4&d^4-a^4\end{vmatrix}=\begin{vmatrix}b-a&c-a&d-a\\b^2-a^2&c^2-a^2&d^2-a^2\\b^4-a^4&c^4-a^4&d^4-a^4\end{vmatrix}$$

$$=(b-a)(c-a)(d-a)\begin{vmatrix}1 & 1 & 1\\ b+a & c+a & d+a\\ (b^2+a^2)(b+a) & (c^2+a^2)(c+a) & (d^2+a^2)(d+a)\end{vmatrix}$$

$$\overset{r_2-ar_1}{=}(b-a)(c-a)(d-a)\begin{vmatrix}1 & 1 & 1\\ b & c & d\\ a^3+ab^2+a^2b+b^3 & a^3+ac^2+a^2c+c^3 & a^3+ad^2+a^2d+d^3\end{vmatrix}$$

$$\overset{r_3-a^3r_1}{=}(b-a)(c-a)(d-a)\begin{vmatrix}1 & 1 & 1\\ b & c & d\\ ab^2+a^2b+b^3 & ac^2+a^2c+c^3 & ad^2+a^2d+d^3\end{vmatrix}$$

$$\overset{r_3-a^2r_2}{=}(b-a)(c-a)(d-a)\begin{vmatrix}1 & 1 & 1\\ b & c & d\\ ab^2+b^3 & ac^2+c^3 & ad^2+d^3\end{vmatrix}$$

$$=a(b-a)(c-a)(d-a)\begin{vmatrix}1 & 1 & 1\\ b & c & d\\ b^2 & c^2 & d^2\end{vmatrix}+(b-a)(c-a)(d-a)\begin{vmatrix}1 & 1 & 1\\ b & c & d\\ b^3 & c^3 & d^3\end{vmatrix}$$

$$=a(b-a)(c-a)(d-a)\begin{vmatrix}1 & 0 & 0\\ b & c-b & d-b\\ b^2 & c^2-b^2 & d^2-b^2\end{vmatrix}$$

$$+(b-a)(c-a)(d-a)\begin{vmatrix}1 & 0 & 0\\ b & c-b & d-b\\ b^3 & c^3-b^3 & d^3-b^3\end{vmatrix}$$

$$=a(b-a)(c-a)(d-a)(c-b)(d-b)\begin{vmatrix}1 & 1\\ b+c & b+d\end{vmatrix}$$

$$+(b-a)(c-a)(d-a)(c-b)(d-b)\begin{vmatrix}1 & 1\\ c^2+bc+b^2 & d^2+bd+b^2\end{vmatrix}$$

$$=-a(a-b)(a-c)(a-d)(b-c)(b-d)\begin{vmatrix}1 & 0\\ b+c & d-c\end{vmatrix}$$

$$-(a-b)(a-c)(a-d)(b-c)(b-d)\begin{vmatrix}1 & 0\\ c^2+bc+b^2 & (d+c+b)(d-c)\end{vmatrix}$$

$$=a(a-b)(a-c)(a-d)(b-c)(b-d)(c-d)$$

$$+(a-b)(a-c)(a-d)(b-c)(b-d)(c-d)(b+c+d)$$

$$=(a-b)(a-c)(a-d)(b-c)(b-d)(c-d)(a+b+c+d).$$

【例 5】 计算 n 阶行列式 $D_n=\begin{vmatrix}x & a & a & \cdots & a\\ a & x & a & \cdots & a\\ a & a & x & \cdots & a\\ \cdots & \cdots & \cdots & \cdots & \cdots\\ a & a & a & \cdots & x\end{vmatrix}$.

解： $D_n\underset{i=2,3,\cdots n}{\overset{C_1+C_i}{=}}\begin{vmatrix}x+(n-1)a & a & a & \cdots & a\\ x+(n-1)a & x & a & \cdots & a\\ x+(n-1)a & a & x & \cdots & a\\ \cdots & \cdots & \cdots & \cdots & \cdots\\ x+(n-1)a & a & a & \cdots & x\end{vmatrix}$

$$\xlongequal[i=2,3,\cdots n]{r_i-r_1}\begin{vmatrix} x+(n-1)a & a & a & \cdots & a \\ 0 & x-a & 0 & \cdots & 0 \\ 0 & 0 & x-a & \cdots & 0 \\ \cdots & \cdots & \cdots & \cdots & \cdots \\ 0 & 0 & 0 & \cdots & x-a \end{vmatrix}$$

$$=[x+(n-1)a](x-a)^{n-1}.$$

【例 6】 计算 $D_{2n}=\begin{vmatrix} a & & & & & & & b \\ & a & & 0 & & & b & \\ & & \ddots & & & \iddots & & \\ & & & a & b & & & \\ & 0 & & & & & 0 & \\ & & & c & d & & & \\ & & \iddots & & & \ddots & & \\ & c & & 0 & & & d & \\ c & & & & & & & d \end{vmatrix}$.

解： $D_{2n}=a\begin{vmatrix} a & & 0 & & & b & 0 \\ & \ddots & & & \iddots & & \vdots \\ & & a & b & & & \vdots \\ 0 & & & & & 0 & \vdots \\ & & c & d & & & \vdots \\ & \iddots & & & \ddots & & \vdots \\ c & & 0 & & & d & 0 \\ 0 & \cdots & \cdots & \cdots & \cdots & 0 & d \end{vmatrix}+b(-1)^{1+2n}\begin{vmatrix} 0 & a & & 0 & & & b \\ \vdots & & \ddots & & & \iddots & \\ \vdots & & & a & b & & \\ \vdots & 0 & & & & & 0 \\ \vdots & & & c & d & & \\ \vdots & & \iddots & & & \ddots & \\ 0 & c & & 0 & & & d \\ c & 0 & \cdots & \cdots & \cdots & \cdots & 0 \end{vmatrix}$

$$=adD_{2(n-1)}-bc(-1)^{2n-1+1}D_{2(n-1)}=(ad-bc)D_{2(n-1)}$$

$$D_{2n}=(ad-bc)D_{2(n-1)}=(ad-bc)^2D_{2(n-2)}=\cdots$$

$$=(ad-bc)^{n-1}D_2=(ad-bc)^{n-1}\begin{vmatrix} a & b \\ c & d \end{vmatrix}=(ad-bc)^n.$$

学习小结

（1）2 阶、3 阶行列式运用的求解方法是____________________.

（2）n 阶行列式是指_______________________________.

（3）余子式是指_________________________________.

（4）代数余子式是指______________________________.

（5）行列式的性质有______________________________

____

______________________________.

【习题 6.1】

1. 展开下列行列式，并化简：

（1）$\begin{vmatrix} x-1 & x^3 \\ 1 & x^2+x+1 \end{vmatrix}$；　　（2）$\begin{vmatrix} \sin x-\sin y & \cos x+\cos y \\ \cos x-\cos y & \sin x+\sin y \end{vmatrix}$；

（3）$\begin{vmatrix} 0 & a & b \\ a & 0 & c \\ b & c & 0 \end{vmatrix}$；　　（4）$\begin{vmatrix} 1 & -a & -b \\ a & 1 & -c \\ b & c & 1 \end{vmatrix}$.

2. 利用行列式解下列方程组：

（1）$\begin{cases} 13x-7y-10=0 \\ 19x+15y-2=0 \end{cases}$；　　（2）$\begin{cases} \dfrac{7}{s}+\dfrac{9}{t}=3 \\ \dfrac{17}{s}+\dfrac{7}{t}=5 \end{cases}$.

3. 设 $D=\begin{vmatrix} a_{11} & a_{12} & a_{13} \\ a_{21} & a_{22} & a_{23} \\ a_{31} & a_{32} & a_{33} \end{vmatrix}=a\neq 0$，据此计算下列行列式：

（1）$D_1=\begin{vmatrix} a_{31} & a_{32} & a_{33} \\ a_{11} & a_{12} & a_{13} \\ a_{21} & a_{22} & a_{23} \end{vmatrix}$；　　（2）$D_2=\begin{vmatrix} a_{11} & a_{13} & ka_{12} \\ a_{21} & a_{23} & ka_{22} \\ a_{31} & a_{33} & ka_{32} \end{vmatrix}$；

（3）$D_3=\begin{vmatrix} -a_{11} & -a_{12} & -a_{13} \\ 2a_{21} & 2a_{22} & 2a_{23} \\ 3a_{31} & 3a_{32} & 3a_{33} \end{vmatrix}$；　　（4）$D_4=\begin{vmatrix} 2a_{11} & 3a_{13}-3a_{12} & -\frac{1}{2}a_{12} \\ 2a_{21} & 3a_{23}-3a_{22} & -\frac{1}{2}a_{22} \\ 2a_{31} & 3a_{33}-3a_{32} & -\frac{1}{2}a_{32} \end{vmatrix}$.

4. 计算：

（1）$D=\begin{vmatrix} \frac{1}{2} & \frac{1}{2} & -1 \\ \frac{1}{3} & \frac{2}{3} & -\frac{2}{3} \\ \frac{2}{5} & \frac{3}{5} & -\frac{1}{5} \end{vmatrix}$；　　（2）$D=\begin{vmatrix} 5 & 3 & -1 & 2 & 0 \\ 1 & 7 & 2 & 5 & 2 \\ 0 & -2 & 3 & 1 & 0 \\ 0 & -4 & -1 & 4 & 0 \\ 0 & 2 & 3 & 5 & 0 \end{vmatrix}$.

5.（1）求一个二次多项式 $f(x)$，使得 $f(1)=0$，$f(2)=3$，$f(-3)=28$；

（2）计算 4 阶行列式 $D=\begin{vmatrix} a^2+\frac{1}{a^2} & a & \frac{1}{a} & 1 \\ b^2+\frac{1}{b^2} & b & \frac{1}{b} & 1 \\ c^2+\frac{1}{c^2} & c & \frac{1}{c} & 1 \\ d^2+\frac{1}{d^2} & d & \frac{1}{d} & 1 \end{vmatrix}$（已知 $abcd=1$）.

6.2 克莱姆法则

【本节提示】　本节将要介绍非齐次与齐次线性方程组的概念，然后介绍 n 元线性方程组的系数行列式的概念，最后利用克莱姆法则求解线性方程组．通过本节的学习，应该理解非齐次与齐次线性方程组以及 n 元线性方程组的系数行列式的概念；掌握克莱姆法则求解线性方程组的方法．

1. 非齐次与齐次线性方程组的概念

设线性方程组
$$\begin{cases} a_{11}x_1+a_{12}x_2+\cdots+a_{1n}x_n=b_1 \\ a_{21}x_1+a_{22}x_2+\cdots+a_{2n}x_n=b_2 \\ \cdots \\ a_{n1}x_1+a_{n2}x_2+\cdots+a_{nn}x_n=b_n \end{cases}$$
若常数项 $b_1,b_2,\cdots,b_n$ 不全为零，则称此方程组为**非齐次线性方程组**；若常数项 $b_1,b_2,\cdots,b_n$ 全为零，此时称方程组为**齐次线性方程组**.

2. *n* 元线性方程组的系数行列式

设有 n 个未知数的线性方程组
$$\begin{cases} a_{11}x_1+a_{12}x_2+\cdots+a_{1n}x_n=b_1 \\ a_{21}x_1+a_{22}x_2+\cdots+a_{2n}x_n=b_2 \\ \cdots \\ a_{n1}x_1+a_{n2}x_2+\cdots+a_{nn}x_n=b_n \end{cases}$$
将它的未知数系数依次取出形成一个行列式
$$D=\begin{vmatrix} a_{11} & a_{12} & \cdots & a_{1n} \\ a_{21} & a_{22} & \cdots & a_{2n} \\ \cdots & \cdots & \cdots & \cdots \\ a_{n1} & a_{n2} & \cdots & a_{nn} \end{vmatrix}$$
称为 n 元线性方程组的**系数行列式**.

3. 克莱姆（cramer）法则

如果线性方程组
$$\begin{cases} a_{11}x_1+a_{12}x_2+\cdots+a_{1n}x_n=b_1 \\ a_{21}x_1+a_{22}x_2+\cdots+a_{2n}x_n=b_2 \\ \cdots \\ a_{n1}x_1+a_{n2}x_2+\cdots+a_{nn}x_n=b_n \end{cases} \tag{6-6}$$

的系数行列式不等于0，即：

$$D=\begin{vmatrix} a_{11} & a_{12} & \cdots & a_{1n} \\ a_{21} & a_{22} & \cdots & a_{2n} \\ \cdots & \cdots & \cdots & \cdots \\ a_{n1} & a_{n2} & \cdots & a_{nn} \end{vmatrix}\neq 0$$

那么称线性方程组（6－6）有唯一一组解，且解为：

$$x_1=\frac{D_1}{D},\ x_2=\frac{D_2}{D},\ \cdots,\ x_n=\frac{D_n}{D} \tag{6-7}$$

其中 $D_j(j=1,2,\cdots,n)$ 是把 D 中第 $j(j=1,2,\cdots,n)$ 列元素换成常数项 b_1，b_2，$\cdots$，b_n 所得到的行列式，即：

$$D_j=\begin{vmatrix} a_{11}\cdots a_{1,j-1} & b_1 & a_{1,j+1}\cdots a_{1n} \\ \cdots & \cdots & \cdots \\ a_{n1}\cdots a_{n,j-1} & b_n & a_{n,j+1}\cdots a_{nn} \end{vmatrix} \tag{6-8}$$

【例1】 解线性方程组 $\begin{cases} x_1+x_2+x_3=6 \\ 3x_1-2x_2-x_3=13. \\ 2x_1-x_2+3x_3=26 \end{cases}$

解： $D=\begin{vmatrix} 1 & 1 & 1 \\ 3 & -2 & -1 \\ 2 & -1 & 3 \end{vmatrix} \overset{r_2-3r_1}{\underset{r_3-2r_1}{=}} \begin{vmatrix} 1 & 1 & 1 \\ 0 & -5 & -4 \\ 0 & -3 & 1 \end{vmatrix} = \begin{vmatrix} -5 & -4 \\ -3 & 1 \end{vmatrix} = -17$

$D_1=\begin{vmatrix} 6 & 1 & 1 \\ 13 & -2 & -1 \\ 26 & -1 & 3 \end{vmatrix} \overset{c_1-6c_3}{\underset{c_2-c_3}{=}} \begin{vmatrix} 0 & 0 & 1 \\ 19 & -1 & -1 \\ 8 & -4 & 3 \end{vmatrix} = \begin{vmatrix} 19 & -1 \\ 8 & -4 \end{vmatrix} = -68$

$D_2=\begin{vmatrix} 1 & 6 & 1 \\ 3 & 13 & -1 \\ 2 & 26 & 3 \end{vmatrix} \overset{r_2-3r_1}{\underset{r_3-2r_1}{=}} \begin{vmatrix} 1 & 6 & 1 \\ 0 & -5 & -4 \\ 0 & 14 & 1 \end{vmatrix} = \begin{vmatrix} -5 & -4 \\ 14 & 1 \end{vmatrix} =51$

$D_3=\begin{vmatrix} 1 & 1 & 6 \\ 3 & -2 & 13 \\ 2 & -1 & 26 \end{vmatrix} \overset{r_2-3r_1}{\underset{r_3-2r_1}{=}} \begin{vmatrix} 1 & 1 & 6 \\ 0 & -5 & -5 \\ 0 & -3 & 14 \end{vmatrix} = \begin{vmatrix} -5 & -5 \\ -3 & 14 \end{vmatrix} = -85$

所以，$x_1=\frac{D_1}{D}=\frac{-68}{-17}=4$，$x_2=\frac{D_2}{D}=\frac{51}{-17}=-3$，$x_3=\frac{D_3}{D}=\frac{-85}{-17}=5.$

【例2】 解线性方程组 $\begin{cases} x_1-x_2+x_3+2x_4=0 \\ 2x_1+x_2-x_3+x_4=0 \\ 3x_1+2x_2+x_3+5x_4=5 \\ -x_1-x_2+x_3+x_4=-1 \end{cases}.$

解：$D=\begin{vmatrix}1 & -1 & 1 & 2\\ 2 & 1 & -1 & 1\\ 3 & 2 & 1 & 5\\ -1 & -1 & 1 & 1\end{vmatrix}=9$

$D_1=\begin{vmatrix}0 & -1 & 1 & 2\\ 0 & 1 & -1 & 1\\ 5 & 2 & 1 & 5\\ -1 & -1 & 1 & 1\end{vmatrix}=9$，$D_2=\begin{vmatrix}1 & 0 & 1 & 2\\ 2 & 0 & -1 & 1\\ 3 & 5 & 1 & 5\\ -1 & -1 & 1 & 1\end{vmatrix}=18$

$D_3=\begin{vmatrix}1 & -1 & 0 & 2\\ 2 & 1 & 0 & 1\\ 3 & 2 & 5 & 5\\ -1 & -1 & -1 & 1\end{vmatrix}=27$，$D_4=\begin{vmatrix}1 & -1 & 1 & 0\\ 2 & 1 & -1 & 0\\ 3 & 2 & 1 & 5\\ -1 & -1 & 1 & -1\end{vmatrix}=-9$

所以，$x_1=1$，$x_2=2$，$x_3=3$，$x_4=-1$.

规律总结

用克莱姆法则求解含有 n 个方程，n 个未知数的线性方程组，有两个条件必须满足：

（1）方程组中方程的个数与未知数的个数相等；

（2）方程组的系数行列式不等于零.

当一个线性方程组满足上述两个条件时，我们得到以下三个结论：

（1）此方程组的解存在；

（2）此方程组的解唯一；

（3）此方程组的解是

$$x_1=\frac{D_1}{D},\ x_2=\frac{D_2}{D},\ \cdots,\ x_n=\frac{D_n}{D}$$

4. 两个重要定理

定理 6.2　如果线性方程组无解或有两个不同的解，那么它的系数行列式 $D=0$.

定理 6.3　如果齐次线性方程组的系数行列式 $D\neq 0$，那么它只有零解；如果齐次线性方程组有非零解，那么它的系数行列式必定等于零.

【例 3】　已知 $\begin{cases}\lambda x_1+x_2+x_3=0\\ x_1+\lambda x_2+x_3=0\\ x_1+x_2+\lambda x_3=0\end{cases}$ 有非零解，求 λ.

解：$D=\begin{vmatrix}\lambda & 1 & 1\\ 1 & \lambda & 1\\ 1 & 1 & \lambda\end{vmatrix}=(\lambda+2)(\lambda-1)^2=0$

故 $\lambda=1$ 或 $\lambda=-2$.

学习小结

（1）齐次与非齐次线性方程组是指________________.

（2）n 元线性方程组系数行列式是指________________.

（3）克莱姆法则是________________.

（4）克莱姆法则运用必须满足的两个条件是________________.

（5）两个重要定理是________________.

【习题 6.2】

1. 利用克莱姆法则求解以下方程组：

（1）$\begin{cases} 2x_1+x_2-5x_3+x_4=8 \\ x_1-3x_2-6x_4=9 \\ 2x_2-x_3+2x_4=-5 \\ x_1+4x_2-7x_3+6x_4=0 \end{cases}$；　　（2）$\begin{cases} x_1+x_2+x_3+x_4=5 \\ x_1+2x_2-x_3+4x_4=-2 \\ 2x_1-3x_2-x_3-5x_4=-2 \\ 3x_1+x_2+2x_3+11x_4=0 \end{cases}$.

2. 问 λ，μ 取何值时，齐次线性方程组 $\begin{cases} \lambda x_1+x_2+x_3=0 \\ x_1+\mu x_2+x_3=0 \\ x_1+2\mu x_2+x_3=0 \end{cases}$ 有非零解.

3. 问 λ 取何值时，齐次线性方程组 $\begin{cases} (1-\lambda)x_1-2x_2+4x_3=0 \\ 2x_1+(3-\lambda)x_2+x_3=0 \\ x_1+x_2+(1-\lambda)x_3=0 \end{cases}$ 有非零解.

6.3 矩阵及其运算

【本节提示】 本节将要介绍矩阵的概念，在此基础上引入几种特殊的矩阵，最后介绍矩阵的几种运算．通过本节的学习，应该能够理解矩阵的概念，掌握矩阵的几种运算．

6.3.1 矩阵的概念

1. 引入

线性方程组 $\begin{cases} a_{11}x_1+a_{12}x_2+\cdots+a_{1n}x_n=b_1 \\ a_{21}x_1+a_{22}x_2+\cdots+a_{2n}x_n=b_2 \\ \cdots \\ a_{n1}x_1+a_{n2}x_2+\cdots+a_{nn}x_n=b_n \end{cases}$ 的解取决于系数 $a_{ij}(i,j=1,2,\cdots,n)$，以及常

数项 $b_i(i=1,2,\cdots,n)$，线性方程组的系数与常数项按原位置可排为：

$$\begin{pmatrix} a_{11} & a_{12} & \cdots & a_{1n} & b_1 \\ a_{21} & a_{22} & \cdots & a_{2n} & b_2 \\ \cdots & \cdots & \cdots & \cdots & \cdots \\ a_{n1} & a_{n2} & \cdots & a_{nn} & b_n \end{pmatrix}$$

对线性方程组的研究可转化为对上式的研究.

2. 矩阵的定义

定义 6.5 设 mn 个数 $a_{ij}(i=1,2,\cdots,m;j=1,2,\cdots,n)$ 排成 m 行 n 列的数表：

$$\begin{matrix} a_{11} & a_{12} & \cdots & a_{1n} \\ a_{21} & a_{22} & \cdots & a_{2n} \\ \vdots & \vdots & & \vdots \\ a_{m1} & a_{m2} & \cdots & a_{mn} \end{matrix}$$

用括号将其括起来，称为 $\boldsymbol{m\times n}$ **矩阵**，并用大写字母 A 表示，即：

$$A=\begin{pmatrix} a_{11} & a_{12} & \cdots & a_{1n} \\ a_{21} & a_{22} & \cdots & a_{2n} \\ \vdots & \vdots & & \vdots \\ a_{m1} & a_{m2} & \cdots & a_{mn} \end{pmatrix} \tag{6-9}$$

简记作 $A=(a_{ij})_{m\times n}$.

例如：$\begin{pmatrix} 2 & 3 & 4 & 1 \\ 1 & 2 & 3 & 4 \end{pmatrix}$是一个 2×4 的矩阵，$\begin{pmatrix} 13 & 6 & 2 \\ 2 & 2 & 2 \\ 2 & 2 & 2 \end{pmatrix}$是一个 3×3 的矩阵，$\begin{pmatrix} 1 \\ 2 \\ 4 \end{pmatrix}$是一个 3×1 的矩阵，$(2\quad 3\quad 5\quad 9)$是一个 1×4 的矩阵，(7)是一个 1×1 的矩阵.

3. 几种特殊的矩阵

（1）$m=n$：称 A 为方阵；

（2）$a_{ij}\in\mathbf{R}$：称 A 为实矩阵；

（3）$a_{ij}\in\boldsymbol{C}$：称 A 为复矩阵；

（4）$m=1,n>1$：称 A 为行矩阵；

（5）$m>1,n=1$：称 A 为列矩阵；

（6）零矩阵：所有元素都是 0 的矩阵，记作 $\boldsymbol{O}$.

注意：不同阶数的零矩阵不相等. 例如：

$$\begin{pmatrix} 0 & 0 & 0 & 0 \\ 0 & 0 & 0 & 0 \\ 0 & 0 & 0 & 0 \\ 0 & 0 & 0 & 0 \end{pmatrix}\neq(0\quad 0\quad 0\quad 0)$$

(7) 单位矩阵：$E_n=\begin{pmatrix}1&0&\cdots&0\\0&1&\ddots&\vdots\\\vdots&\ddots&\ddots&0\\0&\cdots&0&1\end{pmatrix}$

(8) 对角矩阵：$\Lambda=\begin{pmatrix}\lambda_1&0&\cdots&0\\0&\lambda_2&\ddots&\vdots\\\vdots&\ddots&\ddots&0\\0&\cdots&0&\lambda_n\end{pmatrix}$ $(\lambda_1,\cdots,\lambda_n$ 不全为 $0)$

(9) 三角矩阵：$\begin{pmatrix}a_{11}&a_{12}&\cdots&a_{1n}\\0&a_{22}&\cdots&a_{2n}\\\cdots&\cdots&\cdots&0\\0&0&\cdots&a_{nn}\end{pmatrix}$或$\begin{pmatrix}a_{11}&0&\cdots&0\\a_{21}&a_{22}&\cdots&0\\\cdots&\cdots&\cdots&\cdots\\a_{n1}&a_{n2}&\cdots&a_{nn}\end{pmatrix}$

4. 线性变换与矩阵

设变量 $y_1,y_2,\cdots,y_m$ 可由变量 $x_1,x_2,\cdots,x_n$ 表示为：

$$\begin{cases}y_1=a_{11}x_1+a_{12}x_2+\cdots+a_{1n}x_n\\y_2=a_{21}x_1+a_{22}x_2+\cdots+a_{2n}x_n\\\qquad\qquad\cdots\\y_m=a_{m1}x_1+a_{m2}x_2+\cdots+a_{mn}x_n\end{cases}$$

称之为由变量 $x_1,x_2,\cdots,x_n$ 到变量 $y_1,y_2,\cdots,y_m$ 的线性变换，它与矩阵 $A=(a_{ij})_{m\times n}$是一一对应的关系.

5. 同型矩阵和矩阵相等的概念

(1) 两个矩阵的行数相等，列数相等时，称为同型矩阵，例如：$\begin{pmatrix}1&2\\5&6\\3&7\end{pmatrix}$与$\begin{pmatrix}14&3\\8&4\\3&9\end{pmatrix}$就是同型矩阵.

(2) 两个矩阵 $A=(a_{ij})$与 $B=(b_{ij})$为同型矩阵，并且对应元素相等，即：

$a_{ij}=b_{ij}(i=1,2,\cdots,m;j=1,2,\cdots,n)$

则称矩阵 A 与 B 相等，记作 $A=B$.

【例 1】 $A=\begin{pmatrix}5&-2&3\\3&1&0\end{pmatrix},B=\begin{pmatrix}5&x&3\\y&1&z\end{pmatrix}$，已知 $A=B$,求 x,y,z.

解：因为 $A=B$,所以 $x=-2,y=3,z=0$

注意：行列式与矩阵的区别：

(1) 一个是算式，一个是数表；

(2) 一个行列数相同，一个行列数可不同；

(3) 对 n 阶方阵可求它的行列式，记作 $|A|$.

6.3.2　矩阵的运算

1. 矩阵的加法

定义 6.6　设有两个 $m \times n$ 矩阵 $A=(a_{ij})$ 和 $B=(b_{ij})$，那么矩阵 A 与 B 的和记作 $A+B$，规定为：

$$\begin{pmatrix} a_{11}+b_{11} & a_{12}+b_{12} & \cdots & a_{1n}+b_{1n} \\ a_{21}+b_{21} & a_{22}+b_{22} & \cdots & a_{2n}+b_{2n} \\ \vdots & \vdots & & \vdots \\ a_{m1}+b_{m1} & a_{m2}+b_{m2} & \cdots & a_{mn}+b_{mn} \end{pmatrix} \tag{6-10}$$

注意：两个矩阵是同型矩阵时才能进行加法运算.

【例 2】　$\begin{pmatrix} 3 & 3 & -3 \\ 1 & -2 & 0 \\ 1 & 6 & 2 \end{pmatrix}+\begin{pmatrix} 1 & 8 & 9 \\ 6 & 5 & 4 \\ 3 & 2 & 1 \end{pmatrix}=\begin{pmatrix} 3+1 & 3+8 & -3+9 \\ 1+6 & -2+5 & 0+4 \\ 1+3 & 6+2 & 2+1 \end{pmatrix}=\begin{pmatrix} 4 & 11 & 6 \\ 7 & 3 & 4 \\ 4 & 8 & 3 \end{pmatrix}$.

矩阵加法满足下列运算规律（设 A,B,C 都是 $m \times n$ 矩阵）：

（1）$A+B=B+A$

（2）$(A+B)+C=A+(B+C)$

$A=(a_{ij})$的负矩阵记作：$-A=(-a_{ij})$，则 $A+(-A)=O$

规定矩阵的减法为：$A-B=A+(-B)$

2. 矩阵的数乘

定义 6.7　数 λ 与矩阵 A 的乘积记作 λA 或 $A\lambda$，规定为：

$$\lambda A=\begin{pmatrix} \lambda a_{11} & \lambda a_{12} & \cdots & \lambda a_{1n} \\ \lambda a_{21} & \lambda a_{22} & \cdots & \lambda a_{2n} \\ \vdots & \vdots & & \vdots \\ \lambda a_{m1} & \lambda a_{m2} & \cdots & \lambda a_{mn} \end{pmatrix} \tag{6-11}$$

矩阵数乘满足下列运算规律（设 A，B 为 $m \times n$ 矩阵，λ,μ 为常数）：

- $(\lambda\mu)A=\lambda(\mu A)$
- $(\lambda+\mu)A=\lambda A+\mu A$
- $\lambda(A+B)=\lambda A+\lambda B$

注意：注意矩阵数乘与行列式数乘的区别，如：

$$2\begin{pmatrix} 1 & 3 & 2 \\ 0 & 5 & 2 \end{pmatrix}=\begin{pmatrix} 2 & 6 & 4 \\ 0 & 10 & 4 \end{pmatrix},\quad 2\begin{vmatrix} 1 & 2 \\ 2 & 5 \end{vmatrix}=\begin{vmatrix} 2 & 2 \\ 4 & 5 \end{vmatrix}=2.$$

3. 矩阵乘矩阵

定义 6.8　设 $A=(a_{ij})$ 是一个 $m \times s$ 矩阵，$B=(b_{ij})$ 是一个 $s \times n$ 矩阵，矩阵 A 与矩阵

B 的乘积是一个 $m\times n$ 矩阵，那么 $C=(c_{ij})$，其中，

$$c_{ij}=a_{i1}b_{1j}+a_{i2}b_{2j}+\cdots+a_{is}b_{sj}=\sum_{k=1}^{s}a_{ik}b_{kj}(i=1,2,\cdots,m;j=1,2,\cdots,n) \qquad (6-12)$$

称为距阵 A 与 B 的**乘积**，记作：

$$C=AB$$

注意： A 的列数 $=B$ 的行数；

AB 的行数 $=A$ 的行数，AB 的列数 $=B$ 的列数；

A 与 B 的先后次序不能改变．

【例 1】 $A=\begin{pmatrix}3&1\\0&3\\1&0\end{pmatrix}$，$B=\begin{pmatrix}1&0&1&-1\\0&2&1&0\end{pmatrix}$

解： $AB=\begin{pmatrix}3&2&4&-3\\0&6&3&0\\1&0&1&-1\end{pmatrix}$

BA 无意义．

【例 2】 $A=\begin{pmatrix}1&2\\1&2\end{pmatrix}$，$B=\begin{pmatrix}1&-1\\-1&1\end{pmatrix}$．

解： $AB=\begin{pmatrix}-1&1\\-1&1\end{pmatrix}$，$BA=\begin{pmatrix}0&0\\0&0\end{pmatrix}$

$AB\neq BA$；$A\neq O$，$B\neq O$，但是 $BA=O$.

【例 3】 $A=\begin{pmatrix}1&0&-1&2\\-1&1&3&0\\0&5&-1&4\end{pmatrix}$，$B=\begin{pmatrix}0&3&4\\1&2&1\\3&1&-1\\-1&2&1\end{pmatrix}$．

解： $AB=\begin{pmatrix}1&0&-1&2\\-1&1&3&0\\0&5&-1&4\end{pmatrix}\begin{pmatrix}0&3&4\\1&2&1\\3&1&-1\\-1&2&1\end{pmatrix}=\begin{pmatrix}-5&6&7\\10&2&-6\\-2&17&10\end{pmatrix}$．

矩阵的乘法的运算规律：

（1）$(AB)C=A(BC)$

（2）$\lambda(AB)=(\lambda A)B=A(\lambda B)$；$\lambda$ 为数

（3）$A(B+C)=AB+AC,(B+C)A=BA+CA$

（4）对于单位矩阵 E，有

$$E_mA_{m\times n}=A_{m\times n},A_{m\times n}E_n=A_{m\times n}$$

即 $$EA=AE=A$$

（5）$A_{n\times n}$，k,l 为正整数，

$$A^1=A,\ A^{k+1}=A^kA(k=1,2,\cdots)$$

$$A^kA^l=A^{k+l}(A^k)^l=A^{kl}$$

注意：

（1）矩阵乘法不适合交换律，一般说来，$AB \neq BA,(AB)^k \neq A^k B^k$

对于两个 n 阶方阵 A，B，若 AB = BA，称方阵 A 与 B 可交换，比如：

$$A=\begin{pmatrix}2&0\\0&2\end{pmatrix},\ B=\begin{pmatrix}1&-1\\-1&1\end{pmatrix},\ AB=\begin{pmatrix}2&-2\\-2&2\end{pmatrix}=BA$$

此时称 A 和 B 是可交换的；

（2）矩阵乘法不满足消去律，即：$AB=AC$，且 $A\neq 0$ 时，不能消去 A 而得到 $B=C$.

4. 矩阵的转置

定义 6.9 把矩阵 A 的行换成同序数的列得到一个新矩阵，称为 A 的转置矩阵，记作 A^T.

$$A=\begin{pmatrix}a_{11}&a_{12}&\cdots&a_{1n}\\a_{21}&a_{22}&\cdots&a_{2n}\\\vdots&\vdots&&\vdots\\a_{m1}&a_{m2}&\cdots&a_{mn}\end{pmatrix},\ 则\ A^T=\begin{pmatrix}a_{11}&a_{21}&\cdots&a_{m1}\\a_{12}&a_{22}&\cdots&a_{m2}\\\vdots&\vdots&&\vdots\\a_{1n}&a_{2n}&\cdots&a_{mn}\end{pmatrix} \quad (6-13)$$

例如：

$$A=\begin{pmatrix}1&2&2\\4&5&8\end{pmatrix},\ A^T=\begin{pmatrix}1&4\\2&5\\2&8\end{pmatrix};$$

$$B=(18\quad 6),\ B^T=\begin{pmatrix}18\\6\end{pmatrix}.$$

A 的转置也是一种运算，满足：

（1）$(A^T)^T=A$

（2）$(A+B)^T=A^T+B^T$

（3）$(\lambda A)^T=\lambda A^T$

（4）$(AB)^T=B^TA^T$

【例 4】 已知：$A=\begin{pmatrix}2&0&-1\\1&3&2\end{pmatrix},B=\begin{pmatrix}1&7&-1\\4&2&3\\2&0&1\end{pmatrix}$，求 $(AB)^T$.

解法 1：

因为 $AB=\begin{pmatrix}2&0&-1\\1&3&2\end{pmatrix}\begin{pmatrix}1&7&-1\\4&2&3\\2&0&1\end{pmatrix}=\begin{pmatrix}0&14&-3\\17&13&10\end{pmatrix}$，

所以 $(AB)^T=\begin{pmatrix}0&17\\14&13\\-3&10\end{pmatrix}$.

解法 2：

$$(AB)^T=B^TA^T=\begin{pmatrix}1&4&2\\7&2&0\\-1&3&1\end{pmatrix}\begin{pmatrix}2&1\\0&3\\-1&2\end{pmatrix}=\begin{pmatrix}0&17\\14&13\\-3&10\end{pmatrix}.$$

5. 对称距阵

定义 6.10 设 A 为 n 阶方阵，如果满足 $A=A^T$，即 $a_{ij}=a_{ji}(i,j=1,2,3,\cdots,n)$ 那么 A 称为对称距阵.

例如，$A=\begin{pmatrix}12 & 6 & 1\\ 6 & 8 & 0\\ 1 & 0 & 6\end{pmatrix}$ 为对称距阵.

规律总结

对称距阵的元素以主对角线为对称轴对应相等.

如果 $A^T=-A$，则矩阵 A 称为反对称的.

A 是对称矩阵 $\Leftrightarrow A^T=A$

A 是反对称矩阵 $\Leftrightarrow A^T=-A$

【例 5】 设列矩阵 $X=(x_1,x_2,\cdots,x_n)^T$ 满足 $X^TX=1$，E 是 n 阶单位阵，$H=E-2XX^T$，证明 H 是对称矩阵，且 $HH^T=E$

证明： $H^T=(E-2XX^T)^T=E^T-2XX^T=E-2XX^T=H$

所以 H 是对称矩阵.

$$\begin{aligned}HH^T&=H^2=(E-2XX^T)^2=E-4XX^T+4(XX^T)(XX^T)\\&=E-4XX^T+4X(X^TX)X^T=E-4XX^T+4XX^T=E\end{aligned}$$

学习小结

(1) 矩阵是指______________________________.

(2) 常见的几种特殊的矩阵有______________________________.

(3) 同型矩阵与矩阵相等的区别是______________________________.

(4) 矩阵的运算有____________________；它们与行列式的运算的区别为______________________________.

(5) 矩阵的转置是______________________________.
对称阵是______________________________.

【习题 6.3】

1. $A=\begin{pmatrix}1 & x & 5 & 8\\ -1 & w & 7 & 1\\ z & 0 & 13 & -32\\ -6 & -15 & 9 & 2\end{pmatrix}$，$B=\begin{pmatrix}1 & 3 & 5 & 8\\ -1 & 11 & 7 & 1\\ 4 & 0 & 13 & y\\ -6 & t & 9 & 2\end{pmatrix}$，已知 $A=B$，求 x,y,z,w,t.

2. 设 A 与 B 为 n 阶方阵，问等式 $A^2-B^2=(A+B)(A-B)$ 成立的充要条件是什么？

3. 证明任一 n 阶矩阵 A 都可表示成对称阵与反对称阵之和.

4. 计算：

（1）$A=\begin{pmatrix}0&1&0\\1&0&0\\0&0&1\end{pmatrix}$，$B=\begin{pmatrix}1&1&1\\1&2&1\\1&1&3\end{pmatrix}$，求 AB，$(AB)^T$，BA.

（2）$2A=\begin{pmatrix}2&0&-1\\1&3&2\end{pmatrix}$，$B=\begin{pmatrix}1&7&-1\\4&2&3\\2&0&1\end{pmatrix}$，求 AB.

（3）$A=\begin{pmatrix}1&1\\-1&-1\end{pmatrix}$，$B=\begin{pmatrix}1&-1\\-1&1\end{pmatrix}$，$C=\begin{pmatrix}2&-2\\-2&2\end{pmatrix}$，求 $3A-2BC^T$.

（4）设 $A=\begin{pmatrix}1&-2&0\\4&3&5\end{pmatrix}$，$B=\begin{pmatrix}8&2&6\\5&3&4\end{pmatrix}$，满足 $2A+X=B-2X$，求 X.

6.4 逆矩阵与矩阵的秩

【本节提示】 本节将要介绍伴随矩阵、逆矩阵、矩阵的秩的概念，最后介绍伴随矩阵、逆矩阵以及矩阵方程的求法．通过本节的学习，希望理解矩阵、逆矩阵、矩阵的秩的概念；掌握伴随矩阵、逆矩阵以及矩阵方程的求法．

1. 方阵的行列式

定义 6.11　由 n 阶方阵 A 的元素所构成的行列式，称为方阵 A 的行列式，记作 $|A|$ 或 $\det A$.

例如：$A=\begin{pmatrix}2&3\\6&8\end{pmatrix}$，则 $|A|=\begin{vmatrix}2&3\\6&8\end{vmatrix}=-2$.

运算规律：（1）$|A^T|=|A|$；（2）$|\lambda A|=\lambda^n|A|$；（3）$|AB|=|A||B|$.

注意：虽然 $AB\neq BA$，但 $|AB|=|BA|$.

2. 伴随矩阵

定义 6.12　行列式 $|A|$ 的各个元素的代数余子式 A_{ij} 所构成的如下矩阵：

$$A^*=\begin{pmatrix}A_{11}&A_{21}&\cdots&A_{n1}\\A_{12}&A_{22}&\cdots&A_{n2}\\\cdots&\cdots&\cdots&\cdots\\A_{1n}&A_{2n}&\cdots&A_{nn}\end{pmatrix}\tag{6-14}$$

称为矩阵 A 的**伴随矩阵**.

性质：$AA^*=A^*A=|A|E$.

3. 逆矩阵

我们知道一个数 a 的倒数 a^{-1}（或称 a 的逆），具有性质 $aa^{-1}=a^{-1}a=1$，在矩阵的运算中，单位距阵 E 相当于数的乘法运算中的 1，类似地，可以引入矩阵的逆的概念.

定义 6.13 设 A 为 n 阶方阵，若存在 n 阶方阵 B，使得 $AB=BA=E$，则称矩阵 A 是可逆的，方阵 B 称为 A 的**逆矩阵**，记作 $A^{-1}=B$.

显然，零方阵是不可逆的，而非零方阵也不一定都可逆，如：$A=\begin{pmatrix}1&0\\0&0\end{pmatrix}$就不可逆.

注意：单位距阵 E 都可逆.

(1) 如果矩阵 A 可逆，则其逆矩阵是唯一的，A 的逆矩阵记做 A^{-1}，

因为设 B,C 都是 A 的逆距阵，则有：

$$B=BE=B(AC)=(BA)C=EC=C$$

(2) 定义的条件可以改为只要求 $AB=E$ 或 $BA=E$，则 B 就是 A 的逆矩阵.

4. 逆矩阵的求法：

(1) 待定系数法.

【例 1】 设 $A=\begin{pmatrix}1&0\\-1&1\end{pmatrix}$，求 A 的逆矩阵.

解： 设 $B=\begin{pmatrix}a&b\\c&d\end{pmatrix}$是 A 的逆矩阵，则

$$AB=\begin{pmatrix}1&0\\-1&1\end{pmatrix}\begin{pmatrix}a&b\\c&d\end{pmatrix}=\begin{pmatrix}1&0\\0&1\end{pmatrix}\Rightarrow\begin{pmatrix}a&b\\-a+c&-b+d\end{pmatrix}=\begin{pmatrix}1&0\\0&1\end{pmatrix}$$

$$\Rightarrow\begin{cases}a=1\\b=0\\-a+c=0\\-b+d=1\end{cases}\Rightarrow\begin{cases}a=1\\b=0\\c=1\\d=1\end{cases}$$

$$\text{因为}\overset{AB}{\begin{pmatrix}1&0\\-1&1\end{pmatrix}\begin{pmatrix}1&0\\1&1\end{pmatrix}}=\overset{BA}{\begin{pmatrix}1&0\\1&1\end{pmatrix}\begin{pmatrix}1&0\\-1&1\end{pmatrix}}=\begin{pmatrix}1&0\\0&1\end{pmatrix}$$

所以 $A^{-1}=\begin{pmatrix}1&0\\1&1\end{pmatrix}$.

(2) 矩阵可逆的判别定理及求法二.

定理 6.4 若矩阵 A 可逆，则 $|A|\neq 0$.

定理 6.5 若 $|A|\neq 0$，则矩阵 A 可逆，且

$$A^{-1}=\frac{1}{|A|}A^{*}\qquad(\text{其中 } A^{*} \text{ 为 } A \text{ 的伴随矩阵})$$

规律总结

特别地，对二阶方阵 $A=\begin{pmatrix}a&b\\c&d\end{pmatrix}$，当 $|A|=ad-bc\neq 0$ 时，有：

$$A^{-1}=\frac{1}{|A|}A^{*}=\frac{1}{ad-bc}\begin{pmatrix} d & -b \\ -c & a \end{pmatrix}$$

当 $|A|=0$ 时称 A 为**奇异矩阵**，否则称 A 为**非奇异矩阵**，可逆矩阵就是非奇异矩阵.

推论　若 $AB=E$(或 $BA=E$)，则 $B=A^{-1}$.

5. 可逆矩阵的运算性质

(1) 若 A 可逆，则 A^{-1}亦可逆，且$(A^{-1})^{-1}=A$;

(2) 若 A 可逆，数 $\lambda\neq0$，则 λA 可逆，且$(\lambda A)^{-1}=\frac{1}{\lambda}A^{-1}$;

(3) 若 A，B 为同阶方阵且均可逆，则 AB 亦可逆，且$(AB)^{-1}=B^{-1}A^{-1}$.

证明：因为$(AB)(B^{-1}A^{-1})=A(BB^{-1})A^{-1}=AEA^{-1}=AA^{-1}=E$,

所以$(AB)^{-1}=B^{-1}A^{-1}$.

推广　$(A_1A_2\cdots A_m)^{-1}=A_m^{-1}\cdots A_2^{-1}A_1^{-1}$

(4) 若 A 可逆，则 A^T 亦可逆，且$(A^T)^{-1}=(A^{-1})^T$.

证明：因为 $A^T(A^{-1})^T=(A^{-1}A)^T=E^T=E$,

所以$(A^T)^{-1}=(A^{-1})^T$.

另外，当$|A|\neq0$ 时，定义

$A^0=E$，$A^{-k}=(A^{-1})^k$（k 为正整数）

当$|A|\neq0$，λ，μ 为整数时，有:

$A^{\lambda}A^{\mu}=A^{\lambda+\mu}$，$(A^{\lambda})^{\mu}=A^{\lambda\mu}$.

(5) 若 A 可逆，则有$|A^{-1}|=\frac{1}{|A|}=|A|^{-1}$.

证明：因为 $AA^{-1}=E$,

所以$|A||A^{-1}|=1$，$|A^{-1}|=\frac{1}{|A|}=|A|^{-1}$.

注意：$(A+B)^{-1}\neq A^{-1}+B^{-1}$

例如：$A=\begin{pmatrix} 1 & 0 \\ 0 & -1 \end{pmatrix}$，$B=\begin{pmatrix} 1 & 0 \\ 0 & 1 \end{pmatrix}$，$C=\begin{pmatrix} 1 & 0 \\ 0 & 2 \end{pmatrix}$

A，B 可逆，但 $A+B=\begin{pmatrix} 2 & 0 \\ 0 & 0 \end{pmatrix}$不可逆;

A，C 可逆，且 $A+C=\begin{pmatrix} 2 & 0 \\ 0 & 1 \end{pmatrix}$可逆，但 $A^{-1}+C^{-1}\neq(A+C)^{-1}$.

【例 2】　求方阵 $A=\begin{pmatrix} 1 & 2 & 3 \\ 2 & 2 & 1 \\ 3 & 4 & 3 \end{pmatrix}$的逆距阵.

解：$|A|=2$，知 A 可逆，$|A|$的余子式

$M_{11}=2$，$M_{12}=3$，$M_{13}=2$

$M_{21}=-6$，$M_{22}=-6$，$M_{23}=-2$

$$M_{31}=-4,\ M_{32}=-5,\ M_{33}=-2$$

得

$$A^*=\begin{pmatrix}M_{11}&-M_{21}&M_{31}\\-M_{12}&M_{22}&-M_{32}\\M_{13}&-M_{23}&M_{33}\end{pmatrix}=\begin{pmatrix}2&6&-4\\-3&-6&5\\2&2&-2\end{pmatrix}$$

所以,

$$A^{-1}=\frac{1}{|A|}A^*=\begin{pmatrix}1&3&-2\\-\frac{3}{2}&-3&\frac{5}{2}\\1&1&-1\end{pmatrix}.$$

【例 3】 设 $A_{n\times n}$满意 $A^2-2A-4E=O$，求$(A+E)^{-1}$.

解： $A^2-2A-4E=O\Rightarrow A^2-2A-3E=E$

$$\Rightarrow(A+E)(A-3E)=E\Rightarrow(A+E)^{-1}=A-3E.$$

【例 4】 下列矩阵是否可逆？若可逆，求出其逆矩阵.

$$A=\begin{pmatrix}1&2&0\\2&1&-1\\3&1&1\end{pmatrix};\ B=\begin{pmatrix}2&3&-1\\-1&3&5\\1&5&3\end{pmatrix}$$

解： 因为 $|A|=\begin{vmatrix}1&2&0\\2&1&-1\\3&1&1\end{vmatrix}=-8\neq0$，故 A 可逆.

$$A^*=\begin{pmatrix}2&-2&-2\\-5&1&1\\-1&5&-3\end{pmatrix}\text{故 }A^{-1}=\frac{A^*}{|A|}=-\frac{1}{8}\begin{pmatrix}2&-2&-2\\-5&1&1\\-1&5&-3\end{pmatrix}$$

由于 $|B|=\begin{vmatrix}2&3&-1\\-1&3&5\\1&5&3\end{vmatrix}=0$，故 B 不可逆.

【例 5】 已知 $A=\begin{pmatrix}1&0&0&0&0\\0&2&0&0&0\\0&0&3&0&0\\0&0&0&4&0\\0&0&0&0&5\end{pmatrix}$，求 A^{-1}.

解： 因 $|A|=5!\neq0$，故 A^{-1}存在，由伴随矩阵法得：

$$A^{-1}=\frac{A^*}{|A|}=\frac{1}{5!}\begin{pmatrix}2\cdot3\cdot4\cdot5&0&0&0&0\\0&1\cdot3\cdot4\cdot5&0&0&0\\0&0&1\cdot2\cdot4\cdot5&0&0\\0&0&0&1\cdot2\cdot3\cdot5&0\\0&0&0&0&1\cdot2\cdot3\cdot4\end{pmatrix}$$

$$=\begin{pmatrix}1&0&0&0&0\\0&\frac{1}{2}&0&0&0\\0&0&\frac{1}{3}&0&0\\0&0&0&\frac{1}{4}&0\\0&0&0&0&\frac{1}{5}\end{pmatrix}.$$

【例 6】　设 $A=\begin{pmatrix}1&2&3\\2&2&1\\3&4&3\end{pmatrix}$，$B=\begin{pmatrix}1&0\\-1&1\end{pmatrix}$，$C=\begin{pmatrix}1&3\\2&0\\3&1\end{pmatrix}$．求矩阵 X，并满足 $AXB=C$.

解：因为 $|A|=\begin{vmatrix}1&2&3\\2&2&1\\3&4&3\end{vmatrix}=2\neq0$，$|B|=\begin{vmatrix}1&0\\-1&1\end{vmatrix}=1\neq0$

所以 A^{-1},B^{-1}都存在．且

$$A^{-1}=\begin{pmatrix}1&3&-2\\-\frac{3}{2}&-3&\frac{5}{2}\\1&1&-1\end{pmatrix},\quad B^{-1}=\begin{pmatrix}1&0\\1&1\end{pmatrix}$$

又由 $AXB=C\Rightarrow A^{-1}AXBB^{-1}=A^{-1}CB^{-1}$

$\Rightarrow X=A^{-1}CB^{-1}$

于是　$X=A^{-1}CB^{-1}$

$$=\begin{pmatrix}1&3&-2\\-\frac{3}{2}&-3&\frac{5}{2}\\1&1&-1\end{pmatrix}\begin{pmatrix}1&3\\2&0\\3&1\end{pmatrix}\begin{pmatrix}1&0\\1&1\end{pmatrix}$$

$$=\begin{pmatrix}1&1\\0&-2\\0&2\end{pmatrix}\begin{pmatrix}1&0\\1&1\end{pmatrix}=\begin{pmatrix}2&1\\-2&-2\\2&2\end{pmatrix}.$$

【例 7】　解矩阵方程：

（1）$\begin{pmatrix}1&3\\2&4\end{pmatrix}X=\begin{pmatrix}3&2\\1&4\end{pmatrix}$；

（2）$X\begin{pmatrix}1&2&3\\2&2&1\\3&4&3\end{pmatrix}=\begin{pmatrix}1&2&-3\\2&0&4\\0&-1&5\end{pmatrix}$；

（3）$\begin{pmatrix}1&-1&1\\1&1&0\\2&1&1\end{pmatrix}X\begin{pmatrix}1&-1&1\\1&1&0\\3&2&1\end{pmatrix}=\begin{pmatrix}4&2&3\\0&-1&5\\2&1&1\end{pmatrix}$.

解：（1）给方程两端左乘矩阵$\begin{pmatrix}1&3\\2&4\end{pmatrix}^{-1}$，得：

$$\begin{pmatrix}1&3\\2&4\end{pmatrix}^{-1}\begin{pmatrix}1&3\\2&4\end{pmatrix}X=\begin{pmatrix}1&3\\2&4\end{pmatrix}^{-1}\begin{pmatrix}3&2\\1&4\end{pmatrix}$$

$$\Rightarrow X=\begin{pmatrix}1&-5\\-1&4\end{pmatrix}^{-1}\begin{pmatrix}3&2\\1&4\end{pmatrix}=\begin{pmatrix}-4&3\\2&-1\end{pmatrix}\begin{pmatrix}3&2\\1&4\end{pmatrix}=\begin{pmatrix}-9&4\\5&0\end{pmatrix}.$$

（2）给方程两端右乘矩阵$\begin{pmatrix}1&2&3\\2&2&1\\3&4&3\end{pmatrix}^{-1}$，得：

$$X=\begin{pmatrix}1&2&-3\\2&0&4\\0&-1&5\end{pmatrix}\begin{pmatrix}1&2&3\\2&2&1\\3&4&3\end{pmatrix}^{-1}=\begin{pmatrix}-5&-6&6\\6&10&-8\\\frac{13}{2}&8&-\frac{15}{2}\end{pmatrix}.$$

（3）给方程两端左乘矩阵$\begin{pmatrix}1&-1&1\\1&1&0\\2&1&1\end{pmatrix}^{-1}$，右乘矩阵$\begin{pmatrix}1&-1&1\\1&1&0\\3&2&1\end{pmatrix}^{-1}$，得：

$$X=\begin{pmatrix}1&-1&1\\1&1&0\\2&1&1\end{pmatrix}^{-1}\begin{pmatrix}4&2&3\\0&-1&5\\2&1&1\end{pmatrix}\begin{pmatrix}1&-1&1\\1&1&0\\3&2&1\end{pmatrix}^{-1}$$

$$=\begin{pmatrix}1&2&-1\\-1&-1&1\\1&-3&2\end{pmatrix}\begin{pmatrix}4&2&3\\0&-1&5\\2&1&1\end{pmatrix}\begin{pmatrix}1&3&-1\\-1&-2&1\\-1&-5&2\end{pmatrix}=\begin{pmatrix}-9&-52&21\\5&29&-12\\11&60&-21\end{pmatrix}.$$

6. 矩阵的秩

（1）k 阶子式．

定义 6.14　在 $m\times n$ 矩阵 A 中，任取 k 行 k 列($1\leqslant k\leqslant\min\{m,n\}$)，位于这些行列交叉处的 k^2 个元素按照它们在矩阵中的相对位置不变构成一个 k 阶行列式，称为矩阵 A 的一个 k 阶子式，记作 $\boldsymbol{D}_k$.

例如：$A=\begin{pmatrix}1&2&1&-4\\0&0&1&9\\0&0&-2&-18\end{pmatrix}$的所有 3 阶子式共有 4 个．显然，$m\times n$ 矩阵 A 的 k 阶子式共有 $C_m^kC_n^k$ 个．

（2）矩阵的秩．

定义 6.15　矩阵 A 的非零子式的最高阶数称为矩阵 A 的秩，记做 $R(A)$．特别地，**规定零矩阵的秩等于零．**

性质：① $R(A_{m\times n})\leqslant\min\{m,n\}$

② $\boldsymbol{k\neq0}$ 时 $R(kA)=R(A)$

③ $R(A^T)=R(A)$

④$\boldsymbol{A}$ 中的一个 $\boldsymbol{D}_r \neq \boldsymbol{0} \Rightarrow R(A) \geqslant r$

⑤$\boldsymbol{A}$ 中所有的 $\boldsymbol{D}_{r+1} = \boldsymbol{0} \Rightarrow R(A) \leqslant r$

【例 8】 求矩阵 $A=\begin{pmatrix}1 & 2 & 1 & -4\\ 0 & 0 & 1 & 9\\ 0 & 0 & -2 & -18\end{pmatrix}$的秩.

解： 已知矩阵 A 的所有 3 阶子式共 4 个，全都是零子式，再考察 2 阶子式，

显然，$\begin{vmatrix}2 & 1\\ 0 & 1\end{vmatrix}=2\neq 0$，所以 $R(A)=2$.

注意： $\boldsymbol{A}_{m\times n}$，若 $R(A)=m$，称 $\boldsymbol{A}$ 为行满秩矩阵；若 $R(A)=n$，称 $\boldsymbol{A}$ 为列满秩矩阵.

$\boldsymbol{A}_{n\times n}$，若 $R(A)=n$，称 $\boldsymbol{A}$ 为满秩矩阵（可逆矩阵，非奇异矩阵）；若 $R(A)<n$，称 $\boldsymbol{A}$ 为降秩矩阵（不可逆矩阵，奇异矩阵）.

学习小结

（1）伴随矩阵是指______________________________.

（2）逆矩阵的判定定理与求法是______________________________

____.

（3）逆矩阵的运算性质有______________________________.

（4）矩阵的秩是指______________________________.

它的性质有__________________________________

.

【习题 6.4】

1. 求下列矩阵的伴随矩阵：

（1）$\begin{pmatrix}3 & 2\\ 1 & 0\end{pmatrix}$；　（2）$\begin{pmatrix}6 & 0\\ 0 & -2\end{pmatrix}$；

（3）$\begin{pmatrix}1 & -2 & 5\\ -3 & 0 & 4\\ 2 & 1 & 6\end{pmatrix}$.

2. 判断下列方阵是否可逆？若可逆，求逆矩阵.

（1）$\begin{pmatrix}1 & 0 & 8\\ 0 & 1 & 0\\ 0 & 0 & 1\end{pmatrix}$；　（2）$\begin{pmatrix}3 & -4 & 5\\ 2 & -3 & 1\\ 3 & -5 & -1\end{pmatrix}$；

（3）$\begin{pmatrix}1 & 1 & 1 & 1\\ 1 & 1 & -1 & -1\\ 1 & -1 & 1 & -1\\ 1 & -1 & -1 & 1\end{pmatrix}$；　（4）$\begin{pmatrix}3 & 2 & 0 & 0\\ 4 & 5 & 0 & 0\\ 0 & 0 & 4 & 1\\ 0 & 0 & 6 & 2\end{pmatrix}$.

3. 求满足下列方程的矩阵 X：

(1) $\begin{pmatrix} 1 & -2 & 0 \\ 1 & -2 & -1 \\ -3 & 1 & 2 \end{pmatrix} X = \begin{pmatrix} -1 & 4 \\ 2 & 5 \\ 1 & -3 \end{pmatrix}$；　(2) $X\begin{pmatrix} 1 & 1 & 1 \\ 0 & 1 & 1 \\ 0 & 0 & 1 \end{pmatrix} = \begin{pmatrix} 1 & -2 & 1 \\ 0 & 1 & -1 \end{pmatrix}$；

(3) $X + \begin{pmatrix} 2 & 5 \\ 1 & 3 \end{pmatrix} X = \begin{pmatrix} 4 & -6 \\ 2 & 1 \end{pmatrix}$；　(4) $\begin{pmatrix} 1 & 4 \\ -1 & 2 \end{pmatrix} X \begin{pmatrix} 2 & 0 \\ -1 & 1 \end{pmatrix} = \begin{pmatrix} 3 & 1 \\ 0 & -1 \end{pmatrix}$.

6.5 矩阵的初等变换

【本节提示】 本节将要介绍矩阵初等变换的概念，在这基础上介绍利用矩阵初等变换求逆矩阵以及矩阵的秩．通过本节的学习，应该理解矩阵初等变换的概念；掌握利用矩阵初等变换求逆矩阵以及矩阵的秩．

1. 矩阵的初等变换

什么是初等变换？线性方程组的一般形式为：

$$\begin{cases} a_{11}x_1 + a_{12}x_2 + \cdots + a_{1n}x_n = b_1 \\ a_{21}x_1 + a_{22}x_2 + \cdots + a_{2n}x_n = b_2 \\ \cdots\cdots\cdots\cdots\cdots \\ a_{m1}x_1 + a_{m2}x_2 + \cdots + a_{mn}x_n = b_m \end{cases}$$

用矩阵形式表示此线性方程组：

$$\begin{pmatrix} a_{11} & a_{12} & \cdots & a_{1n} \\ a_{21} & a_{22} & \cdots & a_{2n} \\ \vdots & \vdots & \ddots & \vdots \\ a_{m1} & a_{m2} & \cdots & a_{mn} \end{pmatrix} \begin{pmatrix} x_1 \\ x_2 \\ \vdots \\ x_n \end{pmatrix} = \begin{pmatrix} b_1 \\ b_2 \\ \vdots \\ b_m \end{pmatrix}$$

$$A = (a_{ij})_{m \times n} \qquad x = \begin{pmatrix} x_1 \\ x_2 \\ \vdots \\ x_n \end{pmatrix} \quad b = \begin{pmatrix} b_1 \\ b_2 \\ \vdots \\ b_m \end{pmatrix}$$

则，线性方程组可表示为 $Ax = b$.

可以用消元法求解线性方程组．可以始终把方程组看做一个整体变形，用到如下三种变换：

(1) 交换方程次序；

(2) 以不等于 0 的数乘某个方程；

(3) 一个方程加上另一个方程的 k 倍．

由于三种变换都是可逆的，所以变换前的方程组与变换后的方程组是同解的，故这三种变换是同解变换.

因为在上述变换过程中，仅仅只对方程组的系数和常数进行运算，未知量并未参与运算，若记

$$B=(A\mid b)=\begin{pmatrix} a_{11} & a_{12} & \cdots & a_{1n} & b_1 \\ a_{21} & a_{22} & \cdots & a_{2n} & b_2 \\ \vdots & \vdots & \ddots & \vdots & \vdots \\ a_{m1} & a_{m2} & \cdots & a_{mn} & b_m \end{pmatrix}$$

则对方程组的变换完全可以转换为对矩阵 B（方程组的增广矩阵）的变换.

规律总结

求解线性方程组实质上是对增广矩阵施行三种初等运算统称为矩阵的初等行变换：

（1）对调矩阵的两行；

（2）用非零常数 k 乘矩阵的某一行的所有元素；

（3）将矩阵的某一行所有元素乘以非零常数 k 后加到另一行对应元素上.

定义 6.16　下面三种变换称为矩阵的初等行变换：

（1）对调两行（对调 i,j 两行，记作 $r_i\leftrightarrow r_j$）；

（2）以数 $k\neq 0$ 乘以某一行的所有元素；

（3）把某一行所有元素的 k 倍加到另一行对应的元素上去（第 j 行的 k 倍加到第 i 行上记做 r_i+kr_j）.

同理可定义矩阵的初等列变换（把"r"换成"c"）：

$$\text{矩阵的初等变换}\begin{cases}\text{初等行变换}\\ \text{初等列变换}\end{cases}$$

通常称为（1）对换变换；（2）倍乘变换；（3）倍加变换；初等变换的逆变换仍为初等变换，且变换类型相同.

$r_i\leftrightarrow r_j$ 逆变换为 $r_i\leftrightarrow r_j$

$r_i\times k$ 逆变换为 $r_i\times(\frac{1}{k})$ 或 $r_i\div k$

r_i+kr_j 逆变换为 $r_i+(-k)r_j$ 或 r_i-kr_j

定义 6.17　如果矩阵 A 经有限次初等变换变成矩阵 B，就称矩阵 A 与 B 等价，记作 $A\Leftrightarrow B$. 等价关系的性质：

（1）**反身性**：$A\Leftrightarrow A$；

（2）**对称性**：若 $A\Leftrightarrow B$，则 $B\Leftrightarrow A$；

（3）**传递性**：若 $A\Leftrightarrow B$，$B\Leftrightarrow C$，则 $A\Leftrightarrow C$.

具有上述三条性质的关系称为**等价**. 例如，两个线性方程组同解，就称这两个线性方程组等价.

2. 初等矩阵

矩阵初等变换是矩阵的一种基本运算，应用广泛.

定义 6.18 由单位矩阵 E 经过一次初等变换得到的距阵称为**初等矩阵**.

三种初等变换对应着三种初等距阵：

- 对调两行或两列；
- 以数 $k\neq 0$ 乘某行或某列；
- 以数 k 乘某行(列)加到另一行(列)上去.

(1) 对调两行或两列，得初等对换矩阵. 对调 E 中第 i,j 两行，即$(r_i\leftrightarrow r_j)$，得初等方阵：

$$E(i,j)=\begin{pmatrix}1&&&&&&&&\\&\ddots&&&&&&&\\&&1&&&&&&\\&&&0&\cdots&\cdots&1&&\\&&&&1&&&&\\&&&\vdots&&\ddots&\vdots&&\\&&&&&&1&&\\&&&1&\cdots&\cdots&0&&\\&&&&&&&1&\\&&&&&&&&\ddots\\&&&&&&&&&1\end{pmatrix}\begin{matrix}\\\\\\\leftarrow\text{第 } i \text{ 行}\\\\\\\\\leftarrow\text{第 } j \text{ 行}\\\\\\\\\end{matrix}$$

(2) 以数 $k\neq 0$ 乘某行或某列，得初等倍乘矩阵. 以数 $k\neq 0$ 乘单位矩阵的第 i 行$(r_i\times k)$，得初等矩阵 $E(i(k))$：

$$E(i(k))=\begin{pmatrix}1&&&&&&\\&\ddots&&&&&\\&&1&&&&\\&&&k&&&\\&&&&1&&\\&&&&&\ddots&\\&&&&&&1\end{pmatrix}\begin{matrix}\\\\\\\leftarrow\text{第 } i \text{ 行}\\\\\\\\\end{matrix}$$

(3) 以数 $k\neq 0$ 乘某行（列）加到另一行（列）上，得初等倍加矩阵. 以 k 乘 E 的第 j 行加到第 i 行上(r_i+kr_j)或以 k 乘 E 的第 i 列加到第 j 列上(c_j+kc_i)，

$$E(ij(k))=\begin{pmatrix}1&&&&&&\\&\ddots&&&&&\\&&1&\cdots&k&&\\&&&\ddots&\vdots&&\\&&&&1&&\\&&&&&\ddots&\\&&&&&&1\end{pmatrix}\begin{matrix}\\\\\leftarrow\text{第 } i \text{ 行}\\\\\leftarrow\text{第 } j \text{ 行}\\\\\\\end{matrix}$$

初等矩阵是可逆的，逆矩阵仍为初等矩阵.

- 变换 $r_i\leftrightarrow r_j$ 的逆变换是其本身，则 $E(i,j)^{-1}=E(i,j)$；
- 变换 $r_i\times k$ 的逆变换为 $r_i\times\frac{1}{k}$，则 $E(i(k))^{-1}=E(i(\frac{1}{k}))$；

- 变换 $r_i + kr_j$ 的逆变换为 $r_i + (-k)r_j$，则 $E(i,j(k))^{-1} = E(i,j(-k))$.

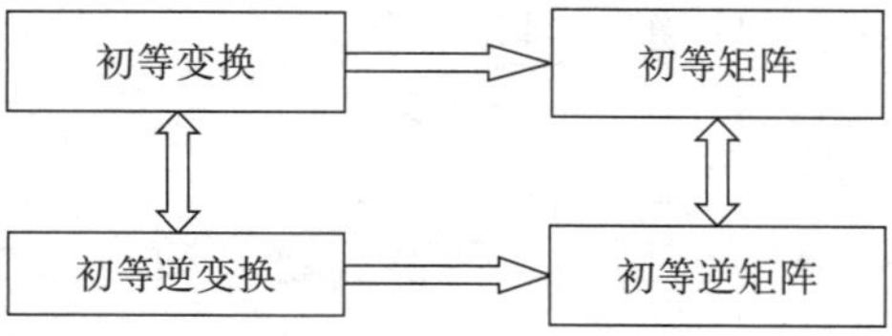

3. 矩阵的秩的求法（初等变换法）

如果按照定义求矩阵的秩，当矩阵的行数列数较多时是很麻烦的．下面我们考虑用矩阵的初等行变换的方法来求解，为此先介绍行阶梯形矩阵，它的秩就等于非零行的行数．

定理 6.6　初等变换不改变矩阵的秩．

总之，若矩阵 A 经过有限次初等变换变为 B，则 $R(A) = R(B)$，即**矩阵等价就等秩**．

规律总结

根据这一定理，为求矩阵的秩，只要把矩阵用初等行变换化为行阶梯形矩阵，则其非零行的行数就是该矩阵的秩．

定义 6.19　如果每一行的第一个非零元向下的元素（如果有的话）全为零，则称该矩阵为**行阶梯阵**．

即：若 $\mathrm{R}(A_{m\times n}) = r(r>0)$，则

$$A \xrightarrow{\text{行}} \begin{pmatrix} 0 & \cdots & 0 & b_{1i_1} & \cdots & b_{1i_2} & \cdots & \cdots & b_{1i_r} & \cdots & * \\ & & & & & b_{2i_1} & \cdots & \cdots & b_{2i_r} & \cdots & * \\ & & & & & & & \cdots & \cdots & \cdots & \cdots \\ & & & & & & & & b_{ri_r} & \cdots & * \\ & & & & & & & & 0 & \cdots & 0 \\ & & & & & & & & \vdots & & \vdots \\ & & & & & & & & 0 & \cdots & 0 \end{pmatrix} = \boldsymbol{B}\text{：行阶梯形} \qquad (6-15)$$

$$A \xrightarrow{\text{行}} \begin{pmatrix} 0 & \cdots & 0 & \overset{[\boldsymbol{i_1}]}{1} & \cdots & \overset{[\boldsymbol{i_2}]}{0} & \cdots & \cdots & \overset{[\boldsymbol{i_r}]}{0} & \cdots & * \\ & & & & & 1 & \cdots & \cdots & 0 & \cdots & * \\ & & & & & & & \cdots & \cdots & \cdots & \cdots \\ & & & & & & & & 1 & \cdots & * \\ & & & & & & & & 0 & \cdots & 0 \\ & & & & & & & & \vdots & & \vdots \\ & & & & & & & & 0 & \cdots & 0 \end{pmatrix} = \boldsymbol{H}\text{：行最简形} \qquad (6-16)$$

如：$\begin{pmatrix} 3 & 1 & 2 & 1 \\ 0 & 1 & -1 & 3 \\ 0 & 0 & 0 & 2 \\ 0 & 0 & 0 & 0 \end{pmatrix}$是行阶梯形　$\begin{pmatrix} 5 & 7 & 8 & 9 \\ 0 & 3 & 1 & 1 \\ 0 & 2 & 1 & -4 \\ 0 & 0 & 3 & 1 \end{pmatrix}$不是行阶梯形

【例 1】 设矩阵 $A=\begin{pmatrix}1&2&1&2&1\\2&1&0&-1&-2\\-1&1&2&1&2\\3&4&2&-2&-3\end{pmatrix}$，求 $R(A)$.

解：$\begin{pmatrix}1&2&1&2&1\\2&1&0&-1&-2\\-1&1&2&1&2\\3&4&2&-2&-3\end{pmatrix}\rightarrow\begin{pmatrix}1&2&1&2&1\\0&-3&-2&-5&-4\\0&3&3&3&3\\0&-2&-1&-8&-6\end{pmatrix}\rightarrow\begin{pmatrix}1&2&1&2&1\\0&3&3&3&3\\0&-3&-2&-5&-4\\0&-2&-1&-8&-6\end{pmatrix}$

$\rightarrow\begin{pmatrix}1&2&1&2&1\\0&3&3&3&3\\0&0&1&-2&-1\\0&0&1&-6&-4\end{pmatrix}\rightarrow\begin{pmatrix}1&2&1&2&1\\0&3&3&3&3\\0&0&1&-2&-1\\0&0&0&-4&-3\end{pmatrix}$

故 $R(A)=4$.

4. 用初等变换法求可逆矩阵的逆矩阵

定理 6.7 可逆矩阵可以经过若干次初等行变换化为单位矩阵.

推论 1 可逆矩阵可以表示为若干个初等矩阵的乘积.

证明：由定理，知 $A\Leftrightarrow E$，即存在初等矩阵 $p_1,p_2,\cdots,p_s$，使得 $(p_s\cdots p_2p_1)A=E$，又因为初等矩阵可逆，所以等号两边左乘 $(p_s\cdots p_2p_1)^{-1}$：

$$A=(p_s\cdots p_2p_1)^{-1}=p_1{}^{-1}p_2{}^{-1}\cdots p_s{}^{-1}$$

初等矩阵的逆矩阵仍为初等矩阵，定理得证.

推论 2 如果对可逆矩阵 A 和同阶单位矩阵 E 作同样的初等行（列）变换，那么当 A 变成单位矩阵 E 时，E 就变成 A^{-1}，得：

（1）$(p_s\cdots p_2p_1)A=E$，等号两边右乘 A^{-1}：

$(p_s\cdots p_2p_1)E=A^{-1}$，即.

$(A,E)\xrightarrow{\text{初等行变换}}(E,A^{-1})$

（2）$A(p_s\cdots p_2p_1)=E$，等号两边左乘 A^{-1}，得

$E(p_s\cdots p_2p_1)=A^{-1}$，即 $\begin{pmatrix}A\\E\end{pmatrix}\xrightarrow{\text{初等列变换}}\begin{pmatrix}E\\A^{-1}\end{pmatrix}$.

【例 2】 设 $A=\begin{pmatrix}1&2&3\\2&2&1\\3&4&3\end{pmatrix}$，求 A^{-1}.

解：$(A\vdots E)=\left(\begin{array}{ccc:ccc}1&2&3&1&0&0\\2&2&1&0&1&0\\3&4&3&0&0&1\end{array}\right)$

$\xrightarrow{r_2-2r_1}\left(\begin{array}{ccc:ccc}1&2&3&1&0&0\\0&-2&-5&-2&1&0\\0&-2&-6&-3&0&1\end{array}\right)\xrightarrow{r_1+r_2}\left(\begin{array}{ccc:ccc}1&2&3&1&1&0\\0&-2&-5&-2&1&0\\0&0&-1&-1&-1&1\end{array}\right)$

$$\xrightarrow[r_2-5r_3]{r_1-2r_3}\left(\begin{array}{ccc:ccc}1&0&0&1&3&-2\\0&-2&0&3&6&-5\\0&0&-1&-1&-1&1\end{array}\right)\xrightarrow[r_3\div(-1)]{r_2\div(-2)}\left(\begin{array}{ccc:ccc}1&0&0&1&3&-2\\0&1&0&-\frac{3}{2}&-3&\frac{5}{2}\\0&0&1&1&1&-1\end{array}\right)$$

$$A^{-1}=\begin{pmatrix}1&3&-2\\-\frac{3}{2}&-3&\frac{5}{2}\\1&1&-1\end{pmatrix}.$$

【例 3】 $A=\begin{pmatrix}0&2&-1\\1&1&2\\-1&-1&-1\end{pmatrix}$，求 A^{-1}.

解：$(A,E)=\left(\begin{array}{ccc:ccc}0&2&-1&1&0&0\\1&1&2&0&1&0\\-1&-1&-1&0&0&1\end{array}\right)\xrightarrow{r_1\leftrightarrow r_2}\left(\begin{array}{ccc:ccc}1&1&2&0&1&0\\0&2&-1&1&0&0\\-1&-1&-1&0&0&1\end{array}\right)$

$$\xrightarrow{r_3+r_1}\left(\begin{array}{ccc:ccc}1&1&2&0&1&0\\0&2&-1&1&0&0\\0&0&1&0&1&1\end{array}\right)\xrightarrow{r_2+r_3}\left(\begin{array}{ccc:ccc}1&1&2&0&1&0\\0&2&0&1&1&1\\0&0&1&0&1&1\end{array}\right)$$

$$\xrightarrow{r_2\times\frac{1}{2}}\left(\begin{array}{ccc:ccc}1&1&2&0&1&0\\0&1&0&\frac{1}{2}&\frac{1}{2}&\frac{1}{2}\\0&0&1&0&1&1\end{array}\right)\xrightarrow{r_1-r_2-2r_3}\left(\begin{array}{ccc:ccc}1&0&0&-\frac{1}{2}&-\frac{3}{2}&-\frac{5}{2}\\0&1&0&\frac{1}{2}&\frac{1}{2}&\frac{1}{2}\\0&0&1&0&1&1\end{array}\right)$$

$$A^{-1}=\begin{pmatrix}-\frac{1}{2}&-\frac{3}{2}&-\frac{5}{2}\\\frac{1}{2}&\frac{1}{2}&\frac{1}{2}\\0&1&1\end{pmatrix}.$$

注意：求逆距阵时，若用初等行变换必须坚持始终，不能夹杂任何列变换．若作初等行变换时，出现全行为 0，则矩阵的行列式等于 0，即该矩阵不可逆．

学习小结

（1）矩阵的初等行变换包括________________，________________，________________．

（2）初等矩阵指________________．

（3）行阶梯形矩阵式指________________．

（4）用初等变换求矩阵的秩的方法是________________．

（5）用初等变换求逆矩阵的方法是________________．

【习题 6.5】

1. 把下列矩阵化成行阶梯形.

(1) $\begin{pmatrix} 1 & 1 & 1 & -1 \\ -1 & -1 & 2 & 3 \\ 2 & 2 & 5 & 0 \end{pmatrix}$； (2) $\begin{pmatrix} 7 & -4 & 0 & -1 \\ -1 & 4 & 5 & -3 \\ 2 & 0 & 3 & 8 \\ 0 & 8 & 12 & -5 \end{pmatrix}$.

2. 求下列矩阵的秩.

(1) $\begin{pmatrix} 1 & 1 & 0 & 1 & 0 & 0 & 1 \\ 1 & 1 & 1 & 0 & 1 & 1 & 0 \\ 2 & 2 & 1 & 1 & 0 & 1 & 1 \end{pmatrix}$； (2) $\begin{pmatrix} 1 & 0 & 0 \\ 0 & 1 & 0 \\ 1 & 0 & 1 \\ 0 & 1 & 1 \\ 1 & 1 & 0 \end{pmatrix}$.

3. 利用矩阵的初等变换判定下列矩阵是否可逆，若可逆，求逆矩阵.

(1) $\begin{pmatrix} 1 & 0 & 8 \\ 0 & 1 & 0 \\ 0 & 0 & 1 \end{pmatrix}$； (2) $\begin{pmatrix} 3 & -4 & 5 \\ 2 & -3 & 1 \\ 3 & -5 & -1 \end{pmatrix}$；

(3) $\begin{pmatrix} 1 & 1 & 1 & 1 \\ 1 & 1 & -1 & -1 \\ 1 & -1 & 1 & -1 \\ 1 & -1 & -1 & 1 \end{pmatrix}$； (4) $\begin{pmatrix} 3 & 2 & 0 & 0 \\ 4 & 5 & 0 & 0 \\ 0 & 0 & 4 & 1 \\ 0 & 0 & 6 & 2 \end{pmatrix}$.

6.6 线性方程组的求解问题

【本节提示】 本节将要介绍矩阵系数矩阵、增广矩阵以及高斯消元法的概念、自由未知量的概念，最后利用齐次与非齐次线性方程组解的判定定理求解齐次与非齐次线性方程组. 通过本节的学习，应理解矩阵系数矩阵、增广矩阵以及高斯消元法的概念；掌握利用齐次与非齐次线性方程组解的判定定理求解齐次与非齐次线性方程组.

在行列式的学习中，我们学到了克莱姆法则，可以利用行列式来解线性方程组，如：

$$\begin{cases} x_1 + x_2 - x_3 = 0 \\ 2x_1 + 3x_2 + x_3 = 7 \\ 3x_1 - 2x_2 - 2x_3 = -3 \end{cases}$$

由克莱姆法则，有

$$D=\begin{vmatrix}1&1&-1\\2&3&1\\3&-2&-2\end{vmatrix}=16,\ D_1=\begin{vmatrix}0&1&-1\\7&3&1\\-3&-2&-2\end{vmatrix}=16$$

$$D_2=\begin{vmatrix}1&0&-1\\2&7&1\\3&-3&-2\end{vmatrix}=16,\ D_3=\begin{vmatrix}1&1&0\\2&3&7\\3&-2&-3\end{vmatrix}=32$$

故 $x_1=1, x_2=1, x_3=2$.

克莱姆法则可以作为一种解方程组的方法，但计算量比较大，而且只能解方程个数与未知数个数相同的线性方程组，比较有局限性，在这一节，我们将学习普通方程组的解法.

1. 线性方程组

形如 $\begin{cases}a_{11}x_1+a_{12}x_2+\cdots+a_{1n}x_n=b_1\\a_{21}x_1+a_{22}x_2+\cdots+a_{2n}x_n=b_2\\\cdots\cdots\cdots\cdots\cdots\cdots\cdots\cdots\cdots\cdots\\a_{m1}x_1+a_{m2}x_2+\cdots+a_{mn}x_n=b_m\end{cases}$ 的方程组，称为线性方程组，若令

$A=\begin{pmatrix}a_{11}&a_{12}&\cdots&a_{1n}\\a_{21}&a_{22}&\cdots&a_{2n}\\\cdots&\cdots&\cdots&\cdots\\a_{m1}&a_{m2}&\cdots&a_{mn}\end{pmatrix}$**—系数矩阵，**$X=\begin{pmatrix}x_1\\x_2\\\vdots\\x_n\end{pmatrix}$**—未知数矩阵，**$b=\begin{pmatrix}b_1\\b_2\\\vdots\\b_n\end{pmatrix}$**—常数矩阵**

则方程组可用矩阵可表示为：

$AX=b$—方程组的矩阵表示

增广矩阵：$(A\vdots b)=\begin{pmatrix}a_{11}&a_{12}&\cdots&a_{1n}&b_1\\a_{21}&a_{22}&\cdots&a_{2n}&b_2\\\cdots&\cdots&\cdots&\cdots&\cdots\\a_{m1}&a_{m2}&\cdots&a_{mn}&b_n\end{pmatrix}$

线性方程组的分类：

若 $b=0$，则线性方程组为 $AX=0$，称为**齐次线性方程组**；

若 $b\neq0$，则线性方程组为 $AX=b$，称为**非齐次线性方程组**.

2. 线性方程组的消元解法——高斯消元法

【例 1】 $\begin{cases}2x_1-x_2+3x_3=1 & (1)\\4x_1+2x_2+5x_3=4 & (2).\\2x_1+2x_3=6 & (3)\end{cases}$

解： $\begin{matrix}(2)-2(1)\\(3)-(1)\end{matrix}\ \begin{cases}2x_1-x_2+3x_3=1 & (4)\\4x_2-x_3=2 & (5)\\x_2-x_3=5 & (6)\end{cases}$

$$(5)-4(6)\quad (5)\leftrightarrow(6)\quad \begin{cases}2x_1-x_2+3x_3=1 & (7)\\ \quad x_2-x_3=5 & (8)\\ \quad 3x_3=-18 & (9)\end{cases}\qquad \begin{cases}x_1=9\\ x_2=-1.\\ x_3=-6\end{cases}$$

解线性方程组的初等变换：

(1) 互换两个方程的位置；

(2) 用非零数乘某个方程；

(3) 将某个方程的若干倍加到另一个方程．

用矩阵的初等变换表示方程组的求解过程如下：

$$(A|b)=\left(\begin{array}{ccc:c}2&-1&3&1\\4&2&5&4\\2&0&2&6\end{array}\right)\to\left(\begin{array}{ccc:c}2&-1&3&1\\0&4&-1&2\\0&1&-1&5\end{array}\right)$$

$$\to\left(\begin{array}{ccc:c}2&-1&3&1\\0&1&-1&5\\0&0&3&-18\end{array}\right)\to\left(\begin{array}{ccc:c}1&0&0&9\\0&1&0&-1\\0&0&1&-6\end{array}\right)$$

以上用消元法解方程的过程，可以看做是对增广矩阵施以初等行变换，得到一系列的等价矩阵，虽然这些矩阵形式不同，但它们所对应的方程组为同解方程组，利用这个原理来解方程组的方法就是**高斯消元法**，其步骤如下：

(1) 对增广矩阵$(A\vdots b)$施以初等行变换，直到将增广矩阵化为最简行阶梯形矩阵；

(2) 根据最终的最简行阶梯形矩阵得到与原方程组的同解方程组，从而解出 x_i.

【例 2】 解下列线性方程组．

(1) $\begin{cases}2x_1-x_2+3x_3=3\\3x_1-x_2-5x_3=0;\\4x_1-x_2+x_3=3\end{cases}$　　(2) $\begin{cases}x_1+x_2-x_3=0\\2x_1+3x_2+x_3=7\\3x_1-2x_2-18x_3=-3\end{cases}$.

解：(1) $(A\vdots b)=\begin{pmatrix}-1&0&8&3\\3&-1&-5&0\\4&-1&1&3\end{pmatrix}\to\begin{pmatrix}1&0&0&3/7\\0&1&0&-6/7\\0&0&1&3/7\end{pmatrix}$;

(2) $(A\vdots b)=\begin{pmatrix}1&1&-1&0\\2&3&1&7\\3&-2&-18&-3\end{pmatrix}\to\begin{pmatrix}1&1&-1&0\\0&1&3&7\\0&0&0&32\end{pmatrix}$.

此时，最后一行对应的方程为 $0x_1+0x_2+0x_3=32$，不管 x_i 如何取值，都无法使该方程成立，这个方程为矛盾方程．

若将 -3 改为 -35，则最后一行变为 $0x_1+0x_2+0x_3=0$，此时不管 x_i 如何取值，都可以使方程成立，这个方程称为恒等方程．

$$\begin{pmatrix}1&1&-1&0\\0&1&3&7\\0&0&0&0\end{pmatrix}\to\begin{pmatrix}1&0&-4&-7\\0&1&3&7\\0&0&0&0\end{pmatrix}$$

对应的方程组为：

$$\begin{cases} x_1 \quad\quad -4x_3 = -7 \\ \quad\quad x_2 + 3x_3 = 7 \end{cases} \Rightarrow \begin{cases} x_1 = 4x_3 - 7 \\ x_2 = -3x_3 + 7 \end{cases} \Rightarrow \begin{cases} x_1 = 4c - 7 \\ x_2 = -3c + 7 \\ x_3 = c \end{cases}$$

在该方程组中 x_3 可以自由变化，称为**自由未知量**.

3. 线性方程组解的判定

（1）非齐次线性方程组.

$R(A) = R(A \vdots b) \Leftrightarrow$ 非齐次线性方程组有解 $\begin{cases} R(A) = R(A \vdots b) = n, & \text{有唯一解} \\ R(A) = R(A \vdots b) < n, & \text{有无穷多组解} \end{cases}$

$R(A) \neq R(A \vdots b) \Leftrightarrow$ 非齐次线性方程组无解.

【例 3】 $\begin{cases} x_1 + 5x_2 - x_3 - x_4 = -1 \\ x_1 - 2x_2 + x_3 + 3x_4 = 3 \\ 3x_1 + 8x_2 - x_3 + x_4 = 1 \\ x_1 - 9x_2 + 3x_3 + 7x_4 = 7 \end{cases}$.

解： $\begin{pmatrix} 1 & 5 & -1 & -1 & -1 \\ 1 & -2 & 1 & 3 & 3 \\ 3 & 8 & -1 & 1 & 1 \\ 1 & -9 & 3 & 7 & 7 \end{pmatrix} \to \begin{pmatrix} 1 & 0 & \frac{3}{7} & \frac{13}{7} & \frac{13}{7} \\ 0 & 1 & \frac{-2}{7} & \frac{-4}{7} & \frac{-4}{7} \\ 0 & 0 & 0 & 0 & 0 \\ 0 & 0 & 0 & 0 & 0 \end{pmatrix}$

$\begin{cases} x_1 = \frac{13}{7} - \frac{3}{7}x_3 - \frac{13}{7}x_4 \\ x_2 = -\frac{4}{7} + \frac{2}{7}x_3 + \frac{4}{7}x_4 \end{cases}$（最简方程组）

$\begin{cases} x_1 = \frac{13}{7} - \frac{3}{7}c_1 - \frac{13}{7}c_2 \\ x_2 = -\frac{4}{7} + \frac{2}{7}c_1 + \frac{4}{7}c_2. \\ x_3 = c_1 \\ x_4 = c_2 \end{cases}$

规律总结

自由未知量的个数 $= n - R(A)$

（2）齐次线性方程组.

$AX = 0$　一定有解（至少 $x_i = 0$ 为方程组的解）

$R(A) = n$　只有零解

$R(A) < n$ 有无穷多组解（有非零解）

【例 4】 $\begin{cases} x_1 + x_2 + x_3 = 0 \\ -x_1 + 2x_2 + 5x_3 = 0. \\ 2x_1 - x_2 - 4x_3 = 0 \end{cases}$

解：$(A\vdots 0)=\begin{pmatrix}1&1&1&0\\-1&2&5&0\\2&-1&-4&0\end{pmatrix}\to\begin{pmatrix}1&0&-1&0\\0&1&2&0\\0&0&0&0\end{pmatrix}$，所以$\begin{cases}x_1=c\\x_2=-2c.\\x_3=c\end{cases}$

【例 5】 已知$\begin{cases}x_1+x_2+x_3=1\\2x_1+3x_2-x_3=\lambda\\4x_1+5x_2+\lambda^2x_3=3\end{cases}$ 试讨论 λ 取何值时，方程组无解？有唯一解？无穷多组解？

解：$(A\vdots b)=\begin{pmatrix}1&1&1&1\\2&3&-1&\lambda\\4&5&\lambda^2&3\end{pmatrix}\to\begin{pmatrix}1&1&1&1\\0&1&-3&\lambda-3\\0&0&\lambda^2-1&1-\lambda\end{pmatrix}$

要使方程组无解，需要 $R(A)\neq R(A\vdots b)$，从而需要 $\lambda^2-1=0$，而 $1-\lambda\neq 0\Rightarrow\lambda=-1$；

要使方程组有唯一解，需要 $R(A)=R(A\vdots b)=n$，$\lambda^2-1\neq 0\Rightarrow\lambda\neq\pm 1$；

要使方程组有无穷多组解，需要 $R(A)=R(A\vdots b)<n$，$\lambda^2-1=0,\lambda-1=0\Rightarrow\lambda=1.$

【例 6】 设$\begin{cases}x_1+x_2+kx_3=4\\-x_1+kx_2+x_3=k^2\\x_1-x_2+2x_3=-4\end{cases}$ 问方程组什么时候有解？什么时候无解？有解时，求出相应的解．

解：方程组的系数行列式

$$|A|=\begin{vmatrix}1&1&k\\-1&k&1\\1&-1&2\end{vmatrix}=(1+k)(4-k)$$

当 $|A|=(1+k)(4-k)\neq 0$，即 $k\neq -1,4$ 时，方程组有唯一解，且唯一解为（按克莱姆法则）：

$$x_1=\frac{k^2+2k}{k+1},\quad x_2=\frac{k^2+2k+4}{k+1},\quad x_3=\frac{-2k}{k+1}$$

$k=-1$ 时，方程组为：

$$\begin{cases}x_1+x_2-x_3=4\\-x_1-x_2+x_3=1\\x_1-x_2+2x_3=-4\end{cases}$$

此时，

$$(A,b)=\begin{pmatrix}1&1&-1&4\\-1&-1&1&1\\1&-1&2&-4\end{pmatrix}\to\begin{pmatrix}1&1&-1&4\\0&2&-3&8\\0&0&0&5\end{pmatrix}$$

$R(A)=2<R(A,b)=3$，方程组无解．

$k=4$ 时，方程组为：

$$\begin{cases} x_1 + x_2 + 4x_3 = 4 \\ -x_1 + 4x_2 + x_3 = 16 \\ x_1 - x_2 + 2x_3 = -4 \end{cases}$$

$$(A,b) = \begin{pmatrix} 1 & 1 & 4 & 4 \\ -1 & 4 & 1 & 16 \\ 1 & -1 & 2 & -4 \end{pmatrix} \to \begin{pmatrix} 1 & 1 & 4 & 4 \\ 0 & 1 & 1 & 4 \\ 0 & 0 & 0 & 0 \end{pmatrix} \to \begin{pmatrix} 1 & 0 & 3 & 0 \\ 0 & 1 & 1 & 4 \\ 0 & 0 & 0 & 0 \end{pmatrix}$$

$R(A) = R(A,b) = 2 < 3$,故方程组有无穷多组解，其同解方程组为$\begin{cases} x_1 + 3x_3 = 0 \\ x_2 + x_3 = 4 \end{cases}$，通解为：

$$x = \begin{pmatrix} x_1 \\ x_2 \\ x_3 \end{pmatrix} = \begin{pmatrix} 0 \\ 4 \\ 0 \end{pmatrix} + C\begin{pmatrix} -3 \\ -1 \\ 1 \end{pmatrix}$$

其中 C 为任意常数 .

学习小结

（1） 系数矩阵是指____________________.

（2） 增广矩阵是指____________________.

（3） 高斯消元法的步骤可分为____________________.

（4） 自由未知量的个数为____________________.

（5） 非齐次线性方程组解的判定是____________________.

（6） 齐次线性方程组解的判定是____________________.

【习题 6.6】

1. 求解下列线性方程组：

（1）$\begin{cases} x_1 - x_2 + x_3 - x_4 = 1 \\ 3x_1 - 3x_2 - x_3 + x_4 = 1 \\ 2x_1 - 2x_2 - x_3 = -1 \end{cases}$；　（2）$\begin{cases} 2x_1 + x_2 - x_3 = 0 \\ -x_1 + x_2 + 5x_3 = 0 \\ x_1 + 2x_2 + 4x_3 = 0 \end{cases}$；

（3）$\begin{cases} x_1 - x_2 - x_3 + x_4 = 0 \\ x_1 - x_2 + x_3 - 3x_4 = 1 \\ x_1 - x_2 - 2x_3 + 3x_4 = -1/2 \end{cases}$；　（4）$\begin{cases} x_1 - 2x_2 + 3x_3 - x_4 = 1 \\ 3x_1 - x_2 + 5x_3 - 3x_4 = 2 \\ 2x_1 + x_2 + 2x_3 - 2x_4 = 3 \end{cases}$；

（5）$\begin{cases} x_1 + 2x_2 + x_3 + x_4 = 0 \\ 2x_1 + x_2 - 2x_3 - 2x_4 = 0 \\ x_1 - x_2 - 4x_3 - 3x_4 = 0 \end{cases}$；　（6）$\begin{cases} 2x_1 + x_2 - 3x_3 = 2 \\ x_2 - 2x_3 + 6x_4 = 1 \\ x_1 + x_2 - x_3 + x_4 = 5 \\ 3x_1 - 4x_2 - x_3 + 2x_4 = 3 \end{cases}$.

2. 已知$\begin{cases}x_1-3x_3=-3\\x_1+2x_2+\lambda x_3=1\\2x_1+\lambda x_2-x_3=-2\end{cases}$，试讨论 λ 取何值时，方程组无解？有唯一解？无穷多组解？

3. 当 a 取何值时，线性方程组$\begin{cases}x_1+2x_2-x_3=1\\2x_1-3x_2+x_3=0\\4x_1+x_2-x_3=a\end{cases}$有解，并求出它的解．

6.7 向量组的线性相关性

【本节提示】 本节将要介绍 n 维向量、向量组以及极大无关组的概念，在这基础上介绍线性组合、线性相关和向量组的线性相关性．通过本节的学习，应该理解 n 维向量、向量组以及极大无关组的概念；掌握线性组合、线性相关和向量组的线性相关性的运算以及极大线性无关组的求法．

1. *n* 维向量

定义 6.20 n 个实数 $\alpha_1,\alpha_2,\cdots,\alpha_n$ 组成的有序数组称为 n 维向量，其中 $\boldsymbol{\alpha}_i$ 为向量的第 i 个分量．n 维向量一般用粗体 $\boldsymbol{\alpha},\boldsymbol{\beta},\boldsymbol{\gamma},\boldsymbol{a},\boldsymbol{o},\boldsymbol{x},\boldsymbol{y}$ 等表示．记为 $\boldsymbol{\alpha}=(\boldsymbol{a}_1,\boldsymbol{a}_2,\cdots,\boldsymbol{a}_n)$ 向量的分类：n 维向量写成一行，称为行向量，也就是行矩阵，n 维向量写成一列，称为列向量，也就是列矩阵．

如：$(1,2,0)$，$(a_1,a_2,\cdots,a_n)$，$\begin{pmatrix}3\\2\\1\\4\end{pmatrix}$，$\begin{pmatrix}z_1\\z_2\\\vdots\\z_n\end{pmatrix}$

分别称为 3 维行向量、n 维行向量、4 维列向量、n 维列向量．

所有分量均为零的向量称为零向量，记作 $O=(0,0,\cdots,0)$．

说明：（1）行向量就是行矩阵；列向量就是列矩阵，存在着转置的关系；

（2）向量是矩阵，即也可以运算；

（3）向量与矩阵的关系：

设 $A=\begin{pmatrix}a_{11}&a_{12}&\cdots&a_{1n}\\a_{21}&a_{22}&\cdots&a_{2n}\\\cdots&\cdots&\cdots&\cdots\\a_{n1}&a_{n2}&\cdots&a_{nn}\end{pmatrix}$，若记 $\boldsymbol{\alpha}_j=\begin{pmatrix}a_{1j}\\a_{2j}\\\vdots\\a_{nj}\end{pmatrix}$，则 $A=(\boldsymbol{\alpha}_1\quad\boldsymbol{\alpha}_2\quad\cdots\quad\boldsymbol{\alpha}_n)$

若记$\beta_i=(a_{i1}\quad a_{i2}\quad\cdots\quad a_{in})$，则$A=\begin{pmatrix}\boldsymbol{\beta}_1\\\boldsymbol{\beta}_2\\\vdots\\\boldsymbol{\beta}_n\end{pmatrix}$，由此说明矩阵可以用行向量表示，也可以用列向量表示.

（4）两个相等（与矩阵类似）.

【例 1】 $\boldsymbol{\alpha}=\left(xy\quad x\quad \frac{y}{x}\right)$，$\boldsymbol{\beta}=(1\quad 1\quad 1)$，求 x,y.

解：由 $\boldsymbol{\alpha}=\boldsymbol{\beta}$，有$\begin{cases}xy=1\\x=1\\\frac{y}{x}=1\end{cases}\Rightarrow\begin{cases}x=1\\y=1\end{cases}$

（5）特殊的向量：①$\boldsymbol{O}=(0,0,\cdots,0)$；

②$\boldsymbol{\alpha}=(a_1,a_2,\cdots,a_n)$，则$-\boldsymbol{\alpha}=(-a_1,-a_2,\cdots,-a_n)$；

③$\boldsymbol{\varepsilon}_1=(1,0,0,\cdots,0),\boldsymbol{\varepsilon}_2=(0,1,0,\cdots,0),\cdots,\boldsymbol{\varepsilon}_n=(0,0,0,\cdots,1)$称为单位向量，$\boldsymbol{\varepsilon}_1,\boldsymbol{\varepsilon}_2,\cdots,\boldsymbol{\varepsilon}_n$ 为初始单位向量组.

2. *n* 维向量空间

所有 n 维向量的集合，称为 n 维向量向量空间，记作 $\boldsymbol{R}^n$（表示其中每一个元素是 n 维向量）.

3. 向量组

定义 6.21　具有某种特性的向量构成的集合称为 ***n* 维向量组**.

如上面所提到的初始单位向量组 $\boldsymbol{\varepsilon}_1,\boldsymbol{\varepsilon}_2,\cdots,\boldsymbol{\varepsilon}_n$.

【例 2】 $\boldsymbol{\alpha}_1=(-1,0,2)^T$，$\boldsymbol{\alpha}_2=(2,1,-3)^T$ 且 $2\boldsymbol{\alpha}_1+3(\boldsymbol{\alpha}_2-\boldsymbol{\beta})=\boldsymbol{0}$，求 $\boldsymbol{\beta}$.

解：$2\boldsymbol{\alpha}_1+3(\boldsymbol{\alpha}_2-\boldsymbol{\beta})=0\Rightarrow\boldsymbol{\beta}=\frac{1}{3}(2\boldsymbol{\alpha}_1+3\boldsymbol{\alpha}_2)=\frac{1}{3}(4,3,-5)^T$

4. 向量的线性组合

（1）方程组的线性表示.

设有方程组$\begin{cases}a_{11}x_1+a_{12}x_2+\cdots+a_{1n}x_n=b_1\\a_{21}x_1+a_{22}x_2+\cdots+a_{2n}x_n=b_2\\\cdots\cdots\cdots\cdots\cdots\cdots\cdots\cdots\\a_{n1}x_1+a_{n2}x_2+\cdots+a_{nn}x_n=b_n\end{cases}$

用矩阵表示即为 $Ax=\beta$，其中 A 为系数矩阵，x 为未知数矩阵，β 为常数项矩阵，如果用向量表示方程组，则有：

$$x_1\begin{pmatrix}a_{11}\\a_{21}\\\vdots\\a_{m1}\end{pmatrix}+x_2\begin{pmatrix}a_{12}\\a_{22}\\\vdots\\a_{m2}\end{pmatrix}+\cdots+x_n\begin{pmatrix}a_{1n}\\a_{2n}\\\vdots\\a_{mn}\end{pmatrix}=\begin{pmatrix}b_1\\b_2\\\vdots\\b_n\end{pmatrix}$$

于是，方程组是否有解的问题转变成能否找到一组数 $x_1,x_2,\cdots,x_n$ 使 $\boldsymbol{x_1\alpha_1}+\boldsymbol{x_2\alpha_2}+\cdots+\boldsymbol{x_n\alpha_n}=\boldsymbol{\beta}$ 的问题.

若方程组有解，则存在这样的一组数$(x_1,x_2,\cdots,x_n)$使上述方程组成立，亦即 $\boldsymbol{\beta}$ 可以表示成 $\boldsymbol{\alpha}_1,\boldsymbol{\alpha}_2,\cdots,\boldsymbol{\alpha}_n$ 的一个组合，在这个组合中，向量 $\boldsymbol{\alpha}_1,\boldsymbol{\alpha}_2,\cdots,\boldsymbol{\alpha}_n$ 的次数都是一次，存在着线性的关系，则我们可以称 $\boldsymbol{\beta}$ 可以由 $\boldsymbol{\alpha}_1,\boldsymbol{\alpha}_2,\cdots,\boldsymbol{\alpha}_n$ 线性表示出来；反之，若方程组无解，则 $\boldsymbol{\beta}$ 就不能被这一组向量表示，于是，方程组有解无解的问题，就等价于向量 $\boldsymbol{\beta}$ 能否由向量组 $\boldsymbol{\alpha}_1,\boldsymbol{\alpha}_2,\cdots,\boldsymbol{\alpha}_n$ 线性表示出来的问题.

（2）向量的线性表示．设有 n 维向量 $\boldsymbol{\beta},\boldsymbol{\alpha}_1,\boldsymbol{\alpha}_2,\cdots,\boldsymbol{\alpha}_n$，如果存在一组数 $k_1,k_2,\cdots,k_n$ 使得 $\boldsymbol{\beta}=k_1\boldsymbol{\alpha}_1+k_2\boldsymbol{\alpha}_2+\cdots+k_n\boldsymbol{\alpha}_n$，则称 β 可以由 $\boldsymbol{\alpha}_1,\boldsymbol{\alpha}_2,\cdots,\boldsymbol{\alpha}_n$ 线性表示，或者称 β 是向量组 $\boldsymbol{\alpha}_1,\boldsymbol{\alpha}_2,\cdots,\boldsymbol{\alpha}_n$ 的线性组合（注意：$k_1,k_2,\cdots,k_n$ 可以为任意数，甚至全为 0).

【例 3】 $\boldsymbol{\alpha}_1=(1,-1,3),\boldsymbol{\alpha}_2=(0,1,2)$，$\boldsymbol{\alpha}_3=(-2,1,0)$，$\boldsymbol{\beta}=(-1,-3,-3)$. 则 $\boldsymbol{\alpha}_1-3\boldsymbol{\alpha}_2+\boldsymbol{\alpha}_3=\boldsymbol{\beta}$，$\boldsymbol{\beta}$ 可以被 $\boldsymbol{\alpha}_1,\boldsymbol{\alpha}_2,\boldsymbol{\alpha}_3$ 线性表示出来，或者说 $\boldsymbol{\beta}$ 可以表示成 $\boldsymbol{\alpha}_1,\boldsymbol{\alpha}_2,\boldsymbol{\alpha}_3$ 的线性组合.

说明：①任意 n 维向量可以表示成初始单位向量组的线性组合；

②零向量是任意向量组的线性组合；（可由任意向量组线性表示出来）；

③一向量组中的任意一个向量都是该向量组的线性组合（可由该向量组线性表示）.

（3）向量线性表示的判定——以列向量为例说明.

设 $\boldsymbol{\beta},\boldsymbol{\alpha}_1,\boldsymbol{\alpha}_2,\cdots,\boldsymbol{\alpha}_n$ 为 n 维列向量，若 $\boldsymbol{\beta}$ 能由 $\boldsymbol{\alpha}_1,\boldsymbol{\alpha}_2,\cdots,\boldsymbol{\alpha}_n$ 线性表示，则

$$\boldsymbol{\beta}=k_1\boldsymbol{\alpha}_1+k_2\boldsymbol{\alpha}_2+\cdots+k_n\boldsymbol{\alpha}_n$$

成立，我们的目的是寻找使等式成立的 $k_1,k_2,\cdots,k_n$，这便转化成方程组的问题：

$$\begin{cases}a_{11}k_1+a_{12}k_2+\cdots+a_{1n}k_n=b_1\\a_{21}k_1+a_{22}k_2+\cdots+a_{2n}k_n=b_2\\\qquad\cdots\cdots\cdots\cdots\cdots\cdots\\a_{n1}k_1+a_{n2}k_2+\cdots+a_{nn}k_n=b_n\end{cases}$$

我们记 $\boldsymbol{A}=(\boldsymbol{\alpha}_1,\boldsymbol{\alpha}_2,\cdots,\boldsymbol{\alpha}_n)$，$(A\vdots\boldsymbol{\beta})=(\boldsymbol{\alpha}_1,\boldsymbol{\alpha}_2,\cdots,\boldsymbol{\alpha}_n,\boldsymbol{\beta})$，由非齐次线性方程组有解的条件，我们有：

定理 6.8 $\boldsymbol{\beta}$ 能由 $\boldsymbol{\alpha}_1,\boldsymbol{\alpha}_2,\cdots,\boldsymbol{\alpha}_n$ 线性表示$\Leftrightarrow r(\boldsymbol{A})=r(\boldsymbol{A}\vdots\boldsymbol{\beta})$.

要使 $\boldsymbol{\beta}$ 能由 $\boldsymbol{\alpha}_1,\boldsymbol{\alpha}_2,\cdots,\boldsymbol{\alpha}_n$ 线性表示，只需要对应方程组有解即可，可能是唯一解，可能是无穷多组解.

以上所讨论的是列向量，若要处理行向量组的问题，只需将其转置成列向量即可.

【例 4】（1）试将 $\boldsymbol{\beta}=\begin{pmatrix}3\\-3\\-3\end{pmatrix}$由 $\boldsymbol{\alpha}_1=\begin{pmatrix}1\\-1\\2\end{pmatrix}$，$\boldsymbol{\alpha}_2=\begin{pmatrix}0\\1\\3\end{pmatrix}$，$\boldsymbol{\alpha}_3=\begin{pmatrix}2\\1\\4\end{pmatrix}$线性表示.

解：设 $k_1\boldsymbol{\alpha}_1+k_2\boldsymbol{\alpha}_2+k_3\boldsymbol{\alpha}_3=\boldsymbol{\beta}$，则对应的方程组为：

$$\begin{cases}k_1+2k_3=3\\-k_1+k_2+k_3=-3\\2k_1+3k_2+4k_3=-3\end{cases}$$

$$\begin{pmatrix}1&0&2&3\\-1&1&1&-3\\2&3&4&-3\end{pmatrix}\to\begin{pmatrix}1&0&0&1\\0&1&0&-3\\0&0&1&1\end{pmatrix}$$

故 $\boldsymbol{\beta}=\boldsymbol{\alpha}_1-3\boldsymbol{\alpha}_2+\boldsymbol{\alpha}_3$

（2）$\boldsymbol{\beta}=(2,-3,-2,6)$，$\boldsymbol{\varepsilon}_1,\boldsymbol{\varepsilon}_2,\boldsymbol{\varepsilon}_3,\boldsymbol{\varepsilon}_4$

$\boldsymbol{\beta}=2\boldsymbol{\varepsilon}_1-3\boldsymbol{\varepsilon}_2-2\boldsymbol{\varepsilon}_3+6\boldsymbol{\varepsilon}_4$

（3）$\boldsymbol{\beta}=(3,5,-6),\boldsymbol{\alpha}_1=(1,0,1),\boldsymbol{\alpha}_2=(1,1,1),\boldsymbol{\alpha}_3=(0,-1,-1)$（若再加一个向量如何？）

$\boldsymbol{\beta}=-11\boldsymbol{\alpha}_1+14\boldsymbol{\alpha}_2+9\boldsymbol{\alpha}_3$

（4）$\boldsymbol{\beta}=(0,0,0),\boldsymbol{\alpha}_1=(1,2,3),\boldsymbol{\alpha}_2=(2,3,4),\boldsymbol{\alpha}_3=(3,2,1)$

$\boldsymbol{\beta}=0\boldsymbol{\alpha}_1+0\boldsymbol{\alpha}_2+0\boldsymbol{\alpha}_3=5\boldsymbol{\alpha}_1-4\boldsymbol{\alpha}_2+\boldsymbol{\alpha}_3$

在 $\boldsymbol{\beta}=k_1\boldsymbol{\alpha}_1+k_2\boldsymbol{\alpha}_2+\cdots+k_n\boldsymbol{\alpha}_n$ 中，若令 $\boldsymbol{\beta}=0$，则 $0=k_1\boldsymbol{\alpha}_1+k_2\boldsymbol{\alpha}_2+\cdots+k_n\boldsymbol{\alpha}_n$，此时，对应的方程组为：

$$\begin{cases}a_{11}k_1+a_{12}k_2+\cdots+a_{1n}k_n=0\\a_{21}k_1+a_{22}k_2+\cdots+a_{2n}k_n=0\\\cdots\cdots\cdots\cdots\cdots\cdots\cdots\cdots\\a_{n1}k_1+a_{n2}k_2+\cdots+a_{nn}k_n=0\end{cases}$$

为齐次线性方程组，我们所要解决的问题是零向量能否由 $\boldsymbol{\alpha}_1,\boldsymbol{\alpha}_2,\cdots,\boldsymbol{\alpha}_n$ 线性表示出来．

由齐次线性方程组解的情况可知，上述方程组至少有一个零解，即 0 一定可以由 $\boldsymbol{\alpha}_1,\boldsymbol{\alpha}_2,\cdots,\boldsymbol{\alpha}_n$ 线性表示出来，但我们所要关注的是它是否有非零解的问题．

由此，我们得到一个新的概念：

5. 向量组的相关性

如果说向量的线性组合所讨论的是向量和向量组的关系，那么，向量组的相关性则是讨论向量组自身内部的关系，可以看做线性组合的特殊情况．

定义 6.22　设有向量 $\boldsymbol{\alpha}_1,\boldsymbol{\alpha}_2,\cdots,\boldsymbol{\alpha}_n$，若存在一组不全为零的数 $k_1,k_2,\cdots,k_n$，使 $k_1\boldsymbol{\alpha}_1+k_2\boldsymbol{\alpha}_2+\cdots+k_n\boldsymbol{\alpha}_n=0$，则称向量组 $\boldsymbol{\alpha}_1,\boldsymbol{\alpha}_2,\cdots,\boldsymbol{\alpha}_n$ 线性相关（注意，此处要求是一组不全为零的数）．

说明：（1）$\boldsymbol{\alpha}_1,\boldsymbol{\alpha}_2,\cdots,\boldsymbol{\alpha}_n$ 确定后，$k_1,k_2,\cdots,k_n$ 也就为一组特定的数，若其中一个 $\boldsymbol{\alpha}_i$ 改变，$k_1,k_2,\cdots,k_n$ 也随之改变．

（2）$k_1,k_2,\cdots,k_n$ 中至少有一个非零，则线性相关的向量组中至少有一个可被剩余向量线性表示；反之，若向量组 $\boldsymbol{\alpha}_1,\boldsymbol{\alpha}_2,\cdots,\boldsymbol{\alpha}_n$ 中至少有一个向量可以被该向量组的剩余向量线性表示，则该向量组线性相关．

若 $\boldsymbol{\alpha}_1,\boldsymbol{\alpha}_2,\cdots,\boldsymbol{\alpha}_n$ 线性相关，则 $k_1,k_2,\cdots,k_n$ 至少有一个不为零，不妨设 k_i 不为零，则

$$k_1\boldsymbol{\alpha}_1+k_2\boldsymbol{\alpha}_2+\cdots+k_i\boldsymbol{\alpha}_i+\cdots+k_n\boldsymbol{\alpha}_n=0$$

$$\Rightarrow k_i\boldsymbol{\alpha}_i=-k_1\boldsymbol{\alpha}_1-k_2\boldsymbol{\alpha}_2-\cdots k_{i-1}\boldsymbol{\alpha}_{i-1}-k_{i+1}\boldsymbol{\alpha}_{i+1}-\cdots-k_n\boldsymbol{\alpha}_n$$

$$\Rightarrow\boldsymbol{\alpha}_i=-\frac{k_1}{k_i}\boldsymbol{\alpha}_1-\frac{k_2}{k_i}\boldsymbol{\alpha}_2-\cdots-\frac{k_{i-1}}{k_i}\boldsymbol{\alpha}_{i-1}-\frac{k_{i+1}}{k_i}\boldsymbol{\alpha}_{i+1}-\cdots-\frac{k_n}{k_i}\boldsymbol{\alpha}_n$$

即 $\boldsymbol{\alpha}_i$ 可表示成 $\boldsymbol{\alpha}_1,\boldsymbol{\alpha}_2,\cdots\boldsymbol{\alpha}_{i-1},\boldsymbol{\alpha}_{i+1},\cdots,\boldsymbol{\alpha}_n$ 的线性组合.

(3) 不为零的一组数可能仅有一组，也可能有无穷多组，但只要存在一组，就可以说向量组线性相关.

(4) 线性相关的等价定义：

对任意一组不全为零的数 $k_1,k_2,\cdots,k_n$，总有 $k_1\boldsymbol{\alpha}_1+k_2\boldsymbol{\alpha}_2+\cdots+k_n\boldsymbol{\alpha}_n=0$ 成立，则称 $\boldsymbol{\alpha}_1,\boldsymbol{\alpha}_2,\cdots,\boldsymbol{\alpha}_n$ 线性相关；

若只有当 $k_1,k_2,\cdots,k_n$ 全为零时，$k_1\boldsymbol{\alpha}_1+k_2\boldsymbol{\alpha}_2+\cdots+k_n\boldsymbol{\alpha}_n=0$ 才成立，则称 $\boldsymbol{\alpha}_1,\boldsymbol{\alpha}_2,\cdots,\boldsymbol{\alpha}_n$ 线性无关.

规律总结

向量组线性相关的判定：

$\boldsymbol{\alpha}_1,\boldsymbol{\alpha}_2,\cdots,\boldsymbol{\alpha}_n$ 线性相关⇔对应的齐次线性方程组有非零解⇔$\boldsymbol{R}(\boldsymbol{\alpha}_1,\boldsymbol{\alpha}_2,\cdots,\boldsymbol{\alpha}_n)<n$

方法：用向量组构造矩阵 $A=(\boldsymbol{\alpha}_1,\boldsymbol{\alpha}_2,\cdots,\boldsymbol{\alpha}_n)$，再求 $\boldsymbol{R}(\boldsymbol{A})$.

【例 5】 判定下列向量组是否线性相关：

(1) $\boldsymbol{\alpha}_1=\begin{pmatrix}1\\-1\\2\end{pmatrix},\boldsymbol{\alpha}_2=\begin{pmatrix}0\\1\\3\end{pmatrix},\boldsymbol{\alpha}_3=\begin{pmatrix}2\\1\\4\end{pmatrix}$——线性无关

(2) $\boldsymbol{\alpha}_1=(1,2,-1,5),\boldsymbol{\alpha}_2=(2,-1,1,1),\boldsymbol{\alpha}_3=(4,3,-1,1)$——线性相关

(3) $\boldsymbol{\alpha}_1=(-1,3,1),\boldsymbol{\alpha}_2=(2,1,0),\boldsymbol{\alpha}_3=(1,4,1)$——线性相关

注意：几个特殊情况：

(1) 初始单位向量组线性无关 $\boldsymbol{R}(\boldsymbol{\varepsilon}_1,\boldsymbol{\varepsilon}_2,\cdots,\boldsymbol{\varepsilon}_n)=n$，所以线性无关.

(2) 一个零向量线性相关，一个非零向量线性无关. 对于零向量，任意 $k\neq0$ 都可使 $\boldsymbol{k}\cdot\boldsymbol{O}=0$；对于非零向量 $\boldsymbol{\alpha}$，只有 $k=0$ 时，$k\boldsymbol{\alpha}=0$.

(3) 若向量组中的部分向量（部分组）线性相关，则整个向量组线性相关.

证明：设向量组 $\boldsymbol{\alpha}_1,\boldsymbol{\alpha}_2,\cdots,\boldsymbol{\alpha}_n$，若其中的 $\boldsymbol{\alpha}_{i_1},\boldsymbol{\alpha}_{i_2},\cdots,\boldsymbol{\alpha}_{i_m}$ 线性相关，即存在一组不全为零的数 $k_{i_1},k_{i_2},\cdots,k_{i_m}$ 使 $k_{i_1}\boldsymbol{\alpha}_{i_1}+k_{i_2}\boldsymbol{\alpha}_{i_2}+\cdots+k_{i_m}\boldsymbol{\alpha}_{i_m}=0$，于是，使 $0\boldsymbol{\alpha}_1+0\boldsymbol{\alpha}_2+\cdots+k_{i_1}\boldsymbol{\alpha}_{i_1}+k_{i_2}\boldsymbol{\alpha}_{i_2}+\cdots+k_{i_m}\boldsymbol{\alpha}_{i_m}+\cdots+0\boldsymbol{\alpha}_n=0$ 的这组数也是不全为零的，故 $\boldsymbol{\alpha}_1,\boldsymbol{\alpha}_2,\cdots,\boldsymbol{\alpha}_n$ 线性相关；

(4) 含有零向量的向量组线性相关；设向量组 $O,\boldsymbol{\alpha}_1,\boldsymbol{\alpha}_2,\cdots,\boldsymbol{\alpha}_n$，则至少有一个非零数 k 使得

$$k\cdot\boldsymbol{O}+0\boldsymbol{\alpha}_1+0\boldsymbol{\alpha}_2+\cdots+0\boldsymbol{\alpha}_n=0$$

(5) 若向量组 $\boldsymbol{\alpha}_1,\boldsymbol{\alpha}_2,\cdots,\boldsymbol{\alpha}_n$ 线性无关，则其中任意部分向量所构成的向量组也线性无关，即“全部无关，部分无关”.

(6) 若向量组 $\boldsymbol{\alpha}_1,\boldsymbol{\alpha}_2,\cdots,\boldsymbol{\alpha}_n$ 其中一部分线性相关，则该向量组线性相关，即“部分相

关，全部相关”．

6. 线性组合和线性相关的关系

线性组合：$k_1\boldsymbol{\alpha}_1+k_2\boldsymbol{\alpha}_2+k_3\boldsymbol{\alpha}_3=\boldsymbol{\beta}$，其中 k_i 可以任意取值；

线性相关：$k_1\boldsymbol{\alpha}_1+k_2\boldsymbol{\alpha}_2+k_3\boldsymbol{\alpha}_3=0$，其中 k_i 不全为零．

【例 6】 试证若 $\boldsymbol{\alpha},\boldsymbol{\beta},\boldsymbol{\gamma}$ 线性无关，则 $\boldsymbol{\alpha}+\boldsymbol{\beta},\boldsymbol{\alpha}+\boldsymbol{\gamma},\boldsymbol{\beta}+\boldsymbol{\gamma}$ 也线性无关．

证明：设存在 k_1,k_2,k_3 使 $k_1(\boldsymbol{\alpha}+\boldsymbol{\beta})+k_2(\boldsymbol{\beta}+\boldsymbol{\gamma})+k_3(\boldsymbol{\alpha}+\boldsymbol{\gamma})=0$，得

$$(k_1+k_3)\boldsymbol{\alpha}+(k_1+k_2)\boldsymbol{\beta}+(k_2+k_3)\boldsymbol{\gamma}=0$$

由于 $\boldsymbol{\alpha},\boldsymbol{\beta},\boldsymbol{\gamma}$ 线性无关，则

$$\begin{cases}k_1+k_3=0\\k_1+k_2=0\\k_2+k_3=0\end{cases}\Rightarrow\begin{cases}k_1=0\\k_2=0\\k_3=0\end{cases}$$

所以，$\boldsymbol{\alpha}+\boldsymbol{\beta},\boldsymbol{\alpha}+\boldsymbol{\gamma},\boldsymbol{\beta}+\boldsymbol{\gamma}$ 也线性无关．

【例 7】 已知 $\boldsymbol{\alpha}_1=\begin{pmatrix}\lambda+1\\4\\6\end{pmatrix},\boldsymbol{\alpha}_2=\begin{pmatrix}1\\0\\\lambda\end{pmatrix},\boldsymbol{\alpha}_3=\begin{pmatrix}2\\2\\\lambda\end{pmatrix}$，$\lambda$ 为何值时 $\boldsymbol{\alpha}_1,\boldsymbol{\alpha}_2,\boldsymbol{\alpha}_3$ 线性相关，并将 $\boldsymbol{\alpha}_1$ 用 $\boldsymbol{\alpha}_2,\boldsymbol{\alpha}_3$ 线性表示．

解：$\begin{pmatrix}1&2&\lambda+1\\0&2&4\\\lambda&\lambda&6\end{pmatrix}\to\begin{pmatrix}1&0&\lambda-3\\0&1&2\\0&0&6-\lambda^2+\lambda\end{pmatrix}$（化成最简阶梯型矩阵的形式）

要使 $\boldsymbol{\alpha}_1,\boldsymbol{\alpha}_2,\boldsymbol{\alpha}_3$ 线性相关，需要 $R(A)<3$，则 $6-\lambda^2+\lambda=0\Rightarrow\lambda=-2$ 或者 $\lambda=3$.

$\lambda=-2$ 时，$\boldsymbol{\alpha}_1=-5\boldsymbol{\alpha}_2+2\boldsymbol{\alpha}_3$；$\lambda=3$ 时，$\boldsymbol{\alpha}_1=0\cdot\boldsymbol{\alpha}_2+2\boldsymbol{\alpha}_3$.

7. 关于线性组合与线性相关的定理

（1）向量组 $\boldsymbol{\alpha}_1,\boldsymbol{\alpha}_2,\cdots,\boldsymbol{\alpha}_n$ 线性相关⇔至少有一个 $\boldsymbol{\alpha}_i$ 可以表示成其余 $n-1$ 个向量的线性组合（先证明，请读者举实例说明）.

证明：“⇒”由 $\boldsymbol{\alpha}_1,\boldsymbol{\alpha}_2,\cdots,\boldsymbol{\alpha}_n$ 线性相关，则存在一组不全为零的数 $k_1,k_2,\cdots,k_n$，使得

$$k_1\boldsymbol{\alpha}_1+k_2\boldsymbol{\alpha}_2+\cdots+k_n\boldsymbol{\alpha}_n=0$$

假定 $k_i\neq0$，则有：

$$k_i\boldsymbol{\alpha}_i=-k_1\boldsymbol{\alpha}_1-k_2\boldsymbol{\alpha}_2-\cdots-k_{i-1}\boldsymbol{\alpha}_{i-1}-k_{i+1}\boldsymbol{\alpha}_{i+1}\cdots-k_n\boldsymbol{\alpha}_n$$

$$\Rightarrow\boldsymbol{\alpha}_i=-\frac{k_1}{k_i}\boldsymbol{\alpha}_1-\frac{k_2}{k_i}\boldsymbol{\alpha}_2-\cdots-\frac{k_{i-1}}{k_i}\boldsymbol{\alpha}_{i-1}-\frac{k_{i+1}}{k_i}\boldsymbol{\alpha}_{i+1}-\cdots-\frac{k_n}{k_i}\boldsymbol{\alpha}_n$$

所以，$\boldsymbol{\alpha}_i$ 可以表示成 $\boldsymbol{\alpha}_1,\boldsymbol{\alpha}_2,\cdots,\boldsymbol{\alpha}_{i-1},\boldsymbol{\alpha}_{i+1},\cdots,\boldsymbol{\alpha}_n$ 的线性组合．

“⇐”，设 $\boldsymbol{\alpha}_i=k_1\boldsymbol{\alpha}_1+k_2\boldsymbol{\alpha}_2+\cdots+k_{i-1}\boldsymbol{\alpha}_{i-1}+k_{i+1}\boldsymbol{\alpha}_{i+1}+\cdots+k_n\boldsymbol{\alpha}_n$，则

$$k_1\boldsymbol{\alpha}_1+k_2\boldsymbol{\alpha}_2+\cdots+k_{i-1}\boldsymbol{\alpha}_{i-1}+(-1)\boldsymbol{\alpha}_i+k_{i+1}\boldsymbol{\alpha}_{i+1}+\cdots+k_n\boldsymbol{\alpha}_n=0$$

从而 $\boldsymbol{\alpha}_1,\boldsymbol{\alpha}_2,\cdots,\boldsymbol{\alpha}_n$ 线性相关．（**注意**：与之前的 $\boldsymbol{\alpha}_i=0\cdot\boldsymbol{\alpha}_1+\cdots+1\cdot\boldsymbol{\alpha}_i+\cdots+0\cdot\boldsymbol{\alpha}_n$ 的区别）．

（2）若 $\boldsymbol{\alpha}_1,\boldsymbol{\alpha}_2,\cdots,\boldsymbol{\alpha}_n,\boldsymbol{\beta}$ 线性相关，而 $\boldsymbol{\alpha}_1,\boldsymbol{\alpha}_2,\cdots,\boldsymbol{\alpha}_n$ 线性无关，则 $\boldsymbol{\beta}$ 可由 $\boldsymbol{\alpha}_1,\boldsymbol{\alpha}_2,\cdots,\boldsymbol{\alpha}_n$

线性表示，且表示法唯一.

证明： 因为 $\boldsymbol{\alpha}_1,\boldsymbol{\alpha}_2,\cdots,\boldsymbol{\alpha}_n,\boldsymbol{\beta}$ 线性相关，则存在一组不全为零的数 $k_1,k_2,\cdots,k_n,k_{n+1}$ 使

$$k_1\boldsymbol{\alpha}_1+k_2\boldsymbol{\alpha}_2+\cdots+k_n\boldsymbol{\alpha}_n+k_{n+1}\boldsymbol{\beta}=0\quad(*)$$

又因为 $\boldsymbol{\alpha}_1,\boldsymbol{\alpha}_2,\cdots,\boldsymbol{\alpha}_n$ 线性无关，则使 $k_1\boldsymbol{\alpha}_1+k_2\boldsymbol{\alpha}_2+\cdots+k_n\boldsymbol{\alpha}_n=0$ 成立的 $k_1,k_2,\cdots,k_n$ 全为0，从而在 $*$ 式中的 $k_{n+1}\neq 0$，于是

$$\boldsymbol{\beta}=-\frac{k_1}{k_{n+1}}\boldsymbol{\alpha}_1-\frac{k_2}{k_{n+1}}\boldsymbol{\alpha}_2-\cdots-\frac{k_n}{k_{n+1}}\boldsymbol{\alpha}_n$$

再证表示法唯一：

设 $\boldsymbol{\beta}=k_1\boldsymbol{\alpha}_1+k_2\boldsymbol{\alpha}_2+\cdots+k_n\boldsymbol{\alpha}_n$，$\boldsymbol{\beta}=l_1\boldsymbol{\alpha}_1+l_2\boldsymbol{\alpha}_2+\cdots+l_n\boldsymbol{\alpha}_n$，两式相减可得

$$0=(k_1-l_1)\boldsymbol{\alpha}_1+(k_2-l_2)\boldsymbol{\alpha}_2+\cdots+(k_n-l_n)\boldsymbol{\alpha}_n$$

由于 $\boldsymbol{\alpha}_1,\boldsymbol{\alpha}_2,\cdots,\boldsymbol{\alpha}_n$ 线性无关，则 $k_i-l_i=0\Rightarrow k_i=l_i$，所以表示法唯一.

8. 向量组之间的线性表示

定义 6.23 设有两向量组 $\boldsymbol{\alpha}_1,\boldsymbol{\alpha}_2,\cdots,\boldsymbol{\alpha}_n$—(1)；$\boldsymbol{\beta}_1,\boldsymbol{\beta}_2,\cdots,\boldsymbol{\beta}_n$—(2)，若(2)中的每一个向量可以由向量组(1)线性表示,则称向量组(2)可以被向量组(1)线性表示,若(1)中的每一个向量也可以被(2)线性表示,则称这两个向量组等价.

若向量组(2)可以被向量组(1)线性表示,其矩阵形式为：

$$\begin{array}{l}\boldsymbol{\beta}_1=k_{11}\boldsymbol{\alpha}_1+k_{12}\boldsymbol{\alpha}_2+\cdots+k_{1n}\boldsymbol{\alpha}_n\\ \boldsymbol{\beta}_2=k_{21}\boldsymbol{\alpha}_1+k_{22}\boldsymbol{\alpha}_2+\cdots+k_{2n}\boldsymbol{\alpha}_n\\ \cdots\cdots\cdots\cdots\cdots\cdots\cdots\cdots\cdots\cdots\cdots\\ \boldsymbol{\beta}_n=k_{n1}\boldsymbol{\alpha}_1+k_{n2}\boldsymbol{\alpha}_2+\cdots+k_{nn}\boldsymbol{\alpha}_n\end{array}\Rightarrow\begin{pmatrix}\boldsymbol{\beta}_1\\ \boldsymbol{\beta}_2\\ \vdots\\ \boldsymbol{\beta}_n\end{pmatrix}=\begin{pmatrix}k_{11}&k_{12}&\cdots&k_{1n}\\ k_{21}&k_{22}&\cdots&k_{2n}\\ \cdots&\cdots&\cdots&\cdots\\ k_{n1}&k_{n2}&\cdots&k_{nn}\end{pmatrix}\begin{pmatrix}\boldsymbol{\alpha}_1\\ \boldsymbol{\alpha}_2\\ \vdots\\ \boldsymbol{\alpha}_n\end{pmatrix}\qquad(6-17)$$

例如：

$$\begin{array}{l}\boldsymbol{\beta}_1=2\boldsymbol{\alpha}_1-3\boldsymbol{\alpha}_2+\boldsymbol{\alpha}_3-\boldsymbol{\alpha}_4\\ \boldsymbol{\beta}_2=\boldsymbol{\alpha}_1-2\boldsymbol{\alpha}_2-3\boldsymbol{\alpha}_3+2\boldsymbol{\alpha}_4\\ \boldsymbol{\beta}_3=-\boldsymbol{\alpha}_1+3\boldsymbol{\alpha}_2-2\boldsymbol{\alpha}_3-\boldsymbol{\alpha}_4\end{array}\Rightarrow\begin{pmatrix}\boldsymbol{\beta}_1\\ \boldsymbol{\beta}_2\\ \boldsymbol{\beta}_3\end{pmatrix}=\begin{pmatrix}2&-3&1&-1\\ 1&-2&-3&2\\ -1&3&-2&-1\end{pmatrix}\begin{pmatrix}\boldsymbol{\alpha}_1\\ \boldsymbol{\alpha}_2\\ \boldsymbol{\alpha}_3\\ \boldsymbol{\alpha}_4\end{pmatrix}$$

结论：若（1）线性无关，则当 C 为满秩矩阵时，（2）线性无关；当 C 为非满秩矩阵时，（2）线性相关（其中：C 为系数矩阵）.

如：$\boldsymbol{\alpha},\boldsymbol{\beta},\boldsymbol{\gamma}$ 线性无关，则 $\boldsymbol{\alpha}+\boldsymbol{\beta},\boldsymbol{\beta}+\boldsymbol{\gamma},\boldsymbol{\alpha}+\boldsymbol{\gamma}$ 线性无关.

$$\begin{pmatrix}\boldsymbol{\alpha}_1\\ \boldsymbol{\alpha}_2\\ \boldsymbol{\alpha}_3\end{pmatrix}=\begin{pmatrix}1&1&0\\ 0&1&1\\ 1&0&1\end{pmatrix}\begin{pmatrix}\boldsymbol{\alpha}\\ \boldsymbol{\beta}\\ \boldsymbol{\gamma}\end{pmatrix}\ R(C)=3，故\ \boldsymbol{\alpha}+\boldsymbol{\beta},\boldsymbol{\beta}+\boldsymbol{\gamma},\boldsymbol{\alpha}+\boldsymbol{\gamma}\ 线性无关.$$

定理 6.9 若向量组(1)可由向量组(2)线性表示,而向量组(2)又可由向量组(3)线性表示,则向量组(1)可以由向量组(3)线性表示(向量组线性表示的传递性).

如：$\begin{pmatrix}1\\0\\0\\0\end{pmatrix},\begin{pmatrix}0\\1\\0\\0\end{pmatrix},\begin{pmatrix}0\\0\\1\\0\end{pmatrix},\begin{pmatrix}0\\0\\0\\1\end{pmatrix}$—(1)；$\begin{pmatrix}2\\0\\0\\0\end{pmatrix},\begin{pmatrix}0\\2\\0\\0\end{pmatrix},\begin{pmatrix}0\\0\\2\\0\end{pmatrix},\begin{pmatrix}0\\0\\0\\2\end{pmatrix}$—(2)；$\begin{pmatrix}2\\4\\6\\8\end{pmatrix},\begin{pmatrix}8\\2\\4\\6\end{pmatrix},\begin{pmatrix}6\\8\\2\\4\end{pmatrix},\begin{pmatrix}4\\6\\8\\2\end{pmatrix}$—(3)

定理 6.10　设 $\boldsymbol{\alpha}_1,\boldsymbol{\alpha}_2,\cdots,\boldsymbol{\alpha}_m$—(1)，$\boldsymbol{\beta}_1,\boldsymbol{\beta}_2,\cdots,\boldsymbol{\beta}_n$—(2)，若向量组(2)中每个向量可以被向量组(1)线性表示，若 $m<n$，则向量组(2)线性相关.

如：$\begin{pmatrix}1\\0\\0\\0\end{pmatrix},\begin{pmatrix}0\\1\\0\\0\end{pmatrix},\begin{pmatrix}0\\0\\1\\0\end{pmatrix},\begin{pmatrix}0\\0\\0\\1\end{pmatrix}$—(1)；$\begin{pmatrix}2\\0\\0\\0\end{pmatrix},\begin{pmatrix}0\\2\\0\\0\end{pmatrix},\begin{pmatrix}0\\0\\2\\0\end{pmatrix},\begin{pmatrix}0\\0\\0\\2\end{pmatrix},\begin{pmatrix}2\\2\\2\\2\end{pmatrix}$—(2)

向量组的个数大于向量的维数，则该向量组一定线性相关.

9. 极大无关组

(1) 由实际例子引入极大无关组的概念. 设有一向量组：

$$\boldsymbol{\alpha}_1=\begin{pmatrix}1\\0\\0\\0\end{pmatrix},\boldsymbol{\alpha}_2=\begin{pmatrix}0\\1\\0\\0\end{pmatrix},\boldsymbol{\alpha}_3=\begin{pmatrix}0\\0\\1\\0\end{pmatrix},\boldsymbol{\alpha}_4=\begin{pmatrix}0\\0\\0\\1\end{pmatrix},\boldsymbol{\alpha}_5=\begin{pmatrix}2\\4\\6\\8\end{pmatrix},\boldsymbol{\alpha}_6=\begin{pmatrix}8\\2\\4\\6\end{pmatrix},\ \boldsymbol{\alpha}_7=\begin{pmatrix}6\\8\\2\\4\end{pmatrix},\boldsymbol{\alpha}_8=\begin{pmatrix}4\\6\\8\\2\end{pmatrix}.$$

在该向量组中 $\boldsymbol{\alpha}_1$ 线性无关，$\boldsymbol{\alpha}_1,\boldsymbol{\alpha}_2$ 线性无关，$\boldsymbol{\alpha}_1,\boldsymbol{\alpha}_2,\boldsymbol{\alpha}_3$ 线性无关，$\boldsymbol{\alpha}_1,\boldsymbol{\alpha}_2,\boldsymbol{\alpha}_3,\boldsymbol{\alpha}_4$ 线性无关，但 $\boldsymbol{\alpha}_1,\boldsymbol{\alpha}_2,\boldsymbol{\alpha}_3,\boldsymbol{\alpha}_4,\boldsymbol{\alpha}_5$ 就线性相关，并且该向量组本身线性相关. 通过观察，可以发现，该向量组可以找到线性无关的部分组，且最多可以找到由 4 个向量所构成的部分组线性无关，往这个部分组中任意加入一个向量，构成的部分组线性相关，于是 $\boldsymbol{\alpha}_1,\boldsymbol{\alpha}_2,\boldsymbol{\alpha}_3,\boldsymbol{\alpha}_4$ 是该向量组的最大线性无关部分组，称为**极大无关组**.

定义 6.24　设 $\boldsymbol{\alpha}_1,\boldsymbol{\alpha}_2,\cdots,\boldsymbol{\alpha}_n$—(1)有一个线性无关部分组 $\boldsymbol{\alpha}_{i_1},\boldsymbol{\alpha}_{i_2},\cdots,\boldsymbol{\alpha}_{i_m}$—(2)，若在(2)中任意加入(1)中的向量(不和(2)中的向量重复)后，所得的向量组线性相关，则称 $\boldsymbol{\alpha}_{i_1},\boldsymbol{\alpha}_{i_2},\cdots,\boldsymbol{\alpha}_{i_m}$ 是 $\boldsymbol{\alpha}_1,\boldsymbol{\alpha}_2,\cdots,\boldsymbol{\alpha}_n$ 一个极大无关组.

说明：极大无关组不一定唯一，但其中向量的个数一定确定.

(2) 极大无关组的判定. 设 $\boldsymbol{\alpha}_{i_1},\boldsymbol{\alpha}_{i_2},\cdots,\boldsymbol{\alpha}_{i_m}$ 为向量组 $\boldsymbol{\alpha}_1,\boldsymbol{\alpha}_2,\cdots,\boldsymbol{\alpha}_n$ 的线性无关部分组，则 $\boldsymbol{\alpha}_{i_1},\boldsymbol{\alpha}_{i_2},\cdots,\boldsymbol{\alpha}_{i_m}$ 是极大无关组 $\Leftrightarrow$ 向量组 $\boldsymbol{\alpha}_1,\boldsymbol{\alpha}_2,\cdots,\boldsymbol{\alpha}_n$ 中的任意向量可以由 $\boldsymbol{\alpha}_{i_1},\boldsymbol{\alpha}_{i_2},\cdots,\boldsymbol{\alpha}_{i_m}$ 线性表示.

事实上，极大无关组 $\boldsymbol{\alpha}_{i_1},\boldsymbol{\alpha}_{i_2},\cdots,\boldsymbol{\alpha}_{i_m}$ 本身也可以被 $\boldsymbol{\alpha}_1,\boldsymbol{\alpha}_2,\cdots,\boldsymbol{\alpha}_n$ 线性表示，即向量组的极大无关组和该向量组本身等价.

(3) 极大无关组的求法.

规律总结

①利用定义，对于简单的向量组，有时可通过观察找到其极大无关组；

②初等行变换法.

定义 6.25　**向量组的秩**：$\boldsymbol{\alpha}_1,\boldsymbol{\alpha}_2,\cdots,\boldsymbol{\alpha}_n$ 的极大无关组所含向量的个数，称为向量组的**秩**，记作 $r(\boldsymbol{\alpha}_1,\boldsymbol{\alpha}_2,\cdots,\boldsymbol{\alpha}_n)$，其中列向量组的秩称为**列秩**，行向量组的秩称为**行秩**.

如能够求到向量组的秩，便能很方便的寻找极大无关组，而求向量组的秩需要初等变换. 所以，求极大无关组的做法是对 $A=(\boldsymbol{\alpha}_1,\boldsymbol{\alpha}_2,\cdots,\boldsymbol{\alpha}_n)$ 施以初等行变换，直到变成最简阶梯形矩阵，此时，单位向量所对应的向量就是极大无关组．

【例 8】 （1）求 $\boldsymbol{\alpha}_1=\begin{pmatrix}2\\4\\2\end{pmatrix},\boldsymbol{\alpha}_2=\begin{pmatrix}1\\1\\0\end{pmatrix},\boldsymbol{\alpha}_3=\begin{pmatrix}2\\3\\1\end{pmatrix},\boldsymbol{\alpha}_4=\begin{pmatrix}3\\5\\2\end{pmatrix}$的一个极大无关组，并将其余向量用该极大无关组线性表示．

解： $A=\begin{pmatrix}2&1&2&3\\4&1&3&5\\2&0&1&2\end{pmatrix}\rightarrow\begin{pmatrix}1&0&1/2&1\\0&1&1&1\\0&0&0&0\end{pmatrix}=(\boldsymbol{\beta}_1\quad\boldsymbol{\beta}_2\quad\boldsymbol{\beta}_3\quad\boldsymbol{\beta}_4)$

显然在向量组 $\boldsymbol{\beta}_1,\boldsymbol{\beta}_2,\boldsymbol{\beta}_3,\boldsymbol{\beta}_4$ 中，$\boldsymbol{\beta}_1,\boldsymbol{\beta}_2$ 为极大无关组，

$$\boldsymbol{\beta}_3=\frac{1}{2}\boldsymbol{\beta}_1+\boldsymbol{\beta}_2,\ \boldsymbol{\beta}_4=\boldsymbol{\beta}_1+\boldsymbol{\beta}_2$$

从而，在原向量组中 $\boldsymbol{\alpha}_1,\boldsymbol{\alpha}_2$ 为极大无关组，

$$\boldsymbol{\alpha}_3=\frac{1}{2}\boldsymbol{\alpha}_1+\boldsymbol{\alpha}_2,\ \boldsymbol{\alpha}_4=\boldsymbol{\alpha}_1+\boldsymbol{\alpha}_2$$

（2）$\boldsymbol{\alpha}_1=(1,-1,2,1,0)^T,\boldsymbol{\alpha}_2=(2,-2,4,-2,0)^T,\boldsymbol{\alpha}_3=(3,0,6,-1,1)^T,\boldsymbol{\alpha}_4=(0,3,0,0,1)^T$

解： $\begin{pmatrix}1&2&3&0\\-1&-2&0&3\\2&4&6&0\\1&-2&-1&0\\0&0&1&1\end{pmatrix}\rightarrow\begin{pmatrix}1&0&0&-1\\0&1&0&-1\\0&0&1&1\\0&0&0&0\\0&0&0&0\end{pmatrix}=(\boldsymbol{\beta}_1\quad\boldsymbol{\beta}_2\quad\boldsymbol{\beta}_3\quad\boldsymbol{\beta}_4)$

显然在向量组 $\boldsymbol{\beta}_1,\boldsymbol{\beta}_2,\boldsymbol{\beta}_3,\boldsymbol{\beta}_4$ 中，$\boldsymbol{\beta}_1,\boldsymbol{\beta}_2,\boldsymbol{\beta}_3$ 为极大无关组，$\boldsymbol{\beta}_4=-\boldsymbol{\beta}_1-\boldsymbol{\beta}_2+\boldsymbol{\beta}_3$.
从而，在原向量组中 $\boldsymbol{\alpha}_1,\boldsymbol{\alpha}_2,\boldsymbol{\alpha}_3$ 为极大无关组，$\boldsymbol{\alpha}_4=-\boldsymbol{\alpha}_1-\boldsymbol{\alpha}_2+\boldsymbol{\alpha}_3$.

学习小结

（1）n 维向量的概念__________________________________．
（2）向量组的概念___________________________________．
（3）线性组合与线性表示是指____________________________
____．
（4）怎样判断向量线性相关______________________________．
（5）极大无关组的判定定理是____________________________．
（6）向量组的秩是指__________________________________．

【习题 6.7】

1. 判断向量 $\boldsymbol{\beta}$ 能否由向量组 $\boldsymbol{\alpha}_1$，$\boldsymbol{\alpha}_2$，$\boldsymbol{\alpha}_3$ 线性表出，若能，写出它的一种表出方法．

（1）$\boldsymbol{\beta}=(8,3,-1,-25)^T$，　$\boldsymbol{\alpha}_1=(-1,3,0,-5)^T$，　$\boldsymbol{\alpha}_2=(2,0,7,-3)^T$，
$\boldsymbol{\alpha}_3=(-4,1,-2,6)^T$；

（2）$\boldsymbol{\beta}=(-8,-3,7,-10)^T$，　$\boldsymbol{\alpha}_1=(-2,7,1,3)^T$，　$\boldsymbol{\alpha}_2=(3,-5,0,-2)^T$，
$\boldsymbol{\alpha}_3=(-5,-6,3,-1)^T$；

（3）$\boldsymbol{\beta}=(2,-30,13,-26)^T$，　$\boldsymbol{\alpha}_1=(3,-5,2,-4)^T$，　$\boldsymbol{\alpha}_2=(-1,7,-3,6)^T$，
$\boldsymbol{\alpha}_3=(3,11,-5,10)^T$.

2. 判断下列向量组的线性相关性：

（1）$\boldsymbol{\alpha}_1=(1,1,1)^T$，　$\boldsymbol{\alpha}_2=(1,2,5)^T$，　$\boldsymbol{\alpha}_3=(1,3,6)^T$；

（2）$\boldsymbol{\alpha}_1=(1,-1,2,4)^T$，　$\boldsymbol{\alpha}_2=(0,3,1,2)^T$，　$\boldsymbol{\alpha}_3=(3,0,7,14)^T$.

3. 求下列向量组的秩及其一个极大无关组，并将其余向量用极大无关组线性表出：

（1）$\boldsymbol{\alpha}_1=(-1,2,1)$，$\boldsymbol{\alpha}_2=(0,2,0)$，　$\boldsymbol{\alpha}_3=(0,0,3)$；

（2）$\boldsymbol{\alpha}_1=(-1,-1,-1,1)$，　$\boldsymbol{\alpha}_2=(1,-1,-1,1)$，
$\boldsymbol{\alpha}_3=(1,1,1,1)$，　$\boldsymbol{\alpha}_4=(1,1,-1,-1)$；

（3）$\boldsymbol{\alpha}_1=(1,-1,3,-1,1)$，　$\boldsymbol{\alpha}_2=(2,-1,-1,4,2)$，
$\boldsymbol{\alpha}_3=(3,-2,2,3,3)$，　$\boldsymbol{\alpha}_4=(1,0,-4,5,-1)$.

应用板块

6.8 矩阵运算在经济中的应用

【本节提示】 本节将主要介绍矩阵运算在经济中的运用方面．通过本节的学习，希望掌握矩阵运算在货物供应量决策与投入产出表的编制中的运用．

在前面的学习中，我们了解了线性代数的基本内容，即矩阵、矩阵行列式及线性方程组，其实矩阵运算在经济运用中涉及到的方面也是相当的多．

1. 货物供应量决策

【例 1】 A，B，C 三地的货物由甲、乙两厂供应，6 月份甲厂对三地的货物供应量分别为 32、45、29；乙厂供应量分别为 39、23、47，若 7 月货物供应量为甲 32、40、26，乙 34、26、42.

求：6、7 月份货物供应总量．

解： $C = A + B = \begin{pmatrix} 32 & 45 & 29 \\ 39 & 23 & 47 \end{pmatrix} + \begin{pmatrix} 32 & 40 & 26 \\ 34 & 26 & 42 \end{pmatrix} = \begin{pmatrix} 64 & 85 & 55 \\ 73 & 49 & 89 \end{pmatrix}$

【例 2】 某工厂生产甲乙丙三种产品，主要销往广州、武汉、上海三市，如果三市订购的数量矩阵为 A，三种产品每箱单价和重量矩阵为 B，

$$\begin{matrix} & \text{甲} & \text{乙} & \text{丙} & \\ A = & \begin{pmatrix} 2 & 3 & 1 \\ 6 & 5 & 3 \\ 5 & 4 & 2 \end{pmatrix} & & & \begin{matrix}\text{广州}\\ \text{武汉}\\ \text{上海}\end{matrix} \end{matrix} \qquad \begin{matrix} & \text{单价} \quad \text{每箱重} & \\ B = & \begin{pmatrix} 1 & 0.2 \\ 2 & 0.1 \\ 3 & 0.5 \end{pmatrix} & \begin{matrix}\text{甲}\\ \text{乙}\\ \text{丙}\end{matrix} \end{matrix}$$

求向各市所订购的三种产品的总金额和总重量分别是多少？

解： 设各市所订购的三种产品的总金额和总重量为 C，

$$\begin{matrix} & \text{总金额} \quad \text{总重量} & \\ C = & \begin{pmatrix} c_{11} & c_{12} \\ c_{21} & c_{22} \\ c_{31} & c_{33} \end{pmatrix} & \begin{matrix}\text{广州}\\ \text{武汉}\\ \text{上海}\end{matrix} \end{matrix}$$

显然，广州所订购的三种产品的总金额 c_{11} 与总重量 c_{12} 分别为：

$$c_{11} = 2\times1 + 3\times2 + 1\times3 = 11，\quad c_{12} = 2\times0.2 + 3\times0.1 + 1\times0.5 = 1.2$$

武汉所订购的三种产品的总金额 c_{21} 与总重量 c_{22} 分别为：

$$c_{21} = 6\times1 + 5\times2 + 3\times3 = 25，\quad c_{22} = 6\times0.2 + 5\times0.1 + 3\times0.5 = 3.2$$

上海所订购的三种产品的总金额 c_{31} 与总重量 c_{32} 分别为：

$$c_{31} = 5\times1 + 4\times2 + 2\times3 = 19，\quad c_{32} = 5\times0.2 + 4\times0.1 + 2\times0.5 = 1.2$$

2. 投入产出表的编制（表 6－1、表 6－2、表 6－3）

【例 1】 按生产者价格计算的投入产出表见表 6－1，按消费者价格计算的投入产出表见表 6－2.

表 6－1　按生产者价格计算的投入产出表（括号内的价格：流通费用或加价）

	农　业	工　业	运输、物质供应、商业	最终产品	总产值
农　业	10（2）	30（5）	0	20（5）	60（12）
工　业	10（3）	100（15）	10（2）	80（20）	200（40）
运输、物质供应、商业	2 + 3 = 5	5 + 15 = 20	2		
净产值	35	50	40		
总产值	60	200	52		

表 6－2　　按消费者价格计算的投入产出表

	农业	工业	运输、物资供应、商业	最终产品	供应		
					总产值	运输、物质供应、商业	合 计
农业	12(10+2)	35(30+5)	0	25(20+5)	60	12	72
工 业	13(10+3)	115(100+15)	12(10+2)	100(80+20)	200	40	240
运输、物资供应、商业	—	—	—	—	52	-52	—
净 产 值	35	50	40				
总 产 值	60	200	52				

在实际编制投入产出表时，可以在对各方面情况作出全面权衡后，再决定选择采用哪种价格．在条件允许时，应尽量采用生产者价格来计价，或者是分别计算两种不同的价格，以便比较．

【例 2】　实物—价值投入产出模型：$U-V$ 表如表 6－3 所示．

表 6－3　　联合国推荐的实物—价值投入产出模型：$U-V$ 表

			产品				部门				最终产品	总 计
			1	2	…	n	1	2	…	n		
物资消耗	产品	1	0				u_{11}	u_{12}	…	u_{1n}	y_1	q_1
		2					u_{21}	u_{22}	…	u_{2n}	y_2	q_2
		…						…	…		…	…
		n					u_{n1}	u_{n2}	…	u_{nn}	y_n	q_n
	部门	1	v_{11}	v_{12}	…	v_{1n}	0					g_1
		2	v_{21}	v_{22}	…	v_{2n}						g_2
		…		…	…							…
		n	v_{n1}	v_{n2}	…	v_{nn}						g_n
净产值							n_1	n_2	…	n_n		
总计			q_1	q_2	…	q_n	g_1	g_2	…	g_n		

学习小结

（1）货物供应量决策中运用到了矩阵运算的知识有＿＿＿＿＿＿＿＿＿＿＿＿＿＿＿＿＿＿＿＿＿＿＿＿＿＿＿＿＿＿＿＿＿＿＿＿．

（2）投入产出表的编制中运用到了矩阵运算的知识有＿＿＿＿＿＿＿＿＿＿＿＿＿＿＿＿＿＿＿＿＿＿＿＿＿＿＿＿＿＿＿＿＿＿＿．

【习题 6.8】

在一个学校的学生形象大赛中，评比总分数为：外形、气质、才艺三个项目，其中权重分别为：外形 30%，气质 30%，才艺 40%；各项目分值为 1～10 的数，总得分为每项目与其权重乘积的和.

(1) 石磊的外形得分为 8 分，气质得分为 7 分，才艺的得分为 9 分，他的总分是多少.

(2) 6 个人 A，B，C，D，E，F 的成绩如下，请用矩阵决定名次.

$$\begin{matrix} & \text{A} & \text{B} & \text{C} & \text{D} & \text{E} & \text{F} \\ \text{外形} & 8 & 8 & 9 & 6 & 6 & 10 \\ \text{气质} & 7 & 7 & 8 & 7 & 10 & 9 \\ \text{才艺} & 10 & 9 & 9 & 8 & 7 & 8 \end{matrix}$$

【复习思考题】

A　组

一、填空题

1. 设 $\boldsymbol{A}$ 为 2 阶矩阵，将 $\boldsymbol{A}$ 的第 2 列的 (-3) 倍加到第 1 列得到矩阵 $\boldsymbol{B}$，若 $\boldsymbol{B}=\begin{pmatrix}1 & 2\\3 & 4\end{pmatrix}$，则 $\boldsymbol{A}=$__________.

2. 已知矩阵 $\boldsymbol{A}=(1,2,-1)$，$\boldsymbol{B}=(2,-1,1)$，且 $\boldsymbol{C}=\boldsymbol{A}^T\boldsymbol{B}$，则 $\boldsymbol{C}=$__________.

3. 已知 3 阶行列式 $\begin{vmatrix}a_{11} & 2a_{12} & 3a_{13}\\2a_{21} & 4a_{22} & 6a_{23}\\3a_{31} & 6a_{32} & 9a_{33}\end{vmatrix}=12$，则 $\begin{vmatrix}a_{11} & a_{12} & a_{13}\\a_{21} & a_{22} & a_{23}\\a_{31} & a_{32} & a_{33}\end{vmatrix}=$__________.

4. 已知行列式 $\begin{vmatrix}a_1+b_1 & a_1-b_1\\a_2+b_2 & a_2-b_2\end{vmatrix}=-4$，则 $\begin{vmatrix}a_1 & b_1\\a_2 & b_2\end{vmatrix}=$______.

5. 设 3 阶行列式 D_3 的第 2 列元素分别为 -3，1，-2，对应的代数余子式分别为 -5，-7，2，则 $D_3=$______________.

6. 设 3 阶矩阵 $\boldsymbol{A}=\begin{pmatrix}1 & 0 & 1\\0 & 2 & 0\\3 & 3 & 3\end{pmatrix}$，则 $r(A)=$______________.

7. 设 $\boldsymbol{A}=\begin{pmatrix}1 & 2\\-1 & 0\end{pmatrix}$，则 $\boldsymbol{A}^2-2\boldsymbol{A}=$______________.

8. 设矩阵 $\boldsymbol{A}=\begin{pmatrix}1 & 0 & 0\\2 & 2 & 0\\3 & 3 & 3\end{pmatrix}$，则 $\left(\frac{1}{2}\boldsymbol{A}\right)^{-1}=$________.

9. 已知矩阵方程 $XA=B$，其中 $A=\begin{pmatrix}1&0\\2&1\end{pmatrix}$，$B=\begin{pmatrix}1&-1\\1&0\end{pmatrix}$，则 $X=$________.

10. 设向量组 $\boldsymbol{\alpha}_1,\boldsymbol{\alpha}_2$ 线性无关，且 $\boldsymbol{\beta}_1=\boldsymbol{\alpha}_1-\boldsymbol{\alpha}_2,\boldsymbol{\beta}_2=\boldsymbol{\alpha}_2$，则向量组 $\boldsymbol{\beta}_1,\boldsymbol{\beta}_2$ 的秩为________.

二、选择题

1. 3 阶行列式 $\begin{vmatrix}0&2&-3\\1&0&-1\\-1&2&0\end{vmatrix}$ 中元素 a_{21} 的代数余子式 $A_{21}=$（ ）.

A. 6　　B. -1　　C. -2　　D. 2

2. 设矩阵 $A=\begin{pmatrix}a_{11}&a_{12}\\a_{21}&a_{22}\end{pmatrix}$，$B=\begin{pmatrix}a_{21}+a_{11}&a_{22}+a_{12}\\a_{11}&a_{12}\end{pmatrix}$，$P_1=\begin{pmatrix}0&1\\1&0\end{pmatrix}$，$P_2=\begin{pmatrix}1&0\\1&1\end{pmatrix}$，则必有（ ）.

A. $AP_1P_2=B$　　B. $P_2P_1A=B$　　C. $P_1P_2A=B$　　D. $AP_2P_1=B$

3. 设 n 阶可逆矩阵 A、B、C 满足 $ABC=E$，则 $B^{-1}=$（ ）.

A. $A^{-1}C^{-1}$　　B. $C^{-1}A^{-1}$　　C. AC　　D. CA

4. 设 3 阶矩阵 $A=\begin{pmatrix}0&1&0\\0&0&1\\0&0&0\end{pmatrix}$，则 A^2 的秩为（ ）.

A. 0　　B. 1　　C. 2　　D. 3

5. 行列式 $\begin{vmatrix}0&1&-1&1\\-1&0&1&-1\\1&-1&0&1\\-1&1&-1&0\end{vmatrix}$ 第二行第一列元素的代数余子式 $A_{21}=$（ ）.

A. -1　　B. -2　　C. 1　　D. 2

6. 设 A 为 2 阶矩阵，若 $|3A|=3$，则 $|2A|=$（ ）.

A. $\dfrac{1}{2}$　　B. 1　　C. $\dfrac{4}{3}$　　D. 2

7. 已知 2 阶矩阵 $A=\begin{pmatrix}a&b\\c&d\end{pmatrix}$ 的行列式 $|A|=-1$，则 $(A^*)^{-1}=$（ ）.

A. $\begin{pmatrix}-a&-b\\-c&-d\end{pmatrix}$　　B. $\begin{pmatrix}d&-b\\-c&a\end{pmatrix}$　　C. $\begin{pmatrix}-d&b\\c&-a\end{pmatrix}$　　D. $\begin{pmatrix}a&b\\c&d\end{pmatrix}$

8. 设 $\boldsymbol{\beta}_1,\boldsymbol{\beta}_2,\boldsymbol{\beta}_3$ 是任意一组向量，若使 $k_1\boldsymbol{\beta}_1+k_2\boldsymbol{\beta}_2+k_3\boldsymbol{\beta}_3=0$ 成立当且仅 $k_1=k_2=k_3=0$，则 $\boldsymbol{\beta}_1,\boldsymbol{\beta}_2,\boldsymbol{\beta}_3$（ ）.

A. 线性相关　　B. 线性无关　　C. 既不相关也不无关　D. 无法确定

9. 向量组 $\boldsymbol{\alpha}_1=(1,0,0)$，$\boldsymbol{\alpha}_2=(1,1,0)$，$\boldsymbol{\alpha}_3=(1,1,1)$ 的秩为（ ）.

A. 1　　B. 2　　C. 3　　D. 4

10. 设 $\boldsymbol{\alpha}_1,\boldsymbol{\alpha}_2,\boldsymbol{\alpha}_3,\boldsymbol{\alpha}_4$ 是三维实向量，则（ ）.

A. $\boldsymbol{\alpha}_1,\boldsymbol{\alpha}_2,\boldsymbol{\alpha}_3,\boldsymbol{\alpha}_4$ 一定线性无关　　B. $\boldsymbol{\alpha}_1$ 一定可由 $\boldsymbol{\alpha}_1,\boldsymbol{\alpha}_2,\boldsymbol{\alpha}_3,\boldsymbol{\alpha}_4$ 线性表出

C. $\boldsymbol{\alpha}_1,\boldsymbol{\alpha}_2,\boldsymbol{\alpha}_3,\boldsymbol{\alpha}_4$ 一定线性相关　　D. $\boldsymbol{\alpha}_1,\boldsymbol{\alpha}_2,\boldsymbol{\alpha}_3$ 一定线性无关

三、计算题

1. 已知3阶行列式 $\begin{vmatrix} 1 & x & 3 \\ -1 & 2 & 0 \\ 5 & -1 & 5 \end{vmatrix} = -2$，求 x 的值.

2. 计算行列式 $D = \begin{vmatrix} x+3 & -1 & -1 \\ -1 & x+3 & -1 \\ -1 & -1 & x+3 \end{vmatrix}$ 的值.

3. 已知矩阵 $\boldsymbol{A} = \begin{pmatrix} -1 & 1 \\ -1 & 0 \end{pmatrix}$，$\boldsymbol{B} = \begin{pmatrix} -1 & 1 \\ 0 & 2 \end{pmatrix}$，矩阵 $\boldsymbol{X}$ 满足 $\boldsymbol{AX}+\boldsymbol{B}=\boldsymbol{X}$，求 $\boldsymbol{X}$.

4. 设 $\boldsymbol{A} = \begin{pmatrix} 1 & 1 & -1 \\ -1 & 1 & 1 \\ 1 & -1 & 1 \end{pmatrix}$ 满足 $\boldsymbol{A}^*\boldsymbol{X} = \boldsymbol{A}^{-1} + 2\boldsymbol{X}$，求 $\boldsymbol{X}$.

5. 用克莱姆法则求解下列线性方程组：

（1）$\begin{cases} x-3y-3k=0 \\ 2x-y-8k=0 \end{cases}$ （k 为常数）；　　（2）$\begin{cases} 2x_1-x_2+3x_3=3 \\ 3x_1+x_2-5x_3=0 \\ 4x_1-x_2+x_3=3 \end{cases}$.

6. 按照要求求下列矩阵的逆矩阵：

（1）$\begin{pmatrix} 1 & 0 & 1 \\ -1 & 1 & 1 \\ 2 & -1 & 1 \end{pmatrix}$（伴随矩阵法）；　　（2）$\begin{pmatrix} 1 & 2 & 3 & 4 \\ 2 & 3 & 1 & 2 \\ 1 & 1 & 1 & -1 \\ 1 & 0 & -2 & -8 \end{pmatrix}$（初等变换法）.

7. 求下列矩阵的秩：

（1）$\begin{pmatrix} 1 & 1 & 1 & -1 \\ -1 & -1 & -2 & 3 \\ 1 & 2 & 5 & 0 \end{pmatrix}$；　　（2）$\begin{pmatrix} 2 & -2 & 0 & -1 \\ -1 & 4 & 5 & -3 \\ 2 & 0 & 3 & 4 \\ 0 & 1 & 3 & -5 \end{pmatrix}$；

（3）$\begin{pmatrix} -1 & 1 & 0 & 1 & 0 & 0 & 1 \\ 1 & -1 & 1 & 0 & 1 & 2 & 0 \\ 2 & 2 & 1 & 1 & 0 & 1 & 1 \end{pmatrix}$；　　（4）$\begin{pmatrix} 1 & 1 & 0 \\ 0 & 1 & 0 \\ 1 & 0 & 1 \\ 0 & 1 & 1 \\ 1 & 0 & 0 \end{pmatrix}$.

8. 求解下列线性方程组：

（1）$\begin{cases} 2x_1+x_3-x_4=1 \\ 3x_1-x_2-x_3+x_4=2 \\ x_1-x_2+4x_4=-1 \end{cases}$；　　（2）$\begin{cases} -x_1+x_2-x_3=0 \\ -x_1+x_2+2x_3=0 \\ x_1+x_2+3x_3=0 \end{cases}$；

（3）$\begin{cases} x_1 - 2x_2 - x_3 + x_4 = 0 \\ x_1 - x_2 + x_3 - 3x_4 = 1 \\ 2x_1 + x_2 - 2x_3 + 3x_4 = 2 \end{cases}$；　　（4）$\begin{cases} x_1 + 2x_2 + 3x_3 - x_4 = 1 \\ 3x_1 - x_2 + x_3 - 3x_4 = 2 \\ 2x_1 + x_2 - 2x_3 - 2x_4 = 3 \end{cases}$；

（5）$\begin{cases} 3x_1 + 2x_2 + x_3 + x_4 = 0 \\ 2x_1 + x_2 - 2x_3 - 2x_4 = 0 \\ x_1 - x_2 - x_3 - 3x_4 = 0 \end{cases}$；　　（6）$\begin{cases} x_1 + x_2 - 3x_3 = 2 \\ x_2 - 3x_3 + 4x_4 = 1 \\ x_1 + x_2 - x_3 + x_4 = 4 \\ x_1 - 4x_2 - x_3 + 2x_4 = 3 \end{cases}$.

9. 已知$\begin{cases} x_1 - 3x_3 = -3 \\ x_1 + 2x_2 + \lambda x_3 = 1 \\ 2x_1 + \lambda x_2 - x_3 = -2 \end{cases}$，试讨论 λ 取何值时，方程组无解？有唯一解？无穷多组解？

10. 当 a 取何值时，线性方程组$\begin{cases} x_1 + 2x_2 - x_3 = 1 \\ 2x_1 - 3x_2 + x_3 = 0 \\ 4x_1 + x_2 - x_3 = a \end{cases}$ 有解，并求出它的解.

11. 已知 $\boldsymbol{\alpha} = (5, -1, 3, 2, 4)$，$3\boldsymbol{\alpha} - 4\boldsymbol{\beta} = (3, -7, 17, -2, 8)$，求 $-3\boldsymbol{\alpha} + 2\boldsymbol{\beta}$.

12. 设向量组 $\boldsymbol{\alpha}_1 = (1, 2, 3, 6)$，$\boldsymbol{\alpha}_2 = (1, -1, 2, 4)$，$\boldsymbol{\alpha}_3 = (-1, 1, -2, -8)$，$\boldsymbol{\alpha}_4 = (1, 2, 3, 2)$，求该向量组的秩及一个极大线性无关组.

四、应用题

某品牌生产甲乙丙三种衣服，主要销往成都、北京、南京三市. 如果三市订购的数量矩阵为 A，三种产品每箱单价和重量矩阵为 B，

$$A = \begin{pmatrix} 1000 & 700 & 400 \\ 600 & 500 & 300 \\ 500 & 200 & 400 \end{pmatrix} \begin{matrix} 成都 \\ 北京 \\ 南京 \end{matrix} \quad (列：甲　乙　丙)$$

$$B = \begin{pmatrix} 170 & 2 \\ 172 & 1.9 \\ 168 & 2.1 \end{pmatrix} \begin{matrix} 甲 \\ 乙 \\ 丙 \end{matrix} \quad (列：单价　每箱重)$$

求向各市所订购的三种衣服的总金额和总重量分别是多少？

五、证明题

（1）行列式 $D = \begin{vmatrix} a^2 + \frac{1}{a^2} & a & \frac{1}{a} & 1 \\ b^2 + \frac{1}{b^2} & b & \frac{1}{b} & 1 \\ c^2 + \frac{1}{c^2} & c & \frac{1}{c} & 1 \\ d^2 + \frac{1}{d^2} & d & \frac{1}{d} & 1 \end{vmatrix}$ $(abcd = 1)$ 的值为 0.

（2）已知向量组 $\boldsymbol{\alpha}_1, \boldsymbol{\alpha}_2, \boldsymbol{\alpha}_3, \boldsymbol{\alpha}_4$ 线性无关，证明：$\boldsymbol{\beta}_1 = \boldsymbol{\alpha}_1 + 2\boldsymbol{\alpha}_2 + 3\boldsymbol{\alpha}_3 + 4\boldsymbol{\alpha}_4$，$\boldsymbol{\beta}_2 = -\boldsymbol{\alpha}_2 + 2\boldsymbol{\alpha}_3 + 3\boldsymbol{\alpha}_4$，$\boldsymbol{\beta}_3 = 2\boldsymbol{\alpha}_1 + 3\boldsymbol{\alpha}_2 + 8\boldsymbol{\alpha}_3 + 12\boldsymbol{\alpha}_4$，$\boldsymbol{\beta}_4 = 2\boldsymbol{\alpha}_1 + 3\boldsymbol{\alpha}_2 + 6\boldsymbol{\alpha}_3 + 8\boldsymbol{\alpha}_4$ 线性无关.

B　组

1. 求一个二次多项式，使得 $f(1) = 0$，$f(2) = 3$，$f(-3) = 28$.

2. 计算 n 阶行列式 $D=\begin{vmatrix} a & b & b & \cdots & b \\ b & a & b & \cdots & b \\ b & b & a & \cdots & b \\ \cdots & \cdots & \cdots & \cdots & \cdots \\ b & b & b & \cdots & a \end{vmatrix}$ 与行列式 $D=\begin{vmatrix} 3 & 2 & 2 & 2 \\ 2 & 3 & 2 & 2 \\ 2 & 2 & 3 & 2 \\ 2 & 2 & 2 & 3 \end{vmatrix}$

3. 当 λ 取何值时，齐次线性方程组 $\begin{cases} (1-\lambda)x_1-2x_2+4x_3=0 \\ 2x_1+(3-\lambda)x_2+x_3=0 \\ x_1+x_2+(1-\lambda)x_3=0 \end{cases}$ 有非零解．

4. 设 $A=\begin{pmatrix} \lambda & 1 & 0 \\ 0 & \lambda & 1 \\ 0 & 0 & \lambda \end{pmatrix}$ 求 A^k.

5. 设方阵 A 满足方程 $A^2-A-2E=0$，证明 $A,A+2E$ 都可逆，并求它们的逆矩阵．

6. 设三阶矩阵 A，B 满足关系 $A^{-1}BA=6A+BA$，且 $A=\begin{pmatrix} \frac{1}{2} & & O \\ & \frac{1}{4} & \\ O & & \frac{1}{7} \end{pmatrix}$，求 B.

7. 若 A 可逆，那么矩阵方程 $AX=B$ 是否有唯一解 $X=A^{-1}B$？矩阵方程 $YA=B$ 是否有唯一解 $Y=BA^{-1}$？

8. 证明方程组 $\begin{cases} x_1-x_2=a_1 \\ x_2-x_3=a_2 \\ x_3-x_4=a_3 \\ x_4-x_5=a_4 \\ x_5-x_1=a_5 \end{cases}$ 有解的充要条件是 $a_1+a_2+a_3+a_4+a_5=0$，在有解的情况下，求出它的一切解．

9. 讨论线性方程组 $\begin{cases} x_1+x_2+2x_3+3x_4=1 \\ x_1+3x_2+6x_3+x_4=3 \\ 3x_1-x_2-px_3+15x_4=3 \\ x_1-5x_2-10x_3+12x_4=t \end{cases}$ 当 p,t 取何值时，方程组无解？有唯一解？有无穷多解？在方程组有无穷多解的情况下，求出一般解．

10. 讨论 a，b 取何值时，线性方程组 $\begin{cases} 3x_1+2x_2+x_3+x_4-3x_5=a \\ x_1+x_2+x_3+x_4+x_5=1 \\ x_2+2x_3+2x_4+6x_5=3 \\ 5x_1+4x_2+3x_3+3x_4-x_5=b \end{cases}$ 有解，并求全部解．

11. 求向量组 $\boldsymbol{\alpha}_1=(1,-1,2,1,0)$，$\boldsymbol{\alpha}_2=(2,1,4,-2,0)$，$\boldsymbol{\alpha}_3=(3,0,6,-1,0)$，$\boldsymbol{\alpha}_4=(0,3,0,0,1)$ 的一个极大无关组，并用其表示其余向量．

12. 已知向量组 $\boldsymbol{\alpha}_1,\boldsymbol{\alpha}_2,\boldsymbol{\alpha}_3$ 线性无关，$\boldsymbol{b}_1=\boldsymbol{\alpha}_1+\boldsymbol{\alpha}_2$，$\boldsymbol{b}_2=\boldsymbol{\alpha}_2+\boldsymbol{\alpha}_3$，$\boldsymbol{b}_3=\boldsymbol{\alpha}_3+\boldsymbol{\alpha}_1$，试证 $\boldsymbol{b}_1,\boldsymbol{b}_2,\boldsymbol{b}_3$ 线性无关．

第7章

概率论初步

学习目标

- □ 了解随机现象、随机事件的概念；理解随机现象的统计规律性，古典概率的定义及其计算；掌握条件概率和乘法公式的应用
- □ 了解随机变量的概念；理解离散型与连续型随机变量的概念及其概率分布；熟练掌握二项分布和正态分布；了解二维随机变量及其随机变量函数的分布；掌握随机变量的数字特征
- □ 掌握期望值在实际问题中的应用；了解概率在决策及对策论中的应用

数学史话

概率论的思想最早起源于数学家对合理分配赌金问题的分析与思考。17世纪，法国贵族德·梅勒在骰子赌博中，有急事必须中途停止赌博。双方各出的30个金币的赌资要靠对胜负的预测进行分配，但不知用什么样的比例分配才算合理。德·梅勒写信向当时法国最具声望的数学家帕斯卡请教。帕斯卡又和当时的另一位数学家费尔马长期通信研究此问题。于是，一个新的数学分支——概率论产生了。

从17世纪到19世纪，贝努利、隶莫弗、拉普拉斯、高斯、普阿松、切贝谢夫、马尔可夫等著名数学家都对概率论的发展作出了杰出的贡献。在这段时间里，概率论得到了长足的发展。但是，随着概率论中各个领域获得大量成果，以及概率论在其他基础学科和工程技术上的应用，由拉普拉斯给出的概率定义的局限性很快便暴露出来，甚至无法适用于一般的随机现象。因此，到20世纪初，概率论的一些基本概念，诸如概率等，尚没有确切的定义，概率论作为一个数学分支，缺乏严格的理论基础。概率论的第一本专著是1713年问世的雅各·贝努利的《推测术》。经过二十多年的艰难研究，贝努利在该领域表述并证明了著名的“大数定律”。所谓“大数定律”，简单地说就是，当实验次数很大时，事件出现的频率与概率有较大偏差的可能性很小。这一定理第一次在单一的概率值与众多现象的统计度量之间建立了演绎关系，构成了从概率论通向更广泛应用领域的桥梁。因此，贝努利被称为概率论的奠基人。

概率论是一门研究随机现象的数量规律的学科，有着广泛的应用。直观来说、卫星上

天、导弹巡航、飞机制造、宇宙飞船遨游太空等都有概率论的一份功劳；及时准确的天气预报、海洋探险、考古研究等更离不开概率论；电子技术发展、影视文化的进步、人口普查及教育等与概率论也是密不可分的。20世纪以来，由于物理学、生物学、工程技术、农业技术和军事技术发展的推动，概率论飞速发展，理论课题不断扩大与深入，应用范围大大拓宽。在最近几十年中，概率论的方法被引入各个工程技术学科和社会学科。目前，概率论在近代物理、自动控制、地震预报和气象预报、工厂产品质量控制、农业试验和公用事业等方面都得到了重要应用。越来越多的概率论方法被引入到经济、金融和管理科学，概率论成为研究它们的有力工具。目前，概率论已发展成为一门与实际紧密相连的、理论严谨的数学科学。它内容丰富，结论深刻，有别开生面的研究课题，有自己独特的概念和方法，已经成为了近代数学一个特色分支。

7.1 随机事件及其概率

【本节提示】 本节主要讨论随机事件和事件的概率，研究事件之间的关系和运算以及事件概率的性质和计算等一些基本问题．通过本节的学习，要求在了解古典概率、条件概率、事件的独立性等概念的基础上，能够熟练地应用概率的加法公式、乘法公式、条件概率公式等来计算基本的概率问题．

7.1.1 随机现象与随机事件

1. 基本概念

在自然界和人类社会活动中常常会出现大量的各种各样的现象．这些现象按其结果能否准确预测来划分，可以分为两大类：一类是在一定条件下，必然会出现某一种结果的现象，称为**必然现象**；例如，一枚硬币向上抛起后必然会落地；三角形中，任意两边之和一定大于第三边；在标准大气压下，冷水加热到100摄氏度必然会沸腾等等都是必然现象．另一类是在一定条件下可能出现多种结果而事先也不能预测出现哪种结果的现象，称为**随机现象**．比如，在相同条件下，掷一枚骰子的结果可能有6种，但事先不能断定会出现几点；某路口半个小时内的汽车流量、电灯泡的使用寿命、每期中奖彩票的号码等等都是随机现象．

随机现象是大量存在的．人们经过长期研究发现：虽然随机现象的结果事先根本无法预测，但是在大量的重复试验中其结果又必然呈现某种规律．例如，反复扔一枚硬币，当扔的次数越多时，出现正面和出现反面的次数之比接近 1∶1. 随机现象所呈现的这种规律性称为**统计规律性**. 概率论就是研究随机现象的统计规律性的一个数学分支.

为了更好地研究随机现象的统计规律性，都会进行大量的试验. 比如，掷一枚骰子，观察出现哪一点；观察某路口半个小时内汽车的流量；从相同型号的灯泡中任意抽取一只，测试它的使用寿命等等.

定义 7.1　具有以下特征的试验称为**随机试验**，简称**试验**：

（1）试验可以在相同的条件下重复地进行；

（2）试验的所有可能结果事先已经知道，并且不止一个；

（3）试验前不能确定试验后会出现哪一种结果.

同时，我们把一个随机试验所有可能的结果称为**随机事件**，简称为**事件**. 随机事件通常用大写字母 A，B，C 等表示. 一次随机试验的每个可能结果称为**基本事件**，由两个或两个以上的基本事件组成的集合称为**复合事件**. 在每次试验中一定会发生的事件称为**必然事件**，通常用 Ω 来表示；而在任何一次试验中都不会发生的事件称为**不可能事件**，往往用 ϕ 来表示.

在一个随机试验中，每一个可能出现的结果称为一个**样本点**，记作 ω. 一个随机试验的所有可能的结果构成的集合称为该试验的**样本空间**，记作 Ω. 也就是说，样本点的全体构成的集合就是样本空间，而样本空间的每一个元素就是一个样本点，也就是一个基本事件.

【例 1】　掷一枚骰子的试验，观察向上一面出现的点数.

解：$A=$“出现 2 点”为一个基本事件，$B=$“出现偶数点”为一个复合事件，$C=$“出现的点数为 10”为一个不可能事件，$D=$“出现的点数小于 7”为一个必然事件.

如果令 $\omega_n=\{$出现的点数为 n 点$\}$ $(n=1,2,\cdots,6)$，则该试验的样本空间 $\Omega=\{\omega_1,\omega_2,\cdots,\omega_6\}$.

【例 2】　袋中有 3 个红球和 2 个白球，从中任意取出 2 个，观察其颜色.

解：$A=$“取出的球一个为红色，一个为白色”为一个基本事件；$B=$“取出的球颜色相同”为一个复合事件；$C=$“取出 2 个黄球”为一个不可能事件.

2. 事件的关系与运算

在一次随机试验中，有许多随机事件，这些事件之间存在着联系，分析事件之间的关系，可以帮助我们更加深刻地认识随机事件；给出事件的关系和运算，更有助于我们讨论复杂的事件. 由于事件是一个集合，事件的关系与运算就对应了集合的关系与运算.

（1）事件的包含与相等.

设 A，B 为两个事件，若 A 发生必然导致 B 发生，称事件 B 包含 A，或者 A 包含于 B，记做 $B\supset A$，$A\subset B$（如图 7-1）. 若 $A\subset B$ 且 $B\subset A$，则称 A 与 B 相等，记做 $A=B$，表示 A 与 B 为同一事件. 显然有：$\phi\subset A\subset\Omega$.

例如，在例 1 中，令 A 表示“出现 1 点”，B 表示“出现奇数点”，C 表示“出现 1 点、3 点、5 点”，则 $A\subset B$，$B=C$.

（2）事件的和.

“事件 A 与事件 B 中至少有一个发生”的事件称为事件 A 与事件 B 的**和**，也称为 A 与 B 的**并**，记做 $A\cup B$ 或 $A+B$，表示：或事件 A 发生，或事件 B 发生，或事件 A 与 B 都发生

(如图 7－2). 显然有：$A\cup\Omega=\Omega$，$A\cup\phi=A$.

例如，在例 2 中，令 A 表示“取出的全是红球”，B 表示“取出的全是白球”，C 表示“取出的球颜色相同”，则有：$A+B=C$.

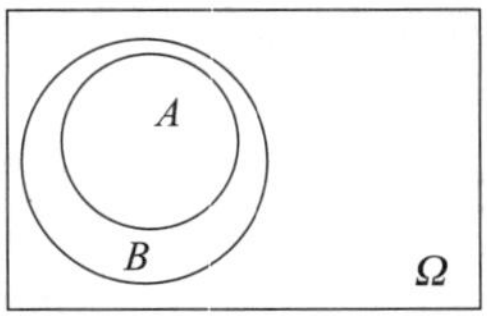

图 7－1

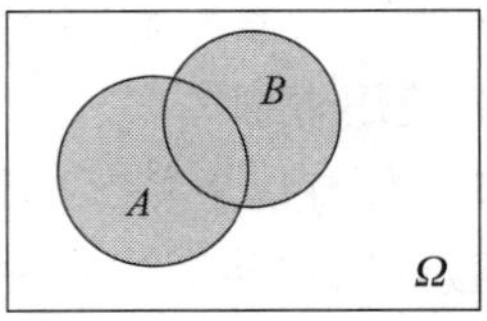

图 7－2　事件 A 与事件 B 的和

(3) 事件的积.

“事件 A 与事件 B 同时发生”的事件称为事件 A 与事件 B 的**积**，也称为 A 与 B 的**交**，记做 AB 或者 $A\cap B$，表示事件 A 与事件 B 都发生（如图 7－3). 显然有：$A\Omega=A$，$A\phi=\phi$.

例如，在例 1 中，令 A 表示“出现的点数大于 3”，B 表示“出现奇数点”，则 AB 表示“出现 5 点”.

(4) 事件的差.

“事件 A 发生而事件 B 不发生”的事件称为事件 A 与事件 B 的**差**，记做 $A-B$（如图 7－4).

例如，在例 1 中，令 A 表示“出现的点数大于 4”，B 表示“出现奇数点”，则 $A-B$ 表示“出现 6 点”，$B-A$ 表示“出现 1 点和 3 点”.

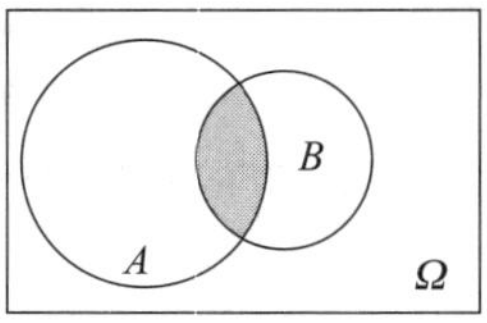

图 7－3　事件 A 与事件 B 的积

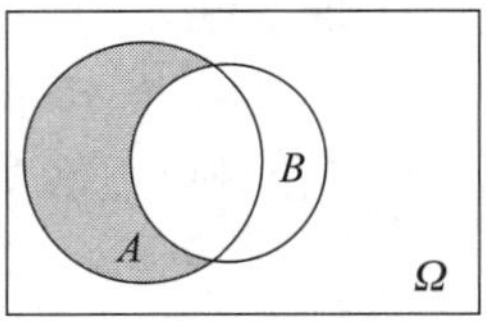

图 7－4　事件 A 与事件 B 的差

(5) 互不相容事件（或互斥事件).

若事件 A 与事件 B 不能同时发生，即 $AB=\phi$，则称事件 A 与事件 B **互不相容**，或者**互斥**（如图 7－5).

例如，在例 1 中，令 A 表示“出现偶数点”，B 表示“出现奇数点”，则事件 A 与事件 B 互不相容.

(6) 对立事件（或互逆事件).

若事件 A 与事件 B 满足 $A+B=\Omega$，$AB=\phi$，则称事件 B 为事件 A 的**对立事件**，记做 $\overline{A}$，同时也称事件 A 与事件 B **互逆**（如图 7－6).

通过对立的定义，也不难得出：对任意两事件 A 和 B，恒有 $A+\overline{A}=\Omega$，$A\overline{A}=\phi$，$\overline{\overline{A}}=A$，$A-B=A\overline{B}$.

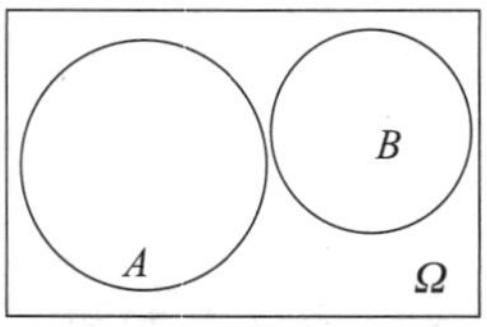

图 7－5　事件 A 与事件 B 互不相容

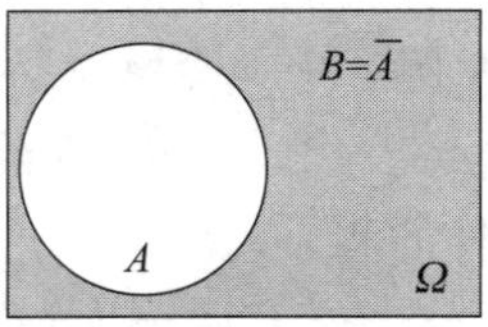

图 7－6　事件 A 与事件 B 相互对立

注意：互斥与互逆的区别与联系，一句话概括，互逆事件必定互斥，但互斥事件不一定互逆．

同集合的运算关系一样，事件的运算满足下述规律：

交换律：$A+B=B+A, AB=BA$；

结合律：$(A+B)+C=A+(B+C), (AB)C=A(BC)$；

分配律：$(A+B)C=AC+BC, (AB)+C=(A+C)(B+C)$；

对偶律：$\overline{A+B}=\overline{A}\cdot\overline{B}, \overline{AB}=\overline{A}+\overline{B}$．

在处理复杂事件时，我们可以运用以上规律进行简单的运算．

【例 3】 设 A，B，C 表示 Ω 中的 3 个事件，试用它们来表示以下事件：(1) A 发生而 B 与 C 都不发生；(2) A，B，C 恰有一个发生．

解：(1) B 不发生就是 B 的对立事件$\overline{B}$发生，C 不发生就是$\overline{C}$发生，如果 B 与 C 都不发生即为$\overline{B}\,\overline{C}$. 所以，"$A$ 发生而 B 与 C 都不发生"可以表示为 $A\overline{B}\,\overline{C}$.

(2) "A，B，C 恰有一个发生"可以理解为：或者 A 发生而 B 与 C 都不发生，或者 B 发生而 A 与 C 都不发生，或者 C 发生而 A 与 B 都不发生．所以，A，B，C 恰有一个发生可以表示为 $A\overline{B}\,\overline{C}+\overline{A}B\overline{C}+\overline{A}\,\overline{B}C$.

注意：事件的表示不是唯一的．例如，(1) 中的事件，通过关系运算还可以表示为：$A-B-C$，$A-(B+C)$，$A(\overline{B+C})$等．

【例 4】 向同一目标射击 3 次，若事件 A_i 表示"第 i 次击中目标"，试用 A_i 表示出事件：(1) 至少有一次击中目标；(2) 恰有两次击中目标．

解：(1) "至少有一次击中目标"即为 A_1，A_2，A_3 三个事件至少有一个要发生，结合事件加法的定义，所以表示为 $A_1+A_2+A_3$.

(2) "恰有两次击中目标"可以表示为 $A_1A_2\overline{A_3}+\overline{A_1}A_2A_3+A_1\overline{A_2}A_3$.

【思考】 以上事件还可以如何表示？

7.1.2 事件的概率

1. 统计定义

人们常常利用某事件发生的次数与试验次数的比值，来描述该事件发生可能性的大小．

在相同条件下重复进行了 n 次试验，若事件 A 发生了 m 次，则称比值$\dfrac{m}{n}$为事件 A 发生的**频率**，通常记做 $f_n(A)$. 人们通过不断的试验发现，如果试验的次数不断增加后，事件 A 发生的频率 $f_n(A)$会稳定地在某一固定数值附近摆动．比如，历史上有不少人做过抛硬币的试验，结果发现，当抛硬币的次数增多时，出现正面这一事件总在$\dfrac{1}{2}$附近摆动．因此，我们有以下的统计定义：

定义 7.2 当试验次数 n 增加时，事件 A 发生的**频率** $f_n(A)$始终在某一常数 p 附近摆动，则称常数 p 为事件 A 发生的**概率**，记做 $P(A)$.

我们通常用事件的概率来描述该事件发生可能性的大小．用统计定义去确定事件的概率，必须要进行大量的试验．同时，我们也可以通过研究事件的内在规律去计算它的概率．

2. 古典定义

定义 7.3 设 E 是一随机试验，若它满足以下两个条件：(1) 基本事件的总数是有限的；(2) 每个基本事件发生的可能性相同，则称 E 为**古典概型**的试验．

定义 7.4 在古典概型中，如果所有基本事件的个数为 n，事件 A 包含的基本事件的个数为 m，则事件 A 的概率为 $P(A)=\frac{m}{n}$.

此定义称为概率的古典定义．概率具有以下性质：

性质 1 对于任何事件 A，有 $0\leqslant P(A)\leqslant 1$.

性质 2 $P(\Omega)=1, P(\phi)=0$.

性质 3（加法公式） 对于任意两个事件 A 与 B，恒有

$$P(A+B)=P(A)+P(B)-P(AB).$$

特别地，若事件 A 与事件 B 互斥，则有

$$P(A+B)=P(A)+P(B).$$

若 A_1，A_2，…，A_n 两两互斥，则有

$$P(A_1+A_2+\cdots+A_n)=P(A_1)+P(A_2)+\cdots+P(A_n).$$

性质 4 $P(\overline{A})=1-P(A)$.

性质 5 若事件 A 与事件 B 满足 $A\subset B$，则

$$P(A)\leqslant P(B), \text{且 } P(B-A)=P(B)-P(A).$$

【例 5】 从 0，1，2，…，9 等 10 个数字中任意选出 4 个不同的数字，试求这 4 个数字中不含 2 和 6 的概率．

解：设 $A=$“4 个数中不含 2 和 6”．从 10 个数字中任意取 4 个数字的方式共有 $n=C_{10}^4$ 种，而 4 个数字中不含 2 和 6，就应该从余下 8 个数字中选出来的，所以事件 A 包含的基本事件数为 $m=C_8^4$. 由概率的古典定义可得

$$P(A)=\frac{m}{n}=\frac{C_8^4}{C_{10}^4}=\frac{1}{3}\ .$$

【例 6】 在一批投资的人群中，有 60% 的人进行了股票投资，有 80% 的人进行了基金投资，40% 的人既投资了股票也投资了基金，若从该群人中任意选出一个，请问此人既没有投资股票也没有投资基金的概率．

解：设 $A=$“此人投资了股票”，$B=$“此人投资了基金”，则 $AB=$“此人既投资股票也投资了基金”．易得 $P(A)=0.6, P(B)=0.8, P(AB)=0.4$.

同时 $A+B=$“此人至少投资了股票和基金其中一项”，则 $\overline{A+B}=$“此人既没有投资股票和也没有投资基金”．利用概率的加法公式，有：

$$P(A+B)=P(A)+P(B)-P(AB)=0.6+0.8-0.4=0.8$$

所以 $P(\overline{A+B})=1-P(A+B)=1-0.8=0.2$

【例 7】　袋子中有 10 个球，其中 6 个白球，4 个红球，甲乙两人从中依次抽取两个，求至少有一个人抽到白球的概率．

解：方法一： 设 A = “至少有一个人抽到白球”．则$\overline{A}$ = “没有一个人抽到白球”．利用概率的古典定义，易得

$$P(\overline{A})=\frac{C_4^1C_3^1}{C_{10}^1C_9^1}=\frac{2}{15}，所以\ P(A)=1-P(\overline{A})=\frac{13}{15}.$$

方法二： 将事件 A = “至少有一个人抽到白球”分为两两互斥的三个事件，即：A_1 = “甲抽到白球，乙抽到红球”，A_2 = “甲抽到红球，乙抽到白球”，A_3 = “甲乙都抽到白球”，则

$$P(A_1)=\frac{C_6^1C_4^1}{C_{10}^1C_9^1}=\frac{4}{15},P(A_2)=\frac{C_6^1C_4^1}{C_{10}^1C_9^1}=\frac{4}{15},P(A_3)=\frac{C_6^1C_5^1}{C_{10}^1C_9^1}=\frac{1}{3},$$

$$P(A)=P(A_1)+P(A_2)+P(A_3)=\frac{4}{15}+\frac{4}{15}+\frac{1}{3}=\frac{13}{15}.$$

方法三： 将事件 A = “至少有一个人抽到白球”分为两个事件，即：A_1 = “甲抽到白球”，A_2 = “乙抽到白球”，则事件 A_1 与 A_2 不互斥．又因为

$$P(A_1)=\frac{C_6^1C_9^1}{C_{10}^1C_9^1}=\frac{3}{5},P(A_2)=\frac{C_6^1C_9^1}{C_{10}^1C_9^1}=\frac{3}{5},P(A_1A_2)=\frac{C_6^1C_5^1}{C_{10}^1C_9^1}=\frac{1}{3},$$

利用概率的加法公式可以得

$$P(A)=P(A_1+A_2)=P(A_1)+P(A_2)-P(A_1A_2)=\frac{3}{5}+\frac{3}{5}-\frac{1}{3}=\frac{13}{15}.$$

7.1.3　条件概率与乘法公式

在同一试验下，随机事件是相互联系、相互影响的，那么一个事件的发生与否对其他事件发生的可能性大小是如何影响的？

1. 条件概率

定义 7.5　设 A，B 为随机试验的两个事件，且 $P(B)\neq 0$，则在事件 B 发生的条件下，事件 A 发生的概率称为条件概率，记为 $P(A\mid B)$．条件概率的计算公式为

$$P(A\mid B)=\frac{P(AB)}{P(B)}\qquad (P(B)\neq 0).$$

同理，可定义事件 A 发生的条件下事件 B 的条件概率

$$P(B\mid A)=\frac{P(AB)}{P(A)}\qquad (P(A)\neq 0).$$

【例 8】　某种动物活到 20 岁的概率为 0.8，活到 25 岁的概率是 0.4，求现龄为 20 岁的动物活到 25 岁的概率．

解： 设事件 A = “动物活到 20 岁”，B = “动物活到 25 岁”，则 $P(A)=0.8, P(B)=0.4$．事件“现龄为 20 岁的动物活到 25 岁”的概率就是在事件 A 发生的条件下事件 B 的条件概率．又因为 $B\subset A$，所以 $AB=B$，故 $P(AB)=P(B)=0.4$．所以

$$P(B|A)=\frac{P(AB)}{P(A)}=\frac{0.4}{0.8}=0.5.$$

2. 乘法公式

由条件概率公式可以得出概率的乘法公式:

$$P(AB)=P(B)P(A|B)\qquad (P(B)\neq 0),$$

$$P(AB)=P(A)P(B|A)\qquad (P(A)\neq 0).$$

【例 9】 某种商品，为甲厂生产的概率为 0.6，而该厂的次品率为 15%，如果在市场上购买一件这样的商品，那么买到的是甲厂生产的正品的概率为多少呢?

解: 设 $A=$ “甲厂生产”，$B=$ “商品为正品”，则 $AB=$ “甲厂生产的正品”．根据已知 $P(A)=0.6, P(B|A)=0.85$. 由乘法公式得

$$P(AB)=P(A)P(B|A)=0.6\times 0.85=0.51,$$

所以买到的是甲厂生产的正品的可能性为 51%.

通过两个事件的乘法公式，可以推广到多个事件的乘积，比如，

$$P(ABC)=P(A)P(B|A)P(C|AB)\qquad (P(AB)\neq 0).$$

规律总结

一般地，当 $n\geqslant 2$ 且 $P(A_1A_2\cdots A_{n-1})\neq 0$ 时，则有

$$P(A_1A_2\cdots A_{n-1}A_n)=P(A_1)P(A_2|A_1)P(A_3|A_1A_2)\cdots P(A_n|A_1A_2\cdots A_{n-1}).$$

【例 10】 袋中有 10 个同样的球，其中 6 个红球、4 个白球，每次取出 1 个，取后放回，再放入与取出的球颜色相同的球 1 个，求连续三次取得白球的概率．

解: 设 $A_i=$ “第 i 次取到白球” $(i=1,2,3)$，则 $A_1A_2A_3=$ “连续三次取到白球”．易得

$$P(A_1)=\frac{4}{10}, P(A_2|A_1)=\frac{5}{11}, P(A_3|A_1A_2)=\frac{6}{12}.$$

所以，利用乘法公式可得

$$P(A_1A_2A_3)=P(A_1)P(A_2|A_1)P(A_3|A_1A_2)=\frac{4}{10}\times\frac{5}{11}\times\frac{6}{12}=\frac{1}{11}.$$

***3. 全概率公式与贝叶斯公式**

(1) 全概率公式.

定义 7.6 设事件 A_1，A_2，…，A_n 满足:

①互不相容，且 $P(A_i)>0, i=1,2,\cdots,n$;

②$A_1+A_2+\cdots+A_n=\Omega$，即事件 A_1，A_2，…，A_n 中至少有一个发生.

此时称 A_1，A_2，…，A_n 为样本空间 Ω 的一个划分.

定理 7.1（全概率公式） 假设随机试验的样本空间为 Ω，且 A_1，A_2，…，A_n 为 Ω 的一个划分，则对于任意一个事件 B，一定有

$$P(B)=\sum_{i=1}^{n}p(A_i)P(B\mid A_i).$$

注意：如果 $0<P(A)<1$，则 A 与 $\overline{A}$ 就为 Ω 的一个划分，对于任意一个事件 B，就有 $P(B)=P(A)P(B\mid A)+P(\overline{A})P(B\mid\overline{A})$.

【例 11】 盒子中有 5 件正品和 3 件次品，连续不放回地从中取两次，每次只取一件产品，求第二次取得正品的概率.

解：假设事件 A 为"第一次取得正品"，事件 B 为"第二次取得正品"，则有

$$P(A)=\frac{5}{8},P(\overline{A})=\frac{3}{8},P(B\mid A)=\frac{4}{7},P(B\mid\overline{A})=\frac{5}{7}.$$

由全概率公式可得

$$P(B)=P(A)P(B\mid A)+P(\overline{A})P(B\mid\overline{A})=\frac{5}{8}.$$

（2）贝叶斯公式.

定理 7.2（贝叶斯公式） 假设 A_1，A_2，…，A_n 为样本空间 Ω 的一个划分，B 为任意一个事件，且 $P(B)>0$，则有

$$P(A_i\mid B)=\frac{P(A_i)P(B\mid A_i)}{P(B)}=\frac{P(A_i)P(B\mid A_i)}{\sum_{k=1}^{n}p(A_k)P(B\mid A_k)},i=1,2,\cdots,n.$$

【例 12】 在例 11 的条件下，若第二次取得正品，求第一次取得次品的概率.

解：假设事件 A 为"第一次取得正品"，事件 B 为"第二次取得正品"，则所求的概率为 $P(\overline{A}\mid B)$，由贝叶斯公式可得

$$P(\overline{A}\mid B)=\frac{P(\overline{A})P(B\mid\overline{A})}{P(B)}=\frac{\frac{3}{8}\times\frac{5}{7}}{\frac{5}{8}}=\frac{3}{7}.$$

4. 事件的独立性

定义 7.7 若两个事件 A，B 中，任一事件的发生与否不影响另一事件发生的概率，则称事件 A 与 B 是相互独立的. 即满足 $P(A)=P(A\mid B)$ 或者 $P(B)=P(B\mid A)$ 时，事件 A 与 B 相互独立.

根据独立性的定义和乘法公式不难得出，两个相互独立的事件具有以下性质：

性质 1 若事件 A 与 B 相互相互独立，则一定有 $P(AB)=P(A)P(B)$.

性质 2 若事件 A 与 B 相互独立，则 A 与 $\overline{B}$，$\overline{A}$ 与 B，$\overline{A}$ 与 $\overline{B}$ 也都相互独立.

【例 13】 假设甲、乙两人独立地向同一目标射击，其中甲击中目标的概率为 0.9，乙击中目标的概率为 0.8，如今两人各射击一次，求：（1）目标被击中的概率；（2）恰有一人击中目标的概率.

解：设 $A=$"甲击中目标"，$B=$"乙击中目标".

易得 $P(A)=0.9,P(B)=0.8$，由题设可知事件 A 与 B 相互独立，所以有 $P(AB)=P(A)P(B)$.

（1）$A+B=$ “目标被击中”，利用加法公式可得

$$P(A+B)=P(A)+P(B)-P(AB)$$
$$=P(A)+P(B)-P(A)P(B)=0.9+0.8-0.9\times0.8=0.98$$

（2）$A\overline{B}+\overline{A}B=$ “恰有一人击中目标”，则有

$$P(A\overline{B}+\overline{A}B)=P(A\overline{B})+P(\overline{A}B)=P(A)P(\overline{B})+P(\overline{A})P(B)$$
$$=0.9\times(1-0.8)+(1-0.9)\times0.8=0.26.$$

5. 贝努利概型

定义 7.8　若某些试验的样本空间只有两个样本点，即只有两个可能结果 A 与 $\overline{A}$，并且知道其中 $P(A)=p, 0<p<1$，将试验独立重复进行 n 次，则称这 n 次试验为 **n 重贝努利试验**．该类试验的概率模型称为**贝努利概型**．

对于 n 重贝努利试验，我们关心的是在 n 次独立重复试验中，事件 A 恰好发生 k 次的概率 $P_n(k)$.

在 n 重贝努利试验中，若每次试验中事件 A 发生的概率为 $p(0<p<1)$，则事件 A 恰好发生 k 次的概率为：

$$P_n(k)=C_n^k p^k(1-p)^{n-k}, k=0,1,\cdots,n.$$

【例 14】　某人对一目标独立射击 4 次，每次射击的命中率为 0.8，试求：（1）恰好命中两次的概率；（2）至少命中一次的概率．

解：因为每次射击都是相互独立的，所以该问题可视为 4 重贝努利试验，且 $p=0.8$.

（1）若事件 A 表示“4 次射击恰好命中两次”，则根据贝努利概型概率公式可得

$$P(A)=P_4(2)=C_4^2(0.8)^2(1-0.8)^2=0.1536.$$

（2）若事件 B 表示“4 次射击至少命中一次”，则 $\overline{B}$ 为“4 次射击命中 0 次”，故有

$$P(B)=1-P(\overline{B})=1-P_4(0)=1-C_4^0(0.8)^0(1-0.8)^4=0.9984.$$

学习小结

（1）随机现象是指____________________.

（2）互斥事件与对立事件的区别为____________________.

（3）两个事件的加法公式为____________________.

（4）条件概率公式为____________________.

（5）如何区分事件的独立性与事件互不相容：____________________

____.

（6）全概率公式和贝叶斯公式分别为____________________.

【习题 7.1】

1. 某射手向目标连续射击 2 次，每次一发子弹，设 A_i 表示“第 i 次命中”（$i=1$，

2）. 试用 A_i 表示下列事件：

（1）两发都命中；

（2）两发都没有中；

（3）恰有一发命中；

（4）至少有一发命中 .

2. 设 A、B、C 为三个事件，用事件的运算关系表示下列事件：

（1）三个事件都发生；

（2）A、B 至少有一个发生，而 C 不发生；

（3）三个事件中恰好发生两个 .

3. 同时掷两颗骰子，求下列事件的概率：

（1）点数之和为 1；

（2）点数之和大于 10；

（3）点数之和不超过 11.

4. 袋子中有红、黄、白色球各一个，每一次从袋中任取一球，看过颜色后再放回袋中，共取球三次，求下列事件的概率：

（1）$A=$ “全红”；

（2）$B=$ “颜色全相同”；

（3）$C=$ “无白颜色的球” .

5. 已知某射手射击一次中靶 6 环、7 环、8 环、9 环、10 环的概率分别为 0.19、0.18、0.17、0.16、0.15，该射手射击一次，求：

（1）至少中 8 环的概率；

（2）至多中 8 环的概率 .

6. 某小区有 50% 住户订日报，有 65% 住户订晚报，有 85% 住户至少订这两报纸中的一种，求同时订这两种报纸的住户的百分率 .

7. 班里有 10 位同学，出生于同一年，求：

（1）至少有 2 人的生日在同一个月的概率；

（2）至少有 2 人的生日在同一天的概率（一年按照 365 天计算）.

8. 任取一个三位数的正整数，求这个数能被 2 和 3 整除的概率 .

9. 设 $P(A)=0.7, P(B)=0.6, P(B|\overline{A})=0.4$，求 $P(AB)$.

10. 已知随机事件 A，B，且 $P(A)=p, P(B)=q, P(A+B)=r$，求 $P(AB), P(\overline{A}\overline{B})$，$P(A\overline{B})$.

11. 设 10 件同样的产品中有 8 件合格品，用下面两种方法抽取 2 次，每次取 1 件，求 2 件都是合格品的概率：

（1）不放回地抽取；

（2）有放回地抽取 .

12. 3 门大炮同时对一架敌机发射一发炮弹，它们的命中率分别为 0.1，0.2，0.3，求敌机恰好被一发炮弹击中的概率 .

*13. 在某工厂中有甲、乙、丙三台机器生产同一型号的产品，它们的产量各占 30%，

35%，35%，并且在各自的产品中废品率分别为5%，4%，3%，求从该厂的这种产品中任取一件是废品的概率．

*14. 在13题中，如果任取一件都是废品，分别求它是由甲、乙、丙生产的概率．

15. 已知运动员甲在比赛中对运动员乙的胜率为0.4. 求运动员甲在与运动员乙比赛5次中：

（1）胜利3场的概率；

（2）至少胜利2场的概率．

16. 灯泡使用寿命在1000h以上的概率为0.2，求3个灯泡在使用1000h以后最多只损坏一个的概率．

7.2 随机变量及其概率分布

【本节提示】 本节主要重点讨论一维随机变量及其概率分布情况．通过本节的学习，要求了解随机变量的概念，能够区分离散型随机变量和连续型随机变量；掌握离散型随机变量的分布律和连续型随机变量的密度函数；熟悉几类常见的随机变量的分布情况；在此基础上了解二维随机变量的概率分布情况；了解随机变量独立性的概念等．

7.2.1 离散型随机变量及其概率分布

1. 随机变量的概念

在前面一节中，已经研究了随机事件及其概率．随机试验的实验结果都是用随机事件来表示的，但不难发现，很多随机试验的结果其实也可以结合数量来表示．为了更好地结合微积分知识来研究概率问题，可以将随机试验的结果进行数量化，看以下几个例子：

【例1】 投掷一枚骰子，如果用某一变量X来表示这一随机试验的结果，则它可能的取值就为1，2，3，4，5，6.

【例2】 在10件产品中，有3件为次品，现任取2件，如果用某一变量Y来表示取得次品的数目，则它可能的取值为0，1，2.

【例3】 考虑“测试手机电池的使用寿命”这一试验，如果用某一变量Z来表示电池的使用寿命（单位：h），则它就可能在连续区间$(0, +\infty)$上取不同的值．

定义7.9 对于随机试验的每一基本事件，即每一个样本点ω，都有一个实数$X(\omega)$与之对应，则X是随着ω取值不同而变化的一个变量，称为**随机变量**．通常用大写字母X，Y，Z，…表示随机变量，而用小写的字母x，y，z…来表示随机变量可能的取值．

随机变量通常具有以下两个特征：

（1）**取值随机性**．随机变量的取值在试验之前都不能够确定；

（2）**统计规律性**．随机变量取某一个值的概率是确定的．比如，例 1 中，X 取每一个值的概率都为$\frac{1}{6}$.

2. 离散型随机变量及其分布律

有些随机变量的取值是可列无穷多个或者有限个（取值可以一一列举），比如，例 1 和例 2 中的随机变量，这类随机变量称为离散型随机变量．

定义 7.10　如果随机变量 X 只取有限个或可列无穷多个数值 x_1，x_2，…，x_n，…，记 $P\{X=x_i\}=p_i$，它满足：（1）$p_i \geqslant 0$；（2）$\sum_{i=1}^{\infty} p_i = 1$．则称 X 为**离散型随机变量**，并称 $P\{X=x_i\}=p_i$，$i=1,2,\cdots$为 X 的**分布律**（或分布列，或概率分布）.

离散型随机变量的分布律也可以用表 7－1 表示．

表 7－1

X	x_1	x_2	…	x_k	…
P	p_1	p_2	…	p_k	…

由概率的定义和性质易知，任何离散型随机变量的分布律都有以下性质：

性质 1（非负性）　$p_k \geqslant 0$（$k=1$，2，…）.

性质 2（规范性）　$\sum_k p_k = 1$.

【例 4】　在 10 件产品中有 2 件为次品，其余为正品，现从中任取一个，如果每次取出后不放回，求取得正品之前取得的次品数的分布律．

解：设 X 表示取得正品之前取得的次品数，则 $X=0$，1，2.

$$P(X=0)=\frac{8}{10}=\frac{4}{5},P(X=1)=\frac{C_2^1C_8^1}{C_{10}^1C_9^1}=\frac{8}{45},P(X=2)=\frac{C_2^1C_1^1C_8^1}{C_{10}^1C_9^1C_8^1}=\frac{1}{45}.$$

所以，X 的分布律如表 7－2 所示．

表 7－2

X	0	1	2
P	4/5	8/45	1/45

【例 5】　若离散型随机变量 X 的分布律为 $P(X=k)=ka(k=1,2,\cdots,10)$，试求常数 a.

解：由分布律的规范性可得：

$$\sum_k p_k = \sum_{k=1}^{10} ka = a(1+2+\cdots+10) = 55a = 1,$$

所以 $a=\frac{1}{55}$.

3. 二项分布

定义 7.11 如果离散型随机变量 X 所有可能的取值为 0，1，2，…，且它的分布律为

$$P(X=k)=C_n^k p^k(1-p)^{n-k}(k=0,1,2,\cdots),$$

其中，$0<p<1$，则称 X 服从参数为 n，p 的**二项分布**，记为 $X\sim B(n,p)$.

二项分布的分布律也可以表示如表 7－3 所示.

表 7－3

X	0	1	…	k	…
P	$(1-p)^n$	$C_n^1 p\ (1-p)^{n-1}$	…	$C_n^k p^k\ (1-p)^{n-k}$	…

一般地，在 n 重独立试验概型中，如果随机变量 X 为事件 A 发生的次数，则 X 是服从二项分布的，且如果事件 A 发生的概率为 p，则 $X\sim B(n,p)$.

（1）如果 $n=1$，则随机变量 X 的分布律就如表 7－4 所示. 则称 X 服从**两点分布**，记为 $X\sim B(1,p)$，两点分布主要适用于在一次试验中只有两个结果的随机现象，比如，观察扔硬币的试验结果等等.

表 7－4

X	0	1
P	$1-p$	p

（2）在二项分布中，如果 n 很大，而 p 较小时，二项分布 $B(n,p)$ 可以近似用参数为 $\lambda=np$ 的泊松分布来表示.

定义 7.12 如果离散型随机变量 X 所有可能的取值为 0，1，2，…，且它的分布律为：

$$P(X=k)=\frac{\lambda^k e^{-\lambda}}{k!} \qquad (k=0,1,2,\cdots),$$

其中，$\lambda>0$ 为常数，则称 X 服从参数为 λ 的**泊松分布**，记为 $X\sim P(\lambda)$.

在实际问题中，有很多的随机变量都服从泊松分布，比如，某十字路口在一段时间内通过的车辆数、一批布匹上瑕疵的点数等等.

【例 6】 某人进行射击试验，击中目标的概率为 0.6，求：（1）射击一次的分布律；（2）连续射击 5 次击中目标的次数的分布律.

解：（1）设 X 表示射击一次的结果，则 X 只能取 0，1（分别表示未击中和击中目标），且 $P(X=0)=1-0.6=0.4, P(X=1)=0.6$. 所以，$X$ 的分布律如表 7－5 所示.

（2）设 Y 表示连续射击 5 次击中目标的次数，则 $Y=0$，1，2，3，4，5，又因为击中目标的概率 $p=0.6$，则 $Y\sim B$（5，0.6），所以 Y 的分布律为

$$P(X=k)=C_5^k(0.6)^k(1-0.6)^{5-k}=C_5^k(0.6)^k(0.4)^{5-k}$$
$$(k=0,1,2,3,4,5).$$

表 7－5

X	0	1
P	0.4	0.6

【例 7】 某工厂的机器每天正常工作的概率为 0.8，求最近 10 天内机器正常工作的天数的分布律.

解： 设 X 表示最近 10 天内机器正常工作的天数，则 $X\sim B$（10，0.8），所以 X 的分布律为

$$P(X=k)=C_{10}^k(0.8)^k(1-0.8)^{10-k}=C_{10}^k(0.8)^k(0.2)^{10-k} \qquad (k=0,1,2,\cdots,10).$$

【例 8】 某电话交换台每分钟的呼叫次数服从参数为 4 的泊松分布，求：（1）每分钟

恰好有 8 次呼叫的概率；(2) 每分钟的呼叫次数不超过 10 次的概率．

解：设 X 为每分钟的呼叫次数，则 $X\sim P(4)$，则查泊松分布表可得：

(1) $P(X=8)=P(X\geqslant 8)-P(X\geqslant 9)=0.0298$.

(2) $P(X\leqslant 10)=1-P(X\geqslant 11)=0.9981$.

4. 离散型随机变量函数的概率分布

设 $g(x)$ 是一给定的连续函数，则称 $Y=g(X)$ 为随机变量 X 的一个函数，显然 Y 也是一个随机变量．当随机变量 X 取某值 x 时，随机变量 Y 则相应地取 $g(x)$．下面将讨论如何由已知的随机变量 X 的概率分布去求函数 $Y=g(X)$ 的概率分布．

设离散型随机变量 X 的分布律如表 7－6 所示．如果 X 所有可能的取值为 $x_1,x_2,\cdots,x_k,\cdots$，则随机变量 Y 也一定为一个离散型随机变量，且其可能的取值为 $g(x_1)$，$g(x_2)$，$\cdots$，$g(x_k)$，$\cdots$，而相应的概率也由随机变量 X 的概率值来确定．下面主要通过一些实际例子来说明有关离散型随机变量函数的概率分布情况．

表 7－6

X	x_1	x_2	$\cdots$	x_k	$\cdots$
P	p_1	p_2	$\cdots$	p_k	$\cdots$

【例 9】 设随机变量 X 的分布律如表 7－7 所示．求：(1) $Y=X^3$ 的分布律；(2) $Z=X^2$ 的分布律．

表 7－7

X	－1	0	1	2
P	0.1	0.2	0.4	0.3

解：(1) 因为 $Y=X^3$，所以，Y 的可能取值为 －1，0，1，8. 又因为

$P(Y=-1)=P(X=-1)=0.1$，$P(Y=0)=P(X=0)=0.2$，

$P(Y=1)=P(X=1)=0.4$，$P(Y=8)=P(X=2)=0.3$，

所以，Y 的分布律如表 7－8 所示．

表 7－8

Y	－1	0	1	8
P	0.1	0.2	0.4	0.3

(2) 因为 $Z=X^2$，所以 Y 的可能取值为 0，1，4. 且

$P(Z=0)=P(X=0)=0.2$，$P(Z=1)=P(X=-1)+P(X=-1)=0.5$，

$P(Z=4)=p(X=2)=0.3$，

故 Z 的分布律如表 7－9 所示．

表 7－9

Z	0	1	4
P	0.2	0.5	0.3

注意： 当函数值 $g(x_1),g(x_2),\cdots,g(x_k),\cdots$ 中有相等的情况时，应该把使得 $g(x_k)$ 相等的那些 x_k 所对应的概率相加，作为 Y 取值 $g(x_k)$ 的概率，从而得出随机变量函数 Y 的分布律．

*5. 二维离散型随机变量及其概率分布

定义 7.13 n 维随机变量 $X_1,X_2,\cdots,X_n$ 构成的整体 $X=(X_1,X_2,\cdots,X_n)$ 称为一个 **n 维随机变量**或 n 维随机向量，X_i 称为 X 的第 i 个分量．

如果二维随机变量 (X,Y) 只取有限多对或可列无穷多对 (x_i,y_j) $(i,j=1,2,\cdots)$，则称 (X,Y) 为**二维离散型随机变量**，下面主要讨论二维离散型随机变量．

设二维随机变量 (X,Y) 所有可能取值为 (x_i,y_j) $(i,j=1,2,\cdots)$，(X,Y) 在各个可能取值的概率为：

$$P(X=x_i,Y=y_j)=p_{ij}(i,j=1,2,\cdots),$$

称 $P(X=x_i,Y=y_j)=p_{ij}(i,j=1,2,\cdots)$ 为二维离散型随机变量 (X,Y) 的**联合分布律**．

也可以表示为如表 7－10 所示的形式．

表 7－10

X \ Y	y_1	y_2	$\cdots$	y_j	$\cdots$
x_1	p_{11}	p_{12}	$\cdots$	p_{1j}	$\cdots$
x_2	p_{21}	p_{22}	$\cdots$	p_{2j}	$\cdots$
$\vdots$	$\vdots$	$\vdots$		$\vdots$	
x_i	p_{i1}	p_{i2}	$\cdots$	p_{ij}	$\cdots$
$\vdots$	$\vdots$	$\vdots$		$\vdots$	

二维离散型随机变量 (X,Y) 的联合分布律具有下列性质：

性质 1 $p_{ij}\geqslant 0$ $(i,\ j=1,\ 2,\ \cdots)$.

性质 2 $\sum\limits_i\sum\limits_j p_{ij}=1$.

【例 10】 口袋中有 2 个红球，3 个白球，4 个黑球．从中任取 2 个球，记其中所含的红球数为 X，所含的白球数为 Y，试求 (X,Y) 的联合分布律．

解： 由题目易得，X 和 Y 可能的取值都为 0，1，2，且取不同值时相应的概率为

$$P(X=0,Y=0)=\frac{C_2^0C_3^0C_4^2}{C_9^2}=\frac{1}{6},P(X=0,Y=1)=\frac{C_2^0C_3^1C_4^1}{C_9^2}=\frac{1}{3},\cdots$$

可得(X,Y)的联合分布律为

$$P(X=i,Y=j)=\frac{C_2^i C_3^j C_4^{2-i-j}}{C_9^2}(0\leqslant i+j\leqslant 2).$$

表 7－11

X \ Y	0	1	2
0	$\frac{1}{6}$	$\frac{1}{3}$	$\frac{1}{12}$
1	$\frac{2}{9}$	$\frac{1}{6}$	0
2	$\frac{1}{36}$	0	0

定义 7.14　设(X,Y)为二维离散型随机变量，则分量 X 和 Y 的分布律称为二维随机变量(X,Y)关于 X 和 Y 的**边缘分布律**，分别记为 $p_{i\cdot}$ 和 $p_{\cdot j}$，其中，

$$p_{i\cdot}=P(X=x_i)=\sum_j p_{ij}\qquad(i=1,2,\cdots),$$

$$p_{\cdot j}=P(Y=y_j)=\sum_i p_{ij}\qquad(j=1,2,\cdots).$$

如果二维离散型随机变量(X,Y)满足

$$P(X=x_i,Y=y_j)=P(X=x_i)\cdot P(Y=y_j),\text{即 } p_{ij}=p_{i\cdot}p_{\cdot j},$$

则随机变量 X 和 Y 是**相互独立的**.

【例 11】　求上例中二维随机变量(X,Y)关于 X 和 Y 的边缘分布律，并判断 X 和 Y 是否相互独立.

解：由边缘分布律的定义可得

$$P(X=0)=P(X=0,Y=0)+P(X=0,Y=1)+P(X=0,Y=2)=\frac{7}{12},$$

$$P(X=1)=P(X=1,Y=0)+P(X=1,Y=1)+P(X=1,Y=2)=\frac{7}{18},$$

$$P(X=2)=P(X=2,Y=0)+P(X=2,Y=1)+P(X=2,Y=2)=\frac{1}{36}.$$

所以，(X,Y)关于 X 的边缘分布律如表 7－12 所示.

表 7－12

X	0	1	2
P	$\frac{7}{12}$	$\frac{7}{18}$	$\frac{1}{36}$

同理可得(X,Y)关于 Y 的边缘分布律如表 7－13 所示.

表 7－13

Y	0	1	2
P	$\frac{5}{12}$	$\frac{1}{2}$	$\frac{1}{12}$

又因为 $P(X=0,Y=0)=\dfrac{1}{6}$，而

$$P(X=0)=\frac{7}{12},P(Y=0)=\frac{5}{12},P(X=0,Y=0)\neq P(X=0)\cdot P(Y=0),$$

所以随机变量 X 和 Y 不相互独立.

7.2.2 连续型随机变量及其密度函数

*1. 分布函数的概念

在介绍连续型随机变量的概率密度函数之前，先引入分布函数的概念.

定义 7.15 设 X 是一个随机变量，x 是任意实数，则称函数

$$F(x)=P(X\leqslant x)$$

为随机变量 X 的**分布函数**，记为 $X\sim F(x)$ 或 $F_X(x)$.

注意：根据分布函数的定义，对于任意两个实数 $a,b(a<b)$，则有：

(1) $P(X\leqslant a)=F(a)$；

(2) $P(a<X\leqslant b)=F(b)-F(a)$；

(3) $P(X>b)=1-F(b)$.

随机变量 X 的分布函数 $F(x)$ 具有下列性质：

性质 1 对一切 $x\in R$，有 $0\leqslant F(x)\leqslant 1$.

性质 2 $F(x)$ 是单调不减函数，即当 $x_1<x_2$ 时，有 $F(x_1)\leqslant F(x_2)$.

性质 3 $\lim\limits_{x\to-\infty}F(x)=0$，$\lim\limits_{x\to+\infty}F(x)=1$.

2. 连续型随机变量及其密度函数

定义 7.16 若对随机变量 X 的分布函数 $F(x)$，存在非负函数 $f(x)$，使得对任意实数 x，有

$$F(x)=\int_{-\infty}^{x}f(t)\,\mathrm{d}t$$

则称 X 为**连续型随机变量**，并称 $f(x)$ 为 X 的**概率密度函数**，简称概率密度或密度函数.

任何连续型随机变量的概率密度函数有以下性质：

性质 1 $f(x)\geqslant 0$.

性质 2 $\int_{-\infty}^{+\infty}f(x)\,\mathrm{d}x=1$.

注意：对于连续型随机变量 X 而言，它取任一实数值 a 的概率为 0，即

$P(X=a)=0$（因为 $P(X=a)=\int_{a}^{a}f(x)\,\mathrm{d}x=0$）

故有 $P(a\leqslant X\leqslant b)=P(a<X\leqslant b)=P(a\leqslant X<b)=P(a<X<b)=\int_{a}^{b}f(x)\,\mathrm{d}x$.

【例 12】 若连续型随机变量 X 的概率密度函数为 $f(x)=\begin{cases}Ax, & 0<x<1,\\ 0, & \text{其他}.\end{cases}$ 求：

(1) A;(2) $P\left(-1<X<\frac{1}{2}\right)$.

解：(1) 由概率密度函数的性质 $\int_{-\infty}^{+\infty} f(x)\,\mathrm{d}x=1$，可得

$$\int_{-\infty}^{+\infty} f(x)\,\mathrm{d}x=\int_{0}^{1} f(x)\,\mathrm{d}x=\int_{0}^{1} Ax\,\mathrm{d}x=\frac{A}{2}=1,\text{所以 } A=2.$$

(2) $P(-1<X<\frac{1}{2})=\int_{-1}^{\frac{1}{2}} f(x)\,\mathrm{d}x=\int_{0}^{\frac{1}{2}} 2x\,\mathrm{d}x=\frac{1}{4}$.

3. 常见连续型随机变量的分布

(1) 均匀分布.

若随机变量 X 的概率密度为

$$f(x)=\begin{cases}\dfrac{1}{b-a}, & a\leqslant x\leqslant b,\\ 0, & \text{其他},\end{cases}$$

则称 X 在区间 $[a,b]$ 上服从**均匀分布**，记为 $X\sim U(a,b)$.

注意：对于任一区间 $[c,d]\subset[a,b]$，恒有

$$P(c\leqslant X\leqslant d)=\int_{c}^{d}\frac{1}{b-a}\mathrm{d}x=\frac{d-c}{b-a}.$$

规律总结

在 $[a,b]$ 内服从均匀分布的随机变量落在 $[a,b]$ 内某区间的概率只跟区间的长度成正比，而与区间的位置无关.

(2) 指数分布.

若随机变量 X 的概率密度为：

$$f(x)=\begin{cases}\lambda \mathrm{e}^{-\lambda x}, & x\geqslant 0,\\ 0, & x<0,\end{cases}$$

其中 $\lambda>0$，则称 X 服从参数为 λ 的**指数分布**，记为 $X\sim E(\lambda)$.

(3) 正态分布.

若随机变量 X 的概率密度为

$$f(x)=\frac{1}{\sqrt{2\pi}\sigma}\mathrm{e}^{-\frac{(x-\mu)^2}{2\sigma^2}}\ (-\infty<x<+\infty)$$

其中，μ，σ 为常数，且 $\sigma>0$，则称 X 服从参数为 μ，σ 的**正态分布**，记为 $X\sim N(\mu,\sigma^2)$（见图 7-7).

特别地，如果 $\mu=0$，$\sigma=1$ 时，则称正态分布 $N(0,1)$ 为**标准正态分布**，记为 $X\sim N(0,1)$（见图 7-8). 通常用函数 $\varphi(x)$ 来表示标准正态分布的概率密度函数，即

$$\varphi(x)=\frac{1}{\sqrt{2\pi}}\mathrm{e}^{-\frac{x^2}{2}}(-\infty<x<+\infty).$$

正态分布的概率密度函数 $f(x)$ 具有以下性质：

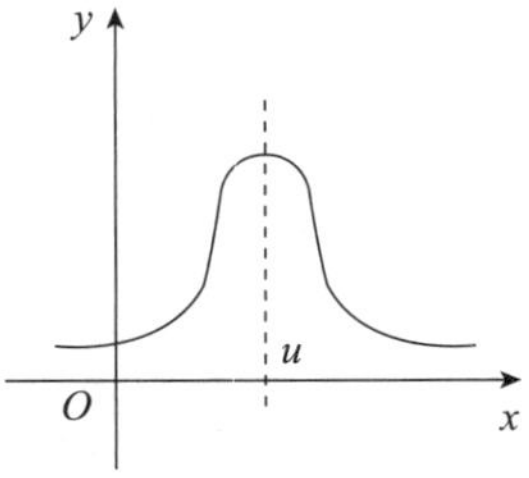

图 7－7

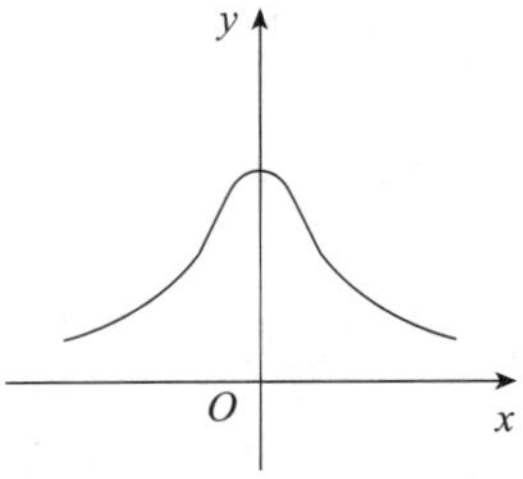

图 7－8 标准正态分布

性质 1 $f(x)$以直线 $x=\mu$ 为对称轴，并在 $x=\mu$ 时取得最大值，为$\frac{1}{\sqrt{2\pi}\sigma}$.

性质 2 $f(x)$以直线 $y=0$（x 轴）为渐近线.

性质 3 $f(x)$的两个拐点的横坐标为 $x=\mu\pm\sigma$.

通过正态分布的概率密度函数的曲线形态不难发现，正态分布的特点为“两头小，中间大、左右对称”. 在自然界中，大量的随机变量都服从正态分布，比如，人的身高、体重、某门课程的考试成绩、某零件的尺寸、测量中的误差等. 而在实际问题中，许多非正态分布的随机变量和正态分布的随机变量有着密切的联系，所以，正态分布是概率论中最重要的一种分布.

由连续型随机变量在某区间内概率的计算方法可知，标准正态分布的概率计算方法如下：

若 $X\sim N(0,1)$，记函数 $\Phi(x)=\int_{-\infty}^{x}\frac{1}{\sqrt{2\pi}}e^{-\frac{t^2}{2}}dt$，即 $\Phi(x)=P(X\leqslant x)$，则有

$$P(a\leqslant X\leqslant b)=\Phi(b)-\Phi(a),$$

其中，$\Phi(x)$的值可以从附录“标准正态分布表”中查得.

注意： 标准正态分布表中只给出了 $0\leqslant x<3.09$ 时 $\Phi(x)$的值.

当 $x\geqslant3.09$ 时，可取 $\Phi(x)\approx1$；当 $x<0$ 时，$\Phi(-x)=1-\Phi(x)$.

对于一般的正态分布，若 $X\sim N(\mu,\sigma^2)$，可以转化为标准正态分布进行计算：

设 $X\sim N(\mu,\sigma^2)$，则有 $Y=\frac{X-\mu}{\sigma}\sim N(0,1)$，于是，

$$P(a\leqslant X\leqslant b)=P\left(\frac{a-\mu}{\sigma}\leqslant Y\leqslant\frac{b-\mu}{\sigma}\right)=\Phi\left(\frac{b-\mu}{\sigma}\right)-\Phi\left(\frac{a-\mu}{\sigma}\right).$$

对于 $\Phi(x)$的值，又可以利用“标准正态分布表”查得. 因此，服从正态分布的随机变量的概率都可以标准化后通过查表来计算.

【例 13】 已知 $X\sim N(0,1)$，求：(1) $P(X<1.5)$；(2) $P(X\geqslant2)$；(3) $P(1<X<2)$；(4) $P(|X|<1)$.

解： 查标准正态分布表可得：

$P(X<1.5)=\Phi(1.5)=0.9332$,

$P(X\geqslant2)=1-P(X<2)=1-\Phi(2)=1-0.9772=0.0228$,

$P(1<X<2)=\Phi(2)-\Phi(1)=0.9772-0.8413=0.1359$,

$P(|X|<1)=P(-1<X<1)=\Phi(1)-\Phi(-1)$

$=\Phi(1)-(1-\Phi(1))=2\Phi(1)-1=0.6826$.

【例 14】　已知 $X\sim N(1,9)$，求：(1) $P(X<1.3)$；(2) $P(X>4)$；(3) $P(0.4<X<1.6)$.

解： 易知 $\mu=1$，$\sigma=3$. 所以，

$$P(X<1.3)=\Phi\left(\frac{1.3-1}{3}\right)=\Phi(0.1)=0.5398,$$

$$P(X>4)=1-\Phi\left(\frac{4-1}{3}\right)=1-\Phi(1)=1-0.8413=0.1587,$$

$$P(0.4<X<1.6)=\Phi\left(\frac{1.6-1}{3}\right)-\Phi\left(\frac{0.4-1}{3}\right)$$

$$=\Phi(0.2)-\Phi(-0.2)=2\Phi(0.2)-1=0.1586.$$

【例 15】　现有一批圆形零件，其半径 X(cm)服从正态分布 $N(10,0.09)$，从这些零件中任取一件，试求：半径与其均值的误差不超过 0.6cm 的概率.

解： $X\sim N(10,0.09)$，易知 $\mu=10$，$\sigma=0.3$. 因为

$$P(|X-10|\leqslant 0.6)=P\left(\left|\frac{X-10}{0.3}\right|\leqslant\frac{0.6}{0.3}\right)=P\left(\left|\frac{X-10}{0.3}\right|\leqslant 2\right)=2\Phi(2)-1=0.9544,$$

所以，半径与其均值的误差不超过 0.6cm 的概率为 0.9554.

*4. 连续型随机变量函数的概率分布

设 X 为连续型随机变量，其密度函数为 $f_X(x)$，要求 $Y=g(X)$ 的密度函数 $f_Y(y)$，则可以结合以下定理来计算.

定理 7.3　设 X 为连续型随机变量，其密度函数为 $f_X(x)$. 如果 $g(x)$ 为一严格单调的可导函数，其值域为 $[\alpha,\beta]$，且 $g'(x)\neq 0$. 记 $x=h(y)$ 为 $y=g(x)$ 的反函数，则 $Y=g(X)$ 的密度函数为

$$f_Y(y)=\begin{cases}f_X(h(y))\,|h'(y)|, & \alpha<y<\beta,\\ 0, & \text{其他}.\end{cases}$$

注意： (1) 当 $\alpha=-\infty$，$\beta=+\infty$ 时，$f_Y(y)=f_X(h(y))\,|h'(y)|$，$-\infty<y<+\infty$；

(2) 该方法仅适用于“单调型”随机变量函数.

【例 16】　设连续型随机变量 X 的密度函数为 $f_X(x)$，如果 $Y=aX+b$，其中，a，b 为常数，且 $a\neq 0$，求 Y 的概率密度函数.

解： 因为 $y=g(x)=ax+b$，易得

$$\alpha=-\infty,\beta=+\infty,x=h(y)=\frac{y-b}{a},h'(y)=\frac{1}{a}.$$

所以，Y 的概率密度函数为

$$f_Y(y)=f_X(h(y))\,|h'(y)|=f_X\left(\frac{y-b}{a}\right)\frac{1}{|a|}.$$

【例 17】　设 $X\sim N(\mu,\sigma^2)$，求 $Y=e^X$ 的密度函数.

解： X 的密度函数为

$$f(x)=\frac{1}{\sqrt{2\pi}\sigma}e^{-\frac{(x-\mu)^2}{2\sigma^2}}(-\infty<x<+\infty).$$

因为 $y=g(x)=e^x$，易得

$$\alpha=0,\ \beta=+\infty,\ 反函数\ x=h(y)=\ln y, h'(y)=\frac{1}{y}.$$

所以，Y 的概率密度函数为

$$f_Y(y)=\begin{cases} f_X(\ln y)\dfrac{1}{y}, & y>0, \\ 0, & y\leqslant 0, \end{cases}$$

$$=\begin{cases} \dfrac{1}{\sqrt{2\pi}\sigma y}e^{-\frac{(\ln y-\mu)^2}{2\sigma^2}}, & y>0, \\ 0, & y\leqslant 0. \end{cases}$$

*5. 二维连续型随机变量的联合密度函数和边缘密度函数

一维连续型随机变量的取值为某个或某些区间，甚至为整个数轴，二维连续型随机变量(X,Y)的可能取值范围则为 XOY 平面上的某个或某些区域，甚至是整个平面 .

定义 7.17 设(X,Y)为二维随机变量，如果存在非负可积函数$f(x,y)$，使得对于任意的实数 x，y，恒有

$$P(X\leqslant x, Y\leqslant y)=\int_{-\infty}^{x}\int_{-\infty}^{y}f(x,y)\mathrm{d}x\mathrm{d}y,$$

则称(X,Y)为**二维连续型随机变量**，并称$f(x,y)$为(X,Y)的联合密度函数 .

联合密度函数$f(x,y)$具有下列性质：

性质 1 $f(x,y)\geqslant 0$.

性质 2 $\int_{-\infty}^{+\infty}\int_{-\infty}^{+\infty}f(x,y)\mathrm{d}x\mathrm{d}y=1$.

性质 3 设 D 为 XOY 平面上的任一区域，则(X,Y)落在 D 内的概率为

$$P\{(X,Y)\in D\}=\iint\limits_{D}f(x,y)\mathrm{d}x\mathrm{d}y.$$

【例 18】 设二维连续型随机变量(X,Y)的联合密度函数为

$$f(x,y)=\begin{cases} -ke^{-(x+2y)}, & x>0,\ y>0, \\ 0, & 其他, \end{cases}$$

试求：(1) 常数 k；(2) $P\{(X,Y)\in D\}$，其中，D 为由直线$\frac{x}{2}+y=1$，$x=0$，$y=0$ 所围的区域 .

解：(1) 由联合密度函数的性质，可得

$$\int_{-\infty}^{+\infty}\int_{-\infty}^{+\infty}f(x,y)\mathrm{d}x\mathrm{d}y=\int_{0}^{+\infty}\int_{0}^{+\infty}\left[-ke^{-(x+2y)}\right]\mathrm{d}x\mathrm{d}y=1,$$

求得 $k=-2$.

(2) 区域 D 如图 7-9 所示，所以

$$P\{(X,Y)\in D\}=\iint\limits_{D}f(x,y)\mathrm{d}x\mathrm{d}y$$

$$=\int_{0}^{2}\mathrm{d}x\int_{0}^{1-\frac{x}{2}}2e^{-(x+2y)}\mathrm{d}y=1-3e^{-2}.$$

定义 7.18　设(X,Y)为二维连续型随机变量，分量 X(或 Y)的密度函数称为(X,Y)关于 X(或 Y)的**边缘密度函数**，记为 $f_X(x)$ (或 $f_Y(y)$).

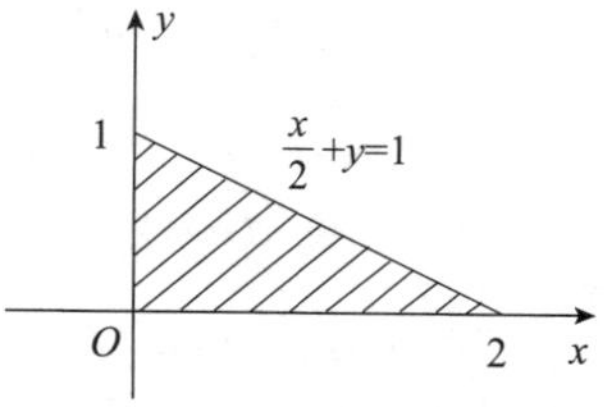

图 7－9

注意：(1) 边缘密度函数 $f_X(x)$ 或 $f_Y(y)$ 可由(X,Y)的联合密度函数确定，且

$$f_X(x) = \int_{-\infty}^{+\infty} f(x,y)\,\mathrm{d}y,\ -\infty < x < +\infty,$$

$$f_Y(y) = \int_{-\infty}^{+\infty} f(x,y)\,\mathrm{d}x,\ -\infty < y < +\infty.$$

(2) 对于二维连续型随机变量(X,Y)，X 与 Y 相互独立的充要条件是：对于任意 x，y，有 $f(x,y)=f_X(x)\cdot f_Y(y)$.

【例 19】 求上例中二维随机变量(X,Y)关于 X(或 Y)的边缘密度函数，并判断 X 与 Y 是否相互独立.

解：因为(X,Y)的联合密度函数为 $f(x,y)=\begin{cases}2\mathrm{e}^{-(x+2y)}, & x>0,y>0,\\ 0, & 其他,\end{cases}$ 所以有：

当 $x>0$ 时，$f_X(x) = \int_{-\infty}^{+\infty} f(x,y)\,\mathrm{d}y = \int_0^{+\infty} 2\mathrm{e}^{-(x+2y)}\,\mathrm{d}y = \mathrm{e}^{-x}$.

当 $x\leqslant 0$ 时，$f_X(x)=0$.

因此，(X, Y) 关于 X 的边缘密度函数为

$$f_X(x)=\begin{cases}\mathrm{e}^{-x}, & x>0,\\ 0, & 其他.\end{cases}$$

同理，可得 (X, Y) 关于 Y 的边缘密度函数为

$$f_Y(y)=\begin{cases}2\mathrm{e}^{-y}, & y>0,\\ 0, & 其他.\end{cases}$$

容易知道，对于任意的 x，y，都有 $f(x,y)=f_X(x)\cdot f_Y(y)$，所以 X 与 Y 相互独立.

学习小结

(1) 离散型随机变量的分布律的性质为____________________.
(2) 若 $X\sim B(n,p)$，则 $P(X=k)=$____________________.
(3) 连续型随机变量是指____________________.
(4) 若 $X\sim N(\mu,\sigma^2)$，则随机变量 X 的密度函数为____________________，
$P(a\leqslant X\leqslant b)=$____________________.

【习题 7.2】

1. 设随机变量 X 只可能取 -1，0，1，2 这 4 个值，且取这 4 个值相应的概率依次为 $\frac{1}{2c}$，$\frac{3}{4c}$，$\frac{5}{8c}$，$\frac{7}{16c}$，求常数 c.

2. 袋中有五个球，编号为 1，2，3，4，5，从中任取三只求，其中，最大号码为 X，求 X 的分布律.

3. 若离散型随机变量 X 的分布律为 $P(X=k)=\frac{a}{4^k}$，$(k=1,2,\cdots)$，试求常数 a.

4. 在相同条件下，某运动员连续投篮 4 次，每次的命中率为 0.7，求其投篮命中次数的分布律.

5. 某工厂每天用水量正常的概率为 0.75，求最近 6 天内用水量正常的天数的分布律.

6. 设随机变量 X 服从参数为 5 的泊松分布，求：

(1) $P(X=10)$；(2) $P(X\leqslant 10)$.

7. 设随机变量 X 服从泊松分布，且已知 $P(X=1)=P(X=2)$，求 $P(X=4)$.

8. 设随机变量 X 的分布律如表 7-14 所示，求 $Y=(X-1)^2$ 的分布律.

表 7-14

X	-1	0	1	2
P	0.2	0.3	0.1	0.4

9. 设 $X\sim B(3,0.4)$，令 $Y=\frac{X(3-X)}{2}$，求 $P(Y=1)$.

*10. 设 (X,Y) 的联合分布律如表 7-15 所示，求 a 的值.

表 7-15

X \ Y	1	2	3
-1	$\frac{1}{3}$	$\frac{a}{6}$	$\frac{1}{4}$
1	0	$\frac{1}{4}$	a^2

*11. 某班级 40 份试卷中，有 6 份试卷的成绩不合格，现连续两次从中任意抽取 2 份，定义随机变量 X，Y 为：

$$X=\begin{cases}0, & \text{若第 1 次取出不及格卷,}\\ 1, & \text{若第 1 次取出及格卷,}\end{cases}$$

$$Y=\begin{cases}0, & \text{若第 2 次取出不及格卷,}\\ 1, & \text{若第 2 次取出及格卷。}\end{cases}$$

如果将第一次抽取的试卷放回后再抽取第 2 份试卷，试求随机变量 (X,Y) 的联合分布律，并判断 X，Y 是否相互独立.

12. 若连续型随机变量 X 的概率密度函数为 $f(x)=\begin{cases}A\cos x, & |x|\leqslant 1,\\ 0, & \text{其他,}\end{cases}$ 求：

(1) A；(2) $P\left(0\leqslant X<\frac{\pi}{4}\right)$.

13. 设连续型随机变量 X 的概率密度函数为 $f(x)=\begin{cases}x, & 0\leqslant x<1,\\ 2-x, & 1\leqslant x<2,\\ 0, & \text{其他,}\end{cases}$ 求：

（1）$P\left(X \geqslant \frac{1}{2}\right)$；（2）$P\left(\frac{1}{2} < X < \frac{3}{2}\right)$.

14. 设随机变量 X 在区间［0，10］上服从均匀分布，求：（1）X 的密度函数；（2）$P(X>6)$，$P(3<X<8)$.

15. 设 $X \sim N(2,4)$，求：（1）$P(X>1)$；（2）$P(X \leqslant 2)$；（3）$P(-1<X<3)$.

16. 某机器生产的螺栓长度 X（单位：cm）服从正态分布 $N(10.05, 0.06^2)$，规定长度在范围 10.05 ± 0.12 内为合格，求一螺栓不合格的概率.

17. 在某一银行等待时间 X（分钟）近似服从正态分布 $X \sim N(3.7, 1.4^2)$，求：

（1）等待时间小于 2 分钟的概率；（2）等待时间大于 6 分钟的概率.

*18. 设 $X \sim U\left(-\frac{\pi}{2}, \frac{\pi}{2}\right)$，令 $Y=\tan X$，求 Y 的密度函数.

*19. 设 (X,Y) 服从区域 D 上的均匀分布，其中，D：$x \geqslant y$，$0 \leqslant x \leqslant 1$，$y \geqslant 0$. 求：$P(X+Y) \leqslant 1$.

*20. 设二维连续型随机变量 (X,Y) 的联合密度函数为 $f(x,y)=\frac{k}{(1+x^2)(1+y^2)}$ $(-\infty < x, y < +\infty)$，求：

（1）常数 k；（2）$P\{(X,Y) \in D\}$，其中，D 为 $0 \leqslant x \leqslant 1$，$0 \leqslant y \leqslant 1$.

7.3 随机变量的数字特征

【本节提示】　随机变量的分布能够比较完整的描述随机变量的取值规律，但有时要确定出一个随机变量的分布却比较困难，同时也没有必要去了解随机变量的整体分布情况，在绝大多数的实际问题中，只需知道随机变量的部分特征即可. 本节主要讨论随机变量的数字特征，要求理解随机变量的数学期望与方差的概念；掌握求离散型随机变量和连续型随机变量的期望与方差的方法；熟悉几种常见随机变量的期望与方差值；在此基础上了解随机变量间的协方差与相关系数.

7.3.1　数学期望

定义 7.19　设离散型随机变量 X 的分布律如表 7－16 所示，则称 $\sum_k x_k p_k$ 为随机变量 X 的**数学期望**，简称为期望或均值，记为 $E(X)$，即

$$E(X) = \sum_k x_k p_k.$$

表 7－16

X	x_1	x_2	…	x_k	…
P	p_1	p_2	…	p_k	…

特别地，(1) 若 $X\sim B(1,p)$，则 $E(X)=p$；

(2) 若 $X\sim B(n,p)$，则 $E(X)=np$；

(3) 若 $X\sim P(\lambda)$，则 $E(X)=\lambda$.

推广：若 $Y=f(X)$ 是关于离散型随机变量 X 的函数，则 Y 的期望为

$$E(Y)=E(f(X))=\sum_k f(x_k)p_k.$$

【例 1】 设随机变量 X 的分布律如表 7 - 17 所示．求：$E(X),E(2X-1),E(X^2)$.

表 7 - 17

X	-2	0	1	2
P	0.1	0.2	0.6	0.1

解：$E(X)=(-2)\times 0.1+0\times 0.2+1\times 0.6+2\times 0.1=0.6$,

$E(2X-1)=(-5)\times 0.1+(-1)\times 0.2+1\times 0.6+3\times 0.1=0.2$,

$E(X^2)=4\times 0.1+0\times 0.2+1\times 0.6+4\times 0.1=1.4$.

定义 7.20 设连续型随机变量 X 的密度函数为 $f(x)$，如果 $\int_{-\infty}^{+\infty}xf(x)\,dx$ 绝对收敛，则称该积分为连续型随机变量 X 的数学期望，即

$$E(X)=\int_{-\infty}^{+\infty}xf(x)\,dx.$$

特别地，(1) 若 $X\sim U(a,b)$，则 $E(X)=\dfrac{a+b}{2}$；

(2) 若 $X\sim N(\mu,\sigma^2)$，则 $E(X)=\mu$；

(3) 若 $X\sim E(\lambda)$，则 $E(X)=\dfrac{1}{\lambda}$.

推广：若 $Y=g(X)$ 是关于连续型随机变量 X 的函数，则 Y 的期望为

$$E(Y)=E(g(X))=\int_{-\infty}^{+\infty}g(x)f(x)\,dx.$$

【例 2】 若随机变量 $X\sim U(1,5)$，求 $E(X),E(X^2)$.

解：因为 $X\sim U(1,5)$，所以，X 的密度函数为 $f(x)=\begin{cases}\dfrac{1}{4}, & 1\leqslant x\leqslant 5,\\ 0, & \text{其他}.\end{cases}$

则 $$E(X)=\int_{-\infty}^{+\infty}xf(x)\,dx=\int_1^5\frac{1}{4}x\,dx=3,$$

$$E(X^2)=\int_{-\infty}^{+\infty}x^2f(x)\,dx=\int_1^5\frac{1}{4}x^2\,dx=\frac{31}{3}.$$

*7.3.2 二维随机变量的期望

定理 7.4 设 (X,Y) 为二维离散型随机变量，若其分布律为 $P(X=x_i,Y=y_j)=p_{ij}$，边缘分布律为 $p_{i\cdot}=P(X=x_i)=\sum\limits_j p_{ij}$，$p_{\cdot j}=P(Y=y_j)=\sum\limits_i p_{ij}$，则

$$E(X) = \sum_i x_i p_{i\cdot} = \sum_i \sum_j x_i p_{ij},$$
$$E(Y) = \sum_j y_j p_{\cdot j} = \sum_i \sum_j y_j p_{ij}.$$

定理 7.5　设(X,Y)为二维连续型随机变量，其联合密度函数和边缘密度函数分别为$f(x,y)$，$f_X(x)$，$f_Y(y)$，则

$$E(X) = \int_{-\infty}^{+\infty} x f_X(x)\,dx = \int_{-\infty}^{+\infty}\int_{-\infty}^{+\infty} x f(x,y)\,dx dy,$$
$$E(Y) = \int_{-\infty}^{+\infty} y f_Y(y)\,dy = \int_{-\infty}^{+\infty}\int_{-\infty}^{+\infty} y f(x,y)\,dx dy.$$

定理 7.6　设二维随机变量 (X, Y) 的函数 $g(X,Y)$为连续函数，

(1) 如果(X,Y)为离散型随机变量，则 $E[g(X,Y)] = \sum\limits_i \sum\limits_j g(x_i,y_j)p_{ij}$；

(2) 如果(X,Y)为连续型随机变量，则 $E[g(X,Y)] = \int_{-\infty}^{+\infty}\int_{-\infty}^{+\infty} g(x,y)f(x,y)\,dx dy$.

【例 3】　已知(X,Y)的分布律如表 7－18 所示．求：

(1) $E(2X+3Y)$；(2) $E(XY)$.

表 7－18

X \ Y	0	1
0	1/3	0
1	1/2	1/6

解：结合期望的定义，可得：

(1) $E(2X+3Y) = \sum\limits_i \sum\limits_j (2x_i + 3y_j)p_{ij}$

$$= (2\times0+3\times0)\times\frac{1}{3} + (2\times0+3\times1)\times0 + (2\times1+3\times0)\times\frac{1}{2} + (2\times1+3\times1)\times\frac{1}{6}$$
$$= \frac{11}{6}.$$

(2) $E(XY) = \sum\limits_i \sum\limits_j (x_i y_j)p_{ij}$

$$= (0\times0)\times\frac{1}{3} + (0\times1)\times0 + (1\times0)\times\frac{1}{2} + (1\times1)\times\frac{1}{6} = \frac{1}{6}.$$

数学期望具有以下性质：

性质 1　若 c 为常数，则 $E(c)=c$.

性质 2　若 a，b 为常数，则 $E(aX+b) = aE(X)+b$.

性质 3　$E(X+Y) = E(X)+E(Y)$.

性质 4　若随机变量 X，Y 相互独立，则 $E(XY) = E(X)E(Y)$.

注意：性质 3 和性质 4 可推广到有限个随机变量代数和与乘积的情况．

7.3.3　方　　差

在实际问题中，除了要知道随机变量的数学期望外，一般还要知道随机变量的取值与其数学期望的偏离程度，从而可以更好地描述随机变量的特征．比如，两个班级在某门课程的平均分（即数学期望）相同的情况下，为了比较两个班成绩的好坏，可以比较哪个班

的成绩更加集中于平均分附近．一般来讲，用方差来刻画随机变量的离散程度．

定义 7.21 设 X 为一个随机变量，则称 $E(X-E(X))^2$ 为 X 的**方差**，记为 $D(X)$，即

$$D(X)=E(X-E(X))^2.$$

同时，也称 $\sqrt{D(X)}$ 为随机变量 X 的**标准差**．

若离散型随机变量 X 的分布律为 $P(X=x_k)=p_k$，则 X 的方差为

$$D(X)=\sum_k (x_k-E(X))^2 p_k.$$

若连续型随机变量 X 的密度函数为 $f(x)$，则 X 的方差为

$$D(X)=\int_{-\infty}^{+\infty}(x-E(X))^2 f(x)\,\mathrm{d}x.$$

注意： 结合方差的定义与数学期望的性质可得计算方差的一个常用公式：

$$D(X)=E(X^2)-E^2(X).$$

特别地，(1) 若 $X\sim B(1,p)$，则 $D(X)=p(1-p)$；

(2) 若 $X\sim B(n,p)$，则 $D(X)=np(1-p)$；

(3) 若 $X\sim P(\lambda)$，则 $D(X)=\lambda$；

(4) 若 $X\sim U(a,b)$，则 $D(X)=\dfrac{(b-a)^2}{12}$；

(5) 若 $X\sim N(\mu,\sigma^2)$，则 $D(X)=\sigma^2$；

(6) 若 $X\sim E(\lambda)$，则 $D(X)=\dfrac{1}{\lambda^2}$.

【例 4】 分别计算在例 1 和例 2 中的随机变量的方差．

解： 在例 1 中，已经计算出：$E(X)=0.6, E(X^2)=1.4$，所以

$$D(X)=E(X^2)-E^2(X)=1.4-(0.6)^2=1.04.$$

在例 2 中，已经计算出：$E(X)=3, E(X^2)=\dfrac{31}{3}$，所以

$$D(X)=E(X^2)-E^2(X)=\frac{31}{3}-(3)^2=\frac{4}{3}.$$

方差具有以下性质：

性质 1 若 c 为常数，则 $D(c)=0$.

性质 2 若 a，b 为常数，则 $D(aX+b)=a^2D(X)$.

性质 3 若随机变量 X，Y 相互独立，则 $D(X+Y)=D(X)+D(Y)$.

*7.3.4 协方差与相关系数

定义 7.22 设 (X,Y) 为二维随机变量，且 $E(X),E(Y)$ 均存在，如果 $E[(X-E(X))\cdot(Y-E(Y))]$ 存在，则称此值为 X 与 Y 的**协方差**，记为 $\mathrm{Cov}(X,Y)$，即

$$\mathrm{Cov}(X,Y)=E[(X-E(X))(Y-E(Y))].$$

注意： 一般来讲，协方差的计算公式为 $\mathrm{Cov}(X,Y)=E(XY)-E(X)E(Y)$.

定义 7.23　若 $D(X)>0, D(Y)>0$，则称 $\frac{\mathrm{Cov}(X,Y)}{\sqrt{D(X)}\sqrt{D(Y)}}$ 为 X 与 Y 的**相关系数**，记为 ρ_{XY}，即

$$\rho_{XY}=\frac{\mathrm{Cov}(X,Y)}{\sqrt{D(X)}\sqrt{D(Y)}}.$$

【例 5】　设 (X, Y) 的联合密度函数为 $f(x,y)=\begin{cases}\frac{1}{2}, & 0<x<1,\ 0<y<2,\\ 0, & 其他,\end{cases}$ 求 $\mathrm{Cov}(X,Y)$.

解：因为
$$E(X)=\int_{-\infty}^{+\infty}\int_{-\infty}^{+\infty}xf(x,y)\mathrm{d}x\mathrm{d}y=\int_0^1\int_0^2\frac{1}{2}x\mathrm{d}x\mathrm{d}y=\frac{1}{2},$$
$$E(Y)=\int_{-\infty}^{+\infty}\int_{-\infty}^{+\infty}yf(x,y)\mathrm{d}x\mathrm{d}y=\int_0^1\int_0^2\frac{1}{2}y\mathrm{d}x\mathrm{d}y=1,$$
$$E(XY)=\int_{-\infty}^{+\infty}\int_{-\infty}^{+\infty}xyf(x,y)\mathrm{d}x\mathrm{d}y=\int_0^1\int_0^2\frac{1}{2}xy\mathrm{d}x\mathrm{d}y=\frac{1}{2},$$
结合协方差的计算公式，所以有
$$\mathrm{Cov}(X,Y)=E(XY)-E(X)E(Y)=\frac{1}{2}-\frac{1}{2}\times 1=0.$$

【例 6】　设随机变量 (X,Y) 的分布律如表 7－19 所示．求：$D(X)$，$D(Y)$，$\mathrm{Cov}(X,Y)$，ρ_{XY}.

表 7－19

Y \ X	−1	1
−1	0.25	0.5
1	0	0.25

解：X 与 Y 的分布律分别如表 7－20 所示．

表 7－20

X	−1	1	Y	−1	1
P	0.25	0.75	P	0.75	0.25

易得 $E(X)=0.5, E(Y)=-0.5$.

因为 $E(X^2)=1, E(Y^2)=1$，

所以 $D(X)=E(X^2)-E^2(X)=0.75$.

同理，$D(Y)=0.75$.

又因为 $E(XY)=1\times 0.25+(-1)\times 0.5+1\times 0.25=0$，故有
$$\mathrm{Cov}(X,Y)=E(XY)-E(X)E(Y)=0.25, \rho_{XY}=\frac{\mathrm{Cov}(X,Y)}{\sqrt{D(X)}\sqrt{D(Y)}}=\frac{1}{3}.$$

协方差和相关系数具有以下性质：

性质 1　$\mathrm{Cov}(X,Y)=\mathrm{Cov}(Y,X)$.

性质 2　$\mathrm{Cov}(aX,bY)=ab\mathrm{Cov}(Y,X)$，其中 a,b 为任意常数．

性质 3　$\mathrm{Cov}(X_1+X_2,Y)=\mathrm{Cov}(X_1,Y)+\mathrm{Cov}(X_2,Y)$.

性质 4　若 X 与 Y 相互独立，则 $\mathrm{Cov}(X,Y)=0$.

性质 5　对于随机变量 X 与 Y，一定有 $|\rho_{XY}|\leqslant 1$.

学习小结

(1) 若 $X \sim B(n,p)$，则 $E(X)=$ ________，$D(X)=$ ________.

(2) 二维离散型随机变量函数 $g(X,Y)$ 的期望为 ________.

(3) 二维连续型随机变量函数 $g(X,Y)$ 的期望为 ________.

(4) 方差具有的性质有 ________.

(5) 二维随机变量 (X,Y) 的协方差与相关系数的关系是 ________.

【习题 7.3】

1. 设随机变量 X 的分布律如表 7－21 所示．试求：(1) $E(X)$；(2) $E(X^2)$；(3) $E(2X^2-3)$.

表 7－21

X	-1	0	2
P	0.3	0.4	0.3

2. 设随机变量 $X \sim B(5, p)$，已知 $E(X)=1.6$，求参数 p.

3. 已知随机变量 X 所有可能的取值为 1 和 x，且 $P(X=1)=0.4, E(X)=0.2$，求 x.

4. 设随机变量 X 的密度函数为 $f(x)=\begin{cases} e^{-x}, & x \geqslant 0, \\ 0, & x<0, \end{cases}$ 当 (1) $Y=3X$；(2) $Y=e^{-2x}$ 时，分别求 $E(Y)$.

5. 设随机变量 X 的密度函数为 $f(x)=\begin{cases} \dfrac{x+1}{4}, & 0 \leqslant x \leqslant 1, \\ 0, & \text{其他}, \end{cases}$ 求 $D(X)$.

6. 设 $X \sim U(a,b), Y \sim N(4,3)$，$X$ 与 Y 有相同的期望和方差，求 a，b 的值.

*7. 设二维随机变量 (X,Y) 的概率密度为 $f(x,y)=\begin{cases} 2, & 0 \leqslant x \leqslant 1,\ 0 \leqslant y \leqslant x, \\ 0, & \text{其他}, \end{cases}$

求：(1) $E(X+Y)$；(2) $E(XY)$.

*8. 设 (X, Y) 的联合密度函数为 $f(x,y)=\begin{cases} \dfrac{1}{8}(x+y), & 0<x<2,\ 0<y<2, \\ 0, & \text{其他}, \end{cases}$ 求 $\mathrm{Cov}(X,Y)$.

应用板块

7.4 概率在经济中的应用

【本节提示】 在经济预测、决策或管理工作中，往往面临存在多种方案可供选择的问题，这需要决策者借助概率论原理和方法来进行决策．通过本节的学习，要求能够运用期望值等概率论知识解决某些经济问题中的预测、决策问题．

7.4.1 期望值的应用

【例 1】 近些年来，我国彩票事业蓬勃发展，愈来愈多的人开始购买彩票，但是中奖的机会却非常小．如果以每张 1 元的价格售出 2 万张彩票，仅一张彩票可中奖价值为 5000 元的物品，试求每张彩票的平均中奖费用．

解：把中奖价值 5000 元和不中奖价值零，视为一个随机变量 X 所取的两个值，根据题意可得

$$P(X=5000)=\frac{1}{20000},P(X=0)=\frac{19999}{20000}.$$

彩票的平均中奖费用即为随机变量 X 的期望值．所以，

$$E(X)=5000\times\frac{1}{20000}+0\times\frac{19999}{20000}=0.25,$$

即每张彩票的平均中奖费用为 0.25 元．

【例 2】 为了市场的需要，某企业提出扩大生产的两个方案．一个方案是扩大工厂，另一个方案是缩小工厂，两个方案的损益值（单位为万元）以及市场状态的概率如表 7－22.

表 7－22

概率	市场状态	扩大工厂的受益	缩小工厂的受益
0.8	销路好	300 万元	90 万元
0.2	销路差	－50 万元	60 万元

试问：如果不考虑投资成本，应该选择哪种方案来进行投资？

解：由已知的损益及其概率分别求出两个方案的损益期望值：

扩大工厂的损益期望值 $=300\times0.8+(-50)\times0.2=230$（万元），

缩小工厂的损益期望值 $=90\times0.8+60\times0.2=84$(万元).

因为扩大工厂的预期收益更大，所以应该选择扩大工厂的方案来投资.

【例 3】 某保险公司需要决定是否对某工程项目开办一个新保险，如果开办而不出险情（不发生事故），则每年可获利 6 万元；如果开办后发生险情，则保险公司将赔款 100 万元；如果不开办该保险，则保险公司要付出调研费用 8 千元. 根据往年情况，预测承保后不出险情的概率为 0.96，出险情的概率为 0.04. 在该情况下，请问保险公司是否对该工程项目承保？

解： 通过数据计算出承保与不承保两种方案的期望收益，从而来选择是否承保.

承保方案的期望收益 $=6\times0.96+(-100)\times0.04=1.76$(万元)

不承保方案的期望收益 $=(-0.8)\times0.96+(-0.8)\times0.04=-0.8$(万元)

由于承保获得的受益更大，故保险公司应该对该工程项目承保.

*【例 4】 某产品销售员每件产品卖 4 元，其成本为 2 元，厂家规定卖不掉的产品不能退回，如果这位销售员每日的销售量服从区间 [100，200] 上的均匀分布，为使得他的期望利润达到最大，请问他应该购进多少产品？

解： 假设这位销售员购进 a 件产品，用随机变量 X 来表示销售量，则他每日获得利润为

$$L(X)=\begin{cases}2a, & X\geqslant a,\\ 4X-2a, & X<a.\end{cases}$$

又因为随机变量 $X\sim U(100,200)$，所以 X 的概率密度为

$$f(x)=\begin{cases}\dfrac{1}{100}, & 100\leqslant x\leqslant 200,\\ 0, & \text{其他}.\end{cases}$$

所以，期望利润为

$$\begin{aligned}E[L(X)]&=\int_{100}^{200}L(x)f(x)\,\mathrm{d}x\\&=\frac{1}{100}\int_{100}^{a}(4x-2a)\,\mathrm{d}x+\frac{1}{100}\int_{a}^{200}2a\,\mathrm{d}x\\&=-\frac{2a^2}{100}+6a-200.\end{aligned}$$

上式求最值，可得：当 $a=150$ 时，期望利润最大，所以，销售员应该购买 150 件产品.

7.4.2 概率在决策问题中的应用

决策问题通常分为三类：确定型、风险型和不确定型.

所谓确定型决策是在决策环境完全确定的条件下进行决策，因而其所作的选择的结果也是确定的，例如，在线性规划中的问题就是属于确定型决策问题. 在此，我们重点介绍风险型决策问题和不确定型决策问题.

1. 风险型决策问题

风险型决策有不同的决策准则，其中，期望值准则是比较重要的一种，期望值准则就

是把每个方案的收益值看成离散型随机变量，只需求出每个方案损益值的数学期望，加以比较，选取一个收益值的数学期望最大的方案作为最优方案即可．

【例 5】 某厂要选择其新产品的生产批量，根据市场调查和预测得表 7－23 中的数据．

表 7－23

方案＼自然状态／自然状态概率／收益值	产品销路		
	a_1（好）	a_2（一般）	a_3（差）
	$P(a_1)=0.3$	$P(a_2)=0.6$	$P(a_3)=0.1$
A_1（大批量生产）	50	30	10
A_2（中批量生产）	40	40	20
A_3（小批量生产）	25	25	25

解： 根据表 7－23 中各状态的概率和损益值，计算出每一个方案损益值的期望值：

$$E(A_1)=50\times0.3+30\times0.6+10\times0.1=34,$$
$$E(A_2)=40\times0.3+40\times0.6+20\times0.1=38,$$
$$E(A_3)=25\times0.3+25\times0.6+25\times0.1=25.$$

可知 $E(A_2)$ 为最大，所以应该选择 A_2 的行动方案．

*2. 不确定型决策问题

假设某个决策问题，由于存在决策者不可控的因素，决策方案也存在多种可能的结果，我们把这种决策称为**不确定性条件下的决策**．在不确定的情况下，决策者不能预先估计或计算出各种自然状态出现的概率，无法计算期望值，所以转化为求线性规划的期望极值：

$$\max(\min)E=\sum_{j=1}^{n}P_jx_j$$

$$\text{满足}\begin{cases}\sum\limits_{j=1}^{n}P_j=1,\\P_j-P_{j+1}\geqslant0 \quad (j=1,2,\cdots,n-1),\\P_j\geqslant0 \quad (j=1,2,\cdots,n),\end{cases}$$

其中，x_j 是已知收益值，P_j 为自然状态概率，是决策变量．

假设 y_i 是各种自然状态局部收益之和，Q_j 表示概率的决策变量，令

$$y_j=\sum_{k=1}^{j}x_k,\ Q_j=\begin{cases}P_j-P_{j+1} & (j=1,2,\cdots,n-1),\\P_n & (j=n),\end{cases}$$

则上述线性规划可变化为

$$\max(\min)E=\sum_{j=1}^{n}Q_jy_j$$

$$\text{满足}\begin{cases}\sum\limits_{j=1}^{n}jQ_j=1,\\Q_j\geqslant0(j=1,2,\cdots,n),\end{cases}$$

可以证明当 $j=m$ 时，$Q_m=\frac{1}{m}$；　$j\neq m$ 时，$Q_j=0$.

将 Q_m 代入目标函数中，得

$$\max(\min)E=\frac{1}{m}y_m=\frac{1}{m}\sum_{k=1}^{m}x_k.$$

将此值称为第 m 种状态的**局部平均值**（局部期望值），记为$\overline{x}_m$，即

$$\bar{x}_m=\frac{1}{m}y_m=\frac{1}{m}\sum_{k=1}^{m}x_k.$$

概率排序型决策，只要按照概率大小，重新排列各种自然状态对应的收益值，求出各方案的局部平均值$\overline{x}_m$，然后根据不定型决策标准，选择最优方案．

【例 6】 某工厂有三种方案来生产产品，分别为：每年生产 5 万件、4 万件和 3 万件．可能出现四种自然状态：畅销、好、差、滞销，其中，产品销路为好的概率最大，为差的概率第二，为畅销的概率第三，为滞销的概率最小，每年各种自然状态收益值如表 7－24 所示．试选择最优方案．

表 7－24

状态／方案	产品销路			
	畅销 x_3	好 x_1	差 x_2	滞销 x_4
5 万件	85	40	－2	－43
4 万件	54	37	11	－14
3 万件	24	24	12	0

解： 根据已知条件，设产品销路好、差、畅销、滞销对应的概率分别为 P_1，P_2，P_3，P_4，对应的收益值分别为 x_1，x_2，x_3，x_4，则 $P_1\geqslant P_2\geqslant P_3\geqslant P_4$.

利用各方案的局部平均值（局部期望值）$\bar{x}_m=\frac{1}{m}y_m=\frac{1}{m}\sum_{k=1}^{m}x_k$，可以计算得：

（1）生产 5 万件时，

$$\overline{x_1}=x_1=40,$$

$$\overline{x_2}=\frac{1}{2}(x_1+x_2)=\frac{1}{2}(40-2)=19,$$

$$\overline{x_3}=\frac{1}{3}(x_1+x_2+x_3)=\frac{1}{3}(40-2+85)=41,$$

$$\overline{x_4}=\frac{1}{4}(x_1+x_2+x_3+x_4)=\frac{1}{4}(40-2+85-43)=20.$$

同理可得：

（2）生产 4 万件时，$\overline{x_1}=37$；$\overline{x_2}=24$；$\overline{x_3}=34$；$\overline{x_4}=22$.

（3）生产 3 万件时，$\overline{x_1}=24$；$\overline{x_2}=18$；$\overline{x_3}=20$；$\overline{x_4}=15$.

对上述数据进行比较后，可以按照最大最小决策标准或者最大最大决策标准来选择最优方案．

利用最大最小决策标准来选择：即在最小值中选择最大的一个．三种方案局部平均值最小值分别为19，22，15，选择最大值22. 所以，选择第二种方案（每年生产4 万件）为最优方案．

利用最大最大决策标准来选择：即在最大值中选择最大的一个．三种方案局部平均值最大值分别为41，37，24，选择最大值41. 所以，选择第一种方案（每年生产5 万件）为最优方案．

学习小结

（1）如何确定一个经济变量的期望值＿＿＿＿＿＿＿＿＿＿＿＿＿＿＿＿＿＿＿＿．

（2）在风险型决策下，用期望值确定最佳方案的应用步骤是＿＿＿＿＿＿＿＿＿＿＿＿＿＿＿＿＿＿＿＿＿＿＿＿＿＿＿＿＿＿＿．

（3）不确定型决策下寻找最优方案的两种选择标准是＿＿＿＿＿＿＿＿＿＿＿＿＿＿＿＿＿＿＿＿＿＿＿＿＿＿＿＿＿＿＿．

【习题 7.4】

1. 某水果店在不下雨的日子每天可盈利 100 元，在雨天的日子则要亏损 10 元，该地区每年下雨的日子约有 130 天（一年按 365 天计算），求该水果店每天获利的期望值．

2. 一批产品有一、二、三等品、等外品及废品五种，相应的概率分别为 0.6，0.2，0.1，0.05 及 0.05，若其产值分别为 6 元，5.5 元，5 元，2 元及 −2 元，试求产品的平均产值．

3. 某唱片磁带公司为了适应市场需求欲扩大生产，三部门提出 3 种方案供公司考虑：（Ⅰ）扩大现有工厂；（Ⅱ）建立一个新工厂；（Ⅲ）将部分产量转包给其他街道工厂生产. 对公司来说，最大的不确定性是未来市场对产品的需求量，经市场预测分析，需求量状态以高、中、低、失败（无需要）的概率分别为 0.2，0.5，0.2，0.1. 根据以往历史资料分析，预计 3 种方案在各种市场需求状态下，公司能够获得的利润值（单位：百万元）见表 7 − 25. 计算三种方案的期望利润，并回答哪一个方案对实现期望利润最大化的目标最优？

表 7 − 25

利润 方案 需求量状态	方案（Ⅰ）扩大	方案（Ⅱ）新建	方案（Ⅲ）转包
高	500	750	300
中	250	300	150
低	−250	−400	−10
失败	−450	−800	−100

4. 某公司举办一个会议来扩大市场，会议地点打算选择甲、乙、丙三地；获利情况除了与会址有关系外，还与天气有关．天气可区分为晴、普通、多雨三种．通过天气预报，估计三种天气情况可能发生的概率为 0.25，0.50，0.25，其收益情况如表 7－26 所示：

表 7－26

选址方案	自然状态			
	天气	晴	普通	多雨
	概率	0.25	0.5	0.25
甲地	收益	4	6	1
乙地		5	4	1.5
丙地		6	2	1.2

试用期望值准则对会议地点进行决策．

【复习思考题】

A 组

一、填空题

1. 一口袋中有 3 个红球，2 个黑球，现从中任取 2 个球，则这 2 个球为一红一黑的概率是__________.

2. 事件 A、B 互不相容，且 $P(A)=0.4, P(B)=0.3$，则 $P(\overline{A}\,\overline{B})=$__________.

3. 事件 A、B 相互独立，$P(A)=0.2, P(B)=0.6$，则 $P(A|B)=$__________.

4. 设 X 的分布律为 $P(X=k)=\dfrac{a}{2+k}, (k=0,1,2,3)$，则 $a=$__________.

5. 设 $X \sim B(n,p)$，且 $E(X)=6, D(Y)=3.6$，则 $n=$__________，$p=$__________.

二、单项选择题

1. 设 A，B 为随机事件，则 $(A+B)A=$（　　）.

A. AB　　B. A　　C. B　　D. $A+B$

2. 设 A，B 为对立事件，且 $P(A)>0, P(B)>0$，则下列各式中错误的是（　　）.

A. $P(\overline{B}|A)=0$　　B. $P(A|B)=0$

C. $P(AB)=0$　　D. $P(A+B)=0$

3. 设 $X \sim N(0,1)$，$f(x)$ 为 X 的密度函数，则 $f(0)=$（　　）.

A. 0　　B. $\dfrac{1}{\sqrt{2\pi}}$　　C. 1　　D. $\dfrac{1}{2}$

4. 设 $D(X)=(E(X))^2$，则 X 服从（　　）.

A. 正态分布　　B. 指数分布

C. 二项分布　　D. 泊松分布

5. 设 $X \sim U(2,4)$，则 $P(3<X<4)=$（　　）.

A. $P(2.25<X<3.25)$　　B. $P(1.5<X<2.5)$

C. $P(2<X<3.5)$　　D. $P(4.5<X<5.5)$

三、计算题

1. 写出下列随机试验的样本空间及下列事件包含的样本点：

（1）将一枚质地均匀的硬币抛两次，A 表示"第一次出现正面"，B 表示"两次出现同一面"，C 表示"至少有一次出现正面"；

（2）从 0、1、2 三个数中有放回地抽两次，每次取一个，A 表示"第二次取出的数字是 2"，B 表示"至少有一个数字是 2".

2. 盒子中有红、黄、白球的数目分别为 3、2、1，任取三球，求：

（1）恰好取得三种颜色的球各一个的概率；（2）恰好取得两个红球的概率.

3. 设 $P(A)=0.5, P(B)=0.6, P(B|\overline{A})=0.4$，求 $P(AB)$.

4. 甲、乙、丙三人独立地对同一目标进行射击，甲命中的概率为 0.9，乙命中的概率为 0.8，丙命中的概率为 0.7：

（1）三人都命中的概率；

（2）三人都未命中的概率；

（3）三人中至少有一人命中的概率.

5. 某种产品共 40 件，其中有 3 件次品，现从中任取 2 件，求其中至少有一件为次品的概率.

6. 掷一枚均匀的色子，试写出点数 X 的分布律，并求 $P(X>1)$，$P(2<X<5)$.

7. 设随机变量 X 的分布律如表 7-27 所示.

表 7-27

X	-2	0	2	3
P	0.2	0.2	0.3	0.3

求：（1）$Y_1=-2X+1$ 的分布律；（2）$Y_2=|X|$ 的分布律.

8. 若连续型随机变量 X 的概率密度函数为 $f(x)=\begin{cases} cx, & 0\leqslant x\leqslant 1 \\ 0, & \text{其他} \end{cases}$ 求：

（1）c；（2）$P(0.3\leqslant X<0.7)$，$P(0.5\leqslant X\leqslant 1.2)$.

9. 公共汽车每隔 5 分钟有一班汽车通过. 假设乘客在车站上的等车时间为 X，若 X 在 $[0,5]$ 上服从均匀分布，求：

（1）X 的密度函数；（2）等车时间不超过 2 分钟的概率.

10. 设 $X \sim N(1, 0.6^2)$，求：

（1）$P(X>0)$；（2）$P(0.2<X<1.8)$.

11. 设随机变量 X 的分布律如表 7-28 所示. 求 $E(3X^2-X-5)$.

表 7-28

X	-2	0	1	3
P	0.3	0.2	0.4	0.1

12. 若连续型随机变量 X 的概率密度函数为 $f(x)=\begin{cases}cx^{\alpha}, & 0\leqslant x\leqslant 1,\\ 0, & \text{其他},\end{cases}$ 且 $E(X)=0.75$，求 c 和 α.

13. 设随机变量的密度函数为 $f(x)=\dfrac{1}{2}e^{-|x|}$，$-\infty<x<+\infty$，求 $D(X)$.

四、应用题

1. 加工某种零件需要两道工序，第一道工序出次品的概率为 0.02，如果第一道工序出次品则此零件就为次品；如果第一道工序出正品，则第二道工序出次品的概率为 0.03，求加工的零件是正品的概率.

2. 为了防止意外，在煤矿内同时设有两种报警系统 A 与 B，每种系统单独使用时，其有效的概率系统 A 为 0.92，系统 B 为 0.93，在 A 失灵的条件下，B 有效的概率为 0.85，求：

（1）发生意外时，这两个报警系统至少有一个有效的概率；

（2）B 失灵的条件下，A 有效的概率.

3. 某交通路口有大量的汽车通过，设每辆汽车在一天的某段时间内出事故的概率为 0.0004，在某天的该段时间内有 1000 辆汽车通过，求出事故的次数不小于 2 次的概率.

4. 银行常以某一科目在行、社间往来账目记账一笔为一标准工作量. 根据 3 个营业员 72 天的统计，会计日人均工作量为 253.64（标准工作量），标准差 $\sigma=45.90$. 假设会计员的日人均工作量 X 服从正态分布，若完成标准工作量在 300 笔以上时，给予物质奖励，求受奖励的面有多大？

5. A，B 两台机床同时加工某种零件，每生产 1000 件产品则出次品数 X 的分布律如表 7－29 所示.

表 7－29

X	0	1	2	3
P_1（机床 A）	0.7	0.2	0.06	0.04
P_2（机床 B）	0.8	0.06	0.04	0.10

问哪一台机床加工质量好？

五、证明题

1. 设 A，B 为两个随机事件，$0<P(B)<1$，$P(A|\overline{B})=P(A|B)$，证明 A，B 相互独立.

2. 若随机变量 X 与 Y 相互独立，求证：$D(X-Y)=D(X)+D(Y)$.

B 组

一、填空题

1. 把三个不同的球随机地放入三个不同的盒子中，则出现两个空盒的概率为______.

2. 设随机变量 X 的密度函数为 $f(x)=\begin{cases}\dfrac{1}{2a}, & -a<x<a,\\ 0, & \text{其他}.\end{cases}$ 其中，$a>0$，要使

$P(X>1)=\frac{1}{3}$，则数 $a=$__________.

3. 设 $X\sim N(5,9)$，已知 $\Phi(0.5)=0.6915$，为使得 $P(X<a)<0.6915$，则 $a<$__________.

4. 已知二维随机变量 (X,Y) 服从区域 G：$0\leqslant x\leqslant 1$，$0\leqslant y\leqslant 2$ 上的均匀分布，则 $P(X\leqslant 1, Y\leqslant 1)=$__________.

5. 已知 $D(X)=4$，$D(Y)=1$，$\rho_{XY}=0.6$，则 $D(X+Y)=$__________，$D(3X-2Y)=$__________.

二、单项选择题

1. 均匀的硬币，正面朝上的概率为 $\frac{2}{3}$，将此硬币连掷 4 次，则恰好 3 次正面朝上的概率是（　　）.

A. $\frac{8}{81}$　　B. $\frac{8}{27}$　　C. $\frac{32}{81}$　　D. $\frac{3}{4}$

2. 设随机变量 X 的取值范围是 $[-1,1]$，以下函数可以作为 X 的密度函数的是（　　）.

A. $\begin{cases}\frac{1}{2}, & -1<x<1\\ 0, & 其他\end{cases}$　　B. $\begin{cases}2, & -1<x<1\\ 0, & 其他\end{cases}$

C. $\begin{cases}x, & -1<x<1\\ 0, & 其他\end{cases}$　　D. $\begin{cases}x^2, & -1<x<1\\ 0, & 其他\end{cases}$

3. 已知随机变量 X 概率密度函数为 $f_X(x)$，令 $Y=-2X$，则 Y 的概率密度函数为（　　）.

A. $2f_X(-2y)$　　B. $f_X(-\frac{y}{2})$

C. $-\frac{1}{2}f_X(-\frac{y}{2})$　　D. $\frac{1}{2}f_X(\frac{y}{2})$

4. 设 $X\sim N(-1,2)$，$Y\sim N(1,3)$，且 X 与 Y 相互独立，则 $X+2Y\sim$（　　）.

A. $N(1,8)$　　B. $N(1,14)$　　C. $N(1,22)$　　D. $N(1,40)$

5. 已知随机变量 X 与 Y 相互独立，且他们分别在 $[-1,3]$ 和 $[2,4]$ 上服从均匀分布，则 $E(XY)=$（　　）.

A. 3　　B. 6　　C. 10　　D. 12

三、计算与应用题

1. 设 $P(\overline{A})=0.3$，$P(B)=0.4$，$P(A\overline{B})=0.5$，求 $P(B|A+\overline{B})$.

2. 设 K 在（0，5）上服从均匀分布，求方程 $4x^2+4Kx+K+2=0$ 有实根的概率.

3. 某工厂的次品率为 5%，而正品中有 80% 为一等品，如果从该厂的产品中任取一件来检验，则结果为一等品的概率是多少？

4. 已知一批产品中有 95% 是合格品，检查产品质量时一个合格品被误判为次品的概率为 0.02，一个次品被误判为合格品的概率为 0.03，求：

（1）任意抽查一个产品，它被判为合格品的概率；

（2）一个经检查被判为合格品的产品确实是合格品的概率.

5. 某工厂中，三台机器分别生产某种产品总数的25%，35%，40%，它们生产的产品中分别有5%，4%，2%的次品，将这些产品混在一起，今随机抽取一件产品，问它是次品的概率是多少？

6. 设事件A在每一次实验中发生的概率为0.3，当A发生不少于3次时，指示灯发出信号，求：

（1）进行5次独立试验，求指示灯发出信号的概率；

（2）进行7次独立试验，求指示灯发出信号的概率．

7. 设随机变量X的密度函数为$f(x)=\begin{cases}\frac{3}{2}x^2, & -1<x<1,\\ 0, & \text{其他},\end{cases}$ 求下列函数Y的概率密度函数：(1) $Y=3X$；(2) $Y=X^2$.

8. 设二维随机变量(X,Y)的联合密度函数为$f(x,y)=\begin{cases}e^{-y}, & 0<x<y,\\ 0, & \text{其他},\end{cases}$ 求：

（1）(X,Y)分别关于X和Y的边缘密度函数；

（2）X与Y是否相互独立；

（3）$P(X+Y\leqslant 1)$.

9. 某工地靠近河岸，如果不作防洪准备而遇到洪水，将造成20万元损失，如果作防洪准备则需要药费12万元，假定施工期间发生洪水的概率为0.3，问是否需要作防洪准备？

10. 证明：$D(X-Y)=D(X)+D(Y)-2\mathrm{Cov}(X,Y)$.

第8章

数学实验

学习目标

- □ 了解 MATLAB 的一些常见命令和函数
- □ 会用 MATLAB 绘制简单的二维、三维图形
- □ 会用 MATLAB 求函数的极限、导数、不定积分和定积分
- □ 了解 MATLAB 的矩阵运算功能；会用 MATLAB 求行列式的值；会进行矩阵的各类运算；能够求解线性方程组

数学史话

在20世纪70年代中期，Cleve Moler 博士和其同事在美国国家科学基金的资助下开发了调用 EISPACK 和 LINPACK 的 FORTRAN 子程序库。EISPACK 是特征值求解的 FORTRAN 程序库，LINPACK 是解线性方程的程序库。在当时，这两个程序库代表矩阵运算的最高水平。70年代后期，身为美国 New Mexico 大学计算机系系主任的 CleveMoler，在给学生讲授线性代数课程时，想教学生使用 EISPACK 和 LINPACK 程序库，但他发现学生用 FORTRAN 编写接口程序很费时间，于是他开始自己动手，利用业余时间为学生编写 EISPACK 和 LINPACK 的接口程序。Cleve Moler 给这个接口程序取名为 MATLAB，该名为矩阵（Matrix）和实验室（Laboratory）两个英文单词的前三个字母的组合。

1983年，Cleve Moler 到斯坦福大学讲学，MATLAB 深深地吸引了工程师 John Little。John Little 敏锐地觉察到 MATLAB 在工程领域的广阔前景。同年，他和 Cleve Moler、Sieve Bangert 一起，用 C 语言开发了第二代专业版。这一代的 MATLAB 语言同时具备了数值计算和数据图示化的功能。1984年，Cleve Moler 和 John Lithe 成立了 MathWorks 公司，正式把 MATLAB 推向市场，并继续进行 MATLAB 的研究和开发。

在当今三十多个数学类科技应用软件中，就软件数学处理的原始内核而言，可以分为两大类：一类是数值计算型软件，如 MATLAB、Xmath、Gauss 等，这类软件长于数值计算，对处理大批数据效率高；另一类是数学分析型软件，如 Mathematica、Maple 等，这类软件以符号计算见长，能给出解析解和任意精度解，其缺点是处理大量数据时效率较低。MathWorks 公司顺应多功能需求之潮流，在其卓越数值计算和图示能力的基础上，又率先

在专业水平上开拓了其符号计算、文字处理、可视化建模和实时控制能力，开发了适合多学科、多部门要求的新一代科技应用软件 MATLAB。

8.1 MATLAB 数学软件基础

【本节提示】 本节主要介绍 MATLAB 语言的特点，对 MATLAB 软件进行初步认识，熟悉 MATLAB 基本运算功能及其视窗环境的基本使用方法；结合 MATLAB 的基本运算功能进行简单的数学计算；通过 MATLAB 的绘图命令能够进行简单图形的绘制.

8.1.1 MATLAB 基础

MATLAB 全名为 Matrix Laboratory，是美国 MathWorks 公司的一套高性能的数值分析和计算软件，是一个集数学运算、图形处理、程序设计和系统建模为一体的编程语言软件，为用户提供了一个强大有力的分析、计算和程序设计的工具，具有功能强大、使用简单等优点. 下面主要介绍 MATLAB6.1 版.

1. 启动与退出

（1）启动：双击桌面 MATLAB 图标或者开始菜单→程序→MATLAB.

启动 MATLAB 后，通常会看到如图 8－1 的操作界面. 它包括五个窗口：命令窗口（Command Window）、工作空间窗口（Workspace）、当前目录浏览器（Current Directory）、命令历史窗口（Command History）、启动平台（launch Pad），这些窗口可以在 View 菜单中设置是否显示. MATLAB 下的主要工作在命令窗口 Command Window 中进行.

（2）退出：点击窗口右上角的关闭按钮或者在 Command Window 窗口中输入 quit（exit）.

2. 变量命名

变量名主要由字母、数字及下划线组成，但第一个字符必须是字母，且变量名不能大于 31 个字符. 变量赋值语句的格式是：变量＝表达式.

注意：（1）变量名中字母大小写有区别.

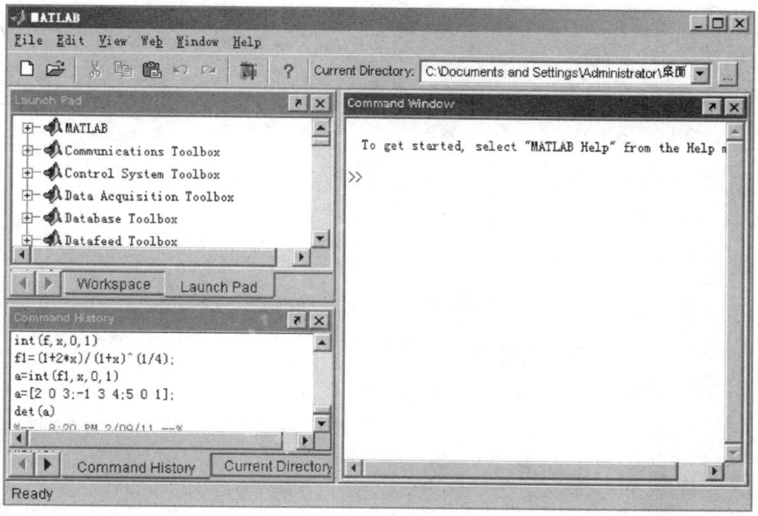

图 8－1 MATLAB 操作界面

（2）在命令窗口 Command Window 中输入 who 和 whos 命令可查看所有定义过的变量.

（3）在命令窗口 Command Window 中输入 clear 命令可以删除所有定义过的变量，输入 clc 命令则可以清除 Command Window 窗口中已显示的内容.

（4）未定义变量名时，缺省变量名为 ans.

（5）MATLAB 下的特殊变量有：pi（π）、inf（∞）、NaN（$\frac{\infty}{\infty}$、$\frac{0}{0}$）等等.

3. 基本运算符

MATLAB 下的基本运算包括常用的加（+）、减（-）、乘（*）、除（/）、乘方（^）等数学运算符，以及向量乘法（.*），向量除法（./），向量乘方（.^）等点运算符.

4. 常用数学函数表

表 8－1 常用数学函数表

函数	名称	函数	名称
sin（x）	正弦函数（sin$x$）	cos（x）	余弦函数（cos x）
tan（x）	正切函数（tan$x$）	cot（x）	余切函数（cot x）
sec（x）	正割函数（sec$x$）	csc（x）	余割函数（csc x）
asin（x）	反正弦函数（arcsin$x$）	acos（x）	反余弦函数（arccos x）
atan（x）	反正切函数（arctan$x$）	abs（x）	绝对值函数（$\|x\|$）
exp（x）	指数函数（e^x）	sqrt（x）	求算术根（$\sqrt{x}$）
imag（x）	取出复数的虚部	real（x）	取出复数的实部
log（x）	对数函数（ln$x$）	log10（x）	对数函数（lg x）

注意：(1) 所有函数名后需用小括号将变量或表达式括起来.

(2) 函数名可以复合使用，如 sqrt (exp (10)) 等.

(3) 三角函数按弧度计算，而不是度数.

【例 1】 求$((20+36)\times(8-4))\div 2$.

解：在命令窗口 Command Window >>后输入：

```
((20+36)*(8-4))/2
```

按回车键就会显示结果为：ans = 112.

【例 2】 试计算边长分别为 5 和 8 的长方形的周长以及面积.

解：在命令窗口 Command Window >>后输入：

```
a=5;b=8;c=2*(a+b);s=a*b;
c,s
```

按回车键就会显示结果为：c = 26；s = 40.

注意：(1) 命令窗口出现提示符">>"时，可以输入命令、变量和函数；

(2) 输入语句后用符合";"表示运行后不显示结果；用符合","或者直接按"Enter"键表示运行后要显示其结果；

(3) 输入出错后，可以借助"↑"和"↓"来调用已输过的命令进行修改，从而使得操作更加简单.

【例 3】 计算 $m=\dfrac{a^3+b^2-3c}{a^2+2bc}$，其中，$a=1.3$，$b=4.1$，$c=2.9$.

解：在命令窗口 Command Window >>后输入：

```
clear
clc
a=1.3;b=4.1;c=2.9;
m=(a^3+b^2-3*c)/(a^2+2*b*c)
```

按回车键就会显示结果为：m = 0.4047.

8.1.2 MATLAB 绘图

MATLAB 的绘图功能非常强大，下面简单介绍二维图形和三维图形的绘制.

1. 二维图形的绘制

MATLAB 绘图是先通过描点，然后再连线来实现的，所以在画曲线之前，必须先定义该曲线上一系列点的坐标，然后将这些点的坐标传给 MATLAB 的绘图函数，从而绘制出光滑的曲线.

二维绘图函数是 plot，其调用格式为：

(1) plot (x, y)

(2) plot (x1, y1, s1, x2, y2, s2, …, xn, yn, sn)

注意：

（1）x，y 分别表示曲线上点的横坐标和纵坐标 .

（2）格式（2）用于在同一坐标系中画出多条曲线，其中，s1，…，sn 是颜色、标记点和线型参数，使用时必须用单引号，如果没有参数 s 则默认画实线 . 参数如表 8－2 所示.

表 8－2　　参数表

颜色	y	m	c	r	g	b	w	k
	黄色	紫红色	青色	红色	绿色	蓝色	白色	黑色
标记点	×	+	*	.	o	p	h	s
	叉号	十字	星号	点	圈形	五角星	六角形	方形
线型	—	- -	—.	:				
	实线	虚线	点划线	点连续				

【例 4】　描绘函数 $y = x^3 - 1$ 的图形 .

解： 在命令窗口 Command Window ＞＞后输入：

```
x = -3:0.01:3;    % 在（-3，3）内，以 0.01 为步长，确定点的横坐标
y = x.^3 - 1;
plot（x，y）
```

按回车键就会显示结果（见图 8－2）.

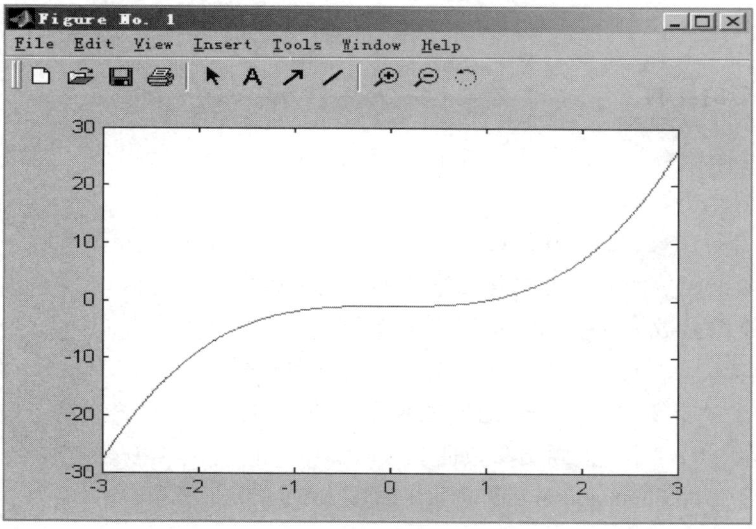

图 8－2

备注：命令 y = x.^3 - 1 中用到了“.^”运算符号，这是因为变量 x 在这里是向量 .

【例 5】　试在 $0 \leqslant x \leqslant 2\pi$ 内画出曲线 $y = \sin x$ 和 $y = \cos x$ 的图形 .

解： 在命令窗口 Command Window ＞＞后输入：

x =0 : pi/10 : 2 * pi;　　% 在 $(0, 2\pi)$ 内，以 $\frac{\pi}{10}$ 为步长，确定点的横坐标

y1 = sin (x);

y2 = cos (x);

plot (x, y1, 'b', x, y2, 'r *')

按回车键就会显示结果，(见图 8 -3).

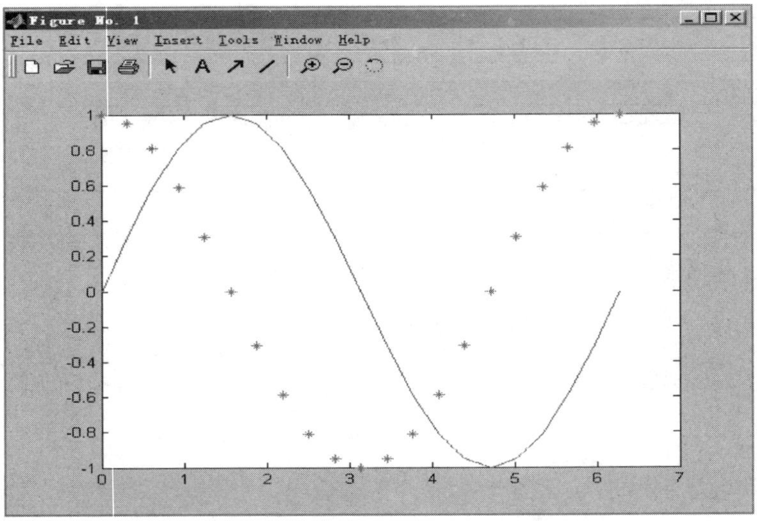

图 8 -3

2. 三维图形的绘制

三维曲线绘图函数为 plot3，其函数调用格式为：

(1) plot3 (x, y, z)

(2) plot3 (x1, y1, z1, s1, x2, y2, z2, s2, …, xn, yn, zn, sn)

说明： 这两个函数的调用方式与二维图形绘制的函数完全类似.

三维曲面绘图函数为 mesh 和 surf，其函数调用格式分别为：

(3) mesh (x, y, z)　　　% 绘制三维立体网状图

(4) surf (x, y, z)　　　% 绘制三维立体曲面图

【例 6】 在 $[0, 4\pi]$ 上画出参数曲线 $x = 3t$, $y = 4\sin t$, $z = 4\cos t$.

解： 在命令窗口 Command Window > >后输入：

t =0:0.01:4 * pi;

plot3 (3 * t, 4 * cos (t), 4 * sin (t))

按回车键就会显示结果 (见图 8 -4).

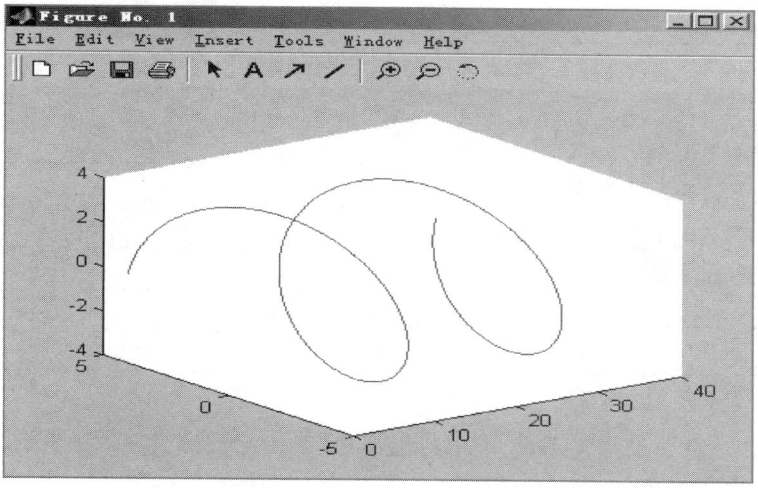

图 8－4

【例 7】 在 $-2\leqslant x\leqslant 2$，$-2\leqslant y\leqslant 2$ 绘制由二元函数 $z=\sqrt{4-\frac{x^2}{9}-\frac{y^2}{4}}$，$-2\leqslant x$，$y\leqslant 2$ 表示的曲面．

解：在命令窗口 Command Window ＞＞后输入：

x = －2∶0.1∶2；y = x；　　　% 设置变量 x，y 的范围

[X，Y] = meshgrid(x，y)；　　　% 把 x 与 y 转化为网格矩阵数据

z = sqrt(4 － X.^2/9 － Y.^2/4)；

mesh(x，y，z)　　　% 绘制三维立体网状图

surf(x，y，z)　　　% 绘制三维立体曲面图

按回车键就会显示结果（见图 8－5 和图 8－6）．

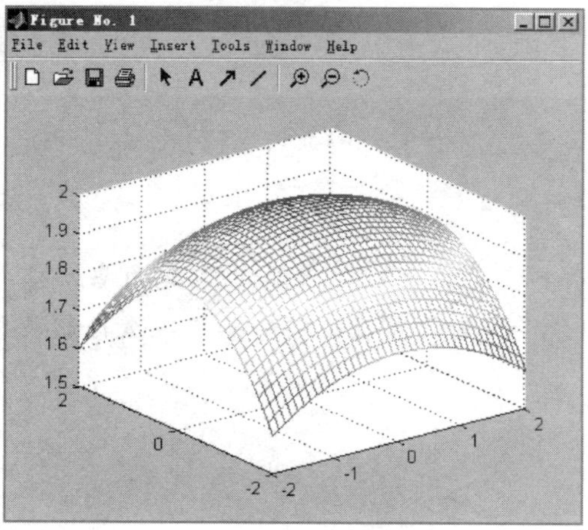

图 8－5

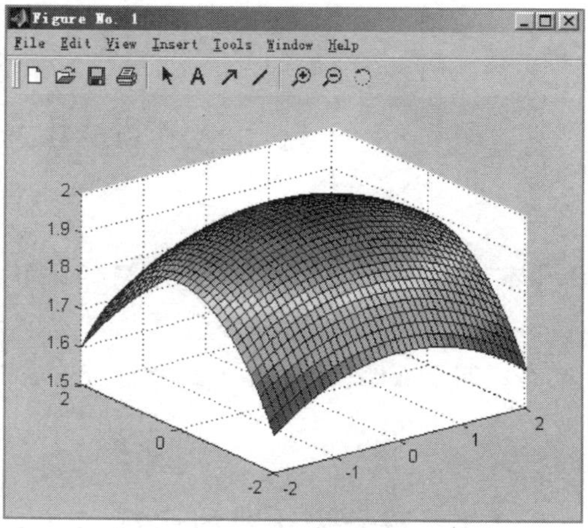

图 8－6

注意：meshgrid（x，y）用来生成网格矩阵数据．在使用格式（1）和格式（2）之前，应将横坐标、纵坐标转化为网格矩阵数据并求得在矩阵数据点处的函数值 z，也是绘制三维曲面必不可少的命令语句．

学习小结

(1) MATLAB 界面的五个窗口为______________________________.

(2) 清除变量的两个命令为______________________________.

(3) MATLAB 下取绝对值函数命令为______________________________.

(4) 二维曲线和三维曲线的绘图命令分别为______________________________.

(5) 用点划线绘制一条蓝色曲线用到的参数字符为______________________________.

【习题 8.1】

1. 计算下列各值：

(1) $A=\frac{\sin(|x|+|y|)}{\sqrt{x^2+y^2}}$，其中，$x=-3.134$，$y=2.976$；

(2) $B=\arctan\frac{2\pi b+c}{a}$，其中，$a=2$，$b=-1.3$，$c=10.7$；

(3) $C=\sin p+\sqrt{\sqrt{m}-\sqrt{n}}$，其中，$p=45^\circ$，$m=3$，$n=2$.

2. 用不同的颜色、标记点和线形，在同一坐标系中绘制曲线 $y=x^3$ 和 $y=\sqrt[3]{x}$的图形.

3. 在 $[0, 4\pi]$ 上绘制函数 $y=\cos(4x-1)$ 的图形.

4. 在 $[0, 8\pi]$ 上画出参数曲线 $x=\sin t$，$y=\cos t$，$z=t$.

5. 绘制函数 $z=e^{-x^2-y^2}$表示的曲面.

8.2 应用 MATLAB 求解微积分中的问题

【本节提示】 本节主要介绍 MATLAB 下符号表达式的生成以及符号运算的基本格式和要求；通过对 MATLAB 下计算极限、导数、积分等命令的掌握，能够熟练地进行相关符号运算；用 MATLAB 求解常微分方程.

8.2.1 符号表达式的运算

1. 创建符号变量

创建符号变量命令是 sym 或 syms，其调用格式为：

（1）变量名 = sym（'符号表达式'）

（2）syms x1 x2 x3 …

注意：（1）格式（1）中的符号表达式可以是字符、字符串、数学表达式或字符表达式．

（2）格式（2）表示可以同时创建多个符号变量．

（3）在创建好符号变量后，可以直接通过创建好的符号变量来生成符号表达式或符号函数．

【例 1】 在 MATLAB 下生成函数 $f=2x^2+3y^3$.

解：在命令窗口 Command Window ＞＞后输入：

```
f = sym('2 * x^2 + 3 * y^3')
```

或者

```
syms x y;
f = 2 * x^2 + 3 * y^3
```

按回车键就会显示结果为：f = 2 * x^2 + 3 * y^3.

2. 符号表达式的基本运算函数

符号表达式的运算与普通数值运算的方式不同，通常的运算结果仍为符号表达式．在 MATLABA 下符号表达式的运算结果往往不会以最简形式出现，所以有些时候需要对其结果进行简化处理．常见的基本运算函数和化简函数如表 8 – 3 和表 8 – 4 所示．

表 8 – 3　基本运算函数

函数格式	名称	函数格式	名称
symadd（s1，s2）	求和（$s1+s2$）	symsub（s1，s2）	相减（$s1-s2$）
symmul（s1，s2）	相乘（$s1\cdot s2$）	symdiv（s1，s2）	相除（$s1/s2$）
symmul（s，p）	求幂（s^p）		

表 8 – 4　化简函数

函数格式	名称	函数格式	名称
simple（s）	表达式 s 的最简形式	simplify（s）	表达式 s 的综合简化
collect（s，x）	合并相同类项	pretty（s）	s 以习惯形式显示
expand（s）	将表达式 s 展开	factor（s）	表达式 s 进行因式分解

【例 2】 计算表达式 x^2-1 和 $x+1$ 的和、差、积、商．

解：在命令窗口 Command Window ＞＞后输入：

```
syms x
s1 = x^2 - 1;s2 = x + 1;
a = symadd(s1,s2);
b = symsub(s1,s2);
c = symmul(s1,s2);
d = symdiv(s1,s2);
```

a,b,c,d

按回车键就会显示结果为：

a = x^2 + x,b = x^2 - 2 - x,c = (x^2 - 1) * (x + 1),d = (x^2 - 1)/(x + 1)

备注：如果对 c 和 d 进行化简，则可输入 c1 = simple (c)，d1 = simple (d).

【例 3】 对式子 $f=\sin^2 x+\cos^2 x$ 进行化简.

解： 在命令窗口 Command Window > >后输入：

```
syms x;
f = (sin(x))^2 + (cos(x))^2;
f1 = simplify(f)
```

按回车键就会显示结果为：f1 = 1.

8.2.2 微积分中的符号运算

利用 MATLAB 强大的符号运算功能，计算微积分中极限、导数和积分.

1. 极限的运算

求极限的函数是 limit，其调用格式有几种，如表 8 - 5 所示.

表 8 - 5　　函数 Limit 的调用格式

函数格式	名称
limit(s)	求表达式 s 在默认自变量 x→0 时的极限
limit(s,a)	求表达式 s 在默认自变量 x→a 时的极限
limit(s,x,a)	求表达式 s 在自变量 x→a 时的极限
limit(s,x,a,'left')	求表达式 s 在自变量 x→a 时的左极限
limit(s,x,a,'right')	求表达式 s 在自变量 x→a 时的右极限

注意： 如果要求二元函数的极限，可以嵌套使用 limit( ) 函数.

【例 4】 求极限 $\lim\limits_{x\to 0}\ln(1+x)^{\frac{1}{x}}$.

解： 在命令窗口 Command Window > >后输入：

```
syms x;
s = log((1 + x)^(1/x));
a = limit(s,x,0)
```

按回车键就会显示结果为：a = 1.

【例 5】 求极限求 $\lim\limits_{x\to 0^-}\dfrac{x+\sin x}{\sqrt{1-\cos x}}$.

解： 在命令窗口 Command Window > >后输入：

```
syms x;
s = (x + sin(x))/sqrt(1 - cos(x));
```

```
b = limit(s,x,0,'left')
```

按回车键就会显示结果为：f = -2 * 2^ (1/2) .

*【例 6】 求 $\lim\limits_{(x,y)\to(1,0)}\dfrac{\sin xy}{x^2-1}$.

解： 在命令窗口 Command Window > >后输入：

```
syms x y;
s = sin(x * y)/x^2 - 1;
c = limit(limit(s,x,1),y,0)
```

按回车键就会显示结果为：c = -1.

2. 导数或微分的运算

求极限的函数是 diff，其调用格式有几种，如表 8 -6 所示 .

表 8 -6　　函数 diff 的调用格式

函数格式	名　称
diff(s)	求表达式 s 在默认自变量下的一阶导数
diff(s, x)	求表达式 s 在自变量为 x 时的一阶导数
diff(s, n)	求表达式 s 在默认自变量下的 n 阶导数
diff(s, x, n)	求表达式 s 在自变量为 x 时的 n 阶导数

注意： 如果要求二元函数的偏导数，可以嵌套使用 diff (　) 函数 .

【例 7】 求函数 $y=\cos(x^2-1)$ 的一阶导数 .

解： 在命令窗口 Command Window > >后输入：

```
syms x;
y = cos(x^2 - 1);
dy = diff(y, x)
```

按回车键就会显示结果为：dy = -2 * sin(x^2 - 1) * x.

【例 8】 求函数 $y=\ln\dfrac{1}{x}$的 2 阶导数 .

解： 在命令窗口 Command Window > >后输入：

```
syms x;
y = log(1/x);
dy2 = diff(y,x,2)
```

按回车键就会显示结果为：dy2 = 1/x^2.

【例 9】 求函数 $z=x^3+y^3-xy^2$ 的二阶偏导数 z_{xx}，z_{xy}，z_{yy}.

解： 在命令窗口 Command Window > >后输入：

```
syms x y;
z = x^3 + y^3 - x * y^2;
Zxx = diff(diff(z,x),x), Zxy = diff(diff(z,x),y), Zyy = diff(diff(z,y),y)
```

按回车键就会显示结果为：Zxx =6 * x,Zxy = -2 * y,Zyy =6 * y -2 * x.

3. 积分的运算

求积分的函数是 int，其调用格式有几种，如表 8 -7 所示.

表 8 -7　　函数 int 的调用格式

函数格式	名　称
int (s)	求表达式 s 在默认自变量下的不定积分
int (s, x)	求表达式 s 在自变量为 x 时的不定积分
int (s, a, b)	求表达式 s 在默认自变量下从 a 到 b 的定积分
int (s, x, a, b)	求表达式 s 在自变量为 x 时从 a 到 b 的定积分

【例 10】 计算下列不定积分：

(1) $\int (4-3x^2)^2 dx$；　　(2) $\int e^{-x}\cos x dx$.

解： 在命令窗口 Command Window > >后输入：

```
syms x;
s = (4 -3 * x^2)^2;
r = exp( -x) * cos(x);
A = int(s),B = int(r)
```

按回车键就会显示结果为：

A =9/5 * x^5 -8 * x^3 +16 * x ,B = -1/2 * exp(-x) * cos(x) +1/2 * exp(-x) * sin(x)

备注：求不定积分时，其结果省去了任意常数 C.

【例 11】 计算定积分：

(1) $\int_0^2 (2x-1)^2 dx$；　　(2) $\int_0^{+\infty} \frac{1}{1+x^2} dx$.

解： 在命令窗口 Command Window > >后输入：

```
syms x;
s = (2 * x -1)^2;
r =1/(1 +x^2);
A = int(s,0,2),B = int(r,x,0, +inf)
```

按回车键就会显示结果为：A =14/3，B = 1/2 * pi.

8.2.3　求解常微分方程

1. 求解常微分方程的通解和特解

求解常微分方程的函数是 dsolve，其调用格式为：dsolve ('eq', 'cond', 'var') .

注意：

（1）其中，eq 表示常微分方程，cond 表示方程的初始条件，var 为自变量；如果没有初始条件，则表示求通解，加上条件则为方程的特解．

（2）在写方程（或条件）时，用 Dy 表示 y 关于自变量的一阶导数，用 D2y 表示 y 关于自变量的二阶导数，依此类推．比如：D2y + Dy − x = 0 就表示了微分方程 $y''+y'-x=0$，Dy(0) = e 表示了初始条件 $y'(0)=e$ 等等．

（3）当需要对所求的通解或者特解得表达式进行化简处理时，可以利用 simplify 命令.

【例 12】 求微分方程$\frac{dy}{dx}=2xy$的通解．

解： 在命令窗口 Command Window >>后输入：

```
y = dsolve('Dy=2*x*y','x')
```

按回车键就会显示结果为：y = C1 * exp (x^2)．

【例 13】 求微分方程 $2y'-y=e^x$ 的通解．

解： 在命令窗口 Command Window >>后输入：

```
y = dsolve('2*Dy-y=exp(x)','x')
```

按回车键就会显示结果为：y = exp (x) + exp (1/2 * x) * C1.

【例 14】 求微分方程$\frac{dy}{dx}=2xy^2$的在初始条件 $y(0)=1$ 下的特解．

解： 在命令窗口 Command Window >>后输入：

```
y = dsolve('Dy=2*x*y^2','y(0)=1','x')
```

按回车键就会显示结果为：y = −1/(x^2 − 1).

*2. 建立微分方程模型，并求解

【例 15】 降落伞张开后下降，假设所受空气的阻力与降落伞的下降速度成正比，并且伞张开时（t = 0）的速度为 0，求降落伞下降速度 v 与时间 t 的函数关系．

解：（1）分析问题：此问题为一个运动问题，一般从牛顿第二定律 $F=ma$ 出发来建立微分方程．降落伞下降时受重力和阻力的作用，阻力的方向与速度 v 相反，所以，降落伞所受外力应该为 $F=mg-kv$（其中 m 表示降落伞的质量，k 为比例系数）．

又因为加速度 $a=\frac{dv}{dt}$，所以，就可以建立微分方程 $mg-kv=m\frac{dv}{dt}$，化简后就为 $v'+\frac{k}{m}v=g$，再结合问题的初始条件 $v|_{t=0}=0$，从而建立下面的微分方程模型．

（2）建立数学模型：$\begin{cases} v'+\frac{k}{m}v=g, \\ v(0)=0. \end{cases}$

当正确的数学模型建立完成后，我们就可以利用 MATLAB 来求出其解．

（3）MATLAB 求解：

```
v = dsolve('Dv+k/m*v=g', 'v(0)=0','t')
```

结果为：v = g/k * m - exp(- k/m * t) * g/k * m.

学习小结

(1) 命令 sym 和 syms 的区别为________________.

(2) 对表达式进行因式分解的命令为________________.

(3) 如果表达式 S 不是最简形式，如何化简________________.

(4) 求极限、导数和积分的三个函数分别为________________.

(5) MATLAB 中方程式 D2y + 2 * Dy - x = exp(x) 表示的常微分方程为________.

【习题 8.2】

1. 任意创建两个符号表达式，且对这两个表达式进行四则运算 .
2. 将函数 $f = x^3 + 1$ 进行因式分解 .
3. 化简表达式 $f = \cos 2x + 2\sin^2 x$.
4. 求下列极限值：

(1) $\lim\limits_{x\to 0}\dfrac{\sin 2x}{\sin 7s}$；　(2) $\lim\limits_{x\to\infty}\left(\dfrac{x+1}{x-1}\right)^{2x}$；　(3) $\lim\limits_{x\to 0^+}(\tan x)^{\frac{1}{\ln x}}$.

5. 求下列函数的导数：

(1) $y = e^{\sqrt{x^2-1}}$的一阶导数；　(2) $y = x^3\cos 2x$ 的二阶导数 .

6. 求积分：

(1) $\int\dfrac{x+3}{x^2-5x+6}dx$；　(2) $\int_0^{\pi}\sqrt{1+\cos 2x}dx$；　(3) $\int_{-\infty}^{+\infty}\dfrac{1}{x^2+2x+2}dx$.

7. 求微分方程 $y'' - 2y' + 5y = e^x\sin x$ 的通解 .
8. 求微分方程 $xy' + y - e^x = 0$ 在初始条件 $y(1) = 2e$ 下的特解 .

*9. 一质量为 m 的潜水艇从水面由静止状态下沉，所受阻力与下沉速度成正比（比例系数为 $k > 0$）. 试求潜水艇下沉速度与时间的关系 .

8.3 应用 MATLAB 求解线性代数中的问题

【本节提示】 本节主要介绍 MATLAB 下如何建立矩阵，并通过建立的矩阵进行矩阵运算；在 MATLAB 下化为行最简形矩阵后求解线性方程组 .

8.3.1 矩阵的基本运算

1. 创建矩阵

（1）如果创建自定义的矩阵，可以直接按行输入每个元素，同一行中的元素用逗号（或空格）间隔，不同行的元素用分号间隔，所有元素置于方括号 [ ] 内.

（2）通过函数命令创建矩阵，常见的创建矩阵的函数如表 8－8.

表 8－8　常见的创建矩阵的函数

函数命令	名称
eye	创建单位矩阵
zeros	创建全部元素为 0 的矩阵
ones	创建全部元素为 1 的矩阵
rand	创建随机元素的矩阵

【例 1】　输入矩阵 $A=\begin{pmatrix} 1 & 3 & 7 \\ 20 & 5 & -6 \\ -7 & 8 & 10 \end{pmatrix}$.

解：在命令窗口 Command Window > >后输入：

A =[1 3 7;20 5 －6; －7 8 10]

按回车键就会显示结果为：

```
A =
 1    3    7
20    5   -6
-7    8   10
```

【例 2】　随机产生一个 3 行 4 列矩阵.

解：在命令窗口 Command Window > >后输入：

B = rand(3,4)

按回车键即可.

2. 矩阵的运算

矩阵的运算包括四则代数运算、转置运算、矩阵秩的运算、逆矩阵运算等等，各运算的方法和用到的函数命令及格式如表 8－9.

表 8－9　矩阵运算的方法及其用到的函数命令及格式

函数格式	名　称	函数格式	名　称
A ± B	矩阵的加减运算	k * A	矩阵的数乘运算
A * B	矩阵相乘	A′	矩阵的转置运算
det（A）	方阵的行列式运算	rank（A）	矩阵的秩运算
inv（A）	逆矩阵的运算	A^n	方阵的乘方运算

注意：(1) 以上矩阵的运算都必须建立在有意义的前提下，比如，A ± B 必须要求矩阵 A 与 B 为同型矩阵等.

(2) 若矩阵为奇异矩阵，求 inv (A) 时将给出警告信息.

【例 3】 求方阵 $A=\begin{pmatrix}1&2&3\\2&2&1\\3&4&3\end{pmatrix}$的逆矩阵.

解：在命令窗口 Command Window > >后输入:

```
A = [1 2 3; 2 2 1; 3 4 3];
Y = inv(A)
```

按回车键就会显示结果为:

```
Y =
 1.0000     3.0000    -2.0000
-1.5000    -3.0000     2.5000
 1.0000     1.0000    -1.0000
```

【例 4】 已知矩阵 $A=\begin{pmatrix}2&-1&0\\1&3&4\end{pmatrix}$，$B=\begin{pmatrix}10&2&3\\5&1&2\end{pmatrix}$，计算：(1) $2A+3B$，A^T，B^TA；(2) 矩阵 A^TB 的行列式的值和秩.

解：(1) 在命令窗口 Command Window > >后输入:

```
A = [2 -1 0; 1 3 4]; B = [10 2 3; 5 1 2];
A1 = 2 * A + 3 * B;
A2 =  A';
A3 =  B' * A;
A1, A2, A3
```

按回车键就会显示结果为:

```
A1 =
34   4   9
17   9   14
A2  =
 2   1
-1   3
 0   4
A3  =
25   5   20
5    1   4
8    3   8
```

(2) 接着在命令窗口 Command Window > >后输入:

```
C =  A' * B;
a = det(C);
```

```
r = rank(C);
a, r
```

按回车键就会显示结果为：a = 0，r = 2.

8.3.2 线性方程组求解

1. 化矩阵为行最简形矩阵

将矩阵化为行最简形矩阵的函数是 reef，其函数调用格式为：rref(A).

注意： 如果需要给出每一步化简的过程，则可以调用函数 rrefmovie，格式为 rrefmovie(A).

【例 5】 将矩阵 $A=\begin{pmatrix}1 & 3 & 5 & 7\\ 11 & -89 & 0 & -5\\ 23 & -11 & 2 & 6\\ -1 & 32 & 4 & 5\end{pmatrix}$化为行最简形矩阵.

解： 在命令窗口 Command Window >>后输入：

```
A = [1 3 5 7;11 -89 0 -5;23 -11 2 6; -1 32 4 5]
rref(A)
```

按回车键就会显示结果为：

```
ans =
1  0  0  0
0  1  0  0
0  0  1  0
0  0  0  1
```

2. 求解线性方程组

所有线性方程组均可以先将增广矩阵化为行最简形矩阵后，再通过观察系数矩阵和增广矩阵的秩是否相等来判断方程组解的情形，在有解的情况下求出其解.

【例 6】 求下列方程组的解：

(1) $\begin{cases}2x_1 - x_2 - x_3 + x_4 = 1,\\ x_1 + 2x_2 - x_3 - 2x_4 = 0,\\ 3x_1 + x_2 - 2x_3 - x_4 = 2;\end{cases}$　　(2) $\begin{cases}2x_2 - x_3 = 1,\\ 2x_1 + 2x_2 + 3x_3 = 5,\\ x_1 + 2x_2 + 2x_3 = 4.\end{cases}$

解： (1) 在命令窗口 Command Window >>后输入：

```
A = [2 -1 -1 1 1;1 2 -1 -2 0;3 1 -2 -1 2];
rref(A)
```

按回车键就会显示结果为：

```
ans =
```

1 0 -3/5 0 0

0 1 -1/5 -1 0

0 0 0 0 1

可以观察出系数矩阵的秩为2，增广矩阵的秩为3，所以该方程组无解.

（2）在命令窗口 Command Window >>后输入：

```
A=[0 2 -1 1;2 2 3 5;1 2 2 4];
rref(A)
```

按回车键就会显示结果为：

```
ans =
1 0 0 0
0 1 0 1
0 0 1 1
```

可以观察出系数矩阵与增广矩阵的秩都为3，所以该方程组有唯一解，并且解为$x_1=0$，$x_2=1$，$x_3=1$.

【例7】 求解方程组$\begin{cases} x_1+x_2-2x_3-x_4=-1, \\ x_1+5x_2-3x_3-2x_4=0, \\ 3x_1-x_2+x_3+4x_4=2, \\ -2x_1+2x_2+x_3-x_4=1. \end{cases}$

解： 在命令窗口 Command Window >>后输入：

```
A=[1 1 -2 -1 -1;1 5 -3 -2 0;3 -1 1 4 2;-2 2 1 -1 1]
B=rref(A)
```

按回车键就会显示结果为：

```
B =
1 0 0 1 1/2
0 1 0 0 1/2
0 0 1 1  1
0 0 0 0  0
```

可以观察出系数矩阵与增广矩阵的秩为3，所以，该方程组有无数解，且根据B矩阵可得对应的齐次线性方程组的基础解系为$X_1=(-1,0,-1,1)^T$.

而非齐次线性方程组的特解为$\eta=(1/2,1/2,1,0)^T$.

所以，原线性方程组的通解为$x=\eta+kX_1$（k为任意常数）.

学习小结

（1）随机产生一个5行3列矩阵的命令为____________________.

（2）在 MATLAB 中建立矩阵的几种方法为____________________.

（3）矩阵的逆矩阵运算必须要求该矩阵为____________________.

（4）命令 rref 和 rrefmovie 的区别和联系为____________________.

【习题 8.3】

1. 已知矩阵 $A=\begin{pmatrix}1&0&1\\2&4&1\\-2&0&5\end{pmatrix}$，$B=\begin{pmatrix}0&-1&0\\2&1&3\\1&1&2\end{pmatrix}$，求 $3A-4B$，A^2-2B，AB.

2. 利用函数产生一个 4 阶随机方阵 .

3. 求矩阵 $A=\begin{pmatrix}2&3&3\\1&-1&0\\-1&2&1\end{pmatrix}$的逆矩阵 A^{-1}.

4. 已知矩阵 $A=\begin{pmatrix}0&-2&1\\3&0&-2\\-2&3&0\end{pmatrix}$，将$(A|E)$化为行最简形矩阵 .

5. 求齐次线性方程组$\begin{cases}3x_1+2x_2+x_3+x_4=0,\\2x_1+3x_2+x_3-x_4=0,\\x_1+2x_2+3x_3-x_4=0.\end{cases}$ 的基础解系 .

6. 解线性方程组：

（1）$\begin{cases}x+2y+3z=4,\\4x+2y+6z=1,\\7x+4y+9z=2;\end{cases}$　　（2）$\begin{cases}2x_1+3x_2-x_3+5x_4=0,\\3x_1+x_2+2x_3-7x_4=0,\\4x_1+x_2-3x_3+6x_4=0,\\x_1-2x_2+4x_3-7x_4=0.\end{cases}$

【复习思考题】

A　组

1. 求下列极限值：

（1）$\lim\limits_{x\to1}\dfrac{\sqrt[3]{x}-1}{\sqrt{x}-1}$；　　（2）$\lim\limits_{x\to1}\dfrac{\sqrt{3-x}-\sqrt{1+x}}{x^2-1}$；

（3）$\lim\limits_{x\to0}\dfrac{x-\sin x}{x+\sin x}$；　　（4）$\lim\limits_{x\to+\infty}\left(1-\dfrac{1}{x}\right)^{\sqrt{x}}$.

2. 求下列函数的导数：

（1）$y=\dfrac{\cos x}{e^x}-3(1+x^2)\arctan x$ 的一阶导数；

（2）$y=\dfrac{x(1-x)^2}{(1+x)^3}$的二阶导数 .

3. 求积分：

(1) $\int \frac{1}{x^2\sqrt{1-x^2}}dx$；　　(2) $\int_1^2 \frac{\sqrt{x^2-1}}{x}dx$；　　(3) $\int_0^{+\infty} xe^{-x}dx$.

B 组

1. 绘制下列函数表示的曲面：

(1) 球面$(x-x_0)^2+(y-y_0)^2+(z-z_0)^2=R^2$；

(2) $x^2+y^2=R^2$；

(3) $x=z^2+y^2$.

2. 求下列初值问题的解：

(1) $\begin{cases} x^2e^{2y}dy=(x^3+1)dx, \\ y|_{x=1}=0; \end{cases}$　　(2) $\begin{cases} y'-\frac{y}{x+2}=x^2+2x, \\ y|_{x=-1}=\frac{3}{2}. \end{cases}$

3. 求解下列线性方程组：

(1) $\begin{cases} x-3y-3k=0, \\ 2x-y-8k=0; \end{cases}$（$k$ 为常数）　　(2) $\begin{cases} 2x_1-x_2+3x_3=3, \\ 3x_1+x_2-5x_3=0, \\ 4x_1-x_2+x_3=3; \end{cases}$

(3) $\begin{cases} 2x_1+x_3-x_4=1, \\ 3x_1-x_2-x_3+x_4=2, \\ x_1-x_2+4x_4=-1; \end{cases}$　　(4) $\begin{cases} -x_1+x_2-x_3=0, \\ -x_1+x_2+2x_3=0, \\ x_1+x_2+3x_3=0; \end{cases}$

(5) $\begin{cases} x_1-2x_2-x_3+x_4=0, \\ x_1-x_2+x_3-3x_4=1, \\ 2x_1+x_2-2x_3+3x_4=2; \end{cases}$　　(6) $\begin{cases} x_1+2x_2+3x_3-x_4=1, \\ 3x_1-x_2+x_3-3x_4=2, \\ 2x_1+x_2-2x_3-2x_4=3; \end{cases}$

(7) $\begin{cases} 3x_1+2x_2+x_3+x_4=0, \\ 2x_1+x_2-2x_3-2x_4=0, \\ x_1-x_2-x_3-3x_4=0; \end{cases}$　　(8) $\begin{cases} x_1+x_2-3x_3=2, \\ x_2-3x_3+4x_4=1, \\ x_1+x_2-x_3+x_4=4, \\ x_1-4x_2-x_3+2x_4=3. \end{cases}$

4. 求下列矩阵的逆矩阵：

(1) $\begin{pmatrix} 1 & 0 & 1 \\ -1 & 1 & 1 \\ 2 & -1 & 1 \end{pmatrix}$；　　(2) $\begin{pmatrix} 1 & 2 & 3 & 4 \\ 2 & 3 & 1 & 2 \\ 1 & 1 & 1 & -1 \\ 1 & 0 & -2 & -8 \end{pmatrix}$.

5. $A=\begin{pmatrix} 0 & 1 & 0 \\ 1 & 0 & 0 \\ 0 & 0 & 1 \end{pmatrix}$，$B=\begin{pmatrix} 1 & 1 & 1 \\ 1 & 2 & 1 \\ 1 & 1 & 3 \end{pmatrix}$，求 AB，$(AB)^T$，BA.

6. $A=\begin{pmatrix} 1 & 1 \\ -1 & -1 \end{pmatrix}$，$B=\begin{pmatrix} 1 & -1 \\ -1 & 1 \end{pmatrix}$，$C=\begin{pmatrix} 2 & -2 \\ -2 & 2 \end{pmatrix}$，求 $3A-2BC^T$.

7. 设 $A=\begin{pmatrix} 1 & -2 & 0 \\ 4 & 3 & 5 \end{pmatrix}$，$B=\begin{pmatrix} 8 & 2 & 6 \\ 5 & 3 & 4 \end{pmatrix}$，满足 $2A+X=B-2X$，求 X.

附　　表

附表 1　　　　　　**标准正态分布表**

$$\Phi(x) = \int_{-\infty}^{x} \frac{1}{\sqrt{2\pi}} e^{-\frac{t^2}{2}} dt = P(X \leqslant x)$$

x	0.00	0.01	0.02	0.03	0.04	0.05	0.06	0.07	0.08	0.09
0.0	0.5000	0.5040	0.5080	0.5120	0.5160	0.5199	0.5239	0.5279	0.5319	0.5359
0.1	0.5398	0.5438	0.5478	0.5517	0.5557	0.5596	0.5636	0.5675	0.5714	0.5753
0.2	0.5793	0.5832	0.5871	0.5910	0.5948	0.5987	0.6026	0.6064	0.6103	0.6141
0.3	0.6179	0.6217	0.6255	0.6293	0.6331	0.6368	0.6404	0.6443	0.6480	0.6517
0.4	0.6554	0.6591	0.6628	0.6664	0.6700	0.6736	0.6772	0.6808	0.6844	0.6879
0.5	0.6915	0.6950	0.6985	0.7019	0.7054	0.7088	0.7123	0.7157	0.7190	0.7224
0.6	0.7257	0.7291	0.7324	0.7357	0.7389	0.7422	0.7454	0.7486	0.7517	0.7549
0.7	0.7580	0.7611	0.7642	0.7673	0.7703	0.7734	0.7764	0.7794	0.7823	0.7852
0.8	0.7881	0.7910	0.7939	0.7967	0.7995	0.8023	0.8051	0.8078	0.8106	0.8133
0.9	0.8159	0.8186	0.8212	0.8238	0.8264	0.8289	0.8355	0.8340	0.8365	0.8389
1.0	0.8413	0.8438	0.8461	0.8485	0.8508	0.8531	0.8554	0.8577	0.8599	0.8621
1.1	0.8643	0.8665	0.8686	0.8708	0.8729	0.8749	0.8770	0.8790	0.8810	0.8830
1.2	0.8849	0.8869	0.8888	0.8907	0.8925	0.8944	0.8962	0.8980	0.8997	0.9015
1.3	0.9032	0.9049	0.9066	0.9082	0.9099	0.9115	0.9131	0.9147	0.9162	0.9177
1.4	0.9192	0.9207	0.9222	0.9236	0.9251	0.9265	0.9279	0.9292	0.9306	0.9319
1.5	0.9332	0.9345	0.9357	0.9370	0.9382	0.9394	0.9406	0.9418	0.9430	0.9441
1.6	0.9452	0.9463	0.9474	0.9484	0.9495	0.9505	0.9515	0.9525	0.9535	0.9535
1.7	0.9554	0.9564	0.9573	0.9582	0.9591	0.9599	0.9608	0.9616	0.9625	0.9633
1.8	0.9641	0.9648	0.9656	0.9664	0.9672	0.9678	0.9686	0.9693	0.9700	0.9706
1.9	0.9713	0.9719	0.9726	0.9732	0.9738	0.9744	0.9750	0.9756	0.9762	0.9767
2.0	0.9772	0.9778	0.9783	0.9788	0.9793	0.9798	0.9803	0.9808	0.9812	0.9817
2.1	0.9821	0.9826	0.9830	0.9834	0.9838	0.9842	0.9846	0.9850	0.9854	0.9857
2.2	0.9861	0.9864	0.9868	0.9871	0.9874	0.9878	0.9881	0.9884	0.9887	0.9890
2.3	0.9893	0.9896	0.9898	0.9901	0.9904	0.9906	0.9909	0.9911	0.9913	0.9916
2.4	0.9918	0.9920	0.9922	0.9925	0.9927	0.9929	0.9931	0.9932	0.9934	0.9936
2.5	0.9938	0.9940	0.9941	0.9943	0.9945	0.9946	0.9948	0.9949	0.9951	0.9952
2.6	0.9953	0.9955	0.9956	0.9957	0.9959	0.9960	0.9961	0.9962	0.9963	0.9964
2.7	0.9965	0.9966	0.9967	0.9968	0.9969	0.9970	0.9971	0.9972	0.9973	0.9974
2.8	0.9974	0.9975	0.9976	0.9977	0.9977	0.9978	0.9979	0.9979	0.9980	0.9981
2.9	0.9981	0.9982	0.9982	0.9983	0.9984	0.9984	0.9985	0.9985	0.9986	0.9986
x	0.0	0.1	0.2	0.3	0.4	0.5	0.6	0.7	0.8	0.9
3	0.9987	0.9990	0.9993	0.9995	0.9997	0.9998	0.9998	0.9999	0.9999	1.0000

附表 2　　泊松分布表

$$P\{\xi = m\} = \frac{\lambda^m}{m!}e^{-\lambda}$$

m \ λ	0.1	0.2	0.3	0.4	0.5	0.6	0.7	0.8	0.9	1.0	1.5	2.0	2.5	3.0
0	0.9048	0.8187	0.7408	0.6703	0.6065	0.5488	0.4966	0.4493	0.4066	0.3679	0.2231	0.1353	0.0821	0.0498
1	0.0905	0.1637	0.2223	0.2681	0.3033	0.3293	0.3476	0.3595	0.3659	0.3679	0.3347	0.2707	0.2052	0.1494
2	0.0045	0.0164	0.0333	0.0536	0.0758	0.0988	0.1216	0.1438	0.1647	0.1839	0.2510	0.2707	0.2565	0.2240
3	0.0002	0.0011	0.0033	0.0072	0.0126	0.0198	0.0284	0.0383	0.0494	0.0613	0.1255	0.1805	0.2138	0.2240
4		0.0001	0.0003	0.0007	0.0016	0.003	0.0050	0.0077	0.0111	0.0153	0.0471	0.0902	0.1336	0.1681
5				0.0001	0.0002	0.0003	0.0007	0.0012	0.0020	0.0031	0.0141	0.0361	0.0668	0.1008
6							0.0001	0.0002	0.0003	0.0005	0.0035	0.0120	0.0278	0.0504
7										0.0001	0.0008	0.0034	0.0099	0.0216
8											0.0002	0.0009	0.0031	0.0081
9												0.0002	0.0009	0.0027
10													0.0002	0.0008
11													0.0001	0.0002
12														0.0001

m \ λ	3.5	4.0	4.5	5.0	6.0	7.0	8.0	9.0	10.0	11.0	12.0	13.0	14.0	15.0
0	0.0302	0.0183	0.0111	0.0067	0.0025	0.0009	0.0003	0.0001						
1	0.1057	0.0733	0.0500	0.0337	0.0149	0.0064	0.0027	0.0011	0.0004	0.0002	0.0001			
2	0.1850	0.1465	0.1125	0.0842	0.0446	0.0223	0.0107	0.0050	0.0023	0.0010	0.0004	0.0002	0.0001	
3	0.2158	0.1954	0.1687	0.1404	0.0892	0.0521	0.0286	0.0150	0.0076	0.0037	0.0018	0.0008	0.0004	0.0002
4	0.1888	0.1954	0.1898	0.1755	0.1339	0.0912	0.0573	0.0337	0.0189	0.0102	0.0053	0.0027	0.0013	0.0006
5	0.1322	0.1563	0.1708	0.1755	0.1606	0.1277	0.0916	0.0607	0.0378	0.0224	0.0127	0.0071	0.0037	0.0019
6	0.0771	0.1042	0.1281	0.1462	0.1606	0.1490	0.1221	0.0911	0.0631	0.0411	0.0255	0.0151	0.0087	0.0048
7	0.0385	0.0595	0.0824	0.1044	0.1377	0.1490	0.1396	0.1171	0.0901	0.0646	0.0437	0.0281	0.0174	0.0104
8	0.0169	0.0298	0.0463	0.0653	0.1033	0.1304	0.1396	0.1318	0.1126	0.0888	0.0655	0.0457	0.0304	0.0195
9	0.0065	0.0132	0.0232	0.0363	0.0688	0.1014	0.1241	0.1318	0.1251	0.1085	0.0874	0.066	0.0473	0.0324
10	0.0023	0.0053	0.0104	0.0181	0.0413	0.0710	0.0993	0.1186	0.1251	0.1194	0.1048	0.0859	0.0663	0.0486
11	0.0007	0.0019	0.0043	0.0082	0.0225	0.0452	0.0722	0.0970	0.1137	0.1194	0.1144	0.1015	0.0843	0.0663
12	0.0002	0.0006	0.0015	0.0034	0.0113	0.0264	0.0481	0.0728	0.0948	0.1094	0.1144	0.1099	0.0984	0.0828
13	0.0001	0.0002	0.0006	0.0013	0.0052	0.0142	0.0296	0.0504	0.0729	0.0926	0.1056	0.1099	0.1061	0.0956
14		0.0001	0.0002	0.0005	0.0023	0.0071	0.0169	0.0324	0.0521	0.0728	0.0905	0.1021	0.1061	0.1025
15			0.0001	0.0002	0.0009	0.0033	0.0090	0.0194	0.0347	0.0533	0.0724	0.0885	0.0989	0.1025

续表

m \ λ	3.5	4.0	4.5	5.0	6.0	7.0	8.0	9.0	10.0	11.0	12.0	13.0	14.0	15.0
16				0.0001	0.0003	0.0015	0.0045	0.0109	0.0217	0.0367	0.0543	0.0719	0.0865	0.0960
17					0.0001	0.0006	0.0021	0.0058	0.0128	0.0237	0.0383	0.0551	0.0713	0.0847
18						0.0002	0.0010	0.0029	0.0071	0.0145	0.0255	0.0397	0.0554	0.0706
19						0.0001	0.0004	0.0014	0.0037	0.0084	0.0161	0.0272	0.0408	0.0557
20							0.0002	0.0006	0.0019	0.0046	0.0097	0.0177	0.0286	0.0418
21							0.0001	0.0003	0.0009	0.0024	0.0055	0.0109	0.0191	0.0299
22								0.0001	0.0004	0.0013	0.0030	0.0065	0.0122	0.0204
23									0.0002	0.0006	0.0016	0.0036	0.0074	0.0133
24									0.0001	0.0003	0.0008	0.0020	0.0043	0.0083
25										0.0001	0.0004	0.0011	0.0024	0.0050
26											0.0002	0.0005	0.0013	0.0029
27											0.0001	0.0002	0.0007	0.0017
28												0.0001	0.0003	0.0009
29													0.0002	0.0004
30													0.0001	0.0002
31														0.0001

λ = 20						λ = 30					
m	p	m	p	m	p	m	p	m	p	m	p
5	0.0001	20	0.0889	35	0.0007	10		25	0.0511	40	0.0139
6	0.0002	21	0.0846	36	0.0004	11		26	0.0590	41	0.0102
7	0.0006	22	0.0769	37	0.0002	12	0.0001	27	0.0655	42	0.0073
8	0.0013	23	0.0669	38	0.0001	13	0.0002	28	0.0702	43	0.0051
9	0.0029	24	0.0557	39	0.0001	14	0.0005	29	0.0727	44	0.0035
10	0.0058	25	0.0446			15	0.0010	30	0.0727	45	0.0023
11	0.0106	26	0.0343			16	0.0019	31	0.0703	46	0.0015
12	0.0176	27	0.0254			17	0.0034	32	0.0659	47	0.0010
13	0.0271	28	0.0183			18	0.0057	33	0.0599	48	0.0006
14	0.0382	29	0.0125			19	0.0089	34	0.0529	49	0.0004
15	0.0517	30	0.0083			20	0.0134	35	0.0453	50	0.0002
16	0.0646	31	0.0054			21	0.0192	36	0.0378	51	0.0001
17	0.0760	32	0.0034			22	0.0261	37	0.0306	52	0.0001
18	0.0844	33	0.0021			23	0.0341	38	0.0242		
19	0.0889	34	0.0012			24	0.0426	39	0.0186		

续表

λ = 40						λ = 50					
m	p	m	p	m	p	m	p	m	p	m	p
15		35	0. 0485	55	0. 0043	25		45	0. 0458	65	0. 0063
16		36	0. 0539	56	0. 0031	26	0. 0001	46	0. 0498	66	0. 0048
17		37	0. 0583	57	0. 0022	27	0. 0001	47	0. 0530	67	0. 0036
18	0. 0001	38	0. 0614	58	0. 0015	28	0. 0002	48	0. 0552	68	0. 0026
19	0. 0001	39	0. 0629	59	0. 0010	29	0. 0004	49	0. 0564	69	0. 0019
20	0. 0002	40	0. 0629	60	0. 0007	30	0. 0007	50	0. 0564	70	0. 0014
21	0. 0004	41	0. 0614	61	0. 0005	31	0. 0011	51	0. 0552	71	0. 0010
22	0. 0007	42	0. 0585	62	0. 0003	32	0. 0017	52	0. 0531	72	0. 0007
23	0. 0012	43	0. 0544	63	0. 0002	33	0. 0026	53	0. 0501	73	0. 0005
24	0. 0019	44	0. 0495	64	0. 0001	34	0. 0038	54	0. 0464	74	0. 0003
25	0. 0031	45	0. 0440	65	0. 0001	35	0. 0054	55	0. 0422	75	0. 0002
26	0. 0047	46	0. 0382			36	0. 0075	56	0. 0377	76	0. 0001
27	0. 0070	47	0. 0325			37	0. 0102	57	0. 0330	77	0. 0001
28	0. 0100	48	0. 0271			38	0. 0134	58	0. 0285	78	0. 0001
29	0. 0139	49	0. 0221			39	0. 0172	59	0. 0241		
30	0. 0185	50	0. 0177			40	0. 0215	60	0. 0201		
31	0. 0238	51	0. 0139			41	0. 0262	61	0. 0165		
32	0. 0298	52	0. 0107			42	0. 0312	62	0. 0133		
33	0. 0361	53	0. 0081			43	0. 0363	63	0. 0106		
34	0. 0425	54	0. 0060			44	0. 0412	64	0. 0082		

习题参考答案

第 1 章　函数、极限与连续

【习题 1.1】

1. (1) $x\in(-\infty,-4)\cup(2,+\infty)$;　(2) $x\in[-1,7]$.

2. (1) $x\in(-\infty,-2]\cup[2,+\infty)$;　(2) $x\in(-\infty,-3)\cup(-3,+\infty)$;

   (3) $x\in(-\frac{1}{4},+\infty)$;　(4) $x\in(-\infty,+\infty)$;

   (5) $x\in(-\infty,1]$;　(6) $x\in[4,6]$.

3. $f(0)=5$, $f(-x)=x^2+6x+5$, $f(x+1)=x^2-4x$.

4. $g(t^2)=t^2-10$, $[g(t)]^2=t^2-20t+100$.

5. (1) 不相同;(2) 相同;(3) 不相同;(4) 相同;(5) 不相同.

6. (1) 奇函数;(2) 偶函数;(3) 非奇非偶;(4) 偶函数.

7. (1) $y=3^u,u=\cos x$;

   (2) $y=au,u=\sqrt[3]{v},v=1-x$;

   (3) $y=\sqrt{u},u=\ln v,v=x^2$;

   (4) $y=\sin u,u=\tan v,v=x^2+1$;

   (5) $y=u^4,u=1-v,v=\ln x$;

   (6) $y=2^u$, $u=\arcsin v,v=\sqrt{w},w=1-x^2$;

   (7) $y=u^2$, $u=\lg v$, $v=\sqrt{w},w=x-3$;

   (8) $y=e^u,u=-v,v=w^2,w=\sin t,t=\frac{1}{x}$.

【习题 1.2】

1. (1) 0;　(2) -1;　(3) $\frac{2}{5}$;　(4) 2;　(5) 无极限;　(6) 1.

2. (1) 0;　(2) 0;　(3) 0;　(4) ∞;　(5) 0;　(6) 2.

3. (1) 10;　(2) 1;　(3) $\frac{1}{2}$;　(4) 1;　(5) 4;　(6) 0.

4. 存在.

5. 不存在，存在.

【习题 1.3】

1. (1) $\lim\limits_{x\to\infty}(x+1)=\infty$, $\lim\limits_{x\to -1}(x+1)=0$;　(2) $\lim\limits_{x\to 2}\left(\frac{1}{x-2}\right)=\infty$, $\lim\limits_{x\to\infty}\left(\frac{1}{x-2}\right)=0$;

(3) $\lim\limits_{x\to\frac{\pi}{2}}\tan x=\infty$, $\lim\limits_{x\to 0}\tan x=0$;　(4) $\lim\limits_{x\to\infty}\ln x=-\infty$, $\lim\limits_{x\to 1}\ln x=0$.

2. (1) ∞;　(2) ∞;　(3) 0;　(4) 0;　(5) ∞;　(6) 0.

【习题 1.4】

1. (1) $\frac{2}{13}$;　(2) $\frac{5}{3}$;　(3) ∞;　(4) ∞;

(5) $\frac{2}{3}$;　(6) 2;　(7) $\frac{\sqrt{6}}{6}$;　(8) $\frac{2}{3}$;

(9) -2;　(10) 1;　(11) 0;　(12) 0;

(13) 2;　(14) $\frac{1}{2}$;　(15) $-\frac{1}{2}$;　(16) ∞.

2. (1) $\frac{1}{3}$;　(2) $\frac{m}{n}$;　(3) $\frac{1}{3}$;　(4) 5;

(5) $\frac{1}{2}$;　(6) e^4;　(7) e^{-1};　(8) e^{-2};

(9) e^{-1};　(10) 1.

3. (1) 1;　(2) 1.

【习题 1.5】

1. 不连续.

2. 连续.

3. (1) $x=-3$;　(2) $x=\pm 1$;　(3) $x=1, x=2$.

4. (1) 5;　(2) 2;　(3) 1;　(4) e^2.

*5. (1) 连续；(2) 不连续，间断点 $x=0$，跳跃间断点.

*6. $f(0)=0$

*7. 证明略.

【习题 1.6】

1. 均衡价格 $P=7$ 均衡商品量 $Q=165$.

2. 400 支.

3. $R(Q)=-\frac{1}{5}Q^2+40Q$；$\bar{R}(Q)=-\frac{1}{5}Q+40$；380；38.

4. $L(Q)=-\frac{1}{20}Q^2+Q-500$ （元）.

*5. $y=\frac{1600}{x}+600x(x\in z^+)$.

【习题 1.7】

1. $y=\begin{cases}2.2x & (0<x\leqslant 3)\\ 2x+0.6 & (x>3).\end{cases}$

2. $y=\begin{cases}200x & (0<x\leqslant 500)\\ 180x+10000 & (500<x\leqslant 1000).\end{cases}$

3. $y=\begin{cases}0.2 & (0<t\leqslant 3)\\ 0.1t-0.1 & (t>3,t\in z^+).\end{cases}$

4. $y=\begin{cases}1.7x & (0<x\leqslant 7)\\ 2.1x-2.8 & (x>7).\end{cases}$

5. （1） $y=\begin{cases}0 & (0<x\leqslant 800)\\ 0.14x-112 & (800<x\leqslant 4000)\\ 0.11x & (x>4000)\end{cases}$

（2） 5000 元

【习题 1.8】

1. 6000 元.
2. 存一年期收益较多，多 33.32 元.
3. 此项投资可以赢利.
4. 7.18%.
5. 5.27 年.
6. 13200 元，13702.41 元，13771.28 元.

【复习思考题】

A 组

一、1. $[1,2)\cup(2,+\infty)$. 2. x^2-3x. 3. x^2+x. 4. y 轴.

5. $y=\ln u,u=\sin v,v=x^3$. 6. $\sqrt{2+\cos^2x}$. 7. 2,1. 8. $3,\infty$.

9. -3. 10. $\frac{1}{\mathrm{e}}$. 11. $\frac{1}{2}$,0. 12. 2.

13. $[-3,3]$. 14. $(-\infty,-1)\cup(-1,1)\cup(1,3)$.

15. 2. 16. 1,5. 17. -2 ,2.

18. $(2,3)\cup(3,+\infty)$. 19. 0. 20. 0. 21. $[3,+\infty)$.

22. $[-3,-1]$. 23. $(-\infty,-3)\cup(-3,2)\cup(2,+\infty)$.

24. -1.

二、1. B 2. D 3. A 4. D 5. A
6. D 7. D 8. C 9. C 10. A
11. C 12. A 13. A 14. C 15. A
16. B 17. D 18. B 19. C 20. C
21. A 22. D 23. C 24. C 25. D
26. D 27. B 28. B 29. D 30. C
31. B 32. D 33. A 34. B 35. B

三、1. $-e^4-1$. 2. $\frac{1}{2}$. 3. -6. 4. 0. 5. $\frac{3}{4}$. 6. e^{-1}.
7. 0. 8. -1. 9. 0. 10. e^{-1}. 11. ∞. 12. $\frac{1}{2}$.

四、1. $\frac{b+d}{a+c}$

2. 25 台

3. $C(x)=\begin{cases}6x, & (0\leqslant x\leqslant 15)\\ 5.6x+6, & (15<x\leqslant 30).\end{cases}$

4. $y=\begin{cases}2x, & 0<x\leqslant 200\\ 1.6x+80, & x>200.\end{cases}$

5. $R(q)=\begin{cases}15q, & (0\leqslant q\leqslant 1500)\\ 11.25q+5625, & (1500<q\leqslant 2000).\end{cases}$

6. $R(q)=\begin{cases}6q, & (0\leqslant q\leqslant 5)\\ 4.8q+6, & (5<q\leqslant 10)\\ 4.2q+12, & (q>10).\end{cases}$

五、略

B 组

一、1. $(0,+\infty)$. 2. $\ln[\ln^2(x^2+1)+1]$. 3. $y=e^u, u=\ln v, v=w^2, w=\arccos x$.
4. $-1,1,\infty$. 5. 等价，高阶. 6. 6. 7. 0. 8. 0.
9. $-7,6$. 10. $-\frac{\pi}{6},\frac{\pi}{6}$. 11. 原点. 12. $\frac{x}{1-2x},\frac{x-3}{7-2x}$.
13. 0, 0.

二、1. B 2. A 3. B 4. C 5. D 6. C 7. D 8. A

三、1. 1. 2. $\frac{2^{10}\cdot 3^{15}}{5^{25}}$. 3. ∞. 4. 0. 5. $\frac{1}{2}$. 6. $\frac{2}{3}$.
7. $\frac{2\sqrt{2}}{3}$. 8. 0. 9. 4. 10. $\frac{1}{2}$. 11. 0. 12. $-\frac{\sqrt{2}}{4}$.
13. $m+n$. 14. 1. 15. $\sqrt{2}$. 16. 0.

四、1. $R(Q)=\begin{cases}2500Q, & 0<Q\leqslant 600\\ 2300Q+120000, & 600<Q\leqslant 800\\ 1960000, & Q>800\end{cases}$.

2. $y=\frac{3}{4}x+\frac{2\times 10^6}{x}(x\in Z^+)$.

3. 17276.75 元.

4. 23.45 年.

5. 7.47%.

五、略

第2章 一元函数微分学

【习题 2.1】

1. × √ √ ×. 2. 10,2x. 3. $-\frac{1}{x^2}$. 4. $y+x-2=0$. 5. 连续不可导.

【习题 2.2】

1. (1) $e^x, ex^{e-1}, 0$; (2) $1, -\frac{1}{x^2}, \frac{1}{2\sqrt{x}}$; (3) $\frac{1}{x}, \frac{1}{x}, \frac{3}{x}$; (4) $\cos^2 x-\sin^2 x$;

(5) $\frac{-2}{(1+x)^2}$; (6) 0,2; (7) 2;

(8) 5; (9) $a(a-1)x^{a-2}+a^x\ln^2 a$.

2. (1) $y'=10x-\frac{1}{2\sqrt{x}}-3x^{-4}$; (2) $y'=\frac{1}{2}-\frac{2}{x^2}$; (3) $y'=-\frac{5}{2}x^{\frac{3}{2}}-\frac{1}{2}x^{-\frac{3}{2}}$;

(4) $y'=e^x(\sin x\ln x+\frac{1}{x}\sin x+\cos x\ln x)$; (5) $y'=e^x+xe^x$;

(6) $y'=\frac{\sin x+x\cos x}{1+\tan x}-\frac{x\sin x\cdot\sec^2 x}{(1+\tan x)^2}$.

3. (1) $y'=\frac{-x}{\sqrt{1-x^2}}$; (2) $y'=x(1-x^2)^{-\frac{3}{2}}$; (3) $y'=\frac{1}{x\ln x}$;

(4) $y'=-\frac{1}{\sin x\cos x}$; (5) $y'=2^{\sec x}\cdot\ln 2\cdot\sec x\tan x$;

(6) $y'=2e^{\sin 2x}\cdot\cos 2x$; (7) $y'=6x\sin^2(x^2+1)\cos(x^2+1)$;

(8) $y'=\frac{1}{2\sqrt{x(1-x)}}$.

4. (1) $y'=-\frac{1}{x^2+1}$; (2) $y'=-\sin 2x+2x\sin x^2$;

(3) $y'=\frac{1}{2x}\left(\frac{1}{\sqrt{\ln x}}-1\right)$; (4) $y'=e^{-x}(5\cos 5x-\sin 5x)$;

(5) $y' = 2^{\frac{1}{x}}(2x - \ln 2)$;　　(6) $y' = \arctan\frac{x}{6} - \frac{6x}{36 + x^2}$;

(7) $y' = 2\sqrt{1 - x^2}$;　　(8) $y' = \frac{\sqrt{1 - x^2} + x\arcsin x}{(1 - x^2)^{\frac{3}{2}}}$;

(9) $y' = (1 - x^2)^{-\frac{3}{2}}$;　　(10) $y' = \frac{4x}{(x^2 - 1)(x^2 + 1)}$.

5. (1) $y' = \frac{y}{y - 1}$;　　(2) $y' = -\frac{b^2 x}{a^2 y}$;

(3) $y' = \frac{y - e^x}{e^y - x}$;　　(4) $y' = \frac{e^y}{\sin y - xe^y}$.

*6. (1) $y' = (\ln x)^x\left(\ln\ln x + \frac{1}{\ln x}\right)$;　　(2) $y' = \alpha x^{\alpha - 1}$;

(3) $y' = \frac{1}{2}\sqrt{\frac{(x - a)(b - x)}{x - c}} \cdot \left(\frac{1}{x - a} - \frac{1}{b - x} - \frac{1}{x - c}\right)$;

(4) $y' = \frac{\sqrt{(x - 3)^5}}{(x + 3)(x^2 - 1)}\left[\frac{5}{2(x - 3)} - \frac{1}{x + 3} - \frac{2x}{x^2 - 1}\right]$.

*7. $x + 2y - 2 = 0$.

8. (1) $y'' = 12x^2 - 12x$;　　(2) $y'' = -\csc^2 x$;　　(3) $y'' = -2e^x\sin x$;

(4) $y'' = e^{-x}(3 - 4x + x^2)$.

【习题 2.3】

1. (1) $2x + C$;　　(2) $x^2 + C$;　　(3) $\frac{1}{3}x^3 + C$;

(4) $-\cos x + C$;　　(5) $2\sqrt{x} + C$;　　(6) $-e^{-x} + C$.

2. $x = 2$，$\Delta x = 1$ 时，$\Delta y = 4$, $dy = 3$;

$x = 2$，$\Delta x = 0.1$ 时，$\Delta y = 0.31$, $dy = 0.3$;

$x = 2$，$\Delta x = 0.001$ 时，$\Delta y = 0.00301$, $dy = 0.003$.

3. (1) $dy = \frac{\sqrt{x^3} - 2}{2x^2}dx$;　　(2) $dy = \frac{1}{(1 - x^2)\sqrt{1 - x^2}}dx$;

(3) $dy = e^x(\sin 3x + 3\cos 3x)dx$;　　(4) $dy = 2(e^{2x} - e^{-2x})dx$;

(5) $dy = \frac{2\ln(1 - x)}{x - 1}dx$;　　(6) $dy = \frac{-x}{\sqrt{1 - x^2}}dx$;

(7) $dy = \frac{1 + x^2}{(1 - x^2)^2}dx$;　　(8) $dy = -e^{-x}(\sin x + \cos x)dx$;

(9) $dy = \frac{1}{2\sqrt{x(1 - x)}}dx$;　　(10) $dy = \frac{-3x^2}{2(1 - x^3)}dx$.

【习题 2.4】

1. $\xi = 2$.　　2. $\xi = \sqrt{2}$.

【习题 2.5】

1. (1) ∞; (2) $\frac{2}{3}$; (3) 0; (4) 0; (5) 1; (6) ∞.

2. (1) 12; (2) μ; (3) $\frac{1}{6}$; (4) ∞; (5) $\cos a$; (6) 2; (7) $\frac{1}{3}$; (8) 0.

3. (1) 0; (2) $-\frac{1}{2}$; (3) e; (4) e.

【习题 2.6】

1. (1) 减少; (2) 增加; (3) 增加;
   (4) $(-\infty,0)$和$(2,+\infty)$; (5) $(0,\frac{1}{2})$; (6) $x=0$;
   (7) $(-1,0)$和$(1,+\infty)$;$(-\infty,-1)$和$(0,1)$;0; -1;
   (8) $(-\infty,-1)$;$(-1,+\infty)$; (9) 2, -25; (10) 2,1.
2. 证明(略).
3. (1) 单调增加区间$\left(\frac{5}{2},+\infty\right)$, 单调减少区间$\left(-\infty,\frac{5}{2}\right)$;
   (2) 单调增加区间$(-\infty,+\infty)$;
   (3) 单调增加区间$(0,+\infty)$, 单调减少区间$(-\infty,0)$;
   (4) 单调增加区间$(0,e)$, 单调减少区间$(e,+\infty)$;
   (5) 单调增加区间$(-3,0)$和$(0,+\infty)$, 单调减少区间$(-\infty,-3)$;
   (6) 单调增加区间$(-\infty,0)$, 单调减少区间$(0,+\infty)$.
4. (1) 单调增加区间$\left(-\infty,-\frac{1}{2}\right)$和$(1,+\infty)$, 单调减少区间$\left(-\frac{1}{2},1\right)$;

   极大值为:$f\left(-\frac{1}{2}\right)=3\frac{3}{4}$,极小值为:$f(1)=-3$.

   (2) 单调增加区间$(-\infty,0)$和$(0,2)$, 单调减少区间$(2,+\infty)$;

   极大值为:$f(2)=\frac{4}{e^2}$, 极小值为: $f(0)=0$.

   (3) 单调增加区间$(-\infty,0)$和$\left(\frac{12}{5},+\infty\right)$, 单调减少区间$\left(0,\frac{12}{5}\right)$;

   极小值为:$f(\frac{12}{5})=-\frac{1}{24}$.

   (4) 单调增加区间$(-\infty,+\infty)$; 无极值.
5. (1) 极大值为: $f(0)=0$, 极小值为:$f(1)=-1$;

   (2) 极小值为: $f(-\frac{1}{2}\ln 2)=2\sqrt{2}$;

   (3) 极大值为: $f(2)=3$;(4) 极大值为:$f(\frac{3}{4})=\frac{5}{4}$.

6.（1）最大值为：$f(2)=\ln 5$，最小值为：$f(0)=0$；
（2）最大值为：$f(0)=f(4)=0$，最小值为：$f(1)=-1$.

【习题 2.7】

1.（1）$(0,+\infty),(-\infty,0)$；（2）$(0,+\infty),(-\infty,0)$；
（3）$\left(-\frac{1}{2},+\infty\right),\left(-\infty,-\frac{1}{2}\right)$，拐点：$\left(-\frac{1}{2},2\right)$；
（4）$(2,+\infty),(-\infty,2)$，拐点：$(2,2e^{-2})$；
（5）$y=\pm\frac{\pi}{2}$；（6）水平，$y=0$，铅垂；
（7）铅垂，$x=0$，水平；（8）$y=1$，$x=0$.
2. 略
3.（1）上凹区间为：$(0,+\infty)$，下凹区间为：$(-\infty,0)$；
（2）上凹区间为：$(-\infty,+\infty)$；
（3）上凹区间为：$\left(-\infty,-\frac{\sqrt{2}}{2}\right)$和$\left(\frac{\sqrt{2}}{2},+\infty\right)$，下凹区间为：$\left(-\frac{\sqrt{2}}{2},\frac{\sqrt{2}}{2}\right)$；
（4）上凹区间为：$(-\infty,0)$和$(\frac{2}{3},+\infty)$，下凹区间为：$(0,\frac{2}{3})$.
4.（1）上凹区间为：$(0,+\infty)$，下凹区间为：$(-\infty,0)$，拐点：$(0,1)$；
（2）上凹区间为：$(-1,1)$，下凹区间为：$(-\infty,1)$和$(1,+\infty)$，拐点：$(-1,\ln 2)$和$(1,\ln 2)$；
（3）上凹区间为：$\left(\frac{\sqrt{2}}{2},+\infty\right)$，下凹区间为：$\left(0,\frac{\sqrt{2}}{2}\right)$，拐点：$\left(\frac{\sqrt{2}}{2},\frac{1}{2}+\ln\frac{\sqrt{2}}{2}\right)$；
（4）上凹区间为：$\left(-\frac{\sqrt{2}}{2},0\right)$和$\left(\frac{\sqrt{2}}{2},+\infty\right)$，下凹区间为：$\left(-\infty,\frac{\sqrt{2}}{2}\right)$和$\left(0,\frac{\sqrt{2}}{2}\right)$，拐点：$\left(-\frac{\sqrt{2}}{2},\frac{7\sqrt{2}}{8}\right)$，$(0,0)$，$\left(\frac{\sqrt{2}}{2},-\frac{7\sqrt{2}}{8}\right)$.
5.（1）$y=0$；（2）$x=-1,y=0$；（3）$y=1$；（4）$x=-1,y=0$.

【习题 2.8】

1. 长 18m，宽 12m.
2. 底半径$\sqrt[3]{\frac{150}{\pi}}$m，高等于底直径.
3. 每批生产 300 吨时利润最大，最大利润为 800 万元.
4. 利润最大时的产量为 3 万支，最大利润值为 44 万元.
5.（1）利润函数为：$L(q)=-20q^2+2000q-2000$，$q\in Z^+$；
（2）获得最大利润时的产量：$q_0=50$（百支）；
（3）获得最大利润时的价格：$P_0=1010$（元）.

6. (1) $\overline{C}(q)=0.001q+40+\frac{9000}{q}$, $q\in Z^{+}$; (2) $\overline{C}(1000)=50$; (3) 3000(件).

*7. 使总费用最省的批次为 200 次; 使总费用最省的批量为 40 件.

【习题 2.9】

1. (1) 边际成本函数为 $C'(Q)=4+0.1Q$, $Q\in Z^{+}$; $C'(200)=24$.
   经济意义：当该畅销书的产量在 200 万册的基础上再增加 1 万册时，总成本相应增加 24 万元.
   (2) 使平均成本最低的产量为：$Q_0=200$（万册）.
2. (1) 边际成本函数：$C'(x)=0.03x^2-0.6x+40$, $x\in Z^{+}$;
   (2) $\overline{C}(50)=70$(元), $C'(50)=85$(元), 经济意义：当该化妆品的产量在 50 瓶的基础上再增加一瓶时，总成本相应增加 85 元.
3. $R(15)=255$(元), $\bar{R}(15)=17$(元), $R'(15)=14$（元），经济意义：当文具盒的销量在 15 个的基础上再增加一个时，总收益相应增加 14 元.
4. (1) $L'(q)=250-10q$（元），$q\in Z^{+}$.
   (2) $L'(20)=50$, 经济意义：当豆浆机的销量在 20 台的基础上再增加一台时，总利润相应增加 50 元;
   $L'(25)=0$, 经济意义：当豆浆机的销量在 25 台的基础上再增加一台时，则总利润不变;
   $L'(30)=-50$, 经济意义：当豆浆机的销量在 30 台的基础上再增加一台时，则总利润相应减少 50 元.
5. $P=4$ 时的边际需求值为$Q'\big|_{p=4}\approx-0.09$.
   经济意义：当面粉的价格在 4 元的基础上涨价 1 元时，需求量相应减少 0.09 千克.

【习题 2.10】

1. (1) $\frac{Ey}{Ex}=3$;　　(2) $\frac{Ey}{Ex}=x$.
2. (1) $\frac{EQ}{EP}=-\frac{P}{4}$;
   (2) $\frac{EQ}{EP}\bigg|_{p=4}=-1$, 经济意义：当蛋糕价格为 4 元时，如果涨价 1%，则需求量减少 1%.
3. $40<P<80$.
4. (1) $\frac{ER}{EP}=\frac{30-2P}{30-P}$;
   (2) $\frac{ER}{EP}\bigg|_{P=10}=0.5$, 经济意义：当水果价格为 10 元时，如果涨价（降价）1%，则总收益增加（减少）0.5%.

【复习思考题】

A 组

一、1. 2.　2. (1,1).　3. $2x+2^x\ln2$.　4. $(2x-x^2)e^{-x}dx$.　5. 1.

6. 0.　7. 2.　8. $\frac{15}{4}$, -3.　9. $\frac{1}{2}$, 0.　10. -1.

11. $-\frac{1}{x(\ln10)\lg^2x}$.　12. -6.　13. $-\pi$.　14. 0.02.

15. $y=2x-1$.　16. 1.　17. 2.　18. ln2.

19. -1.

二、1. C　2. D　3. C　4. D　5. D　6. D　7. C　8. B

9. D　10. C　11. B　12. B　13. D　14. C　15. D　16. C

17. C　18. D　19. B　20. C　21. D　22. B　23. B　24. A

三、1. (1) $y'=2x\cos x^2+\frac{1}{x}+\frac{1}{2\sqrt{x^3}}$;　(2) $y'=\sqrt{b}-a$;

(3) $y'=\frac{2}{1+\cos x}$;　(4) $y'=-20(1-x)^{19}$;

(5) $y'=\frac{2x}{1+x^2}$;　(6) $y'=\frac{1}{2\sqrt{x-x^2}}$;

(7) $y'=\frac{2\arcsin x}{\sqrt{1-x^2}}$;　(8) $y'=\frac{x^2+2x-1}{2(x+1)(x+2)(x+3)}$;

(9) $y'=\frac{nx^{n-1}}{(2x+1)^{n+1}}$;　(10) $y'=-\frac{x}{\sqrt{2\pi}}\cdot e^{-\frac{x^2}{2}}$;

(11) $y'=\frac{7}{8}x^{-\frac{1}{8}}$;　(12) $y'=2\ln10\cdot10^{2x+1}+10x^9$;

(13) $y'=\frac{1}{\sqrt{a^2+x^2}}$;　(14) $y'=-3\cos^2x\sin x+3\sin3x$.

2. $y=\frac{1}{4}x+1$.

3. (1) $y''=\frac{1}{x}$; (2) $y'''=4xe^{-x^2}(1-2x^2)$.

4. (1) $dy=\ln x\,dx$;　(2) $dy=9x^2(x^3-1)^2dx$;

(3) $dy=(\frac{1}{2\sqrt{x}}+\frac{1}{x}+\frac{1}{2\sqrt{x^3}})dx$;　(4) $dy=(1+\frac{5}{2\sqrt{x}}+\frac{12}{x^4})dx$;

(5) $dy=(10^x\cos x\ln10-10^x\sin x)dx$;　(6) $dy=-\frac{1}{\sqrt{1-x^2}}dx$;

(7) $dy=-\frac{3}{\sqrt{-6x-9x^2}}dx$;　(8) $dy=(\cos x-x\sin x+6x)dx$;

(9) $dy=(e^x\sin x+e^x\cos x+7\sin x+10x)dx$;

(10) $dy=-\frac{2x\sin 2\ln(1-x^2)}{1-x^2}dx$;

(11) $dy=\frac{2x+1}{(1+x+x^2)^2}dx$;　　(12) $dy=\frac{a^2}{(a^2-x^2)\sqrt{a^2-x^2}}dx$.

5. (1) 2;　(2) 1;　(3) $\frac{1}{2}$;　(4) -1;　(5) 0;

(6) 0;　(7) -3;　(8) $\frac{m}{n}a^{m-n}$;　(9) 1;　(10) 0.

四、1. 底边长 $6m$,高 $3m$.

2. 底半径$\sqrt[3]{\frac{150}{\pi}}m$,高等于底直径.

3. (1) $R'(Q)=-0.8Q+104, Q\in Z^+$;(2) $R'(50)=64$;(3) $\left.\frac{ER}{EQ}\right|_{Q=100}=0.375$.

4. (1) $C'(100)=9.5$(元),经济意义:当日产量在 100 吨的基础上再增加 1 吨时,总成本相应增加 9.5 元;(2) $\overline{C}(100)=22$ (元).

5. (1) $C(900)=1775$, $\overline{C}(900)=1.97$;

(2) $\frac{\Delta C}{\Delta x}=\frac{C(1000)-C(900)}{1000-900}=1.58$;

(3) $C'(900)=1.5$,经济意义:当产量在 900 单位的基础上再增加一个单位时,总成本相应增加 1.5 个单位;$C'(1000)=1.67$,经济意义:当产量在 1000 单位的基础上再增加一个单位时,总成本相应增加 1.67 个单位.

6. $R(50)=9975$, $\overline{R}(50)=199.5$, $R'(50)=199$

7. 50000

8. $Q=15$ (单位)

9. $\frac{EQ}{EP}=-P\ln 4$

10. (1) $\overline{C}(Q)=\frac{Q}{25}+\frac{125}{Q}+3$, $C'(Q)=\frac{2}{25}Q+3$, $R'(Q)=-Q+30$,

$L'(Q)=-\frac{27}{25}Q+27$, 其中 $Q\in Z^+$;

(2) 最大利润: 212.5 元.

11. (1) $Q'(4)=-8$, 经济意义:当价格为 4 个单位时,如果涨价 1 个单位,则总需求减少 8 个单位.

(2) $\left.\frac{EQ}{EP}\right|_{P=4}=-0.54$, 经济意义:当价格为 4 个单位时,如果涨价 1%,则总需求减少 0.54%.

(3) 0.46%;(4) -0.85%;(5) 5.

五、略

B 组

一、1. $\frac{b^2x}{a^2y}$. 2. $\frac{1}{4}$. 3. 2. 4. $-\frac{1}{e}$. 5. 0.

6. $(-\infty,+\infty)$. 7. $\frac{2x}{1+x^4}$. 8. 2. 9. $\sqrt{2}$.

二、CBBCA ABCCA DCCAB

三、1. (1) $y'=-\frac{\sin x+\cos x}{e^x}-6x\arctan x-3$; (2) $y'=\frac{\arcsin x+x\sqrt{1-x^2}}{(1-x^2)\sqrt{1-x^2}}$;

(3) $y'=abx^{a+b-1}(x^{-b}+x^{-a}+b+a)$; (4) $y'=\frac{(1-x)^2\sqrt{1-x^2}}{1+x}$;

(5) $y'=\frac{2x^{\ln x}\ln x}{x}$; (6) $y'=\frac{x(1-x)^2}{(1+x)^3}\left(\frac{1}{x}-\frac{2}{1-x}-\frac{3}{1+x}\right)$;

(7) $y'=\frac{-1-2x}{\sqrt{x}(1-x)^2}$; (8) $y'=\frac{\sin 2x-2x}{(x\sin x-\cos x)^2}$;

(9) $y'=\left(\frac{a}{b}\right)^x\left(\frac{b}{x}\right)^a\left(\frac{x}{a}\right)^b\left(\ln\frac{a}{b}-\frac{a}{x}+\frac{b}{x}\right)$;

(10) $y'=\frac{1}{2x\sqrt{x-1}\cdot\arccos\frac{1}{\sqrt{x}}}$.

2. (1) $y'=\frac{p}{y}$; (2) $y'=\frac{y-3x^2}{3y^2-x}$;

(3) $y'=\frac{1}{(e^y-1)(x+y)-1}$; (4) $y'=\frac{y-e^{(x+y)}}{e^{(x+y)}-x}$.

3. $y^{(n)}=\sin\left(x+n\cdot\frac{\pi}{2}\right)$.

4. (1) $dy=2(e^{2x}-e^{-2x})dx$; (2) $dy=\ln a\cdot a^{\sin x}\cos x dx$;

(3) $dy=\frac{-1}{(x^2+1)\arctan\frac{1}{x}}dx$; (4) $dy=\left(\sqrt{a^2-x^2}+\frac{1}{\sqrt{a^2-x^2}}\right)dx$.

5. (1) e^{-1}; (2) 1; (3) $1+\sin 1$; (4) 0; (5) $-\frac{1}{16}$; (6) $\ln a-\ln b$.

6. (1) 单调增加区间：$(-\infty,-1)$和$(0,1)$，单调减少区间：$(-1,0)$和$(1,+\infty)$，极大值为1，极小值为$\frac{1}{e}$；

(2) 单调增加区间：$(e,+\infty)$，单调减少区间：$(0,1)$和$(1,e)$，极小值为e；

(3) 单调增加区间：$(0,+\infty)$，单调减少区间：$(-1,0)$，极小值为0.

7. (1) 最大值为10，最小值为6；(2) 最大值为$\frac{\pi}{2}$，最小值为$-\frac{\pi}{2}$.

8. (1) 上凹区间为：$(-\infty,2)$，下凹区间为：$(2,+\infty)$，拐点为：$(2,4)$；

(2) 上凹区间为：$(-\infty,1)$，下凹区间为：$(1,+\infty)$，拐点为：$(1,0)$；

（3）上凹区间为：$(-\infty,-2)$ 和 $(-2,+\infty)$，无拐点；

（4）上凹区间为：$(-\infty,\frac{1}{2})$，下凹区间为：$\left(\frac{1}{2},+\infty\right)$，拐点为：$\left(\frac{1}{2},e^{\arctan\frac{1}{2}}\right)$.

9. 水平：$y=1$，铅垂：$x=-3$.

10. $\xi=\frac{1}{2}(b+a)$.

四、1. $x=10\text{m}, u=15\text{m}$.　　2. $b-\frac{na}{\sqrt{m^2-n^2}}km$.

3. $\sqrt{\frac{ac}{2b}}$批.　　4. 批量：500(台)，最小费用：20000（元）.

五、略

第3章　一元函数积分学

【习题 3.1】

1.（1）$3x^2$；（2）$F(x)+C$；（3）$\frac{1}{1+x^2}$；（4）$\sqrt{1-2x}\,dx$；（5）$4e^{-2x}$.

2.（1）不是；（2）是；（3）是；（4）不是.

3.（1）C；（2）Cx；（3）$\frac{1}{4}x^4$；（4）$\frac{3^x}{\ln 3}$；

（5）$-e^{-x}$；（6）$x^3-\frac{1}{2}x^2$；（7）$-\cos x$；（8）$\sin x$.

4.（1）$2x+C$；（2）x^2+C；（3）$\frac{1}{3}x^3+C$；（4）$\frac{2^x}{\ln 2}+C$.

5. $y=\frac{1}{3}x^3+\frac{2}{3}$.

6. 略

【习题 3.2】

1.（1）D；（2）D.

2.（1）$\frac{1}{3}x^3-\frac{2^x}{\ln 2}+e^2x+C$；（2）$\frac{(3e)^x}{\ln 3e}+3\cos x+x+C$；

（3）$\frac{2}{5}x^{\frac{5}{2}}-\frac{2}{3}x^{\frac{3}{2}}+C$；（4）$\frac{1}{2}x^2-\frac{4}{3}\sqrt{a}x^{\frac{3}{2}}+ax+C$；

（5）$\frac{2}{3}x^{\frac{3}{2}}-2x+C$；（6）$\frac{2}{7}x^{\frac{7}{2}}+\frac{1}{2}x^2+6\sqrt{x}+C$；

（7）$-2\cos x+C$；（8）$\frac{1}{2}(x+\sin x)+C$；

(9) $e^{x-2}+C$;

(10) $\frac{1}{2}x^2+3x+C$;

(11) $x-\arctan x+C$;

(12) $\tan x-\cot x+C$.

3. $y=\frac{1}{2}x^2+2x-1$.

4. $y=\ln|x|+2$.

5. $C(Q)=2\sqrt{Q}+\frac{Q}{2000}+995$.

【习题 3.3】

1. (1) $\sin e^x+C$;

(2) $-\cos(2x+1)+C$;

(3) $\arctan e^x+C$;

(4) $\frac{1}{3}\sin^3 x+2\sin x+C$;

(5) $\ln(1+x^2)+C$;

(6) $-\frac{1}{\ln x}+C$.

2. 略

3. (1) $-\frac{1}{21}(2-x)^{21}+C$;

(2) $\frac{1}{3}(2x-1)^{\frac{3}{2}}+C$;

(3) $6\sin\frac{x}{6}+C$;

(4) $\frac{1}{3}\cos(1-3x)+C$;

(5) $\frac{1}{4(3-2x)^2}+C$;

(6) $-\frac{2}{3}\sqrt{2-3x}+C$;

(7) $\frac{1}{2}\ln\left|\frac{1+x}{1-x}\right|+C$;

(8) $\frac{1}{3}\arctan\frac{x}{3}+C$;

(9) $\arcsin\frac{x}{3}+C$;

(10) $\frac{1}{2}\ln(1+x^2)+C$;

(11) $-e^{\frac{1}{x}}+C$;

(12) $-\frac{1}{9}\cos 3x^3+C$;

(13) $\frac{1}{4\ln a}a^{x^4}+C$;

(14) $\frac{1}{9}(3x^2-1)^{\frac{3}{2}}+C$;

(15) $\frac{1}{2b}\sin(a+bx^2)+C$;

(16) $-\sqrt{9-x^2}+C$;

(17) $2\arctan\sqrt{x}+C$;

(18) $\frac{1}{2}\ln^2 x+C$;

(19) $\ln(e^x+1)+C$;

(20) $e^{\sin x}+C$;

(21) $\frac{1}{2}(\arctan x)^2+C$;

(22) $-\sqrt{\cos x}+C$.

*4. (1) $\frac{2}{3}\sqrt{(x-2)^3}+4\sqrt{x-2}+C$;

(2) $\frac{2}{5}\sqrt{(1-x)^5}-\frac{2}{3}\sqrt{(1-x)^3}+C$;

(3) $\ln\left|\frac{\sqrt{1+x}-1}{\sqrt{1+x}+1}\right|+C$;

(4) $\ln\left|x+\sqrt{x^2-1}\right|+C$;

(5) $\frac{1}{2}\arcsin x+\frac{x}{2}\sqrt{1-x^2}+C$;　　(6) $\ln\left|\frac{x+\sqrt{x^2+4}}{2}\right|+C$.

【习题 3.4】

1. (1) $u=x, v=-\cos x$;　　(2) $u=\ln x, v=x$;　　(3) $u=\ln x, v=\frac{1}{3}x^3$;

(4) $u=\ln x, v=-\frac{1}{x}$;　　(5) $u=x^2, v=-e^{-x}$;　　(6) $u=\arcsin x, v=\frac{1}{2}x^2$.

2. (1) $-e^{-x}(x+1)+C$;　　(2) $-e^{-x}(x^2+2x+2)+C$;

(3) $\frac{1}{3}x^3\ln x-\frac{1}{9}x^3+C$;　　(4) $\frac{1}{4}\sin 2x-\frac{1}{2}x\cos 2x+C$;

(5) $\frac{1}{2}(x^2\arctan x+\arctan x-x)+C$;　　(6) $x\arcsin x+\sqrt{1-x^2}+C$;

(7) $x\ln x-x+C$;　　(8) $x^2\sin x+2x\cos x-2\sin x+C$;

(9) $-\frac{1}{x}(\ln x+1)+C$;　　(10) $2(\sqrt{x}\sin\sqrt{x}+\cos\sqrt{x})+C$;

(11) $x\arctan\sqrt{x}+\arctan\sqrt{x}-\sqrt{x}+C$;　　(12) $\frac{1}{2}e^x(\sin x+\cos x)+C$.

【习题 3.5】

1. (1) 2;　(2) 1;　(3) −4;　(4) 1;　(5) $\frac{\pi}{2}$;　(6) 0.

2. (1) <;　(2) >;　(3) >;　(4) <;　(5) <;　(6) >.

*3. (1) $9\leqslant\int_1^4(\sqrt{x}+2)dx\leqslant 12$;　　(2) $-7\leqslant\int_1^2(1-x^3)dx\leqslant 0$;

(3) $e(e-1)\leqslant\int_e^{e^2}\ln x dx\leqslant 2e(e-1)$;　　(4) $2e^{-\frac{1}{4}}\leqslant\int_0^2 e^{x^2-x}dx\leqslant 2e^2$.

【习题 3.6】

1. (1) e^x;　　(2) $-e^{-x^2}$;　　(3) $2x\sqrt{1+x^2}$;　　(4) $\cos^2 x-2x\cos^2 x^2$.

2. (1) $\frac{1}{2}$;　　(2) 2.

3. (1) $6\frac{1}{2}+\ln 2$;　(2) $\frac{271}{6}$;　(3) $\frac{1}{200}$;　(4) 4;

(5) $\frac{1}{2}(e-1)$;　(6) $e-\sqrt{e}$;　(7) $\frac{1}{2}\ln 2$;　(8) 0;

(9) $\ln 2$;　(10) 0;　(11) $\frac{\pi}{4}+\frac{1}{2}$;　(12) 4.

【习题 3.7】

1. (1) $\frac{1}{3}\ln 2$;　　(2) $\frac{\pi}{8}$;　　(3) $2\arctan 2-\frac{\pi}{2}$;

（4）$2-\frac{\pi}{2}$；　（5）$\frac{3}{2}\ln\frac{5}{2}$；　（6）1.

2.（1）-2；　（2）$1-\frac{2}{e}$；　（3）$\frac{\pi}{4}-\frac{1}{2}$；

（4）$\frac{\pi}{12}+\frac{\sqrt{3}}{2}-1$；（5）$5\ln5-4$；　（6）$e-2$.

3．提示：令$\frac{1}{x}=t$.

4．提示：令$u=-t$.

【习题 3.8】

（1）1；　（2）$+\infty$；　（3）1；　（4）$\frac{1}{4}$；　（5）∞；　（6）π.

【习题 3.9】

1．$F(x)=0.3x^2-5x+85$，$(x\in Z^+)$.

2．$C(Q)=270Q^{\frac{2}{3}}+2000$，$(Q\in Z^+)$，固定成本为 2000 元 .

3．$R(Q)=200Q-0.01Q^2$，$(Q\in Z^+)$.

4．$R(Q)=30Q^2-\frac{Q^3}{3}(Q\in Z^+)$，当产量为 60 台时收益最大，最大收益为 36000 万元 .

5．$R(Q)=5Q-\frac{Q^2}{2}$，$\bar{R}(Q)=5-\frac{Q}{2}$，$Q(P)=10-2P$.

6.（1）$C(Q)=\frac{1}{4}Q^2+200Q+20000,(Q\in Z^+)$；　（2）$R(Q)=800Q-\frac{1}{2}Q^2,(Q\in Z^+)$；

（3）$L(Q)=600Q-\frac{3}{4}Q^2-20000,(Q\in Z^+)$；　（4）$Q=400$ 部；

（5）$P=600$ 元 .

【习题 3.10】

1．275 万个 .

2．44000 元 .

3．需要增加成本 400 元，平均每吨要增加成本 133.33 元 .

4.（1）总成本增加 5.5 万元，总收益增加 12.5 万元；

（2）600 台；

（3）总利润减少 1 万元 .

【习题 3.11】

1.（1）57.39 万元；　（2）5.75 年 .

2．31639.53 元.

3.（1）15.82；　　　　（2）26.42 万元．

*4．3 亿元．

【习题 3.12】

（1）$4\frac{1}{2}$；　（2）$\frac{3}{2}-\ln2$；　（3）$e-1$；　（4）$\frac{1}{3}$；　（5）18；　（6）9.

【复习思考题】

A　组

一、1．$2x\cos x^2$.

2．$(2x-x^2)e^{-x}$.

3．$-\frac{1}{x^2}$.

4．$\ln x$.

5．0.

6．$\cos 2x\,dx$.

7．$2x+C$.

8．$y=x^3-1$.

9．$x^2-\frac{x^4}{2}+C$.

10．$\frac{6^x}{\ln 6}+C$.

11．0.

12．$b-a$.

13．0.

14．3.

15．—.

16．$y=\frac{x^4}{4}-3$.

17．（1）$>$；　（2）$<$；　（3）$<$；　（4）$>$.

18．2.

19．$y=\ln|x|+1$.

20．$\frac{1}{2}$；$\frac{\pi}{4}$.

二、1．B　2．D　3．A　4．C　5．D

6．C　7．C　8．A　9．A　10．D

11．C　12．C　13．A　14．B　15．D

16．A　17．C　18．C　19．B　20．B

三、1．（1）$\sqrt{x}-x^3+x\ln2+C$；　　（2）$-\frac{1}{x}+\frac{4}{7}x^{\frac{7}{4}}+C$；

(3) $\frac{1}{2}u^2-u+C$;

(4) $\frac{2^{2x}}{2\ln2}+\frac{3^{2x}}{2\ln3}-2\frac{6^x}{\ln6}+C$;

(5) e^t-t+C;

(6) $-2x^{-\frac{1}{2}}-\ln|x|+C$;

(7) $\frac{1}{2}x^2+2x+C$;

(8) $\frac{1}{1-x}+C$;

(9) $2x-2\arctan x+C$;

(10) $-x+2\arctan x+C$;

(11) $-\frac{1}{12}(3-2x)^6+C$;

(12) $\frac{2}{9}(2+3x)^{\frac{3}{2}}+C$;

(13) $\cos\frac{1}{x}+C$;

(14) $\arctan e^x+C$;

(15) $2\sqrt{\ln x}+C$;

(16) $\frac{1}{2}\ln(x^2+5)+C$;

(17) $-\frac{1}{3}(1-x^2)^{\frac{3}{2}}+C$;

(18) $\frac{5}{18}(x^3+2)^{\frac{6}{5}}+C$;

(19) $\frac{1}{4}\sin^4x+C$;

(20) $\frac{1}{3}\cos^3x-\cos x+C$;

(21) $\frac{1}{6}\arctan\frac{3}{2}x+C$;

(22) $\frac{1}{3}\arcsin\frac{3}{2}x+C$;

(23) $\frac{1}{12}\ln\left|\frac{2+3x}{2-3x}\right|+C$;

(24) $\ln|x^2+x|+C$;

(25) $\frac{2}{5}(1+x)^{\frac{5}{2}}-\frac{2}{3}(1+x)^{\frac{3}{2}}+C$;

(26) $\sqrt{2x-3}-\ln(\sqrt{2x-3}+1)+C$;

(27) $-\frac{1}{2}xe^{-2x}-\frac{1}{4}e^{-2x}+C$;

(28) $(2-x^2)\cos x+2x\sin+C$;

(29) $x\operatorname{arccot}x+\frac{1}{2}\ln(1+x^2)+C$;

(30) $\frac{1}{n+1}x^{n+1}(\ln x-\frac{1}{n+1})+C$.

2. (1) $-\frac{1}{6}$; (2) 0; (3) $\frac{17}{4}$; (4) $\frac{7}{4}$;

(5) $2\sqrt{3}-\frac{2}{3}\pi$; (6) 3ln3; (7) $2-\frac{\pi}{2}$;

(8) $6-4\ln2$; (9) π; (10) $\frac{1}{4}e^2+\frac{1}{4}$;

(11) $e-1$; (12) 1.

四、1. $Q(P)=3000\left(\frac{1}{2}\right)^P$.

2. 300 台.

3. 360 元.

4. (1) $q=300$ 台; (2) 10 万元; (3) 4 万元; (4) 利润减少 1 万元.

五、1. 提示: 令 $1-x=t$.

2. 提示: 令 $x=\frac{\pi}{2}-t$.

3. 提示：令 $x=\frac{\pi}{2}-t$.

B 组

1. (1) A (2) D (3) A (4) D (5) B (6) D (7) D (8) C (9) B (10) C

2. (1) $\frac{\sqrt{x^2-9}}{9x}+C$； (2) $-\frac{\sqrt{1+x^2}}{x}+C$； (3) $-\frac{\sqrt{1-x^2}}{x}+C$；

(4) $\frac{x}{4\sqrt{4+x^2}}+C$； (5) $xf'(x)-f(x)+C$； (6) $xf(x)+C$；

(7) $\frac{1}{8}x-\frac{1}{32}\sin 4x+C$； (8) $\frac{1}{4}\sin 2x-\frac{1}{16}\sin 8x+C$.

3. (1) $\frac{\sqrt{2}}{2}$； (2) $\sqrt{3}-\frac{\pi}{3}$； (3) $\frac{\pi}{2}-1$；

(4) $2e^2$； (5) $\frac{1}{2}(\frac{1}{e}-1)$.

4. (1) ln2； (2) 1； (3) 1； (4) 0.

5. (1) $\frac{8}{3}$； (2) 1； (3) 1； (4) $\frac{28}{3}$.

6. (1) 751.98 万元； (2) 251.98 万元； (3) 5.94 年.

7. 3 亿元.

第 4 章　二元函数微积分

【习题 4.1】

1. (1) $D=\{(x,y)\,|\,x+y>0\}$； (2) $D=\{(x,y)\,|\,1\leqslant x^2+y^2\leqslant 4\}$；

(3) $D=\{(x,y)\,|\,0\leqslant x^2+y^2\leqslant 4\}$； (4) $D=\{(x,y)\,|\,x^2\geqslant y\geqslant 0\}$；

(5) $D=\{(x,y)\,|\,-2\leqslant x\leqslant 2, y\geqslant 2$ 或 $y\leqslant -2\}$； (6) $D=\{(x,y)\,|\,(x,y)\neq(0,0)\}$

2. (1) $D=\{(x,y)\,|\,x^2+y^2>9\}$； (2) $D=\{(x,y)\,|\,0\leqslant x^2+y^2\leqslant 1\}$

3. (1) $D=\{(x,y)\,|\,x\geqslant 0, y\leqslant 1\}$； (2) $D=\{(x,y)\,|\,x-y+1\geqslant 0\}$

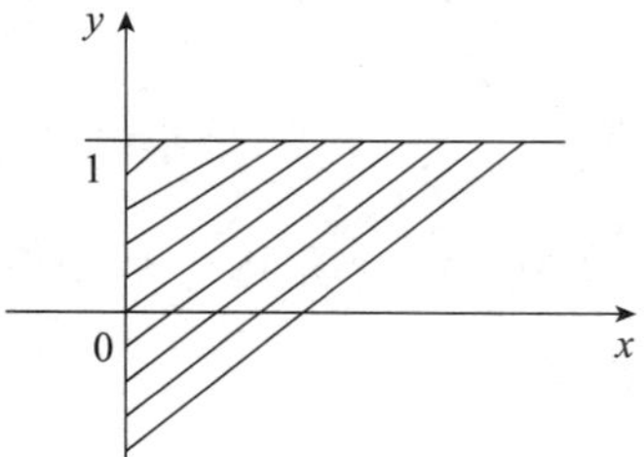

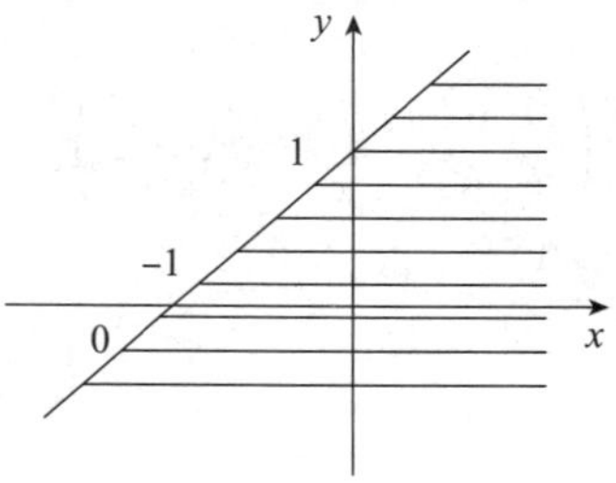

4. (1) 0； (2) 2

【习题 4.2】

1. (1) $\frac{\partial z}{\partial x}=2x\ln(1+y^2),\frac{\partial z}{\partial y}=\frac{2x^2y}{1+y^2}$; (2) $\frac{\partial z}{\partial x}=y,\frac{\partial z}{\partial y}=x$;

(3) $\frac{\partial z}{\partial x}=-\frac{y}{x^2},\frac{\partial z}{\partial y}=\frac{1}{x}$; (4) $\frac{\partial z}{\partial x}=-\frac{1}{y}e^{-\frac{x}{y}},\frac{\partial z}{\partial y}=\frac{x}{y^2}e^{-\frac{x}{y}}$.

2. (1) $f'_x(1,-1)=e,f'_y(1,-1)=-e$; (2) $\left.\frac{\partial z}{\partial x}\right|_{\substack{x=1\\y=1}}=e,\left.\frac{\partial z}{\partial y}\right|_{\substack{x=1\\y=1}}=2e$.

3. (1) $\frac{\partial^2 z}{\partial x^2}=12x^2-8y^2,\frac{\partial^2 z}{\partial x\partial y}=-16xy,\frac{\partial^2 z}{\partial y\partial x}=-16xy,\frac{\partial^2 z}{\partial y^2}=12y^2-8x^2$;

(2) $f''_{xx}=-\frac{2xy^3}{[1+(xy)^2]^2},f''_{xy}=\frac{1-x^2y^2}{[1+(xy)^2]^2},f''_{yx}=\frac{1-x^2y^2}{[1+(xy)^2]^2},f''_{yy}=-\frac{2yx^3}{[1+(xy)^2]^2}$.

4. (1) $dz=\cos(x+y)dx+\cos(x+y)dy$; (2) $dz=\frac{2x}{x^2+y}dx+\frac{1}{x^2+y}dy$.

5. (1) $\left.dz\right|_{\substack{x=0\\y=0}}=0,\left.dz\right|_{\substack{x=\frac{\pi}{4}\\y=\frac{\pi}{4}}}=dx$; (2) $\left.dz\right|_{\substack{x=0\\y=1}}=dx+2dy,\left.dz\right|_{\substack{x=1\\y=1}}=\frac{1}{2}dx+dy$.

【习题 4.3】

1. (1) $z'_x=(x+3)(x+1)e^x$; (2) $z'_x=\frac{2x}{x^2+1}-\sin x\cdot e^{\cos x}$;

(3) $z'_x=2x\cos\ln x-x\sin\ln x$.

2. (1) $f'_x=(1+y)e^{x+xy+1}$; (2) $f'_2=xe^{x+xy+1}$; (3) 令 $u=x^2+y,v=\cos xy$,

$\frac{\partial z}{\partial x}=2xf'_1-y\sin xyf'_2,\frac{\partial z}{\partial y}=f'_1-x\sin xyf'_2$.

3. (1) $y'=\frac{8xy^2-x^3}{y^3-2x^2y}$; (2) $\frac{\partial z}{\partial x}=\frac{y}{[1+(xy)^2]\sin z},\frac{\partial z}{\partial y}=\frac{x}{[1+(xy)^2]\sin z}$.

【习题 4.4】

1. (1) $(0,1)$; (2) $(a,a+1)$(a 为任意常数); (3) $(0,0)$和(a,a).

2. (1) 驻点$(0,0)$，极大值$f(0,0)=10$; (2) 驻点$(-1,1)$，极小值$f(-1,1)=0$;

(3) 驻点$(1,1)$，无极值; (4) 驻点$(0,0)$和$\left(\frac{a}{3},\frac{a}{3}\right)$，无极值.

3. (1) 驻点$\left(\frac{\sqrt{2}}{2},\frac{\sqrt{2}}{2}\right)$和$\left(-\frac{\sqrt{2}}{2},-\frac{\sqrt{2}}{2}\right)$,极大值$f\left(\frac{\sqrt{2}}{2},\frac{\sqrt{2}}{2}\right)=\sqrt{2}$,极小值$f\left(-\frac{\sqrt{2}}{2},-\frac{\sqrt{2}}{2}\right)=\sqrt{2}$;

(2) 驻点$(0,75)$和$(100,25)$，极大值$f(100,25)=12500$，极小值$f(0,75)=0$.

【习题 4.5】

1. (1) 原式 $=\int_{-1}^{2}dy\int_{y^2}^{y+2}f(x,y)dx$; (2) 原式 $=\int_0^1 dy\int_y^2 f(x,y)dx$;

（3）原式 $=\int_1^2 dx\int_{\frac{1}{x}}^{x} f(x,y)dy$.

2.（1）$\frac{26}{105}$；（2）$\frac{1}{24}$.

3.（1）$\frac{31}{15}$；（2）$\pi(1-e^{-4})$.

【习题 4.6】

1. 长方体工厂的长，宽，高分别为 $4\left(\frac{5}{4}\right)^{\frac{2}{3}}$、$8\left(\frac{5}{4}\right)^{\frac{2}{3}}$、$3\left(\frac{5}{4}\right)^{\frac{2}{3}}$.
2. 最大利润 $L(3,3)=25$.
3. 两种广告分别投入 15 万元和 10 万元是取得最大利润 $L(15,10)=15$.
4. 两市场售价分别为 80 和 30 是取得最大利润 $L(80,30)=335$.

【复习思考题】

A 组

一、1. $\{(x,y)\mid 0\leqslant x^2+y^2<4\}$；　2. $\{(x,y)\mid 0\leqslant x+y\leqslant 1\}$；　3. $-e^x\sin y$；

4. $\pi R^2-\pi r^2$；　5. $\int_{-1}^{1}dx\int_{-2}^{0}f(x,y)dy$；　6. $(x,y)=(0,0)$；

7. ye^{xy}；　8. $\frac{2x}{y^2}\ln(3x-2y)+\frac{3x^2}{y^2(3x-2y)}$.

二、1. B　2. C　3. D　4. D　5. A　6. B　7. C　8. C　9. A

10. C　11. C　12. A　13. D　14. D

三、1.（1）$\{(x,y)\mid y-x<1\}$；　（2）$\{(x,y)\mid x+y\geqslant 1\}$；

（3）$\{(x,y)\mid x\geqslant 1,y<0\}$；　（4）$\{(x,y)\mid 4\leqslant x^2+y^2<9\}$；

（5）$\{(x,y)\mid x^2+y^2\geqslant 1\}$；　（6）$\{(x,y)\mid xy+y>0\}$.

2.（1）∞；　（2）$\frac{1}{4}$；　（3）$\frac{1}{2}$；　（4）$\frac{1}{3}$.

3.（1）$\frac{\partial z}{\partial x}=2x+y,\frac{\partial z}{\partial y}=2y+x$；　（2）$\frac{\partial z}{\partial x}=\frac{1}{2x},\frac{\partial z}{\partial y}=\frac{1}{2y}$；

（3）$\frac{\partial z}{\partial x}=2xe^{x^2+y^2}\sin(x+y)+e^{x^2+y^2}\cos(x+y),\frac{\partial z}{\partial y}=2ye^{x^2+y^2}\sin(x+y)+e^{x^2+y^2}\cos(x+y)$；

（4）$\frac{\partial z}{\partial x}=2x\sin(2+y^2),\frac{\partial z}{\partial y}=2yx^2\cos(2+y^2)$；

（5）$\frac{dz}{dx}=3x^2\ln\sin x+x^3\cot x$（6）$\frac{dz}{dx}=2e^{2x+1}$；

（7）$\frac{dz}{dx}=2x\cos(x^2+1)-\tan x$；

（8）$\frac{\partial z}{\partial x}=(2x+y^2)e^{x2+xy2+1},\frac{\partial z}{\partial y}=2xye^{x2+xy2+1}$.

4. （1）$\frac{\partial z}{\partial x}=3x^2+2y^2,\frac{\partial z}{\partial y}=5y^4+4xy,\frac{\partial^2 z}{\partial x^2}=6x,\frac{\partial^2 z}{\partial y^2}=20y^3+4x,\frac{\partial^2 z}{\partial x\partial y}=4y$；

（2）$\frac{\partial z}{\partial x}=\frac{1}{1+(x+y)^2},\frac{\partial z}{\partial y}=\frac{1}{1+(x+y)^2},\frac{\partial^2 z}{\partial x^2}=\frac{2x+2y}{[1+(x+y)^2]^2}$,

$\frac{\partial^2 z}{\partial y^2}=\frac{2x+2y}{[1+(x+y)^2]^2},\frac{\partial^2 z}{\partial x\partial y}=\frac{2x+2y}{[1+(x+y)^2]^2}$；

（3）$\frac{\partial z}{\partial x}=e^{x+y}\left(\frac{1}{x}+\ln xy\right),\frac{\partial z}{\partial y}=e^{x+y}\left(\frac{1}{y}+\ln xy\right),\frac{\partial^2 z}{\partial x^2}=e^{x+y}\left(\frac{1}{x}+\frac{x-1}{x^2}+\ln xy\right)$,

$\frac{\partial^2 z}{\partial y^2}=e^{x+y}\left(\frac{1}{y}+\frac{y-1}{y^2}+\ln xy\right),\frac{\partial^2 z}{\partial x\partial y}=e^{x+y}\left(\frac{1}{y}+\frac{1}{x}\right)$；

（4）$\frac{\partial z}{\partial x}=\frac{1}{\sqrt{y^2-x^2}},\frac{\partial z}{\partial y}=-\frac{x}{y}\ \frac{1}{\sqrt{y^2-x^2}},\frac{\partial^2 z}{\partial x^2}=\frac{2x}{y^2-x^2}$,

$\frac{\partial^2 z}{\partial y^2}=\frac{x}{y^2}\ \frac{1}{\sqrt{y^2-x^2}}+\frac{2x}{y^2-x^2},\frac{\partial^2 z}{\partial x\partial y}=\frac{2y}{y^2-x^2}$.

5. （1）$\frac{\partial z}{\partial x}=ye^{xy},\frac{\partial z}{\partial y}=xe^{xy},dz=ye^{xy}dx+xe^{xy}dy$；

（2）$\frac{\partial z}{\partial x}=2x\cos(x^2+y),\frac{\partial z}{\partial y}=\cos(x^2+y),dz=2x\cos(x^2+y)dx+\cos(x^2+y)dy$；

（3）$\frac{\partial z}{\partial x}=\frac{x}{\sqrt{x^2+y^2}},\frac{\partial z}{\partial y}=\frac{y}{\sqrt{x^2+y^2}},dz=\frac{x}{\sqrt{x^2+y^2}}dx+\frac{y}{\sqrt{x^2+y^2}}dy$；

（4）$\frac{\partial z}{\partial x}=mx^{m-1}y^n,\frac{\partial z}{\partial y}=nx^my^{n-1},dz=mx^{m-1}y^ndx+nx^my^{n-1}dy$.

6. （1）$\frac{24}{5}$；（2）$\frac{1}{24}$；（3）$\frac{26}{105}$；（4）9；（5）2；（6）$\frac{19}{6}$；（7）-3π；（8）$\frac{32}{9}$.

四、1. 分别生产 6 台和 12 台时总成本最小.

2. 当长、宽、高分别为 2m、2m、1m 时，材料最省.

3. （1）$x=4,y=3$ 时获得最大利润为 37；（2）$x=3.2,y=2.8$ 时获得最大利润.

五、提示：$\frac{\partial u}{\partial x}=-\frac{x}{r^3},\frac{\partial^2 u}{\partial x^2}=-\frac{1}{r^3}+\frac{3x^2}{r^5}$，同理$\frac{\partial u}{\partial y}=-\frac{y}{r^3},\frac{\partial^2 u}{\partial y^2}=-\frac{1}{r^3}+\frac{3y^2}{r^5}$,

$\frac{\partial u}{\partial z}=-\frac{z}{r^3},\frac{\partial^2 u}{\partial z^2}=-\frac{1}{r^3}+\frac{3z^2}{r^5}$，所以$\frac{\partial^2 u}{\partial x^2}+\frac{\partial^2 u}{\partial y^2}+\frac{\partial^2 u}{\partial z^2}=0$.

B 组

1. $D=\{(x,y)\mid y-x>0,x^2+y^2<1,x>0\}$.

2. $\lim\limits_{\substack{x\to0\\y\to0}}\sqrt{|xy|}=f(0,0)=0$，连续.

3. $\frac{\partial z}{\partial x}=\frac{1}{2}\ln(x^2+y^2)+\frac{x^2}{x^2+y^2},\frac{\partial z}{\partial y}=\frac{xy}{x^2+y^2}$.

4. $\frac{\partial z}{\partial x}=(1+xy)^x\left[\frac{xy}{1+xy}\ln(1+xy)\right],\frac{\partial z}{\partial y}=x^2(1+xy)^{x-1}$.

5. $\frac{\partial^2 z}{\partial x^2}=2ye^{x^2y}+4x^2y^2e^{x^2y},\frac{\partial^2 z}{\partial y^2}=x^4e^{x^2y},\frac{\partial^2 z}{\partial x\partial y}=4x^3e^{x^2y}+2x^5ye^{x^2y}$.

6. $\frac{\partial y}{\partial t}=-kn^2e^{-kn^2t}\sin nx,\frac{\partial y}{\partial x}=ne^{-kn^2t}\sin nx,\frac{\partial^2 y}{\partial x^2}=-n^2e^{-kn^2t}\sin nx$.

7. $dz=y\cos xyf'_u dx+(x\cos xyf'_u+\frac{1}{1+y^2}f'_v)dy$.

8. $\frac{1}{2}$.

9. $\frac{\pi}{8}$.

10. (1) 销售量 $Q_1=4$，$Q_2=5$，价格 $p_1=10$，$p_2=7$，最大利润为 52（万元）;
(2) 销售量 $Q_1=5$，$Q_2=4$，价格 $p_1=p_2=8$，最大利润为 49（万元）.

第 5 章　微分方程初步

【习题 5.1】

1. (1) 一阶线性微分方程;
(2) 二阶非线性微分方程;
(3) 五阶线性微分方程;
(4) 三阶非线性微分方程.

2. (1) 特解;　(2) 通解;　(3) 通解;　(4) 特解.

3. $y=2e^{3x}-e^{4x}$.

4. (1) $y=\frac{x^3}{3}+\frac{3}{2}x^2+C_1x+C_2$;　(2) $y=\frac{x^3}{3}+\frac{3}{2}x^2+x+\frac{1}{6}$.

5. $Q=-\frac{5}{2}P^2+300$.

【习题 5.2】

1. (1) $5y^2=2x^3+6x^2+C$;　(2) $(1-x)(1+y)=C$;
(3) $y=\sin\left(\frac{x^2}{2}+C\right)$;　(4) $e^{x^2}+e^{-2y}=C$;
(5) $(x-y)^2=-2x+C$;　(6) $\ln|x|+e^{-\frac{y}{x}}=C$

2. (1) $2y^3+3y^2=2x^3+3x^2+5$;　(2) $y=2\sin^2x$;
(3) $y=\ln x^2$;　(4) $y=(x\ln x-x+1)^2$

3. (1) $y=C(x+1)e^{-x}$;　(2) $y=Ce^{-2x}+2x-1$;
(3) $y=-\frac{\cos x+C}{x}$;　(4) $y=C(x+1)^2+\frac{2}{3}(x+1)^{\frac{7}{2}}$;

(5) $y=\dfrac{\sin x+C}{x^2-1}$;　　(6) $2x\ln y=\ln^2 y+C$.

4. (1) $y=e^{-x^2}\left(\dfrac{x^2}{2}+1\right)$;　　(2) $y=x^2(e^x-e)$;

(3) $y=\dfrac{x}{\cos x}$;　　(4) $x=-\dfrac{1}{2}y^3+\dfrac{1}{2}y^2$.

5. $Q=2e^{-2P^2}$.

6. $y^2=\dfrac{2a}{3}x^3+4$.

【习题 5.3】

1. (1) $y=(C_1+C_2x)e^x$;　　(2) $y=C_1e^{-\frac{4}{3}x}+C_2e^{2x}$;

(3) $y=(C_1+C_2x)e^{-\frac{1}{2}x}$;　　(4) $y=e^{-x}(C_1\cos 2x+C_2\sin 2x)$.

2. (1) $y=-\dfrac{3}{2}+\dfrac{1}{2}e^{4x}$;　　(2) $y=3e^{-2x}\sin 5x$.

3. (1) $y=C_1\cos 2x+C_2\sin 2x+2$;　　(2) $y=C_1e^{-x}+C_2e^{-2x}+\dfrac{3}{2}x^2e^{-x}$;

(3) $y=\left(C_1+C_2x+\dfrac{1}{2}x^2\right)e^{4x}$;　　(4) $y=e^x\left(C_1\cos 2x+C_2\sin 2x-\dfrac{1}{4}x\cos 2x\right)$.

4. (1) $y=2e^{-x}+e^{2x}-2x^2+2x-3$;　　(2) $y=(e^x+1)\left(\dfrac{2}{5}\cos x+\dfrac{1}{5}\sin x\right)$.

5. $y=\cos 3x-\dfrac{1}{3}\sin 3x$. 提示：即求解初值问题$\begin{cases}y''+9y=0,\\ y|_{x=\pi}=-1, y'|_{x=\pi}=1.\end{cases}$

【习题 5.4】

1. $y=\dfrac{1}{8}t+5, z=\dfrac{1}{400}t^2+\dfrac{1}{5}t+\dfrac{1}{5}$.

2. $Q=900\times 2^{-P}$.

3. $Q(P)+P\cdot Q'(P)=0, \dfrac{EQ}{EP}=-1$. 提示：该商品的销售收入在价格变化的情况下保持不变，即 $R(P)=P\cdot Q(P)$ 为常数，故 $R'(P)=[P\cdot Q(P)]'=0$.

4. $L=A-(A-L_0)e^{-kx}$.

5. $C(x)=2+\sqrt{x^2+24x}$. 提示：建立的微分方程为齐次方程，需设 $u=\dfrac{y}{x}$，转化为可分离变量的微分方程.

【复习思考题】

A　组

一、1. 二.

2. $y=\cos 2x+x^3+C_1x^2+C_2x+C_3$ (C_1, C_2, C_3 为任意常数).

3. $(e^x+1)(e^y-1)=2(e-1)$.

4. $y^2=2x^2(\ln|x|+C)$.

5. $y=\frac{x^3}{2}+Cx, y=\frac{x^3}{2}-x$.

二、1. C　　2. A　　3. C　　4. B　　5. D　　6. A

三、1. (1) $y=e^{-x}-\cos x+C_1x+C_2$;　　(2) $y^2+1=C(x^2-1)$;

(3) $y=Ce^{\frac{y}{x}}$;　　(4) $y=2\sin x+C\cos x$;

2. (1) $e^{2y}=x^2-\frac{2}{x}+2$;　　(2) $y=(x+2)\left(\frac{1}{2}x^2+1\right)$.

四、1. $y=\frac{1}{4}e^{\frac{t}{2}}+4t-\frac{1}{4}, z=8e^{-\frac{t}{2}}$.

2. $y=2e^x-2x-2$.

五、略

B　组

1. $1\pm\sqrt{2}$.

2. $y=(C_1+C_2x)e^{-\frac{3}{2}x}$.

3. $4y''-4y'-3y=0$.

4. $y=e^{5x}(C_1\cos 3x+C_2\sin 3x)$.

5. $x^2(Ax+B)e^{3x}$.

6. $xe^{-x}(A\cos x+B\sin x)$.

7. (1) $x=\sin y-1+Ce^{-\sin y}$;　　(2) $y=C_1\cos 3x+C_2\sin 3x+\frac{1}{5}\cos 2x$;

(3) $y=C_1e^{2x}+C_2e^{3x}-2xe^{2x}$;　　(4) $y=C_1e^{3x}+C_2e^{-4x}-\frac{1}{2}x^2-\frac{1}{12}x-\frac{1}{12}$.

第 6 章　线性代数初步

【习题 6.1】

1. (1) -1;　(2) $\cos 2y-\cos 2x$;　(3) $2abc$;　(4) $a^2+b^2+c^2+1$.

2. (1) $x=\frac{1}{2}, y=-\frac{1}{2}$;　　(2) $t=\frac{13}{2}, s=\frac{13}{3}$.

3. (1) a;　(2) $-ka$;　(3) $-6a$;　(4) $3a$.

4. (1) $\frac{1}{10}$;　(2) -1080.

5. (1) $y=2x^2-3x+1$;　(2) 0.

【习题 6.2】

1. (1) $x_1=\frac{341}{14}, x_2=-\frac{58}{7}, x_3=\frac{143}{7}, x_4=16$;

(2) $x_1=\frac{2834}{51}, x_2=-\frac{388}{51}, x_3=\frac{1397}{51}, x_4=\frac{9664}{357}$

2. 当 $\lambda=1$ 时，μ 可任意取值；当 $\mu=0$ 时，λ 可任意取值.

3. $\lambda=1$

【习题 6.3】

1. $x=3, y=-32, z=4, w=11, t=-15$

2. $AB=BA$

3. 证(略)

4. (1) $\begin{pmatrix}1&2&1\\1&1&1\\1&1&3\end{pmatrix}, \begin{pmatrix}1&1&1\\2&1&1\\1&1&3\end{pmatrix}, \begin{pmatrix}1&1&1\\2&1&1\\1&1&3\end{pmatrix}$;

(2) $\begin{pmatrix}0&7&-\frac{3}{2}\\\frac{17}{2}&\frac{13}{2}&5\end{pmatrix}$;

(3) $\begin{pmatrix}-5&11\\5&-11\end{pmatrix}$;

(4) $\begin{pmatrix}2&2&2\\-1&-1&-2\end{pmatrix}$.

【习题 6.4】

1. (1) $\begin{pmatrix}0&-2\\-1&3\end{pmatrix}$; (2) $\begin{pmatrix}-2&0\\0&6\end{pmatrix}$; (3) $\begin{pmatrix}-4&17&-8\\26&-4&-19\\-3&-5&-6\end{pmatrix}$.

2. (1) $\begin{pmatrix}1&0&-8\\0&1&0\\0&0&1\end{pmatrix}$; (2) $\frac{1}{9}\begin{pmatrix}8&21&11\\-5&-18&-7\\-1&-3&-1\end{pmatrix}$;

(3) $\frac{1}{4}\begin{pmatrix}1&3&1&1\\5&-1&-1&-1\\1&1&1&-1\\1&1&-1&1\end{pmatrix}$; (4) $\begin{pmatrix}\frac{5}{7}&-\frac{2}{7}&0&0\\-\frac{4}{7}&\frac{3}{7}&0&0\\0&0&1&-\frac{1}{2}\\0&0&-3&2\end{pmatrix}$.

3. (1) $\begin{pmatrix} \frac{3}{5} & \frac{38}{5} \\ -\frac{7}{5} & 0 \\ 1 & 9 \end{pmatrix}$; (2) $\begin{pmatrix} 0 & -3 & 1 \\ 0 & 1 & -1 \end{pmatrix}$; (3) $\begin{pmatrix} 26 & -19 \\ 2 & 9 \end{pmatrix}$; (4) $\begin{pmatrix} 0 & 12 \\ 3 & 0 \end{pmatrix}$.

【习题 6.5】

1. (1) $\begin{pmatrix} 1 & 1 & 1 & -1 \\ 0 & 0 & 3 & 2 \\ 0 & 0 & 0 & 0 \end{pmatrix}$; (2) $\begin{pmatrix} -1 & 4 & 5 & -3 \\ 0 & 8 & 12 & -5 \\ 0 & 0 & -1 & -7 \\ 0 & 0 & 0 & 0 \end{pmatrix}$.

2. (1) 2; (2) 3.

3. (1) $\begin{pmatrix} 1 & 0 & -8 \\ 0 & 1 & 0 \\ 0 & 0 & 1 \end{pmatrix}$; (2) $\begin{pmatrix} -8 & 29 & -11 \\ -5 & 18 & -7 \\ 1 & -3 & 1 \end{pmatrix}$;

(3) $\frac{1}{4}\begin{pmatrix} 1 & 1 & 1 & 1 \\ 1 & 1 & -1 & -1 \\ 1 & -1 & 1 & -1 \\ 1 & -1 & -1 & 1 \end{pmatrix}$; (4) $\begin{pmatrix} \frac{5}{7} & -\frac{2}{7} & 0 & 0 \\ -\frac{4}{7} & \frac{3}{7} & 0 & 0 \\ 0 & 0 & 1 & -\frac{1}{2} \\ 0 & 0 & -3 & 2 \end{pmatrix}$.

【习题 6.6】

1. (1) $k\begin{pmatrix} 1 \\ 1 \\ 0 \\ 0 \end{pmatrix} + \begin{pmatrix} \frac{1}{2} \\ 0 \\ 2 \\ \frac{3}{2} \end{pmatrix}$; (2) $k\begin{pmatrix} 2 \\ -3 \\ 1 \end{pmatrix}$; (3) $k_1\begin{pmatrix} 1 \\ 1 \\ 0 \\ 0 \end{pmatrix} + k_2\begin{pmatrix} 1 \\ 0 \\ 2 \\ 1 \end{pmatrix} + \begin{pmatrix} 1 \\ 0 \\ 0 \\ 0 \end{pmatrix}$; (4) 无解; (5) $k\begin{pmatrix} \frac{5}{3} \\ -\frac{4}{3} \\ 0 \\ 1 \end{pmatrix}$;

(6) $x_1 = \frac{252}{25}, x_2 = \frac{13}{5}, x_3 = \frac{89}{25}, x_4 = \frac{23}{25}$.

2. $\lambda = -5$ 时无解，$\lambda \neq -5$ 且 $\lambda \neq 2$ 时有唯一解，$\lambda = 2$ 时有无穷多解.

3. $a = 2$ 时有解，通解为：$k\begin{pmatrix} \frac{1}{7} \\ \frac{3}{7} \\ 1 \end{pmatrix} + \begin{pmatrix} \frac{3}{7} \\ -\frac{2}{7} \\ 0 \end{pmatrix}$.

【习题 6.7】

1. (1) $\boldsymbol{\beta}=2\boldsymbol{\alpha}_1-\boldsymbol{\alpha}_2-3\boldsymbol{\alpha}_3$；(2) 不能线性表出；(3) $\boldsymbol{\beta}=\boldsymbol{\alpha}_1-2\boldsymbol{\alpha}_2-\boldsymbol{\alpha}_3$.

2. (1) 线性无关；(2) 线性相关.

3. (1) 向量组的秩为 3，它自己本身为一个极大无关组；

   (2) 向量组的秩为 4，它自己本身为一个极大无关组；

   (3) 向量组的秩为 3，$\boldsymbol{\alpha}_1,\boldsymbol{\alpha}_2,\boldsymbol{\alpha}_4$ 为一个极大无关组，$\boldsymbol{\alpha}_3=\boldsymbol{\alpha}_1+\boldsymbol{\alpha}_2+0\boldsymbol{\alpha}_4$.

【习题 6.8】

(1) 24；(2) F　C　A　B　E　D.

【复习思考题】

A　组

一、1. $\begin{pmatrix}7 & 2\\ 15 & 4\end{pmatrix}$.

2. $\begin{pmatrix}2 & -1 & 1\\ 4 & -2 & 2\\ -2 & 1 & -1\end{pmatrix}$.

3. $\dfrac{1}{3}$.

4. 2.

5. 4.

6. 2.

7. $\begin{pmatrix}-3 & -2\\ 1 & -2\end{pmatrix}$.

8. $\begin{pmatrix}2 & 0 & 0\\ -2 & 1 & 0\\ 0 & -1 & \dfrac{2}{3}\end{pmatrix}$.

9. $\begin{pmatrix}3 & -1\\ 1 & 0\end{pmatrix}$.

10. 2.

二、1. A　2. C　3. D　4. B　5. A　6. C　7. A　8. B　9. C　10. C

三、1. -2.

2. $(x+1)(x+4)^2$.

3. $\begin{pmatrix}-\dfrac{1}{3} & 1\\ \dfrac{1}{3} & 1\end{pmatrix}$.

4. $\begin{pmatrix} 1 & -1 & 0 \\ 0 & 1 & -1 \\ 1 & 0 & 1 \end{pmatrix}$.

5. (1) $x=\frac{21}{5}k, y=\frac{2}{5}k$；(2) $x_1=1, x_2=2, x_3=1$.

6. (1) $\begin{pmatrix} 2 & -1 & -1 \\ 3 & -1 & -2 \\ -1 & 1 & 1 \end{pmatrix}$；　　(2) $\frac{1}{5}\begin{pmatrix} -26 & 4 & 40 & -17 \\ 19 & -1 & -30 & 13 \\ 3 & -2 & 0 & 1 \\ -4 & 1 & 5 & -3 \end{pmatrix}$.

7. (1) 3；
(2) 4；
(3) 3；
(4) 3.

8. (1) $k\begin{pmatrix} 1 \\ 5 \\ -1 \\ 1 \end{pmatrix}+\begin{pmatrix} 1 \\ 2 \\ -1 \\ 0 \end{pmatrix}$；　　(2) 唯一解$\begin{pmatrix} 0 \\ 0 \\ 0 \end{pmatrix}$；

(3) $k\begin{pmatrix} \frac{7}{10} \\ -\frac{1}{5} \\ \frac{21}{10} \\ 1 \end{pmatrix}+\begin{pmatrix} \frac{11}{10} \\ \frac{2}{5} \\ \frac{3}{10} \\ 0 \end{pmatrix}$；　　(4) $k\begin{pmatrix} \frac{31}{16} \\ \frac{1}{2} \\ -\frac{5}{16} \\ 1 \end{pmatrix}+\begin{pmatrix} \frac{15}{16} \\ \frac{1}{2} \\ -\frac{5}{16} \\ 0 \end{pmatrix}$；

(5) $k\begin{pmatrix} \frac{5}{6} \\ -\frac{4}{3} \\ -\frac{5}{6} \\ 1 \end{pmatrix}$；　　(6) $\begin{pmatrix} \frac{11}{3} \\ \frac{1}{3} \\ \frac{2}{3} \\ \frac{2}{3} \end{pmatrix}$.

9. 当 $\lambda \neq -5$ 且 $\lambda \neq 2$ 时有唯一解；当 $\lambda=2$ 时有无穷多组解；当 $\lambda=-5$ 时，无解.

10. $a=2$；$x_1=\frac{3}{7}+\frac{1}{7}c, x_2=\frac{2}{7}+\frac{3}{7}c, x_3=c$.

11. $(-9, 5, -13, -2, 10)$.

12. $R(A)=3$，$\boldsymbol{\alpha}_1, \boldsymbol{\alpha}_2, \boldsymbol{\alpha}_3$ 为一个极大无关组.

四、$C=\begin{pmatrix} 357600 & 4170 \\ 238400 & 2780 \\ 186600 & 2220 \end{pmatrix}$.

五、(1)

$$D=\begin{vmatrix} a^2 & a & \frac{1}{a} & 1 \\ b^2 & b & \frac{1}{b} & 1 \\ c^2 & c & \frac{1}{c} & 1 \\ d^2 & d & \frac{1}{d} & 1 \end{vmatrix}+\begin{vmatrix} \frac{1}{a^2} & a & \frac{1}{a} & 1 \\ \frac{1}{b^2} & b & \frac{1}{b} & 1 \\ \frac{1}{c^2} & c & \frac{1}{c} & 1 \\ \frac{1}{d^2} & d & \frac{1}{d} & 1 \end{vmatrix}=abcd\begin{vmatrix} a & 1 & \frac{1}{a^2} & \frac{1}{a} \\ b & 1 & \frac{1}{b^2} & \frac{1}{b} \\ c & 1 & \frac{1}{c^2} & \frac{1}{c} \\ d & 1 & \frac{1}{d^2} & \frac{1}{d} \end{vmatrix}$$

$$+(-1)^3\begin{vmatrix} a & 1 & \frac{1}{a^2} & \frac{1}{a} \\ b & 1 & \frac{1}{b^2} & \frac{1}{b} \\ c & 1 & \frac{1}{c^2} & \frac{1}{c} \\ d & 1 & \frac{1}{d^2} & \frac{1}{d} \end{vmatrix}=0;$$

(2) $(\boldsymbol{\beta}_1,\boldsymbol{\beta}_2,\boldsymbol{\beta}_3,\boldsymbol{\beta}_4)=(\boldsymbol{\alpha}_1,\boldsymbol{\alpha}_2,\boldsymbol{\alpha}_3,\boldsymbol{\alpha}_4)\begin{pmatrix} 1 & 0 & 2 & 2 \\ 2 & -1 & 3 & 3 \\ 3 & 2 & 8 & 6 \\ 4 & 3 & 12 & 8 \end{pmatrix}$.

因为

$$\begin{pmatrix} 1 & 0 & 2 & 2 \\ 2 & -1 & 3 & 3 \\ 3 & 2 & 8 & 6 \\ 4 & 3 & 12 & 8 \end{pmatrix}\to\begin{pmatrix} 1 & 0 & 2 & 2 \\ 0 & -1 & -1 & -1 \\ 0 & 2 & 2 & 0 \\ 0 & 3 & 4 & 0 \end{pmatrix}\to\begin{pmatrix} 1 & 0 & 2 & 2 \\ 0 & -1 & -1 & -1 \\ 0 & 0 & 0 & -2 \\ 0 & 0 & 1 & -3 \end{pmatrix}\to$$

$\begin{pmatrix} 1 & 0 & 2 & 2 \\ 0 & -1 & -1 & -1 \\ 0 & 0 & 1 & -3 \\ 0 & 0 & 0 & -2 \end{pmatrix}$，所以矩阵 $\begin{pmatrix} 1 & 0 & 2 & 2 \\ 2 & -1 & 3 & 3 \\ 3 & 2 & 8 & 6 \\ 4 & 3 & 12 & 8 \end{pmatrix}$ 的秩为 4，等于向量个数 4，因此向量 $\boldsymbol{\beta}_1,\boldsymbol{\beta}_2,\boldsymbol{\beta}_3,\boldsymbol{\beta}_4$ 线性无关.

B 组

1. $f(x)=2x^2-3x+1$.
2. $[a+(n-1)b](a-b)^{n-1}$, 9.
3. $\lambda=0,\lambda=2$ 或 $\lambda=3$.
4. $A^k=\begin{pmatrix} \lambda^k & k\lambda^{k-1} & \frac{k(k-1)}{2}\lambda^{k-2} \\ 0 & \lambda^k & k\lambda^{k-1} \\ 0 & 0 & \lambda^k \end{pmatrix}$.

5. $A^{-1}=\frac{1}{2}(A-E)$；$(A+2E)^{-1}=\frac{3E-4}{4}$.

6. $B=\begin{pmatrix}6&0&0\\0&2&0\\0&0&1\end{pmatrix}$.

7. 是的，这是由于 A^{-1} 的唯一性决定的.

8. $\begin{cases}x_1=a_1+a_2+a_3+a_4+x_5,\\x_2=a_2+a_3+a_4+x_5,\\x_3=a_3+a_4+x_5,\\x_4=a_4+x_5.\end{cases}$

9. $p\neq2$，有唯一解；当 $p=2$，$t\neq1$ 时无解；$p=2$，$t=1$ 有无穷多解，

一般解为：$k\begin{pmatrix}0\\-2\\1\\0\end{pmatrix}+\begin{pmatrix}-8\\3\\0\\2\end{pmatrix}$.

10. $a=0$，$b=2$；全部解为 $k_1\begin{pmatrix}1\\-2\\1\\0\\0\end{pmatrix}+k_2\begin{pmatrix}1\\-2\\0\\1\\0\end{pmatrix}+k_3\begin{pmatrix}5\\-6\\0\\0\\1\end{pmatrix}+\begin{pmatrix}3\\-3\\0\\0\\0\end{pmatrix}$.

11. 一个极大线性无关组为 $\boldsymbol{\alpha}_1,\boldsymbol{\alpha}_2,\boldsymbol{\alpha}_4$. $\boldsymbol{\alpha}_3=\boldsymbol{\alpha}_1+\boldsymbol{\alpha}_2+0\boldsymbol{\alpha}_4$.

12. 证明：$(\boldsymbol{b}_1,\boldsymbol{b}_2,\boldsymbol{b}_3)=\begin{pmatrix}1&1&0\\0&1&1\\1&0&1\end{pmatrix}\begin{pmatrix}\boldsymbol{\alpha}_1\\\boldsymbol{\alpha}_2\\\boldsymbol{\alpha}_3\end{pmatrix}$

因为 $\begin{pmatrix}1&1&0\\0&1&1\\1&0&1\end{pmatrix}\to\begin{pmatrix}1&0&1\\0&1&-1\\0&0&2\end{pmatrix}$

以矩阵 $\begin{pmatrix}1&1&0\\0&1&1\\1&0&1\end{pmatrix}$ 的秩为 3，等于向量个数 3，因此向量 $\boldsymbol{b}_1,\boldsymbol{b}_2,\boldsymbol{b}_3$ 线性无关.

第 7 章　概率论初步

【习题 7.1】

1. (1) A_1A_2；(2) $\overline{A_1A_2}$；(3) $A_1\overline{A_2},\overline{A_1}A_2$；(4) $A_1\overline{A_2},\overline{A_1}A_2,A_1A_2$.

2. (1) ABC; (2) $(A+B)\overline{C}$; (3) $AB\overline{C}+A\overline{B}C+\overline{A}BC$.

3. (1) 0; (2) $\frac{1}{12}$; (3) $\frac{35}{36}$.

4. (1) $\frac{1}{27}$; (2) $\frac{1}{9}$; (3) $\frac{8}{27}$.

5. (1) 0.48;(2) 0.69.

6. 30%.

7. (1) 0.996; (2) 0.117.

8. 0.667.

9. 0.4.

10. $P(AB)=p+q-r$;$P(\overline{AB})=1-r$;$P(A\overline{B})=r-q$.

11. (1) $\frac{28}{45}$; (2) $\frac{16}{25}$.

12. 0.398.

13. 3.95%.

14. 38%,35%,27%.

15. (1) 0.2304; (2) 0.66304.

16. 0.104.

【习题 7.2】

1. $\frac{16}{37}$.

2.

X	3	4	5
P	0.1	0.3	0.6

3. $a=3$.

4. $P(X=k)=C_4^k 0.7^k 0.3^{4-k}$ $(k=0,1,2,3,4)$.

5. $P(X=k)=C_6^k 0.75^k 0.25^{6-k}$ $(k=0,1,2,3,4,5,6)$.

6. (1) 0.018; (2) 0.986.

7. $\frac{2}{3}e^{-2}$.

8.

Y	0	1	4
P	0.1	0.7	0.2

9. 0.72.

10. $\frac{1}{3}$.

11.

Y \ X	0	1
0	$\frac{9}{400}$	$\frac{51}{400}$
1	$\frac{51}{400}$	$\frac{289}{400}$

且 X 与 Y 不相互独立.

12.（1）$A=\frac{1}{2}$；（2）$\frac{\sqrt{2}}{4}$.

13.（1）$\frac{7}{8}$；（2）$\frac{3}{4}$.

14.（1）$f(x)=\begin{cases}\frac{1}{10}, & 0\leqslant x\leqslant 10 \\ 0, & 其他\end{cases}$；（2）0.4，0.5.

15.（1）0.6915；（2）0.5；（3）0.6247.

16. 0.0456.

17.（1）0.1151；（2）0.0505.

18. $f_Y(y)=\frac{1}{\pi}\frac{1}{1+y^2}$，$-\infty<x<+\infty$.

19. $\frac{1}{2}$.

20.（1）$k=\frac{1}{\pi^2}$；（2）$\frac{1}{16}$.

【习题 7.3】

1.（1）0.3；（2）1.5；（3）0.

2. $p=0.32$.

3. $x=-\frac{1}{3}$.

4.（1）3；（2）$\frac{1}{3}$.

5. $\frac{11}{36}$.

6. $a=1,b=7$.

7.（1）1；（2）$\frac{1}{4}$.

8. $-\frac{1}{36}$.

【习题 7.4】

1. 60.4.

2. 5.48.

3. 选择第二个方案：建立一个新工厂.

4. 选择甲地作为会议地点.

【复习思考题】

A 组

一、1. 0.6.

2. 0.3.

3. 0.2.

4. $\frac{60}{77}$.

5. 15;0.4.

二、1. B 2. A 3. B 4. B 5. A

三、1.（1）$\Omega=\{$(正,正)，(正,反)，(反,正)，(反,反)$\}$，

$A=\{$(正,反)，(反,正)$\}$，

$B=\{$(正,正)，(反,反)$\}$，

$C=\{$(正,正)，(正,反)，(反,正)$\}$.

（2）$\Omega=\{(0,0),(0,1),(0,2),(1,0),(1,1),(1,2),(2,0),(2,1),(2,2)\}$，

$A=\{(0,1),(1,1),(2,1)\}$，$B=\{(0,1),(1,0),(1,1),(1,2),(2,1)\}$.

2. 0.3,0.45.

3. 0.4.

4.（1）0.504；（2）0.006；（3）0.994.

5. 0.146.

6. $P(X=i)=\frac{1}{6}(i=1,2,\cdots,6)$；$\frac{5}{6}$；$\frac{1}{3}$.

7.（1）

Y_1	-5	-3	1	5
P	0.3	0.3	0.2	0.2

（2）

Y_2	0	2	3
P	0.2	0.5	0.3

8.（1）2；（2）0.4,0.75.

9.（1）$f(x)=\begin{cases}\frac{1}{5}, & 0\leqslant x\leqslant 5\\ 0, & \text{其他}\end{cases}$；（2）0.4.

10.（1）0.9515；（2）0.8614.

11. 2.4.

12. $c=3$，$\alpha=2$.

13. 2.

四、1. 0.95.

2. (1) 0.998; (2) 0.83.

3. 0.06155.

4. 0.1562.

5. 机床 A 好.

五、略

B 组

一、1. $\frac{1}{9}$.

2. 3.

3. 6.5.

4. $\frac{1}{2}$.

5. 7.4;25.6.

二、1. C　2. A　3. D　4. B　5. A.

三、1. 0.25.

2. $\frac{3}{5}$.

3. 0.76.

4. (1) 0.9325; (2) 约为 0.9984.

5. 0.0345.

6. (1) 0.1631; (2) 0.3529.

7. (1) $f_Y(y)=\begin{cases}\frac{1}{18}y^2, & -3<y<3\\ 0, & \text{其他}\end{cases}$, (2) $f_Y(y)=\begin{cases}\frac{3}{2}\sqrt{y}, & 0<y<1\\ 0, & \text{其他}\end{cases}$.

8. (1) $f_X(x)=\begin{cases}e^{-x}, & x>0\\ 0, & x\leqslant 0\end{cases}$, $f_Y(y)=\begin{cases}ye^{-y}, & y>0\\ 0, & y\leqslant 0\end{cases}$.

(2) 不相互独立.

(3) $1+e^{-1}-2e^{-\frac{1}{2}}$

9. $E(X)=6<12$, 不需要作防洪准备.

10. 略

第 8 章　数学实验

答案略